한비자

고전오디세이 06

난세의 통치학

한비자

한비 지음 • 정천구 옮김

산지니

　살다 보면 계획대로 안 되는 일도 있지만, 계획에 없던 일을 하게 되는 경우도 있다. 내가 『논어』와 『중용』, 『맹자』를 번역한 것은 모두 계획에 없던 일들이었다. 그럼에도 즐거웠다. 아마 즐거웠기 때문에 계획에 없었음에도 해낼 수 있었으리라. 이제 또 하나, 계획은커녕 생각조차 하지 않았던 번역을 해서 내놓는다. 『한비자』를 번역한 이 책 『한비자, 난세의 통치학』이다.

　『한비자』는 이 시대에 반드시 읽어야 할 고전이라 여겨서 '한비자, 제국의 길을 열다'라는 제목으로 2014년 1월 6일부터 2015년 9월 21일까지 21개월(84주) 동안 강의를 했다. 처음에는 기존의 번역서를 가지고 강의를 했는데, 번역서에 원문만큼이나 어렵고 종잡을 수 없는 부분이 많았다. 『한비자』의 원문이 꽤 까다롭기는 하지만, 번역된 글까지 읽기에 까다로워서는 안 된다는 게 내 생각이다. 원문에 담긴 함의가 깊고 넓어서 단박에 이해할 수 없을지라도 일단 읽는 데에는 어려움이 없도록 번역해야 한다. 이것은 번역의 기본이면서 번역자가 갖추어야 할 예의다. 그럼에도 기존의 번역서들은 표현에서 애매하고 모호한 구석들이 적지 않았고, 심지어는 원문의 내용을 잘못 이해하고 번역한 곳도 적지 않았다. 그러다 보니 경상도 말로 "읽기 상그러벘다." 그래서 『한비자』 중간쯤 되는 26장에 이르러서는 내가 직접 번역해서 그 원고로 강의하는 게 낫겠다 싶어 계획에도 없던 일을 시작한 것이다.

　강의를 위해 26장부터 번역하면서 이미 강의했던 1장부터 25장까지도 조금씩 차례로 번역해나갔다. 그렇게 해서 마지막 강의를 하던 날에는 『한비자』 전체의 초고 번역이 일단 완료되었다. 강의를 마무리한 뒤에는 다시 글을 다듬으며 필요한 곳에 간단한 주석을 덧붙였다. 『한비자』로 한문을 익히려는 사람은 별로 없을 테고 또 원문을 꼼꼼하게 읽으면서 해석을 할 사람이라면 기존의 번역서를 참조하면 충분하리라 여겨서 이 번역에서는 되도록 주석을 달지 않으려 했다. 『한비자』는 주석이 없더라도 번역만 잘하면 내용을 이해하는 데 별다른 어려움이 없는 책이기도 하다. 그래서 누구라도 읽기 쉽도록 정확하고 명료한 번역을 하는 데에 중점을 두었다. 결론적으로, 이 책에서는 원문을 싣지 않았다는 말이다.

『한비자』는 이익을 바라는 사람들이 세상에 존재하는 한 유용한 고전이다. 이 책을 읽고 권모술수를 부리라는 말이 아니다. 권모술수는 아무나 부릴 수 있는 게 아니다. 비록 상앙과 한비가 인간은 '이익을 좋아하는 본성'을 타고났다고 말했고 또 실제로 인간에게는 그러한 면이 다분하지만, 대부분의 사람들은 그릇된 방법이나 음흉한 수법으로 이익을 취득하는 데에 익숙하지도 않고 또 그럴 능력도 모자란다. 그런데 세상에는 능하든 능하지 않든 권모술수를 쓰려는 자가 어디에나 꼭 있어서 언제든지 맞닥뜨릴 수 있다. 그럴 때 그런 자에게 농락당하지 않으려면 그런 자들의 심리와 태도, 행동방식 따위를 잘 알고 있어야 한다. 『한비자』의 유용성은 여기에 있다. 요컨대 『한비자』는 치열한 경쟁과 암투, 부정과 모순 따위가 빚어내는 인간의 갖가지 행태들을 예리하게 분석해 놓았으므로 이를 읽고 깊이 이해하는 일은 혼탁한 세상을 무탈하게 살아가는 길이라는 말이다. 무엇보다도 유교적 사고방식에 익숙해 있는 사람들, 즉 한국인들에게는 더없이 필요하고 긴요한 책이다.

그렇다고 해서 『한비자』를 한낱 처세술이나 적어놓은 책으로 치부해서는 안 된다. 『한비자』의 핵심은 통치술에 있다. 시쳇말로 정치학과 경영학을 아우른 고전이다. 근래에 '한비자'를 제목으로 내건 많은 책들이 나오고 있는데, 대부분 처세술이나 인간관계론쯤으로 『한비자』를 다루고 있다. 이는 『한비자』의 일면만 본 것이고 변죽만 울리는 것이나 다를 바 없다. 『한비자』는 한 개인에서 집안, 나아가 기업이나 국가가 어지러워졌을 때, 다시 바로잡고 우뚝 설 수 있는 토대를 마련하는 데에 긴요한 방침과 방책들을 일목요연하게 서술해놓은 책이다. 그러하므로 『한비자』는 어떤 형태의 조직이든 그 속에서 생업을 영위해 나가야 하는 현대인들이 조직의 생리를 파악하고 꿰뚫어보는 데에도 더없이 유익한 고전이다.

무한경쟁의 시대에서 성공을 꿈꾸는 사람이라면 반드시 이 『한비자』를 통독하고 음미하기를 권한다. 다만 성공을 하는 과정에서 남들을 짓밟지 않고 포용하며 성공을 한 뒤에도 어떠한 원망을 듣지 않기를 바란다면, 『논어』를 아울러 정독하기를 권한다. 내가 번역하고 풀이한 『논어, 그 일상의 정치』가 있으니, 참조하시기를.

이제 나 스스로 기존의 어떤 번역서들보다 더 명료하고 평이하게 번역했다고 자부하는 『한비자』를 내놓는다. 부디 독자들께서는 이 책을 읽으면서 깊이 음미하여 인간사의 실상과 이치를 깨닫고 무한경쟁의 세태 속에서 유유자적하며 돌파할 수 있는 밑천을 마련하기 바란다.

끝으로 21개월 동안 '한비자, 제국의 길을 열다' 강의를 들으면서 함께 이야기를 나누며 이 책을 번역할 계기를 마련해주고 자극을 주신 여러분께 감사드린다. 그분들이 없었더라면 이 책은 세상에 나오지 못했을 것이다. 또 여태껏 그래왔듯이 이 방대한 원고도 꼼꼼하게 검토하고 깔밋하게 편집해준 산지니 출판사 식구들에게도 깊이 감사드린다.

2015년 12월 30일, 금정산 자락의 낙서재에서

옮긴이 정천구 쓰다

차례

일러두기

1. 이 번역은 장각(張覺)의 『한비자전역(韓非子全譯)』(귀주인민출판사, 1992)을 저본으로
   삼고, 소증화(邵增樺)의 『한비자금주금역(韓非子今註今譯)』(대만상무인서관, 1982)을
   참조했다.
2. 번역의 정확성과 명료성을 위해 진기유(陳奇猷)의 『한비자집석(韓非子集釋)』(상해인민
   출판사, 1974)과 카나야 오사무(金谷治) 역주의 『한비자』1~4(岩波書店, 1994)도 참조
   했다.
3. 이 번역을 위해 참고한 우리말 번역서들은 다음과 같다.
   노재욱 · 조강환 집석, 『한비자』 상 · 하(자유문고, 1994)
   이운구, 『한비자』 I · II (한길사, 2002)
   신동준, 『한비자』(인간사랑, 2012)

『한비자』, 난세의 통치학

『도덕경』 38장에 이런 대목이 나온다.

"그러므로 도를 잃은 뒤에 덕을 말하고, 덕을 잃은 뒤에 어짊을 말하며, 어짊을 잃은 뒤에 의로움을 말하고, 의로움을 잃은 뒤에 예의를 말한다. 저 예의란 참됨과 미쁨이 엷어진 것이고, 어지러움의 꼬투리다."(故失道而後德, 失德而後仁, 失仁而後義, 失義而後禮, 夫禮者, 忠信之薄, 而亂之首.)

이 구절은 전국시대 이후에 전개된 역사적·사상적 흐름, 특히 유가 사상의 전개를 아주 제대로 짚은 것이라고 할 만하다. 물론 여기서 말하는 도와 덕이 단순하게 유가에서 말하는 것과 일치한다고 말할 수는 없으나, 어쨌든 공자로부터 순자에 이르기까지 여러 유가 사상가들이 강조했던 바를 일목요연하게 정리해서 보여주고 있는 것만큼은 분명하다.

『논어』에서 공자는 '도가 행해지지 않는 시대'를 운운하면서 나아가고 물러날 때를 잘 알고 처신해야 한다고 말했는데, 그러면서 그는 '덕'을 강조했다. 예법이 무너진 시대였으므로 예법을 강조하기도 했지만, 예법에 걸맞은 덕을 갖추어야 함을 특히 역설했다. 그 덕 가운데 핵심이 바로 '어짊'이었음은 불문가지다. 『논어』「팔일(八佾)」편에서 "사람이 되어서 어질지 못한데, 예의는 차려서 무엇 하겠는가? 사람이 되어서 어질지 못한데, 음악을 갖춘들 무엇 하겠는가?"(人而不仁, 如禮何? 人

而不仁, 如樂何?)라고 한 말에서 단적으로 드러난다.

공자 사후에 그 제자들이 곳곳에서 활동하며 공자의 사상을 나름대로 전파하는 데 힘썼고, 그리하여 유가는 하나의 학파로서 우뚝 섰다. 그럼에도 공자의 생전보다 더 혼탁해지고 혼란해진 시대에 걸맞은 사상적 변화와 유연한 대처가 없었던 탓에 유가는 차츰차츰 묵가(墨家)에 밀려나 존재감이 희미해졌다. 전국시대 중기에는 맹자가 공자의 학문을 달리 배울 데가 없어서 여기저기서 주워들으며 사숙(私淑)할 수밖에 없었던 상황이 되었다.

어쨌든 퇴색해가던 유가의 학문을 되살리되 역사적 상황을 도외시할 수 없었기 때문에 맹자는 어짊과 나란히 '의로움'을 내세워 전란과 폭정이 거듭되는 시대를 질타했다. 그러나 점점 더 제후국들 사이에 경쟁과 대립이 격화되면서 제후들의 관심은 오로지 부국강병에만 쏟아졌고, 그 결과 백성들은 더욱더 가혹한 세금에 시달리면서 시도 때도 없이 전쟁터에 내몰렸다. 이런 상황에서는 이미 어짊도 의로움도 찾아볼 수 없었다. 형식적으로나마 예의를 갖추고 예법을 차리는 것조차 쉽지 않은 시대가 되었다. 이때 순자는 「예론(禮論)」을 지어 폭주하던 시대에 제동을 걸려고 했으나, 이 또한 여의치 않았다.

『도덕경』에 나오는 대로 순자가 예의를 강조한 시대는 바로 전국시대가 막바지에 이르고 진(秦)나라가 막강한 군사력과 경제력을 앞세워 천하를 호령하던 때였다. 군주와 신하들 사이에는 이미 참된 마음이 엷어졌고, 통치자와 백성들 사이에도 미쁨은 찾아보기 어려워졌다. 참된 마음과 미쁨이 엷어진 탓에 혼란이 거듭된 것인지 아니면 혼란이 거듭됨으로써 참됨과 미쁨이 엷어진 것인지 그 선후는 알 수 없으나, 이미 시대가 혼란의 끄트머리에 이르렀던 것은 분명하다.

그런데 바로 그 혼란의 끄트머리가 통일의 기운이 무르익고 제국의 질서가 구현될 실마리였다는 데에 역사의 아이러니가 있다. "되돌아가는 것이 도의 움직임이다"(反者, 道之動)라고 통찰한 『도덕경』의 말대로 혼란은 다시 새로운 국면으로 접어들고 있었던 것이다. 이런 극심한 혼란을 바로잡고 새로운 질서를 세우며 거대한 전환의 시대를 마련하는 데 있어 결정적인 기여를 한 것은 바로 법가의 통치철학이었다.

맹자의 왕도는 멀어지고

『논어』의 첫머리는 '학(學)'으로 시작된다. 겸손했던 공자가 자부한 '호학(好學)'에 걸맞은 시작이다. 공자가 사학(私學)의 개조로서 또 위대한 교육자로서 칭송되는 까닭도 여기에 있다. 어쨌거나 『논어』라는 텍스트와 그 주인공인 공자의 사유체계에 있어 근간이 되는 것이 무엇인지를 '학'이라는 한 글자로 충분히 짐작할 수 있으니, 그만큼 텍스트의 첫 구절, 첫 장면은 의미심장하다. 마찬가지로 『맹자』에서도 그 첫머리에 맹자라는 인물의 성격과 지향, 그 사상적 특성을 충분하게 엿볼 수 있는 이야기와 용어가 등장한다.

맹자의 나이 쉰셋으로 추정되는 기원전 320년 즈음에 맹자는 양(梁)나라 즉 위(魏)나라 혜왕(惠王)의 초청을 받아서 서쪽으로 먼 길을 여행했다. 이윽고 혜왕을 만났을 때, 혜왕은 간절한 마음으로 맹자에게 말했다.

"선생께서는 천 리를 멀다 않고 오셨는데, 분명히 내 나라를 이롭게 할 방도가 있으시겠지요?"

전국시대 초기 문후(文侯)와 무후(武侯)라는 걸출한 군주의 통치 하에 위세를 떨치던 위나라는 혜왕 때에 이르러 잦은 전쟁과 여러 차례의 패배로 약화되다가 마침내 진(秦)나라와 싸워서 지는 바람에 도성을 안읍(安邑)에서 동쪽 대량(大梁, 지금의 개봉시)으로 옮겨야 하는 상황에 이르렀다. 그 때문에 '위'가 아닌 '양'이라는 국호를 썼다. 이미 동쪽의 제나라와 싸워서 크게 지는 바람에 태자를 잃었는데 또 진나라에게도 광대한 영토를 잃었으니, 혜왕으로서는 절치부심하며 부국강병의 비책을 찾지 않을 수 없었던 상황이었다. 현자로 알려져 있던 맹자를 만나자마자 위에서처럼 물었던 것은 지극히 당연하다. 그런데 맹자는 이 물음에 대해 이렇게 대답했다.

"왕께서는 어찌 꼭 이로움을 말씀하십니까? 오로지 어짊과 의로움이 있을 따름입니다. 왕께서 '무엇으로 내 나라를 이롭게 하지?'라고 말씀하시면, 대부는 '무엇으로 내 집안을 이롭게 하지?'라고 말하고, 뭇 선비들은 '무엇으로 나를 이롭게 하지?'라고 말할 것입니다. 이렇게 위와 아래가 서로 다투어 이로움을 구한다면, 그 나라는 위태로워집니다."

맹자의 이 말은 우선 당시의 시대 상황을 여실하게 드러낸다. 전국시대 들어서 각 제후국의 군주들은 자기 나라를 부강하게 하려고 애썼는데, 그러자 대부는 자기 집안을 부유하게 만들려고 애쓰고 선비는 자신의 출세와 명리를 꾀하느라 애쓰는 일이 당연하게 되었다. 이것이 지배층 내에서 서로 권력을 잡고 이익을 얻으려 음모와 술수가 난무하게 된 원인이었고, 수많은 책사들이 대접받게 된 이유이기도 했다. 이렇게 지배층에서 권력과 이익을 다투고 있을 때, 나라의 근간인 백성들은 아무런 보살핌을 받지 못하고 오히려 갈수록 심해지는 착취와 억압에 목숨을 부지하는 것조차 바라기 어려워지고 있었다. 맹자가 "백성이 가장 귀하고, 사직은 그 다음이며, 군주는 가볍다"(民爲貴, 社稷次之, 君爲輕)고 말한 까닭도 버림받고 있는 백성에 대한 안타까움과 탐욕적이면서 안일한 지배층에 대한 분노 때문이었다.

『맹자』 첫머리의 문답은 전국시대 중기가 어떠한 시대였는지를 단적으로 보여주며, 맹자가 지향한 바가 또 무엇이었는지도 잘 보여준다. 맹자가 공자와 달리 어짊의 하위 덕목 가운데 하나였던 '의로움'을 전면에 내세운 것은 그 시대가 더욱 각박해지고 혼란스러워져서 더 이상 '어짊'이 통하지 않는 시대가 되었음을 의미한다. 맹자가 혜왕에게 "푸줏간에는 기름진 고기가 있고 마구간에는 살진 말이 있는데도 백성들에게는 굶주린 기색이 있고 들판에는 주려 죽은 주검이 널려 있다면, 이는 짐승을 몰아서 사람을 잡아먹게 한 것입니다'라고 말한, 그런 시대였던 것이다.

어짊을 행하는 정치가 이른바 '왕도 정치'인데, 의로움이 어짊을 대신해야 하는 시대가 되는 바람에 왕도 정치는 더 이상 기대하기 어려워졌고 맹자 자신도 그렇게 느꼈다. 맹자가 왕도의 시작을 고작 "산 사람을 먹여 살리고 죽은 사람을 장사지낼 때 섭섭함이 없는 것"이라고 말한 데서도 확인된다. 어짊을 정치적으로 실현하는 것은 하마 멀어져가고 있었기 때문에 그렇게 말한 것이다. 양나라 양왕(襄王)이 누가 천하를 통일하리라 생각하느냐고 물은 데 대해, "사람 죽이기를 좋아하지 않는 자가 통일시킬 수 있다"고 대답한 것도 왕도가 실현되기는 난망하다는 사실을 스스로 인지하고 또 인정한 것이나 다름이 없다. 그러고 보면, 맹자가 왕도정치를 주창한 것을 '각주구검(刻舟求劍)'이라고 비난하더라도 그다지 틀린 말은 아니다.

순자, 예치를 말하다

"어떤 이들은 선왕의 법을 얼추 본받기는 했으나 그 본줄기는 알지 못하며, 그런가 하면 재주가 대단하고 뜻은 크지만 견문이 이리저리 뒤섞여 있다. 지난 일을 상고하여 학설을 만들고는 그것을 오행이라 부른다. 아주 치우쳐서 조리에 맞지 않고, 넌지시 감추고는 밝히지 않으며, 막히고 간략해서 알맞은 해명이 없는데, 그럼에도 언사를 꾸며서는 그런 주장을 아주 공경하며 말하기를, '이야말로 참으로 앞선 군자의 말이로다'라고 한다. 자사(子思)가 앞서 주장하고, 맹자가 그에 화답하였다."

『순자』「비십이자(非十二子)」편에 나오는 한 대목이다. 이 글을 보면,

순자가 맹자를 맹렬하게 비난한 것은 맹자가 공자의 사상을 제대로 이해하지 못하고 왜곡했다고 여겼기 때문이다. 여기에는 공자의 사상을 오롯하게 계승한 사람은 자신뿐이라는 자부심이 배어 있다. 그런데 맹자가 공자와 다른 주장을 폈다는 것은 옳지만, 왜곡했다는 것은 지나치다. 난세라고 해서 다 똑같은 난세가 아니다. 그러니 난세를 종식시킬 처방 또한 달라지게 마련이고, 처방이 다르다면 그 사상적 근거나 내용 또한 달라질 수 있다. 무릇 철학이나 사상은 역사적 산물이기 때문이다. 따라서 맹자가 공자와 다른 주장을 편 것은 시대적 상황이 달라졌기 때문이라고 보는 것이 타당하다. 일부러 공자와는 다른 주장을 펴려 했던 것이 아니다. 만약 공자의 사상을 그대로 계승했다면, 맹자는 결코 높이 일컬어지지 못했을 것이다. 그리고 순자 또한 맹자와 달랐을 뿐 아니라 공자와도 사뭇 다른 사유의 궤적을 보여주었는데, 이 또한 시대적 상황이 달라졌기 때문이다.

순자가 살았던 시대는 더욱더 암울했다. 통치자는 더럽고 지저분하며 억누르고 도둑질하는 방법으로 백성들을 이끌었고, 신하들은 권모술수를 부리고 위아래를 뒤집어엎는 짓을 예사로 보여주었다. 정치와 교화는 제대로 실행되지 않았으니, 어리석은 자들이 지혜로운 사람에게 명령을 내리고, 못난 자들이 현명한 자들을 부리는 지경이었다. 올바르고 현명한 사람은 쓰이지 않았고, 변설에 능하고 술수를 잘 부리는 자가 사사로운 이익을 얻는 시대였다. 더구나 끊임없는 부역과 전쟁 동원으로 백성들의 생활은 더욱더 가난하고 어려워졌으며 힘들고 고달팠다. 순자는 이런 세태에서는 "백성들은 임금을 독사처럼 천하게 보고 귀신처럼 미워한다"고 표현했다. 맹자가 말한 왕자의 법도로 정치를 행할 수 있는 시대가 결코 아니었다는 말이다. 그래서 순자는 패도(覇道)의 가능성을 새롭게 말했는데, 「왕패(王覇)」를 쓴 이유도 거기에 있다. 패도는 맹자가 극도로 꺼렸던 방식이다.

순자는 "패자의 법도로 정치를 행하고, 패자에 어울리는 사람과 더

불어 정치를 행하면 패자가 된다"고 하고 또 "자신은 능력이 없지만 두려워할 줄 알아서 능력 있는 사람을 구한다면 강자가 될 수 있다"고 말했다. 「부국(富國)」에서는 나라를 부유하게 하는 방법에 대해 논했고, 「강국(彊國)」에서는 나라를 강하게 해야 한다고 역설했다. 법가 사상가들이 중시하는 올바른 상벌을 시행해야 할 필요성을 거론한 점도 새롭다. 그러나 순자는 유자답게 병력이 많고 부유한 것만으로는 잘 다스린다고 할 수 없다고 했다. 예의를 바탕으로 하여 도의에 맞는 정치를 펴야만 진정한 강국이 된다고 보았다.

> "나라에 예의가 없으면 바르게 다스려지지 않으니, 예의라는 것은 나라를 바르게 다스리는 근본이다. 그것은 마치 저울이 무거운 것과 가벼운 것을 가늠하는 근본이 되고, 먹줄이 곧은 것과 굽은 것을 가늠하는 근본이 되며, 그림쇠와 곱자가 네모와 동그라미를 가늠하는 근본이 되는 것과 같다. 그런 근본이 놓여 있으면 누구도 속일 수 없다."(「왕패」)

정치와 교화의 근본을 예의라고 했다. 『도덕경』에서 말했듯이 의로움을 잃은 뒤였으므로 예의가 강조된 것이다. 그런데 이 예의는 공자가 말한 예의와 달리 어짊과 의로움에 의한 왕도 또는 덕치에서 포상과 형벌에 의한 법치로 넘어가는 과도기의 해법으로서 예의였다. 순자는 스스로 "법은 다스림의 실마리고, 군주는 법의 밑바탕이다"(「군도」)라고 말한 데서 드러나듯이 법치를 아우른 예치(禮治)를 주장한 셈이다. 그럼에도 역사의 대세는 이런 예치조차 허용하지 않았다. 오로지 법치라야 해법의 구실을 할 수 있었던 시대였다. 순자의 문하에서 이사(李斯)와 한비(韓非)가 나올 수밖에 없었던 것도 이 때문이다.

법치, 상앙에서 한비까지

전국시대 들어서 유가 사상이 맹자로 이어지고 다시 순자로 이어지는 동안 다양한 학파들이 등장하여 각기 나름대로 난세의 해법을 제시했다. 그러나 제후들이 바랐던 것은 부국강병이었고, 그런 점에서 가장 실질적이고 현실적인 길을 걸었던 것은 법가였다. 법가는 전국시대의 시작과 함께 등장하였다. 물론 춘추시대 제나라의 관중(管仲)과 정(鄭)나라의 자산(子産)에서 그 연원을 찾는 경우도 있으나, 아무래도 전국시대가 되어서야 본격적이면서 체계적인 법가 사상가들이 활약했다고 보는 것이 타당하다.

전국시대 초기에 위세를 떨쳤던 위나라에서 문후를 섬기며 법치를 확립하고 강병의 기틀을 마련한 이회(李悝, 기원전 445?~396?)와 오기(吳起, 기원전 440?~381)가 법가의 선도자에 해당한다. 특히 이회는 진한(秦漢) 제국에까지 영향을 끼칠 법전을 편찬했으니, 진정한 법가 사상가로 볼 수 있다. 『진서(晉書)』「형법지(刑法志)」에는 이런 기사가 나온다.

"진한(秦漢)의 옛 율은 위나라 문후의 스승 이회에서 비롯되었다. 이회는 여러 나라의 법들을 바탕으로 편찬하여 『법경(法經)』을 지었다. 왕자의 정치는 도적(盜賊)을 다루는 것보다 긴급한 것은 없다고 여겼으므로 그 율은 「도(盜)」와 「적(賊)」에서 시작된다. 도적은 반드시 체포되어야 하므로 「망(網)」과 「포(捕)」 두 편을 지었다. 경교(輕狡)·월성(越城)·박희(博戲)·차가불렴(借假不廉)·음치(淫侈)·유제(踰制) 등을 싸잡아 「잡률(雜律)」 한 편을 지었다. 또 「구율(具律)」로써 덧붙이거나 뺐다. 이렇게 해서 지은 것이 여섯 편이 되었는데, 모두 죄명을 규정했다. 상앙은 이를 받아들여서 진(秦)나라의 재상이 되었다. 한(漢)은 진(秦)의 제도를 계승했는데, 소하(蕭

何)가 율을 정할 때 삼족을 멸하는 연좌제를 없애고 부주견지(部主見知)의 조항을 늘이면서 흥(興)·구(廐)·호(戶) 세 편을 더해 모두 아홉 편이 되었다."

이회가 제정한 법률이 얼마나 크게 또 지속적으로 영향을 끼쳤는지 충분히 엿볼 수 있다. 이러한 법률을 토대로 하여 귀족들이 대대로 신분과 녹봉을 이어받던 세경세록제(世卿世祿制)를 폐지하고, 경제적으로는 관개와 농법을 개선하고 곡물 가격과 시장을 국가의 통제와 규제 아래에 두었다. 이것으로 부국과 강병을 이룩했음을 더 말할 나위가 없다.

대체로 병법가로 알려져 있는 오기 또한 법가적인 면모를 지니고 있었다. 그는 노나라에서 위나라로 가 문후를 섬기며 위나라의 강병에 기여했다. 그러나 문후의 뒤를 이은 무후에게 의심을 받는 일이 생기자 죄를 입게 될까 두려워서 초나라로 가서 도왕(悼王)을 섬겼다. 재상으로 임명되자 오기는 법령을 정비하고 긴요하지 않은 관직을 없애며 왕실과 먼 왕족들의 봉록을 없애 그 재원으로 군사를 길렀다. 한마디로 부국강병책을 실행했던 것이다. 비록 그의 정책으로 깊은 반감을 품고 있던 귀족 원로들에 의해 죽임을 당하기는 했으나, 그의 정책은 성공적이었다. 이는 법가적 해법이 유효했음을 의미한다.

전국시대 중기에 가장 탁월했던 법가 사상가는 상앙(商鞅, ?~기원전 338)이다. 그는 위(衛)나라 공족(公族) 출신으로, 본래 성은 공손(公孫)이다. 젊어서부터 법가의 학문을 좋아했다고 하는데, 위(魏)나라의 재상 공숙좌(公叔座)를 섬기면서 위나라에서 활약한 이회의 학문을 배우고 익혔으리라 짐작된다. 공숙좌가 죽은 뒤에 위나라를 떠나 진(秦)나라로 가서 효공(孝公)을 만나 신임을 받아 비로소 기용되었다.

효공의 절대적인 신임을 받으며 상앙은 진나라의 정치와 사회 제도를 근본부터 개혁했다. 이를 '변법(變法)'이라 한다. 상앙의 변법도 부국강병과 군주의 권력 강화를 핵심으로 한다. 현재 전하는 『상군서(商君書)』는 대체로 그의 저술로 간주되는데, 거기에 자세한 내용이 실려 있다. 부국강병을 위해서 황무지를 개간하도록 권장하면서 백성들이 농업에 종사하도록 해서 농업 생산량 증대를 꾀했고, 백성들이 경작하면서 싸우도록 하는 '농전(農戰)'을 강조했으며, 도량형의 표준을 정하고 군공(軍功)에 따라 작위와 토지, 가옥 등을 내리는 정책을 폈고, 법령을 엄정하게 시행해서 상벌로써 백성들을 길들였으며, 유가에서 중시하는 고전 교육을 금지시켰고, 세습 귀족들의 봉토를 폐지하여 그들의 권력을 약화시키고 군주의 권력을 강화했다. 특히 가혹한 형벌을 가함으로써 가벼운 죄조차 짓지 않도록 하는 정책을 써서 훗날에 비난을 받기도 했으나, 혼란한 시대에는 매우 적절한 조치였음이 입증되기도 했다.

상앙도 오기처럼 반감을 품고 있던 귀족들에 의해서 효공 사후에 모함을 받아 거열형(車裂刑, 머리와 사지를 다섯 수레에 나누어 묶고 찢어 죽이는 형벌)에 처해졌지만, 그의 정책은 결코 폐기되지 않았다. 이는 그가 실행한 정책이 충분히 인정받았으며 그의 생전에 그 정책이 확고하게 뿌리를 내리고 있었음을 의미한다. 그리고 실제로 백 년 뒤 진시황이 중국을 통일할 수 있는 기반이 되었다.

변법을 실행한 상앙이 법에 초점을 맞추었다면, 그보다 앞서 활동했던 신도(愼到, 기원전 395~315)는 '세(勢)'를 강조했고 신불해(申不害, 기원전 385?~337)는 '술(術)'을 중시했다. 신도가 말한 '세'에 대해 한비는 이렇게 전하고 있다.

"하늘을 나는 용은 구름을 타고, 하늘을 오르는 뱀은 안개 속에 노닌다. 구름이 걷히고 안개가 걷히면 용과 뱀은 지렁이나 개미와 같아지는데, 그것은 탈 것을 잃었기 때문이다. 현명한 사람이 못난 자에게 굽히는 것은 권세가 가볍고 지위가 낮기 때문이며, 못난 자가 현명한 자를 굴복시키는 것은 권세가 무겁고 지위가 높기 때문이다."(『한비자』「세난」)

'세'는 곧 권세다. 이를 강조한 것은 법가가 군주의, 군주를 위한, 군주에 의한 통치술을 내세우고 있음을 의미한다. 그런데 군주가 권세를 충분히 활용하여 통치하기 위해서는 먼저 권세를 넘보는 신하들을 제압할 수 있어야 한다. 신하들을 제압하여 권세를 빼앗기지 않으면서 군주의 뜻대로 통치하기 위해서는 '술'이 필요하다. 그래서 신불해는 이 '술'을 강조했던 것이다. 이 술에 대해 한비는 "술은 군주가 신하의 능력에 따라 관직을 주고 신하의 건의에 따라 실적을 따지며 생살여탈권을 쥐고 뭇 신하들의 능력에 등급을 매기는 것을 이른다. 이는 군주가 단단히 쥐고 있어야 하는 것이다"(『한비자』「정법」)라고 말했다.

신불해는 한나라 소후(昭侯, 기원전 362~333 재위) 아래에서 15년 동안 재상을 지내면서 다른 제후국들이 한나라를 침략하지 못하도록 했다. 그러나 '술'은 군주가 은밀하게 쥐고서 신하들을 제어하는 기술이어서 나라를 안정적으로 또 지속적으로 통치하는 데에는 한계가 있었다. 이에 대해 한비는 "(신불해는) 법을 장악하지 못하고 법령을 하나로 통합하지 못해 나라에 간사한 일이 많이 생겼다"고 했는데, 이는 신불해가 법보다 술에 치중한 탓에 생긴 병폐를 지적한 것이다. 신불해가 15년 동안 재상으로 있었음에도 한나라가 실질적인 부국강병을 이루지 못하고 쇠퇴한 까닭도 법을 소홀히 했기 때문이다.

신도와 신불해, 상앙 등의 활약은 법가의 통치술이 난세에 얼마나 유용하고 또 효과적인지 잘 보여준다. 그러나 이들의 사상은 그 유용성 못지않게 한계도 지니고 있었는데, 이를 가장 잘 파악하여 그 부족한 부분들을 메우고 심지어 다른 사상까지 아우르면서 법가 사상을 집대성한 이가 바로 한비(韓非, 기원전 280?~233)다. 한비는 전국칠웅 가운데서 가장 허약했던 한(韓)나라 공실 출신으로, 형명(刑名)과 법술의 학문을 좋아했다고 한다. 그럼에도 이사(李斯)와 함께 순자 문하에서

수학했으므로 그의 학문도 결코 단순하지 않다고 보는 것이 타당하다. 실제로 그가 지은 『한비자』는 유가와 노자의 사상도 아우르고 있다.

한비가 법치에 마음을 쏟은 것은 영토가 나날이 줄어들고 쇠약해져 가고 있던 조국 한나라를 바로 세우고자 하는 열망에서였다고 해도 과언은 아니다. 그리고 조국에서 법치를 실행하고자 했다. 한비는 왕 한안(韓安)에게 여러 차례 글을 올려 간언하여, 법과 제도를 닦아서 바로 세우고 군주가 권세를 확고하게 잡아 신하들을 부리며 나라를 부유하게 하고 군대를 튼튼하게 하며 인재를 찾아서 기용해야 한다고 했다. 그러나 왕은 그의 의견을 받아들이지 않았다. 오히려 현명한 사람을 기용하지 않고 소인배를 등용했으며, 공적이 없는 자를 윗자리에 앉히면서 패망의 길을 재촉했다.

기원전 233년, 진(秦)나라가 천하 통일의 행보를 거침없이 보이자 위협을 느낀 한나라의 왕은 부랴부랴 한비를 진나라에 사신으로 보냈다. 그러나 이는 때늦은 몸부림일 뿐이었다. 한비만 이사와 요고(姚賈)에 의해 억류되었다가 독약을 먹고 죽었다. 그리고 3년 뒤, 진나라는 한나라를 공격해서 왕을 사로잡고 그 땅을 한낱 군으로 삼았다. 이로써 한나라는 멸망했다.

한비는 군주를 설득시키는 일이 참으로 어렵다는 것을 실감했기 때문에 「난언(難言)」과 「세난(說難)」을 짓고, 자신과 자신의 의견이 쓰이지 못하고 소인배들이 등용되는 현실 속에서 「고분(孤憤)」을 짓고, 나라가 망하는 여러 징조를 한나라에서 목도한 까닭에 「망징(亡徵)」을 지었으리라. 또 진나라가 한나라를 침략하려는 것을 필사적으로 막아보려고 「존한(存韓)」을 썼다. 한나라가 망하고 한비가 허망하게 죽임을 당했다고 해서 그의 저술을 무용지물로 보아서는 안 된다. 그의 의견이 묵살되고 그의 사상이 실행되지 못한 탓일 뿐이다.

예나 이제나 『한비자』는 난세를 헤쳐나가려 할 때에 다른 어떤 학파의 저술보다 절실하고 긴요하게 읽혔다. 무엇보다도 진시황이 천하를 통일하여 제국을 건설한 뒤로 법가 사상은 제국의 통치와 질서 유지에 있어 근간이었다. 한(韓) 무제(武帝) 이후로 유교가 정치 이념으로 자리를 잡았음에도 법가의 통치 방식은 그대로 지속되었다. 이를 흔히 '외유내법(外儒內法)'이라 한다. 이는 오늘날에도 크게 다르지 않다. 중국이 사회주의를 표방하고는 있지만, 그 정치를 잘 살펴보면 법가사상이 짙게 배어 있다.

지정학적으로 중국과 밀접한 관계를 맺을 수밖에 없는 한국으로서는 『한비자』를 그 어떤 고전보다 중시하고 잘 파악하고 있어야 한다. 더구나 선진국을 지척에 두고서 갖가지 병폐로 몸살을 앓으며 정치적으로 사회적으로 문화적으로 제자리걸음을 하고 있는, 아니 정확하게는 안으로 곪아서 썩어가고 있는 한국으로서는 기본과 원칙, 엄정성과 공정성을 기반으로 부국강병을 논하는 법가사상을 집대성한 『한비자』를 반드시 읽어야 한다. 처세술의 차원에서가 아니라 통치술의 차원에서 읽어야 한다.

1장

초견진(初見秦),
진나라 왕을 만나 아뢰다

신[1] 한비는 "알지 못하면서 말하는 것은 지혜롭지 못하고, 알면서 말하지 않는 것은 충성스럽지 못하다"고 하는 말을 들었습니다. 신하가 되어서 충성스럽지 못하면 죽어 마땅하며, 한 말이 합당하지 않으면 역시 죽어 마땅합니다. 그렇기는 하지만 신은 지금까지 들어 알고 있는 것을 빠짐없이 말씀드리려 합니다. 죄가 있고 없고는 오로지 대왕께서 판단하실 일입니다.

제가 들으니, 지금 천하는 조(趙)나라를 중심으로 북으로는 연(燕)나라와 남으로는 위(魏)나라와 맺고, 초나라와 연합하고 제나라와 결속을 다지며, 한(韓)나라를 끌어들여 합종을 이루어 서쪽으로 강성한 진(秦)나라에 맞서 전쟁을 일으키려 한다고 합니다. 저는 가만히 이를 비웃었습니다. 세상에는 나라를 망치는 세 가지 길이 있는데, 천하가 이 지경에 이른 것을 가리키는 듯합니다. 제가 듣기로는, "어지러운 나

---

1) 한(韓)나라 출신인 한비가 어느 때 진(秦)나라에 들러 왕에게 자신의 견해를 펼치면서 쓴 글이므로 스스로 '신(臣)'이라 일컬었다. 이때 진나라 왕은 진시황일 것으로 여겨진다.

라가 다스려지는 나라를 공격하면 망하고, 사악한 나라가 의로운 나라를 공격하면 망하며, 도리를 거스르는 나라가 도리를 따르는 나라를 공격하면 망한다"고 했습니다.

지금 천하를 보니, 제후들의 창고는 채워져 있지 않고 곳간은 텅 비어 있는데도 사인(士人)들과 백성들을 모두 끌어모아서 수십만 명에서 백만 명에 이르는 군대를 편성하고 있습니다. 머리가 땅에 닿도록 절하고 깃 달린 투구를 쓰고서 장수를 위해 목숨을 바치겠다며 앞장서는 자는 천 명이 채 되지 않습니다. 모두 기꺼이 죽겠다고 말은 하지만 막상 시퍼런 칼날이 눈앞에서 번쩍이면 뒤에서 형벌로 다스리겠다고 위협을 해도 뒤돌아서서 달아나며 죽으려 하지 않습니다. 이는 사인과 백성이 죽으려 하지 않는 것이 아니라 위에 있는 자가 그렇게 하지 못하게 했기 때문입니다. 말로는 상을 준다고 하면서도 상을 주지 않고, 말로는 벌을 준다고 하면서도 실행하지 않아 상벌을 믿지 않게 된 것입니다. 그래서 사인들과 백성들이 죽지 않으려 하는 것입니다.

그러나 지금 진나라는 호령이 내리면 상벌이 실행되고 공로가 있는 자와 없는 자를 분명하게 가릅니다. 살아 있는 동안 부모의 품을 떠나서 적을 본 적도 없는데 전쟁이 났다는 얘기를 들으면 발을 구르며 달려가 맨몸으로 날카로운 칼에 맞서고 뜨거운 불길도 밟으며 모두 앞장서서 기꺼이 죽으려 합니다. 무릇 기꺼이 죽으려는 것과 살아남으려 애쓰는 것은 같지 않은데, 백성들이 그렇게 하려는 것은 힘을 다해 싸우다 죽는 것을 귀하게 여기기 때문입니다. 한 사람이 힘을 다해 싸우다 죽으려 하면 열 명을 대적할 수 있고, 열 명이 그렇게 하면 백 명을 대적할 수 있으며, 백 명이 그렇게 하면 천 명을 대적할 수 있고, 천 명이 그렇게 하면 만 명을 대적할 수 있으니, 만 명이 그렇게 하면 천하의 모든 적을 이길 수 있습니다.

이제 진나라는 그 땅의 긴 데를 잘라 짧은 데 이어붙이면 사방 수천 리가 되고, 정예 군사도 수십만 명에 이릅니다. 진나라는 호령이 엄정하여 상벌이 공정하게 실행되고 지형도 이쪽에 유리하고 적에게 불리하니, 천하에 이런 나라는 없습니다. 이런 나라가 천하의 제후들과 싸운다면 천하를 다 차지하고도 힘이 남습니다. 이런 까닭에 진나라가 싸우고서 이기지 못한 적이 없고 성을 공략하여 빼앗지 못한 적이 없으며 맞서는 자를 쳐서 깨뜨리지 못한 적이 없으니, 땅을 수천 리나 넓힌 것은 이렇게 해서 거둔 커다란 공적입니다.

그런데 지금 병장기와 갑옷 따위는 망가지고 사인들과 백성들은 지쳐 있으며 쌓아둔 물자는 바닥이 나고 논밭은 황폐해 있으며 곡식창고는 비어 있고 사방의 제후들은 복종하지 않고 있습니다. 다른 까닭이 있는 게 아니라 모신(謀臣)들이 모두 충성을 다하지 않았기 때문입니다.

제가 감히 말씀드리겠습니다. 지난날 제나라가 남쪽으로 초나라를 깨뜨리고, 동쪽으로 송나라를 깨뜨리고, 서쪽으로는 진나라를 복종시키고, 북쪽으로 연나라를 깨뜨리고, 중앙으로 한나라와 위나라를 부릴 때, 그 영토가 넓고 군사는 막강하여 싸우면 이기고 공략하면 빼앗았으므로 천하를 호령하였습니다. 맑은 제수(濟水)와 흐린 황하는 제나라를 지키는 경계가 되기에 넉넉했고, 장성(長城)과 거대한 제방도 요새 구실을 하기에 충분했습니다. 제나라는 다섯 번 싸워 모두 이긴 나라였는데, 한 번 연나라와 싸워 이기지 못하는 바람에 거의 패망에 이르렀습니다. 이로써 보면, 전쟁이란 전차 만 대의 대국에게도 존망의 갈림길이 됩니다.

또 신이 들으니, "일의 자취를 없애려면 그 뿌리를 남겨서는 안 되고, 재앙을 가까이 하지 않으면 재앙은 없다"고 합니다. 진나라는 초나라와 싸워 초나라를 크게 깨뜨리고 도성인 영(郢)까지 쳐들어가서 동정(洞庭)과 오호(五湖), 강남(江南)을 차례로 빼앗았습니다. 초나라 군주와 신하들은 동쪽으로 도망가 진(陳) 땅에 몸을 숨겼습니다. 바로 그때 초나라 군주와 신하들을 쫓아갔다면 초나라를 멸망시킬 수 있었고, 초나라를 멸망시켰더라면 그 백성들을 모두 거두어들일 수 있었으며 그 땅에서도 이익을 넉넉하게 거둘 수 있었을 것입니다. 이어 동쪽으로 제나라와 연나라를 약화시키고, 중원의 삼진(三晉)인 한·위·조[2] 세 나라를 압도할 수 있었을 것입니다. 그랬더라면 단번에 패업을 이루어 사방의 제후들에게 조공을 받을 수 있었습니다. 그럼에도 모신들은 그렇게 하지 않고 군대를 이끌고 물러나 다시 초나라와 화평을 맺었습니다. 이는 초나라로 하여금 잃어버린 도성을 되찾고 흩어진 백성들을 모아들여 사직의 신주(神主)를 세우고 종묘 제사를 맡은 관리를 두며 천하의 제후들을 거느리게 해서 진나라가 대적하기 어려운 상대가 되게 한 것입니다. 이것이 패왕(覇王)이 되는 길을 잃은 첫 번째 이유입니다.

그 후 천하의 제후들이 다시 연합하여 진나라의 화양성(華陽城) 아래까지 쳐들어왔을 때, 대왕께서는 명령을 내려 그들을 깨뜨리고 내처 군대를 위나라의 대량성(大梁城)[3] 외곽까지 이르게 했습니다. 대량성을 포위하여 수십 일을 끌었으면 함락시킬 수 있었고, 대량성을 함락시키면 위나라를 멸망시킬 수 있었으며, 위나라를 멸망시키면 초나라와 조나라의 연합을 꺾었을 것이고, 초나라와 조나라의 연합을 꺾으면 조나라가 위태로워졌을 것이며, 조나라가 위태로워지면 초나라는 의심이 깊어져 고립되었을 것입니다. 그러면 동쪽으로 제나라와 연나라를 약화시키고 중원의 한·위·조 세 나라를 압도할 수 있었을 것입니다. 그랬더라면 단번에 패업을 이루어 사방의 제후들에게 조공을 받을 수 있었습니다. 그럼에도 모신들은 그렇게 하지 않고 군대를 이끌고 물러나 다시 위나라와 화평을 맺었습니다. 이는 위나라로 하여금 잃어버린 도

---

2) 전국시대가 시작된 것은 춘추시대에 강성했던 진(晉)나라의 세 대부 집안인 한씨(韓氏)·위씨(魏氏)·조씨(趙氏)가 진나라를 셋으로 나누어 각각 제후국을 자칭하면서부터였다. 그리하여 전국시대 한·위·조를 "진나라에서 나온 세 나라"를 뜻하는 '삼진(三晉)'이라 일컫기도 했다.
3) 위나라의 도성으로, 지금의 하남성 개봉이다.

성을 되찾고 흩어진 백성들을 모아들여 사직의 신주를 세우고 종묘 제
사를 맡은 관리를 두며 천하의 제후들을 거느리게 해서 진나라가 대적
하기 어려운 상대가 되게 한 것입니다. 이것이 패왕이 되는 길을 잃은
두 번째 이유입니다.

전에 양후(穰侯) 위염(魏冉)[4]이 재상이 되어 진나라를 다스릴 때 나
라의 군대를 이용해서 진나라와 자신의 영지를 동시에 넓히는 공을 이
루려 했습니다. 이 때문에 병사들은 평생 나라 밖에서 뜨거운 햇볕과
비바람에 시달리고, 사인들과 백성들은 안에서 지치고 괴로워했음에도
패업은 이루지 못했습니다. 이것이 패왕이 되는 길을 잃은 세 번째 이
유입니다.

조나라는 중원에 위치해 있는 나라여서 여러 나라에서 흘러들어 온
백성들이 모여 살고 있습니다. 그래서 백성들이 경박하여 부려 쓰기가
어렵습니다. 호령이 제대로 미치지 못하고, 상벌도 제대로 실행되지 않
아 믿을 수 없으며, 지세도 불리하여 군주는 그 백성들이 힘을 다하게
할 수 없었습니다. 이는 참으로 망국의 형세입니다. 그런데도 조나라
는 백성들을 걱정하지 않고 사인들과 백성들을 모두 장평(長平)을 지
키는 군사로 보내어 한나라의 상당(上黨)을 빼앗으려 다투었습니다. 이
때 대왕께서는 명령을 내려 이들을 깨부수고 무안(武安)을 함락시켰습
니다.[5] 바로 그때 조나라는 위와 아래가 서로 화목하지 못하고 귀한
자와 천한 자가 서로 믿지 못하는 상태였습니다. 그러했으므로 수도인
한단(邯鄲)을 지켜낼 수 없었습니다. 만약 진나라가 한단을 함락시켰다
면 산동(山東)과 하간(河間) 일대를 점령한 뒤 군대를 이끌고 서쪽으로
수무(修武)를 공략하고 양장(羊腸)을 넘어 대(代)와 상당 일대를 항복
시킬 수 있었을 것이고, 그러면 대 땅의 서른여섯 현과 상당의 열일곱

---

4) 진(秦)나라 소양왕의 어머니인 선태후(宣太后)의 이부(異父)동생이다.
5) 소양왕 47년(기원전 260)에 진나라의 장수 백기(白起)는 조괄(趙括)이 이끄는 조
    나라 군사 40만 명을 쳐서 이기고 이들을 모두 장평에 생매장했다.

현은 갑옷 한 벌 쓰지 않고 사인들과 백성들을 한 명도 괴롭히지 않은 채 모두 진나라 차지가 되었을 것입니다.

대 땅과 상당 일대를 싸우지 않고 모두 진나라가 차지했다면 조나라의 동양(東陽)과 하외(河外) 일대는 모두 제나라가 싸우지 않은 채 차지하게 되었을 것이고, 중산(中山)과 호타하(呼沱河) 이북의 땅 또한 모두 연나라가 싸우지 않은 채 차지하게 되었을 것입니다. 그렇게 되었다면 조나라는 멸망했을 것입니다. 조나라가 멸망하면 한나라도 망하고, 한나라가 망하면 초나라와 위나라도 홀로 설 수 없게 되며, 초나라와 위나라가 홀로 설 수 없게 되면 단 한 번의 공격으로 한나라를 무너뜨리고 위나라를 깨뜨리고 초나라를 함락시켰을 것입니다. 그런 뒤 동쪽으로 제나라와 연나라를 약화시키고 백마(白馬) 나루터 입구의 물을 터서 위나라로 흘려보내면 단번에 한·위·조 세 나라를 멸망시킬 수 있어 합종한 나라들은 모두 무너집니다. 그러면 대왕께서는 팔짱을 낀 채 아무 일도 하지 않고 가만히 기다리고만 있어도 천하의 제후들이 줄줄이 와서 복종할 것이니, 이것으로 패업을 이루게 됩니다. 그런데도 모신들은 그렇게 하지 않고 군대를 이끌고 물러나 다시 조나라와 화평을 맺었습니다. 대왕의 현명함과 진나라 군대의 강성함으로도 패왕이 될 대업을 저버리고, 땅은 조금도 얻지 못하고, 망한 것이나 다름없는 조나라에게 속임을 당했으니, 이는 모신들이 서툴렀기 때문입니다. 도대체 멸망했어야 할 조나라가 멸망하지 않고 패자가 되었어야 할 진나라가 패자가 되지 못한 것은 천하의 제후들이 참으로 진나라 모신들의 역량을 잘 헤아리고 있었다는 첫 번째 증거입니다.

그리고 다시 군사들을 모두 보내어 한단을 쳤으나 함락시키지 못하고, 도리어 갑옷을 버리고 쇠뇌를 짊어진 채 겁에 질려 벌벌 떨면서 퇴각했으니, 이는 천하 제후들이 참으로 진나라 모신들의 역량을 잘 헤아리고 있었다는 두 번째 증거입니다.

군사를 이끌고 물러나 이성(李城) 아래에 숨어 있을 때 대왕 또한 군사들을 모아 달려와서 싸웠으나 이기지 못했고, 곧바로 돌아갈 수 없었던 까닭에 군사들은 지친 채 달아났습니다. 이는 천하의 제후들이 참으로 진나라 모신들의 역량을 잘 헤아리고 있었다는 세 번째 증거입니다.

진나라는 안으로 모신들의 역량이 간파당하고 밖으로는 병력의 한계를 드러냈습니다. 이로써 보건대, 천하 제후들이 합종하는 것은 그리 어려운 일이 아닙니다. 실제로 진나라는 안으로 갑옷과 병장기가 망가지고 사인들과 백성들은 병들어 있으며 쌓아둔 재화는 바닥이 나고 논밭은 황폐해 있으며 곳간은 텅 비어 있습니다. 반면, 밖으로는 천하 제후들이 더욱 굳건하게 뜻을 모으고 있습니다. 부디 대왕께서는 이를 잘 생각해보시기 바랍니다.

신은 "두려워 떠는 마음으로 날마다 삼가고, 참으로 도리를 삼가 행하면 천하를 가질 수 있다"고 들었습니다. 무엇으로 그런 줄을 알겠습니까? 옛날에 주(紂)가 상(商)나라의 천자였을 때, 천하의 군사들 백만 명을 이끌고 나섰습니다. 좌군이 기수(淇水)의 물을 마시고 우군이 원수(洹水)의 물을 먹었더니 기수가 마르고 원수는 더 이상 흐르지 않았습니다. 이런 기세로 주(周)나라 무왕(武王)과 맞섰습니다. 무왕은 흰 갑옷 입은 군사 3천 명을 데리고 단 하루 싸웠는데도 폭군 주의 도성을 깨뜨리고 그를 사로잡았으며, 그 땅을 점령하고 그 백성들을 차지했습니다. 그럼에도 세상 사람들 누구도 폭군 주를 불쌍하게 여기지 않았습니다.

춘추시대 말기에 진(晉)나라의 지백(知伯)은 자신과 한씨(韓氏)·위씨(魏氏) 집안의 군사들을 거느리고 진양(晉陽)을 포위하고 조양자(趙襄子)를 공격했습니다. 강물을 터서 진양성으로 흘러들어 가게 한 지 석 달 만에 거의 성을 함락시키게 되었습니다. 조양자는 거북 등을 뚫고 산가지를 세어 점을 쳐서 어느 나라에 항복하면 좋을지 이해득실을 살폈습니다. 그러나 가신인 장맹담(張孟談)을 몰래 내보내 한씨와 위씨를 설득했습니다. 한씨와 위씨가 지백씨를 배반함으로써 두 가문의 힘을 얻은 조씨는 지백씨를 공격하여 그를 사로잡았습니다. 이로써 조양자는 처음의 지위를 회복할 수 있었습니다.

이제 진나라의 땅은 긴 곳을 잘라 짧은 곳을 메우면 사방 수천 리가 되고 정예군사의 수는 수십만 명이 됩니다. 게다가 호령이 엄격하고 상벌이 공정하며 지형이 유리하니, 천하에 이런 나라는 없습니다. 이를 바탕으로 천하의 제후들과 다투면 천하를 모두 차지할 수 있습니다.

제가 죽음을 무릅쓰고 대왕을 뵈려 한 것은 천하 제후들의 합종을 깨뜨리고 조나라를 빼앗고 한나라를 멸망시키고 초나라와 위나라를 신하로 삼고 제나라와 연나라를 내 편으로 만들어서 패왕의 명성을 이루어 사방의 제후들로 하여금 조공을 들게 할 방도를 말씀드리고자 해서입니다. 대왕께서 저의 의견을 들어보시고 단번에 천하 제후들의 합종을 깨지 못하고 조나라도 빼앗지 못하고 한나라를 멸망시키지 못하고 초나라와 위나라를 신하로 삼지 못하고 제나라와 연나라를 내 편으로 만들지 못해서 패왕의 명성을 이루지 못하여 사방의 제후들로 하여금 조공을 들게 하지 못한다면, 저를 참형에 처한 뒤에 군주를 위해 불충하게 일을 꾀한 자임을 온 나라에 두루 알리십시오.

2장

존한(存韓)[1],
한나라의 존속을 꾀하다

한나라가 진나라를 섬긴 지 30여 년이 되었습니다. 밖으로는 방패막이 구실을 하고 안으로는 자리깔개의 구실을 하며 진나라를 편안하게 했습니다. 진나라는 정예군을 출동시켜 한나라의 영토를 가져갔으며 한나라는 그 명을 따랐을 뿐입니다. 그리하여 천하 제후들의 원망은 한나라에 쏟아졌으며, 그 공적은 모두 강한 진나라로 돌아갔습니다.

원래 한나라는 공물이나 부역을 바치고 있어 진나라의 군이나 현과 다를 바 없습니다. 그런데 요즘 제가 들으니, 폐하의 신하들이 군사를 일으켜 한나라를 치자는 계책을 내놓았다고 합니다. 지금 조나라에서는 사졸들을 모으고 합종을 주장하는 무리를 길러 천하 제후들의 군사를 결집시키려 하고 있습니다. 또 제후들에게 진나라가 약해지지 않으면 반드시 자신들의 종묘가 없어지게 될 것임을 설명하고는 서쪽으로

---

1) 진나라는 바로 곁의 한나라를 쳐서 병합함으로써 천하 통일을 꾀하려 했고, 한비는 조국 한나라를 보존하고자 이 글을 써서 조나라부터 치는 것이 이롭다는 주장을 폈다. 결국 한비의 뜻은 관철되지 못해 한비는 죽음을 당하고 한나라는 항복했다.

나아가 진나라를 칠 뜻을 실행하려고 하는데, 이는 하루아침의 계획이 아닙니다. 이제 조나라가 가져올 우환을 놓아둔 채 내신(內臣)이나 다름이 없는 한나라를 친다면, 천하 제후들은 조나라의 계책이 마땅하다고 여길 것입니다.

한나라는 작은 나라인데, 천하의 제후들이 사방에서 공격해 오고 있어 이를 일일이 대응하면서 군주는 치욕을 참고 신하들은 고통을 견디며 위와 아래가 모두 함께 걱정해온 지 오래되었습니다. 수비를 단단히 하고 강한 적을 경계하며 많은 곡식을 쌓아두고 성을 쌓고 해자를 파서 굳게 지키고 있는 것도 그 때문입니다.

이제 한나라를 친다면, 1년 안에는 멸망시킬 수 없습니다. 고작 성 하나를 함락시키고 물러난다면, 도리어 천하 제후들이 진나라의 권위를 업신여겨 군사를 모아서 진나라를 꺾으려 할 것입니다. 한나라가 진나라를 배반하면 위나라가 이에 호응할 것이고, 조나라는 제나라가 진나라에 대적할 근거지가 되어 줄 것입니다. 이렇게 되면 한나라와 위나라가 조나라를 돕고 제나라에 힘을 빌려주게 한 셈이 되어서 그들의 합종책은 더욱 굳건해지니, 진나라로서는 강한 적과 다투게 됩니다. 이는 조나라에는 복이지만 진나라에는 재앙입니다.

나아가서는 조나라를 치고서 빼앗지 못하고, 물러나서는 한나라를 치고서 함락시키지 못한다면, 강적을 쳐부술 정예 군사들은 야전(野戰)에 지치고 보급품을 나르는 자들도 물자를 공급하느라 지칠 것입니다. 이렇게 되면 고생하여 약해진 군사를 모아서 전차 만 대의 대국인 조나라와 제나라 두 나라를 대적하게 되니, 이는 조나라를 멸망시키겠다는 의도와 어긋납니다. 참으로 폐하의 신하들이 세운 계책대로 한다면 진나라는 반드시 천하 제후들의 표적이 될 것입니다. 폐하께서 비록 바위나 쇠처럼 오래 사신다 하더라도 천하를 통일할 날은 오지 않을 것입니다.

미천한 저의 어리석은 생각으로는 누군가를 초나라에 사자로 보내

요로의 대신에게 후한 뇌물을 주며 그동안 조나라가 진나라를 어떻게 속여왔는지를 밝히고, 위나라에는 인질을 보내 안심시키고, 한나라를 끌어들여 조나라를 치는 것이 나을 듯합니다. 이때 조나라가 비록 제나라와 한편이 되더라도 걱정할 것이 없습니다. 이 두 나라의 일만 해결되면 한나라는 편지 한 장으로도 평정할 수 있습니다. 이렇게 되면 진나라는 한 번의 거사로 조나라와 제나라 두 나라를 패망의 지경으로 몰아넣게 되니, 초나라와 위나라도 반드시 스스로 항복할 것입니다.

옛말에 "군사는 흉악한 도구다"라고 했습니다. 그러니 군사는 잘 살펴서 쓰지 않으면 안 됩니다. 지금 진나라는 조나라와 대등하게 맞서고 있는데, 제나라가 조나라에 가세하고 또 한나라가 등을 돌리고 있으며 초나라와 위나라의 마음은 아직 제대로 붙잡지 못하고 있습니다. 이때 한나라와 싸워서 단번에 이기지 못하면, 재앙을 초래하게 됩니다.

계책이란 일을 결정하는 근본이니, 잘 살피지 않으면 안 됩니다. 조나라와 진나라 가운데 어느 나라가 강해지고 약해지느냐는 올 한 해에 달려 있습니다. 그런데 조나라가 천하의 제후들과 몰래 일을 꾀한 것은 오래되었습니다. 한나라를 치기 위해 병력을 동원했다가 제후들에게 약점을 보인다면 위태로워지고, 계책을 실행했다가 제후들이 진나라를 의심하도록 만든다면 지극히 위태로워집니다. 이런 두 가지 서투른 계책이 드러나면 진나라는 제후들에게 강자로서 위세를 부릴 수 없습니다. 저는 폐하께서 이 일을 깊이 생각하시기를 바랍니다. 한나라를 정벌했다가 합종한 나라들에 틈을 보인다면, 그때는 후회해도 소용이 없습니다.

【덧붙이는 글】[2]

1. 이사(李斯)가 진나라 왕에게 글을 올렸다.

폐하께서는 저 이사에게 조서를 내려 한나라의 사신 한비(韓非)가 올린 글을 검토하라고 하셨습니다. 그 글에서 한비는 진나라가 한나라를 쳐서는 안 된다고 말했습니다만, 저는 결코 그렇지 않다고 생각합니다.

진나라가 한나라를 껴안고 있는 것은 마치 사람이 뱃속에 병을 갖고 있는 것과 같습니다. 평소에 일이 없을 때에도 괴로운 것이 축축한 데서 사는 것 같으며, 급히 달리기라도 하면 발작하게 됩니다. 저 한나라가 비록 진나라에 신하처럼 따르고 있지만, 진나라의 병집이 아니었던 적이 없습니다. 이제 갑작스럽게 변고라도 생긴다면, 한나라는 결코 믿을 수 없습니다. 진나라는 조나라와 적대 관계에 있어 형소(荊蘇)를 제나라에 사신으로 보냈으나, 어떻게 될지는 아직 알 수가 없습니다. 신이 보기에는 제나라와 조나라의 외교 관계가 결코 형소 한 사람에 의해서 단절되지는 않을 것입니다. 만약 단절시키지 못한다면 진나라는 온 힘을 다해서 전차 만 대의 나라인 두 나라를 한꺼번에 대응해야 합니다.

저 한나라는 진나라에 의리로써 복종하는 것이 아니라 강한 힘에 굴복하고 있을 뿐입니다. 이제 제나라와 조나라에 대응하느라 온 힘을 다 쓰면 한나라는 반드시 뱃속의 병이 되어 발작할 것입니다. 한나라가 초나라와 함께 계책을 꾸미고 제후들이 이에 호응한다면, 진나라는 반드시 또 효산(崤山)의 관문에서 적을 맞아야 하는 재앙을 겪게

---

[2] 아래 두 편의 글은 한비의 주장을 반박하는 것이며, 진나라가 천하를 통일하는 데 크게 기여한 이사(李斯)가 썼다.

될 것입니다.

한비가 진나라에 온 까닭은 반드시 한나라를 존속시켜 그 공적으로 한나라에서 중용되려는 것입니다. 변설과 궤변을 늘어놓아 잘못을 덮어 가리고 거짓으로 계책을 꾸며서는 진나라로부터 이익을 낚고 폐하의 틈을 엿보아 한나라를 이롭게 하려 합니다. 진나라와 한나라의 사이가 가까워지면 한비는 중용되니, 이는 자신에게 유리한 계책입니다.

신이 한비의 말을 살펴보니, 엉터리 논설에 알맹이 없는 변설을 꾸미는 재주가 매우 뛰어납니다. 그래서 신은 폐하께서 한비의 변설에 빠져들어 그 도둑 같은 마음을 믿었다가 일의 실정을 제대로 살피지 못하실까 두렵습니다. 신의 어리석은 견해로는, 진나라가 군사를 일으켜서 어느 나라를 칠 것인지를 분명하게 하지 않는다면, 한나라의 대신들은 진나라를 섬기는 계책을 세울 것입니다. 이제 신 이사가 한나라에 가서 그 왕을 뵙고 진나라에 오도록 설득해보겠습니다. 그러면 대왕께서는 그를 만난 뒤에 곧바로 그를 붙들어두고 돌려보내지 마십시오. 그런 뒤에 한나라의 대신을 불러서 그와 흥정을 하면, 한나라에서 많은 영토를 떼어줄 것입니다. 이어 몽무(蒙武)에게 명을 내려 동군(東軍)의 군사를 이끌고 가서 국경 근처에서 위세를 보여주게 하고 진격할 방향은 말해두지 않는다면, 제나라는 두려워하여 형소의 계책을 따를 것입니다. 이렇게 되면 진나라는 군사를 출동시키지 않은 채 만만치 않은 한나라를 위력으로써 휘어잡고 강한 제나라를 의리로써 복종시키게 됩니다. 이 사실이 제후들에게 알려지면 조나라는 간담이 서늘해지고 초나라는 요모조모 따지다가 결국 진나라를 섬기는 계책을 세울 것입니다. 초나라가 움직이지 않으면 위나라는 걱정할 게 못되고, 그러면 제후들의 영토를 차츰차츰 집어삼키며 모조리 차지할 수 있고 조나라와도 맞설 수 있게 됩니다. 부디 폐하께서는 어리석은 신의 계책을 깊이 살피시고 소홀히 하지 마십시오.

2. 진나라에서 마침내 이사를 한나라에 사신으로 보냈다. 이사는 가서 한나라 왕에게 사자로 온 뜻을 알리려 했으나, 만날 수가 없어서 한나라 왕에게 글을 올렸다.

옛날 진나라와 한나라는 힘을 합치고 한마음이 되어 서로 침략하지 않았으며, 천하의 제후들도 감히 침범하지 못했습니다. 이렇게 여러 세대를 거쳐왔습니다. 지난번에 다섯 나라의 제후들이 서로 연합하여 한나라를 쳤을 때, 진나라에서는 군사를 보내 구원했습니다.[3] 한나라는 중원에 있지만, 땅은 사방 천 리가 채 되지 않습니다. 그럼에도 다른 제후들과 천하에서 어깨를 나란히 하면서 군주와 신하들이 함께 생존할 수 있었던 까닭은 선대와 후대가 대대로 가르치면서 진나라를 섬겼기 때문입니다.

그런데 지난번에 다섯 제후들이 함께 진나라를 칠 때[4] 한나라는 도리어 제후들 편에서 앞장서 진나라를 향하더니 함곡관(函谷關) 아래에 진을 쳤습니다. 그러나 제후들의 군사들은 지치고 힘이 다해서 어쩔 수 없이 철수했습니다. 두창(杜倉)이 진나라의 재상이 되자 군사를 일으켜 제후들이 공격한 데 대해 그 원한을 갚으려고 먼저 초나라를 치려고 했습니다. 초나라의 영윤(令尹)[5]은 이를 걱정하며 이렇게 말했습니다.

"한나라는 진나라를 의롭지 못하다고 하면서도 진나라와 형제의 관계를 맺고 함께 천하를 괴롭히다가 또 진나라를 배반하고 제후들에 앞장서서 함곡관을 공격했다. 한나라는 중원에 있으면서 이랬다저랬다

---

3) 기원전 273년에 조나라와 위나라가 연합하여 화양(華陽)을 침략한 일을 가리킨다. 이때 진나라에서 백기(白起)를 보내 구원했다.
4) 기원전 318년에 조나라, 위나라, 연나라, 제나라, 한나라 등이 진나라를 친 일을 가리킨다.
5) 초나라에서 재상을 일컫는 명칭이다.

하므로 믿을 수가 없다."

그러고는 천하 제후들과 함께 한나라의 상당(上黨) 지역의 열 개 성을 진나라에 바치며 사죄했고, 이에 진나라는 군사를 물렀습니다.

저 한나라는 진나라를 한 번 배신한 대가로 나라는 핍박받고 땅은 침범을 당하고 군사력은 약해졌습니다. 그게 지금까지 이어지고 있습니다. 그렇게 된 까닭은 간사한 신하들의 허황된 이야기를 듣고 사실을 제대로 파악하지 못한 탓입니다. 비록 지금 간사한 신하들을 베어 죽일지라도 한나라를 다시 강국으로 만들지는 못합니다.

지금 조나라가 병사들을 모아 진나라와 전쟁을 치르려고 사자를 보내 길을 빌려달라고 하는데, 말은 진나라를 치려고 한다지만 그 형세로 보아 반드시 한나라를 먼저 치고 난 뒤에 진나라를 칠 것입니다. 또 신은 "입술이 없으면 이가 시리다"는 말을 들었습니다. 진나라와 한나라가 걱정을 함께하지 않을 수 없는 사이라는 것은 형세로 보아 알 수가 있습니다.

위나라가 군사를 일으켜 한나라를 치려고 했을 때 위나라에서 진나라로 보낸 사자를 진나라는 한나라로 보내주었습니다. 이제 진나라 왕이 신 이사를 사신으로 보냈으나, 왕께서는 저를 만나주지 않고 있습니다. 좌우의 측근들이 이전에 간신들이 한 행위를 그대로 되풀이하는 듯합니다. 이 때문에 한나라가 다시 영토를 잃는 환난을 겪지 않을까 두렵습니다. 제가 왕을 뵙지 못하고 그대로 돌아가 보고한다면, 진나라와 한나라의 국교는 반드시 끊어지게 될 것입니다.

제가 사신으로 온 것은 진나라 왕의 호의를 받들어 한나라에 이로운 계책을 드리고자 해서인데, 어찌하여 폐하께서는 저를 이렇게 대하십니까? 신은 폐하를 한 번 뵙고 어리석은 계책을 아뢰고자 하니, 그런 뒤에 극형을 내리신다면 기꺼이 받겠습니다. 부디 폐하께서는 잘 생각해보시기 바랍니다.

지금 한나라에서 신을 죽이더라도 대왕께서는 한나라를 강하게 할 수 없습니다. 그러나 신의 계책을 듣지 않으신다면, 반드시 재앙이 일어날 것입니다. 진나라가 군사를 일으켜 머뭇거리지 않고 들이친다면, 한나라의 사직은 위태로워질 것입니다. 신 이사의 주검이 한나라 저자에 내걸린다면, 그때는 이 미천한 신의 어리석은 계책을 듣고자 해도 들을 수 없습니다. 변방이 짓밟힌 채 도성을 굳게 지키다가 적의 북소리와 방울소리가 귀에 들리면, 그때는 신의 계책을 쓰기에 이미 늦습니다.

또 한나라의 병력 수준이 어떠한지는 천하 사람들이 다 알고 있습니다. 그런데 이제 또 강한 진나라를 배반하려 합니다. 무릇 성을 버리고 군대가 싸움에서 지면, 내부에 있는 자들이 반란을 일으켜 반드시 성을 습격할 것입니다. 성이 함락되면 병사들은 흩어지고, 병사들이 흩어지면 군대는 없어집니다. 가령 성을 단단히 지키려 한다면 진나라는 반드시 군사를 일으켜 대왕의 도성을 포위할 것이고, 그렇게 되면 길이 막혀 통하지 않게 되어서 어떤 계책도 실행하기 어렵습니다. 그런 형세에서는 구원받지 못합니다. 이는 좌우 측근들의 계책이 주도면밀하지 못해서입니다. 부디 폐하께서는 이를 깊이 헤아리시기 바랍니다. 만약 신 이사의 말이 사실과 맞지 않은 게 있다면, 부디 대왕께서는 저를 면전에 불러 할 말을 다하게 해주십시오. 그런 뒤에 담당 관리를 시켜 처벌하셔도 늦지 않을 것입니다.

지금 진나라 왕은 먹고 마셔도 맛을 모르고 유람을 해도 즐겁지 않으니, 오로지 그 뜻이 조나라를 치는 데에 있습니다. 그리하여 신 이사를 이곳에 보내 말하게 한 것입니다. 부디 직접 만나 뵙고 그 자리에서 폐하와 계책을 논의할 수 있기를 바랍니다. 이제 왕께서 신을 만나지 않으신다면, 한나라의 신의는 믿을 수 없게 됩니다. 그러면 진나라는 반드시 조나라 문제는 제쳐놓고 군대를 한나라로 이동시킬 것입니다. 부디 폐하께서는 다시 한 번 잘 살피고 헤아려서 결단을 내려주십시오.

난연 (難言)[1],
말하기의 어려움

신 한비는 말하기 자체를 어렵게 여기지는 않습니다. 그러나 말하기를 어렵게 여기는 까닭이 있으니, 이러합니다.

말이 매끄럽고 번드러우며 거침이 없이 줄줄 이어지면, 화려하기는 하지만 알맹이가 없어 보입니다. 말씨가 도탑고 깍듯하며 굳세면서도 삼가면, 서투르고 조리가 없어 보입니다. 말이 많고 번다하게 덧붙이며 비슷한 예를 많이 들면, 헛되고 쓸모없어 보입니다. 요점만 간추려 대강 말하거나 꾸밀 줄 모르고 짤막하게 질러 말하면, 미련하고 말재주가 없어 보입니다. 가까운 사람을 심하게 다그치며 상대의 속내를 떠보려는 듯이 말하면, 하리놀기 좋아하고 깍듯하지 않아 보입니다. 말의 내용이 너무 크고 넓으며 헤아릴 수 없을 정도로 오묘하면, 부풀리기만 해서 부질없어 보입니다. 이리저리 헤아리며 자질구레한 말을 자주 늘어놓으면, 허름하고 너절해 보입니다. 속된 말을 하면서 말본새가 상대에게 거슬리지 않으려 하면, 목숨을 부지하려고 알랑거리는 짓으로 보

---

1) 한비가 군주에게 올린 글인데, 어느 왕에게 올린 것인지는 알 수가 없다.

입니다. 세속과는 멀찌감치 떨어진 듯하면서 괴이한 말로 세상을 떠들썩하게 하면, 터무니없고 거짓되어 보입니다. 대꾸하는 것이 재빠르고 멋스런 표현을 자주 쓰면, 치레하는 것으로 보입니다. 옛말이나 옛글은 끌어오지 않고서 있는 그대로 말하면, 메떨어져 보입니다. 때때로 『시경』이나 『상서』를 들먹거리고 지나간 옛것을 본받자고 말하면, 외우기나 잘하는 것으로 보입니다. 이런 것들이 신이 말하기를 어려워하며 거듭 걱정하는 이유입니다.

무릇 논의의 근거가 아무리 바르더라도 군주가 반드시 들어주는 것도 아니고, 논리가 아무리 온전하더라도 반드시 써주는 것도 아닙니다. 만약 대왕께서 이런 이유로 믿지 않으신다면, 작게는 남을 헐뜯는 자로 여겨질 것이고 크게는 죽음을 부르는 재앙이 그 몸에 미칠 지도 모릅니다. 그래서 오자서는 일을 잘 꾀했으나 오나라에서 죽임을 당했고, 공자는 말을 잘했으나 광(匡) 땅 사람들에게 에워싸여 아슬아슬했으며, 관중은 참으로 똑똑했으나 노나라에서 그를 가두어 두었습니다. 이 세명의 대부가 어찌 현명하지 못해서 그러했겠습니까? 그들의 군주가 밝지 못해서였습니다.

옛날에 탕왕은 지극한 성인이었고, 이윤은 지극히 지혜로웠습니다. 저 지극히 지혜로운 이가 지극한 성인에게 말하는데, 무려 일흔 번이나 설득했어도 받아들여지지 않았습니다. 솥과 도마를 직접 들고 가서 요리사가 되어 무람없이 가까워진 뒤에야 탕왕은 가까스로 이윤이 현명한 사람인 줄 알아보고 그를 썼습니다. 그래서 "아무리 지혜로운 이가 지극한 성인에게 말하더라도 반드시 받아들여지지는 않는다"고 했으니, 이윤이 탕왕을 설득하려던 일이 그렇습니다.

지혜로운 이가 어리석은 자를 설득하면 결코 들어주지 않으니, 문왕이 폭군 주(紂)를 설득하려던 일이 그렇습니다. 그래서 문왕이 설득하려 드니, 주가 그를 가두었습니다. 익후(翼侯)는 불에 타죽었고 귀후

(鬼侯)는 살가죽이 벗겨졌으며 비간(比干)은 심장이 갈라져 죽었고 매백(梅伯)은 소금에 절여졌습니다. 관중은 오랏줄에 묶였고 조기(曹羈)는 간언하다 진(陳)나라로 도망쳤으며 백리해(百里奚)는 길에서 구걸했고 부열(傅說)은 몸을 팔고 다녔으며 손빈(孫臏)은 정강이뼈가 잘렸습니다. 오기(吳起)는 안문(岸門)을 지나면서 눈물을 흘리며 서하(西河)가 진(秦)나라 땅이 될 것이라고 통탄했으나 끝내 초나라에서 사지가 찢겨서 죽었습니다. 공숙좌(公叔痤)는 큰 그릇인 공손앙(公孫鞅)을 추천했으나 도리어 사리에서 벗어났다고 여겨졌으며, 그예 공손앙은 진(秦)나라로 달아났습니다. 관룡방(關龍逢)은 걸왕(桀王)에게 간언하다가 목이 베였고, 장홍(萇弘)은 창자가 토막토막 잘렸으며, 윤자(尹子)는 가시덤불 속에 내던져졌고, 사마자기(司馬子期)는 죽임을 당해 강물에 던져져 흘러갔으며, 전명(田明)은 몸뚱이가 찢겨서 죽었고, 백성들을 잘 다스렸던 복자천(宓子賤)과 서문표(西門豹)는 남과 다투지 않았음에도 다른 사람의 손에 죽었으며, 동안우(董安于)는 죽어서 저잣거리에 내걸렸고, 재여(宰予)는 제나라에서 몰래 세력을 키우던 전상(田常)[2]을 적대시하다가 죽음을 면하지 못했으며, 범수(范雎)[3]는 위(魏)나라에서 고문을 받아 갈비뼈가 부러졌습니다.

이들 십여 명은 모두 어질고 똑똑하며 참되고 뛰어나며 덕과 꾀를 지닌 선비로 세상에 알려져 있었습니다. 그러나 불행하게도 어그러진 군주나 어지럽히는 군주, 어두운 군주나 헤매는 군주를 만나서 죽임을 당했습니다. 그렇다면 이런 현자나 성인이 죽임을 당하고 욕됨을 피하지 못한 까닭은 무엇이겠습니까? 그것은 어리석은 군주에게는 말하기가 어렵기 때문입니다. 그래서 군자는 말하기를 어려워합니다. 게다가

---

2) 진항(陳恒)이라고도 하며, 춘추시대 말기 강태공의 후손이 다스리던 제나라를 찬탈하는 기반을 닦았다.

3) 범저(范雎)라고도 쓰는데, 이 책에서는 '범수'로 통일한다. 범수는 진나라 소양왕 때 승상을 지낸 인물로, 유세객 출신이다.

지극한 말은 귀에 거슬리고 마음이 내키지 않습니다. 현군(賢君)이나
성군(聖君)이 아니라면 잘 들어주지 않습니다. 부디 대왕께서는 이를
잘 헤아리십시오.

애신(愛臣),
신하를 대하는 법

아끼는 신하를 너무 가까이하면 반드시 군주 자신의 몸이 위태로워지고, 신하가 너무 높아지면 반드시 군주의 자리를 빼앗게 됩니다. 정실과 첩실 부인 사이에 차등을 두지 않으면 반드시 정실의 자식이 아슬아슬해지고, 군주의 형제들이 복종하지 않으면 반드시 사직이 위태로워집니다.

신이 들으니, "전차 천 대를 가진 군주가 대비하지 않으면 반드시 전차 백 대를 가진 신하가 그 곁에 있다가 군주의 백성을 자기 쪽으로 끌어모아 나라를 넘어뜨리고, 전차 만 대를 가진 군주가 대비하지 않으면 반드시 전차 천 대를 가진 가문이 그 곁에 있다가 군주의 권세를 제 것으로 삼아 나라를 넘어뜨린다"고 합니다. 이는 간사한 신하가 세력을 키우면 군주의 통치 기반이 약해짐을 뜻합니다. 이런 까닭에 제후의 땅이 너르고 커지면 천자에게 해롭고, 신하들이 너무 부유해지면 군주가 무너질 수 있습니다. 장수나 재상이 군주의 일을 맡고서는 제 집안을 크게 높이면, 이때 군주는 그를 내쳐야 합니다.

만물 가운데 군주 자신의 몸보다 더 귀한 것은 없고, 군주의 지위보다 더 높은 것이 없으며, 군주의 위엄보다 더 무거운 것이 없고, 군주의 권세보다 더 큰 것이 없습니다. 군주의 몸과 지위, 위엄, 권세 이 네 가지 미덕은 밖에서 구하거나 남에게 빌어서 얻을 수 있는 것이 아니라 깊이 헤아리고 잘 꾀해야만 얻을 수 있는 것입니다. 그래서 "군주가 자신의 네 가지 미덕을 잘 쓰지 못하면 나라 밖에서 죽음을 맞는다"고 말하는 것입니다. 이는 군주라면 꼭 새겨두어야 할 일입니다.

옛날 상(商) 왕조의 폭군 주(紂)가 망하고 주(周) 왕조의 위세가 꺾인 것은 모두 제후들의 영토가 지나치게 넓어졌기 때문입니다. 진(晉)나라가 셋으로 쪼개지고 제(齊)나라가 전씨(田氏)에게 빼앗긴 것은 모두 신하들이 너무 부유해졌기 때문입니다.[1] 저 연(燕)나라와 송(宋)나라에서 군주가 신하에게 죽임을 당한 것도 모두 같은 이유입니다. 그러므로 위로는 상과 주 왕조를, 가운데로는 제나라와 진나라를, 아래로는 연나라와 송나라를 서로 견주어보면, 이런 이치에서 벗어나지 않는 경우가 없습니다.

현명한 군주는 신하를 길들일 때 철저하게 법으로써 잡도리하여 미리 바로잡습니다. 그래서 죽을죄를 용서하지 않고 형벌을 줄여주지 않습니다. 법에 따르지 않고서 죽을죄를 용서하고 형벌을 줄여주는 것, 이를 두고 '권위를 갉아먹는다'고 합니다. 그렇게 되면 사직은 위태로워지고 국가 권력은 신하에게로 쏠립니다. 이러하므로 대신의 녹봉이 아무리 크더라도 도성의 시장에서 세금을 거두지 못하게 하며, 패거리가 아무리 많다고 해도 군사를 사사로이 부리지 못하게 해야 합니다.

신하된 자가 나랏일을 사사로이 처리하지 못하게 해야 하고, 군대를 지휘하면서 사사로이 외교 관계를 맺지 못하게 해야 하며, 국고를 관리

---

1) 본래 제나라는 강태공이라 불리는 여상(呂尙)에게 주어진 나라여서 대대로 여씨가 통치했으나, 진(陳)나라에서 넘어와 대부 가문을 이룬 전완(田完)의 후손 전화(田和)가 기원전 386년에 강공(康公)을 쫓아내고 나라를 다스리면서 전씨가 제나라를 차지했다.

하면서 사사로이 빌려주지 못하게 해야 합니다. 이것이 현명한 군주가 신하의 삿된 짓을 막는 방법입니다. 따라서 신하가 외출할 때 네 필의 말이 끄는 호위 수레가 따르지 않게 하고, 규정에서 벗어난 무기를 수레에 싣지 못하게 해야 합니다. 역마나 파발마를 쓸 만큼 급박한 상황이 아닌데도 규정에서 벗어난 무기나 갑옷을 실으면 사형에 처하고 용서하지 말아야 합니다. 이것이 현명한 군주가 뜻밖의 사태에 대비하는 방법입니다.

5장

주도(主道),
군주의 길

도는 온갖 것이 비롯되는 처음이며 옳고 그름을 가르는 벼리
다. 그러므로 현명한 군주는 저 처음을 잘 지켜서 온갖 것의
근원을 알고, 벼리를 잘 다스려 잘되고 못되는 실마리를 안다. 따라
서 군주는 마음을 비우고 고요히 기다리면서 신하가 스스로 말하게
하고 일이 저절로 정해지도록 한다. 마음을 비우면 실정을 알게 되
고, 고요히 있으면 움직임이 바른지 알게 된다. 말할 게 있는 자는
스스로 말하게 되고, 일이 있는 자는 스스로 실적을 드러낸다. 그
실적과 말한 것을 서로 견주어보면 군주는 달리 하는 일이 없어도
그 실정을 파악하게 된다.

그러므로 "군주는 자신이 바라는 것을 드러내서는 안 되는데, 군주
가 자신이 바라는 것을 드러내면 신하는 군주가 바라는 대로 보이려
고 꾸민다. 군주는 자신의 뜻을 드러내서는 안 되는데, 군주가 자신의
뜻을 드러내면 신하는 제 속내는 숨기고 군주의 뜻에 맞추려 한다"고
말한다. 또 "군주가 좋아하는 것도 싫어하는 것도 내비치지 않으면 신
하는 곧 제 속내를 드러낸다. 군주가 지혜와 잔꾀를 부리지 않으면 신

하는 곧 스스로 삼간다. 따라서 군주는 지혜가 있더라도 일을 꾀하지 말고 모든 사람들이 스스로 처신하게 해야 하며, 행동하더라도 현명함을 내보이지 않고 신하들이 왜 그렇게 하는지를 살펴야 하며, 용기가 있더라도 성내지 말고 신하들이 자신의 용맹을 다하게 해야 한다"고 말한다.

지혜를 버림으로써 환히 알게 되고, 현명함을 버림으로써 공을 이루게 되고, 용기를 버림으로써 나라를 강하게 만든다. 모든 신하가 직분을 지키고 모든 관리가 정해진 법도를 지키게 하면서 각자의 능력에 따라 부리는 것, 이를 한결같은 도리를 익힌다는 '습상(習常)'이라 한다. 따라서 "그 자리에 없는 듯이 고요히 있으며, 마음을 텅 비워 있는지도 모르게 한다. 현명한 군주는 위에서 하는 일이 없으나, 신하들은 아래에서 두려워하며 떤다"고 말한다.

현명한 군주의 일은 지혜로운 신하가 온 힘을 다해 일을 꾀하도록 하고 이를 근거로 일을 판단하는 것이다. 그래서 군주는 지혜에서 막히는 일이 없다. 현명한 신하가 자신의 재주를 다 드러내도록 하여 이를 근거로 일을 맡긴다. 그래서 군주는 능력에서 막히는 일이 없다. 또 공적이 있으면 군주가 현명하다고 일컬어지고 허물이 있으면 신하가 책임을 지므로 군주는 명성이 깎이는 일이 없다. 이렇게 되면 군주는 현명하게 굴지 않아도 현명한 신하의 스승이 되고 지혜를 쓰지 않아도 지혜로운 자의 우두머리가 된다. 힘쓰는 일은 신하가 하지만 이루어진 일은 군주의 몫이 되니, 이를 일러 현명한 군주의 길이라 한다.

도는 눈으로 볼 수가 없고, 그 작용은 미리 알 수가 없다. 군주는 마음을 비우고 고요히 하는 일이 없으면서도 신하의 허물을 슬며시 다 알아챈다. 보고도 못 본 척하고, 들어도 못 들은 척하며, 알고도 모른 척한다. 신하들의 말을 다 들은 뒤에는 그 말을 바꾸거나 고칠 수 없게 하고 그 말이 실적과 합치되는지를 견주어본다. 공무를 맡은 부서마다 한 사람씩 심어두어 서로 말을 맞추지 못하게 하면 온갖 일들을 다 파악할 수 있다.

군주가 자신의 행적을 가려두고 속내를 숨겨두면 아랫사람들은 군주의 속내를 알아차릴 수 없다. 군주가 자신의 지혜를 버려두고 능력을 막아두면 신하들은 군주의 속뜻을 가늠할 수 없다. 군주가 자신이 뜻한 바를 잘 갈무리한 채 신하들의 말과 실적을 견주어보며 상벌의 권한을 잘 쥐고서 권력을 확실하게 장악하고 있으면, 신하들의 헛된 야망을 끊고 그 어리석은 뜻을 깨뜨려서 함부로 욕심을 내지 못하게 한다.

빗장을 야무지게 지르지 않고 그 문을 잘 지키지 못하면 범이 곧바로 나타날 것이며, 일을 신중하게 하지 않고 속내를 잘 숨기지 않으면 도적이 곧바로 생겨날 것이다. 그 군주를 시해하고 그 자리를 대신 꿰찬 뒤에 다른 사람들도 함께하도록 만들므로 그런 자를 범이라 한다. 군주의 곁에 있으면서 군주의 틈을 노리므로 그런 자를 도적이라 한다. 그 무리들을 흩어버리고 나머지는 잡아들이며 그 문으로 출입하지 못하게 막고 또 그를 돕는 자들을 떠나게 한다면, 나라 안에는 범이 없어질 것이다. 뜻이 커서 헤아릴 수 없게 하고 생각이 깊어서 잴 수 없게 하며 신하들의 말과 실적이 합치되는지 견주고 법도와 격식에 따라 살피고 시험하여 멋대로 하는 자를 벌준다면, 나라 안에는 도적이 없어질 것이다.

군주의 권력을 가로막는 것에는 다섯 가지가 있다. 첫째는 신하가 군주의 눈과 귀를 가리는 것이고, 둘째는 신하가 나라의 재정을 제멋대로 운용하는 것이며, 셋째는 신하가 제 마음대로 명령을 내리는 것이고, 넷째는 신하가 군주의 허락 없이 상벌의 권한을 행사하는 것이며, 다섯째는 신하가 조정에 제 사람을 심는 것이다. 신하가 군주의 눈과 귀를 가리면 군주는 자리를 잃게 되고, 신하가 나라의 재정을 제멋대로 운용하면 군주는 은혜를 베풀 힘을 잃게 되며, 신하가 제 마음대로 명령을 내리면 군주는 통제권을 잃게 되고, 신하가 상벌의 권한을 행사하면 군주는 군주로서 명분을 잃게 되며, 신하가 조정에 제 사람을 심으

면 군주는 자신을 따르는 이들을 잃게 된다. 이렇게 신하가 누리는 것
들은 오로지 군주 한 사람만이 행사해야 하는 것이니, 신하된 자가 쥐
고 흔들어서는 안 된다.

군주의 길에서는 '고요히 물러나 있음'을 보배로 여긴다. 군주는 스
스로 일을 맡아 하지 않으면서 일이 잘되고 못되는 것을 알아야 하며,
스스로 헤아리지 않으면서 복이 될지 재앙이 될지를 알아야 한다. 그래
야 군주가 말하지 않아도 신하는 군주의 뜻에 알맞추 말하고, 군주가
잡도리하지 않아도 일은 잘되어간다. 군주는 신하가 알맞추 말하면 이
를 새긴 패쪽을 받아두고, 일이 잘되어가면 신표를 받아 쥐고 있어야
한다. 신표와 패쪽대로 했느냐에 따라서 상과 벌이 결정된다. 따라서
신하들이 자기 의견을 늘어놓으면 군주는 그 의견에 따라 일을 맡기고
일의 성과에 따라 책임지게 한다. 성과가 맡긴 일에 걸맞고 일이 말한
대로 되면 상을 내린다. 그러나 성과가 맡긴 일에 걸맞지 않거나 일의
성과가 말한 대로 되지 않으면 벌을 준다. 현명한 군주의 길은 신하가
말을 늘어놓게 하고 그 말과 성과가 합치되도록 만드는 것이다.

그러므로 현명한 군주가 상을 내릴 때는 때맞게 내리는 비처럼 부드
럽고 알맞아서 백성들이 그 은택을 이롭게 여기고, 벌을 줄 때는 우레
소리처럼 두렵고 무서워서 신령한 존재라도 달랠 수가 없다. 그래서 현
명한 군주는 함부로 상을 내리지 않고 또 멋대로 벌을 거두지도 않는
다. 함부로 상을 내리면 공을 세울 신하가 일을 게을리하고, 멋대로 벌
을 거두면 간사한 신하가 쉽사리 잘못을 저지른다. 그러니 참으로 공
을 세우면 사이가 멀고 신분이 낮은 자라도 반드시 상을 내려야 하고,
진실로 허물이 있으면 사이가 가깝고 아끼는 자라도 반드시 벌을 주어
야 한다. 사이가 멀고 신분이 낮은 자에게도 반드시 상을 내리고 사이
가 가깝고 아끼는 자에게도 반드시 벌을 내린다면, 사이가 멀고 신분이
낮은 자라도 게을리하지 않고 사이가 가깝고 아끼는 자라도 교만하게
굴지 않는다.

6장

유도(有度),
법과 제도를 지켜라

어떤 나라든 늘 강하지 않고 또 늘 약하지도 않다. 법을 받드는 일이 강력하면 나라도 강해지고, 법을 받드는 일이 미약하면 나라도 약해진다. 초나라 장왕(莊王)은 스물여섯 나라를 병합하며 땅을 3천 리나 넓혔으나, 그가 죽자 초나라는 쇠망하기 시작했다. 제나라 환공(桓公)은 서른 나라를 병합하며 땅을 3천 리나 넓혔으나, 그가 죽자 제나라는 쇠망하기 시작했다. 연나라 소왕(昭王)은 황하를 경계로 하여 계(薊)를 도성으로 삼고 탁(涿)과 방성(方城)을 방패로 삼아 제나라를 무찌르고 중산(中山)을 평정하였으므로 연나라에 기댄 나라는 존중받았고 그렇지 못한 나라는 경시되었다. 그러나 소왕이 죽자 연나라는 쇠망하기 시작했다. 위(魏)나라 안희왕(安釐王)은 연나라를 쳐서 조나라를 구하고 하동(河東) 땅을 되찾았으며, 약해진 도(陶)와 위(衛)의 땅을 공략하고 제나라로 군대를 몰아서 평륙(平陸)을 차지했으며, 한(韓)나라를 쳐서 관(管) 땅을 함락시키고 기수(淇水)가의 싸움에서 승리했으며, 수양(睢陽)의 싸움에서는 초나라 군사들이 지쳐서 달아났고, 채(蔡)와 소릉(召陵)의 싸움에서는 초나라 군대를 깨뜨렸다. 이리하여 위나라의 병력은 천하를 뒤덮었고 그 위세를 중원에서 떨쳤다. 그러나 안희왕이 죽자 위나라는 쇠망하기 시작했다.

초나라와 제나라는 장왕과 환공이 있었기에 초나라와 제나라가 패자가 될 수 있었고, 연나라와 위나라는 소왕과 안희왕이 있었으므로 연나라와 위나라가 강자가 될 수 있었다. 그럼에도 이들 나라들이 쇠망한 것은 신하들과 관리들이 모두 나랏일을 어지럽히는 데에 힘쓰고 다스리는 일에는 힘쓰지 않았기 때문이다. 나라가 어지러워지고 약해지는 데도 모두 법은 아랑곳하지 않고 법 밖에서 사사로운 이익만 챙겼으니, 이는 섶을 지고 불을 끄러 들어간 것과 같다. 그러니 어찌 갈수록 어지러워지고 약해지지 않겠는가!

그러므로 바로 이 시대에 신하들이 사사로이 법을 왜곡하지 못하게 하고 공공의 법을 지키게 할 수 있다면 백성은 편안해지고 나라는 다스려질 것이며, 또 사사로이 행동하지 못하게 하고 공공의 법을 실행하게 한다면 병력은 강해지고 적은 약해질 것이다. 사물의 득실을 잘 살피고 법과 제도를 잘 따르는 자를 두어 신하들을 잡도리하게 하면 군주가 거짓에 속을 일이 없을 것이고, 사물의 득실을 잘 살피고 일의 경중을 잘 헤아려 처리하는 자를 두어 외교를 맡게 한다면 군주가 국가들 사이의 세력이나 판도에 대해 속을 일이 없을 것이다.

만약 세상의 평판을 기준으로 기용한다면 신하의 마음은 군주를 떠나고 아래로 자기들끼리 패거리를 지을 것이며, 파당을 근거로 관리를 등용한다면 백성은 연줄을 맺는 데만 힘쓰고 법에 따라 임용되기를 바라지 않을 것이다. 그렇게 되면 능력 있는 관리를 잃게 되어 그 나라는 어지러워질 것이다. 세상의 평판만 믿고 상을 주거나 남들이 헐뜯는다고 벌을 준다면, 상을 좋아하고 벌을 싫어하는 자들은 공명정대하게 하지 않고 사사로이 수작을 부리면서 무리를 지어서는 서로 감싸줄 것이다. 군주를 잊고 조정 밖에서 연줄을 맺으며 제 패거리만 추천하는 풍토가 되면, 아랫사람이 윗사람을 위하는 마음이 엷어질 것이다. 연줄을 맺는 자들이 많아지고 패거리가 늘어나 안팎에서 붕당을 이루면, 비록 커다란 잘못을 저질러도 덮어주는 자들이 많아질 것이다. 이리하여 참된 신하는 아무런 죄가 없는데도 죽을 위험에 처하고, 간사한 신하는 아무런 공이 없는데도 편하게 이익을 누린다. 참된 신하가 죄도 없이 죽을 위험에 처하게 되면 뛰어난 신하는 몸을 숨길 것이고, 간사한 신하가 공도 없이 편하게 이익을 누리게 되면 간사한 신하들이 설쳐댈 것이다. 이것이 쇠망의 근원이다.

이렇게 되면, 뭇 신하들은 법을 제쳐두고 사사로이 권세를 부리면서 공공의 법은 경시한다. 권세가의 집은 자주 드나들면서 군주의 조정에는 한 번도 참석하지 않으며, 세도가 집안의 편익을 위해서는 온갖 궁리를 다하면서도 군주의 나랏일에 대해서는 전혀 생각하지 않는다. 관속의 수가 비록 많아도 군주가 존귀해지지 않고 백관이 다 갖추어져도 나라를 책임질 사람이 없는 까닭이 여기에 있다. 그렇다면 군주는 백성의 주인이라는 이름만 있을 뿐이고 실제로는 신하들의 집에 빌붙어 있는 것이나 다름이 없다. 그래서 "망하는 나라의 조정에는 사람이 없다"고 말하는 것이다. 조정에 사람이 없다는 것은 조정 신하의 수가 줄었다는 뜻이 아니다. 권세가들이 서로 자기 집안을 이롭게 하는 데에만 힘쓰고 나라를 부유하게 만드는 일에는 힘쓰지 않으며, 대신들이 서로 높이는 데에만 힘쓰고 군주를 높이는 데에는 힘쓰지 않으며, 하급 관리들이 녹봉을 받고 연줄을 맺는 데에만 힘쓰고 관부의 일에는 힘쓰지 않는 것을 뜻한다. 이렇게 되는 까닭은 군주가 위에서 법에 따라 나랏일을 결정하지 않고 아랫사람이 하는 대로 맡겨두기 때문이다.

그러므로 현명한 군주는 법에 따라 사람을 고르지 제멋대로 기용하지 않으며, 법에 따라 공적을 헤아리지 제멋대로 헤아리지 않는다. 능력 있는 자가 가려진 채로 있지 않고 무능한 자가 능력이 있는 척 꾸밀 수 없게 되고, 세상의 평판만으로는 벼슬에 나아가지 못하고 남의 헐뜯음 때문에 내쳐지지 않게 된다면, 군주와 신하 사이에 구별이 분명해지면서 나라는 쉽게 다스려질 것이다. 그래서 군주가 법에 따라 다스린다면, 정치는 잘된다.

현자는 신하가 되면 북면(北面)[1]하여 폐백을 바친 뒤 결코 두 마음을 품지 않는다. 조정에서는 낮은 자리일지라도 사양하지 않고, 군대에서는 아무리 어려운 일이라도 피하지 않는다. 군주가 하는 일을 좇고 군주의 법을 따르며 사심이 없이 명령을 기다리고 함부로 시비하지 않는다. 그러므로 입이 있어도 사사로이 말하지 않고 눈이 있어도 사사로이 보지 않으면서 군주의 명을 오롯이 따른다.

신하된 자는 비유하자면 손과 같다. 위로는 머리를 가다듬고 아래로는 발을 씻는다. 시원하거나 따뜻하거나 춥거나 덥거나 어떤 상황이든 피하지 않고, 날카로운 칼이 몸에 닥쳐오면 기꺼이 맞받는다. 군주는 어질고 총명한 신하라도 사사로이 가까이하지 않으며, 능력이 뛰어난 신하라도 사사로이 쓰지 않는다. 그러므로 백성은 고향을 떠나 멀리 가서 사귀려 하지 않아서 백 리나 떨어진 곳에는 아는 사람이 없게 된다. 신분이 높은 자와 낮은 자가 서로 넘보지 않게 하고, 어리석은 자와 지혜로운 자의 능력을 잘 재어 걸맞은 자리에 세우는 것, 이것이 지극한 통치다.

이제 작위와 녹봉을 가벼이 여기고 나라를 떠나 망명하는 일을 쉽게 여기면서 군주를 가려가면서 벼슬하는 자가 있는데, 나는 그를 청렴하다고 말하지 않는다. 거짓 주장을 내세워 법을 어기고 군주에게 대들면서 억지로 간언하는 자가 있는데, 나는 그를 충성스럽다고 말하지 않는다. 은혜를 베풀며 남들에게 이익을 주고 아랫사람들의 마음을 얻어

---

1) 조정에서 군주는 북쪽에 앉고 신하는 남쪽에 있으므로 군주는 남면(南面)하고 신하는 북면(北面)한다.

명성으로 삼으려는 자가 있는데, 나는 그를 어질다고 말하지 않는다. 세속을 떠나 숨어 살면서 거짓을 꾸며 군주를 헐뜯는 자가 있는데, 나는 그를 의롭다고 말하지 않는다.

밖으로 제후들과 통하고 안으로 국력을 소모시키며 나라가 위태롭고 망할 만한 때를 기다렸다가 험상궂은 표정으로 군주에게 을러대며 "외교에서 내가 아니면 가까워질 수 없고, 원한도 내가 아니면 풀 수가 없다"고 말하는 자가 있다. 그러면 군주는 곧 그를 믿고 국정을 맡기는데, 그것으로 군주의 명성을 떨어뜨리고 그 자신이 드러나게 하며 나라의 풍부한 재물을 헐고 그 자신의 집을 이롭게 한다. 나는 이런 신하를 지혜롭다고 말하지 않는다.

이 몇 가지 사항은 험한 세상에나 통할 학설이고, 선왕들의 법에서는 소홀히 하던 것이다. 선왕의 법에서는 이렇게 말했다.

"신하는 혹시라도 위세를 휘둘러서는 안 되고 혹시라도 이익을 꾀해서도 안 되며, 오로지 왕의 뜻을 따라야 한다. 혹시라도 좋아하는 속내를 드러내서도 안 되고 혹시라도 미워하는 속내를 드러내서도 안 되며, 오로지 왕이 가는 길을 따라야 한다."

옛날 잘 다스려지던 때의 백성은 공적인 법을 잘 받들고 사적인 술수는 버리면서 뜻을 오롯이 지니고 한결같이 행동하면서 임용되기를 기다렸다.

무릇 군주가 되어 모든 관리를 직접 살피려 하면 시간도 부족하고 능력도 미치지 못한다. 또 군주가 직접 눈으로 보려 하면 신하는 보기 좋게 꾸미고, 군주가 직접 들으려 하면 신하는 듣기 좋게 말하며, 군주가 직접 판단하려 하면 신하는 번다하게 말을 늘어놓을 것이다. 옛 왕들은 이 세 가지로는 부족하다고 여겨서 제 능력은 놓아두고 법술에 근거하여 자세하게 상벌을 규정하였다.

옛 왕들은 요체를 잘 지켰기 때문에 법령은 간략해도 어기는 자가 없었다. 홀로 사해 안을 다스렸지만, 아무리 총명한 자라도 속임수를 쓸 수 없었고 아무리 언변이 간교한 자라도 말재주를 부릴 수 없었으며, 아무리 간사한 자라도 빌붙을 데가 없었다. 멀리 천 리 밖에 있는 자라도 군주에게 한 말을 감히 바꿀 수 없었고, 군주 가까이서 낭중 벼슬을 할지라도 감히 선행을 가리고 비행을 꾸밀 수 없었다. 이리하여 조정에서는 신하들이 군주에게 모여들고 신분이 낮은 자도 서로 월권하는 일이 없었다. 그러므로 다스릴 일은 적고 시간은 남아돌 것이니, 이는 군주가 권세에 의존했으므로 그렇게 된 것이다.

무릇 신하된 자가 군주의 권한을 침범하는 것은 마치 지형과 같다. 지형이 점점 바뀌게 되면 군주는 방향감각을 잃어 동쪽과 서쪽이 바뀌어도 스스로 알아채지 못한다. 그래서 옛 왕은 지남침을 세워 동쪽과 서쪽을 바로잡았다. 현명한 군주는 신하들이 법 밖에서 제멋대로 놀지 못하게 하고 또 법 안에서 사사로이 은혜를 베풀지 못하게 하여 그 행동이 법에서 벗어나지 않게 했다. 법은 그릇된 짓을 억누르거나 법 밖에서 사사로이 함부로 하지 못하게 하는 수단이고, 엄정한 형벌은 법령대로 실행하여 백성을 징계하려는 방편이다. 위세는 군주와 신하 두 사람이 부릴 수 없고, 명령은 군주와 신하 양쪽에서 나올 수 없다. 위세와 명령을 함께하면 온갖 사악한 일이 나타나고, 법을 분명하게 하지 않으면 군주가 위태로워지며, 형벌이 단호하지 않으면 사악한 짓을 누를 수 없다. 그래서 이렇게 말한다.

"뛰어난 목수는 눈어림만으로도 먹줄로 맞춘 것처럼 하지만 반드시 먼저 그림쇠와 곱자로 재고, 지혜가 뛰어난 사람은 서둘러 일해도 딱 맞게 하지만 반드시 먼저 선왕의 법으로 견주어본다."

먹줄이 곧아야 굽은 나무를 곧게 자를 수 있고, 수준기가 평평해야 울퉁불퉁한 것을 평평하게 깎을 수 있으며, 저울로 무게를 달아야 균형을 잡을 수 있고, 됫박을 써야만 많지도 적지도 않게 할 수 있다. 그러므로 법으로써 나라를 다스리면 손을 들었다 내렸다 하는 것처럼 쉽다.

법은 귀한 사람이라고 해서 아첨하지 않으니, 먹줄을 휜 것에 맞추려고 구부리지 않는 것과 같다. 법대로 할 때는 지혜로운 자도 변명할 수 없고 용감한 자도 감히 다툴 수 없다. 잘못을 저지르면 대신이라도 형벌을 피할 수 없고, 선행을 하면 신분이 낮은 사내라도 포상에서 뺄 수 없다.

그러므로 윗사람의 잘못을 바로잡고 아랫사람의 간사함을 꾸짖으며 어지러움을 다스리고 뒤얽힌 것을 풀며 군더더기를 덜어내고 잘못된 것을 가지런히 하며 온 백성을 잡도리하는 데에는 법만 한 것이 없다. 관리를 힘쓰게 하고 백성에게 위엄을 보이며 음란함과 게으름을 물리치고 속임수와 거짓을 그치게 하는 데에는 형벌만 한 게 없다. 형벌이 엄중하면 귀한 자라도 미천한 자를 감히 얕보지 못하고, 법이 분명하면 군주가 존귀해져 침해받지 않는다. 군주가 존귀해져 침해받지 않으면 군주의 권력은 막강해져 법술과 상벌의 권한을 지킬 수 있다. 그러므로 옛 왕들은 형벌과 법을 귀하게 여겨 이를 후세에 전했다. 군주가 법을 버려두고 사사로이 행하면 군주와 신하의 구별이 없어진다.

이병(二柄),
권력의 두 칼자루

현명한 군주가 신하를 이끌거나 제어할 때 쓸 도구는 두 개의 칼자루다. 두 개의 칼자루는 형벌과 은덕이다. 무엇을 형벌과 은덕이라 하는가? 베어 죽이는 것을 형벌이라 하고, 상을 내리는 것을 은덕이라 한다. 신하된 자는 처벌받아 죽는 것을 두려워하고 상받는 것을 이롭게 여긴다. 그러므로 군주가 스스로 그 형벌과 은덕의 권한을 사용한다면, 뭇 신하들은 그런 권세를 두려워하면서 이로운 데로 돌아간다. 그런데 세상의 간사한 신하들은 그렇지 않다. 그들은 미워하는 자가 있으면 군주로부터 그 권한을 얻어내서 그를 처벌하고, 아끼는 자가 있으면 군주로부터 그 권한을 얻어내서 그에게 상을 준다. 군주가 상벌을 내리는 권한을 자신에게서 나오도록 하지 못하고 신하의 말만 듣고 상벌을 실행하면, 온 나라 사람들 모두 그 신하를 두려워하고 군주는 깔보며 그 신하에게 귀의하고 군주에게서는 떠난다. 이는 군주가 형벌과 은덕의 권한을 잃어서 생긴 우환이다.

저 범이 개를 굴복시킬 수 있는 것은 발톱과 어금니를 가졌기 때문이다. 만약 범이 발톱과 어금니를 떼어내 개에게 그것을 쓰게 한다면, 범은 도리어 개에게 굴복될 것이다. 군주는 형벌과 은덕으로써 신하들을 제어하는 자다. 그럼에도 군주가 형벌과 은덕의 권한을 내버리고 신하에게 그것을 쓰게 한다면, 군주는 도리어 신하에게 제어된다. 그러므로 전상(田常)은 군주에게 작위와 녹봉을 요청하여 신하들에게 나누어 주고 아래로는 됫박을 크게 해서 백성들에게 빌려주었으니,[1] 이것으로 간공(簡公)은 은덕을 베풀 권한을 잃고 전상이 그것을 대신 썼다. 그 결과 간공은 시해되었다. 송(宋)나라의 자한(子罕)은 그 군주에게 "상을 내리고 은덕을 베푸는 것은 백성들이 좋아하는 일이니, 군주께서 직접 행하십시오. 베어 죽이고 형벌을 내리는 것은 백성들이 싫어하는 일이니, 신이 감당하겠습니다"라고 말했다. 이에 송나라 군주는 형벌의 권한을 잃고 자한이 대신 썼다. 그 결과 송나라 군주는 협박당했다.

전상은 다만 은덕을 베푸는 권한을 썼을 뿐인데도 간공은 시해되었고, 자한은 다만 형벌의 권한을 썼을 뿐인데도 송나라 군주는 협박당했다. 이제 세상의 신하된 자들을 보면 형벌과 은덕의 권한을 아울러 쓰고 있으니, 요즘의 군주는 저 간공이나 송나라 군주보다 훨씬 위태로운 지경에 있다. 그러므로 눈과 귀가 가려진 군주는 협박당하거나 시해된다. 군주가 형벌과 은덕의 권한을 다 잃고 신하가 대신 쓰게 하고서도 위태롭게 되거나 망하지 않은 경우는 아직까지 없었다.

군주가 신하들의 간사한 짓을 막으려 한다면 그 실적과 명목이 합치되는지 살펴야 하는데, 이는 신하가 한 말과 그가 한 일을 살피는 것이다. 신하된 자가 어떤 일에 대해 말을 늘어놓으면 군주는 그 말에 따라 일을 맡기고, 오로지 그가 한 일로써 그 성과를 따진다. 성과가 그가 한 일과 맞으며 그 일이 그가 한 말과 맞으면 상을 주지만, 성과가 그

---

1) 전상은 백성들에게 곡식을 빌려줄 때는 큰 됫박으로 재서 주고 돌려받을 때는 작은 됫박으로 재서 받으며 민심을 얻었다.

가 한 일과 맞지 않고 그 일이 그가 한 말과 맞지 않으면 벌을 내린다. 그러므로 신하가 말은 거창하게 해놓고 성과가 작으면 벌을 내린다. 이는 성과가 작아서 벌을 주는 것이 아니라 성과가 명목과 맞지 않아서 벌을 내리는 것이다. 또 신하가 말은 낮추어 해놓고 성과가 크더라도 벌을 내린다. 이는 성과가 큰 것이 기쁘지 않아서가 아니라 명목과 맞지 않기 때문이니, 그 해로움은 성과가 큰 것보다 더하므로 벌을 내리는 것이다.

옛날에 한(韓)나라 소후(昭侯)가 술에 취해 선잠이 들었는데, 그때 군주의 갓을 맡은 전관(典冠)이 군주가 추워하는 것을 보고 군주의 몸에 옷을 덮어주었다. 소후가 잠에서 깬 뒤에 흐뭇해 하면서 측근의 신하에게 물었다.

"누가 내 몸에 옷을 덮었는가?"

"전관입니다."

군주는 의복을 맡은 전의(典衣)와 갓을 맡은 전관 둘 다에게 죄주었다. 전의에게 죄준 것은 그가 자기 일을 하지 않아서고, 전관에게 죄준 것은 자기 직분을 넘어섰기 때문이다. 추위가 싫지 않은 것은 아니지만, 관리가 남의 직분을 침범해서 생기는 해로움은 추위보다 더 심하기 때문이다. 그러므로 현명한 군주는 신하들을 거느릴 때, 신하들이 제 직분을 넘으면서 공을 세우지 못하게 하고 또 신하가 늘어놓은 말이 실제 일과 맞도록 한다. 직분을 넘으면 죽여야 하고, 실제 일과 맞지 않으면 벌을 내려야 한다. 각자 제 직분을 지키면서 일하고 또 말하는 것이 일과 맞으면, 신하들이 패거리를 지어 서로 돕는 짓을 하지 못한다.

군주에게는 두 가지 걱정거리가 있다. 하나는 현명한 자를 임용하면 신하가 제 현명함을 믿고 군주를 위협하는 것이고, 다른 하나는 아무나 기용하면 일을 망쳐 수습할 수 없게 되는 것이다. 그러므로 군주가 현명한 자를 좋아하면 신하들이 행동을 꾸며서 군주가 바라는 것에 맞추는데, 이렇게 되면 신하들의 속마음이 드러나지 않는다. 신하들의 속마음이 드러나지 않으면 군주는 신하들을 가려낼 길이 없어진다.

월나라 왕 구천(句踐)이 용맹을 좋아하자 백성들 가운데 죽음을 가볍게 여기는 자가 많아졌고, 초나라 영왕(靈王)이 허리가 가는 여인을 좋아하자 도성 안에 굶는 사람이 많아졌다. 제나라 환공이 시기하며 궁녀를 좋아하자 수조(豎刁)는 스스로 거세하여 후궁을 관리하는 내시가 되었고, 환공이 맛난 것을 좋아하자 역아(易牙)는 자식을 삶아서 바쳤다. 연나라 왕 자쾌(子噲)가 현자를 좋아하자 재상인 자지(子之)는 나라를 물려줘도 받지 않는 것처럼 했다. 그러므로 군주가 싫어하는 것을 드러내면 신하들은 군주가 싫어할 만한 것을 숨기고, 군주가 좋아하는 것을 드러내면 신하들은 능력이 있는 듯이 속이며, 군주가 제 바람을 드러내면 신하들은 그것을 밑천으로 삼아 자신을 위한다.

그리하여 자지는 자신을 현자로 꾸며 군주의 자리를 빼앗았고, 수조와 역아는 군주가 바라는 것을 빌미잡아 군주의 권한을 침해하였으니, 끝내 자쾌는 전란으로 죽고 환공은 그 주검이 썩어 구더기가 문 밖으로 나올 때까지 장례도 치르지 못했다. 이렇게 된 까닭은 무엇인가? 군주가 제 속마음을 신하들에게 드러냈기 때문에 생긴 재앙이며, 신하들의 마음이 결코 군주를 사랑하는 데 있지 않고 오로지 이익을 중시하는 데 있음을 몰랐기 때문이다. 이제 군주가 제 속마음을 감추지 않고 실마리가 될 만한 것을 숨기지 않아 신하들로 하여금 그것을 빌미잡아 군주의 권한을 침해하도록 만들면 신하들이 연나라의 자지나 제나라의 전상처럼 되는 것은 어렵지 않다. 그래서 이렇게 말한다.

"군주가 좋아하고 싫어하는 마음을 버려야 신하들이 제 속내를 드러낸다. 신하들이 제 속내를 드러내면 군주의 눈과 귀는 가려지지 않는다."

8장

양각(揚搉),
통치의 요체

천지에는 천지의 법칙이 있고, 인간에는 인간의 법칙이 있다. 무릇 향기롭고 먹기 좋은 음식, 진한 술과 기름진 고기는 입에는 맛나지만 몸을 병들게 한다. 살결이 곱고 이가 새하얀 여인은 남자의 마음을 즐겁게 하지만 정력을 소진시킨다. 그러므로 무엇이든 정도에 지나치지 않아야만 몸에 해로움이 없다. 군주가 권세를 내보이지 않으려 하고 무위(無爲)에 바탕을 둔다면, 실제 일은 사방의 신하들이 맡아서 하고 그 요체는 군주가 가운데서 쥐게 된다.

성인이 요체만 쥐고 있으면 사방에서 신하들이 모여들어 보고한다. 군주가 마음을 비운 채 대하면 신하들은 스스로 제 능력을 발휘한다. 신하들을 천하 각지에 배치해두면 군주는 가만히 있어도 신하들을 환히 보게 된다. 좌우에 능력 있는 신하들을 세운 뒤에는 언보를 열어놓고 귀를 기울여야 한다. 세운 방침은 바꾸지 않고 명목과 성과 두 가지를 맞추어가며 끝까지 밀어붙이는 것, 이것을 '통치의 원리를 실천하는 길'이라 한다.

무릇 사물은 각각 알맞은 쓰임새가 있으며 마찬가지로 재능도 다

쓰일 데가 있는데, 사람들을 각자 알맞은 곳에 둔다면 군주는 무위(無
爲)로써 다스릴 수 있다. 닭에게 새벽 시각을 알리게 하고 고양이에게
쥐를 잡게 하듯이 각자의 능력을 다 쓰게 한다면, 군주는 달리 할 일이
없다. 만약 군주가 자신에게 뛰어난 능력이 있다고 해서 나서면 일은
이내 흐트러지고, 자랑스레 제 능력을 내세우기 좋아하면 신하들에게
속기 쉬우며, 언변과 지혜를 과시하기 좋아하면 신하들이 그것으로 제
이익을 꾀한다. 이렇게 위와 아래가 자기 할 일을 뒤바꾸면 나라는 그
때문에 다스려지지 않는다.

군주가 써야 할 유일한 길은 명분을 으뜸으로 세우는 원칙이다. 명
분이 바로 서면 사물이 안정되고, 명분이 치우치면 사물이 흐트러진다.
그러므로 성인은 그 하나의 원칙을 단단하게 쥐고 고요히 있으면서 신
하들이 스스로 명분을 아뢰어서 일이 저절로 결정되고 처리되도록 한
다. 군주가 자신의 판단을 드러내지 않으면 신하들은 이내 속내를 그
대로 드러낸다. 그 능력에 따라 일을 맡겨 그들 스스로 힘써 일하게 하
고, 그 자질에 따라 직책을 맡겨 그들 스스로 성과를 올리게 하며, 명분
을 바로 세우고 그에 따라 사람들을 두어서 모두 스스로 일을 결정하
게 한다. 군주는 명분을 세우고 그에 따라 임용한 뒤에는 명분은 제쳐
두고 성과에 따라 신하를 처리하는데, 성과와 명분이 일치하는지 대조
하여 그 결과에 따라 상과 벌을 쓴다. 상과 벌 두 가지가 참으로 믿을
만하면, 신하들은 곧바로 제 마음을 다한다.

군주가 제 할 일[1]을 삼가 닦으며 천지의 이법에 의거하면서 통치의
요체를 잃지 않는다면, 성인이 될 수 있다. 성인의 도리는 지혜와 기교
를 버리니, 지혜와 기교를 버리지 않으면 그 도리를 한결같은 법도로
삼기 어렵다. 백성이 지혜와 기교를 쓰면 그 몸에 재앙이 많이 닥치고,
군주가 그것을 쓰면 그 나라는 위태롭거나 망한다.

---

1) 명분과 성과를 대조해서 그 결과에 따라 상과 벌을 쓰는 일을 가리킨다.

천지의 도를 따르며 이를 통치의 원리로 삼아 온갖 일들을 철저하게 살피고 대조하되, 끝마치면 다시 시작해야 한다. 성인은 마음을 비우고 고요히 기다리니, 자신의 지혜와 능력을 쓴 적이 없다. 대체로 군주의 우환은 반드시 신하들의 얄팍한 견해에 동조하는 데에 있다. 군주가 그런 견해를 믿어주면서도 동조하지 않으면 모든 백성이 군주를 따를 것이다.

무릇 도는 지극히 커서 정해진 꼴이 없고, 덕은 확실한 결이 있어 어디에나 두루 미친다. 모든 생물에 이르기까지 이 도를 잘 헤아려서 쓰면 온갖 것들이 모두 번성하지만, 도는 그 편안한 움직임에 전혀 관여하지 않는다. 도란 온갖 일들에 두루 미치는데, 개개의 사물이 지닌 독자성을 따르고 때에 따라 생사의 변화를 일으킨다. 명칭으로 보면 사물들은 다 다르지만, 저 하나인 도를 통해서 보면 똑같다. 그러므로 "도는 만물을 자라게 하지만 만물과 같지 않고, 덕은 음양으로 나뉘지만 음양과 같지 않으며, 저울은 가벼움과 무거움을 재지만 가벼움이나 무거움과 같지 않고, 먹줄은 나고 듦을 바루지만 나고 듦과 같지 않으며, 생황(笙簧)[2]은 메마름과 축축함에 따라 음을 조율하지만 메마름이나 축축함과 같지 않고, 군주는 신하들을 부리지만 신하들과 같지 않다"고 말한다. 무릇 이 여섯 가지는 도에서 나온 것이다. 도와 짝할 만한 것은 없기 때문에 "하나다"라고 말한다. 이런 까닭에 현명한 군주는 혼자인 도의 모습을 귀하게 여긴다. 군주와 신하는 가는 길이 같지 않다. 신하는 명분을 내세워 작위와 녹봉을 바라고, 군주는 적절한 명분을 가려낸다. 신하가 자신의 성과를 드러내면 군주는 성과와 명분이 일치하는지 대조하니, 이렇게 하면 군주와 신하가 조화로워진다.

무릇 군주가 신하의 의견을 듣는 방법은 신하의 입에서 나온 말을 토대로 그 성과를 따지는 데 있다. 그러므로 그가 말한 명분을 살펴 알

---

2) 음을 조율하는 악기다.

맞은 자리를 정해 주고, 직분을 분명하게 하여 일의 종류를 구별한다. 신하의 말을 제대로 듣는 길은 술에 잔뜩 취한 것처럼 마음을 비우는 것이다. 입술이여 이빨이여, 내가 먼저 열지 말지니! 이빨이여 입술이여, 어리석은 듯 더욱 다물라! 저쪽에서 스스로 말해오면 나는 그것으로 알아챈다. 옳다느니 그르다느니 따지는 논의가 쏟아지더라도 군주는 그런 것에 얽매일 필요 없다. 마음을 비우고 고요히 있으면서 억지로 하지 않는 것이 도의 참모습이고, 여러 사물이 뒤섞여 있으면 나란히 놓고 견주는 것이 일의 형세다. 여러 가지가 뒤섞여 있으면 나란히 놓고 견주어야 하고, 여러 일들이 뒤섞여 있으면 말한 것과 맞도록 해야 한다.

바탕이나 중심이 되는 법술이 바뀌지 않아야 군주가 무얼 하든 실수하지 않게 된다. 움직일 때나 고요히 있을 때나 억지로 애쓰지 않으면서 다스려야 한다. 군주가 무언가를 좋아하면 할 일이 많아지고, 무언가를 싫어하면 원한을 살 일이 생긴다. 그러므로 좋아함도 싫어함도 다 버리고 마음을 비워서 도가 깃들 수 있게 해야 한다. 군주가 신하와 일을 함께하지 않으면 백성들은 오히려 그를 우러러본다. 군주는 어떤 의논에도 끼어들지 않고 신하들이 할 일을 스스로 하게 만들어야 한다. 군주가 문을 닫고 안에서 빗장을 지른 채 방 안에서 마당을 내다보듯이 하면 온갖 일들이 바로 눈앞에서 펼쳐져 신하들의 참모습을 다 알게 된다. 그리고는 상을 줄 만한 자에게 상을 주고, 벌을 줄 만한 자에게 벌을 주니, 이러면 각자 자기가 한 일에 따라서 스스로 상이나 벌을 만든 셈이 된다. 잘한 일과 못한 일에 따라 반드시 상이나 벌이 따른다면, 누가 감히 군주를 믿지 않겠는가? 법도의 기준이 이미 확립되면, 다른 일들은 저절로 가지런해진다.

군주에게 신묘한 권위가 없으면 신하는 그 틈을 노리고, 군주가 일의 타당성을 잃으면 신하는 제 기준으로 일을 견주어본다. 군주가 하늘처럼 땅처럼 한다면, 공평하고 정대하다고 한다. 땅처럼 하늘처럼 한다면, 누구를 멀리하고 누구를 가까이하겠는가? 이렇게 하늘과 땅을 본받을 수 있는 자를 성인이라 한다.

궁 안을 잘 다스리려 한다면 사람을 두되 가까이하지 말고, 조정을 잘 다스리려 한다면 관직마다 한 사람을 두라. 그렇게 해서 제멋대로 하지 않도록 한다면, 어찌 직권을 남용하거나 월권하겠는가? 대신의 집에 드나드는 사람이 많은지 늘 경계해야 한다. 무릇 지극하게 다스려지면, 신하가 사사로이 은혜를 베풀지 못한다. 말한 것과 일한 것이 일치되도록 확실하게 한다면, 백성들이 제 직분을 충실히 지킨다. 이런 법술을 버려두고 다른 방법을 구한다면, 아주 헤맨다는 뜻의 '대혹(大惑)'이라 한다. 군주가 헤매면 교활한 백성이 더욱 많아지고 간사한 신하가 주위에 가득하게 된다. 그래서 이렇게 말한다.

"군주가 빌릴 지경에 이르도록 신하를 부유하게 내버려두어서는 안 되고, 군주를 핍박할 지경에 이르도록 신하를 귀하게 만들어서는 안 된다. 한 사람을 전적으로 믿어서 온 나라를 잃는 지경이 되어서는 안 된다."

장딴지가 허벅지보다 굵으면 달리기 어렵다. 군주가 신묘한 권위를 잃으면, 범 같은 신하가 그 뒤를 노린다. 군주가 알아차리지 못하면, 범 같은 신하가 개들을 모아들인다. 군주가 일찌감치 막지 못하면, 개들은 끊임없이 늘어난다. 이렇게 해서 범 같은 신하가 무리를 이루면, 어미 같은 군주를 시해한다. 군주가 되어 신하가 없다면, 어찌 나라를 보전할 수 있겠는가? 군주가 법술을 제대로 실행하면 아무리 큰 범이라도 겁내고, 군주가 형벌을 제대로 집행하면 아무리 큰 호랑이도 온순해진다. 참으로 법술과 형벌이 펼쳐지면, 범도 사람으로 변해 본래 모습으로 다시 돌아갈 것이다.

군주가 나라를 잘 다스리려면 반드시 신하들이 모은 무리를 쳐야 한다. 그 무리를 치지 못하면 그들은 더욱더 많은 무리를 모을 것이다. 군주가 제 영토를 잘 다스리려면 반드시 땅을 적절하게 하사해야 한다.

하사하는 일을 적절하게 하지 못하면 난신(亂臣)이 더 많은 땅을 요구한다. 신하가 바라는 대로 군주가 주는 것은 원수에게 도끼를 빌려주는 것이나 다름이 없다. 도끼를 빌려주는 것은 옳지 않으니, 그가 그것으로 나를 칠 것이기 때문이다. 옛날 황제(黃帝)가 이렇게 말했다. "군주와 신하는 하루에 백 번도 싸운다." 신하는 제 사사로운 마음을 숨긴 채 군주를 살피고, 군주는 상벌의 권한을 꽉 쥐고서 신하를 억누른다. 그러므로 상벌의 권한을 바로 세우는 것이 군주의 보배가 되고, 패거리를 만드는 것이 신하의 보배가 된다. 신하가 그 군주를 시해하지 못하는 것은 패거리를 짓지 못해서다. 그러므로 군주가 조금이라도 잃으면 신하는 그 갑절을 얻게 된다.

나라를 잘 다스리는 군주는 신하의 영지가 커지지 않게 하고, 다스리는 이치를 터득한 군주는 신하의 집안이 고귀해지지 않게 하며, 법술을 터득한 군주는 신하의 지위가 높아지지 않게 한다. 신하는 고귀해지고 부유해지면 자신이 군주를 대신하려고 한다. 위태해지지 않도록 미리 대비하여 태자를 얼른 세운다면, 재앙이 일어나지 않을 것이다.

죄 지은 자를 가두거나 풀어주는 일에서 군주는 반드시 상벌의 권한을 직접 쥐고 있어야 한다. 형벌이 지나치게 무거우면 줄여주고, 지나치게 가벼우면 더해준다. 줄이고 더할 때에는 정도가 있어야 신하들이 멋대로 무리를 지어 군주를 속이지 못하게 된다. 달이 이지러지는 것처럼 조금씩 줄이고, 불에 달구어지는 것처럼 조금씩 더해야 한다. 법령은 간략하고 처벌은 신중히 하되 벌을 줄 때는 반드시 철저히 해야 한다.

활시위를 한 번 당기면 늦추지 말 것이니, 그렇게 하지 않으면 한 둥지에 두 마리 수컷이 있게 된다. 한 둥지에 수컷이 두 마리가 되면 서로 무섭게 다툰다. 승냥이나 이리가 울타리 안에 있으면 양들은 번식하지 못한다. 한 집안에 두 주인이 있으면 집안일은 제대로 되지 않는다. 부부가 서로 집안일을 주관하려 하면 자식은 누구를 따라야 할지 모르게 된다.

군주는 신하라는 나무를 자주 가지치기해서 나뭇가지가 사방으로 퍼지지 못하도록 해야 한다. 나뭇가지가 사방으로 퍼지면 궁궐의 문을 막아버린다. 위세 있는 신하의 집으로 사람들이 모여들고 군주의 뜰은 텅 비게 되면 군주의 이목이 가려진다. 군주는 자주 가지치기해서 나뭇가지가 밖으로 자라나지 못하도록 해야 한다. 나뭇가지가 밖으로 자라나면 군주의 자리를 핍박하게 된다. 군주는 자주 가지치기해서 가지가 커지고 몸통이 작아지지 않도록 해야 한다. 가지가 커지고 몸통이 작아지면 봄바람조차 이겨내지 못하게 된다. 봄바람조차 이겨내지 못하면 나뭇가지는 나뭇고갱이를 해치게 된다.

공자들이 많아지면 종실에서는 걱정하는 소리가 끊이지 않는다. 그 소리를 그치게 하는 방법은 자주 가지치기해서 가지들이 무성해지지 않도록 하는 것이다. 나무를 자주 가지치기하면 패거리를 지은 자들이 이내 흩어지고, 뿌리를 파내면 나무는 이내 신묘한 위세를 잃게 된다. 거세게 솟아오르는 샘물을 막아서 연못의 물이 넘치지 않게 해야 한다. 신하들의 속내를 잘 탐지하고 그 위세를 빼앗아야 하는데, 그때 군주는 번개나 벼락처럼 재빨리 해야 한다.

9장

팔간(八姦),
신하의 여덟 가지 간사한 짓

무 롯 신하된 자가 하는 간사한 짓에는 여덟 가지가 있다.

첫째, 동상(同床)이다. 무엇을 '동상'이라 하는가? 잠자리를 함께 하는 정실과 애첩, 군주가 총애하는 미인들로서 이들은 군주를 현혹하는 자들이다. 군주가 편안한 곳에서 느긋하게 즐기거나 잔뜩 취했을 때를 노려 자신이 바라는 것을 보채어 군주가 반드시 들어주게 만든다. 신하들은 내밀하게 금과 옥을 써서 그녀들이 군주를 현혹하게 한다. 이를 '동상'이라 한다.

둘째, 재방(在旁)이다. 무엇을 '재방'이라 하는가? 광대와 난쟁이 등 군주를 가까이에서 모시는 자들이다. 이들은 군주가 명하기도 전에 "예, 예!" 하고 시키기도 전에 "네, 네!" 하며, 군주의 뜻을 먼저 알아채고 그 모습과 낯빛을 잘 살펴 먼저 군주의 마음에 맞추는 자들이다. 이들 모두 군주와 함께 나아가고 함께 물러나며 함께 물음에 응하고 함께 대답하며 말이나 행동을 똑같이 하면서 군주의 마음을 움직이는 자들이다. 신하들은 안으로는 금과 옥, 노리개를 뇌물로 바치고 밖으로는 그들을 위해 불법을 저질러 그들이 군주의 마음을 바꾸게 한다. 이를

'재방'이라 한다.

셋째, 부형(父兄)이다. 무엇을 '부형'이라 하는가? 맏아들 이외의 자식들은 군주가 가까이하고 아끼는 자들이다. 조정의 대신들은 군주가 함께 일을 꾀하는 자들이다. 이들이 모두 힘을 다해서 의론을 펼치면 군주는 반드시 들어준다. 신하들은 좋은 음악과 아름다운 여인을 군주의 자식들에게 바치고 조정의 대신들을 달콤한 말로 꾀어 약속한 일을 군주에게 말하게 한다. 그래서 일이 이루어지면 관작은 높아지고 녹봉은 더 많아진다는 것으로 그들의 마음을 기쁘게 하여 군주의 마음을 거스르게 한다. 이를 '부형'이라 한다.

넷째, 양앙(養殃)이다. 무엇을 '양앙'이라 하는가? 군주가 궁실과 누대, 연못 등을 즐겨 치장하고 미녀와 개, 말 따위를 꾸며서 노는 걸 좋아하는 것, 이것이 군주의 재앙이다. 신하들은 백성들의 힘을 다 기울여 궁실과 누대, 연못 등을 치장하고, 세금을 무겁게 거두어들여 미녀와 개, 말 따위를 꾸며서 군주의 마음을 즐겁게 하면서 또 어지럽히고, 군주가 하고 싶은 것을 다 하도록 해놓고 그 사이에 사사로이 이익을 챙긴다. 이를 '양앙'이라 한다.

다섯째, 민맹(民萌)이다. 무엇을 '민맹'이라 하는가? 신하들은 공공의 재물을 뿌려서 백성들을 기쁘게 하고 작은 은혜를 베풀어 백성들의 마음을 얻으며 조정의 관리들이나 저자의 백성들이 모두 자신을 기리도록 만들어서 군주를 막아버리고 자신이 바라는 것을 이룬다. 이를 '민맹'이라 한다.

여섯째, 유행(流行)이다. 무엇을 '유행'이라 하는가? 군주는 본디 언로가 막혀 있어서 세상의 논의들을 두루 듣는 일이 드물어 유세가의 변설에 쉽게 넘어간다. 신하들은 여러 세후국의 변론가들을 불러들이고 나라 안에서 변설을 잘하는 자를 길러 자신에게 이로운 것을 이들이 군주에게 말하도록 한다. 교묘하게 꾸민 말이나 유창한 논변을 구사해 이로운 형세를 보여주거나 걱정스런 해악으로 겁을 주는 등 근거도 없는 헛된 말들을 늘어놓아 군주의 마음을 허문다. 이를 '유행'이라 한다.

일곱째, 위강(威强)이다. 무엇을 '위강'이라 하는가? 군주는 신하들과 백성들에 기대어서 위세를 떨친다. 신하들과 백성들이 좋다고 하면 군주도 좋다고 여기고, 신하들과 백성들이 좋다고 여기지 않으면 군주도 좋다고 여기지 않는다. 그런데 신하들은 허리에 칼을 찬 협객을 모으고 죽음을 두려워하지 않는 무사를 길러서 제 위세를 드러내며 자신을 위해 일하는 자는 반드시 이롭고 자신을 위하지 않는 자는 반드시 죽는다는 것을 밝혀 다른 신하들과 백성들을 두렵게 만들면서 자신의 사사로운 이익을 챙긴다. 이를 '위강'이라 한다.

여덟째, 사방(四方)이라 한다. 무엇을 '사방'이라 하는가? 군주는 나라가 작으면 큰 나라를 섬기고, 군사력이 약하면 군사력이 강한 나라를 두려워한다. 큰 나라가 요구하는 게 있으면 작은 나라는 반드시 들어주고, 군사력이 강한 나라가 밀어붙이면 군사력이 약한 나라는 반드시 굴복한다. 신하들은 세금을 무겁게 거두고 국고를 다 기울여 나라의 재정을 텅 비게 하면서 큰 나라를 섬기고는 그 위세를 이용하여 군주를 제 마음대로 이끌려고 한다. 심하게는 큰 나라의 군대를 변경까지 불러들여 나라 안을 제압하고, 약하게는 큰 나라의 사신을 자주 맞아들여 군주의 마음을 뒤흔들며 두려움에 떨게 한다. 이를 '사방'이라 한다.

무릇 이 여덟 가지는 신하가 간사한 짓을 이루는 방법이고 군주가 이목이 가려지고 협박당하여 제가 가진 것을 잃게 되는 원인이니, 잘 살피지 않을 수 없다.

현명한 군주는 후궁들에 대해 그 미색을 즐기기는 하지만, 요구는 들어주지 않고 사적으로 청탁하지도 못하게 한다. 좌우 측근들에 대해서는 그들이 말한 것을 반드시 지키도록 책임을 묻고, 쓸데없는 말을 늘어놓지 못하게 한다. 부형이나 대신들에 대해서는 그 말을 들어주되 반드시 형벌로써 책임을 묻고, 임용한 뒤에는 함부로 행동하지 못하게 한다. 보고 즐기면서 갖고 놀 만한 것에 대해서는 반드시 그 출처를 알

리게 하고, 신하들이 제멋대로 올리거나 물리치지 못하게 하여 그들이
군주의 속내를 헤아리지 못하게 한다. 은덕을 베푸는 데 있어서는 궁중
의 재물을 풀고 곡식 창고를 열어서 백성들을 이롭게 할 때는 반드시
군주로부터 명령이 나오게 하여 신하들이 그 은덕을 제 것으로 삼지 못
하게 한다. 유세나 논의에 있어서는 대개 좋아하는 자를 칭찬하고 미워
하는 자를 헐뜯는 법이므로 반드시 무엇을 잘했는지 무엇을 잘못했는
지 살펴서 신하들이 서로 한 패거리가 되어 말을 맞추지 못하게 한다.
용력이 뛰어난 무사에 대해서는 전쟁에서 공을 세웠을 때는 지나치게
상을 주지 않고 나라 안에서 사사로이 용맹을 발휘하면 그 죄를 용서
하지 않아서 신하들이 사사로이 재물을 털어 무사를 기르지 못하게 한
다. 제후들의 요구에 대해서는 도리에 맞으면 받아들이고 도리에 맞지
않으면 거절한다.

이른바 망국의 군주란 제 나라를 갖지 못한 자가 아니라 갖고 있으
면서도 실제로는 제 것이 아닌 자를 말한다. 신하가 외세를 등에 업고
국내의 일을 제어한다면, 이는 군주가 망한 것이나 다름이 없다. 큰 나
라의 요구를 들어주는 것은 망하지 않도록 하기 위해서인데, 망하는 것
이 요구를 들어주지 않는 것보다 빠르다면 신하가 말하는 큰 나라의
요구를 들어주지 않는다. 신하들은 군주가 큰 나라의 요구를 들어주지
않는다는 것을 알면 밖으로 제후들과 손을 잡지 않는다. 제후들의 요
구를 들어주지 않으면 군주는 신하가 속이는 말에 넘어가지 않게 된다.

현명한 군주가 관직과 작위, 녹봉의 제도를 마련하는 것은 현명하고
재능 있는 자를 등용하고 공을 세울 만한 자가 힘쓰도록 하기 위해서
다. 그래서 "현명하고 재능 있는 자는 녹봉을 후하게 주고 높은 자리에
앉히며, 공적이 큰 자에게는 작위를 높여주고 두터운 상을 내린다"고
말한다. 현명한 자에게 관직을 줄 때는 그 능력을 잘 헤아리고, 녹봉을
내릴 때는 그 공적을 잘 저울질한다. 그래야 현명한 자는 제 능력을 속
여서 군주를 섬기지 않게 되고, 공적이 있는 자는 제 일을 즐거이 더하

게 되므로 일은 이루어지고 공적이 쌓인다.

그러나 지금은 그렇지 않다. 현명한지 못났는지 따져보지도 않고 공로가 있는지 없는지 논하지도 않은 채, 제후들이 중요하게 여긴다고 기용하고 측근들이 아뢴다고 받아들인다. 부형이나 대신들은 위로 군주에게 작위와 녹봉을 청하고 아래로 그것을 팔아서 재물을 끌어모으거나 사사로이 패거리를 만든다. 그래서 재물이 많은 자는 관직을 사서 더욱 귀해지고, 군주의 측근과 교제하는 자는 청탁을 하여 권세를 더 강화한다. 공로가 있는 신하는 논의에서 제외되고, 관직의 이동도 잘못되거나 부적절해진다. 이러하므로 관리들은 제 직무는 변변찮게 하면서 외국과 결탁하고, 해야 할 일은 버려둔 채 재물이 있는 쪽을 가까이하게 된다. 결국 현명한 자도 풀어지고 게을러져서 힘쓰지 않게 되고, 공적을 쌓은 자도 게으름을 피우며 제 일을 소홀히 하게 되니, 이것이 망하는 나라의 풍조다.

십과(十過),
군주의 열 가지 허물

군주가 저지르는 열 가지 허물이 있다.

첫째는 참된 마음을 작게 쓰는 것으로, 이렇게 되면 참된 마음을 크게 쓰는 일에 해롭다. 둘째는 작은 잇속에 매이는 것으로, 이렇게 되면 큰 이익을 해친다. 셋째는 행동이 치우치고 제멋대로 하며 제후들에게 무례하게 구는 것이니, 이렇게 되면 제 몸을 망치는 데에 이른다. 넷째는 정사를 듣고 다스리는 일에 힘쓰지 않으면서 음악만 좋아하는 것이니, 이렇게 되면 궁지에 내몰리게 된다. 다섯째는 탐욕스럽고 괴팍하며 이익을 밝히는 것이니, 이는 나라를 멸망시키고 제 자신을 죽이는 근본이 된다. 여섯째는 여인들의 춤과 노래에 빠져 정사를 돌보지 않는 것이니, 이는 나라를 망치는 재앙이 된다. 일곱째는 도성을 떠나 멀리 유람하며 간언하는 선비를 홀대하는 것이니, 이는 제 몸을 위태롭게 하는 길이다. 여덟째는 허물을 짓고도 충신의 말에 귀 기울이지 않고 홀로 제 마음대로 하는 것이니, 이는 높은 명성을 잃고 비웃음을 사는 빌미가 된다. 아홉째는 안으로 자신의 역량을 헤아리지 않고 밖으로 다른 나라의 제후를 믿는 것이니, 이는 나라의 영토가 깎이는 우환이 된다. 열째는 나라가 작은데도 다른 나라에 무례하고 간언하는 신하의 말을 받아들이지 않는 것이니, 이렇게 되면 대를 이을 자손이 끊기는 형세가 된다.

무엇을 '참된 마음을 작게 쓰는 것'이라 하는가?

옛날 초나라 공왕(共王)이 진(晉)나라 여공(厲公)과 언릉(鄢陵)에서 싸울 때였다. 초나라 군사가 패하고 공왕은 눈에 부상을 당했다. 싸움이 한창일 때, 사마자반(司馬子反)이 목이 말라 마실 물을 구했다. 시종인 곡양(穀陽)이 술이 넘치는 잔을 가지고 와서 바쳤다. 자반이 말했다.

"아, 치워라! 이건 술이다!"

곡양이 말했다.

"이건 술이 아닙니다."

자반이 이내 받아 마셨다. 자반은 그 사람됨이 본래 술을 좋아했는데, 한번 맛보자 입에서 뗄 수가 없었고 곧 취해버렸다. 전투가 끝난 뒤, 공왕은 다시 싸우려고 사람을 시켜 자반을 불렀다. 그러나 자반은 가슴이 아프다는 핑계로 사절했다. 공왕이 말을 타고 직접 가서 자반의 막사 안으로 들어갔는데, 술 냄새가 진동하자 그냥 돌아와서는 말했다.

"오늘 싸움에서 나는 상처를 입었다. 믿을 사람은 사마뿐이다. 그런데 사마가 또 이렇게 취했으니, 이는 초나라의 사직을 잊고 우리 군사들을 가엾게 여기지 않은 것이다. 나는 다시 싸울 여력이 없구나!"

그리고는 군사를 돌이켜서 그곳을 떠난 뒤에 사마자반의 목을 베어 저잣거리에 내걸었다. 시종인 곡양이 술을 바친 것은 자반에게 적의가 있어서가 아니다. 그 마음은 참으로 자반을 아꼈는데, 이게 도리어 그를 죽게 만들었다. 그래서 "참된 마음을 작게 쓰면 참된 마음을 크게 쓰는 일에 해롭다"고 말한 것이다.

무엇을 '작은 잇속에 매이는 것'이라 하는가?

옛날 진(晉)나라 헌공(獻公)이 괵(虢)나라를 치려고 우(虞)나라로부터 길을 빌리려 했다. 대부 순식(荀息)이 말했다.

"군주께서 수극(垂棘)에서 난 아름다운 구슬과 굴(屈) 땅에서 난 명마를 우공(虞公)에게 뇌물로 주고 길을 빌려달라고 하신다면, 반드시 우리에게 길을 빌려줄 것입니다."

헌공이 물었다.

"수극에서 난 구슬은 선왕께서 아끼시던 보물이고, 굴 땅의 명마는 과인의 준마다. 만약 내가 보낸 선물만 받아먹고 길을 빌려주지 않으면 어찌할 건가?"

"저들이 길을 빌려주지 않으려 한다면, 결코 우리 선물을 받지 않을 것입니다. 만약 우리 선물을 받고 길을 빌려주면, 이는 마치 보물을 안에 있는 창고에서 꺼내 바깥의 창고에 넣어두고 말을 안에 있는 마구간에서 꺼내 바깥의 마구간에 옮겨두는 것과 같습니다. 그러니 군주는 걱정하지 마십시오."

"그럼, 그렇게 하시오."

곧 순식을 시켜 수극에서 난 구슬과 굴 땅의 명마를 우공에게 뇌물로 주고 길을 빌려달라고 요구했다. 우공은 그 구슬과 말을 탐내어 요구를 들어주려고 했다. 그때 궁지기(宮之奇)가 간했다.

"들어주어서는 안 됩니다. 우리에게 괵나라는 마치 수레에 덧방나무가 있는 것과 같습니다. 덧방나무는 수레에 의존하고 수레 또한 덧방나무에 의존합니다. 우와 괵의 형세가 바로 이렇습니다. 이제 만일 길을 빌려준다면, 괵은 아침에 망하고 우는 저녁에 뒤따라 망하게 됩니다. 결코 옳지 않으니, 부디 들어주지 마십시오!"

우공은 이 말을 듣지 않고 드디어 길을 빌려주었다. 순식은 괵나라를 쳐서 이기고, 돌아온 지 3년 만에 군사를 일으켜 우나라를 쳐서 또이겼다. 순식은 말을 끌고 구슬을 받들고 돌아와 헌공에게 알렸다. 헌공이 기뻐하며 말했다.

"구슬은 그대로구나! 말도 나이는 더 먹었지만, 그대로구나!"

우공의 군대가 깨지고 영토가 깎인 것은 무엇 때문인가? 작은 잇속에 이끌려 더 큰 해로움을 생각하지 않았기 때문이다. 그러므로 "작은 잇속에 매이면 큰 이익을 해친다"고 말한 것이다.

무엇을 '행동이 치우치고 제멋대로 하는 것'이라 하는가?

옛날 초나라 영왕(靈王)이 신(申) 땅에서 제후들과 회합을 가졌다. 이때 송나라의 태자가 늦게 도착하자 그를 붙잡아 가두었다. 또 서(徐)나라 군주를 업신여기고 제나라의 대부 경봉(慶封)을 구속했다. 활쏘기를 담당하던 시종이 간했다.

"제후들을 모을 때는 예의를 차리지 않으면 안 됩니다. 이는 나라의 존망을 가르는 관건입니다. 옛날 하나라 걸왕(桀王)은 유융(有戎) 땅에서 회합했으나 유민(有緡)이 배반했고, 상나라 주왕(紂王)은 여구(黎丘)에서 제후들과 사냥 모임을 가졌으나 융적(戎狄)이 배반했는데, 이는 예의를 갖추지 않았기 때문입니다. 군주께서는 잘 헤아리십시오."

영왕은 그 말을 듣지 않고 드디어 제 뜻대로 했다. 그로부터 1년이 채 안 되어 영왕이 남쪽으로 순행할 때, 그를 따라온 신하들이 그를 위협하자 영왕은 건계(乾溪) 가에서 굶어 죽었다. 그러므로 "행동이 치우치고 제멋대로 하며 제후들에게 무례하게 굴면 제 몸을 망치는 데에 이른다"고 말한 것이다.

무엇을 '음악만 좋아하는 것'이라 하는가?

옛날 위(衛)나라 영공(靈公)이 진(晉)나라로 가다가 복수(濮水) 가에 이르렀을 때, 수레에서 말을 풀어놓고 막사를 설치하여 하룻밤 묵었다. 한밤중에 전혀 새로운 곡조를 타는 소리가 들렸는데, 마음이 들뜨고 좋았다. 사람을 시켜 주변에 물어보게 했으나, 다들 듣지 못했다고 말했다. 이에 악사인 사연(師涓)을 불러서 말했다.

"전혀 새로운 곡조를 타는 소리를 듣고 사람을 시켜 주변에 물어보게 했으나, 다들 듣지 못했다고 하오. 그건 마치 귀신이 타는 곡조와 같았소. 그대가 과인을 위해서 듣고 베껴 주시오."

"그렇게 하겠습니다."

그리고는 조용히 앉아서 거문고를 뜯으며 베껴 적었다. 이튿날 사연이 아뢰었다.

"신이 베껴 적었습니다만, 아직 익숙하지 못합니다. 다시 하룻밤 더 머물러 익숙해지도록 해주십시오."

"좋소."

다시 하룻밤 더 머물렀다. 이튿날 연주가 익숙해지자 이윽고 진나라로 떠났다. 진나라 평공(平公)이 시이(施夷)의 누대에서 연회를 베풀었다. 주연이 한창 무르익었을 때, 영공이 일어나 말했다.

"새로운 곡조가 있어 들려드리고자 합니다."

평공이 "좋소"라고 말하자, 곧 사연을 불러 진나라의 악사인 사광(師曠) 곁에 앉아 거문고를 타게 했다. 곡조가 다 끝나기도 전에 사광이 사연의 손을 지그시 눌러 그치게 하고는 말했다.

"이건 망국의 곡조입니다. 끝까지 연주해서는 안 됩니다."

평공이 물었다.

"이 음악은 어디서 나온 것이오?"

사광이 대답했다.

"이건 사연(師延)이 만든 것으로, 상나라의 주왕(紂王)에게 바친 음란한 음악입니다. 무왕(武王)이 주왕을 칠 때, 사연은 동쪽으로 달아나 복수에 이르러 스스로 몸을 던졌습니다. 이 곡조는 분명히 복수 가에서 들었을 것입니다. 이전에 이 곡조를 들은 자는 반드시 나라를 잃었습니다. 이 곡은 끝까지 연주해서는 안 됩니다."

평공이 말했다.

"과인이 좋아하는 것은 음악이오. 그대는 그것을 끝까지 연주하시오."

사연이 끝까지 연주하여 마치자 평공이 사광에게 물었다.

"이는 어떤 곡조요?"

사광이 대답했다.

"이는 청상(淸商)이라는 곡조입니다."

"청상이 가장 슬픈 것이오?"

"청치(淸徵)만 못합니다."

"청치의 곡조를 들어볼 수 있겠소?"

"안 됩니다. 예부터 청치의 곡조를 들을 수 있는 이는 모두 덕성과 의로움을 갖춘 군주였습니다. 이제 군주께서는 덕성이 부족하니, 들을 수 없습니다."

"과인이 좋아하는 것은 음악이오. 조금이라도 들어보고 싶소."

사광은 어쩔 수 없이 거문고를 끌어당겨서 타기 시작했다. 한 번 연주하자 검은 빛깔의 학이 여덟 마리씩 두 줄로 남쪽에서 날아와 회랑의 문 용마루 위에 앉았다. 다시 연주하자 학들이 나란히 늘어섰고, 세 번째 연주하자 목을 길게 늘여 울고는 날개를 펴서 춤을 추기 시작했다. 울음소리는 궁(宮) · 상(商)의 소리에 맞았고 하늘에까지 울려 퍼졌다. 평공이 아주 기뻐했고, 앉아 있던 사람들도 모두 기뻐했다. 평공은 잔을 들고 일어나 사광의 장수를 빌며 건배하고는 돌아와 자리에 앉더니, 이렇게 물었다.

"곡조가 청치보다 더 슬픈 것은 없소?"

사광이 대답했다.

"청각(淸角)이 있습니다."

"청각의 곡조를 들어볼 수 있겠소?"

"안 됩니다. 옛날에 황제(黃帝)가 귀신들을 태산(泰山) 위에 모이게 한 적이 있습니다. 황제는 코끼리 장식을 한 수레를 타고 여섯 마리 교룡이 끌게 했으며, 불의 신 필방(畢方)이 수레 옆에 붙고, 전쟁의 신 치우(蚩尤)가 앞길을 열고, 바람의 신 풍백(風伯)이 길을 쓸고, 비의 신 우사(雨師)는 길에 물을 뿌렸습니다. 또 범과 이리가 앞장서고 귀신이 뒤에 따르며 등사(騰蛇)는 땅에서 기고 봉황은 하늘을 덮는 그런 성대한 귀신들의 모임에서 청각의 곡조를 만들었습니다. 이제 군주께서는 덕성이 부족하니, 들을 수 없습니다. 만일 들으신다면, 재앙이 있을지도 모릅니다."

"과인은 늙었소. 좋아하는 것이라고는 음악뿐이오. 부디 들려주기 바라오."

사광은 어쩔 수 없이 청각의 곡조를 연주했다. 한 번 연주하자 검은 구름이 서북쪽에서 일어났고, 두 번 연주하자 거센 바람이 불고 큰 비가 쏟아져 장막이 찢겨나가고 제사 그릇들이 깨지고 기왓장이 떨어져서 앉아 있던 사람들이 흩어져 달아나고 평공도 두려워 회랑의 방들 사이에 엎드렸다. 그 후, 진나라는 큰 가뭄이 들어 3년 동안 농작물이 나지 않았다. 평공 자신도 마침내 큰 병에 걸렸다. 그래서 "정사를 듣고 다스리는 일에 힘쓰지 않으면서 음악만 좋아하면 궁지에 내몰리게 된다"고 말한 것이다.

무엇을 '탐욕스럽고 괴팍하다'고 말하는가?

옛날 지백요(智伯瑤)가 조씨(趙氏)·한씨(韓氏)·위씨(魏氏) 세 가문을 이끌고 범씨(范氏)와 중항씨(中行氏)를 쳐서 멸망시켰다. 그는 돌아와서 병사들을 쉬게 하고 몇 년이 지나자 사람을 한씨에게 보내 땅을 요구했다. 한강자(韓康子)가 주려고 하지 않자, 가신인 단규(段規)가 간언했다.

"주지 않을 수 없습니다. 저 지백의 사람됨은 이익을 좋아하며 오만하고 괴팍합니다. 그가 땅을 요구해왔는데도 주지 않으면 반드시 한나라로 병력을 이동시킬 것입니다. 군주께서는 그에게 땅을 주십시오. 주면 그는 재미를 붙여서 또 다른 가문에도 땅을 요구할 것입니다. 다른 가문 가운데서 그 요구를 들어주지 않는 자가 있을 것이고, 들어주지 않으면 지백은 반드시 군대를 동원해 칠 것입니다. 이렇게 되면 우리는 환란을 피하면서 상황의 변화를 기다릴 수 있습니다."

"좋소."

곧 사자를 보내 1만 호의 현 하나를 지백에게 떼주었다. 지백은 기뻐하며 다시 사람을 위씨에게 보내 땅을 요구했다. 위선자(魏宣子)[1]가 주려고 하지 않자, 가신인 조가(趙葭)가 간언했다.

"지백이 한씨에게 땅을 요구했을 때, 한씨는 주었습니다. 이제 우리에게 땅을 요구하는데도 주지 않으면, 이는 우리가 스스로 강하다고 여겨서 밖으로 지백의 노여움을 부르는 셈입니다. 주지 않으면 그는 반드시 병사를 동원해서 우리를 칠 것입니다."

"좋소."

곧 사람을 보내 1만 호의 현 하나를 지백에게 떼주었다. 지백은 다시 사람을 조씨에게 보내 채(蔡)와 고랑(皐狼) 땅을 요구했는데, 조양자(趙襄子)는 주지 않았다. 이에 지백은 한씨 및 위씨와 몰래 맹약을 맺고 조씨를 치려고 했다. 조양자는 가신인 장맹담(張孟談)을 불러 물었다.

"저 지백의 사람됨은 겉으로는 친한 척하면서 속으로는 멀리하오. 한씨와 위씨에게는 세 번이나 사신을 보내면서 과인에게는 보내지 않았으니, 이는 반드시 병력을 동원해서 과인을 치려는 것이오. 이제 우리는 어디에 근거지를 두면 좋겠소?"

장맹담이 대답했다.

"저 동알우(董閼于)[2]는 선군 조간자(趙簡子)의 유능한 신하로서 진양(晉陽)을 잘 다스렸고 또 윤탁(尹鐸)이 이어받아 잘 다스렸기 때문에

---

1) 『전국책』과 『사기』 등에는 위환자(魏桓子)로 되어 있다.
2) 『춘추좌전』과 『사기』 및 『전국책』 등에서는 '동안우(董安于)'로 되어 있으며, 앞의 「난언」에서도 '동안우'로 나온다.

그 교화가 아직도 남아 있습니다. 군주께서 근거지로 삼을 곳은 진양뿐입니다."

"좋소."

곧이어 연릉생(延陵生)을 불러 병거와 기마병을 이끌고 진양으로 가게 하고, 조양자는 그 뒤를 따라갔다.

조양자가 진양에 이르러 성곽과 각 관아의 곳간을 점검했는데, 성곽은 수리가 되어 있지 않았고 곳간에는 비축해둔 곡식이 없었으며 관청에는 쌓아둔 돈이 없었고 무기고에는 갑옷과 병기가 없었으며 성을 방비할 시설도 갖추어지지 않았다. 조양자는 두려운 마음이 일어 장맹담을 불러서 물었다.

"내가 성곽과 다섯 관아의 창고를 점검했는데, 모두 대비가 되어 있지 않았소. 그대는 어떻게 적에게 맞설 생각이오?"

장맹담이 대답했다.

"제가 들으니, 성인은 다스릴 때 재물을 민간에 쌓아두지 관아의 창고에 저장하지 않으며, 교화하는 데에 힘쓰지 성곽을 수리하는 데에 힘쓰지 않는다고 했습니다. 군주께서 지금이라도 명령을 내리시면, 백성들이 스스로 3년 먹을 식량만 남기고 나머지 곡식을 곳간으로 옮길 것이고, 돈도 3년 쓸 것만 남기고 나머지는 관아로 가져올 것입니다. 또 집집마다 남은 인력으로 성곽을 수리하게 하십시오."

군주가 저녁에 명령을 내리자 이튿날 곳간에는 곡식이 넘칠 만큼 쌓였고 관아도 돈을 더 쌓아둘 수 없을 정도가 되었으며 무기고도 갑옷과 병기를 더 넣을 수 없을 지경이 되었다. 닷새가 지나자 성곽이 다 수리되었으며, 방어 채비도 다 갖추어졌다. 조양자는 장맹담을 불러서 물었다.

"우리 성곽이 다 수리되었고 방어 채비도 다 갖추어졌으며 돈과 곡식도 이미 충분하고 갑옷과 병기도 남을 정도가 되었소. 그런데 화살이 없으니, 어쩌면 좋겠소?"

장맹담이 대답했다.

"제가 들으니, 동알우가 진양을 다스릴 때 공공건물의 담을 모두 물억새나 쑥대, 싸리나무 등으로 엮어서 둘렀다고 합니다. 그 높이가 열 자 가량 되니, 이를 잘라서 쓰십시오."

그래서 이것들을 베어 써보니, 단단하기는 굳센 대나무도 견줄 수 없을 정도였다. 조양자가 말했다.

"화살은 이제 충분한데 화살촉이 없으니, 어찌하면 되겠소?"

"제가 들으니, 동알우가 진양을 다스릴 때 공관과 관서에 있는 기둥의 기초를 모두 정련된 구리로 만들었다고 합니다. 그것을 뽑아 쓰십시오."

그 말대로 뽑아서 쓰니, 화살촉이 남아돌았다.

호령은 이미 정해지고 방어 채비도 다 갖추어졌을 즈음, 세 가문의 군대가 과연 이르렀다. 그들은 이르자 곧 진양의 성벽을 기어올랐고, 드디어 싸움이 벌어졌다. 그러나 석 달이 지나도록 함락시키지 못했다. 이에 군사를 풀어 성을 포위하고서 진양성 옆으로 흐르는 강물을 터서 성 안으로 흘러들게 했다. 이렇게 진양을 3년 동안 포위하니, 성 안에서는 나무 위에 움집을 짓고 살며 솥을 매달아서 밥을 지었다. 돈과 식량은 다 떨어졌고, 병사들과 관리들도 지치고 병들었다. 조양자가 장맹담에게 말했다.

"양식도 재물도 다 떨어졌고, 병사들과 관리들도 지치고 병들었소. 이제 지킬 수 없을 듯하오. 항복하고 싶은데, 어느 쪽에 항복하는 게 좋겠소?"

장맹담이 대답했다.

"제가 들으니, '망할 나라를 존속시키지 못하고 위태로운 나라를 안정시키지 못한다면, 지략 있는 자를 귀하게 여길 필요가 없다'고 했습니다. 군주께서는 지금 계략을 잘못 짜고 있습니다. 제가 몰래 밖으로 빠져나가서 한씨와 위씨의 두 군주를 만나보겠습니다."

장맹담은 한씨와 위씨의 군주를 만나 말했다.

"제가 들으니, '입술이 없으면 이가 시리다'(脣亡齒寒)고 했습니다. 이제 지백이 두 군주를 이끌고 와서 우리 조씨를 치는 바람에 조씨는 거의 망할 지경이 되었습니다. 조씨가 망하면 두 군주께서 그다음이 될 것입니다."

두 군주가 말했다.

"우리도 그렇게 될 것을 알고 있소. 그러나 지백이라는 자는 마음이 사납고 야멸치오. 우리가 일을 꾀했다가 발각되면 반드시 재앙이 미칠 것이니, 어떻게 하면 좋겠소?"

장맹담이 말했다.

"계책은 두 분의 입에서 나와 저의 귀로 들어왔을 뿐입니다. 다른 사람은 결코 알지 못합니다."

두 군주는 한씨·위씨·조씨 세 군대로 지백을 치기로 장맹담과 약속하고 날짜를 정했다. 야음을 틈타 장맹담은 진양성으로 돌아가서 조양자에게 두 군주가 배반하기로 했다고 알렸다. 조양자는 장맹담을 맞아 두 번 절하고는 두려워하면서도 기뻐했다. 한강자와 위선자는 장맹담과 은밀하게 약속하고 돌려보낸 뒤에 지백에게 조회하러 갔다가 군문(軍門) 밖에서 지과(智過)를 만났다. 지과는 두 사람의 안색에 수상적은 점이 있어 곧바로 들어가서 지백을 만나 말했다.

"한씨와 위씨 두 군주의 표정을 보니, 변괴가 있을 듯합니다."

지백이 말했다.

"어째서 그렇소?"

"행동이 거만하고 기세가 등등한 것이 여느 때와는 다릅니다. 군주께서 먼저 손을 쓰셔야 합니다."

"나는 두 군주와 단단히 약속했소. 조씨를 깨뜨리면 그 땅을 셋으로 나누기로 말이오. 내가 그들을 가까이 대하고 있으니, 결코 속이지 않을 것이오. 우리 군대가 진양을 에워싼 지 3년이 되었고, 이제 곧 성을 함락시키면 그 이익을 함께 누릴 것인데, 어찌 딴 마음을 품겠소? 결코 그럴 일은 없소. 그대는 의심을 풀고 입 밖에도 내지 마시오."

이튿날, 한강자와 위선자는 다시 지백에게 조회하러 갔다가 나오면서 또 군문에서 지과를 만났다. 지과는 들어가서 지백에게 말했다.

"군주께서는 신이 한 말을 두 군주에게도 말했습니까?"

"어떻게 알았소?"

"오늘 두 군주가 조회하고 나오면서 저를 보았는데, 그 안색이 변하면서 저를 바라보았습니다. 이는 반드시 변괴를 꾀하고 있는 탓이니, 군주께서는 얼른 그들을 죽이는 것이 낫습니다."

"다시는 이런 말을 하지 마시오."

"안 됩니다. 반드시 그들을 죽여야 합니다. 만약 죽일 수 없다면, 더욱 가까이하십시오."

"가까이하려면 어찌해야 좋은가?"

"위선자의 참모는 조가이고, 한강자의 참모는 단규입니다. 이 두 사람은 모두 주군의 계략을 바꿀 능력이 있습니다. 군주께서는 그 두 사람에게 조씨를 깨뜨린 뒤에 각각 1만 호의 현에 봉하겠다고 약속하십시오. 그러면 한강자와 위선자의 마음이 변하지 않을 것입니다."

"조씨를 깨뜨린 뒤에 그 땅을 셋으로 나누기로 했는데 또 두 사람에게 각각 1만 호의 현을 봉하겠다고 한다면, 내가 얻을 게 적어지오. 안 되오!"

지과는 자신의 의견이 받아들여지지 않자 그를 떠났고, 그때부터 성을 보씨(輔氏)로 바꾸었다.

약속한 날 밤이 되자, 조씨의 군사들은 제방을 지키던 지백 쪽 병사들을 죽이고 강물을 터서 지백의 군대 쪽으로 흘러가게 했다. 지백의 군사들이 물을 막느라고 정신을 못 차릴 때 한강자와 위선자의 군사들이 양쪽에서 공격했다. 조양자도 군사들을 이끌고 성문을 열어 정면을 쳐서 지백의 군대를 크게 깨뜨리고 지백을 사로잡았다. 지백은 자신도 죽고 군대도 패하고 땅도 셋으로 나누어져 천하의 웃음거리가 되었다. 그래서 "탐욕스럽고 괴팍하며 이익을 밝히면 나라를 멸망시키고 제 자신을 죽이는 근본이 된다"고 말한 것이다.

무엇을 '여인들의 노래와 춤에 빠졌다'고 하는가?

옛날 서융(西戎)의 왕이 유여(由余)를 진(秦)나라에 사절로 보냈다. 진나라 목공(穆公)이 그에게 물었다.

"과인은 다스림의 도에 대해서 들은 적은 있으나, 아직 눈으로 직접 본 적은 없소. 옛날의 현명한 군주가 나라를 얻거나 잃은 까닭이 무엇인지 듣고 싶소."

유여가 대답했다.

"신은 '늘 검소하면 나라를 얻고 사치하면 나라를 잃는다'고 들었습니다."

"과인은 욕됨을 무릅쓰고 그대에게 다스림의 도에 대해 물었는데 그대는 검소함이라고 과인에게 대답했으니, 무슨 까닭이오?"

"신이 들으니, 옛날 요임금이 천하를 다스릴 때 흙으로 만든 그릇에 밥을 담아 먹었고 흙으로 만든 병에 물을 담아 마셨다고 합니다. 그런데도 그 땅은 남쪽으로 교지(交趾)까지, 북쪽으로는 유도(幽都)까지, 동서 양쪽으로는 해와 달이 뜨고 지는 곳까지 이르렀는데, 복종하지 않는 자가 없었습니다. 요가 천하를 순에게 넘기자 순은 천하를 넘겨받은 뒤에 식기를 만들기 위해서 산의 나무를 베어 재료로 삼아 자르고 깎아 그 자국을 가리려고 그 위에 옻칠을 하여 궁 안에 두어서 식기로 썼습니다. 그러자 제후국 가운데 열세 나라가 사치스럽다고 여겨 복종하지 않았습니다.

순이 천하를 선양하여 우에게 전하자 우는 식기를 만들었습니다. 겉에는 옻칠을 하고 안에는 붉은색으로 그림을 그려 넣었으며, 무늬 없는 비단으로 수레 깔개를 만들었고, 물풀로 자리를 짜고 가장자리에 아름다운 술을 달았으며, 술잔에 색칠을 하고 술그릇과 도마에 문양을 그려 넣었습니다. 이처럼 사치가 심해지자 복종하지 않는 나라가 서른셋이었습니다. 하나라가 망하고 은나라가 들어서자 천자의 수레가 다니는 대로를 만들고 아홉 개의 깃발을 세웠으며, 그릇에 조각을 하고 술잔도 새겼으며, 사방의 벽면에 칠을 하고 깔개와 자리에도 문양을 새겼습니다. 이처럼 사치가 심해지자 쉰세 나라가 복종하지 않았습니다. 귀족들도 모두 화려하게 꾸밀 줄 알게 되자 복종하려는 자들이 갈수록 줄어들었습니다. 그래서 제가 '검소함이 다스림의 도다'라고 말했던 것입니다."

유여가 나가자 목공은 곧 내사(內史)인 요(廖)를 불러 물었다.

"과인은 이웃나라에 성인이 있으면 적국의 걱정거리가 된다고 들었소. 이제 보니 유여는 성인이오. 과인은 그게 걱정이 되는데, 어찌하면 좋겠소?"

"신이 들으니, 서융의 왕이 기거하는 곳은 외지고 좁으며 멀리 떨어져 있어서 중원의 음악은 들어본 적이 없다고 합니다. 군주께서 그에게 무희를 보내 그 정치를 어지럽게 만들고, 그런 뒤에 유여가 돌아갈 날을 늦추어 달라고 청하여 그가 간언할 수 없게 하십시오. 그러면 저 군주와 신하 사이에 틈이 벌어질 터이니, 그때 일을 꾀할 수 있습니다."

"좋소."

곧 내사 요를 시켜 무희 열여섯 명을 서융의 왕에게 보냈고, 요는 유여가 돌아갈 날을 늦추어 달라고 청했다. 서융의 왕은 허락했으며, 무희들을 보고 아주 기뻐서 날마다 주연을 열어 오래도록 술을 마시며 음악을 즐겼다. 한 해가 지나도록 옮겨가지 않아서 소와 말이 절반이나 죽었다.[3]

---

3) 서융은 유목민이어서 풀을 찾아 옮겨 다녀야 하는데, 왕이 음악에 빠져 옮겨가지 않았으므로 소와 말이 죽었던 것이다.

나중에 유여가 서융으로 돌아와 왕에게 간언했으나, 왕은 듣지 않았다. 마침내 유여는 그곳을 떠나 진나라로 갔다. 목공은 그를 맞이하여 상경(上卿)으로 삼았다. 목공은 서융의 군사와 지형에 대해 물었고, 정보를 얻은 뒤에 군사를 일으켜 서융을 쳤다. 열두 나라를 아우르고 땅을 천 리나 넓혔다. 그래서 "여인들의 춤과 노래에 빠져 정사를 돌보지 않으면 나라를 망치는 재앙이 된다"고 말한 것이다.

무엇을 '도성을 떠나 멀리 유람한다'고 하는가?

옛날 제나라 경공(景公)[4]이 바닷가에서 놀다가 그 즐거움에 푹 빠져 여러 대부들에게 명령을 내렸다.

"돌아가자고 말하는 자는 죽이겠다."

안탁취(顔涿聚)가 말했다.

"군주께서 바닷가에서 놀다가 그 즐거움에 푹 빠져 있을 때 나라를 빼앗으려 일을 꾸미는 신하가 있으면, 어떻게 하실 겁니까? 그때 군주께서 즐기려 하신들, 어찌 그렇게 할 수 있겠습니까?"

경공이 말했다.

"과인이 '돌아가자고 말하는 자는 죽이겠다'고 명령을 내렸다. 이제 그대는 과인의 명령을 어겼다!"

그리고는 창을 당겨서 그를 찌르려 했다. 안탁취가 말했다.

"옛날 하나라의 폭군 걸(桀)은 관룡방(關龍逄)을 죽였고 상나라의 주(紂)는 비간(比干)을 죽였는데, 이제 군주께서 저를 죽이신다면 저는 세 번째 충신이 될 것입니다. 신은 나라를 위해 말한 것이지 자신을 위해 말한 것이 아닙니다."

---

4) 원문에는 '전성자(田成子)'로 되어 있으나, 당시 전성자는 군주가 아닌 신하의 신분이었으므로 문맥상 적절하지 않다. 또 『설원(說苑)』「정간(正諫)」에서는 '제경공(齊景公)'으로 되어 있고, 이것이 문맥상 적절하므로 전성자를 경공으로 고쳐 번역했다.

목을 길게 빼고 앞으로 나아가며 말했다.

"군주께서는 제 목을 치십시오!"

경공은 곧 창을 거두고 수레를 몰아 돌아갔다. 사흘 후, 도성 사람들 가운데 경공을 도성에 들이지 못하도록 꾀한 자가 있었다는 말을 들었다. 경공이 제나라를 안정시킬 수 있었던 것은 안탁취의 힘이었다. 그래서 "도성을 떠나 멀리 유람하는 것은 제 몸을 위태롭게 하는 길이다"라고 한 것이다.

무엇을 '허물을 짓고도 충신의 말에 귀 기울이지 않는다'고 하는가?

옛날 제나라 환공은 아홉 번 제후들을 규합하고 천하를 하나로 바로잡으며 춘추오패의 첫째 패자가 되었는데, 관중이 그를 보좌했다. 관중은 늙어서 정사를 볼 수 없게 되자 물러나 집에서 쉬었다. 환공이 찾아가서 물었다.

"중보(仲父)가 병이 있어 집에서 쉬고 있는데, 불행하게도 이 병으로 일어나지 못하게 되면 누구에게 정사를 맡기면 되겠소?"

관중이 대답했다.

"저는 늙었기 때문에 물어볼 게 못 됩니다. 그렇지만 신이 들으니, '신하를 군주보다 잘 아는 사람이 없고, 자식을 아비보다 잘 아는 사람이 없다'고 했습니다. 군주께서 먼저 마음에 둔 것을 말씀해주십시오."

환공이 말했다.

"포숙아(鮑叔牙)는 어떻소?"

"안 됩니다. 포숙아는 사람됨이 굳세고 고집이 세며 너무 사납습니다. 굳세면 백성들을 모질게 대할 수 있고, 고집이 세면 백성들의 마음을 얻지 못할 수 있으며, 사나우면 아랫사람들이 쓰려 하지 않습니다. 그는 마음에 두려워하는 게 없으니, 패자를 보좌할 인물이 아닙니다."

"그렇다면 수조(竪刁)는 어떻소?"

"안 됩니다. 무릇 사람은 인정상 제 몸을 아끼기 마련입니다. 그런데 군주께서 질투하며 여색을 좋아하는 것을 알자 수조는 스스로 거세하여 후궁을 관리했습니다. 제 몸을 아끼지 않는 자가 어찌 군주를 아낄 수 있겠습니까?"

"그렇다면 위(衛)나라에서 온 공자 개방(開方)은 어떻소?"

"안 됩니다. 제나라와 위나라 사이는 고작 열흘 거리인데, 개방은 군주를 섬기면서 군주의 비위를 맞추고 싶어 15년 동안 부모를 만나러 가지 않았습니다. 이는 인정에 어긋나는 것입니다. 제 부모조차 섬기지 않는데, 어찌 군주를 제대로 섬기겠습니까?"

"그렇다면 역아(易牙)는 어떻소?"

"안 됩니다. 저 역아는 군주를 위해 맛을 내고 있습니다. 군주께서 오직 사람 고기만 먹어보지 못했다고 하자, 역아는 제 자식의 머리를 삶아 바쳤습니다. 이는 군주께서도 아시는 바입니다. 사람의 정이란 제 자식을 사랑하지 않을 수 없는데, 이제 제 자식을 삶아서 군주에게 올렸습니다. 제 자식도 사랑하지 않는데, 어찌 군주를 사랑할 수 있겠습니까?"

"그렇다면 누가 좋겠소?"

"습붕이 좋습니다. 그는 사람됨이 마음속은 단단하면서 밖으로는 예의바르고, 욕심이 적고 믿음이 두텁습니다. 마음속이 단단하면 본보기로 삼기에 충분하고, 밖으로 예의바르면 큰일을 맡길 수 있으며, 욕심이 적으면 백성들을 다스릴 수 있고, 믿음이 두터우면 이웃나라와 잘 사귈 수 있습니다. 이런 사람이 패자를 보좌할 인물입니다. 군주께서는 그를 쓰십시오."

"그렇게 하겠소."

1년이 지나 관중이 죽었다. 환공은 습붕을 쓰지 않고 수조에게 그 자리를 주었다. 수조가 정사를 맡은 지 3년 쯤 되었을 때, 환공은 남쪽으로 당부(堂阜)를 유람하고 있었다. 수조는 역아와 위나라 공자 개방

및 대신들을 이끌고 반란을 일으켰다. 환공은 목이 마르고 굶주린 상태로 남문의 침궁(寢宮)에 갇혀 죽었다. 환공이 죽은 지 석 달이 지나도록 그 주검을 거두지 않자 구더기가 문 밖으로 기어 나왔다. 환공은 자신의 군사로 천하를 마음대로 돌아다니면서 춘추오패의 우두머리가 되었으나, 끝내 신하에게 시해당하고 높은 명성까지 잃어 천하의 웃음거리가 되었다. 그 까닭은 무엇인가? 관중의 말을 듣지 않은 탓이다. 그래서 "허물을 짓고도 충신의 말에 귀 기울이지 않고 홀로 제 마음대로 하면, 높은 명성을 잃고 비웃음을 사는 빌미가 된다"고 말한 것이다.

무엇을 '안으로 자신의 역량을 헤아리지 않는다'고 하는가?

옛날 진(秦)나라가 한(韓)나라의 의양(宜陽)을 치자, 한나라 군주는 초조해졌다. 공중붕(公仲朋)이 한나라 군주에게 말했다.

"동맹국은 믿을 수 없습니다. 장의(張儀)를 내세워 진나라와 화친을 맺는 게 낫습니다. 큰 도성을 뇌물로 주고 동시에 남쪽의 초나라를 함께 치자고 하십시오. 이는 진나라에 대한 걱정을 풀면서 그 해로움을 초나라로 떠넘기는 것입니다."

"좋소!"

곧 공중붕을 서쪽으로 보내 진나라와 화친을 맺으려 했다. 초나라 왕이 이를 전해 듣고 두려워한 나머지 유세객인 진진(陳軫)을 불러서 물었다.

"한나라의 공중붕이 서쪽으로 가서 진나라와 화친을 맺는다고 하니, 이를 어찌하면 좋겠소?"

진진이 대답했다.

"진나라는 한나라로부터 큰 도성 하나를 얻고 난 뒤에 잘 훈련된 군사를 이끌고 한나라와 연합하여 남쪽의 초나라를 치려고 할 것입니다. 이는 진나라 왕들이 종묘에 빌며 바라던 일이었습니다. 이건 반드시 초나라에 큰 피해를 줄 것입니다. 왕께서는 얼른 많은 수레에 갖가지 귀중한 예물을 실어 사신과 함께 한나라에 보내 바치면서 '내 나라가 비록 작지만 한나라를 도우려고 모든 군사를 일으켰습니다. 부디 귀국은 진나라에 대해 소신대로 뜻을 펴기 바랍니다. 아울러 귀국의 사자를 우리 국경에 들여보내 초나라가 군사를 일으켰는지 살펴보게 하십시오'라고 말하십시오."

한나라에서는 사람을 초나라에 보냈고, 초나라 왕은 전차와 기마병들을 이끌고 한나라로 가는 길목에서 진을 펼쳤다. 초나라 왕이 한나라의 사자에게 말했다.

"우리 군사들이 막 국경으로 들어가려 한다고 귀국의 군주께 보고하시오!"

한나라의 사자는 돌아가서 군주에게 보고했고, 한나라 군주는 아주 기뻐하면서 공중붕에게 가지 말라고 했다. 공중붕이 말했다.

"안 됩니다. 실제적으로 우리 한나라를 치려는 나라는 진나라고, 명분만으로 우리를 구하겠다고 하는 나라는 초나라입니다. 초나라의 빈 말을 듣고 강한 진나라의 실제적인 재앙을 가볍게 여기면, 나라가 위태롭게 됩니다."

한나라 군주는 듣지 않았다. 공중붕은 화가 나서 집으로 돌아가 열흘 동안이나 조회에 참석하지 않았다. 의양이 더욱 위급해지자, 한나라 군주는 사자를 초나라에 보내 구원군을 재촉했다. 사신의 수레가 잇따라 이어졌으나, 끝내 초나라 군사는 이르지 않았다. 의양도 마침내 함락되었고, 한나라는 제후들의 웃음거리가 되었다. 그래서 "안으로 자신의 역량을 헤아리지 않고 밖으로 다른 나라의 제후를 믿으면, 나라의 영토가 깎이는 우환이 된다"고 말한 것이다.

무엇을 '나라가 작은데도 다른 나라에 무례하다'고 하는가?

옛날 진(晉)나라 공자 중이(重耳)가 나라를 떠나 망명하다가 조(曹)나라를 지날 때였다. 조나라 군주는 중이의 갈비뼈가 하나로 붙어 있다는 소문을 들은지라 중이의 벗은 몸을 몰래 살펴보았다. 희부기(釐負羈)와 숙첨(叔瞻)이 앞에서 모시고 있었는데, 숙첨이 간언했다.

"제가 진나라 공자를 살펴보니 평범한 사람이 아닙니다. 그런데도 군주께서는 그를 무례하게 대했습니다. 만일 그가 귀국한다면 군사를 일으킬 텐데, 조나라에 해가 될까 두렵습니다. 그를 그대로 보내느니 차라리 죽이는 게 낫습니다."

조나라 군주는 듣지 않았다. 집으로 돌아온 희부기는 찐덥지 않았다. 그 아내가 물었다.

"당신은 밖에서 돌아와 계속 언짢은 낯빛을 하고 있는데, 무슨 일입니까?"

희부기가 대답했다.

"내가 들으니, '군주의 복은 나에게 미치지 않으나, 그 화는 나에게까지 미친다'고 들었소. 오늘 군주는 진나라 공자를 불러 무례하게 대했소. 나도 함께 그 앞에 있었는데, 그것 때문에 찐덥지 않은 거요."

그 아내가 말했다.

"제가 진나라 공자를 보기에도 대국에서 군주를 할 인물이고, 곁에서 따르는 자들도 대국에서 재상이 될 만한 인물들입니다. 지금은 궁지에 빠져 나라를 떠나 망명하다가 조나라를 지나게 되었는데, 조나라에서 그를 무례하게 대했습니다. 나중에 그가 돌아가서 반드시 무례하게 대한 나라를 치게 된다면, 조나라가 첫 번째가 될 것입니다. 당신은 어째서 미리 그와 교분을 맺지 않으십니까?"

"알겠소."

희부기는 곧 황금을 넣은 단지에 음식을 덮고 그 위에 벽옥(璧玉)을 올린 뒤 한밤중에 사람을 시켜 중이에게 보냈다. 중이는 사자를 맞아들여 두 번 절하고서 음식만 받고 벽옥은 사양했다.

그 후, 공자 중이는 조나라에서 초나라로 갔다가 다시 초나라에서 진(秦)나라로 갔다. 진나라에 간 지 3년 만에 진나라 목공(穆公)이 뭇 신하들을 불러서 의논했다.

"옛날에 진(晉)나라 헌공(獻公)이 과인과 가까이 지낸 일은 제후들 가운데 모르는 이가 없소. 불행하게도 헌공이 세상을 떠난 지 10여 년이 지났으나, 뒤를 이을 자식이 변변치 않소. 나는 저 진나라가 종묘와 사직에 제사를 제대로 지내지 못할까 걱정이 되오. 이대로 놓아두고 안정시켜주지 않는 것은 사람을 사귀는 도리가 아니오. 나는 중이를 도와서 그가 진나라에 들어가게 하려는데, 어떻게 생각하시오?"

신하들은 모두 "좋습니다"라고 말했다.

목공은 곧 군사를 일으켰다. 전차는 5백 대, 정예 기마병 2천 명과 보병 5만 명이었다. 중이가 진나라에 들어가도록 돕고 그를 진나라 군주로 세웠다.

중이는 즉위한 지 3년이 되자 군사를 일으켜 조나라를 쳤다. 그때 사람을 시켜 조나라 군주에게 이렇게 알렸다.

"숙첨을 포승으로 묶어 성 밖으로 내보내시오. 내 그를 죽여서 본보기로 삼을 것이오."

또 희부기에게도 사람을 보내 알렸다.

"우리 군대가 성에 다가가고 있소. 그대가 피할 곳이 없다는 걸 아오. 그대가 사는 마을에 표시를 해두면, 과인이 명령을 내려 군사들이 감히 침범하지 못하게 하겠소."

조나라 사람들 가운데 그 소문을 들은 자들은 모두 친척들까지 데리고 희부기가 사는 마을에 가서 보호받으려 했는데, 7백여 호나 되었다. 이는 예의를 차린 덕분이었다.

조나라는 진(晉)나라와 초나라 사이에 끼어 있는 작은 나라이므로 그 군주는 마치 달걀을 쌓은 것처럼 위태로웠다. 그런데도 큰 나라의 공자를 무례하게 대했으니, 이는 대를 끊는 원인이다. 그래서 "나라가 작은데도 다른 나라에 무례하고 간언하는 신하의 말을 받아들이지 않으면 대를 이을 자손이 끊기는 형세가 된다"고 말한 것이다.

11장

고분(孤憤),
외로운 울분

법술을 잘 아는 선비는 반드시 멀리 내다보고 밝게 살핀다. 밝게 살피지 않으면 남이 사사로이 꾸미는 일을 들춰내지 못한다. 법술을 잘 쓰는 선비는 반드시 굳세고 강직하다. 강직하지 않으면 간사한 자들을 바로잡지 못한다. 신하가 명령에 따라 일을 해나가고 법에 따라서 직무를 수행하면, '중인(重人)'이라 부르지 않는다. 중인이란 명령이 없는데도 제멋대로 하고 법을 어기며 사사로이 잇속을 챙기면서 나라의 재물을 빼돌려 제 집안을 이롭게 하며 군주를 자신이 바라는 대로 조종하는 자이니, 이런 자가 권세를 휘두르는 신하인 중인이다.

법술을 잘 아는 선비는 밝게 살피므로 그를 받아들여 쓴다면 중인들의 음모를 들춰낼 수 있다. 법술을 잘 쓰는 선비는 강직하므로 그를 받아들여 쓴다면 중인들의 간사한 짓을 바로잡을 수 있다. 그러므로 법술을 잘 알고 법술을 잘 쓰는 선비를 기용하면 지위가 높고 권세 있는 자들도 법을 어기면 반드시 쫓겨나게 된다. 법술을 잘 알고 쓰는 선비와 요직을 차지한 실권자는 공존할 수 없는 원수 같은 사이다.

요직을 차지한 자들이 중요 정책을 마음대로 처리하면 외교와 내치 모두 그들을 통해야 한다. 이런 까닭에 제후들도 그를 통하지 않으면 일이 잘 되지 않기 때문에 적국에서도 그를 칭송하고, 백관의 업무도 그를 통하지 않으면 일이 진행되지 않기 때문에 뭇 신하들도 그를 위해 일하며, 군주를 보좌하는 낭중(郞中)도 그를 통하지 않으면 군주에게 가까이 갈 수 없기 때문에 군주의 측근조차 그를 위해 잘못을 숨겨주고, 학자들도 그를 통하지 않으면 녹봉이 깎이고 대우도 낮아지기 때문에 학자들도 그를 위해 변호해준다. 제후와 백관, 낭중, 학자 등 네 부류의 도움이 바로 삿된 신하들이 자신들을 꾸며서 숨기는 방법이다.

중인이 군주에게 충성하려고 자신의 적인 법술을 잘 알고 쓰는 선비를 추천할 리가 없고, 군주 역시 저 네 부류의 도움이 없이는 삿된 신하를 환히 살필 수 없다. 그래서 군주의 눈과 귀는 더욱 가려지고 대신의 권세는 더욱 커진다.

요직을 차지한 자가 군주로부터 신임과 총애를 받지 못하는 경우는 드문데, 게다가 오래도록 가까운 사이임에랴! 군주에게 착 들러붙어서 군주가 좋아하고 싫어하는 것을 같이하는 것이 바로 그들이 승진하는 비결이다. 관직과 벼슬이 높고 귀하며 패거리 또한 많으므로 온 나라가 그를 칭송한다.

그러나 법술에 정통한 선비는 군주에게 등용되려 해도 군주의 신임이나 총애를 받을 만한 친분도 없고 오래도록 가까운 사이도 아니다. 게다가 이미 아첨에 익숙하고 치우친 마음을 지닌 군주를 법술의 논리로써 바로잡으려 하면, 군주의 심기를 거스를 뿐이다. 이런 선비는 지위는 낮고 신분은 미천하며 패거리도 없어 고독하기만 하다.

군주와 사이가 먼 자가 군주 가까이서 총애와 신임을 받는 자와 다투면 이길 수 없고, 새로 찾아온 자가 군주를 오래도록 가까이한 자와 다투면 이길 수 없고, 군주의 뜻을 거스르는 자가 군주의 비위를 잘 맞추는 자와 다투면 이길 수 없고, 경시받는 미천한 자가 권세 있는 귀한 자와 다투면 이길 수 없고, 한 사람의 목소리로 온 나라가 칭송하는 자와 다투면 이길 수 없다. 법술을 익힌 선비는 이렇게 다섯 가지 이길 수 없는 형세에 있으므로 여러 해가 지나도록 군주를 만나보지 못한다. 그러나 요직을 차지한 자는 다섯 가지 이길 수 있는 밑천이 있어 아침저녁으로 군주에게 나아가 홀로 의견을 말한다.

그렇다면 법술을 익힌 선비는 어떻게 해야 군주에게 나아갈 수 있고, 군주는 언제 이를 깨달을 수 있겠는가? 본디 밑천에서 결코 이길 수 없고 형세에서도 함께 존재할 수 없으니, 법술을 익힌 선비가 어찌 위태롭지 않을 수 있겠는가? 간사한 자들은 죄를 뒤집어씌울 수 있을 때는 공공의 법으로써 죽음으로 내몰고, 죄를 뒤집어씌울 수 없을 때는 자객을 사서 죽이려 한다. 이렇게 법술을 밝히려고 군주를 거스른 자는 형리에게 죽임을 당하지 않으면 반드시 자객의 칼에 죽임을 당한다.

무리를 짓고 한패를 이루어 군주의 눈과 귀를 가리며 왜곡된 말로써 사사로이 잇속을 챙기는 자는 반드시 중인(重人)의 신임을 받는다. 공을 세웠다는 구실을 붙일 만한 자는 관직과 신분을 높여주고, 그럴 듯한 명분이 없는 자는 외국의 세력을 빌려서라도 중용되도록 한다. 이런 까닭에 군주의 눈과 귀를 가리고 권세가의 문을 드나드는 자는 관직과 신분에서 현달하지 못하면 반드시 외국의 세력에 의해서라도 중용된다. 지금의 군주는 명목과 실질을 맞추어보지도 않고 형벌을 실행하고, 공적이 드러나기도 전에 관작과 녹봉을 준다. 그러니 법술을 익힌 선비가 어찌 죽음을 무릅쓰면서 간언을 하며, 간사한 신하가 어찌 이익을 제쳐두고 뒤로 물러서려 하겠는가? 이 때문에 군주는 더욱 비루해지고 권신은 더욱 존귀해진다.

월나라가 부유하고 군사력이 강하지만 중원의 군주들은 모두 월나라가 자신들에게 아무런 이익이 없다는 것을 알고 있다. 그래서 "우리가 통제할 수 있는 나라가 아니다"고 말한다. 이제 여기에 어떤 나라가 땅은 넓고 인구는 많은데 군주는 눈과 귀가 가려져 있고 대신들이 마음대로 권력을 휘두른다고 한다면, 이 나라는 월나라와 같다. 만약 자기 나라가 멀리 떨어져 있어 월나라와 다르다는 것만 알고 실제 통치는 월나라와 다르지 않다는 것을 알지 못한다면, 이는 사물의 실상을 제대로 살피지 못한 것이다.

사람들이 제나라가 망했다고 말하는 것은 땅과 성읍을 잃은 것을 가리키는 것이 아니라 여씨(呂氏)[1]가 통제하지 못하고 전씨(田氏)가 권력을 빼앗았음을 가리키며, 진(晉)나라가 망했다고 말하는 것 또한 땅과 성읍을 잃은 것을 가리키는 것이 아니라 희씨(姬氏)[2]가 통제하지 못하고 육경(六卿)[3]이 전횡을 일삼았음을 가리킨다.

이제 대신이 권력을 쥐고 제멋대로 행동하는데도 군주가 그 권력을 거두어들일 줄 모른다면, 그 군주는 명석하지 못한 것이다. 죽은 사람과 같은 병에 걸리면 살아날 수 없고, 망한 나라와 같은 일이 벌어지면 존속할 수 없다. 이제 제나라나 진나라와 같은 길을 걷는다면, 나라가 편안하게 존속되기를 바라더라도 그렇게 될 수가 없다.

무릇 법술이 실행되기 어려운 것은 전차 만 대의 나라에서만이 아니라 천 대의 나라에서도 마찬가지다. 군주의 측근에는 반드시 지혜로운 자가 있는 것이 아니다. 군주가 어떤 사람을 지혜로운 자라고 여겨 그의 말을 듣고는 다시 측근들과 그 말에 대해 논의한다면, 이는 어리석은 자와 함께 지혜로운 자를 평가하는 짓이다. 군주의 측근에 반드시 현명한 자가 있는 것은 아니다. 군주가 어떤 사람을 현명한 자라고 여겨 그를 예우하고는 다시 측근들과 그의 행동에 대해 논의한다면, 이는

---

1) 본래 제나라는 강태공으로 알려져 있는 여상(呂尙)의 후손들이 다스리던 나라였다.
2) 진(晉)나라는 주 왕조 초기 성왕(成王)의 아우인 당숙우(唐叔虞)가 봉토로 받아 다스리던 나라였으므로 주 왕실과 같은 희씨(姬氏)였다.
3) 진나라에서 실권을 장악하고 있었던 범(范)·중항(中行)·지(智)·조(趙)·위(魏)·한(韓) 등 여섯 대부들을 가리킨다. 나중에 이들 사이에서 다툼이 벌어져 마침내 조·한·위 세 대부들이 진나라를 셋으로 나누어 각자 나라를 세웠고, 이때부터 전국시대가 본격적으로 시작되었다.

못난 자들과 함께 현명한 자를 평가하는 짓이다. 어리석은 자에 의해서 지혜로운 자의 계책이 결정되고, 못난 자들에 의해 현명한 자의 언행이 평가받는다면, 현명한 자와 지혜로운 자는 치욕을 당하고 군주의 판단도 어그러진다.

신하가 관직을 얻으려 할 때, 수양한 선비는 청렴결백으로 제 몸을 다잡고, 지혜로운 선비는 잘 가려내고 다스리는 능력으로 업적을 쌓는다. 수양한 선비는 뇌물로 권세가를 섬기지 않고 자신의 청렴결백을 믿으며, 지혜로운 선비는 법을 굽혀서 다스리지 않는다. 수양한 선비나 지혜로운 선비는 군주의 측근에게 빌붙지 않고 또 청탁도 들어주지 않는다. 그러나 군주의 측근은 그 행동이 백이(伯夷)와 다르다. 바라는 것을 얻지 못하거나 뇌물을 받지 못하면, 깨끗하게 쌓은 공을 뭉개고 거짓을 꾸미며 헐뜯는다. 혼란을 다스린 공적이 군주의 측근에 의해 가로막히고 청렴한 행위가 비방 받을 일로 결정되면, 수양한 선비나 지혜로운 선비는 벼슬에서 쫓겨난다. 이는 군주의 총명이 가려졌기 때문이다. 그 공적을 가지고 지혜나 언행을 판단하지 않고 또 두루 견주어서 죄와 허물을 살피지 않으며 측근이나 친숙한 자의 말만 듣는다면, 무능한 자만 조정에 남고 어리석고 더러운 관리들만 자리를 차지한다.

큰 나라의 걱정거리는 대신의 권세가 너무 큰 데 있고, 작은 나라의 걱정거리는 측근이 너무 신임을 받는 데 있다. 이는 군주들의 공통된 걱정거리다. 또 신하는 큰 죄를 저지를 수 있고, 군주는 큰 허물을 지을 수 있는데, 이는 신하와 군주의 이익이 서로 다르기 때문이다. 어떻게 증명할 수 있는가? 말하자면 다음과 같다.

"군주의 이로움은 유능한 자를 임용하는 데 있고, 신하의 이로움은 무능한데도 자리를 차지하는 데 있다. 군주의 이로움은 공을 세운 자에게 작위와 녹봉을 주는 데 있고, 신하의 이로움은 공이 없는데도 부귀를 차지하는 데 있다. 군주의 이로움은 호걸에게 능력을 발휘하도록 하는 데 있고, 신하의 이로움은 붕당을 지어 자기 패거리를 기용하는 데 있다. 이로 말미암아 나라는 영토가 깎이고 있는데도 세도가의 집안은 부유해지고, 군주는 비천해지는데도 대신들은 세도가 막강해진다. 군주가 세력을 잃고 신하가 나라를 얻으면 군주의 명칭은 번신(藩臣)으로 바뀌고, 상국(相國)이 군주의 권력을 대신 행사하며 호령을 내린다. 이는 신하가 군주를 속이고 사사로이 잇속을 챙겼기 때문이다. 그러므로 지금 중신들 가운데 군주를 에워싼 형세가 변했을 때에도 계속 총애를 받을 수 있는 자는 열에 두셋도 안 된다. 그 까닭은 무엇인가? 신하가 저지른 죄가 크기 때문이다."

신하들 가운데 큰 죄를 지은 자는 군주를 속인 자니, 그 죄는 마땅히 사형에 해당한다. 지혜로운 선비는 멀리 내다보고 헛되이 죽는 것을 두려워하므로 결코 권세를 휘두르는 중인을 따르지 않는다. 현명한 선비는 몸을 닦아 청렴하고 간사한 신하와 함께 군주를 속이는 짓을 부끄러워하므로 결코 권세를 휘두르는 중인을 따르지 않는다. 그러나 요직에 있는 무리는 어리석어서 앞날의 우환을 미리 알지 못하는 자들이 아니면 반드시 마음이 더러워서 간사한 짓을 피하지 않는 자들이다.

대신들이 어리석고 더러운 자를 옆에 끼고서 위로는 군주를 속이고 아래로는 잇속을 챙기려고 눈을 희번덕거리고, 패거리를 지어 친하게 지내면서 서로 입을 맞추어 군주를 미혹시키고 법을 무너뜨리며, 백성들을 어지럽히고 나라를 위험에 빠뜨려 영토를 깎이게 하여 군주를 끙끙 앓게 하고 치욕을 당하게 만드니, 이것이 신하의 큰 죄다. 신하가 큰 죄를 저지르는데도 군주가 막지 않는다면, 이는 군주의 큰 허물이다. 위에서 군주가 큰 허물을 짓고 아래에서 신하가 큰 죄를 저지른다면, 나라가 망하지 않기를 바라더라도 그렇게 될 수가 없다.

12장

세난(說難),
유세의 어려움

무릇 유세하기 어렵다는 것은 내가 알고 있는 것을 설득시키기 어렵다는 것이 아니고, 내 말솜씨로 내 뜻을 밝히기 어렵다는 것도 아니며, 감히 내 마음대로 내 뜻을 다 펼치는 것이 어렵다는 것도 아니다. 유세하기 어렵다는 것은 유세 대상의 마음을 알아내 거기에 맞게 내가 말할 수 있느냐 때문이다.

유세 대상이 명예를 높이는 데 마음이 있는데 이익이 두텁다고 설득하면, 지조가 낮고 비천하다고 여겨져 반드시 멀리 내쳐질 것이다. 유세 대상이 두터운 이익에 마음을 두고 있는데 명예를 높이는 것으로 설득하면, 생각이 없고 물정에 어둡다고 여겨져 결코 받아들여지지 않는다. 유세 대상이 속으로는 두터운 이익을 바라고 겉으로는 명예를 높이려는 척하는데 명예를 높이는 것으로 설득하면, 겉으로는 받아들이는 척하면서 실제로는 멀리한다. 반대로 두터운 이익으로써 설득하면, 속으로는 그 말을 쓰면서 겉으로는 그를 내칠 것이다. 그러니 이런 점을 살피지 않을 수 없다.

무릇 일이란 비밀스러워야 성공하고 말이 누설되면 실패한다. 꼭 자신이 누설하지 않더라도 이야기를 나누다가 숨긴 일을 건드리게 되면, 유세가는 위태로워진다. 상대가 겉으로 어떤 일을 하면서 실제로는 다른 일을 이루려고 하는데, 그가 겉으로 하는 일을 알 뿐만 아니라 그렇게 하려는 까닭까지 알게 되면, 유세가는 위태로워진다. 다른 일을 꾀한 것이 군주의 마음에 들었으나 어떤 자가 이를 헤아려 알아내고는 밖으로 누설하면 군주는 반드시 유세가가 그러했을 것이라 여길 것이니, 이렇게 되면 유세가는 위태로워진다.

군주와 가깝지도 그 은택이 두텁지도 않은데 아는 것을 다 털어놓으면 말한 대로 실행되어 공이 이루어지더라도 그 덕은 곧 잊혀지고, 말한 대로 실행되지 않고 실패하면 곧 의심을 받을 것이니, 이렇게 되면 유세가는 위태로워진다. 군주가 잘못할 기미를 보일 때 유세가가 예의를 말하면서 그 잘못을 들춰내면, 그는 위태로워진다. 군주가 계책을 얻어 그것을 자신의 공적으로 삼고 싶어 하는데 유세가가 그 내막을 알게 되면, 그는 위태로워진다. 군주가 할 수 없는 일을 억지로 강요하거나 그만둘 수 없는 일을 억지로 그만두게 하면, 유세가는 위태로워진다.

유세가가 대신에 대해 논평하면 군주는 유세가가 이간질하는 것으로 여기고, 하급 관리에 대해 논평하면 권력을 팔아 사사로이 은혜를 베풀려는 것으로 여기며, 군주의 총애를 받는 자에 대해 논평하면 그들의 힘을 빌리려는 것으로 여기고, 군주의 미움을 받는 자에 대해 논평하면 자기 마음을 떠보려는 것으로 여긴다. 유세할 때 줄여서 요점만 말하면 지혜가 없어 서투르다고 여기고, 이것저것 자질구레하게 늘어놓으면 말이 많고 엇갈린다고 여기며, 사실은 생략하고 취지만 펼치면 겁내고 나약하여 할 말을 다하지 못한다고 여기고, 일을 잘 헤아려서 거침없이 말하면 메떨어지면서 깔본다고 여긴다. 이러한 유세의 어려움은 잘 알지 않으면 안 된다.

유세할 때는 군주가 자랑하는 것은 두둔해주고 부끄러워하는 것은

덮어줄 줄 알아야 한다. 군주가 몰래 서두르는 것이 있으면 반드시 공
적인 의의를 드러내 북돋아주어야 한다. 군주가 속으로는 속되다고 여
기면서도 그만두지 못하면, 유세가는 그를 위해 그 좋은 점을 꾸며 부
추겨주고 또 하지 않으면 다그친다. 군주가 속으로는 고상하다고 여기
면서도 실제로 능력이 미치지 못하면, 유세가는 그를 위해 문제점을 들
며 나쁜 점을 보여주고 또 하지 않은 것을 칭찬한다.

유세가가 자신의 지혜와 능력을 자랑하고 싶을 때는 비슷한 다른
일을 들어서 보여주고 그것을 바탕으로 자신의 주장을 군주가 받아들
이게 하되 자신은 모르는 체하고 군주의 지혜가 돋보이도록 한다. 서로
이익이 되는 말을 받아들이게 하려면 반드시 훌륭한 명분으로써 밝히
면서 군주 자신의 이익과도 부합한다는 것을 넌지시 보여주어야 한다.
나라에 위태롭고 해가 되는 일을 말하려 할 때는 세상의 비방을 드러내
보이면서 군주에게 우환이 될 수 있음을 넌지시 보여주어야 한다.

군주를 칭찬하려면 비슷한 행위를 들어 칭찬하고, 군주의 일을 바로
잡으려면 똑같이 꾀한 일을 들어 일깨운다. 군주와 함께 추한 행동을
했다면 반드시 해로움이 없다면서 마무리하고, 군주와 함께 일을 그르
쳤다면 반드시 군주에게는 허물이 없음을 분명히 말해준다. 군주가 자
신의 역량을 과시할 때 어려운 일을 들먹이며 억눌러서는 안 되고, 군
주가 자신의 결단을 자랑할 때 그 결점을 들추어 화나게 만들어서는
안 되며, 군주가 자신의 계책을 교묘하다고 여길 때 실패한 사례를 들
어 궁지로 내몰아서는 안 된다.

유세가는 그 뜻이 상대를 거스르지 않도록 해야 하고, 그 말이 얽매
이거나 쏠리지 않도록 해야 한다. 그런 뒤에야 자신의 지혜와 말솜씨를
거침없이 펼칠 수 있다. 이것이 군주와 가까워져도 의심받지 않고 할
말을 다 늘어놓을 수 있는 길이다.

이윤(伊尹)이 요리사가 되고 백리해(百里奚)가 종이 된 것은 모두 군
주의 마음을 얻기 위해서였다. 두 사람은 모두 성인이었음에도 오히려

천한 일을 함으로써 군주에게 나아가고자 했으니, 이토록 자신을 굽혔다! 그러나 요리사나 종이 되었더라도 자신의 말이 받아들여지고 쓰여서 세상을 구할 수만 있다면, 이는 결코 뛰어난 선비로서 부끄러워할 일이 아니다. 무릇 오래도록 가까이 지내면서 은혜를 두터이 입으면 깊은 계책을 내더라도 의심받지 않고 논쟁을 벌여도 죄가 되지 않는다. 그렇게 되었을 때 이해와 득실을 명확하게 따져 공을 이루고 옳고 그름을 곧바로 지적하여 군주를 바로잡으며 군주와 신하가 서로 떠받쳐준다면, 이것으로 유세는 성공이다.

옛날 정(鄭)나라 무공(武公)이 호(胡)를 치려고 하면서 먼저 딸을 호의 군주에게 시집보내 비위를 맞추었다. 그리고는 신하들에게 물었다.

"내가 군사를 일으키려는데, 어느 나라를 칠 만한가?"

대부 관기사(關其思)가 대답했다.

"호를 칠만 합니다."

무공이 성을 내어 그를 죽이면서 말했다.

"호는 형제의 나라다. 그런데도 그런 나라를 치라고 하니, 이게 무슨 소린가!"

이를 전해들은 호의 군주는 정나라와 친밀해졌다고 여겨 결국에는 어떠한 대비도 하지 않았다. 그 틈을 노려 정나라 군사가 호를 습격하여 나라를 빼앗아버렸다.

송(宋)나라에 어떤 부자가 있었다. 비가 내려 담장이 무너졌다. 그 아들이 말했다.

"담장을 고치지 않으면 반드시 도둑이 들 겁니다."

그 이웃집 노인도 똑같이 말했다. 그날 밤, 과연 도둑을 맞아 재물을 크게 잃었다. 그 집 사람들은 그 아들에 대해서는 매우 지혜롭다고 하면서 이웃집 노인에 대해서는 의심했다.

저 두 사람의 말은 모두 맞았으나, 심하게는 죽임을 당하고 약하게는 의심을 받았다. 이는 곧 아는 것이 어려운 게 아니라 알더라도 처신하는 일이 어렵다는 것을 의미한다. 그러므로 요조(繞朝)는 한 말이 들어맞아 그것으로 진(晉)나라에서는 성인으로 대접받았으나 정작 자기 나라인 진(秦)나라에서는 죽임을 당했다.[1] 그러니 살피지 않을 수 없다.

옛날 미자하(彌子瑕)는 위(衛)나라 군주에게 총애를 받았다. 위나라의 법에 "군주의 수레를 몰래 타는 자는 발꿈치를 자르는 월형(刖刑)에 처한다"고 되어 있다. 미자하의 모친이 병이 들었을 때, 어떤 사람이 밤에 몰래 가서 미자하에게 알렸다. 미자하는 군주의 명령이라 속이고 군주의 수레를 타고 나갔다. 군주가 전해 듣고는 그를 칭찬했다.

"효자로다, 모친을 위하느라 발꿈치가 잘리는 형벌조차 잊었구나!"

그 후 어느 날 미자하가 군주와 함께 과수원을 거닐다가 복숭아를 따서 먹게 되었는데, 맛이 달았다. 먹다가 남은 반을 군주에게 건네주며 먹게 하자, 군주가 말했다.

"나를 아끼는구나, 제 입을 잊고 과인에게 맛보게 하니!"

세월이 흘러 미자하의 용모가 쇠하고 총애도 식었을 때, 군주에게 죄를 지었다. 군주가 말했다.

"이 자는 전에 과인의 수레를 속여서 탔고 또 과인에게 자신이 먹다 남은 복숭아를 먹게 한 적이 있다."

미자하의 행동은 처음과 달라진 것이 없으나, 전에 칭찬받았던 일로 나중에는 책망을 받게 되었다. 이는 사랑이 미움으로 변했기 때문이다. 군주로부터 사랑을 받을 때는 무슨 생각을 해도 군주와 맞아서 더욱

---

1) 이 일화는 『춘추좌전』 「노문공 13년」에 나온다. 요조는 진(晉)나라가 진(秦)나라로 망명한 대부 사회(士會)를 계책을 써서 데려오려고 했을 때, 그 속셈을 간파했다. 사회가 출발할 때, 요조는 "우리나라에서 진(晉)나라의 속셈을 아는 이가 없다고 생각하지 마시오."라고 말했다. 그러자 사회는 귀국한 뒤에 요조의 능력이 자신을 크게 위협한다고 여겨 곧 첩자를 보내서 요조를 무함(誣陷)했다. 진(秦)나라 강공(康公)은 이를 곧이듣고 요조를 처형했다.

가까워지지만, 군주로부터 미움을 받을 때는 무슨 생각을 해도 군주와 맞지 않아 책망을 받고 더욱 멀어진다. 그러므로 간언을 하거나 논의를 펴려는 선비는 자신이 군주에게 사랑을 받는지 미움을 받는지를 살핀 뒤에 설득하지 않으면 안 된다.

무릇 용이란 짐승은 잘 길들이면 타고 다닐 수 있다. 그러나 그 턱밑에 한 자나 되는 역린(逆鱗)이 있는데, 만약 이를 건드리면 반드시 죽임을 당한다. 군주에게도 역린이 있다. 유세하는 자가 군주의 역린을 건드리지 않을 수만 있다면, 그의 설득은 거의 먹힌다.

13장

화씨(和氏),
화씨의 구슬

初 나라 사람 화씨가 초산(楚山)에서 옥돌을 얻자 이를 받들고
가서 여왕(厲王)에게 바쳤다. 여왕은 옥장이를 시켜 감정했
다. 옥장이가 말했다.

"돌입니다."

왕은 화씨가 자신을 속였다고 여겨 그의 왼쪽 발을 잘랐다. 여왕이
죽고 무왕(武王)이 즉위했다. 화씨는 다시 옥돌을 받들고 가서 무왕에
게 바쳤다. 무왕은 옥장이를 시켜 감정했다. 옥장이가 또 말했다.

"돌입니다."

왕은 화씨가 자신을 속였다고 여겨 그의 오른쪽 발을 잘랐다. 무왕
이 죽고 문왕(文王)이 즉위했다. 화씨는 곧 옥돌을 안고 초산 아래에서
슬피 울었다. 사흘 밤낮을 울어 눈물이 말라 피눈물을 흘렸다. 문왕이
전해 듣고 사람을 시켜 까닭을 물었다.

"천하에 발을 잘린 자는 많다. 그대는 어찌하여 그렇게 슬피 우
는가?"

화씨가 말했다.

"나는 발이 잘린 것을 슬퍼하는 게 아닙니다. 저 보옥을 돌이라고 하고 곧은 선비를 거짓말쟁이로 몰아붙이는 것 때문에 슬퍼하는 것입니다."

문왕은 곧 옥장이를 시켜 그 옥돌을 다듬게 하여 보옥을 얻었다. 이윽고 그것을 '화씨지벽(和氏之璧)'이라 부르게 했다.

무릇 주옥(珠玉)은 군주라면 갖고 싶어 하는 것이다. 화씨가 비록 다듬지 않은 옥돌을 바쳐 아름답지 않을지라도 그것이 군주에게 해가 되지는 않는다. 그럼에도 화씨는 두 발이 잘린 뒤에야 보옥이라는 평가를 받았는데, 보옥이라는 평가를 받는 것이 이토록 어려운 일이다. 그런데 군주들은 결코 화씨지벽을 얻으려는 것처럼 서둘러서 법술을 얻으려고 하지 않는다. 그러나 그 법술이 있어야 뭇 신하들과 선비들, 백성들의 사사로움과 간사함을 막을 수 있다. 그렇다면 법술을 터득한 선비가 죽임을 당하지 않은 것은 다만 제왕의 보옥이라 할 법술을 아직 바치지 않았기 때문이다.

군주가 법술을 쓰면 대신들은 제 마음대로 처단하지 못하고 측근에 있는 자들도 관직을 함부로 팔지 못한다. 관리가 법대로 하면 떠돌던 백성들이 밭으로 달려가 경작하고 협객들은 전쟁터로 나가 위험을 무릅쓴다. 그러므로 법술은 곧 신하들과 선비들, 백성들에게는 화근이 된다. 군주가 대신들의 의견을 내치고 백성들의 비방을 모른 체하면서 오로지 법술의 논리를 따르지 않는다면, 법술을 터득한 선비가 죽음에 이르더라도 그 법술의 도리는 결코 평가받지 못하게 된다.

옛날 오기(吳起)는 초나라 도왕(悼王)에게 초나라 풍속에 대해 이렇게 일깨워주었다.

"대신들의 권한이 너무 크고, 영지를 받은 귀족들이 너무 많습니다. 이렇게 되면 위로는 군주를 핍박하고 아래로는 백성을 학대합니다. 이는 나라를 가난하게 만들고 군대를 약하게 만드는 길입니다. 영지를 받은 귀족의 자손이라도 3대가 지나면 관작과 녹봉을 거두어들이고, 일반 관리의 녹봉은 끊거나 줄이며, 긴요하지 않은 관직은 줄여서 이것으로 병사들을 잘 뽑아 훈련시키는 것이 낫습니다."

도왕은 이를 실행했으나 1년 만에 세상을 떠났고, 오기는 초나라에서 사지가 찢겨 죽었다.

상앙(商鞅)은 진(秦)나라 효공(孝公)에게 백성들을 다섯 집씩 또는 열 집씩 묶어 서로 죄를 고발하는 연좌제를 실시하도록, 『시경』과 『서경』을 불태우고 법령을 밝히도록, 세도가에 사사로이 청탁하는 일을 막고 나라를 위해 힘쓸 자에게 기회를 주도록, 벼슬을 구하러 돌아다니는 백성들을 막고 농사지으면서 전쟁에 참여하는 자를 드러내도록 건의했다. 효공은 그대로 실행하였고, 이로써 군주는 존엄해지고 편안해졌으며 나라는 부유하고 강성해졌다. 효공이 18년 후에 세상을 떠나자 상앙은 수레에 몸이 찢겨 죽었다.

초나라는 오기의 의견을 쓰지 않아서 영토가 깎이고 나라가 어지러워졌으며, 진나라는 상앙의 변법을 시행하여 부유하고 강성해졌다. 두 사람의 주장은 모두 합당했음에도 오기는 사지가 찢겨 죽었고 상앙은 수레에 몸이 찢겨 죽었다. 그 까닭은 무엇인가?

대신들은 법이 실행되는 것을 괴로워했고 간사한 백성들은 나라가 다스려지는 것을 싫어했기 때문이다. 지금 천하를 보면 대신들은 권세를 탐하고 간사한 백성들은 혼란을 편안하게 여기고 있는데, 저 상앙과 오기가 활동하던 진나라와 초나라보다도 더 심하다. 게다가 군주 가운데는 도왕이나 효공처럼 귀를 잘 기울이는 자가 없으니, 이러고서야 법술을 터득한 선비가 어떻게 오기나 상앙처럼 위험을 무릅쓰고 자신의 법술을 밝힐 수 있겠는가? 지금 세상이 어지럽고 패왕(覇王)이 나타나지 않는 까닭이 여기에 있다.

14장

간겁시신(姦劫弑臣), 간사하고 겁주고 시해하는 신하

간사한 신하란 모두 군주의 뜻을 좇으면서 신임과 총애를 얻어 권세를 누리려는 자다. 이런 까닭에 군주에게 좋아하는 자가 있으면 신하도 따라서 그를 칭찬하고, 군주에게 미워하는 자가 있으면 신하도 좇아서 그를 헐뜯는다. 대체로 사람의 성품이란 갖거나 버리는 게 같으면 서로 인정하고 갖거나 버리는 게 다르면 서로 비방한다. 이제 신하가 칭찬하는 자를 군주도 그렇다고 하면 "갖는 게 같다"는 뜻의 '동취(同取)'라 하고, 신하가 헐뜯는 자를 군주도 그릇되다고 하면 "버리는 게 같다"는 뜻의 '동사(同舍)'라 한다. 갖거나 버리는 것이 똑같은데도 군주와 신하가 서로 거스른다고 하는 일은 아직 들어본 적이 없다. 이것이 신하가 군주에게 신임과 총애를 얻는 길이다.

간사한 신하가 군주의 신임과 총애를 믿고 다른 신하들을 헐뜯거나 칭찬하고 나아가게 하거나 물러나게 하는 것은 군주가 법술로써 그들을 제어하지 않거나 증거를 조사하여 살피지 않아서가 아니다. 그것은 반드시 전에 신하가 한 말이 자신의 뜻에 맞았다는 것으로써 지금 신하가 하는 말을 믿어버렸기 때문이다. 이것이 총애 받는 신하가 군주를 속이고 사사로이 이익을 챙기는 근거다. 그러므로 반드시 군주는 위에서 속임을 당하고 신하가 아래에서 권세를 휘두른다. 이런 신하를 "군주를 마음대로 주무르는 신하"라는 뜻의 '천주지신(擅主之臣)'이라 한다.

나라에 '군주를 마음대로 주무르는 신하'가 있으면 다른 신하들은 지혜와 힘을 다하여 군주에게 충성하려고 해도 할 수 없고, 백관들도 법을 받들어 공을 세우려 해도 할 수 없게 된다. 어떻게 이를 아는가?

편안하고 이로운 데로 나아가고 위태롭고 해로운 데서 떠나려는 것이 사람의 마음이다. 그런데 지금 신하로서 힘을 다해 공을 이루고 지혜를 다해 충성을 보여주려는 자는 그 몸이 고달프고 집안은 가난하며 아비와 자식이 함께 해를 입고 있다. 반면에 남몰래 간사한 짓을 하며 군주의 귀와 눈을 가리고 뇌물을 써서 중신들을 섬기는 자는 그 몸이 존귀해지고 집안은 부유해지며 아비와 자식이 온갖 혜택을 입고 있다. 그러니 사람이 무엇 때문에 편안하고 이로운 길을 버려둔 채 위태롭고 해로운 곳으로 나아가려 하겠는가?

나라를 다스리는 방법이 이처럼 잘못되어 있다면, 아래에서 간사한 짓을 하지 않고 관리가 법을 제대로 받들기를 군주가 바란다고 하더라도 그렇게 될 수 없다는 것은 자명하다. 그러므로 좌우에 있는 신하들은 지조와 신의를 지켜서는 편안해질 수 없다는 것을 알고 반드시 이렇게 말할 것이다.

"나는 충성과 신의로써 군주를 섬기고 힘써 공을 쌓아 편안함을 구했으나, 이는 눈먼 장님이 흑백을 구별하려는 것처럼 거의 불가능한 일이다. 법술로써 교화하고 바른 도리를 행하며 부귀는 좇지 않으면서 군주를 섬기고 편안해지려 한다면, 이는 귀머거리가 맑은 소리와 탁한 소리를 구별하려는 것처럼 더욱 불가능한 일이다. 이 두 가지로는 편안해질 수가 없으니, 내 어찌 패거리를 짓고 군주의 귀와 눈을 가리며 남몰래 간사한 짓을 하면서 중신(重臣)을 찾아가지 않을 수 있겠는가?"

이리하여 결코 군주에 대한 의리 따위는 돌아보지 않을 것이다.

백관들도 반듯하고 바르게 해서는 편안해질 수 없다는 것을 알고 반드시 이렇게 말할 것이다.

"나는 청렴함으로 군주를 섬기며 편안해지려 했으나, 이는 마치 그림쇠와 곱자도 없이 네모와 동그라미를 그리려는 것처럼 거의 불가능한 일이다. 만약 법을 지키고 패거리를 짓지 않으며 관직에 충실하면서 편안해지려 한다면, 이는 마치 발로 정수리를 긁는 것과 같아서 더욱 불가능한 일이다. 이 두 가지로는 편안해질 수 없으니, 내 어찌 법을 제쳐두고 사사로이 이익을 구하면서 중신을 찾아가지 않을 수 있겠는가?"

이리하여 결코 군주가 정한 법령 따위는 돌아보지 않을 것이다.

그러므로 사사로운 이익 때문에 중신을 위하는 자는 많아지고, 법을 지키며 군주를 섬기는 자는 적어진다. 이로 말미암아 군주는 위에서 고립되고, 신하들은 아래에서 패거리를 이룬다. 이것이 전성자(田成子)가 제나라 간공(簡公)을 시해하게 된 배경이다.

무릇 법술을 터득한 자가 신하가 되면, 법도에 맞는 그의 말이 효과를 드러내서 위로는 군주의 법을 밝히고 아래로는 간신을 억눌러 군주를 드높이고 나라를 평안하게 한다. 이런 까닭에 법도에 맞는 말이 앞에서 효과를 드러내면 나중에 상벌이 반드시 적절하게 실행된다. 군주가 진실로 성인의 법술에 밝아 세속의 의견에 얽매이지 않고, 명목과 실제를 요모조모 따져 옳고 그름을 결정하며, 실제 증거에 바탕을 두고 그 언사를 살핀다면, 늘 측근의 신하들은 거짓과 속임수로는 편안해질 수 없음을 알고서 반드시 이렇게 말할 것이다.

"내가 사사롭거나 간사한 짓을 그만두고 힘과 지혜를 다해 군주를 섬기지 않으며 서로 패거리를 지어서는 함부로 헐뜯거나 칭찬함으로써 편안함을 구한다면, 이는 천근이나 되는 무거운 짐을 지고 그 깊이를 헤아릴 수 없는 연못에 뛰어들면서 살기를 바라는 것처럼 거의 불가능한 일이다."

백관들 또한 사사롭거나 간사한 짓을 해서는 편안할 수 없다는 것을 알고 반드시 이렇게 말할 것이다.

"내가 청렴과 정직으로써 법을 받들지 않고 탐욕스런 마음으로 법을 어기며 사사로이 이익을 챙기려 한다면, 이는 마치 높은 산꼭대기에 올라가 까마득한 골짜기 아래로 떨어지면서 살기를 바라는 것처럼 거의 불가능한 일이다."

편안한 길과 위험한 길이 이처럼 분명하면 좌우의 신하들이 어찌 헛된 말로써 군주를 현혹시킬 수 있으며, 백관들이 어찌 감히 탐욕스럽게 백성들을 수탈할 수 있겠는가? 이런 까닭에 신하들은 충성을 다하며 군주의 귀와 눈을 가리지 않고, 하급관리들은 제 직분을 다하며 원망하지 않을 것이다. 이것이 관중이 제나라를 다스리고 상앙이 진나라를 부강하게 만든 배경이다.

이로써 보건대 성인이 나라를 다스릴 때는 참으로 남들이 나를 사랑하지 않을 수 없도록 하는 방식이 있었고, 남들이 사랑으로 나를 위해주리라고는 믿지 않았다. 남들이 사랑으로 나를 위해주리라고 믿는 것은 위험하고, 나 자신이 하지 않을 수 없다고 믿는 것이 안전하다.

무릇 군주와 신하 사이에는 골육 간의 친밀함이 없으므로 정직한 방법으로 이익을 얻을 수 있다면 신하는 힘을 다해 군주를 섬기지만, 정직한 방법으로 편안해질 수 없다면 신하는 사사롭게 이익을 꾀하며 군주에게 빌붙는다. 현명한 군주는 이를 알고 있으므로 무엇이 이롭고 무엇이 해로운 길인지를 천하 사람들에게 보여줄 뿐이다. 그래서 군주가 직접 백관들을 가르치지 않고 간사한 자들을 가려내지 않더라도 나라는 이미 잘 다스려진다.

군주가 이루(離婁)와 같은 밝은 눈이 있어서 현명하다고 하는 게 아니고, 사광(師曠)처럼 밝은 귀가 있어서 현명하다고 하는 게 아니다. 눈이 법술을 따르지 않고 제 눈만으로도 밝게 볼 수 있다고 여긴다면, 제대로 보는 자가 적다. 이는 눈이 가려지지 않게 하는 법술이 되지 못한다. 귀가 형세를 따르지 않고 제 귀만으로도 환히 들을 수 있다고 여긴다면, 제대로 듣는 자가 적다. 이는 속임을 당하지 않는 방도가 되지 못한다.

현명한 군주는 천하 사람들이 나를 위해 보지 않을 수 없게 하고 천하 사람들이 나를 위해 듣지 않을 수 없게 한다. 그래서 몸은 궁궐 깊은 곳에 있으면서도 천하에서 일어나는 일을 환히 볼 수 있어 천하 사람들 누구도 군주의 귀와 눈을 가리거나 군주를 속일 수 없다. 왜 그런가? 군주를 현혹하고 어지럽히는 방법은 쓰이지 않고 군주가 총명해질 수 있는 형세가 일어나기 때문이다. 그래서 형세를 잘 따르면 나라가 평안해지고, 형세를 따를 줄 모르면 나라는 위태로워진다.

옛날 진(秦)나라의 풍속을 보면, 신하들이 법을 버려두고 사사롭게 이익을 챙겼기 때문에 나라는 어지러워지고 군대는 약해졌으며 군주도 낮아졌다. 그러나 상앙이 효공(孝公)을 설득하여 변법으로써 풍속을 바꾸고 공공의 도의를 밝히면서 간사한 자를 고발하면 상을 주고 상업을 억누르며 농사를 이롭게 여기도록 만들었다. 당시 진나라 백성들은 죄를 지어도 처벌을 면할 수 있고 공적이 없어도 현달할 수 있는 오랜 습속에 젖어 있었으므로 새로운 법을 가벼이 여기고 어겼다. 이에 법을 어긴 자에게는 무거운 벌을 내려 반드시 처벌한다는 것을 알리고, 그런 자를 고발한 자에게는 상을 두터이 내리며 법을 믿게 했다. 그리하여 간악한 짓을 하여 형벌을 받는 자가 매우 많아졌으므로 백성들이 그를 미워하고 원망하며 비난하는 소리가 날마다 들렸다. 그럼에도 효공은 선혀 아랑곳하지 않고 상앙의 변법을 그대로 실행했다.

나중에 백성들은 죄를 지으면 반드시 처벌을 받는다는 사실을 깨달았으며, 간사한 자를 고발하는 백성도 많아졌다. 그러자 백성들이 법을 어기지 않게 되어 형벌을 쓸 일도 없어졌다. 이것으로 나라는 다스려지고 군대는 강해졌으며, 땅은 넓어지고 군주는 존귀해졌다. 이렇게 된 까닭은 죄를 감추는 자를 엄중하게 처벌하고, 간사한 자를 고발하면 두텁게 상을 내렸기 때문이다. 이 또한 천하 사람들이 반드시 나를 위해서 보고 듣게 하는 방법이다. 지극하게 다스려지도록 하는 법술은 이렇게 이미 명확한데도 세상의 학자라는 자들은 이를 알지 못하고 있다.

세상의 어리석은 학자들은 치란의 본질을 알지도 못하면서 옛날의 책을 많이 외웠다고 시끄럽게 지껄여대며 당대의 통치를 어지럽힌다. 또 지혜와 사려가 부족해서 그 자신조차 재앙의 함정을 피하지 못하면서 법술을 터득한 자를 함부로 헐뜯는다. 저들의 말을 들으면 위태로워지고 그들의 계책을 쓰면 어지러워지니, 이야말로 더없이 어리석은 짓이며 지독한 우환이 되는 일이다. 저들은 법술을 터득한 선비와 마찬가지로 담론과 유세에 뛰어나다는 이름을 얻지만, 그 실질에서는 하늘과 땅 만큼이나 거리가 있다. 학자라는 이름은 같지만, 그 실질은 다르기 때문이다. 세상의 저 어리석은 학자들을 법술을 터득한 선비와 견주는 것은 마치 개밋둑을 큰 구릉에 견주는 것과 같으니, 실제로 그 둘은 아주 동떨어져 있다.

성인은 시비의 실질을 살피고 치란의 본질을 고찰한다. 그러므로 나라를 다스릴 때는 법을 분명하게 바로잡고 엄정한 형벌을 내세워 백성들이 문란하지 않게 하고, 천하의 재앙을 없애며, 강한 자가 약한 자를 능멸하지 않게 하고, 다수가 소수에게 난폭한 짓을 못하게 하며, 노인들이 수명을 다 누리게 하고, 아이들이 잘 자라도록 하며, 변방은 침입을 받지 않게 하고, 군주와 신하들이 서로 가까워지게 하며, 아비와 자식이 서로 지켜주고 전쟁으로 죽거나 사로잡혀 가는 후환이 없게 한다. 이것이 최상의 공적이다! 어리석은 학자는 이를 알지 못하면서 도리어 '폭정'이라고 비난한다.

어리석은 자는 다스려지기를 참으로 바라면서도 다스리는 방법을 싫어하고, 모두들 위태로워지는 것은 싫어하면서도 위태로워지는 짓을 즐겨한다. 무엇으로 이를 아는가? 엄정한 형벌과 무거운 처벌은 백성들이 싫어하는 것이지만, 나라를 다스리는 방법이다. 백성들을 가엾게 여겨서 형벌을 가볍게 하는 것은 백성들이 기뻐하는 것이지만, 나라가 위태로워지는 짓이다. 성인은 나라에 법을 실행할 때 반드시 세속의 정서를 거스르지만 법치의 원리를 따른다. 이런 이치를 아는 자는 올바른 법술과는 함께하지만 세속의 편견과는 달리하며, 이런 이치를 알지 못하는 자는 올바른 법술과는 달리하면서 세속의 편견과는 함께한다. 천하에 이런 이치를 아는 자가 적으면 올바른 법술은 그릇된 것으로 비난받는다. 법술을 펼 수 없는 자리에 앉아 뭇 사람의 참소를 입고 세속의 언론에 허우적대면서 지엄한 천자를 거스르고도 안전해지려 한다면, 어찌 어렵지 않겠는가! 이것이 지혜로운 선비가 죽을 때까지 세상에 드러나지 않는 까닭이다.

초나라 장왕(莊王)의 아우인 춘신군(春申君)에게 여(余)라는 애첩이 있었다. 춘신군의 정처가 낳은 아들은 갑(甲)이라 했다. 애첩 여는 춘신군이 정처를 버리기를 바라서 제 몸에 상처를 내고는 춘신군에게 보이며 울면서 말했다.

"군의 첩이 된 것은 대단한 행복입니다. 그렇지만 부인을 따르고자 하면 군을 섬길 수가 없고, 군을 따르고자 하면 부인을 거스르게 됩니다. 소첩이 어리석은 까닭에 두 주군을 따르기에는 역부족입니다. 형세가 두 분을 모두 따를 수가 없으니, 부인께 죽임을 당하느니 차라리 군 앞에서 죽겠습니다. 소첩이 사약을 먹고 죽은 뒤에 다시 총애하는 여인이 있게 되면, 군께서는 반드시 이를 살펴 부디 사람들에게 비웃음을 사는 일이 없도록 하십시오."

춘신군은 애첩 여의 거짓을 그대로 믿고는 정실부인을 버렸다. 애첩 여는 또 정실의 아들인 갑을 죽이고 자신의 아들로 뒤를 잇게 하고 싶었다. 그래서 자신의 속옷 안쪽을 직접 찢어서는 춘신군에게 보이며 울면서 말했다.

"소첩이 군의 총애를 입은 지가 오래되었고, 갑이 이를 모를 리가 없습니다. 그런데 이제 소첩을 억지로 희롱하려 했습니다. 소첩은 그와 다투다가 이렇게 옷이 찢어졌습니다. 자식된 자로서 이보다 더 큰 불효는 없습니다."

춘신군은 단단히 성이 나서 갑을 죽였다. 정실은 애첩 여의 거짓에 속아 버림받았고, 아들은 죽임을 당했다. 이로써 보건대 아비의 자식에 대한 사랑도 다른 사람의 헐뜯음에 훼손될 수 있는데, 하물며 군주와 신하의 사이는 아비와 자식 사이처럼 친밀하지 않음에랴! 게다가 여러 신하들이 헐뜯는 말은 고작 한 명의 첩이 헐뜯는 것과는 다르니, 저 현자나 성인이 죽임을 당하는 것이 어찌 괴이하리오! 이것이 상앙이 진나라에서 수레에 찢겨 죽고 오기(吳起)가 초나라에서 사지가 찢겨 죽은 까닭이다.

무릇 신하는 죄를 짓고도 벌을 받지 않기를 바라고 공적이 없어도 모두 존귀해지기를 바란다. 그러나 성인이 나라를 다스리면 공적이 없는 자에게는 상이 주어지지 않고 죄를 지은 자에게는 반드시 형벌이 실행된다. 그런데 법술을 터득한 자가 신하가 되면 처음부터 군주 측근의 간사한 신하들에게 해를 입게 되니, 현명한 군주가 아니고는 이를 제대로 판단할 수 없다.

세상의 학자들은 군주를 타이를 때 "위엄 있는 권세를 이용해서 간사한 자를 내치십시오"라고 말하지 않고, 저마다 "어짊과 의로움, 은혜와 사랑이 있을 뿐입니다"라고 말한다. 세상의 군주들은 어짊과 의로움이라는 그럴듯한 이름에 끌려 그 실상을 살피지 않는다. 이런 까닭에 크게는 나라가 망하고 군주가 죽으며, 작게는 땅이 깎이고 군주의 처지가 비천해진다. 무엇으로써 알 수 있는가?

무릇 가난하고 어려운 자에게 베풀어주는 것을 세상에서는 어짊과 의로움이라 하고, 백성들을 가엾게 여겨서 차마 처벌하거나 죽이지 못하는 것을 세상에서는 은혜와 사랑이라 한다. 그러나 가난하고 어려운 자에게 베풀어주면 공이 없는 자가 상을 받게 되고, 처벌하거나 죽이지 못하면 폭력과 혼란이 그치지 않는다. 나라에 공이 없는 자가 상을 받게 되면, 백성들은 밖으로는 적과 싸울 때 적의 머리를 베는 데 힘쓰지 않고, 안으로는 힘써 밭을 갈거나 일하지 않으면서 모두 뇌물을 써서 부귀한 자를 섬기며 자신에게만 좋은 일을 하거나 명예를 얻어서 벼슬을 높이고 두둑한 녹봉을 얻으려 할 것이다. 그리하여 간사한 신하는 더욱 많아지고, 폭력과 혼란을 일삼는 무리가 더욱 기승을 부리니, 어찌 망하지 않기를 바라겠는가?

무릇 엄한 형벌은 백성들이 두려워하는 것이고, 무거운 처벌은 백성들이 싫어하는 것이다. 그래서 성인은 백성들이 두려워하는 것을 펴서 사악한 짓을 금했고, 싫어하는 것을 세워 간사한 짓을 막았다. 그것으로 나라는 평안하고 폭력과 혼란은 일어나지 않았다. 나는 이로써 어짊과 의로움, 은혜와 사랑은 나라를 다스리는 데 쓰기에 부족하고, 엄한 형벌과 무거운 처벌이라야 나라를 다스릴 수 있음을 밝혔다.

매질과 채찍질의 위협이나 재갈을 물리는 구속이 없으면 비록 조보(造父)라 할지라도 말을 복종시킬 수 없고, 그림쇠와 곱자의 기준이나 먹줄의 반듯함이 없으면 비록 왕이(王爾)라 할지라도 네모나 동그라미를 그릴 수 없다. 위엄 있는 권세와 상벌의 원칙이 없으면, 비록 요나 순 임금이라도 다스릴 수 없다. 지금 세상의 군주들은 모두 엄중한 형벌은 가볍게 여기거나 버려두고 사랑과 은혜를 베풀면서 패왕의 공업을 이루려고 하는데, 이는 거의 불가능한 일이다.

군주 노릇을 잘 하는 자는 상을 분명하게 하고 이익을 제시하여 격려하며 세운 공에 따라 상을 줌으로써 백성들을 부리지, 어짊과 의로움에 의거하여 상을 내리지 않는다. 엄한 형벌과 무거운 처벌로써 간사한 짓을 금하고 죄에 따라 처벌함으로써 백성들을 부리지, 사랑과 은혜로써 죄를 벗겨주지 않는다. 이런 까닭에 공이 없는 자는 상을 바라지 않고, 죄가 있는 자는 요행으로 벗어나려 하지 않는다.

튼튼한 수레나 훌륭한 말을 타면 험한 고갯길도 가뿐히 넘을 수 있

고, 안전한 배를 타고 편리한 노를 저으면 장강이나 황하 같은 거친 강
물도 헤쳐 나갈 수 있듯이 법술을 잘 쥐고 엄중한 형벌을 실행하면 패
왕의 공업을 이룰 수 있다. 나라를 다스리면서 법술을 쓰고 상벌을 실
행하면 마치 육로를 갈 때 튼튼한 수레나 훌륭한 말을 타고 물길을 다
닐 때 가벼운 배와 편리한 노를 쓰는 것과 같다. 법술과 형벌을 잘 타면
목적을 이룰 수 있다.

이윤이 법술을 터득한 덕분에 탕왕은 왕자(王者)가 될 수 있었고, 관
중이 법술을 터득한 덕분에 제나라는 패자(霸者)가 될 수 있었으며, 상
앙이 법술을 터득한 덕분에 진나라는 부강해질 수 있었다. 이 세 사람
은 모두 패왕의 법술에 밝았고 부국강병의 방책을 꿰뚫어보았기 때문
에 세속의 견해에 끌려다니지 않았다. 그들은 군주의 마음에 들었으므
로 등용되어 포의(布衣)의 선비에서 단박에 경상(卿相)의 지위에 올랐
고, 맡은 자리에서 나라를 다스리자 군주를 드높이고 영토를 넓히는 공
적을 세웠다. 이들이야말로 존귀한 신하라 할 만하다.

탕왕은 이윤을 얻은 덕분에 사방 1백 리의 땅으로도 천자의 자리에
올랐고, 환공은 관중을 얻은 덕분에 춘추오패의 으뜸이 되어 제후들을
아홉 번 규합하고 천하를 바로잡는 업적을 이루었으며, 효공(孝公)은
상앙을 얻은 덕분에 영토가 넓어지고 군대는 강성해졌다. 그러므로 충
신이 있으면, 밖으로는 적국의 침략을 받을 일이 없고 안으로는 혼란을
조장할 신하가 없다. 천하를 오래도록 안정시키고 그 이름을 후세에 드
리우는 자, 그런 자를 충신이라 한다.

저 예양(豫讓)[1]은 지백(智伯)의 가신이 되었을 때, 위로는 군주를 설
득해 법술의 도리로써 재앙과 환난을 피하게 하지 못했고, 아래로는 민

---

1) 춘추시대 말기 진(晉)나라의 여섯 대부들 가운데 가상 강력했던 지백으로부터 두터
운 예우를 받았기 때문에 나중에 지백이 한씨 및 위씨의 군대를 이끌고 조씨를 치러
갔다가 패배해서 조양자에게 죽임을 당하자 조양자를 원수로 여겨 지백을 위해 여
러 차례 복수를 꾀했으나 실패하였다.

중들을 거느리고 제어하여 나라를 편안하게 하지 못했다. 조양자(趙襄子)가 지백을 죽이자 예양은 스스로 이마에 먹물을 들이고 코를 베어 자신의 외모를 일그러뜨려서는 지백을 위해 조양자에게 원수를 갚으려 했다. 비록 제 몸을 잔혹하게 다루고 죽이면서 군주를 위했다는 이름은 얻었으나, 실제로는 지백에게 가을터럭만큼도 보탬이 되지 않았다. 이것이 내가 그를 하찮게 여기는 이유다. 그럼에도 세상의 군주들은 그를 충성스럽다며 높이 평가한다.

옛날 백이와 숙제는 주나라 무왕이 천하를 넘겨주려고 하자 받지 않았고, 둘 다 수양산에서 굶어 죽었다. 이런 신하들은 엄중한 형벌도 두려워하지 않고 두터운 상도 이롭게 여기지 않으니, 벌로써 금할 수 없고 상으로써 부릴 수도 없다. 이런 자들을 '무익한 신하'라 한다. 내가 이들을 하찮게 여겨 내쳐야 한다고 한 까닭이 이것인데, 세상의 군주들은 그들을 대단하게 여기며 그들을 구하려 애쓰고 있다.

속담에 "문둥이가 왕을 불쌍히 여긴다"는 말이 있다. 이는 불손한 말이다. 그렇지만 예부터 근거 없는 속담은 없었으니, 자세히 살피지 않을 수 없다. 여기서 왕은 신하에게 겁박당하거나 죽임을 당한 군주를 두고 한 말이다.

군주가 법술도 없이 신하들을 제어하려 들면, 아무리 나이 많고 뛰어난 자질을 지닌 대신이라도 권세를 쥐고 정사를 마음대로 하며 함부로 결단을 내리면서 각자 사사로운 잇속을 챙기기에 급급해 한다. 게다가 군주의 부모형제나 호걸스런 선비들이 군주의 힘을 빌려 자신들을 억누르거나 벌을 주지 않을까 두려워하여 현명하고 나이 든 군주는 시해하고 어리고 약한 군주를 대신 세우며 적자를 폐하고 올바르지 않은 서자를 세운다. 그래서 『춘추』에서도 이렇게 기록되어 있다.

"초나라 왕자 위(圍)가 정(鄭)나라에 사절로 가게 되었는데, 국경을 미처 넘기 전에 왕에게 병이 났다는 소식을 듣고는 곧바로 돌아왔다. 문병한다는 핑계로 들어가서는 갓끈으로 왕의 목을 졸라서 죽이고, 마침내 스스로 왕위에 올랐다. 제나라의 대부 최저(崔杼)는 그 아내가 미인이었는데, 장공(莊公)이 그녀와 정을 통한 뒤 자주 최저의 내실을 드나들었다. 어느 날 장공이 최저의 집으로 갔을 때, 가거(賈擧)[2]가 최저의 무리를 이끌고 장공을 쳤다. 장공은 내실로 들어가서는 최저에게 나라를 나누어주겠다며 빌었으나, 최저는 듣지 않았다. 장공은 묘당에서 스스로 목숨을 끊을 수 있게 해달라고 빌었으나, 최저는 이것도 들어주지 않았다. 장공은 곧바로 달아나 뒤쪽의 담을 넘으려 했으나, 가거가 장공에게 활을 쏘아 정강이를 맞혔다. 장공은 담에서 떨어졌고, 최저의 무리가 창으로 찔러 죽였다. 그리고는 장공의 아우인 경공(景公)을 세웠다."

이는 근래에도 볼 수 있었던 일이다. 이태(李兌)는 조나라에서 기용되어 권력을 쥐자 군주인 주부(主父)[3]를 굶겨 죽였고, 요치(淖齒)는 제나라를 도우러 갔다가 재상이 되자 민왕(湣王)의 힘줄을 뽑고 종묘의 대들보에 밤새 매달아 두어 죽게 만들었다. 그러므로 문둥이는 비록 온몸에 종기가 나고 헐어 딱지가 앉아도 저 옛날 『춘추』의 일들과 견주어보면 목이 졸려 죽거나 정강이에 화살을 맞는 지경에는 이르지 않았고, 요즘의 일들과 견주어보더라도 굶어 죽거나 힘줄을 뽑혀 죽는 데까지는 이르지 않았다. 따라서 신하에게 겁박당하거나 죽임을 당한 군주가 느꼈을 마음속 걱정과 두려움, 몸의 고통은 분명히 문둥이보다 더 심했을 것이다. 이로써 보건대 문둥이가 왕을 불쌍히 여긴다 하더라도 옳다.

---

2) 본래는 장공을 모셨으나, 매를 맞고서 앙심을 품고 있었다.

3) 조나라를 강성하게 만들었던 무령왕(武靈王)을 가리킨다. 그는 아들인 태자 하(何)에게 보위를 넘기고는 상왕이 되자 스스로 '군주의 부친'이라는 뜻의 '주부(主父)'로 일컬었다.

15장

망징(亡徵),
나라가 망할 징조

군주가 다스리는 나라는 작은데 신하들의 집안은 크고, 군주의 권세는 약한데 신하들의 권세는 무거우면, 망하게 된다. 법에 의한 금령은 소홀히 하고 음모와 계략에 힘쓰며 국내 정치는 어지럽히고 외국과의 교제나 원조를 믿으면, 망하게 된다. 신하들은 쓸모없는 학문을 익히고 귀족 자제들은 공허한 변설만 좋아하고 상인들은 재화를 국외에 쌓아두고 백성들은 의지하려고만 한다면, 망하게 된다. 군주가 궁실과 누각, 연못 따위를 좋아하고 수레와 의복, 기물과 노리개 따위에 빠져 백성들을 힘들고 지치게 만들면서 재화를 다 써버리면, 망하게 된다.

군주가 길한 날을 점치고 귀신을 섬기며 점괘를 믿고 제사 지내는 것을 좋아하면, 망하게 된다. 벼슬에 따라 의견을 들으며 실제 증거와 대조하지 않으면서 한 사람만 중용하여 그를 주요 창구로 삼는다면, 망하게 된다. 세도가를 통해 관직을 얻을 수 있고 뇌물을 써서 작위와 녹봉을 얻을 수 있으면, 망하게 된다. 군주의 마음이 풀어져서 이루어지는 일이 없고 유약해서 좀체 결단을 내리지 못하며 좋고 싫음이 분명하지 않고 확실한 목표를 세우지 못하면, 망하게 된다.

군주가 탐욕스러워 만족할 줄 모르고 이익을 가까이하며 사사로이 차지하는 것을 좋아하면, 망하게 된다. 함부로 처형하기를 즐기면서 법에 맞추어 하지 않고 변설을 좋아하면서 실제 쓰임을 중시하지 않으며 겉으로 꾸민 것에 빠져 실제 이룬 공적은 돌아보지 않으면, 망하게 된다. 군주의 인품이 천박해서 꿰뚫어보기가 쉽고 기밀을 쉽게 누설해서 잘 간직하지 못하며 주도면밀하지 못해 신하들의 말이 새어나가면, 망하게 된다.

군주가 고집을 부리며 화합할 줄 모르고, 간언을 듣지 않으면서 신하들을 이기려고 하며, 사직은 돌보지 않은 채 경솔하게 자만심에 빠지면, 망하게 된다. 먼 나라와 맺은 동맹이나 원조를 믿고 가까이 이웃해 있는 나라를 오만하게 대하면, 망하게 된다. 다른 나라 출신의 인재가 재산과 가족은 국외에 두고서 위로는 비밀한 계책을 꾸미는 일에 참여하고 아래로는 백성들의 일에 관여하면, 망하게 된다. 백성들이 재상을 믿고 아랫사람들은 군주를 따르지 않는데도 군주가 재상을 아끼고 믿으며 내치지 않으면, 망하게 된다. 나라 안의 뛰어난 인재를 쓰지 않고 나라 밖에서 인재를 구하며, 그 공적을 가지고 시험해보지 않고 명성에 의해 기용하며, 다른 나라 출신의 인재가 영달해서 오래된 신하들을 업신여기면, 망하게 된다.

적자를 가벼이 여기고 서자가 적자와 맞먹으며, 태자가 정해지기 전에 군주가 세상을 떠나면, 망하게 된다. 군주가 무슨 일이든 대범하며 잘못을 뉘우치지 않고, 나라가 혼란한데도 자신의 능력을 과신하며, 국내의 실정은 헤아리지 않고 이웃 적국을 얕잡아보면, 망하게 된다. 나라가 작은데도 겸손하게 낮추지 않고, 힘이 약한데도 강한 나라를 두려워하지 않으며, 무례한 태도로 이웃의 큰 나라를 깔보고, 탐욕스럽게 고집을 세우면서 외교를 서투르게 하면, 망하게 된다. 태자를 이미 정해두었는데도 강한 적국에서 여인을 얻어 와서 정실로 삼으면 태자는 위태로워지는데, 이때 신하들이 생각을 바꾼다. 신하들이 생각을 바꾸면, 망하게 된다.

군주가 겁이 많아 뜻한 대로 하지 못하고, 앞일을 내다볼 줄은 알지만 마음이 여리고 나약하며, 옳다는 것은 알면서도 결단력 있게 과감하게 실행하지 못하면, 망하게 된다. 망명한 군주가 외국에 살아 있는데도 나라 안에서 새로 군주를 두거나, 인질로 간 태자가 아직 돌아오지 않았는데도 군주가 태자를 바꾸면, 나라가 갈라진다. 나라가 갈라지면, 망하게 된다.

대신을 모욕하고는 다시 가까이하고, 백성들에게 형벌을 내려 죽이고 법을 어기면서 혹독하게 부리며, 분노를 품고 치욕스럽게 생각하는데도 그 사람만 가까이하면, 역적이 생긴다. 역적이 생기면, 망하게 된다. 두 대신이 권력을 쥐고 있고 군주의 일가붙이들이 강력한 세력을 구축하며 안으로는 패거리를 짓고 밖으로는 외세를 끌어들이면서 권세를 다투면, 망하게 된다.

군주가 애첩의 말만 듣거나 놀이 상대인 신하의 의견을 쓰며 안팎에서 한탄이 흐르는데도 불법을 자주 자행하면, 망하게 된다. 대신에게 모욕을 주고 일가붙이를 무례하게 대하며 백성들을 괴롭히고 죄 없는 자를 죽이면, 망하게 된다. 군주가 꾀를 부려 법을 왜곡하고 사적인 일로 공적인 일을 수시로 어지럽히며 법령과 금령을 쉽게 바꿔 명령을 자주 내리면, 망하게 된다.

지형은 견고하지 않고 내성과 외성은 허술하며 쌓아둔 곡식도 없고 재정도 부족하며 방어 준비도 없이 경솔하게 적을 공격하면, 망하게 된다. 군주의 일족이 수명이 짧아 군주가 일찍 세상을 떠나면 어린아이가 군주가 되어 대신들이 모든 일을 독단적으로 처리하게 되어 다른 나라에서 온 자들을 끌어들이고 패거리를 지으며 자주 영토를 베어 주면서 외교 관계를 유지하려 하면, 망하게 된다. 태자가 군주보다 높이 드러나고 그 무리가 많고 강하며 대국들과 교제가 활발하고 일찌감치 위세를 갖추게 되면, 망하게 된다.

　군주가 속이 좁고 성질이 급해 경박하게 일을 일으키며 성이 나서 앞뒤를 분간하지 못하면, 망하게 된다. 군주가 화를 잘 내고 군사를 부리기 좋아하며 농사는 소홀히 하면서 경솔하게 적국을 치면, 망하게 된다. 귀족들이 서로 시기하고 대신들은 세력이 강성해져 밖으로는 적국의 힘을 빌리고 안으로는 백성들을 괴롭히며 사적으로 원수를 치는데도 군주가 처벌하지 못하면, 망하게 된다. 군주는 어리석은데 측실은 똑똑하고 태자의 위상은 낮은데 서자들의 세력은 강하며 관리들은 나약한데 백성들은 거칠면, 나라가 시끄러워진다. 나라가 시끄러워지면, 망하게 된다.

　군주가 노여움을 묻어둔 채 터뜨리지 않고 죄상을 지적하면서도 처벌하지 않으며 신하들로 하여금 은근히 군주를 미워하면서 더욱더 두려워하도록 만들고는 오래도록 앞일을 알 수 없게 한다면, 망하게 된다. 군대를 출동시키면서 장수에게 너무 큰 권한을 주고 변경을 맡은 태수를 너무 높여서 독단적으로 일을 처리하고 함부로 명령을 내리며 군주에게 청하지도 않은 채 그 자리에서 결정해버리도록 하면, 망하게 된다.

　왕비는 음란하고 태후는 추한 짓을 거듭하며 궁궐 안팎에서 다들 정을 통하고 남녀 사이에 구별이 없으면, 이는 나라에 군주가 두 명 있는 격이다. 나라에 군주가 두 명 있으면, 망하게 된다. 정실은 천하게 대우받으나 비천한 첩은 귀한 대접을 받고 태자는 낮아지는데 서자는 높아지고 재상은 경시되나 빈객을 접대하는 자가 중시되면, 그 나라는 안팎의 일이 어그러진다. 안팎의 일이 어그러지면, 그 나라는 망하게 된다.

　대신들이 지나치게 존귀해지고 붕당의 세력이 강해져서 군주의 결단을 가로막고 권력을 함부로 휘두르면, 망하게 된다. 세도가의 천거를 받은 자는 기용되고 공을 세운 장수의 자제들은 내쫓기며 시골에서 좀 잘한 자는 천거되고 관직을 맡아 수고한 자는 그만두며 사사로운 행동은 귀하게 여기고 공적인 업적은 무시하면, 망하게 된다.

　군주의 창고는 비었는데 대신의 창고는 가득 차 있고, 나라 안 백성들은 가난한데 나라 밖에서 온 자들은 부유하며, 농민과 병사들은 곤궁한데 상인과 장인만 이익을 누리면, 망하게 된다. 큰 이익을 보고도 얼른 좇지 않고, 재앙이 될 조짐이 있는데도 대비하지 않으며, 전쟁과 방어는 하찮게 여기면서 어짊과 의로움으로 자신을 꾸미는 데 힘쓰면, 망하게 된다. 나라와 백성을 지키는 군주의 효를 행하지 않고 한낱 필부의 효를 숭상하며, 사직을 위한 이익은 돌아보지 않고 태후의 명령만 들으며, 여인이 나랏일을 좌우하고 환관들이 정사에 끼어들면, 망하게 된다. 군주가 언변은 좋으나 법에 맞지 않고, 머리는 뛰어나지만 법술이 없으며, 재능은 많으나 법도로써 일을 처리하지 않으면, 망하게 된다. 가까운 신하는 승진하고 오래된 신하는 물러나며, 어리석은 자가 정사를 맡고 현량한 이는 숨으며, 공이 없는 자가 귀해지고 애쓰고 힘쓴 자는 미천해지면, 아랫사람들이 원망을 품는다. 아랫사람들이 원망을 품으면, 망하게 된다.

　군주의 일가붙이와 대신들의 녹봉이 공이 있는 자보다 많고, 신분을 뛰어넘는 의복을 입으며, 궁궐에서 사치가 심한데도 군주가 금하지 않으면, 신하들의 마음도 걷잡을 수 없게 된다. 신하들의 마음을 걷잡지 못하면, 망하게 된다. 군주의 사위나 자손들이 백성들과 한 마을에 살면서 이웃들에게 사납고 오만하게 굴면, 망하게 된다.

　망할 징조란 반드시 망한다는 말이 아니라 망할 수도 있다는 뜻이다. 무릇 성인인 요(堯)가 둘이 있더라도 둘 다 왕이 될 수 없고, 폭군인 걸(桀)이 둘이 있더라도 둘 다 망하는 것은 아니다. 망하느냐 왕 노릇하느냐 하는 것은 반드시 다스려지느냐 어지러워지느냐, 강해지느냐 약해지느냐 어느 한쪽으로 쏠리는 데에 달렸다.

　나무가 꺾이는 것은 반드시 벌레가 파먹었기 때문이고, 담장이 무너지는 것은 반드시 틈이 생겼기 때문이다. 다만 벌레가 파먹었더라도 강풍이 불지 않으면 나무는 꺾이지 않고, 틈이 생겼더라도 큰비가 내리지 않으면 담장은 무너지지 않는다. 전차 만 대의 나라 군주가 법술을 터득하고 법령을 실행한다면, 이는 망할 징조가 나타난 군주에게 거센 바람이나 큰 비와 같다. 법술을 터득한 군주가 천하를 아우르는 것은 어렵지 않은 일이다.

16장

삼수(三守),
세 가지 지켜야 할 일

군주에게는 지켜야 할 일이 세 가지 있다. 세 가지를 오롯하게 지키면, 나라가 평안하고 그 자신도 영화로워진다. 이 세 가지를 제대로 지키지 못하면, 나라는 위태로워지고 그 자신도 아슬아슬해진다. 지켜야 할 세 가지란 무엇인가?

요직에 있는 신하의 실수나 정사를 처리하다 지은 허물, 천거와 관련된 속사정 따위를 신하들과 논의할 경우가 있다. 군주가 그때 나눈 말들을 마음속에 담아두지 않고 측근이나 총애하는 자에게 흘린다면, 간언하고자 하는 신하는 군주의 측근이나 총애하는 자의 심기를 감히 거스를 수 없어서 군주에게 간언하지 않게 된다. 이렇게 되면 바른 말을 하고 곧은길을 가는 신하는 군주를 만날 수 없고, 참되고 곧은 신하는 날로 군주와 멀어진다. 이것이 첫째다.

아끼는 사람을 홀로 이롭게 해주지 못하고 좌우에서 칭찬하기를 기다린 뒤에야 그를 이롭게 해주며, 미워하는 사람을 마음대로 해치지 못하고 좌우에서 비난하기를 기다린 뒤에야 그를 해치게 되면, 군주는 위엄이 없어지고 권력이 좌우의 측근에게 들어가게 된다. 이것이 둘째다.

군주가 직접 다스리는 수고로움을 꺼려 신하들에게 나랏일을 몰아주어서 권력과 위세를 넘겨주는 일이다. 이리하여 죽이고 살리는 실권과 주고 빼앗는 권한이 대신의 손에 들어가게 되니, 이렇게 되면 군주의 권세는 침해당하게 된다. 이것이 셋째다.

이를 두고 세 가지를 제대로 지키지 못한다고 하는 것이다. 이 세 가지를 제대로 지키지 못하면, 군주는 협박을 받거나 시해될 수 있다.

군주가 협박을 받는 것에는 세 가지가 있다. 명겁(明劫), 사겁(事劫), 형겁(刑劫)이 그것이다.

신하들 가운데 대신으로서 존귀한 지위를 이용해 조정에서 주요한 권한을 쥐고서 다른 신하들을 휘어잡고 조정 안팎의 일을 자신이 아니면 처리할 수 없게 하는 자가 있다. 비록 뛰어난 신하라도 그를 거스르면 반드시 화를 입고 그를 따르면 반드시 복을 누리게 된다. 그렇게 되면, 신하들은 군주에게 충성하고 나라를 걱정하며 사직의 이해를 논쟁하는 일조차 감히 하지 못한다. 군주가 비록 현명하더라도 홀로 나랏일을 꾀할 수 없는데, 신하들이 군주를 위해 감히 충성하지 못하게 된다면 그 나라는 망하는 나라가 되어버린다. 이를 일러 '나라에 신하가 없다'고 말한다. 나라에 신하가 없다는 말이 어찌 측근에 사람이 없고 조정에 신하가 없다는 뜻이겠는가? 신하들이 녹봉을 받아먹으면서도 자기들끼리 교제하는 데만 힘쓰고, 사적인 일을 하면서 군주에게는 충성을 바치지 않는 것을 이르니, 이를 명겁이라 한다.

군주의 총애를 팔아 함부로 권세를 휘두르고, 외국의 사정을 거짓되게 꾸며 국내 정치를 좌우하며, 화복과 득실의 형세를 왜곡해서 말하여 군주의 호오에 영합하는 일이 있다. 군주는 그런 말에 귀를 기울여 자신을 낮추고 나랏일을 제쳐둔 채 그 말대로 추진한다. 일이 실패하면 군주와 그 화를 나누어 갖지만, 일이 성공하면 신하는 그 공을 독차지한다. 그 일에 참여한 사람들이 모두 일심으로 말을 맞추어 그가 잘했다고 말하면, 앞장서서 그를 반대한 자는 결코 군주의 믿음을 얻지 못한다. 이를 사겁이라 한다.

　공무를 집행하거나 감옥에 보내는 일, 금지하는 명령이나 형벌에 관한 일을 신하가 멋대로 처리하여 군주를 위협하는 일이 있는데, 이를 형겁이라 한다.

　이 세 가지를 제대로 지키지 못하면, 세 가지 협박을 받는 일이 생긴다. 세 가지를 제대로 지키면, 세 가지 협박은 그친다. 세 가지 협박이 그치거나 없어지면, 천하에 왕 노릇할 수 있다.

17장

비내(備內), 안에 있는 적을 대비하라

군주의 우환은 다른 사람을 믿는 데서 비롯된다. 다른 사람을 믿으면, 그 사람에게 제압당한다. 신하는 그 군주에 대해 뼈와 살을 나눈 혈육처럼 가깝게 여기지 않는다. 권세에 매여서 어쩔 수 없이 섬기는 것뿐이다. 그래서 신하된 자는 군주의 마음을 엿보고 헤아리느라 잠시도 쉬지 못하지만, 군주는 위에서 게으름을 피우며 오만하게 처신한다. 이것이 세상의 군주가 협박당하고 시해당하는 이유다.

군주가 되어 자식을 너무 믿으면, 간사한 신하가 그 자식을 이용해 사욕을 채운다. 이태(李兌)가 조나라 무령왕(武靈王)을 보좌하면서 굶어 죽게 만든 일이 그것이다. 군주가 되어 아내를 너무 믿으면, 간사한 신하가 그 아내를 이용해 사욕을 채운다. 광대 시(施)가 여희(驪姬)를 꼬드겨 태자인 신생(申生)을 죽이고 해제(奚齊)를 세운 일이 그것이다. 무릇 아내처럼 가깝고 자식처럼 친밀해도 오히려 믿을 수가 없는데, 그 나머지 사람들을 믿을 수 없는 것은 당연하다.

또 전차 만 대의 군주나 천 대의 군주의 경우, 왕비와 부인 및 적자로서 태자가 된 자들 가운데 간혹 군주가 일찍 죽기를 바라는 자가 있다. 무엇으로 그렇다는 것을 아는가?

무릇 아내란 혈육의 애정이 있는 사람이 아니다. 사랑하면 가깝지만, 사랑하지 않으면 멀어진다. 전하는 말에, "어미가 사랑스러우면 그 자식도 품어준다"고 했다. 반대로 생각하면, "그 어미가 미우면 그 자식도 버린다"는 말이 된다.

남자는 나이 쉰이 되어도 여색을 좋아하는 마음이 줄지 않지만, 여자는 나이 서른이 되면 미모가 사그라진다. 미모가 사그라진 부인이 여색을 좋아하는 남자를 섬기면, 자신이 내쳐지고 천시될까 의심하며 자신의 자식이 뒤를 잇지 못할까 걱정한다. 이것이 왕비나 부인이 그 군주가 일찍 죽기를 바라는 이유다.

모친이 태후가 되고 자식이 군주가 되면 어떤 명령이든 실행되지 않는 일이 없고, 남녀 사이의 즐거움도 선왕 때보다 줄지 않으며, 전차 천대의 나라를 서슴지 않고 마음대로 휘두른다. 이것이 군주를 독살하거나 목을 졸라 죽이거나 목을 베려고 하는 이유다. 옛날 역사서인 『도올춘추(檮杌春秋)』에서는, "군주 가운데 병으로 죽는 자는 절반도 되지 않는다"라고 했다. 군주가 이를 알지 못하면, 환란이 일어날 소지가 많아진다. 그러므로 "군주의 죽음으로 이익을 보는 자가 많아지면, 군주는 위태로워진다"라고 말하는 것이다.

옛날 왕량(王良)이 말을 아끼고 월왕 구천이 사람을 아낀 것은 전쟁에 내보내거나 빨리 달리는 데 쓰기 위해서였다. 의원이 다른 사람의 종기를 빨거나 그의 나쁜 피를 머금는 것은 혈육처럼 가깝기 때문이 아니라 이익을 얻기 때문이다. 그래서 수레 만드는 장인은 수레를 만들면서 사람들이 부귀해지기를 바라고, 관 짜는 장인은 관을 짜면서 사람들이 일찍 죽기를 바라는데, 수레 만드는 장인은 어질고 관을 짜는 장인은 모질어서가 아니라 사람들이 부귀해지지 않으면 수레가 팔리지 않고 사람들이 죽지 않으면 관이 팔리지 않기 때문이다. 관 짜는 장인이 정말로 사람들을 미워해서가 아니라 사람들이 죽어야 이익을 보기 때문에 그런 것이다.

후비나 부인, 태자 등이 무리를 이루어 군주가 죽기를 바라는 것은 군주가 죽지 않으면 자신들의 세력이 커지지 않기 때문이다. 정말로 군주를 미워해서가 아니라 군주가 죽어야 이익을 보기 때문에 그런 것이다. 그러므로 군주는 자신이 죽으므로써 이익을 보는 사람들에 대해 마음을 쓰지 않을 수 없다. 햇무리나 달무리가 해와 달의 바깥을 에워싸더라도 그 적은 안에 있다. 대체로 미워하는 자에 대비하는데, 사실 재앙은 자신이 사랑하는 자에게 있다.

이런 까닭에 현명한 군주는 검증해보지 않은 일은 하지 않고, 평소와 다른 음식은 먹지 않는다. 먼 데까지 귀를 기울이며 가까이 있는 일은 직접 보고서 안팎의 잘못을 가려내고, 신하들의 의견이 어떤 점에서 같고 다른지를 따져서 붕당의 실상을 알아내고, 갖가지 증거를 견주어 살피면서 진언한 것이 충실한지 따져 밝힌다. 나중에 실행한 것과 앞서 한 말이 부합하는지 살피고, 법에 따라서 백성들을 다스리며, 온갖 단서들을 맞추어보고 관찰한다. 사인(士人)이 요행으로 상을 받는 일이 없게 하고, 실제로 한 것보다 더 포상을 받지 않게 하며, 죽일 때는 반드시 합당하게 하고, 죄를 지으면 함부로 사면하지 않아야만 간사한 자들이 사사로운 마음을 품지 않는다.

요역이 많으면 백성들이 괴로워하고, 백성들이 괴로워하면 요역을 맡은 관리의 권세가 커진다. 요역을 맡은 관리의 권세가 커지면 요역을 면제해주는 일이 많아지고, 요역을 면제해주는 일이 많아지면 권신들이 부유해진다. 백성을 괴롭혀서 권신들을 부유하게 해주고, 권세를 일으켜 신하에게 빌려주는 것은 천하를 위한 장구한 이익이 되지 못한다. 그러므로 "요역이 적으면 백성들이 편안하고, 백성들이 편안하면 아래에서 권세를 쥐는 관리가 없으며, 아래에서 권세를 쥐는 관리가 없으면 권세가가 사라지고, 권세가가 사라지면 은덕을 베푸는 일은 군주에게 있다"라고 말하는 것이다.

이제 물이 불을 이긴다는 것은 명백한 사실이다. 그러나 가마솥을 그 사이에 두면 물은 펄펄 끓다가 위에서 다 증발하지만 불은 아래에서 계속 활활 타오르므로 물은 불을 이길 수 있는 길을 잃는다. 법으로써 다스리면 간사함을 그치게 한다는 것도 명백한 사실이다. 그러나 법을 집행하는 관리가 물과 불 사이에 놓인 가마솥 구실을 하면 법은 군주의 마음속에서만 명백하고 간사함을 금할 수 있는 길은 잃게 된다.

옛날부터 전해오는 말들과 『춘추』의 기록을 살펴보면, 법을 어기고 반역을 저질러 아주 간악한 짓을 한 자가 지위가 높고 권세 있는 대신에게서 나오지 않은 적이 없었다. 그런데 법령이 대비하는 대상이나 형벌로 처벌을 받는 대상은 늘 신분이 비천한 백성들이었으니, 이런 까닭에 백성들은 절망하고 하소연할 곳도 없었다. 대신들은 서로 패거리를 지어 한통속이 되어 군주의 귀와 눈을 가리고, 은밀하게 서로 도우면서 겉으로는 미워하는 척하여 사사로운 속셈은 없는 것처럼 하며, 서로 눈과 귀가 되어서 군주의 틈을 엿본다. 이렇게 되면 군주는 귀와 눈이 가려져서 실제 상황을 보고 들을 길이 없게 되니, 군주는 허명만 있고 실권은 없으며 신하들이 법을 멋대로 주무르며 집행하게 된다. 주(周) 왕실의 천자가 그 꼴이다. 대신이 군주의 권세를 송두리째 빌려 쓰면 군주와 신하의 지위는 뒤바뀐다. 이것이 신하에게 권세를 빌려주어서는 안 되는 까닭이다.

18장

남면(南面),
군주의 자리

군주의 허물은 이미 신하에게 일을 맡겼음에도 다시 또 일을 맡지 않은 자에게 그를 감시하게 하는 데 있다. 이렇게 되면 군주는 일을 맡은 자와는 반드시 적대적인 사이가 되고, 일을 맡지 않은 자에게는 도리어 견제를 당하게 된다. 지금 남을 감시하는 자는 이전에 남에게 감시를 당한 적이 있는 자이기 때문이다.

군주가 법을 밝혀서 대신들의 권세를 제어하지 못하면 백성들의 신뢰를 얻을 길이 없다. 군주가 법을 버려두고 신하를 시켜 신하를 감시한다면, 서로 아끼는 자들은 패거리를 지어 서로 칭찬하고, 서로 미워하는 자들은 붕당을 지어 서로 비방한다. 이렇게 비방과 칭찬이 엇갈려 일어나면, 군주는 헷갈려서 혼란스러워진다.

신하란 좋은 평판이나 은밀하게 청탁하는 일이 아니면 벼슬길에 나아갈 수 없고, 법을 어기고 멋대로 하지 않으면 권세를 부릴 수 없으며, 충성과 신의를 꾸미지 않으면 금령에서 벗어날 수가 없다. 이 세 가지는 군주를 흐리게 하고 법을 무너뜨리는 근원이다. 군주는 신하가 비록 지혜와 능력을 지녔을지라도 법을 어기고 멋대로 하게 해서는 안 되고, 신하가 비록 현명한 행실을 보였더라도 실제 공적이 드러나기 전에 먼저 상을 주어서는 안 되며, 신하가 비록 충성과 신의를 갖추었더라도 법을 버려두고 금령에서 벗어나게 해서는 안 된다. 이를 일러 '법을 밝힌다'고 한다.

군주는 어떤 일에서 꾐에 넘어갈 수도 있고 언론에 귀가 가려질 수도 있다. 이 두 가지를 살펴서 삼가지 않으면 안 된다.

신하들 가운데는 일을 쉽게 말하고 경비는 적게 든다면서 근사한 일로 군주를 꾀는 자가 있다. 군주가 그 꾐에 넘어가 자세히 살피지도 않고 그 말만 믿고 칭찬하면, 그 신하에게 도리어 제압당하게 된다. 이를 '꾐에 넘어간다(誘)'고 말한다.

일에 꾀이는 자는 그 후환으로 곤란을 겪는다. 말을 할 때는 경비가 적게 든다고 했음에도 물러나 막상 일을 했을 때 경비가 많이 들었다면, 비록 공을 세웠더라도 말할 때 이미 진실하지 못했음을 뜻한다. 말이 진실하지 못하면 죄를 지은 것이다. 말한 그대로 일하고 공을 세운 자에게만 상을 내린다면, 신하들이 감히 말을 꾸며서 군주를 어지럽히지 않을 것이다.

군주의 길이란 신하들이 앞서 한 말이 뒤에 한 일과 합치되지 않거나 뒤에 한 말이 앞서 한 일과 합치되지 않으면 비록 일에서 공을 세웠더라도 반드시 죄를 묻는 것이다. 이를 '신하에게 일을 제대로 맡긴다(任下)'고 말한다.

신하가 군주를 위해 어떤 일을 꾀할 때 나중에 비난을 받을까 우려하면 먼저 구실을 꾸며두는데, "이 일에 대해 비판하는 자는 시샘하는 자입니다"라고 말해둔다. 군주는 이 말을 마음에 담아두었다가 다른 신하들이 말을 하면 들으려 하지 않고, 신하들도 그 말을 꺼림하여 그 일에 대해 비판하지 않는다. 이 두 가지 형세가 작용하면, 충신의 말은 받아들여지지 않고 평판만 좋은 신하 홀로 신임을 받는다. 이를 '말에 가려진다(壅於言)'고 한다. 군주가 특정한 말에 귀가 가려지면 신하에게 제압을 당한다.

군주의 길은 신하들이 반드시 제 말에 책임을 지도록 하고 또 말하지 않는 책임도 지운다. 말에 두서가 없고 증거를 대지 못하면, 그 말에 책임을 묻는다. 책임을 피하려고 말하지 않으면서 요직을 차지하고 있으면, 말하지 않은 책임을 지운다. 군주는 신하가 말을 하면 반드시 처음에 한 말을 토대로 그 성과를 따져 묻고, 신하가 말을 하지 않으면 반드시 어떤 말을 취하고 버릴 것인지를 묻고서 책임을 물어야 한다. 그러면 신하들이 감히 함부로 말하지 못하고 또 감히 침묵만 지키지도 못한다. 말을 하거나 침묵을 하거나 모두 책임을 물어야 한다.

군주가 어떤 일을 하려고 하면서 그 일의 처음과 끝이 어찌될지 모르면서 의도를 먼저 드러내면, 일을 하더라도 이익을 얻지 못할 뿐 아니라 반드시 해로울 수 있다. 이를 잘 아는 자는 일이 되어가는 대로 맡기고 욕심은 버린다. 일을 하는 데에도 원칙이 있는데, 가만 헤아려보아서 수입이 많고 지출이 적으면 할 만하다. 어리석은 군주는 그렇지 못해서 수입만 헤아리고 지출은 헤아리지 않으며, 지출이 비록 수입보다 갑절이 되어도 그 해로움을 알지 못한다. 이렇게 되면 명목상으로만 이익이고, 실질적으로 얻은 건 없다. 이와 같으면 공적은 적고 해악만 크다.

무릇 공적이 있어도 수입은 많고 지출이 적어야만 공적이라 할 수 있다. 막대한 비용을 썼는데도 죄로 다스리지 않고 약간의 이익만으로도 공적이라고 한다면, 신하들은 막대한 비용을 들여가며 하찮은 공적만 이루려 할 것이다. 하찮은 공적 밖에는 이룬 게 없다면, 군주에게도 해롭다.

통치술을 알지 못하는 자는 꼭 "옛 제도를 바꾸지 말고, 익숙한 법을 바꾸지 말라"고 말한다. 성인은 바꾸느냐 바꾸지 않느냐에 대해서는 전혀 귀를 기울이지 않은 채 상황에 따라 다스릴 뿐이다. 그렇다면 옛 제도와 익숙한 법을 바꾸느냐 바꾸지 않느냐는 옛날의 것이 지금도 알맞은가 알맞지 않은가에 달려 있는 셈이다.

이윤이 은(殷)나라의 제도를 바꾸지 않고 태공이 주(周)나라의 제도를 바꾸지 않았다면, 탕왕과 무왕은 왕자가 될 수 없었을 것이다. 관중이 제나라의 제도를 바꾸지 않고 곽언(郭偃)이 진(晉)나라의 제도를 고치지 않았다면, 환공과 문공은 패자가 될 수 없었을 것이다.

무릇 사람들이 옛것을 바꾸기 어려워하는 것은 백성들이 익숙하게 여기는 것을 바꾸는 일이 꺼려지기 때문이다. 그러나 옛것을 바꾸지 않는 것은 혼란의 근원을 그대로 좇는 일이고, 백성들의 마음에 맞추는 것은 간사한 행위를 내버려두는 일이다. 백성들이 어리석어 혼란을 알지 못하고 군주가 나약해서 고칠 능력이 없으면, 통치는 실패한다.

군주는 통치술을 알 만한 현명함과 반드시 실행하려는 엄격함을 갖추어야 한다. 그래야만 백성들의 마음을 거스르더라도 반드시 다스릴 수 있다. 상앙이 조정을 드나들 때 단단한 창과 두꺼운 방패를 든 호위병을 거느려 미리 경계한 것이 그 때문이다. 곽언이 처음 정치를 맡았을 때에 문공은 그에게 관군을 붙여주었고, 관중이 처음 재상을 맡았을 때에 환공은 무장한 수레를 타게 했는데, 모두 백성들의 위협에 대비한 것이다.

미련하고 게으른 백성들은 적은 비용을 괴로워하여 큰 이익을 잊는다. 진(晉)나라의 대부 경인(慶寅)과 경호(慶虎)는 비난과 비방을 받았을 때, 작은 변화를 두려워한 탓에 장기적인 이익을 잃었다. 추(鄒) 땅의 장사꾼이 징병을 비난한 것은 혼란에 익숙해져서 치세가 마뜩찮았기 때문이다. 그래서 정나라 사람은 집으로 돌아갈 수 없었다.[1]

---

1) 마지막 문장은 문맥상 전혀 어울리지 않는다. 앞에 어떤 구절이 빠진 듯한데, 알 수가 없다.

19장

칙사(飾邪),
간사함을 경계하라

거북의 등을 뚫고 산가지를 헤아려 "매우 길하다"는 점괘가 나오자 연나라를 공격한 것은 조나라였다. 거북의 등을 뚫고 산가지를 헤아려 "매우 길하다"는 점괘가 나오자 조나라를 공격한 것은 연나라였다. 극신(劇辛)은 연나라 왕을 섬겼으나 아무런 공도 세우지 못하고 사직을 위태롭게 했으며, 추연(鄒衍)도 연나라 왕을 섬겼으나 아무런 공도 세우지 못하고 나라를 다스릴 법술을 끊어버렸다. 조나라는 먼저 연나라를 상대로 뜻을 이루고 나중에 제나라를 상대로 뜻을 이루자 나라가 어지러운데도 우쭐하여 스스로 진(秦)나라와 맞서 겨룰 수 있다고 여겼다. 이는 조나라의 거북이 신통하고 연나라의 거북이 속여서 그리된 게 아니다.

조나라는 또 거북의 등을 뚫고 산가지를 헤아려 북쪽으로 연나라를 쳐서 연나라를 겁주어 진(秦)나라를 막아보려고 했는데, "매우 길하다"는 점괘가 나온 적이 있었다. 처음에 조나라가 대량(大梁)을 치자 진(秦)나라는 상당(上黨)으로 나아갔고, 조나라 군대가 연나라의 리(釐) 땅에 이르자 진나라는 조나라의 여섯 성을 함락시켰다. 조나라가 양성

(陽城)에 이르자 진나라는 업(鄴)을 함락시켰다. 방원(龐援)이 군대를 이끌고 남쪽으로 돌아왔을 때, 장(鄣) 땅은 진나라가 다 차지했다. 그래서 나는 말한다.

"조나라의 거북이 비록 멀리 있는 연나라를 알지는 못했어도 가까이 있는 진나라는 알았어야 했다. 진나라는 '매우 길하다'는 점괘를 가지고 영토를 넓히는 실리와 연나라를 구했다는 명성을 얻었고, 조나라는 '매우 길하다'는 점괘를 갖고 영토는 깎이고 군대는 치욕을 당했으며 군주는 뜻을 이루지 못하고 죽었다. 이 또한 진나라의 거북은 신통하고 조나라의 거북은 속여서 그리된 게 아니다."

처음에 위(魏)나라는 여러 해 동안 동쪽으로 군사를 일으켜 도(陶)와 위(衛) 땅을 철저하게 공격하고 또 여러 해 동안 서쪽으로 군사를 일으켰으나 진(秦)나라에 패해 영토를 잃었다. 이는 풍륭(豊隆)·오행(五行)·태일(太一)·왕상(王相)·섭제(攝提)·육신(六神)·오괄(五括)·천하(天河)·은창(殷搶)·세성(歲星) 등의 상서로운 별이 여러 해 동안 서쪽에 있었기 때문도 아니고, 천결(天缺)·호역(弧逆)·형성(刑星)·형혹(熒惑)·규(奎)·태(台) 등의 불길한 별이 여러 해 동안 동쪽에 있었기 때문도 아니다.

거북이나 산가지로 점을 치고 귀신을 섬긴다고 해서 승리를 거둘 수 있는 것도 아니고, 별들이 앞뒤 좌우 어디에 있느냐가 전쟁을 해도 되는지를 결정해 주는 것도 아니다. 그럼에도 그것을 믿고 따르니, 이보다 더 어리석은 짓은 없다.

옛날 뛰어난 왕들은 백성들을 가까이하는 데 온 힘을 다하고 법도를 명확하게 세우는 일에 힘을 기울였다. 법이 명확하게 서면 충신들이 힘쓰고, 형벌이 반드시 실행되면 간신들이 사라지기 때문이다. 충신들이 힘쓰고 간신들이 사라져 영토가 넓어지고 군주가 존귀해진 나라가 진(秦)나라다. 신하들이 붕당을 만들어 한통속이 되어 바른길을 덮어 가리고 사사로이 법을 왜곡하여 영토는 깎이고 군주는 비천해진 나라는 함곡관 동쪽의 여섯 나라다. 어지러워져 약해진 나라가 망하는 것은 인간사의 법칙이며, 다스려져 부강해진 나라가 왕자가 되는 것은 예로부터 내려온 이치다.

월나라 왕 구천은 대붕(大朋)이라는 거북의 점괘만 믿고 오나라와 싸웠다가 져서 그 자신은 오나라의 신하가 되었다. 다시 귀국한 뒤에는 거북을 버리고 법을 밝히며 백성들과 가까이하여 오나라에 보복하는 전쟁을 일으켰고, 마침내 오나라 왕 부차를 포로로 잡았다.

귀신을 섬기는 자는 법을 소홀히 하고, 제후에게 기대는 자는 나라를 위태롭게 한다. 조(曹)나라는 제나라만 믿고 송나라의 말을 듣지 않았는데, 제나라가 초나라를 치는 틈을 타 송나라가 조나라를 멸망시켰다. 초나라는 오나라를 믿고 제나라의 말을 듣지 않았는데, 월나라가 오나라를 치는 틈을 타 제나라가 형(邢)나라를 멸망시켰다. 허(許)나라는 초나라만 믿고 위(魏)나라의 말을 듣지 않았는데, 초나라가 송나라를 치는 틈을 타 위나라가 허나라를 멸망시켰다. 정나라는 위(魏)나라만 믿고 한(韓)나라의 말을 듣지 않았는데, 위나라가 초나라를 치는 틈을 타 한나라가 정나라를 멸망시켰다.

지금 한(韓)나라는 약소국이면서 대국만 믿고 군주는 게을러 진(秦)나라의 말만 듣고 있으며, 위(魏)나라는 제나라와 초나라만 믿고 나라를 운용하는데, 이는 약소국이 더욱 쇠망해지는 길이다. 따라서 다른 나라를 믿어서는 영토를 넓힐 수 없음에도 한나라는 그런 사실을 알지 못하고 있다.

위나라가 한나라를 쳤을 때, 초나라는 한나라를 도와 위나라를 치는 척하면서 허(許)와 언(鄢) 땅으로 군사를 보냈고, 제나라는 임(任)과 호(扈) 땅을 쳐서 위나라 영토를 빼앗았는데, 이것으로는 한나라가 도성인 신정(新鄭)을 지킬 수 없었음에도 한나라는 그런 사실을 알지 못했다. 이 모두 법률과 금령을 밝혀서 나라를 다스리지 않고 외세에 기대었다가 사직을 멸망시킨 사례다.

그러므로 나는 이렇게 말한다.

"군주가 통치술에 밝으면 나라가 비록 작더라도 부유해지고, 상벌을 삼가면서도 확실하게 한다면 백성이 비록 적더라도 강성해진다."

군주가 상벌을 내릴 때 법도가 없으면, 나라가 비록 크더라도 군대는 약해지고, 영토가 있어도 제 영토가 아니며, 백성이 있어도 제 백성이 아니다. 영토도 없고 백성도 없으면, 요나 순이라도 왕 노릇할 수 없고, 하·상·주 세 왕조라도 강해질 수 없다.

군주가 또 지나치게 상을 내리면 신하들도 한 일이 없이 상을 받는다. 법률을 버려두고 옛날의 왕들이나 현명한 군주들이 세운 공적을 말하는 자가 있으면, 군주는 그에게 나라를 맡긴다. 그러므로 나는 이렇게 말한다.

"이는 옛날에 공적을 기리던 방식이다. 옛날에 상을 주던 방식으로 지금 사람에게 상을 주려는 것이다."

군주가 이렇게 지나치게 상을 내리면 신하들도 한 일이 없이 상을 받는다. 군주가 지나치게 상을 내리면 신하들은 더욱더 요행을 바라고, 신하들이 한 일이 없이 받으면 공적을 세운 자가 존중받지 못한다. 공적이 없는 자가 상을 받으면 재물은 바닥나고 백성들은 원망한다. 재물이 바닥나고 백성들이 원망하면, 백성들은 힘을 다하지 않는다.

포상을 지나치게 쓰면 백성들을 잃고, 형벌을 지나치게 쓰면 백성들이 두려워하지 않는다. 그래서 상이 있어도 힘쓰게 하기에 모자라고, 형벌이 있어도 못하게 하기에 부족하다. 이리되면 나라가 비록 크더라도 반드시 위태로워진다.

그러므로 나는 말한다.

"작은 지혜를 가진 자에게는 나랏일을 꾀하게 할 수 없고, 작은 충성을 가진 자에게는 법을 주관하게 할 수 없다."

초나라 공왕(共王)과 진(晉)나라 여공(厲公)이 언릉(鄢陵)에서 싸운 적이 있다. 초나라 군사가 패하고 공왕은 상처를 입었다. 전쟁이 한창

일 때, 장수 사마자반(司馬子反)이 목이 말라 마실 것을 찾자, 그의 시종 곡양(穀陽)이 큰 잔에 술을 따라 올렸다. 자반이 말했다.

"물려라, 이건 술이다!"

곡양이 말했다.

"술이 아닙니다."

자반은 받아서 마셨다. 자반은 그 사람됨이 술을 좋아했는데, 달게 느껴지자 입에서 뗄 수가 없었고 결국 취해서 쓰러졌다. 공왕은 다시 싸우고 싶어서 계책을 세우려고 사람을 시켜 자반을 불렀다. 자반은 가슴이 아프다며 가지 않았다. 공왕이 수레를 타고 가서 막사 안으로 들어갔다가 술 냄새를 맡고 그대로 돌아간 뒤에 말했다.

"오늘 싸움에서 과인은 눈에 상처를 입었고, 믿을 사람은 사마뿐이었다. 그런데 사마가 또 이런 꼴이니, 이것은 초나라의 사직을 망치고 우리 백성들을 생각하지 않는 것이다. 과인은 다시 싸울 여력이 없다."

곧 군대를 철수하여 돌아온 뒤, 사마자반의 목을 베어 죽였다. 그래서 말한다.

"시종인 곡양이 술을 바친 것은 자반을 미워해서 일부러 한 짓이 아니다. 진심을 다해 그를 아껴서 한 일이었으나, 그게 도리어 그를 죽게 만들었을 뿐이다. 이는 작은 충성을 행하다가 큰 충성을 해친 것이다."

그러므로 작은 충성은 큰 충성의 적이라고 말한다. 만약 작은 충성을 지닌 자에게 법을 주관하게 한다면, 죄를 함부로 용서할 것이다. 죄를 용서하여 애정으로 대하면 아랫사람과 가까워지기는 하겠지만, 백성을 다스리는 데에는 방해가 된다.

전국시대에 위(魏)나라는 『입벽(立辟)』[1]을 분명히 하고 헌령(憲令)을 받들던 때에는 공이 있는 자에게는 반드시 상을 주고 죄를 지은 자에게는 반드시 벌을 주어 그 강성함으로 천하를 바로잡고 그 위세를 사

---

1) 위나라의 형법서.

방의 나라들에 떨쳤다. 그러나 법령이 느슨해지고 상벌을 함부로 내리면서부터 나라의 영토가 날로 줄어들었다. 조(趙)나라는『국률(國律)』을 분명히 하고 대군을 거느리던 때에는 인구도 많고 병력도 강해서 제나라와 연나라까지 영토를 넓혔다. 그러나『국률』이 느슨해지고 위정자들이 나약해지면서부터 나라의 영토가 날로 줄어들었다. 연나라는『봉법(奉法)』을 분명히 하고 관아의 결정을 신중하게 할 때에는 동쪽으로 제나라까지 현을 두고 남쪽으로는 중산(中山) 땅을 다 차지했다. 그러나『봉법』이 시행되지 않고부터는 관아에서 제대로 결정하지 못하게 되자 군주의 측근들이 서로 다투고 아래에서부터 논쟁이 일어나면서 병력은 약해지고 영토는 깎였으며 이웃한 적국에 제압당했다. 그래서 말한다.

"법을 밝히는 자는 강하고, 법을 소홀히 한 자는 약하다."

강함과 약함의 원인이 이렇게 분명한데도 세상의 군주들은 실행할 줄 모르니, 나라가 멸망하는 것도 당연하다.

옛 사람이 말했다.

"일정한 생업이 있는 집은 기근이 들어도 굶지 않으며, 확정된 법이 있는 나라는 위기에 처해도 망하지 않는다."

군주가 확정된 법을 버려두고 사사로운 뜻을 좇으면 신하들은 지혜와 능력을 꾸며 보이고, 신하들이 지혜와 능력을 꾸며 보이면 법률과 금령은 바로 서지 못한다. 제 뜻대로 함부로 하면 나라를 다스리는 길은 없어진다. 나라를 다스리는 길로써 법을 해치는 자를 제거하면 신하들이 꾸민 지혜와 능력에 현혹되지 않고 헛된 이름과 거짓 칭찬에 속지 않을 것이다.

옛날 순(舜)이 관리를 시켜 홍수로 넘친 물을 터서 흘려보내려 했는데, 명령을 내리기도 전에 공을 세운 자가 있어 순은 그를 죽였다. 우(禹)가 제후들을 회계산(會稽山)에 소집했는데, 방풍국(防風國)의 군주가 늦게 이르렀으므로 우는 그의 목을 베었다. 이로써 보면, 명령을 내리기 전에 행동한 자도 죽었고 명령보다 늦게 행동한 자도 목을 베었다. 옛날에는 명령을 그대로 따르는 것을 무엇보다 귀하게 여겼다.

거울은 맑음을 유지하며 아무 것도 하지 않아야 아름다움과 추함을 견줄 수 있고, 저울은 정확함을 유지하며 흔들리지 않아야 가벼움과 무거움을 잴 수 있다. 무릇 거울을 흔들면 제대로 비출 수 없고 저울을 흔들면 올바로 잴 수 없는데, 법률도 그러하다. 그래서 옛 왕들은 도리를 한결같은 원칙으로 삼고 법률을 근본으로 삼았다. 근본을 잘 추스르면 그 명성이 높아지고, 근본을 어지럽히면 그 명성도 사라진다.

지혜와 능력이 밝게 통찰하더라도 근본이 있으면 실행할 수 있고 근본이 없으면 막힌다. 그러므로 지혜와 능력만으로 다스린다면 다른 사람들에게 영향을 끼칠 수 없다. 도리와 법률을 따라야 모든 것이 온전해지고, 지혜와 능력만으로는 그르치는 일이 많아진다. 무릇 저울에 달아서 형평을 알고 그림쇠를 써서 동그라미를 아는 것이 모든 일을 온전하게 하는 길이다. 현명한 군주는 백성들이 법률을 삼가 따르도록 하므로 편안하게 공을 이룬다. 그림쇠를 버려두고 멋대로 기교를 부리며 법률을 제쳐두고 멋대로 지혜를 쓰는 것은 미혹과 혼란을 부추기는 길이다. 막된 군주는 백성들이 지혜를 꾸미도록 만들면서 그래서는 안 되는 까닭을 알지 못하므로 힘쓰면서도 공을 이루지 못한다.

군주가 법률과 금령을 제쳐두고 청탁을 들어주면, 신하들은 위에서 벼슬을 팔고 아래에서 대가를 챙긴다. 이런 까닭에 이익은 신하들의 집에 있고, 위세는 신하들의 손에 있다. 그러므로 백성들은 힘을 다해 군주를 섬기려는 마음이 없고 오로지 윗사람과 교제하려고만 한다. 백성들이 윗사람과 교제하기를 좋아하면 재물은 위쪽으로 흐르고 교묘하게 말을 잘 꾸미는 자가 쓰인다. 이렇게 되면 공을 세우는 자는 더욱 적어지고 간사한 신하는 더욱 발탁되어 재능 있는 신하는 물러나게 된다. 그러면 군주는 헤매면서 어떻게 해야 할지를 모르게 되고, 백성들은 떼로 모여서는 어디로 가야 할지를 모르게 된다. 이는 법률과 금령을 버려두고 공로를 세운 자를 뒤로 돌리며 평판만 좋은 자를 기용하고 청탁을 들어준 데 따른 잘못이다. 무릇 법을 무너뜨리는 자는 반드시 거짓을 꾸미고 핑계를 대면서 군주에게 가까이 다가가고 또 세상에 드문 일들을 즐겨 말한다. 이것이 포악한 군주나 막된 군주가 미혹되는 이유이며, 현명하게 보좌하는 신하가 버림받는 까닭이다.

신하들이 이윤(伊尹)과 관중(管仲)의 공적을 일컫는 것은 법률을 거스르고 지혜를 꾸미는 밑천으로 삼으려는 짓이며, 비간(比干)과 오자서(伍子胥)가 충성을 다하다가 죽음에 이른 일을 일컫는 것은 심하게 간쟁하고 억지로 간언하는 핑계로 삼으려는 짓이다. 이윤과 관중을 들어 군주의 현명함을 일컫거나 비간과 오자서를 들어 군주의 난폭함을 비난하는 것은 드문 일이어서 적절한 사례라고 할 수 없다. 이런 것은 막아야 한다. 군주가 법을 세우는 것은 그것이 옳기 때문이다. 그런데 지금 신하들은 모두 사사로이 지혜를 내세워 법은 틀리다고 하고 지혜가 옳다고 하면서 법을 책잡고 지혜를 세우려 한다. 이런 일을 막는 것이 군주의 길이다.

그릇된 일을 막는 것이 군주의 길인데, 반드시 공과 사의 구분을 명확히 하고 법제를 밝히며 사사로운 은혜를 물리쳐야 한다. 명령한 것은 반드시 실행되고 금지한 것은 반드시 그치도록 하는 것이 군주의 공평한 의리다. 반드시 사사로운 뜻으로 행동하고 벗들에게 믿음을 얻으며 포상으로도 권장할 수 없고 형벌로도 막을 수 없게 되는 것은 신하들의 사적인 의리다. 사적인 의리가 횡행하면 나라는 어지러워지고, 공적인 의리가 실행되면 나라는 다스려진다. 그래서 공과 사의 구분을 엄격하게 해야 한다.

신하들에게는 사사로운 마음도 있고 공적인 의리도 있다. 몸을 닦고 결백하게 행동하며 공적인 일을 하고 바르게 행동하며 관직에 있으면서 사사로움이 없는 것, 이것이 신하의 공적인 의리다. 부정한 짓을 하고 탐욕을 부리면서 제 몸을 편안히 하고 제 집안을 이롭게 하는 것, 이것은 신하의 사사로운 마음이다. 현명한 군주가 위에 있으면 신하들은 사사로운 마음을 버리고 공적인 의리를 행한다. 그러나 막된 군주가 위에 있으면 신하들은 공적인 의리를 버리고 사사로운 마음을 따라 행동한다. 이것이 군주와 신하의 마음이 달라지는 이유다.

군주는 자기 계산으로 신하를 기르고, 신하는 자기 계산으로 군주를 섬기니, 군주와 신하의 만남에는 서로 다른 계산이 있다. 제 몸을 해치면서 나라를 이롭게 하는 일을 신하는 하지 않으며, 나라를 해치면서 신하를 이롭게 하는 일을 군주는 하지 않는다. 신하에게는 제 몸을 해치면서 나라를 이롭게 하려는 마음이 없고, 군주에게는 나라를 해치면서 신하를 가까이하려는 마음이 없다. 이렇게 군주와 신하는 각자의 계산으로 만난다.

무릇 신하가 험난한 일에 맞닥뜨렸을 때 반드시 죽음을 무릅쓰고 지혜와 온 힘을 다하는 것은 법이 있기 때문이다. 그래서 옛 왕들은 포상을 분명히 해서 권장하고 형벌을 엄정하게 해서 위협했다. 포상과 형벌이 분명하면 백성들은 죽음을 무릅쓰고, 백성들이 죽음을 무릅쓰면 군대는 강해지고 군주는 존귀해진다. 형벌과 포상을 까다롭게 하지 않으면 백성들은 공이 없이도 상을 받으려 하고 죄가 있어도 벌을 피하려 하니, 그러면 군대는 약해지고 군주는 비천해진다. 그래서 옛날에 왕을 현명하게 보좌한 신하들은 온 힘과 지혜를 다했다. 따라서 "공과 사를 분명히 하지 않을 수 없고, 법률과 금령을 자세히 살피지 않을 수 없다"고 말한다. 옛 왕들은 이를 잘 알았다.

20장

해로(解老)[1],
노자를 풀이하다

덕 (德)은 안에 있고, 득(得)은 밖에 있다. 『도덕경』에서 "최상의
덕은 밖에서 얻는 게 아니다"라고 한 말은 그 정신이 바깥 사
물들에 의해 어지럽혀지지 않는 것을 이른다. 정신이 바깥 사물들
에 의해 어지럽혀지지 않으면 그 몸은 온전하다. 그 몸이 온전한 것
을 덕이라 한다. 덕이란 제 몸에서 얻는 것이다.

　무릇 덕이란 억지로 함이 없는 무위(無爲)로써 모으고, 바람이 없는
무욕(無欲)으로써 이루며, 생각하지 않음(不思)으로써 편안하고, 애써
쓰지 않음(不用)으로써 단단해진다. 억지로 하려는 바람이 있으면 덕은
머물 곳이 없고, 덕이 머물 곳이 없으면 오롯해지지 않는다. 애써 쓰려
고 하면서 생각하면 단단해지지 않고, 단단해지지 않으면 효과가 없다.

---

1)　이 「해로」와 다음의 「유로」는 노자의 『도덕경』에 대한 최초의 해설이요 해석이다.
　　한비가 어떤 판본을 읽었는지는 알 수가 없는데, 현재 널리 통용되는 판본의 구절
　　과는 다소 차이가 있으며 해석이나 해설에서도 독특한 면이 많다. 「해로」와 「유로」
　　의 특성과 의의에 대해서는 이석명, 『노자와 황로학』(소와당, 2010), 1장을 참조하
　　면 도움이 될 것이다. 한비가 인용한 『도덕경』의 원문은 주석을 통해서 제시하고 널
　　리 통용되는 판본의 장을 표시했다.

효과가 없는 것은 바깥에서 얻으려 하기 때문이다. 바깥에서 얻으려 하면 덕을 갖출 수 없다. 바깥에서 얻으려 하지 않으면 덕을 오롯하게 지니게 된다. 그래서 "최상의 덕은 밖에서 얻는 게 아니니, 이러하므로 덕을 지니게 된다"[2]고 말한 것이다.

억지로 함이 없고 생각하지 않아 텅 빈 마음이 되는 것을 귀하게 여기는 것은 그 뜻이 바깥 사물에 억눌리지 않기 때문이다. 무릇 도술(道術)이 없는 자는 일부러 아무 것도 하지 않고 생각하지 않으면서 텅 빈 마음이 되려고 한다. 그러나 일부러 아무 것도 하지 않고 생각하지 않으면서 텅 빈 마음이 되려는 자는 그 뜻이 늘 텅 빈 마음의 상태를 잊지 않고 있고, 이 때문에 텅 빈 마음이 되려는 그 욕망에 억눌린다. 텅 빔이란 그 뜻이 바깥 사물에 억눌리는 일이 없는 것을 이른다. 그런데 텅 빈 마음이 되려는 그 욕망에 억눌리면, 이는 참으로 텅 빈 마음의 상태가 아니다. 마음을 텅 비운 자의 무위(無爲)는 무위를 고정된 어떤 것으로 여기지 않는 것이다. 무위를 고정된 어떤 것으로 여기지 않으면 참으로 텅 비고, 텅 비면 덕이 가득 찬다. 덕이 가득 찬 것을 최상의 덕이라 한다. 그래서 『도덕경』에서 "최상의 덕은 억지로 하는 것이 없으면서도 하지 않는 것이 없다"[3]고 말한 것이다.

어짊이란 마음속 깊이 기뻐하며 남을 사랑하는 것이다. 남이 행복해지는 것을 좋아하고, 남이 재앙을 입는 것을 싫어한다. 이는 나면서부터 지닌 마음이어서 그럴 수밖에 없는 것이지 무슨 보답을 바라고 그러는 것은 아니다. 그래서 『도덕경』에서 "최상의 어짊은 어질게 하면서도 어질게 해야 한다는 것이 없다"[4]고 말한 것이다.

의리는 군주와 신하, 윗사람과 아랫사람 사이의 일이며, 아비와 자식, 귀한 자와 미천한 자의 차이에 관한 것이며, 아는 사이나 벗끼리의

---

2) "上德不德, 是以有德."(33장)
3) "上德無爲而無不爲也."(33장)
4) "上仁爲之而無以爲也."(38장)

사귐에 관한 것이며, 사이의 가까움과 버성김, 안과 밖의 구분에 관한 것이다. 신하가 군주를 섬기는 것이 마땅하고, 아랫사람이 윗사람을 따르고 자식이 아비를 섬기는 것이 마땅하며, 미천한 자가 귀한 자를 공경하는 것이 마땅하고, 아는 사이나 벗끼리 서로 돕는 것이 마땅하며, 가까운 자를 안으로 하고 버성긴 자를 밖으로 하는 것이 마땅하다. 의리란 그 관계가 마땅한 것을 이른다. 마땅하므로 그렇게 한다. 그래서 『도덕경』에서 "최상의 의리란 그렇게 하면서도 그렇게 한다는 것이 있다"[5]고 말한 것이다.

예의란 속마음을 겉으로 드러내는 방식이자 갖가지 올바른 관계를 표현한 무늬다. 군주와 신하, 아비와 자식이 마음을 주고받는 방식이며, 귀한 자와 미천한 자, 현명한 자와 모자란 자를 구별하는 방식이다. 마음속에만 품고 있으면 상대가 알아채지 못하므로 종종걸음으로 달려가 자신을 낮추며 절하여 밝게 드러내야 한다. 참으로 마음속 깊이 사랑하더라도 상대가 알아주지 못하므로 상대가 좋아하는 말을 늘어놓아야 믿어준다. 예의란 겉으로 드러나는 절도로써 속내를 드러내는 방식이다. 그래서 "예의란 속마음을 드러내는 것이다"라고 말한다.

대체로 사람은 외물에 의해 마음이 움직일 때 몸가짐을 어떻게 해야 할지 잘 알지 못한다. 대개 사람들은 다른 사람을 높이기 위해 예의를 차린다. 그래서 때로는 애를 쓰면서도 때로는 게을리한다. 그러나 군자는 제 몸을 바로잡기 위해 예의를 차린다. 제 몸을 바로잡으려 하기 때문에 거짓이 없는 것을 최상의 예의라 여긴다. 최상의 예의는 거짓이 없으나 뭇 사람은 이랬다저랬다 하므로 서로 응할 수 없다. 서로 응하지 못하기 때문에 『도덕경』에서 "최상의 예의를 행하더라도 응하는 자가 없다"[6]고 말한 것이다. 뭇 사람은 비록 이랬다저랬다 하지만, 성인은

---

5) "上義爲之而有以爲也."(38장)
6) "上禮爲之而莫之應."(38장)

스스로 깍듯함과 지극함을 다하므로 손발을 놀리는 예의가 전혀 흐트러지지 않는다. 그래서 『도덕경』에서 "소매를 걷어붙이면서 남에게 강요한다"[7]고 말한 것이다.

도에는 쌓음이 있고, 쌓이면 효과가 있다. 덕이란 도의 효과다. 효과에는 알참이 있고, 알차면 빛이 난다. 어짊이란 덕의 빛이다. 빛에는 윤기가 있고, 윤기가 나면 일이 된다. 의리란 어짊이 드러난 일이다. 일에는 예의가 있고, 예의에는 꾸밈이 있다. 예의란 의리를 꾸민 것이다. 그러므로 『도덕경』에서 "도를 잃은 뒤에 덕을 잃고, 덕을 잃은 뒤에 어짊을 잃으며, 어짊을 잃은 뒤에 의리를 잃고, 의리를 잃은 뒤에 예의를 잃는다"[8]고 말한 것이다.

예의는 속마음을 겉으로 드러내는 것이고, 무늬는 바탕을 꾸미는 것이다. 군자는 속마음을 취하고 겉모습은 버리며, 바탕을 좋아하고 꾸밈은 싫어한다. 겉모습만 보고 속마음을 따지는 것은 자신의 속마음이 잘못 되어서고, 꾸민 것을 가지고 바탕을 따지는 것은 자신의 바탕이 흐려져서다. 어째서 이렇게 말하는가?

화씨의 벽옥(和氏之璧)은 다섯 가지 색으로 꾸미지 않았고, 수후의 구슬(隋侯之珠)은 은이나 황금으로 꾸미지 않았다. 그 바탕이 지극히 아름다워서 어떤 것으로도 꾸밀 필요가 없다. 어떤 것이 꾸밈을 기다린 뒤에야 가치를 갖는다면, 그것은 바탕이 아름답지 않아서다. 이런 까닭에 아비와 자식 사이에서는 그 예의가 소박하여 또렷하게 드러나는 것이 없다. 그래서 "예의는 (있는 듯 없는 듯) 엷다"고 말하는 것이다.

어떤 것이든 서로 다른 두 가지가 나란히 왕성할 수 없으니, 음과 양이 그렇다. 이치란 서로 빼앗으면서 주는 것이니, 위엄과 덕이 그렇다. 실질이 두터우면 겉모습은 엷으니, 아비와 자식 사이의 예의가 그렇다.

---

7) "攘臂而仍之."(38장)
8) "失道而後失德, 失德而後失仁, 失仁而後失義, 失義而後失禮."(38장)

이로써 보건대, 예의가 번다한 것은 알찬 마음이 흐려진 것이다. 그렇다면 예의를 갖추려는 자는 사람의 소박한 마음에 구멍을 뚫으려 애쓰는 자다. 대개 사람들은 자신이 예의를 차렸을 때 남이 응하면 쉽게 기뻐하고 응하지 않으면 탓하며 원망한다. 이제 예의를 갖추려는 자는 사람의 소박한 마음에 구멍을 뚫으려 애쓰면서 그것으로 말미암아 서로 꾸짖고 성내니, 어찌 다투지 않을 수 있겠는가? 다툼이 있으면 어지러워진다. 그래서 『도덕경』에서 "저 예의란 참됨과 미쁨이 얇팍해진 것으로, 어지러움의 꼬투리다"[9]라고 말한 것이다.

어떤 것보다 먼저 행동하고 이치보다 먼저 움직이는 것을 '미리 분별하기'라 한다. '미리 분별하기'란 아무런 근거 없이 함부로 헤아리는 것을 말한다. 무엇을 가지고 그렇게 말하는가?

첨하(詹何)가 방 안에 앉아 있고 제자들이 곁에서 모시고 있었다. 문득 문밖에서 소 울음소리가 들렸다. 제자들이 말했다.

"이건 검정소인데, 이마가 하얗습니다."

첨하가 말했다.

"그렇다, 이건 검정소인데, 그 뿔이 하얗다."

사람을 시켜 살펴보니, 과연 검정소인데다 흰색 삼베로 뿔을 싸매고 있었다. 첨하가 술수로써 사람들의 마음을 흔든다면, 겉보기엔 그럴 듯하지만 위태롭기 그지없다. 그래서 『도덕경』에서 "도의 (겉만 그럴듯한) 꽃이다"[10]라고 말한 것이다.

시험 삼아 첨하의 추측을 제쳐두고 어린아이를 시켜 살펴보게 했더라도 역시 그것이 검정소고 하얀 베로 뿔을 싸매고 있음을 알 수 있다. 따라서 첨하의 추측은 마음을 괴롭히고 정신을 피곤하게 했음에도 어린아이가 한 것과 똑같은 효과를 얻었을 뿐이다. 이런 까닭에 "어리석

---

9) "夫禮者, 忠信之薄也, 而亂之首乎."(38장)
10) "道之華也."(38장)

음의 꼬투리다"라고 말한다. 그래서 『도덕경』에서 "미리 분별하기는 도
의 (겉만 그럴듯한) 꽃이며 어리석음의 꼬투리다"[11]라고 말한 것이다.

『도덕경』에서 이른바 '대장부'란 지혜가 큰 자를 이른다. 이른바 "도
타운 데서 살고 얄팍한 데서 살지 않는다"는 것은 알찬 마음으로 행동
하고 예의 차린 모습을 버린다는 뜻이다. 이른바 "알찬 데서 살고 겉만
화려한 데서 살지 않는다"는 것은 반드시 이치를 따라 헤아리고 섣불리
생각하지 않는다는 뜻이다. 이른바 "저것을 버리고 이것을 취한다"는
것은 겉보기와 섣부른 생각을 버리고 이치를 따르며 알찬 마음을 갖는
다는 뜻이다. 그래서 『도덕경』에서 "저것을 버리고 이것을 취한다"[12]고
말한 것이다.

사람은 재앙을 당하면 마음이 두려워지고, 마음이 두려워지면 행동
을 바로하게 되며, 행동을 바로하게 되면 재앙과 불행이 없어지고, 재
앙과 불행이 없어지면 천수를 다 누린다. 행동을 바로하게 되면 사려가
깊어지고, 사려가 깊어지면 사리를 터득하며, 사리를 터득하면 반드시
공을 이룬다. 천수를 다 누리면 몸이 온전하면서 오래 살고, 반드시 공
을 이루면 부유하고 귀해진다. 온전하게 오래 살고 부유하고 귀해지는
것을 복이라 하는데, 복은 본래 재앙이 있는 곳에서 나온다. 그래서 『도
덕경』에서 "재앙이여, 복이 기대는 곳이로다!"[13]라고 말한 것이다. 그것
(재앙)으로 공을 이룬다는 것이다.[14]

사람은 복이 있으면 부귀해지고, 부귀해지면 먹고 입는 것이 호사스
럽고, 먹고 입는 것이 호사스러우면 교만한 마음이 생기고, 교만한 마
음이 생기면 행동이 삿되고 치우치며 도리를 저버린다. 삿되고 치우치

---

11) "前識者, 道之華也, 而愚之首也."(38장)
12) "去彼取此."(38장)
13) "禍兮, 福之所倚!"(58장)
14) 마지막 이 구절은 문맥상 적절하지 않은데, 아마도 본문에 대한 주석이었을 것으로
여겨진다.

면 요절하고, 도리를 저버리면 공을 이루지 못한다. 무릇 안으로는 요절하는 재난이 있는데 밖으로는 공을 이루는 명성이 없는 것, 이것이 큰 재앙이다. 재앙은 본래 복이 있는 곳에서 생겨난다. 그래서『도덕경』에서 "복이여, 재앙이 숨어 있는 곳이로다!"[15]라고 말한 것이다.

무릇 도리를 따라서 일을 하는 자는 이루지 못할 것이 없다. 이루지 못할 것이 없는 자는 크게는 천자의 권세와 존엄을 얻을 수 있고, 작게는 경상(卿相)이나 장군의 포상과 녹봉을 쉽게 얻을 수 있다. 그러나 도리를 저버리고 행동을 함부로 하는 자는 비록 위로는 천자나 제후의 권세와 존엄이 있고 아래로는 의돈(猗頓)·도주(陶朱)·복축(卜祝)[16] 등과 같은 부를 가지고 있어도 오히려 백성들에게 버림을 받고 재물도 잃게 된다. 사람들이 도리를 가볍게 저버리고 행동을 쉽게 함부로 하는 것은 재앙과 복의 관계가 그토록 심대하고 도리가 그렇게 심원한지를 모르기 때문이다. 그래서『도덕경』에서 "누가 그 궁극을 알 수 있겠는가?"[17]라며 사람들을 일깨운 것이다.

사람은 누구나 부귀와 장수를 바란다. 그럼에도 빈천과 요절의 재앙에서 벗어나지 못한다. 마음으로는 부귀와 장수를 바라지만 현실적으로는 빈천하고 요절하는 것은 이르고자 하는 곳에 이를 수 없기 때문이다.

이르고자 하는 곳으로 가는 길을 잃고 헛되이 행동하는 것을 '헤맨다(迷)'고 한다. 헤매면 이르고자 하는 곳에 이를 수 없다. 이제 사람들이 이르고자 하는 곳에 이르지 못하기 때문에 '헤맨다'고 하는데, 사람들이 이르고자 하는 곳에 이르지 못하는 것은 천지가 개벽한 이래로 지

---

15) "福兮, 禍之所伏!"(58장)

16) 의돈은 전국시대에 소금으로 거부를 쌓은 장사꾼이고, 도주는 본래 월나라 왕 구천의 책사인 범려(范蠡)가 이름을 바꾸어 도(陶) 땅에서 거부가 되어 불린 이름이며, 복축은 점복으로 재물을 모은 사람이다.

17) "孰知其極?"(58장)

금까지 있어온 일이다. 그래서 『도덕경』에서 "사람들이 헤매니, 그 시일이 참으로 오래되었도다!"[18]라고 말한 것이다.

이른바 '반듯함(方)'이란 마음과 몸가짐이 서로 맞고 말과 행동이 일치하는 것이다. '깨끗함(廉)'이란 삶과 죽음을 있는 그대로 받아들이고 재물을 가벼이 여기는 것이다. '곧음(直)'이란 의론이 공명정대하고 마음이 한쪽으로 치우치지 않는 것이다. '빛남(光)'이란 관직과 작위가 존귀하고 의복이 장엄하고 화려한 것이다. 이제 도리를 터득한 선비는 비록 자신은 마음을 미덥게 몸가짐을 순순하게 할지라도 비뚤어지고 바르지 못한 자를 비방하지 않으며, 비록 자신은 절의를 위해 죽고 재물을 가벼이 여길지라도 지조 없는 자를 깔보거나 탐욕 부리는 자를 욕보이지 않으며, 비록 자신은 의롭고 곧아서 치우침이 없다 할지라도 간사한 자를 물리치거나 사사로이 이익을 챙기는 자를 벌주지 않으며, 비록 자신은 권세가 높고 의복이 화려할지라도 미천한 자에게 과시하거나 가난한 자를 업신여기지 않는다. 그 까닭은 무엇인가?

길을 잃은 자라도 길을 아는 자에게 기꺼이 듣고서 익히고 묻고서 알게 되면 헤매지 않는다. 이제 사람들이 공을 이루고자 하면서도 오히려 실패하는 까닭은 도리를 알지 못하면서도 물어서 알려고도 하지 않고 귀담아듣고서 해내려 하지 않기 때문이다. 사람들이 물어서 알려고도 하지 않고 듣고서 해내려고 하지 않는데, 성인이라는 자는 억지로 그 잘못이나 실패를 꾸짖으니, 이래서 원망을 산다. 사람들은 많고 성인은 적으니, 적은 수로 많은 수를 이기지 못하는 것은 정해진 이치다. 그런데 지금 이렇게 행동하여 천하 사람들과 원수가 되는 것은 제 몸을 온전하게 하여 오래도록 사는 길이 아니다. 이런 까닭에 절도에 맞게 행동하면서 세상과 함께해야 한다. 그래서 『도덕경』에서 "자신은 반듯하지만 남을 해치지 않고, 깨끗하지만 남을 상하게 하지 않으며, 곧

---

18) "人之迷也, 其日故以久矣."(58장)

지만 남에게 함부로 하지 않고, 빛나지만 눈부시게 하지 않는다"[19]고
말한 것이다.

총명과 예지는 하늘이 주는 것이고, 행동과 사유는 사람이 하는 것
이다. 사람이란 하늘이 준 시력으로 환히 보고 하늘이 준 청력으로 똑
똑하게 들으며 하늘이 준 지혜에 기대어 사유한다. 그러므로 시력을 무
리하게 쓰면 눈은 밝게 보지 못하고, 청력을 심하게 쓰면 귀는 똑똑하
게 듣지 못하며, 과도하게 사유하면 지식이 어지럽게 뒤섞인다. 눈이 밝
게 보지 못하면 검정색과 흰색을 분명하게 구분하지 못하고, 귀가 똑
똑하게 듣지 못하면 맑은 소리와 탁한 소리를 구별하지 못하며, 지식이
어지럽게 뒤섞이면 얻음과 잃음의 배경을 알 수 없다. 눈으로 검은색과
흰색을 구분하지 못하면 장님이라 하고, 귀로 맑은 소리와 탁한 소리를
구별하지 못하면 귀머거리라 하며, 마음으로 얻음과 잃음의 배경을 알
지 못하면 미치광이라 한다. 장님이 되면 대낮에도 위험을 피하지 못하
고, 귀머거리가 되면 천둥 번개의 해로움도 알아채지 못하고, 미치광이
가 되면 세상의 법령에 걸리는 재앙을 벗어나지 못한다.

『도덕경』에서 말한 '사람 다스리기(治人)'란 행동할 때 절도에 알맞
고 사유할 때 힘의 낭비를 줄이려는 것이며, '하늘 섬기기(事天)'란 청력
과 시력을 끝까지 다 쓰지 않고 지식을 남김없이 다 쓰지 않는 것이다.
정말 끝까지 다 쓰고 남김없이 다 쓰면 정신을 많이도 허비하게 되고,
정신을 많이도 허비하게 되면 장님이나 귀머거리, 미치광이가 되는 재
앙을 만난다. 이런 까닭에 아껴 써야 한다. 아낀다는 것은 그 정신을 아
끼는 일이고 그 지식을 아끼는 일이다. 그래서 『도덕경』에서 "사람을 다
스리고 하늘을 섬기는 일에서 아끼는 것보다 좋은 게 없다"[20]고 말한
것이다.

---

19) "方而不割, 廉而不穢, 直而不肆, 光而不耀."(58장)
20) "治人事天莫如嗇."(59장)

사람들의 정신 상태는 늘 어수선하다. 어수선하면 낭비가 많다. 낭비가 많은 것을 '사치'라 한다. 성인의 정신 상태는 늘 고요하다. 고요하면 낭비가 적다. 낭비가 적은 것을 '아낌'이라 한다. 아끼는 방법은 도리에서 나온다. 잘 아낀다는 것은 도리를 따르고 이치로 나아가는 것이다. 사람들은 환난에 걸리고 재앙에 빠져도 물러설 줄을 모르고 도리를 따르려 하지도 않는다. 성인은 재앙과 환난이 꼴을 드러내기도 전에 텅빈 마음으로 도리를 따른다. 이를 '일찌감치 따르기(蚤服)'라 한다. 그래서 『도덕경』에서 "무릇 아끼기 때문에 일찌감치 도리를 따른다"[21]고 말한 것이다.

사람을 다스릴 줄 아는 자는 그 사유가 차분하고, 하늘을 섬길 줄 아는 자는 그 감각기관이 텅 비어 있다. 사유가 차분하기 때문에 본래 지니고 있던 덕을 잃지 않고, 감각기관이 텅 비어 있으므로 조화로운 기운이 날마다 들어온다. 그래서 『도덕경』에서 "덕을 거듭거듭 쌓으라"[22]고 말한 것이다.

본래 지니고 있던 덕을 잃지 않고 새롭고 조화로운 기운이 날마다 이를 수 있게 하는 사람이 '일찌감치 따르게' 하는 자다. 그래서 『도덕경』에서 "일찌감치 따르게 하는 것은 거듭 덕을 쌓은 것을 이른다"[23]고 말한 것이다. 덕을 쌓은 뒤에 정신이 고요해지고, 정신이 고요해진 뒤에 조화로운 기운이 많아지고, 조화로운 기운이 많아진 뒤에 헤아린 게 맞고, 헤아린 게 맞은 뒤에 온갖 것들을 제어할 수 있고, 온갖 것들을 제어하면 전쟁에서 적을 쉽게 이기고, 전쟁에서 적을 쉽게 이겨야 논변으로 세상을 뒤덮을 수 있고, 논변으로 세상을 뒤덮기 때문에 "이기지 못하는 일이 없다"고 말한 것이다. 이기지 못하는 일이 없으려면 거듭 덕을 쌓는 일에 뿌리를 두어야 한다. 그래서 『도덕경』에서 "덕을 거듭거

---

21) "夫謂嗇, 是以蚤服."(59장)

22) "重積德."(59장)

23) "蚤服, 是謂重積德."(59장)

듭 쌓으면 이기지 못하는 일이 없다"[24]고 말한 것이다.

전쟁에서 적을 쉽게 이기면 천하를 아우를 수 있고, 논변이 세상을 뒤덮으면 백성들이 따른다. 나아가서는 천하를 아우르고 물러나서는 백성들을 따르게 하는 그 방법은 심원하므로 뭇 사람들은 그 처음과 끝을 보지 못한다. 그 처음과 끝을 보지 못하므로 그 한계를 알지 못한다. 그래서 『도덕경』에서 "이기지 못할 게 없으니, 누구도 그 한계를 알지 못한다"[25]고 말한 것이다.

무릇 나라를 이어가다가 나중에 망하게 하고 몸을 건사하다가 나중에 재앙을 입는다면, 나라를 잘 이어가고 몸을 잘 지켰다고 말할 수 없다. 나라를 잘 이어가면 반드시 그 사직을 안정시킬 수 있고, 몸을 잘 건사하면 반드시 천수를 다 누릴 수 있다. 그런 뒤에야 나라를 잘 이어가고 몸을 잘 건사했다고 말할 수 있다.

나라를 잘 이어가고 몸을 잘 건사하려는 자는 반드시 도를 체득한다. 도를 체득하면 지혜가 깊어지고, 지혜가 깊어지면 먼 데까지 헤아리고, 먼 데까지 헤아리면 사람들은 그 한계를 보지 못한다. 사람들이 그 한계를 보지 못하도록 할 뿐이니, 그 한계를 보지 못하게 해야 제 몸을 지키고 나라를 이어갈 수 있다. 그래서 『도덕경』에서 "그 한계를 알지 못한다"고 말하고 "그 한계를 알지 못하게 하면 나라를 이어갈 수 있다"[26]고 말한 것이다.

『도덕경』에서 '나라를 이어가는 어미'라고 했는데, 어미는 곧 도다. 도란 나라를 이어갈 방법을 낳는 근거다. 그래서 '나라를 이어가는 어미'라고 말한 것이다. 무릇 도는 세상과 함께 두루 돌아가는 것이어서 생명을 길이 이어가게 하고, 녹봉을 오래도록 유지하게 한다. 그래서

---

24) "重積德, 則無不克."(59장)

25) "無不克, 則莫知其極."(59장)

26) "莫知其極, 則可以有國"(59장)

"나라를 이어가는 어미는 길이 오래가게 할 수 있다"[27]고 말한 것이다.

나무에는 사방으로 퍼져가는 뿌리가 있고 아래로 곧게 뻗는 뿌리가 있다. 곧게 뻗는 뿌리는 『도덕경』에서 말한 '밑뿌리'다. 밑뿌리란 나무의 생명을 일으키는 바탕이고, 퍼져가는 뿌리는 나무의 생명을 지탱하는 바탕이다. 마찬가지로 덕이란 사람의 삶을 오롯하게 세우는 바탕이고, 녹봉이란 사람의 삶을 알맞게 지탱하는 바탕이다.

이제 이치 위에 삶을 세우면 녹봉을 오래도록 유지할 수 있다. 그래서 『도덕경』에서 "그 뿌리를 깊게 하라"고 말한 것이다. 도를 체득하면 살아가는 날이 길어진다. 그래서 『도덕경』에서 "그 밑뿌리를 단단하게 하라"고 말한 것이다. 밑뿌리가 단단하면 삶이 길어지고, 뿌리가 깊으면 오래도록 볼 수 있다. 그래서 『도덕경』에서 "그 뿌리를 깊게 하고 그 밑뿌리를 단단하게 하는 것이 삶이 길어지고 오래도록 볼 수 있는 길이다"[28]라고 말한 것이다.

장인이 자주 일을 바꾸면 성과를 거두지 못하고, 농부가 자주 옮겨 다니면 농사를 망친다. 한 사람이 일을 하면서 날마다 반나절을 헛되이 보내면 열흘이면 다섯 사람 몫의 성과를 잃게 된다. 일만 명이 일을 하면서 날마다 반나절을 헛되이 보내면 열흘이면 오만 명 몫의 성과를 잃게 된다. 그러므로 자주 일을 바꿀 경우에 사람이 많으면 많을수록 손실은 더욱 커진다.

무릇 법령이 바뀌면 이해관계가 바뀌고, 이해관계가 바뀌면 백성이 힘써 할 일도 바뀐다. 백성이 힘써 할 일이 바뀌는 것을 "일을 바꾼다"고 한다. 그러므로 이치로써 따져보면, 많은 사람들을 부리면서 자주 일을 바꾸면 거둘 성과가 적어진다. 간직하고 있던 귀한 기물을 자주 옮기면 이지러지는 곳이 많아지고, 작은 생선을 익히면서 자주 뒤집

---

27) "有國之母, 可以長久."(59장)
28) "深其根, 固其柢, 長生久視之道也."(59장)

으면 살이 흐물거리게 되며, 큰 나라를 다스리면서 법령을 자주 바꾸면 백성들이 괴로워한다. 이런 까닭에 도를 터득한 군주는 가만히 있는 것을 귀하게 여기고 자주 법을 바꾸는 일은 중시하지 않는다. 그래서 『도덕경』에서 "큰 나라를 다스리는 일은 마치 작은 생선을 익히는 것과 같다"[29]고 말한 것이다.

사람은 병이 나면 의사를 소중하게 여기고, 재앙이 일어나면 귀신을 두려워한다. 성인이 윗자리에 있으면 백성들은 욕심이 적어지고, 백성들이 욕심이 적어지면 혈기가 다스려지고 행동거지가 이치에 맞다. 혈기가 다스려지고 행동거지가 이치에 맞으면 재앙과 손해가 적어진다. 안으로 부스럼이나 종기, 황달이나 치질 따위의 병이 없고 밖으로 형벌이나 처벌을 받는 재앙이 없으면 귀신을 아주 가볍게 업신여긴다. 그래서 『도덕경』에서 "도로써 천하에 임하면 귀신도 신통하지 못하다"[30]고 말한 것이다. 세상이 다스려지는 시대의 백성들은 귀신과 서로 헤살하지 않는다. 그래서 "귀신이 신통하지 못한 것이 아니라 그 신통으로도 사람을 해치지 못한다"[31]고 말한 것이다.

귀신이 빌미가 되어 사람을 괴롭히는 것을 두고 "귀신이 사람을 해친다"고 말하고, 사람이 그 빌미를 물리치는 것을 두고 "사람이 귀신을 해친다"고 말한다. 백성이 법령을 어기는 것을 두고 "백성이 군주를 해친다"고 말하고, 군주가 백성을 형벌로 죽이는 것을 두고 "군주가 백성을 해친다"고 말한다. 백성이 법을 어기지 않으면 군주 또한 형벌을 시행하지 않는데, 군주가 형벌을 시행하지 않는 것을 두고 "군주가 사람을 해치지 않는다"고 말한다. 그래서 "성인 또한 사람을 해치지 않는다"고 말한 것이다. 군주가 백성과 서로 헤살하지 않고 사람이 귀신과 서로 해치지 않기 때문에 "양쪽이 서로 해치지 않는다"고 말한 것이나.

---

29) "治大國者, 若烹小鮮."(60장)

30) "以道莅天下, 其鬼不神."(60장)

31) "非其鬼不神也, 其神不傷人也."(60장)

백성들이 감히 법을 어기지 않으면 군주는 안으로는 형벌을 쓰지 않고 밖으로는 백성들의 생업에서 이익을 빼앗지 않는다. 군주가 안으로 형벌을 쓰지 않고 밖으로 백성들의 생업에서 이익을 빼앗지 않으면 백성들이 불어난다. 백성들이 불어나면 재화의 축적이 넉넉해진다. 백성들이 불어나고 재화의 축적이 넉넉해지는 것을 두고 "덕이 있다"고 말한다.

이른바 귀신의 빌미란 혼백이 빠져나가고 정신이 어지러워지는 것이니, 정신이 어지러워지면 덕이 없어진다. 귀신이 사람에게 빌미를 내리지 않으면 혼백이 빠져나가지 않고, 혼백이 빠져나가지 않으면 정신은 어지러워지지 않는다. 정신이 어지러워지지 않는 것을 두고 "덕이 있다"고 말한다.

군주가 축적한 것이 넉넉해서 귀신이 그 정신을 어지럽히지 못하면 덕은 모두 백성들에게 베풀어진다. 그래서 『도덕경』에서 "양쪽이 서로 해치지 않으면 덕이 서로 번갈아 돌아간다"[32]고 말한 것이다. 이는 덕이 군주와 백성 서로에게 넉넉해져서 결국 모두 백성들에게 돌아간다는 뜻이다.

도를 터득한 군주는 밖으로는 이웃 나라와 원수지지 않고 안으로는 백성들에게 은덕과 혜택을 베푼다. 밖으로 이웃 나라와 원수지지 않는다는 것은 제후와 사귀면서 예의를 갖춘다는 뜻이고, 안으로 백성들에게 은덕과 혜택을 베푼다는 것은 인사를 다스릴 때 근본에 힘쓴다는 뜻이다. 제후를 사귀면서 예의를 갖추면 전쟁이 일어날 일이 거의 없고, 백성들의 일을 다스릴 때 근본에 힘쓰면 음란과 사치가 그친다.

무릇 말이 아주 중요하게 쓰이는 까닭은 밖으로는 갑옷과 병장기를 제공하고 안으로는 사치품을 공급하기 때문이다. 이제 도를 터득한 군주는 밖으로는 갑옷과 병장기를 쓸 일이 드물고 안으로는 사치품을 금

---

32) "兩不相傷, 則德交歸焉."(60장)

지한다. 군주가 전투나 적을 쫓는 일에 말을 부리지 않고 백성들이 멀리까지 사치품을 나르는 데 말을 쓰지 않으면, 힘을 쏟을 곳은 오로지 논밭뿐이다. 논밭에 힘을 쏟으면 반드시 거름을 주거나 물을 대는 데에 말을 쓴다. 그래서 『도덕경』에서 "천하에 도가 있으면 달리던 말을 멈추고 거름을 주는 데 쓴다"[33]고 말한 것이다.

군주가 도를 터득하지 못하면 안으로는 백성들에게 잔인하고 난폭하게 굴고 밖으로는 이웃나라를 능멸하고 침략한다. 안으로 백성들에게 잔인하고 난폭하면 백성들의 생업이 끊기고, 밖으로 이웃나라를 능멸하고 침략하면 군사를 자주 일으킨다. 백성들의 생업이 끊기면 가축이 줄고, 군사를 자주 일으키면 병사들이 모두 죽는다. 가축이 줄면 군마가 부족하게 되고, 병사들이 모두 죽으면 군대는 위태롭게 된다. 군마가 부족하면 장수의 말도 끌어 써야 하고, 군대가 위태로우면 측근의 신하들도 동원해야 한다. 말이란 군대에서 중요하게 쓰이는 것이고, 교외란 변방에서 가까운 곳을 이른다. 이제 장수의 말과 측근의 신하까지 전쟁에 공급하는 인력과 물품으로 써야 할 지경이다. 그래서 『도덕경』에서 "천하에 도가 없으면 군마가 변방에서 가까운 곳에서 새끼를 낳는다"[34]고 말한 것이다.

사람이 욕심을 가지면 분별이 흐트러지고, 분별이 흐트러지면 욕심이 심해진다. 욕심이 심해지면 간사한 마음이 일어나고, 간사한 마음이 일어나면 사리가 끊어진다. 사리가 끊어지면, 재앙과 환난이 생긴다. 이로써 보면, 재앙과 환난은 간사한 마음에서 생기고, 간사한 마음은 욕심에서 이끌려 나온다. 욕심을 부리게 하는 것들은 나아가서는 선량한 백성들을 간사하게 만들고, 물러나서는 착한 사람이 재앙을 입도록 만든다.

---

33) "天下有道, 却走馬以糞也."(46장)
34) "天下無道, 戎馬生於郊矣."(46장)

간사함이 일어나면 위로는 군주를 침해해서 약하게 만들고, 재앙이 이르면 아래로 백성들을 많이 다치게 한다. 그렇다면, 욕심을 부리게 하는 것들은 위로는 군주를 침해해서 약하게 만들고, 아래로는 백성들을 다치게 하는 셈이다. 무릇 위로 군주를 침해해서 약하게 만들고 아래로는 백성들을 다치게 하는 것은 큰 죄악이다. 그래서 『도덕경』에서 "재앙으로는 욕심을 부리는 것보다 더 큰 것이 없다."[35]고 말한 것이다. 이런 까닭에 성인은 다섯 가지 화려한 색에 이끌리지 않고 아름다운 음악에 빠지지 않는다. 현명한 군주는 노리개 따위를 천시하고 음란하고 화려한 것을 물리친다.

사람에게는 털이나 깃이 없으므로 옷을 입지 않으면 추위를 견디지 못한다. 위로 하늘에 매달려 있지 못하고 아래로 땅에 붙어 있지 못하므로 위장을 근본으로 삼아 먹지 않으면 생활할 수 없다. 이런 까닭에 이익을 바라는 마음에서 벗어나지 못한다. 이익을 바라는 마음을 없애지 못하는 것이 이 몸의 걱정거리다. 그러므로 성인은 추위를 견딜 만한 옷이 있고 배를 채울 만한 음식이 있으면, 걱정하지 않았다. 뭇 사람들은 그렇지 못해서 크게는 제후가 되고 작게는 천금이나 되는 재물을 쌓아두어도 이득을 바라는 마음에 그 걱정을 없애지 못한다. 죄수라도 간혹 방면되고 죽을죄를 지어도 때때로 살게 되는 일이 있다. 그러나 만족할 줄 모르는 사람의 걱정은 죽을 때까지도 풀리지 않는다. 그래서 『도덕경』에서 "재앙으로는 만족할 줄 모르는 것보다 더 큰 것이 없다."[36]고 말한 것이다.

이익을 바라는 마음이 심하면 걱정하고, 걱정하면 질병이 생긴다. 질병이 생기면 지혜가 줄고, 지혜가 줄면 알맞게 헤아리지 못하며, 알맞게 헤아리지 못하면 함부로 행동하고, 함부로 행동하면 재앙과 해아이

---

35) "禍莫大於可欲."(46장)
36) "禍莫大於不知足."(46장)

이른다. 재앙과 해악이 이르면 마음에 병이 생기고, 마음에 병이 생기면 심각한 재앙이 밖에서 닥치고, 심각한 재앙이 밖에서 닥치면 고통이 위장 사이에 모이고, 고통이 위장 사이에 모이면 사람을 해쳐 비통하게 만든다. 비통해지면 물러나 스스로 허물한다. 물러나 스스로 허물하는 것은 이익을 바라는 마음에서 비롯된다. 그래서 『도덕경』에서 "허물로는 이익을 바라는 것보다 더 비통한 것이 없다"[37]고 말한 것이다.

도는 온갖 것들이 그렇게 되는 근거이며 온갖 이치가 머무는 근원이다. 이치는 낱낱의 사물을 이루는 무늬고, 도는 온갖 것들이 이루어지는 근거다. 그래서 "도는 이치가 있게 하는 것이다"라고 한다. 사물에는 이치가 있어서 서로 다그칠 수 없다. 사물에는 이치가 있어 서로 다그칠 수 없기 때문에 이치가 사물을 각각 마름질한다. 온갖 것들은 각각 다른 이치를 가지며, 도는 온갖 것들의 이치를 모두 아우르기 때문에 변화하지 않을 수 없다. 변화하지 않을 수 없기 때문에 고정된 모습이 없다. 고정된 모습이 없으므로 죽거나 태어나는 기운을 여기서 받고, 온갖 지혜를 이것으로 헤아리며, 온갖 일들이 여기서 일어났다 사라진다.

하늘은 도를 얻어서 높고, 땅은 도를 얻어서 온갖 것들을 품으며, 북두칠성은 도를 얻어서 위엄을 이루고, 해와 달은 도를 얻어서 영원히 빛나며, 오행은 도를 얻어서 제자리를 유지하고, 뭇 별들은 도를 얻어서 바르게 운행하며, 네 계절은 도를 얻어서 기운의 변화를 조절하고, 헌원(軒轅)[38]은 도를 얻어서 천하를 마음대로 다스렸으며, 적송자(赤松子)[39]는 도를 얻어서 천지와 같은 길을 갔고, 성인은 도를 얻어서 문물 제도를 이루었다. 도는 요와 순을 만나서는 함께 지혜로웠고, 접여(接輿)를 만나서는 같이 미쳤으며, 걸과 주를 만나서는 함께 멸망했고, 탕

---

37) "咎莫憯於欲利."(46장)
38) 중국 고대의 신화적인 인물로, 황제(黃帝)를 가리킨다.
39) 영생불사했다고 알려진 전설적인 신선이다.

과 무왕을 만나서는 같이 번창했다.

가까이 있다 싶으면 사방의 끝에서 노닐고 있고, 멀리 있다 싶으면 늘 내 곁에 있으며, 어둡다 싶으면 환하게 빛나고, 밝다 싶으면 어둑어둑하다. 그 작용은 하늘과 땅을 이루고, 그 조화는 천둥과 번개를 일으키니, 우주 안의 온갖 것들이 이것에 기대어 이루어진다.

무릇 도의 실체는 아무런 규제도 받지 않고 어떠한 꼴도 갖지 않는다. 부드럽고도 나긋나긋하게 때에 따라 변하고, 이치와 더불어 서로 응한다. 온갖 것들은 이것을 얻어 죽고 이것을 얻어 살며, 온갖 일들은 이것을 얻어 실패하고 이것을 얻어 성공한다. 도는 비유하자면 물과 같다. 물에 빠진 자가 물을 많이 마시면 익사하고, 목이 마른 자가 알맞게 마시면 살아나는 것과 같다. 비유하자면 칼이나 창과 같다. 어리석은 자가 성내며 휘두르면 재앙이 생기지만, 성인이 포악한 자를 베면 복이 생긴다. 그러므로 이를 얻어서 죽고 이를 얻어서 살며 이를 얻어서 실패하고 이를 얻어서 성공한다.

사람들은 살아 있는 코끼리를 거의 본 적이 없다. 죽은 코끼리의 뼈를 얻어서 그것으로 살아 있을 때를 상상하여 그림을 그려서 헤아린다. 그러므로 사람들이 마음속으로 상상해낸 것을 '상(象)'이라 한다. 이제 도는 비록 들을 수도 볼 수도 없지만, 성인은 그것이 드러난 자취를 잡아서 그 꼴을 생각해서 보여준다. 그래서 『도덕경』에서 "모양이 없는 모양이요, 아무 것도 없는 형상이다"[40]라고 말한 것이다.

무릇 사물의 결에는 네모와 동그라미, 짧은 것과 긴 것, 거친 것과 가는 것, 단단한 것과 무른 것 등의 구분이 있다. 결이 정해진 뒤에야 길을 얻을 수 있다. 그러므로 결이 정해지면 존속과 사라짐, 죽음과 태어남, 흥성과 쇠퇴 등이 나타난다. 온갖 것이 한 때 존속했다가 한 때 사라지고, 문득 죽거나 갑자기 태어나고, 처음에 흥성했다가 나중에 쇠

---

40) "無狀之狀, 無物之象."(14장)

퇴하는 것은 '떳떳한 도[常]'라 할 수 없다. 하늘과 땅이 쪼개져서 나누어지는 것과 함께 태어나고 하늘과 땅이 흩어져 사라질 때까지 죽지도 않고 쇠약해지지 않는 것을 '떳떳한 도'라 한다. 그런데 떳떳한 도는 바뀌는 것도 없고 정해진 결도 없다. 정해진 결도 없고 일정한 곳에 있지도 않으므로 무어라고 말할 수 없다. 성인은 그 아득하고 빈 속성을 통찰하고 그 두루 통하는 원리를 쓰면서 억지로 이름을 붙여 '도(道)'라 했다. 그래야만 논의할 수 있기 때문이다. 그러므로 『도덕경』에서 "도를 도라고 말할 수 있으나, 그것은 떳떳한 도가 아니다"[41]라고 말한 것이다.

사람은 삶에서 시작하여 죽음에서 끝난다. 시작을 가리켜 '나온다'고 하고, 끝남을 가리켜 '들어간다'고 한다. 그래서 『도덕경』에서 "삶으로 나와서 죽음으로 들어간다"[42]고 말한 것이다. 사람의 몸에는 360개의 마디가 있는데, 사지와 아홉 개의 구멍이 가장 중요한 기관이다. 사지와 아홉 구멍은 합하면 열셋인데, 이 열셋이 움직이고 멈추는 것은 모두 삶에 속한다. 이 삶에 속하는 것을 '무리'라 하는데, 그래서 『도덕경』에서 "삶의 무리가 열셋이다"[43]라고 말한 것이다. 죽음에 이르면 이 열셋은 모두 돌아가서 죽음에 속하는데, 죽음의 무리 또한 열셋이 된다. 그러므로 "삶의 무리가 열셋이고, 죽음의 무리가 열셋이다"[44]라고 말한 것이다.

사람의 삶은 생생한 것이고 삶은 활발하게 움직이는 것이다. 활발한 움직임이 다하면 삶은 줄어들지만, 움직임은 그치지 않는다. 이것이 줄어들면서 그치지 않는 것이고, 줄어들면서 그치지 않으면 삶은 다한다. 삶을 다하는 것을 죽음이라 하는데, 그러면 열셋은 모두 삶을 죽을 곳

---

41) "道之可道, 非常道也."(1장)

42) "出生入死."(50장)

43) "生之徒也十有三."(50장)

44) "生之徒十有三, 死之徒十有三."(50장)

으로 내모는 터전이 된다. 그래서 "사람의 삶은 생생하게 움직이고, 움직임이 모두 죽을 곳으로 가는 것은 이 열셋이 있어서다"[45]라고 말한 것이다. 이런 까닭에 성인은 정신을 아끼고 고요한 곳에 머무는 것을 귀하게 여긴다.

이 몸을 죽을 곳으로 내모는 것은 물소나 범의 해로움보다 더 크고 심하다. 물소나 범은 활동 영역이 정해져 있고 활동하는 때도 정해져 있다. 그 영역을 피하고 그 때를 살피면 물소나 범의 해로움을 피할 수 있다. 그런데 사람들은 물소와 범에게만 날카로운 발톱과 뿔이 있다는 걸 알고, 온갖 것들에 다 발톱과 뿔이 있다는 것은 알지 못해서 온 갖 것들이 주는 해로움을 피하지 못하고 있다. 무엇을 근거로 이렇게 말하는가?

폭우가 쏟아지고 광야는 고요하기만 한 해질녘이나 새벽에 산과 강을 지나게 되면 바람과 이슬이라는 발톱과 뿔의 해로움을 입는다. 군주를 섬기면서 충성스럽지 않고 금령을 가볍게 어기면 형법이라는 발톱과 뿔의 해로움을 입는다. 시골에 산다고 예절을 지키지 않고 미워하거나 사랑하면서 기준이 없으면 다툼과 싸움이라는 발톱과 뿔의 해로움을 입는다. 잔꾀를 즐겨 쓰며 도리를 저버리면 법망이라는 발톱과 뿔의 해로움을 입는다. 물소와 범에게 정해진 영역이 있듯이 모든 해악에는 근원이 있으니, 그 영역을 피하듯이 그 근원을 막으면 어떤 해로움에서도 벗어날 수 있다.

무기나 갑옷은 살상에 대비하기 위한 것이다. 생명을 중시하는 사람은 군대에 들어가더라도 성내며 싸울 마음이 없다. 성내며 싸울 마음이 없으면 살상을 막으려 대비할 필요도 없다. 이는 들판에 진을 펼친 군대에만 해당되는 것이 아니다.

성인이 세상을 노닐 듯이 사는 것은 남을 해치려는 마음이 없어서인

---

45) "民之生生而動, 動皆之死地之十有三."(50장)

데, 그렇게 되면 반드시 다른 사람으로부터 해로움을 입는 일도 없다. 다른 사람으로부터 해로움을 입는 일이 없으면, 다른 사람에 대해 대비하지 않는다. 그래서 『도덕경』에서 "뭍으로 다니면 물소나 범을 만나지 않는다"[46]고 말한 것이다. 산속으로 들어가더라도 장비에 기대 해악을 막을 필요가 없다. 그래서 『도덕경』에서 "군대에 들어가더라도 갑옷과 무기를 갖출 필요가 없다"[47]고 말한 것이다. 이는 갖가지 해로움으로부터 멀찌감치 떨어져 있음을 뜻한다. 그래서 "물소가 뿔을 들이받을 일이 없고, 범이 발톱을 쓸 일이 없으며, 무기도 그 칼날을 들이댈 일이 없다"[48]고 말한 것이다. 대비하지 않으면 반드시 해로움도 없다는 것이니, 이것이 천지의 도리다. 이런 천지의 도리를 체득하기 때문에 "죽을 곳이 없다"[49]고 말한 것이다. 무엇을 하든 죽을 곳이 없으니, 이를 두고 "생명을 잘 지킨다"[50]고 말한다.

자식을 사랑하는 자는 자식에게 자애롭고, 생명을 중시하는 자는 자신의 몸에 자애롭고, 공적을 귀하게 여기는 자는 자신의 일에 자애롭다. 자애로운 어미는 어린 자식이 행복해지도록 힘쓰는데, 어린 자식이 행복해지도록 힘쓸 때면 재앙을 제거하는 일에 힘쓰고, 재앙을 제거하는 일에 힘쓰면 사려가 깊어지고, 사려가 깊어지면 사리를 터득하고, 사리를 터득하면 반드시 공을 이루고, 반드시 공을 이루면 행동할 때 망설이지 않고, 망설이지 않는 것을 '용기'라 한다.

성인은 어떤 일에서든 자애로운 어미가 어린 자식을 위해 생각하는 것과 똑같이 하므로 반드시 가야 할 길을 본다. 반드시 가야 할 길을 보면, 일을 하면서 망설이지 않는다. 망설이지 않는 것을 '용기'라 한다.

---

46) "陸行不遇兕虎."(50장)

47) "入軍不備甲兵."(50장)

48) "兕無所投其角, 虎無所錯其爪, 兵無所容其刃."(50장)

49) "無死地焉."(50장)

50) "善攝生."(50장)

망설이지 않는 것은 자애에서 나온다. 그래서 『도덕경』에서 "자애롭기 때문에 용감할 수 있다"[51]고 말한 것이다.

주공(周公)이 말하기를, "겨울 동안 꽁꽁 얼어붙지 않으면 봄과 여름에 초목이 무성하게 자라지 못한다"고 했다. 천지조차 언제나 사치하고 낭비할 수 없는데, 하물며 사람이야 더 말할 게 있겠는가?

온갖 것들에는 반드시 흥성하거나 쇠퇴하는 때가 있고, 온갖 일들에는 반드시 이완하거나 긴장하는 때가 있으며, 나라에는 반드시 문관과 무관이 있고, 관리가 다스릴 때는 반드시 포상과 처벌이 있다. 따라서 지혜로운 선비가 재물을 아껴 쓰면 그 집안은 부유해지고, 성인이 정신을 아끼고 보배로 여기면 그 정기가 왕성해지고, 군주가 병사들을 전쟁터로 내모는 일을 신중하게 하면 백성들이 많아진다. 백성들이 많아지면 나라의 영토도 넓어진다. 이런 까닭에 이를 들어 『도덕경』에서 "아끼기 때문에 넓힐 수 있다"[52]고 말한 것이다.

무릇 물건 가운데 형체가 있는 것은 마름질하기 쉽고 쪼개기도 쉽다. 무슨 근거로 이렇게 말하는가? 형체가 있으면 긺과 짧음이 있고, 긺과 짧음이 있으면 작음과 큼이 있으며, 작음과 큼이 있으면 네모와 동그라미가 있고, 네모와 동그라미가 있으면 단단한 것과 무른 것이 있으며, 단단한 것과 무른 것이 있으면 가벼움과 무거움이 있고, 가벼움과 무거움이 있으면 흰 것과 검은 것이 있다. 긺과 짧음, 큼과 작음, 네모와 동그라미, 단단한 것과 무른 것, 가벼움과 무거움, 검은 것과 흰 것 따위를 결[理]이라 한다. 결이 정해지면 물건은 쪼개기가 쉽다. 그러므로 조정에서 논의가 이루어진 뒤에 발언을 하면 논리가 서는데, 상황에 따라 저울질하여 논의할 줄 아는 선비는 이를 잘 안다.

네모나 동그라미를 그리려 할 때 곱자와 그림쇠를 따르면 무슨 일에

---

51) "慈, 故能勇."(67장)
52) "儉, 故能廣."(67장)

서나 그 효과는 쉽게 드러난다. 그런데 어떤 일에서나 곱자와 그림쇠가 없는 경우는 없으니, 논의를 펴거나 의견을 제시하는 선비는 이 곱자와 그림쇠에 대해 잘 헤아려 깨달아야 한다. 성인은 무슨 일에서나 이 곱자와 그림쇠를 잘 따른다. 그래서 『도덕경』에서 "감히 천하보다 먼저 나서려 하지 않는다"고 말한 것이다. 감히 천하보다 먼저 나서려 하지 않으면 일마다 되지 않는 일이 없고 이루지 못할 공이 없어서 논의한 것이 반드시 세상을 뒤덮을 것이니, 고관의 자리에 앉지 않으려 한들 그렇게 되겠는가? 고관의 자리에 앉는 것을 "일을 이루는 우두머리가 된다"고 한다. 이런 까닭에 "감히 천하보다 먼저 나서려 하지 않기 때문에 일을 이루는 우두머리가 될 수 있다"[53]고 말한 것이다.

자식에게 자애로운 자는 감히 입는 것과 먹는 것을 끊지 않으며, 제 몸을 사랑하는 자는 감히 법도를 벗어나지 않으며, 네모나 동그라미를 아끼는 자는 감히 곱자와 그림쇠를 버려두지 않는다. 그러므로 전쟁을 마주했을 때 병사와 관리를 아끼면 적과 싸워 이기고, 연장과 기구를 아끼면 성이 견고해진다. 그러므로 『도덕경』에서 "자애로써 싸우면 이기고, 그것으로 지키면 견고해진다"[54]고 말한 것이다.

스스로 오롯하게 하면서 온갖 것들의 결을 잘 따를 수 있는 자에게는 반드시 하늘이 그 삶을 지켜준다. 하늘이 그 삶을 지켜준다는 것은 천하보다 먼저 나서려 하지 않는 마음을 낸다는 뜻이다. 그러므로 천하의 도는 모두 여기서 생긴다. 만약 자애로운 마음으로 이를 지킨다면 모든 일이 반드시 온전해지고 합당하지 않은 행동이 없게 된다. 바로 이것을 '보배'라 한다. 그래서 『도덕경』에서 "나에게 세 가지 보배가 있으니, 잘 간직하며 보배롭게 여긴다"[55]고 말한 것이다.

---

53) "不敢爲天下先, 故能爲成事長."(67장)
54) "慈, 於戰則勝, 以守則固."(67장)
55) "吾有三寶, 持而寶之."(67장) 세 가지 보배란, 자애와 검약, 감히 천하보다 먼저 나서려 하지 않는 것 등을 이른다.

노자의 책에서 말하는 '크낙한 도[大道]'란 반듯한 길이고, 이른바 '모양이 비스듬한 것[貌施]'이란 삿된 길이며, 이른바 '지름길[徑大]'이란 모양이 아름다운 것이다. 모양이 아름다운 것은 삿된 길의 한 부분이다.

"조정이 매우 지저분하다"는 것은 송사가 잦은 것이다. 송사가 잦으면 논밭이 황폐해지고, 논밭이 황폐해지면 곳간이 텅 비며, 곳간이 텅 비면 나라가 가난해지고, 나라가 가난해지면 풍속이 음란하고 사치스러워지며, 풍속이 음란하고 사치스러워지면 입고 먹기 위한 생업이 끊어지고, 입고 먹기 위한 생업이 끊어지면 백성들은 어쩔 수 없이 교묘하게 꾸미거나 속이지 않을 수 없다. 교묘하게 꾸미고 속이면 무늬만 꾸밀 줄 안다. 무늬만 꾸밀 줄 아는 것을 "무늬만 화려한 옷을 입는다"고 한다.

송사가 잦고 곳간이 텅 비며 풍속이 음란하고 사치스러우면 나라는 예리한 칼에 찔린 듯이 상해를 입는다. 그래서 "예리한 칼을 차고 다닌다"고 말한다. 지혜를 꾸며 일부러 나라에 상해를 입히는 자들은 반드시 자신의 사삿집을 부유하게 만들고, 자신의 사삿집을 부유하게 만들기 때문에 "재화가 남아돈다"고 말한다. 나라에 이런 자가 있으면 어리석은 백성들이 홀려서 본받지 않을 수가 없고, 본받으면 작은 도둑들이 나타난다. 이로써 보면, 아주 간악한 자가 일어나면 작은 도둑이 뒤따르고, 아주 간악한 자가 부르면 작은 도둑이 화답한다.

우(竽)라는 피리는 다섯 가지 소리를 내는 악기 가운데서 으뜸이다. 그래서 이것이 먼저 울리면 종과 비파 따위가 모두 뒤따르고, 이것이 소리를 내면 다른 악기들이 모두 화답한다. 이제 아주 간악한 자가 일어나면 세속 사람들이 따라 노래 부르고, 세속 사람들이 노래 부르면 작은 도둑들이 반드시 화답한다. 그래서 『도덕경』에서 "무늬만 화려한 옷을 입고, 예리한 칼을 차고 다니며, 물리도록 마시고 먹으며 재화가 남아도는 자, 이런 자를 도둑의 으뜸(盜竽)이라 한다"⁵⁶⁾고 말한 것이다.

　사람은 어리석든 지혜롭든 취하거나 버리는 일이 없을 수가 없다. 마음이 담백하고 차분하면 재앙이나 복이 비롯되는 곳을 다 안다. 그러나 좋아하거나 미워하는 감정에 사로잡히고 음란한 것에 이끌리면 혼란스러워진다. 그렇게 되는 까닭은 바깥 사물에 이끌리고 좋아하는 것에 마음을 빼앗기기 때문이다. 마음이 담백하면 취할 것인지 버릴 것인지가 분명해지고, 차분하면 재앙과 복을 헤아리는 지혜를 갖는다. 그런데 지금 좋아하는 것으로 말미암아 마음이 바뀌고 바깥 사물에 이끌리는데, 이끌리면서 끌려가기 때문에 『도덕경』에서 "뽑힌다[拔]"고 말한 것이다.

　성인은 그렇지 않다. 한 번 취함과 버림의 잣대를 세우면 비록 좋아하는 것을 보더라도 이끌리지 않는데, 이끌리지 않는 것을 "뽑히지 않는다[不拔]"고 말한다. 마음을 오롯이 지니면 비록 욕심낼 만한 것이 있더라도 정신이 흔들리지 않는데, 정신이 흔들리지 않는 것을 "빠져나가지 않는다[不脫]"고 말한다.

　자손이 되어서 이러한 도리를 체득하여 종묘를 지키며 사라지지 않게 하는 것을 "제사가 끊어지지 않는다[祭祀不絶]"고 말한다. 제 몸으로는 정기(精氣)를 쌓아 덕으로 삼고, 집안에서는 재화를 쌓아 덕으로 삼으며, 마을과 나라, 천하에서는 백성을 덕으로 삼는다. 이제 제 몸을 다스리면서 바깥 사물에 정신을 어지럽히지 않기 때문에 "그 도리를 몸에서 닦으니, 그 덕이 참되도다"⁵⁷⁾라고 말한 것이다. 참되다는 것은 마음을 다잡은 것이 야무지다는 뜻이다. 집안을 다스리면서 쓸데없는 물건에 헤아림이 흔들리지 않는다면, 재화가 남아돈다. 그래서 "집안에서 닦으니, 그 덕이 넉넉하도다"⁵⁸⁾라고 말한 것이다. 마을을 다스리면서

---

56) "服文采, 帶利劍, 厭飮食, 而貨資有餘者, 是之謂盜竽矣."(53장)

57) "修之身, 其德乃眞."(54장)

58) "修之家, 其德有餘."(54장)

이런 절제를 행한다면 넉넉한 집안이 더욱 많아진다. 그래서 "마을에서 닦으니, 그 덕이 늘어나도다"[59]라고 말한 것이다. 나라를 다스리면서 이런 절제를 행한다면 마을마다 덕을 갖춘 자가 더욱 많아진다. 그래서 "나라에서 닦으니, 그 덕이 풍성하도다"[60]라고 말한 것이다. 천하를 다스리면서 이 절제를 행한다면 생활에서 그 혜택을 입지 않는 백성이 없을 것이다. 그래서 "천하에서 닦으니, 그 덕이 두루 퍼지도다"[61]라고 말한 것이다.

제 몸을 닦는 자가 이것으로써 군자와 소인을 구별하고 또 마을이나 나라, 천하를 다스리는 자가 각각 이것으로 이익과 손해를 적절하게 살핀다면, 만에 하나도 잃는 일이 없다. 그래서 『도덕경』에서 "몸으로써 몸을 살피고, 집안으로써 집안을 살피며, 마을로써 마을을 살피고, 나라로써 나라를 살피며, 천하로써 천하를 살핀다. 내가 어떻게 천하가 그러한 줄을 아는가? 이것으로써 안다"[62]고 말한 것이다.

---

59) "修之鄉, 其德乃長."(54장)
60) "修之邦, 其德乃豊."(54장)
61) "修之天下, 其德乃普."(54장)
62) "以身觀身, 以家觀家, 以鄉觀鄉, 以邦觀邦, 以天下觀天下. 吾奚以知天下之然也? 以此."(54장)

21장

유로(喻老)[1],
노자로 비유하다

천 하에 도가 행해지고 급박한 우환도 없으면 '고요하다'고 말
하는데, 황급하게 역말을 쓸 일도 없다. 그래서 『도덕경』(46
장)에서 "전쟁에서 내달리던 말이 거름을 진다"[2]고 말한 것이다. 천
하에 도가 행해지지 않으면 공격을 쉬지 않아 서로 여러 해 동안 수
비하는 일을 그치지 못하고 갑옷과 투구에는 서캐와 이가 생기고
막사에 제비와 참새가 둥지를 트는 데도 병사들은 고향으로 돌아
가지 못한다. 그래서 『도덕경』에서 "군마가 교외에서 새끼를 낳는
다"고 말한 것이다.

북쪽의 적(翟) 땅 사람 가운데 커다란 여우의 털과 흑표범의 가죽을
진(晉)나라 문공(文公)에게 바친 자가 있었다. 문공이 그에게서 가죽을

---

1) 한비는 자신의 주장을 뒷받침하기 위해서 『도덕경』의 구절들을 필요에 따라 짤막하
게 인용했는데, 이 때문에 인용된 구절들은 본래 『도덕경』의 문맥에서 이해되는 것
과 얼마든지 다를 수 있고 또 실제로도 그렇다. 이 점을 감안해서 읽어야 함을 밝혀
둔다.
2) 앞의 「해로」에서 이미 언급된 구절들에 대해서는 다시 원문을 제시하지 않는다.

받아 들고는 탄식했다.

"이 짐승은 털이 아름다워서 스스로 재앙을 불렀구나!"

무릇 나라를 다스리는 자가 명예 때문에 재앙을 입는 일이 있는데, 서언왕(徐偃王)이 그런 경우다. 또 성과 영토 때문에 재앙을 입는 일이 있는데, 우공(虞公)과 괵공(虢公)이 그런 경우다. 그래서 『도덕경』(46장)에서 "욕심을 내는 것보다 더 큰 죄는 없다"고 말한 것이다.

지백(智伯)은 범씨(范氏)와 중항씨(中行氏)를 병합하고 곧바로 조씨(趙氏)를 공격했으나, 도중에 한씨(韓氏)와 위씨(魏氏)가 배반하는 바람에 군사는 진양(晉陽)에서 패배했다. 그 결과, 지백은 고량(高梁)의 동쪽에서 죽고, 마침내 영토는 갈가리 찢어졌으며, 그의 머리는 옻칠되어 술잔이 되었다. 그래서 『도덕경』(46장)에서 "만족할 줄 모르는 것보다 더 큰 재앙은 없다"고 말한 것이다.

우(虞)나라 군주가 굴(屈) 땅의 명마와 수극(垂棘)의 옥을 탐내 궁지기(宮之奇)의 말을 듣지 않았다가 나라는 망하고 자신은 죽었다. 그래서 『도덕경』(46장)에서 "허물로는 이익을 바라는 것보다 더 비통한 게 없다"고 말한 것이다.

나라를 존속시키는 것이 정상이고, 그러다 보면 패왕도 될 수 있다. 몸은 생존하는 것이 정상이고, 그러다 보면 부귀해질 수도 있다. 탐욕으로 자신을 해치지 않으면 나라도 망하지 않고 자신도 죽지 않는다. 그래서 『도덕경』에서 "만족할 줄 아는 것이 참된 만족이다"[3]고 말한 것이다.

초나라 장왕(莊王)이 황하와 형옹(衡雍) 사이에서 진(晉)나라와 싸워 이기고 돌아와서 손숙오(孫叔敖)에게 상을 주려 하자 손숙오는 한수(漢水) 근처의 땅을 청했는데, 이 땅은 돌과 모래가 많은 황무지였다. 초나라의 법에서는 신하에게 봉록을 줄 경우에 2대가 지난 뒤에는 땅

3) "知足之爲足矣."(46장)

을 거두어들이게 되어 있었다. 그러나 손숙오의 후손들은 그 땅을 그대로 가졌다. 이렇게 나라에서 거두어들이지 않은 것은 그 땅이 척박해서였다. 그리하여 9대째 이어지면서 제사가 끊어지지 않았다. 『도덕경』에서 "잘 세우면 뽑히지 않고 잘 품으면 빠져나가지 않으니, 자손들이 제사를 끊이지 않고 대대로 잘 지낸다"[4]고 말했는데, 이는 손숙오를 두고 한 말이다.

통제권이 자기에게 있는 것을 '무겁다'고 하고, 자리를 떠나지 않는 것을 '차분하다'고 한다. 무거우면 가벼운 자를 부릴 수 있고, 차분하면 설치는 자를 부릴 수 있다. 그래서 『도덕경』에서 "무거운 것이 가벼운 것의 뿌리가 되고, 차분한 것이 설쳐댐의 군주가 된다"[5]고 말한 것이다.

또 "군자는 온종일 행군해도 군수품을 실은 수레를 떠나지 않는다"[6]고 말했는데, 나라는 군주에게 군수품을 실은 수레다. 조나라의 주부(主父) 무령왕(武靈王)은 살아 있을 때 나라를 아들에게 넘겨주었는데, 이는 자신의 수레를 떠난 것이다. 그래서 비록 대(代)와 운중(雲中) 땅에서 즐겁게 지내며 나랏일에 아랑곳하지 않았지만, 이미 조나라를 통제할 권한은 없었다. 주부는 전차 만 대를 가진 나라의 군주였으나 그 몸은 천하 사람들이 가벼이 여기게 되었다. 권세가 없는 것을 '가볍다'고 하고, 자리를 떠나는 것을 '설친다'고 한다. 이런 까닭에 주부는 살아서 유폐되었다가 죽었다. 『도덕경』에서 "가벼우면 신하를 잃고, 설치면 왕위를 잃는다"[7]고 말했는데, 이는 주부를 두고 한 말이다.

권세의 무거움은 군주에게 연못과 같다. 군주가 신하들 사이에서 권세의 무거움을 잃는다면, 다시 찾기 어렵다. 제나라 간공(簡公)은 전성

---

4) "善建不拔, 善抱不脫, 子孫以其祭祀世世不輟."(54장)
5) "重爲輕根, 靜爲躁君."(26장)
6) "君子終日行, 不離輜重也."(26장)
7) "輕則失臣, 躁則失君."(26장)

자(田成子)에게 권세를 잃고 진(晉)나라는 여섯 대부들에게 권세를 잃어 결국 나라는 망하고 군주는 죽임을 당했다. 그래서 『도덕경』에서 "물고기는 깊은 연못을 벗어나서는 안 된다"[8]고 말한 것이다.

상과 벌은 나라를 다스리는 날카로운 무기다. 군주에게 있으면 신하들을 제어하고, 신하에게 있으면 군주를 누른다. 군주가 상을 내릴 뜻을 드러내면 신하는 곧 그것을 줄여 자신의 은덕으로 돌리고, 군주가 벌을 내릴 뜻을 드러내면 신하는 곧 그것을 더해 자신의 권세로 삼는다. 군주가 상을 내릴 뜻을 드러내면 신하는 그 권세를 자기가 이용하고, 군주가 벌을 내릴 뜻을 드러내면 신하는 그 위세를 자기가 탄다. 그래서 "나라의 날카로운 무기는 남에게 내보여서는 안 된다"[9]고 말한 것이다.

월나라 왕 구천이 오나라에 신하로 들어갔을 때, 오나라가 제나라를 치도록 해서 오나라를 피폐하게 만들려 했다. 오나라 군대는 애릉(艾陵)에서 제나라와 싸워 이긴 뒤에 장강과 제수(濟水)까지 영토를 확장하고 황지(黃池)에서 무력을 과시했다. 그러는 사이에 월나라는 오호(五湖) 일대를 제압할 수 있었다. 그래서 『도덕경』에서 "끌어당기려면 반드시 먼저 펼치게 해주고, 약하게 하려면 반드시 먼저 강하게 해주라"[10]고 말한 것이다.

진(晉)나라 헌공(獻公)은 우(虞)나라를 치려고 미리 벽옥과 명마를 선물로 보냈고, 지백(知伯)은 구유(仇由)를 치려고 먼저 큰 수레 가득 선물을 실어 보냈다. 그래서 『도덕경』에서 "빼앗으려면 반드시 먼저 주라"[11]고 말한 것이다. 드러내지 않고 일을 시작해야 천하에 큰 공을 세

---

8) "魚不可脫於深淵."(36장)
9) "邦之利器, 不可以示人."(36장)
10) "將欲翕之, 必固張之, 將欲弱之, 必固强之."(36장)
11) "將欲取之, 必固與之."(36장)

운다. 이를 『도덕경』에서는 "자신의 밝음을 어슴푸레하게 한다"[12]고 했다. 또 보잘것없고 약한 처지에 있으면서 거듭 자신을 낮추는 것을 『도덕경』에서는 "약하면서도 강한 것을 이긴다"[13]고 말한다.

꼴을 지닌 것들 가운데서 큰 것은 반드시 작은 것에서 일어나고, 오래 이어가는 것들 가운데서 수적으로 많은 것은 반드시 적은 데서 일어난다. 그래서 『도덕경』에서 "천하의 어려운 일은 반드시 쉬운 데서 일어나고, 천하의 큰일은 반드시 사소한 데서 일어난다"[14]고 말한 것이다. 이런 까닭에 사물을 제압하려고 한다면 사소한 데서 시작해야 한다. "어려운 일을 꾀할 때는 쉬운 일부터 하고, 큰일을 할 때는 사소한 일부터 한다"[15]는 말이 그런 뜻이다.

천 길이나 되는 제방도 땅강아지나 개미굴 때문에 무너지고, 백 척이나 되는 궁실도 굴뚝 틈새의 불길로 잿더미가 된다. 그러므로 "백규(白圭)는 제방을 돌아볼 때 작은 구멍을 막았고, 노인은 불씨를 조심하여 굴뚝 틈새를 흙으로 막았다. 이리하여 백규는 수해를 입지 않았고, 노인은 화재를 당하지 않았다"고 이야기한다. 이 모두 쉬운 일이라도 삼가고 조심해서 재난을 피하고, 사소한 일을 잘 잡도리해 재앙을 멀리한 것이다.

편작(扁鵲)이 채(蔡)나라 환후(桓侯)를 만났을 때, 서서 잠시 있다가 말했다.

"군주께서는 피부에 병이 있습니다. 치료하지 않으면 깊어집니다."

환후가 대답했다.

"과인에게는 병이 없소."

편작이 나가자, 환후가 말했다.

---

12) "是謂微明."(36장)
13) "損弱勝强."(36장)
14) "天下之難事, 必作於易, 天下之大事, 必作於細."(63장)
15) "圖難於其易也, 爲大於其細也."(63장)

"의원은 우쭐거리기 좋아해서 병이 아닌 것을 치료해 공으로 삼으려 하는구나."

열흘 뒤, 편작이 다시 환후를 만났을 때 말했다.

"군주께서는 병이 살 속에 있습니다. 치료하지 않으면 더욱 깊어집니다."

환후가 또 대꾸하지 않았다. 편작이 나가자 환후는 또 마뜩찮게 여겼다. 다시 열흘이 지나서 편작이 환후를 보고는 또 말했다.

"군주께서는 병이 위장에 있습니다. 치료하지 않으면 더욱 깊어집니다."

환후는 대꾸하지 않았다. 편작이 나가자 환후는 또 마뜩찮게 여겼다. 열흘이 지난 뒤, 편작은 멀리서 환후를 보고는 발길을 돌려 달아났다. 환후는 짐짓 사람을 시켜 물어보게 했다. 편작이 말했다.

"병이 피부에 있으면 찜질로 치료하면 되고, 살 속에 있으면 침으로 고치면 되고, 위장에 있으면 약을 달여 먹으면 됩니다. 그러나 골수에 있으면 수명을 맡은 신이 관장하게 되니, 어찌할 도리가 없습니다. 이제 군주께서는 병이 골수에 파고들었으므로 신이 아무것도 권하지 않은 것입니다."

닷새가 지나 환후는 몸에 통증이 생기자 사람을 보내 편작을 찾게 했으나, 이미 진(秦)나라로 달아난 뒤였다. 결국 환후는 죽었다. 그러므로 훌륭한 의원은 병을 치료할 때 병이 피부에 있을 때 고친다. 이는 모두 작을 때 해치운다는 것이다. 무릇 일이 재앙이 되거나 복이 되는 것 또한 병이 피부에서 비롯되는 것과 같다. 그래서 『도덕경』에서 "성인은 낌새를 보고 일찌감치 일을 처리한다"[16]고 말한 것이다.

옛날 진(晉)나라 공자 중이(重耳)가 망명하여 정(鄭)나라를 지날 때였다. 정나라 군주가 부례하게 대했다. 이에 숙첨(叔瞻)이 간했다.

---

16) "聖人蚤從事焉."(63장)

"이 사람은 현명한 공자입니다. 군주께서는 후하게 대접하여 덕을 쌓으셔야 합니다."

정나라 군주는 듣지 않았다. 숙첨이 다시 간했다.

"후하게 대접하지 않으려면 차라리 그를 죽여서 후환이 없도록 하는 것이 낫습니다."

정나라 군주는 이 말도 듣지 않았다.

중이가 다시 진나라로 돌아갔을 때, 군사를 일으켜서 정나라를 쳐크게 이기고 여덟 개의 성을 빼앗았다.

진나라 헌공이 수극(垂棘)의 벽옥을 미끼로 우(虞)나라에 길을 빌려 괵(虢)나라를 치려고 했다. 우나라의 대부 궁지기(宮之奇)가 간했다.

"안 됩니다. 입술이 없으면 이가 시립니다. 우나라와 괵나라가 서로 돕는 것은 서로 덕이 있어서가 아닙니다. 이제 진나라가 괵나라를 멸망시키면 내일은 우나라가 반드시 그 뒤를 따라 망하게 됩니다."

우나라 군주는 듣지 않고 그 벽옥을 받고는 길을 빌려주었다. 진나라가 괵나라를 차지한 뒤 돌아오면서 다시 우나라를 멸망시켰다.

숙첨과 궁지기 두 신하는 모두 병이 살갗에 있을 때 서둘러 고치려 했으나, 두 군주가 받아들이지 않았다. 숙첨과 궁지기는 우나라와 정나라의 편작이라 할 만했으나, 두 군주가 듣지 않았기 때문에 정나라는 깨지고 우나라는 망했다. 그래서 『도덕경』에서도 "안정되었을 때 지키기가 쉽고, 조짐이 아직 없을 때 꾀하기가 쉽다"[17]고 말한 것이다.

옛날에 폭군 주(紂)가 상아로 젓가락을 만들어 쓰자 기자(箕子)가 매우 걱정하면서 이렇게 생각했다.

"상아 젓가락은 결코 흙으로 만든 그릇과는 쓸 수 없고, 반드시 물소 뿔이나 옥으로 만든 그릇과 함께 써야 한다. 상아 젓가락에 옥그릇이면 결코 야채로 국을 끓일 수 없고, 반드시 소나 코끼리, 표범 등의

---

17) "其安, 易持也, 其未兆, 易謀也."(64장)

고기로 끓여야 한다. 소나 코끼리, 표범 등의 고기로 국을 끓인다면 결코 짧고 거친 베옷을 입지 않고 띳집에서 먹으려고도 하지 않을 것이니, 비단옷을 겹겹이 껴입고 고대광실에서 살려고 할 것이다. 나는 그 마지막이 두렵다. 그래서 그 처음을 걱정하는 것이다."

5년이 지났을 때, 폭군 주는 고깃덩이를 펼쳐 밭처럼 만들고, 불에 달군 구리 기둥을 맨발로 지나가게 하는 형벌을 만들고, 술지게미가 쌓인 언덕을 오르고, 술로 채운 연못가에서 놀다가 마침내 멸망했다. 기자는 상아 젓가락을 보고 천하의 재앙을 미리 알았다. 그래서 『도덕경』에서도 "작은 일을 꿰뚫어 보는 것을 밝음이라 한다"[18]고 말한 것이다.

월나라 왕 구천이 오나라로 가서 신하가 되었을 때, 직접 방패와 창을 들고 오나라 왕 부차의 수레보다 앞서 달렸다. 그리하여 오나라 도성 고소성(姑蘇城)에서 부차를 죽일 수 있었다. 주나라 문왕은 폭군 주의 옥문(玉門)에서 욕을 들으면서도 낯빛 하나 변하지 않았는데, 훗날 그 아들 무왕이 목야(牧野)에서 주를 사로잡았다. 그래서 『도덕경』에서 "부드러움을 지키는 것을 강함이라 한다"[19]고 말한 것이다.

월나라 왕 구천이 패자가 된 것은 부차의 신하가 되는 것을 괴로워하지 않았기 때문이고, 무왕이 왕 노릇을 한 것은 문왕이 욕을 들으면서도 괴로워하지 않았기 때문이다. 그래서 『도덕경』에서 "성인이 괴로워하지 않은 것은 괴로워할 일이라 여기지 않아서다. 그래서 괴로움이 없었다"[20]고 말한 것이다.

송나라의 촌사람이 옥돌을 얻자 이것을 자한(子罕)에게 바치려 했는데, 자한이 받지 않았다. 촌사람이 말했다.

"이건 보배입니다. 마땅히 군자가 지녀야 할 물건이지, 저 같은 소인이 쓰기에는 마땅하지 않습니다."

---

18) "見小曰明."(52장)
19) "守柔曰强."(52장)
20) "聖人之不病也, 以其不病. 是以無病也."(71장)

자한이 말했다.

"그대는 옥을 보배로 여기지만, 나는 그대의 옥을 받지 않는 것을 보배로 여긴다네."

촌사람은 옥을 바랐지만, 자한은 옥을 바라지 않았다. 그래서 『도덕경』에서 "바라지 않으려 하고, 얻기 어려운 재화를 귀하게 여기지 않는다"[21]고 말한 것이다.

왕수(王壽)가 책을 짊어지고 가다가 주(周)나라의 길에서 서풍(徐馮)을 만났다. 서풍이 말했다.

"일이란 하는 것이다. 할 일은 때에 따라 나타나므로 지혜로운 자에게는 정해진 일이 없다. 책이란 말을 담은 것이다. 말이란 지혜에서 나온 것이므로 지혜로운 자는 책을 간직하지 않는다. 그런데 그대는 어찌하여 책을 짊어지고 다니는가?"

이에 왕수는 책을 불태우고는 덩실덩실 춤을 추었다.

그러므로 지혜로운 자는 말이나 이야기로 가르치려 하지 않고, 깨달은 자는 책을 상자에 갈무리해두지 않는다. 세상에서는 이를 잘못된 것이라 하지만, 왕수는 다시 그 이치로 돌아갔다. 이는 배우지 않음을 배운 것이다. 그래서 『도덕경』에서 "배우지 않음을 배워서 뭇 사람이 지나쳐 버린 이치로 다시 돌아간다"[22]고 말한 것이다.

무릇 사물은 정해진 모양이 있으므로 그 모양을 따라 이끌어야 한다. 사물의 모양을 따라 가기 때문에 고요하면 덕을 세우고 움직이면 도리를 따른다.

송나라 사람 가운데 그 군주를 위해 상아로 닥나무 잎을 만든 자가 있었는데, 3년이 걸려서 완성했다. 두텁거나 얇은 잎맥들, 잔털과 부드러운 윤기 등은 닥나무 잎들 속에 섞어놓으면 구별할 수 없을 정도였

---

21) "欲不欲而不貴難得之貨."(64장)
22) "學不學, 復歸衆人之所過也."(64장)

다. 이 사람은 이 일로 공을 인정받아 송나라에서 녹봉을 받게 되었다. 열자(列子)가 이 일을 전해 듣고는 말했다.

"만일 천지가 3년 걸려 겨우 나뭇잎 하나를 이룬다면, 식물들 가운데 잎을 단 것은 매우 적을 것이다."

천지를 밑천으로 삼지 않고 제 한 몸을 따르려 하거나 자연의 도리를 따르지 않고 한 사람의 지혜를 배우려 한다면, 이는 모두 나뭇잎 하나를 만들려는 것이다. 겨울에 농사를 짓는다면 농사의 신인 후직(后稷)이라도 넉넉하게 거둘 수 없으나, 풍년이 들어 크게 이삭이 열리면 한낱 노비라도 흉작으로 만들지 않는다. 한 사람의 힘으로만 한다면 후직으로도 부족하지만, 자연의 이치를 따르면 노비라도 넉넉해진다. 그래서 『도덕경』에서 "천지만물의 자연에 기댈 뿐, 감히 억지로 하지 않는다"[23]고 말한 것이다.

사람 몸의 구멍은 신명(神明)이 드나드는 문이다. 귀와 눈은 소리와 색을 즐기느라 힘을 다 쓰는데, 정신까지 겉모습을 꾸미느라 힘을 다 쓴다면, 몸 안에 주인이 없게 된다. 몸 안에 주인이 없게 되면 재앙이나 복이 구릉이나 산처럼 몰려와도 알아챌 길이 없다. 그래서 『도덕경』에서 "문밖으로 나가지 않아도 천하를 알 수 있고, 창문을 내다보지 않아도 천도를 알 수 있다"[24]고 말했는데, 이는 신명이 그 실체를 떠나지 않아야 함을 말한 것이다.

조양자(趙襄子)는 왕어기(王於期)[25]로부터 수레 모는 법을 배웠는데, 얼마 뒤에 왕어기와 경주를 했다. 세 번 말을 바꾸었으나, 세 번 모두 졌다. 그러자 조양자가 말했다.

"그대는 나에게 수레 모는 법을 가르쳤는데, 그 기술을 다 가르치지 않은 거요?"

---

23) "恃萬物之自然而不敢爲也."(64장)
24) "不出於戶, 可以知天下, 不窺於牖, 加以知天道."(47장)
25) 왕량(王良)으로도 불리는 인물이다.

왕어기가 대답했다.

"기술은 이미 다 가르쳤습니다. 단지 군주께서 그 기술을 쓰는 게 잘
못되었습니다. 무릇 수레를 몰 때 중요한 것은 말의 몸과 수레를 편안
하게 여기고 수레 모는 자의 마음이 말과 조화로워야 합니다. 그런 뒤
에야 빠르게 나아갈 수 있고 멀리 내달릴 수 있습니다. 이제 군주께서
는 뒤졌을 때는 저를 따라잡으려 애쓰고, 앞섰을 때는 제가 따라잡을
까 조바심을 냈습니다. 무릇 길에서 경주하며 다투다 보면, 앞서지 않
으면 뒤처지기 마련입니다. 그런데도 군주께서는 앞서든 뒤처지든 어
느 때나 마음이 저에게 있었습니다. 그러니 어찌 말과 조화로워질 수
있겠습니까? 이것이 군주께서 뒤지게 된 이유입니다."

초나라의 백공(白公) 승(勝)은 반란을 꾀했다. 조정에서 물러나올 때,
말채찍을 거꾸로 쥐어 그 끝부분에 턱이 찔려 피가 땅에까지 흘러내렸
는데도 알아채지 못했다. 정(鄭)나라의 어떤 사람이 이 일을 전해 듣고
는 말했다.

"제 턱을 잊었으니, 무엇 때문에 잊었단 말인가!"

그래서 『도덕경』(47장)에서 "밖으로 멀리 나갈수록 지혜는 더 적어
진다"[26]고 말한 것이다. 이는 먼 곳에 있는 것까지 두루 생각하려다 보
면 가까이 있는 것을 빠뜨린다는 말이다.

성인의 행동에는 고정된 것이 없다. 고정된 것이 없어서 두루 알 수
있으므로 『도덕경』에서 "나다니지 않아도 안다"[27]고 말한 것이며, 두루
볼 수 있으므로 "보지 않아도 환히 안다"[28]고 말한 것이다. 또 때에 따
라 일을 일으키고 사물의 성질에 따라 공적을 세우며 만물을 잘 이용
하여 이익을 얻으므로 "억지로 하지 않아도 이룬다"[29]고 말한 것이다.

---

26) "其出彌遠者, 其智彌少."(47장)

27) "不行而知."(47장)

28) "不見而明."(47장)

29) "不爲而成."(47장)

초나라 장왕(莊王)은 즉위한 지 3년이 지나도록 어떤 명령도 내리지 않고 정무를 집행하지도 않았다. 우사마(右司馬)가 왕의 곁에 있다가 왕에게 수수께끼를 냈다.

"어떤 새가 남쪽의 언덕에 앉아 있으면서 3년 동안 날갯짓도 하지 않고, 날지도 않고 울지도 않으면서 아무 소리도 내지 않은 채 조용히 있습니다. 이 새의 이름은 무엇이겠습니까?"

장왕이 대답했다.

"3년 동안 날갯짓을 하지 않은 것은 날개를 크게 펼치려고 그러는 것이고, 날지도 않고 울지도 않는 것은 백성들의 동태를 살피려고 그러는 것이다. 지금 비록 날지 않고 있지만 한 번 날면 반드시 하늘을 찌를 것이고, 지금 비록 울지 않고 있지만 한 번 울면 반드시 사람들을 놀라게 할 것이다. 그대는 그만두라! 나는 잘 알고 있다!"

반년이 지나자 직접 정치를 맡았다. 그리하여 폐지한 것이 열 건, 새로 시작한 것이 아홉 건, 베어 죽인 대신이 다섯 명, 기용한 처사가 여섯 명이었는데, 나라는 아주 잘 다스려졌다. 또 군사를 일으켜 제나라를 쳐서 서주(徐州)에서 무찌르고 황하와 형옹(衡雍) 사이에서 진(晉)나라와 싸워 이긴 뒤, 송(宋)나라에서 제후들을 불러 모아 마침내 천하의 패권을 차지했다. 장왕은 작은 일을 잘하려 하지 않았기 때문에 큰 명성을 얻었고, 서둘러 제 능력을 보이려 하지 않았기 때문에 큰 공을 이룰 수 있었다. 그래서 『도덕경』에서 "큰 그릇은 늦게 이루어지고, 큰 소리는 희미하게 들린다"[30]고 말한 것이다.

초나라 장왕이 월나라를 치려고 하자, 두자(杜子)가 간언했다.

"왕께서 월나라를 치려는 까닭은 무엇입니까?"

"월나라 정치가 어지럽고 그 군대는 약하기 때문이다."

"신은 지혜가 눈과 같이 백 보 밖의 것은 볼 수 있으면서도 제 속눈

---

30) "大器晩成, 大音希聲."(41장)

섭은 보지 못할까 걱정입니다. 왕의 군대는 진(秦)나라와 진(晉)나라에 패하여 수백 리의 땅을 잃었습니다. 이는 병력이 약하다는 뜻입니다. 게다가 장교(莊蹻)는 나라 안에서 도적질을 하고 있고 관리들은 이를 막지 못하고 있습니다. 이는 정치가 어지럽다는 뜻입니다. 왕의 군대가 약하고 정치가 어지러운 것은 월나라보다 못하지 않은데, 이제 월나라를 치려고 하시니 이것이 지혜가 눈과 같은 꼴입니다."

장왕은 곧 그만두었다. 그러므로 알기 어려운 것은 다른 사람을 보는 데 있지 않고 자신을 보는 데 있다. 그래서 『도덕경』에서 "자신을 보는 것을 밝음이라 한다"[31]고 말한 것이다.

자하(子夏)가 증자를 만나자, 증자가 물었다.

"어째서 살이 쪘소?"

자하가 대답했다.

"전쟁에서 이겼기 때문에 살이 쪘소."

"무슨 말이오?"

"나는 집에 들어와서 선왕들의 의로움을 보면 기꺼워했고, 밖에 나가서 부귀의 즐거움을 보면 또 기꺼워했소. 두 가지가 마음속에서 싸울 때면 승부를 알지 못해서 야위었소. 그런데 지금은 선왕의 의로움이 이겼기 때문에 살이 쪘소."

그러므로 뜻을 이루기 어려운 것은 다른 사람을 이기는 데 있지 않고 자신을 이기는 데 있다. 그래서 『도덕경』에서 "자신을 이기는 것을 강함이라 한다"[32]고 말한 것이다.

주(周)나라에 옥으로 만든 도판(圖版)이 있었다. 폭군 주(紂)가 교격(膠鬲)을 시켜 가져오게 했는데, 문왕이 주지 않았다. 대부인 비중(費仲)이 와서 달라고 하자, 이에 내주었다. 이는 교격은 현명한 사람이고 비

---

31) "自見之謂明."(33장)
32) "自勝之謂强."(33장)

중은 무도한 자였기 때문이다. 주나라에서는 현명한 자가 뜻을 얻어 벼슬하는 것이 싫었기 때문에 비중에게 주었던 것이다. 문왕이 위수(渭水) 가에서 강태공을 만나 기용한 것은 그의 현명함을 귀하게 여겼기 때문이고, 비중에게 옥으로 만든 도판을 준 것은 자신의 뜻을 이룰 밑천으로 여겼기 때문이다. 그래서 『도덕경』에서 "스승을 귀하게 여기지 않고 제 밑천을 아끼지 않는다면, 비록 지혜로운 자라도 크게 미혹된다. 이를 '미묘한 이치를 깨친다'라고 말한다."[33]라고 말한 것이다.

---

33) "不貴其師, 不愛其資, 雖知大迷. 是謂要妙."(27장)

설림(說林) 상,
처세의 어려움

탕 왕은 하 왕조의 걸왕을 쳐서 무너뜨린 뒤에 천하 사람들이
자기를 탐욕스럽다고 여길까 두려웠다. 그래서 곧바로 천하
를 은자인 무광(務光)에게 넘겨주려 했으나, 무광이 덥석 받아들일
까 두려웠다. 이에 사람을 시켜 무광에게 이렇게 말하게 했다.

"탕이 군주를 죽이고서 그 악명을 당신에게 넘기려고 천하를 그대에
게 양보하려는 것이오."

이 말을 듣고 무광은 스스로 황하에 몸을 던졌다.

진(秦)나라 무왕(武王)이 장수 감무(甘茂)에게 태복(太僕)[1]과 행인
(行人)[2] 가운데서 하고 싶은 것을 고르게 했다. 맹묘(孟卯)가 감무에게
말했다.

"그대는 태복이 되는 게 낫소. 그대의 뛰어난 점은 사신 노릇을 잘
하는 것이오. 그러니 비록 태복이 되더라도 왕은 사신의 일을 그대에게

---
1) 궁정의 수레와 말을 관장하는 벼슬.
2) 빈객을 접대하거나 사신으로 나가는 외교를 담당하는 관직.

맡길 것이오. 태복의 인장을 몸에 지니고 또 외교를 맡게 될 테니, 이렇게 되면 둘을 아우르는 셈이오."

송(宋)나라의 대부인 자어(子圉)가 태재(太宰)에게 공자(孔子)를 만나게 했다. 공자가 만나고 나간 뒤에 자어가 들어와서는 손님이 어떠했는지 물었다. 태재가 대답했다.

"내가 공자를 만나고 나서 그대를 보니, 그대는 마치 벼룩이나 이처럼 자잘해 보이는군. 내 이제 그를 군주에게 보일까 하네."

자어는 군주가 공자를 귀하게 여길까 두려워져서 태재에게 말했다.

"군주가 공자를 만난 뒤에는 역시 그대도 벼룩이나 이처럼 보게 될 것입니다."

태재는 결코 공자를 군주에게 보이지 않았다.

위(魏)나라 혜왕(惠王)이 구리(臼里)에서 제후들을 모아 맹약할 때, 천자를 새로 세우려고 했다. 유세가인 팽희(彭喜)가 한(韓)나라 군주에게 말했다.

"군주께서는 받아들이지 마십시오. 큰 나라는 천자가 있는 것을 싫어하고, 작은 나라는 그것을 이롭게 여깁니다. 만약 군주께서 큰 나라들과 함께 받아들이지 않는다면 저 위나라가 어찌 작은 나라들만으로 천자를 세울 수 있겠습니까?"

진(晉)나라가 형(邢)나라를 쳤다. 제나라 환공이 이를 구원하고자 하니, 포숙아(鮑叔牙)가 말리며 말했다.

"너무 이릅니다. 형나라는 아직 망하지 않았고, 진나라는 아직 피폐해지지 않았습니다. 진나라가 피폐해지지 않으면 제나라가 위세를 떨칠 수 없습니다. 무릇 위급한 나라를 도와 버티게 해주는 공덕은 패망하는 나라를 존속시켜 주는 공덕보다 크지 못합니다. 군주께서는 구원해줄 시기를 늦춰 진나라가 피폐해질 때까지 기다리는 게 낫습니다. 그러면 제나라는 실제적인 이익을 거두면서 형나라를 패망에서 다시 살려내므로 명성과 실리를 한꺼번에 크게 얻게 됩니다."

이에 환공은 구원하지 않기로 했다.

오자서(伍子胥)가 망명하다가 관문지기에게 붙잡혔다. 오자서가 말했다.

"군주가 나를 찾는 것은 내가 아름다운 구슬을 갖고 있기 때문이다. 그런데 나는 그것을 이미 잃어버렸다. 나는 그대가 구슬을 빼앗아 삼켜 버렸다고 말할 것이다."

그러자 관문지기는 그를 놓아주었다.

제나라 대부 경봉(慶封)은 장공(莊公)은 시해하고 경공(景公)을 옹립하는 난을 일으켰다가 실권하자 월나라로 달아나려고 했다. 그러자 일족 사람이 말했다.

"진(晉)나라가 가까운데, 왜 진나라로 가지 않습니까?"

경봉이 대답했다.

"월나라는 멀어서 피난하는 데 이롭기 때문이오."

일족 사람이 반박했다.

"마음을 고쳐먹으면 진나라에 있더라도 괜찮겠지만, 마음을 고쳐먹지 못하면 멀리 있는 월나라에 있더라도 안전할 수 있겠습니까?"

지백(智伯)이 위환자(魏桓子)에게 땅을 요구하자 위환자는 주지 않았다. 가신인 임장(任章)이 물었다.

"왜 주지 않으려 하십니까?"

"까닭도 없이 땅을 달라고 하기 때문에 주지 않는 것이오."

임장이 말했다.

"까닭도 없이 땅을 요구하면 이웃나라들도 반드시 두려워할 것입니다. 그가 욕심을 더 내어 만족할 줄 모르면, 천하의 제후들이 반드시 두려워할 것입니다. 주군께서는 그에게 땅을 주십시오. 그러면 지백은 반드시 교만해져서 적을 얕보게 될 것이고, 이웃나라들은 반드시 두려워하며 서로 친해질 것입니다. 서로 친해진 군대를 이끌고 적을 얕보는 나라에 맞서면 지백의 운명도 오래가지 못할 것입니다. 『주서(周書)』에서는 '상대를 깨뜨리려 한다면 잠시 그를 도와주고, 상대에게서 빼앗으려 한다면 잠시 그에게 건네줘라'고 했습니다. 주군께서는 땅을 내줘서 지백을 교만하게 만드는 것이 낫습니다. 주군께서는 어째서 천하의 제후들이 지백씨를 치게 하지 않고 홀로 우리만 지백씨의 표적이 되게 하시는 겁니까?"

위환자가 말했다.

"좋은 생각이오!"

그리고는 1만 호의 땅을 건네주었다. 지백은 아주 기뻐하며 곧바로 조양자(趙襄子)에게도 땅을 요구했는데, 조양자가 주지 않자 군대를 이끌고 가서 진양(晉陽) 땅을 포위했다. 한강자(韓康子)와 위환자가 밖에서 배반하고 조양자가 안에서 호응하자 지백은 이내 패망했다.

진(秦)나라 강공(康公)이 누대를 짓는데 3년이나 걸렸다. 그 사이 초나라에서는 군사를 일으켜 제나라를 치려고 했다. 임망(任妄)이 간언했다.

"기근이 들어도 적병을 불러들이고, 질병이 돌아도 적병을 불러들이고, 노역이 심해도 적병을 불러들이고, 혼란이 생겨도 적병을 불러들입니다. 군주께서 누대를 세우느라 3년을 보냈는데, 지금 초나라에서 군사를 일으켜 제나라를 치려고 합니다. 초나라가 제나라를 친다는 것은 헛소문이고, 실제로는 우리 진나라를 습격하려는 것이 아닌가 걱정됩니다. 미리 대비하는 것이 낫습니다."

강공이 이 말대로 동쪽 변경을 지키자 초나라에서는 행군을 멈추었다.

제나라가 송나라를 치자, 송나라에서는 장손자(臧孫子)를 남쪽 초나라에 보내 구원을 요청했다. 초나라 군주가 아주 기뻐하며 기꺼이 구원해주겠다고 하고는 그를 매우 환대했다. 장손자가 걱정하면서 돌아오니, 그의 시자가 물었다.

"구원을 요청하러 갔다가 뜻을 이루었는데도 이제 걱정을 하고 계시니, 무슨 까닭입니까?"

장손자가 대답했다.

"송나라는 작고 제나라는 크다. 작은 송나라를 구하려다가는 큰 제나라에 미움을 살 것이다. 이는 대개의 사람이 걱정하는 일인데도 초나라 왕은 기뻐했으니, 이는 반드시 우리의 방비를 견고하게 하려는 것이다. 우리가 방비를 견고하게 하면 제나라가 우리를 치다가 피폐해질 테니, 그러면 초나라만 이롭게 된다."

장손자가 돌아온 뒤에 제나라가 송나라의 다섯 성을 함락시켰는데, 초나라의 구원군은 끝내 오지 않았다.

위(魏)나라 문후(文侯)가 조나라에 길을 빌려 중산(中山)을 치려고 했다. 조나라 숙후(肅侯)는 허락하지 않으려 했는데, 조각(趙刻)이 말했다.

"군주께서는 잘못하고 계십니다. 위나라가 중산을 쳤다가 빼앗지 못하면 반드시 지치게 될 겁니다. 지치면 위나라는 약해지고, 위나라가 약해지면 조나라는 강해집니다. 위나라가 중산을 쳐서 빼앗더라도 조나라를 거치지 않고서는 결코 중산을 다스릴 수 없습니다. (이렇게 되면 중산은 조나라 차지가 됩니다.) 군사를 일으킨 쪽은 위나라지만, 땅을 얻는 것은 조나라가 됩니다. 군주께서는 꼭 허락하십시오. 허락하시더라

도 너무 기뻐하면 군주에게 이롭다는 것을 저들이 알아채서 출병을 중
지할지도 모릅니다. 군주께서는 어쩔 수 없이 길을 빌려주는 것처럼 보
이도록 해야 합니다."

치이자피(鴟夷子皮)는 전성자(田成子)를 섬겼는데, 전성자가 제나라
를 떠나 연나라로 달아날 때였다. 치이자피는 관문을 통과할 수 있는
증명서를 지고 따랐다. 망읍(望邑)에 이르자 치이자피가 말했다.

"그대는 물이 마른 연못에 사는 뱀 이야기를 듣지 못했소? 연못이
마르자 뱀은 다른 곳으로 옮겨가려고 했소. 작은 뱀이 큰 뱀에게 '네가
앞서고 내가 뒤따라가면, 사람들이 평범한 뱀이 지나가는 것으로 여겨
서 반드시 너를 죽일 것이다. 그러나 서로 꼬리를 문 채 네가 나를 업고
지나간다면, 사람들은 나를 신령님으로 여길 것이다'라고 말했소. 그리
고는 서로 꼬리를 문 채 큰 뱀이 작은 뱀을 업고서 큰길을 지나갔는데,
사람들이 모두 피하면서 '신령님이다!'라고 말했소. 이제 그대는 우아
하고 나는 추해 보이오. 그런데 그대를 내 상객(上客)으로 삼는다면 나
는 전차 천 대의 나라를 다스리는 군주처럼 보일 것이고, 그대를 나의
사자로 삼는다면 나는 전차 만 대의 나라에서 벼슬하는 공경(公卿)처
럼 보일 것이오. 그러니 그대가 나의 시종이 되는 것이 낫소."

이에 전성자는 증명서를 짊어지고 그의 뒤를 따랐다. 이들이 여관에
이르자 여관 주인은 그들을 매우 정중하게 대해주고 또 술과 고기도
차려주었다.

온(溫) 땅의 사람이 주(周)나라에 갔는데, 주나라에서는 다른 나라
사람을 받아들이지 않았다. 관리가 그에게 물었다.

"다른 나라 사람이오?"

"이 나라 사람이오!"

마을 사람에게 물었더니, 아무도 그를 알지 못했다. 관리가 그를 잡

아다 가두었다. 주나라 군주가 사람을 시켜 물었다.

"그대는 주나라 사람이 아닌데도 스스로 다른 나라 사람이 아니라고 말했다. 왜 그렇게 말했는가?"

그가 대답했다.

"신은 젊을 때 『시경』의 시에 나온 '온 하늘 아래 왕의 땅 아닌 곳 없고, 모든 땅 끝까지 왕의 신하 아닌 자 없다'는 구절을 외웠습니다. 이제 군주께서는 천자이시고, 나는 천자의 신하입니다. 그러니 어찌 한 사람의 신하이면서 동시에 다른 나라 사람이 될 수 있겠습니까? 그래서 주나라 사람이라고 한 것입니다."

군주는 그를 풀어주라고 했다.

한(韓)나라 선왕(宣王)이 규류(摎留)에게 물었다.

"내가 공중(公仲)과 공숙(公叔) 두 사람을 다 쓰고 싶은데, 되겠소?"

규류가 대답했다.

"안 됩니다. 진(晉)나라는 한씨 · 위씨 · 조씨 · 중항씨 · 범씨 · 지백씨 등 여섯 대부를 썼다가 나라가 분열되었고, 간공(簡公)은 전성자와 감지(闞止) 두 사람을 썼다가 살해되었으며, 위(魏)나라는 서수(犀首)와 장의(張儀)를 썼다가 서하(西河) 밖의 땅을 잃었습니다. 이제 왕께서 두 사람을 다 쓰신다면, 힘이 센 자는 패거리를 만들 것이고 힘이 약한 자는 외국의 세력에 빌붙을 것입니다. 그러면 신하들 가운데 안으로 패거리를 지어 군주를 업신여기는 자가 나올 것이고, 또 밖으로 다른 제후와 손을 잡고 땅을 떼어주는 자가 나올 것입니다. 그러면 왕의 나라는 위태로워집니다."

소적매(紹績昧)가 술에 취해 잠을 자다가 갖옷을 잃어버렸다. 송나라 군주가 물었다.

"술에 취했다고 갖옷을 잃어버릴 수 있는 건가?"

그가 대답했다.

"하(夏)나라의 걸(桀)은 술에 취해 천하를 잃었습니다. 그래서 『상서 (尚書)』의 「강고(康誥)」에서도 '술을 달고 살아서는 안 된다(毋彝酒)'고 했습니다. 술을 달고 산다는 '이주(彝酒)'란 늘 술을 마신다는 뜻입니다. 늘 술을 마시면, 천자는 천하를 잃고 필부는 제 몸을 잃습니다."

관중과 습붕(隰朋)이 환공(桓公)을 따라 고죽국(孤竹國)을 정벌하러 갔다. 봄에 출발했다가 겨울에야 돌아오게 되었는데, 길을 몰라 헤매다 가 길을 잃었다. 관중이 말했다.

"늙은 말의 지혜가 쓸 만합니다."

이에 늙은 말을 풀어놓고는 그 뒤를 따랐고, 마침내 길을 찾았다.

또 산속을 가다가 물이 떨어졌는데, 습붕이 말했다.

"개미는 겨울에는 산 남쪽에 살고, 여름에는 산 북쪽에 삽니다. 개미 집은 높이가 한 자가 되는데, 그 아래로 한 길쯤 파면 물이 있습니다."

이내 땅을 팠고, 마침내 물을 얻었다.

관중과 습붕은 자신들의 총명과 지혜로도 알지 못하는 일에 마주치 면 늙은 말이나 개미를 스승으로 삼는 것을 꺼리지 않았다. 이제 사람 들은 어리석은 마음을 가지고도 성인의 지혜를 본받을 줄 모르니, 이 어찌 잘못된 일이 아니겠는가?

초나라 왕에게 불사약(不死藥)을 바친 자가 있었다. 알자(謁者)가 약 을 들고 안으로 들어갔다. 시종하던 무관이 물었다.

"먹어도 되는 거요?"

알자가 대답했다.

"되오."

그러자 무관이 약을 빼앗아 먹어버렸다. 왕이 아주 성이 나서 무관 을 죽이라고 했다. 무관이 사람을 시켜 왕을 설득했다.

"신은 알자에게 '먹어도 되는 거요?'라고 물었고, 알자가 '먹어도 되오'라고 했습니다. 그래서 신이 먹었습니다. 따라서 신에게는 죄가 없고 알자에게 죄가 있습니다. 또 객이 불사약을 바쳤는데, 신이 그것을 먹었다고 왕께서 신을 죽인다면, 이것은 불사약이 아닌 것이 됩니다. 그러면 객이 왕을 속인 게 됩니다. 따라서 죄 없는 신을 죽여서 누군가가 왕을 속였다는 사실이 드러나는 것보다는 신을 풀어주는 게 낫습니다."

왕은 그를 죽이지 않았다.

전사(田駟)가 추(鄒)나라 군주를 속이자, 추나라 군주는 사람을 보내 그를 죽이려 했다. 전사가 두려워서 이를 혜자(惠子)에게 알렸다. 혜자가 추나라 군주를 만나서는 말했다.

"이제 어떤 사람이 군주를 뵙고는 한쪽 눈을 감는다면, 어찌 하시겠습니까?"

"나는 반드시 그를 죽일 것이오."

"장님은 두 눈을 감고 있습니다. 군주께서는 어찌하여 죽이지 않으십니까?"

"그는 눈을 감지 않을 수 없는 사람이기 때문이오."

"전사는 동쪽으로 제나라 군주를 업신여기고 남쪽으로 초나라 왕을 속였습니다. 전사가 사람을 속이는 일은 장님과 같습니다. 군주께서는 어찌하여 그를 탓하십니까?"

이에 추나라 군주는 전사를 죽이지 않았다.

노나라 정공(定公)이 여러 공자들 가운데 어떤 공자는 진(晉)나라로, 어떤 공자는 초나라로 가서 벼슬하게 했다. (이는 유사시에 구원을 요청하려는 의도에 따른 것이다.) 제나라의 여서(犁鉏)가 왔다가 이렇게 말했다.

"어떤 사람이 월나라에서 사람을 불러와 물에 빠진 아이를 구한다고 합시다. 월나라 사람이 비록 헤엄을 잘 친다고 하더라도 물에 빠진 아이를 결코 살리지 못합니다. 불이 났을 때 바다에서 물을 끌어오려고 하면, 바닷물이 아무리 많다고 하더라도 불을 결코 끄지 못합니다. 먼 곳의 물로는 가까운 불을 끄지 못하기 때문입니다. 진나라와 초나라가 아무리 강국이라고 하더라도 제나라가 가까이 있으니 노나라의 환난을 구해줄 수 있겠습니까?"

한(韓)나라의 대부 엄수(嚴遂)는 주(周)나라 군주와 사이가 좋지 않았다. 주나라 군주가 이를 걱정하자, 풍저(馮沮)가 말했다.

"엄수가 재상으로 있기는 하지만, 한괴(韓傀)[3]가 군주에게 존중받고 있습니다. 자객을 보내 한괴를 죽이는 것이 낫습니다. 그러면 한나라 군주는 틀림없이 엄수의 짓이라 여길 것입니다."

한나라의 재상인 장견(張譴)이 병으로 죽어갈 때였다. 공승무정(公乘無正)이 황금 서른 근을 싸 들고 병문안을 갔다. 한 달이 지나서 한나라 군주가 장견에게 물었다.

"그대가 죽으면, 누구로 그대를 대신하는 게 좋겠소?"

"공승무정은 법을 중시하고 군주를 두려워합니다. 그렇지만 공자 이아(食我)가 백성들의 마음을 얻고 있는 것보다는 못합니다."

장견이 죽자 공승무정을 재상으로 삼았다.

악양(樂羊)이 위(魏)나라 장수가 되어 중산(中山)을 칠 때, 그의 아들이 중산에 있었다. 중산의 군주가 그의 아들을 삶아 죽이고 그 국을 악양에게 보냈다. 악양은 막사 안에 앉아서 국 한 그릇을 다 마셨다. 위나

---

3) 「내저설 하」에는 '한외(韓庬)'로 나온다.

라 문후(文侯)가 도사찬(堵師贊)에게 말했다.

"악양은 과인을 위해서 아들을 삶은 국물까지 먹었구려!"

도사찬이 대답했다.

"자기 아들을 삶은 국물까지 먹었으니, 앞으로 누구를 먹지 못하겠습니까?"

악양이 중산에서 돌아오자, 문후는 그의 공로에 대해 상을 내리면서도 그 마음을 의심했다.

노나라의 맹손씨(孟孫氏)가 사냥을 나갔다가 새끼 사슴을 잡았다. 진서파(秦西巴)를 시켜 이를 가지고 돌아가게 했다. 그 어미가 따라오면서 울었다. 진서파가 차마 견디지 못하고 새끼를 어미에게 주었다. 맹손씨가 돌아와서 새끼 사슴을 찾자 진서파가 대답했다.

"제가 차마 견디지 못하고 그 어미에게 주었습니다."

맹손씨가 아주 성내며 그를 내쫓았다. 석 달 뒤에 다시 그를 불러서는 아들의 사부로 삼았다. 맹손씨의 시종이 물었다.

"지난번에는 죄를 주고 이제 다시 불러 자식의 사부로 삼으시니, 그 까닭이 무엇입니까?"

맹손씨가 대답했다.

"새끼 사슴의 괴로움도 차마 견디지 못했는데, 내 자식에게 모질게 굴겠는가?"

그래서 "교묘하게 속이는 것은 우직하고 성실한 것만 못하다"고 말하는 것이다. 악양은 공을 세웠으나 의심을 받았고, 진서파는 죄를 지었으나 더욱 신임을 얻었다.

증종자(曾從子)는 칼을 감정하는 데 뛰어났다. 그때 위(衛)나라 군주가 오나라 왕에게 원한을 품고 있었다. 증종자가 말했다.

"오나라 왕은 칼을 좋아하고, 저는 칼을 감정합니다. 신이 오나라 왕을 위해 칼을 감정하면서 칼을 뽑아 보여주다가 군주를 위해 그를 찌르겠습니다."

위나라 군주가 말했다.

"그대가 이 일을 하려는 것은 의로움 때문이 아니라 이익을 위해서다. 오나라는 강하고 부유하지만, 위나라는 약하고 가난하다. 그대가 가게 되면 오나라 왕을 위해 그 수법을 나에게 쓰지 않을까 두렵다."

그리고는 내쫓았다.

상나라의 폭군 주(紂)가 상아 젓가락을 쓰자 기자(箕子)가 두려워하며 이렇게 생각했다.

"상아 젓가락을 쓰면 흙으로 만든 그릇에 국을 담아 먹을 수 없고, 그러면 반드시 옥으로 만든 그릇을 쓸 것이다. 옥으로 만든 그릇과 상아 젓가락을 쓰면 반드시 야채 국을 담아 먹지 않을 것이고, 그러면 쇠고기나 코끼리 고기, 표범 고기만 먹을 것이다. 쇠고기나 코끼리 고기, 표범 고기를 먹으면 결코 거친 베옷을 입지 않고 띳집에서도 살지 않으며 반드시 비단옷을 겹겹이 입고 고대광실에서 살려고 할 것이다. 이렇게 어울리는 것을 구하다 보면, 천하의 어떤 것도 부족할 것이다."

성인은 아주 미세한 움직임만 보고도 사물의 꼬투리를 알고, 일의 시작을 보면 그 끝을 안다. 그래서 상아 젓가락만 보고도 두려워한 것은 천하의 그 무엇으로도 만족시키지 못하리라는 것을 알았기 때문이다.

주공(周公) 단(旦)이 은(殷)나라를 쳐서 이긴 뒤에 상개(商蓋)를 치려고 했다. 이에 신공(辛公) 갑(甲)이 말했다.

"큰 나라는 치기 어렵지만, 작은 나라는 굴복시키기가 쉽습니다. 작은 나라들을 여럿 복속시켜서 큰 나라를 겁주는 것이 낫습니다."

이윽고 구이(九夷)를 먼저 쳐서 상개를 굴복시켰다.

폭군 주(紂)가 밤낮으로 술자리를 열어 그 환락에 날이 가는 줄을
몰랐다. 좌우 측근에게 날짜를 물었으나, 아무도 알지 못했다. 곧 기자
(箕子)에게 사람을 보내 물었는데, 기자가 아랫사람들에게 말했다.

"천하의 주인이 되어 온 나라 사람들이 모두 날이 가는 것을 잊게 만
들었으니, 천하가 위태로워질 것이다. 온 나라 사람들이 모두 알지 못
하는 것을 나만 홀로 안다면, 내가 위태로워질 것이다."

술에 취했다는 구실로 알지 못한다고 말했다.

노나라의 어떤 사람이 짚신을 잘 삼았는데, 그 아내는 흰 비단을 잘
짰다. 두 사람이 월나라로 이사하려고 하자, 어떤 사람이 말했다.

"당신은 틀림없이 궁핍해질 것이오."

노나라 사람이 물었다.

"어째서 그렇소?"

"신은 발에 신는 것인데, 월나라 사람들은 맨발로 다니오. 비단은 갓
을 짜기 위해 쓰는데, 월나라 사람들은 머리를 풀어 헤치고 산다오. 그
대가 좋은 기술을 지녔다고 해도 그것이 쓰이지 않는 나라에서 산다면,
궁핍해지지 않으려고 한들 그렇게 되겠소?"

진진(陳軫)이 위(魏)나라 왕에게 존중을 받자, 혜자(惠子)가 말했다.

"반드시 왕의 측근을 잘 섬기도록 하시오. 무릇 버드나무는 옆으로
눕혀도 잘 살고 거꾸로 심어도 잘 살며 꺾어서 심어도 잘 사오. 그러나
열 사람이 그것을 애써 심어도 한 사람이 뽑아버리면 살아날 수가 없
소. 열 명이나 되는 많은 사람이 생명력이 강한 나무를 심어도 한 사람
을 당하지 못하는 까닭이 무엇이겠소? 심기는 어려워도 뽑기는 쉽기
때문이오. 그대가 비록 솜씨 좋게 자신을 왕에게 심더라도 그대를 뽑으
려는 자가 많다면, 그대는 반드시 위태로워질 것이오."

노나라의 계손씨(季孫氏)가 그 군주를 시해할 무렵, 오기(吳起)는 노나라에서 벼슬하고 있었다. 누군가가 오기에게 말했다.

"무릇 죽은 자는 죽기 시작할 때 피를 흘리고, 피를 흘린 뒤에는 몸이 말라 굳으며, 몸이 말라 굳은 뒤에는 재로 변하고, 재가 된 뒤에는 흙으로 돌아가오. 흙으로 돌아간 뒤에는 할 수 있는 게 아무것도 없소. 이제 계손씨는 막 피를 흘리기 시작했고, 그 끝이 어찌될지는 알 수가 없소."

오기는 곧 노나라를 떠나 진(晉)나라로 갔다.

습사미(隰斯彌)가 전성자(田成子)를 만났다. 전성자는 그와 함께 누대에 올라 사방을 바라다보았다. 삼면이 탁 트였는데, 남쪽을 바라보니 습사미의 집에 있는 나무가 시야를 가렸다. 전성자는 아무 말도 하지 않았다. 습사미는 집에 돌아오자마자 사람을 시켜 나무를 베게 했다. 도끼로 여러 번 찍었을 때, 습사미가 멈추게 했다. 집사가 물었다.

"어째서 그렇게 빨리 마음이 변하십니까?"

습사미가 대답했다.

"옛 속담에, '연못 속의 물고기를 아는 자는 상서롭지 못하다'는 게 있다. 전성자가 앞으로 큰일을 일으키려 하는데, 내가 기미를 알아차린다는 것을 보여주면 나는 반드시 위태로워질 것이다. 나무를 베지 않는 것은 죄가 되지 않지만, 남이 말하지 않은 것을 알아차리면 그 허물은 아주 크다."

그리고는 베지 못하게 했다.

양자(楊子)[4]가 송(宋)나라 동쪽을 지나다가 여관에 묵게 되었다. 여

---

[4]   위아주의(爲我主義)로 유명한 양주(楊朱)를 가리킨다. 『회남자(淮南子)』에 따르면, "천성을 보존하고, 사물에 얽매이지 않는 것"을 강조하고 중시했다. 『맹자』를 통해 양주의 철학이 전국시대 초기에 크게 유행했음을 짐작할 수 있다.

관에는 두 명의 하녀가 있었는데, 한 명은 못생겼는데도 사랑받고 있었고 다른 한 명은 아름다운데도 천대받고 있었다. 양자가 그 까닭을 물으니, 여관 주인이 대답했다.

"아름다운 아이는 제 스스로 아름답다고 여기므로 도리어 나는 그 애가 아름다운 줄을 모르겠고, 못생긴 아이는 스스로 못생겼다고 여기므로 도리어 나는 그 애가 못생긴 줄을 모르겠더이다."

양자는 제자들에게 말했다.

"행실이 현명하면서 스스로 현명하다는 마음을 버릴 수 있다면, 어디를 간들 칭찬받지 않겠는가!"

위(衛)나라 사람이 딸을 시집보내면서 이렇게 가르쳤다.

"반드시 남모르게 재물을 모아두어라. 남의 부인이 되었다가 쫓겨나는 것은 늘 있는 일이고, 죽을 때까지 함께 사는 것은 요행이다."

딸은 그 말대로 남모르게 재물을 모았는데, 시어미는 며느리가 사사로이 모은 재물이 많다고 여겨 내쫓았다. 이 딸이 친정으로 돌아왔을 때 가지고 온 재물은 시집갈 때 갖고 간 것보다 갑절이나 되었다. 그 아비는 딸을 잘못 가르친 것에 대해 전혀 죄스러워하지 않고 오히려 재산이 는 것은 자신의 지혜 덕분이라고 여겼다. 지금 신하가 되어 관직에 있는 자들은 모두 이런 부류다.

노단(魯丹)은 세 번이나 중산국(中山國) 군주에게 유세했으나 받아들여지지 않았다. 그래서 군주의 측근에게 황금 50금(金)을 뿌렸다. 다시 군주를 만났을 때 아직 말도 하기 전에 군주가 그에게 식사를 대접했다. 노단이 나와서는 숙소로 돌아가지 않고 곧바로 중산국을 떠나려했다. 어자(御者)가 물었다.

"다시 알현하자 드디어 우리를 잘 대해주었는데, 무슨 까닭으로 떠나려 하십니까?"

노단이 말했다.

"대체로 남의 말을 듣고 나에게 잘 대해주었다면, 반드시 남의 말을 듣고 나에게 죄도 줄 것이다."

국경을 채 나서기도 전에 어떤 공자가 그를 헐뜯었다.

"노단은 조(趙)나라를 위해 중산국에 첩자로 왔습니다."

군주가 그 말을 듣고 노단을 붙잡아서 벌주었다.

전백정(田伯鼎)은 유능한 선비를 좋아한 덕분에 그 군주를 온전하게 모실 수 있었고, 백공(白公) 승(勝)은 유능한 선비를 좋아한 까닭에 초나라를 어지럽혔다. 유능한 선비를 좋아한 것은 같지만, 좋아한 까닭은 달랐다. 공손지(公孫枝)[5]는 스스로 발을 잘라 백리해(百里奚)를 높여주었고, 제나라의 수조(豎刁)는 스스로 거세하여 환공에게 아첨했다. 스스로 몸에 형벌을 가한 것은 같지만, 그렇게 한 까닭은 달랐다. 혜자(慧子)[6]가 말했다.

"미치광이가 동쪽으로 달려가면 그를 쫓는 자들 또한 동쪽으로 달려간다. 동쪽으로 달려간 것은 같지만, 동쪽으로 달려간 까닭은 다르다. 그래서 '같은 일을 하는 사람이라도 자세하게 살피지 않을 수 없다'고 말하는 것이다."

---

5) 진(秦)나라 목공(穆公)을 섬기던 대부로, 백리해에게 상경(上卿) 자리를 양보했다.
6) 장자의 친구로 알려져 있는 혜시(惠施)를 가리킨다.

23장

설림(說林) 하,
형세와 추세 파악하기

말을 잘 모는 백락(伯樂)이 두 사람에게 뒷발질하는 말을 감정하는 법을 가르쳤다. 두 사람은 조간자(趙簡子)의 마구간으로 가서 말들을 살펴보았다. 한 사람이 뒷발질하는 말을 골랐는데, 다른 한 사람이 그 뒤를 따라서 그 말을 요모조모 살피며 말의 궁둥이를 만졌으나 그 말은 전혀 뒷발질을 하지 않았다. 이에 이 말을 고른 사람은 자신이 잘못 감정했다고 여겼는데, 다른 한 사람이 이렇게 말했다.

"그대가 잘못 감정한 게 아니오. 이 말은 어깨가 굽고 앞 다리의 무릎이 부어올랐소. 대체로 뒷발질하는 말은 앞발에 기대어 뒷발을 드는데, 지금 앞다리의 무릎이 부어올라서 뒷발이 기댈 수가 없소. 그래서 뒷발을 들지 못하는 것이오. 그대는 뒷발질하는 말을 감정하는 데는 뛰어나지만, 앞무릎이 부어오른 것을 보는 데는 영 서투르오."

대개 일에서는 그렇게 되는 까닭이 반드시 있으니, 무릎이 부어올랐기 때문에 기댈 수가 없었던 것이다. 이런 것은 지혜로운 자만이 알 수 있는 일이다. 혜자(惠子)가 말했다.

"원숭이도 우리 안에 가두어 두면 돼지처럼 된다."

그러므로 형세가 유리하지 않으면 재능을 드러낼 길이 없다.

위(衛)나라 장수인 문자(文子, 公孫彌牟)가 증자(曾子)를 만났는데, 증자가 자리에서 일어나지 않은 채 문자에게 자리를 권하면서 자신은 상석에서 몸을 바로했다. 나중에 문자가 자기 수레의 말을 모는 어자(御者)에게 말했다.

"증자는 어리석은 사람이로구나. 그가 나를 군자로 여겼다면, 어찌 군자에게 깍듯하게 대하지 않을 수가 있는가? 그게 아니라 나를 포악한 자로 여겼다면, 포악한 자에게 어찌 모욕할 수가 있는가? 증자가 죽임을 당하지 않은 것은 순전히 운이 좋아서다."

새들 가운데 주주(鵁鵁)라는 새가 있다. 머리는 무겁고 꽁지는 짧아서 물가에서 물을 마시려 하면 반드시 고꾸라진다. 그래서 다른 새가 그 깃털을 물어서 당겨주어야 물을 마실 수 있다. 사람의 경우에도 혼자서 마시지 못하는 자가 있으니, 그럴 때는 깃털을 물어줄 사람을 찾지 않으면 안 된다.

드렁허리는 뱀과 닮았고 누에는 애벌레와 닮았다. 사람들은 뱀을 보면 화들짝 놀라고 애벌레를 보면 소름이 돋는다. 그런데 어부는 드렁허리를 손으로 잡고, 아낙네들은 누에를 친다. 이렇듯 이익이 있으면 모두 용사 맹분(孟賁)이나 자객인 전제(專諸)처럼 된다.

백락(伯樂)은 자기가 미워하는 자에게는 천리마를 감정하는 법을 가르치고 자기가 아끼는 자에게는 노둔한 말을 감정하는 법을 가르친다. 천리마는 가끔 한 마리씩 있으므로 벌이가 더디지만, 노둔한 말은 날마다 사고팔기 때문에 벌이가 빠르다. 이는 『주서(周書)』에서 "하찮은 말(言)이 좋게 쓰인다"고 말한 것과 같은데, 미혹시키는 말이다.

환혁(桓赫)이 말했다.

"조각을 하는 데에도 길이 있다. 코는 크게 하는 게 좋고, 눈은 작게 하는 게 좋다. 코를 처음에 크게 해놓으면 나중에 작게 할 수 있으나, 처음부터 작게 해놓으면 나중에 크게 할 수가 없다. 눈을 처음에 작게 해놓으면 나중에 크게 할 수 있으나, 처음부터 크게 해놓으면 나중에 작게 할 수가 없다."

온갖 일들이 다 그렇다. 그러니 되돌릴 수 없는 일을 할 때 삼가면, 그르치는 일이 적어질 것이다.

상(商)나라 말의 숭후(崇侯)와 악래(惡來)는 주(紂)를 따르면 죽지 않으리라는 것은 알았으나, 무왕이 멸망시킬 것이라는 사실은 알지 못했다. 비간(比干)과 오자서는 그 군주가 반드시 망하리라는 것은 알았으나, 그들 자신들이 죽임을 당할 것이라는 사실은 알지 못했다. 그러므로 "숭후와 악래는 군주의 마음은 알았으나 일의 추세를 알지 못했고, 비간과 오자서는 일의 추세는 알았으나 군주의 마음은 알지 못했다"라고 한다. 성인은 이 두 가지를 다 안다.

송나라 태재(太宰)가 신분이 높아지자 멋대로 일을 처리했다. 계자(季子)가 송나라 군주를 만나려 하니, 양자(梁子)가 그 소식을 듣고는 말했다.

"말을 하려면 반드시 태재를 포함해서 셋이 있는 자리에서 하시오. 그렇게 하지 않으면 화를 면치 못할 것이오."

계자는 그 말대로 셋이 있는 자리에서 군주는 귀하고 나라는 가볍다는 주장을 폈다.

양주(楊朱)의 아우 양포(楊布)가 흰옷을 입고 외출했다가 비를 만나
자 흰옷을 벗고 검은 옷으로 갈아입고서 돌아왔다. 그의 개가 알아보
지 못하고 짖어댔다. 이에 양포는 화가 나서 개를 때리려 했다. 양주가
말했다.

"때리지 말라. 너라도 그렇게 했을 것이다. 너의 개가 나갈 때는 흰색
이었는데 돌아올 때는 검은색이라면, 너라고 어찌 괴이하게 여기지 않
을 수 있겠느냐?"

혜자가 말했다.

"명궁인 예(羿)가 각지를 끼고 왼팔에 팔찌를 댄 뒤에 활을 당기면,
저 멀리 떨어진 월나라 사람들도 다투어 과녁을 들어 올리려 할 것이
다. 그러나 어린아이가 활을 잡으면 그 아이의 어미라도 방 안으로 들
어가 문을 닫아버릴 것이다."

그러므로 "꼭 그렇게 되리라고 믿으면 월나라 사람들도 예를 의심하
지 않지만, 꼭 그렇게 되리라고 믿지 못하면 자애로운 어미라도 제 자
식에게서 달아난다"고 말하는 것이다.

제나라 환공이 관중에게 물었다.
"부유함에도 끝이 있소?"
관중이 대답했다.

"물이 끝나는 곳은 물이 없는 곳입니다. 부유함이 끝나는 곳은 그 부
유함에 스스로 만족하는 데 있습니다. 사람이 스스로 만족하면서 그칠
줄을 모른다면, 부유함의 끝이란 없다고 해야겠지요!"

송나라에 감지자(監止子)라는 부유한 장사꾼이 있었다. 값이 1백

금(金)[1]이나 나가는 박옥(璞玉)을 사려고 다른 사람들과 경쟁했는데, 일부러 박옥을 떨어뜨려 흠집을 내고는 백금을 주어 변상했다. 그러고는 흠집을 갈아서 말끔하게 하고는 1천 일(鎰)을 벌었다. 일을 하다 보면 실패하는 경우도 종종 있지만 아예 일을 하지 않는 것보다 나은 경우가 있으니, 감지자가 변상한 일처럼 때에 알맞기 때문이다.

말을 모는 재주로 초나라 왕을 만나려는 자가 있었다. 다른 마부들이 그를 시샘했다. 그러자 그가 말했다.

"신은 사슴을 잘 잡을 수 있습니다."

그리하여 왕을 만났다. 왕이 직접 말을 몰 때는 사슴을 따라잡지 못했으나, 그가 수레를 몰자 말을 따라잡았다. 왕이 말을 잘 몬다고 칭찬하자 그제야 마부들이 자기를 시샘한 일에 대해 말했다.

초나라에서 공자(公子) 조(朝)를 시켜 진(陳)나라를 치게 했다. 한 노인이 그를 배웅하면서 "강한 진(晉)나라가 뒤에 있으니 삼가지 않을 수 없습니다"라고 말했다. 이에 공자가 말했다.

"노인장께서는 걱정하지 마시오. 내가 노인장을 위해 강한 진나라까지 깨뜨리겠소!"

노인이 말했다.

"좋소! 그러면 나는 진(陳)나라 도성 남쪽 문 밖에다 여막을 지어놓고 기다리겠소."

"그게 무슨 말씀이시오?"

"나는 월나라 왕 구천을 비웃어야겠소. 다른 나라를 치는 일이 이토록 쉬운데, 그는 어찌하여 혼자서 10년이나 그토록 애쓰며 고생했는지

---

1) 1금(金)은 1일(鎰)이며 대략 24냥에 해당한다.

말이오!"

요(堯)가 천하를 허유(許由)에게 물려주려고 하자, 허유는 달아나 어느 백성의 집에 숨었다. 그 집 주인은 허유가 가죽 모자를 훔치려는 줄 알고 감추었다. 저 천하도 버린 사람인데 집 주인은 가죽 모자를 감추었으니, 이는 허유가 어떤 사람인지 알지 못했기 때문이다.

이 세 마리가 서로 말다툼을 하고 있었다. 그 곁을 지나가던 이가 물었다.
"무엇 때문에 다투고 있는 건가?"
이 세 마리가 입을 모아 말했다.
"살찌고 넉넉한 곳을 다투고 있다네."
"자네들은 섣달이 되어 제사를 지낼 때면 돼지가 띠풀에 그을려서 죽게 될 것은 걱정하지 않고 있는데, 어째서 이를 걱정하지 않는 건가?"
이리하여 서로 돼지의 몸을 물어뜯으며 피를 빨아 먹었다. 돼지가 야위자 사람들은 그 돼지를 죽이지 않았다.

훼(虺)라는 뱀이 있다. 몸은 하나인데 입이 두 개 있어 먹을 것을 다투다가 서로 물어뜯어 끝내는 같이 죽고 만다. 신하들이 권력을 다투다가 나라를 망치니, 모두 이 훼와 같은 무리다.

집에 흰색을 칠하고 그릇을 씻으면 깨끗해진다. 사람의 몸가짐도 그러하다. 칠하거나 씻을 여지가 없게 하면 잘못도 적어진다.

제나라 공자 규(糾)²⁾가 노나라에 있으면서 난을 일으키려 하였다.

---
2) 제나라 환공인 소백(小白)의 이복형이다. 서로 왕위를 다투었으나, 소백에게 패배해

환공이 사자를 보내 그를 살펴보게 했는데, 사자가 돌아와서 말했다.

"웃고 있어도 즐겁지 않고 보고 있어도 보는 것 같지 않았습니다. 반드시 난을 일으킬 것입니다."

이에 환공은 노나라 사람들이 그를 죽이게 했다.

공손홍(公孫弘)이 오랑캐 풍습을 따라 긴 머리를 자르고 월나라 왕의 기사(騎士)가 되었다. 이에 형인 공손희(公孫喜)가 사람을 보내 의절하겠다면서 말했다.

"나는 너와 형제가 아니다!"

공손홍이 말했다.

"나는 머리를 잘랐지만 형은 목이 잘릴 수도 있는데 남을 위해 전쟁을 하고 있으니, 내가 그런 형에게 대체 무슨 말을 해야 할까요?"

그 후, 공손희는 주남(周南)의 전투에서 죽었다.[3]

사나운 자와 이웃해 사는 자가 제 집을 팔고 이사 가려고 하자, 어떤 사람이 말했다.

"이 자는 앞으로 죄가 쌓여서 형벌을 받을 테니, 조금만 더 참고 기다리게나!"

그가 대답했다.

"그가 나를 해쳐 그 죄가 더 쌓일까 그게 걱정이오."

마침내 떠나버렸다. 그래서 "낌새가 보이면 머뭇거리지 말라"고 말하는 것이다.

서 죽임을 당했다.

[3] 주남(周南)은 지금의 하남성 낙양시 남쪽의 이궐(伊闕)이다. 『사기』「한세가」를 보면, 기원전 293년에 공손희는 주나라와 위나라 군사를 이끌고 진(秦)나라를 공격했다가 이궐(伊闕)에서 참패했는데, 당시 24만 명이 죽거나 포로가 되었다고 한다.

공자가 제자들에게 말했다.

"초나라의 자서(子西)가 명성을 낚으려 애쓰는데, 누가 그를 타이를 수 있겠느냐?"

자공이 말했다.

"제가 할 수 있습니다."

자공이 가서 자서를 타일렀으나, 자서는 전혀 개의치 않았다. 공자가 탄식했다.

"너그럽구나, 이곳에 사로잡히지 않았으니! 깨끗하구나, 타고난 성품을 한결같이 지니고 있으니! 굽으면 굽었다 하고, 곧으면 곧다고 하는구나. 허나 그 때문에 재앙을 피하기 어려우리라."

그 뒤 백공(白公)이 난을 일으켰을 때, 자서는 횡사했다. 그래서 "행동이 곧은 자라도 욕심 탓에 구부러진다"고 말하는 것이다.

진(晉)나라의 중항문자(中行文子) 순인(荀寅)이 망명길에 올랐다가 어느 현을 지나게 되었다. 종자가 말했다.

"이곳의 색부(嗇夫)[4]는 공과 잘 아는 사이입니다. 공은 어찌하여 잠시 쉬면서 뒤따르는 수레들이 오기를 기다리지 않습니까?"

문자가 말했다.

"내가 예전에 음악을 좋아했을 때 이 사람은 전설적인 명금(鳴琴)을 나에게 보내주었다. 또 내가 패옥을 좋아하자 이 사람은 나에게 귀한 옥고리를 보내주었다. 이는 내 허물을 부추긴 것이다. 바라는 게 있어 내 환심을 사려 한 것이니, 이제 나를 미끼로 다른 사람에게 환심을 사려고 할까 두렵구나."

곧바로 그곳을 떠났다. 과연 그 자는 문자의 뒤를 따르던 수레 두 대를 빼앗아서 자기 주군에게 바쳤다.

---

4) 색부(嗇夫) : 지방의 관아에서 소송과 징세 등을 담당한 하급 관원.

주조(周趮)가 궁타(宮他)에게 부탁했다.

"나를 위해 제나라 왕에게 제나라가 나를 도와 내가 위나라에서 권력을 잡도록 해준다면, 내가 위나라로써 왕을 섬기겠다고 말해주시오."

궁타가 말했다.

"옳지 않소. 이건 그대가 위나라에서 아무런 세력이 없음을 보여줄 뿐이오. 제나라 왕은 위나라에 아무런 세력이 없는 자를 도와서 위나라의 원한을 사는 일은 결코 하지 않을 것이오. 그대는 '왕께서 바라는 바를 말해주시면 위나라가 받아들이도록 내가 애쓰겠습니다'라고 말하는 게 낫소. 그러면 제나라 왕은 틀림없이 그대가 위나라에서 세력이 있는 자라고 여겨 그대에게 기댈 것이오. 이것이 그대가 제나라에서 믿음을 얻어 제나라와 위나라 양쪽에서 세력을 얻는 길이오."

백규(白圭)가 송나라 영윤(令尹)[5]에게 말했다.

"군주가 장성해서 직접 정사를 맡으면 그대는 아무런 권세가 없게 될 것이오. 그러나 지금 군주는 어리고 명성을 얻으려 애쓰고 있으니, 초나라가 군주의 효성을 칭찬하도록 힘쓰는 것이 낫소. 그리하면 군주는 그대의 지위를 빼앗지 않고 오히려 그대를 아주 공경하며 존중할 것이고, 그대 또한 송나라에서 계속 권세를 잡게 될 것이오."

관중과 포숙이 서로 말했다.

"군주[6]의 난잡한 행실이 더욱 심해지고 있으니, 반드시 나라를 잃고 말 것이네. 제나라의 여러 공자(公子)들 가운데서 보좌할 만한 이는 공자 규(糾) 아니면 소백(小白)이야. 그대와 내가 각자 한 사람씩 섬겨서

---

5) 당시 영윤은 초나라에만 있던 제도였고, 송나라에는 없었다.
6) 제양공(齊襄公)을 가리킨다.

먼저 성공한 자가 서로 거두기로 하세."

이에 관중은 공자 규를 따랐고, 포숙은 소백을 따랐다. 얼마 뒤 과연 제나라 신하들이 그 군주를 시해했다. 소백이 먼저 도성에 들어가서 군주가 되었고, 노나라에서는 관중을 사로잡아서 제나라로 보냈다. 포숙은 환공(桓公)이 된 소백에게 관중을 재상으로 삼으라고 말했다. 그래서 속담에, "무함(巫咸)이 비록 주술에 뛰어났으나 그 자신의 재앙을 없애지는 못했고, 진(秦)나라의 명의 편작은 병을 잘 고쳤으나 그 자신에게 침을 놓지는 못했다"는 말이 있다. 관중의 훌륭한 재주로도 포숙의 도움에 기대야 했다. 이는 비속하게 말하자면, "노예가 스스로 갖옷을 팔려고 하더라도 아무도 사주지 않고, 선비가 아무리 언변이 뛰어나더라도 믿어주지 않는다"는 것이다.

초나라 왕이 오나라를 쳤다. 오나라에서는 저위(沮衛)[7]인 궐융(蹶融)[8]을 시켜 초나라 군사들에게 음식을 보냈는데, 초나라 장수가 말했다.

"이 자를 묶어서 죽인 뒤에 그 피를 북에 바르도록 하라!"

그러자 군사들이 그에게 물었다.

"너는 이곳에 올 적에 점을 쳤느냐?"

"쳤다!"

"점괘가 길했느냐?"

"길했다!"

"그런데 지금 우리 초나라 장군은 너의 피를 북에 바르려고 하는데, 어찌된 일이냐?"

"그게 바로 점괘가 길한 이유다. 오나라에서 나를 보낸 것은 초나라

7) 저위를 관직명으로 보는 경우가 있고 인명으로 보는 경우도 있는데, 여기서는 관직명으로 보았다.
8) 오나라 왕 여말(餘昧)의 동생인 궐유(蹶由)인 듯하다.

장군의 기세를 살펴보기 위해서였다. 장군의 기세가 대단하면 오나라에서는 해자를 깊게 파고 성채를 높이 쌓을 것이고, 장군의 기세가 대단치 않으면 게으름 피우며 느슨해질 것이다. 이제 장군이 나를 죽이면 오나라는 반드시 경계하며 지킬 것이다. 나라에서 점을 친 것은 신하한 사람을 위해 점을 친 것이 아니었다. 한 명의 신하를 죽여서 한 나라가 보존된다면, 이게 길한 것이 아니고 무엇이겠느냐? 또 죽은 자에게지각이 없다면 나를 죽여 피를 북에 바른다고 한들 아무런 이익이 없을것이고, 죽은 자에게 지각이 있다면 나는 전투가 벌어지면 반드시 북이울리지 않게 할 것이다."

이로 말미암아 초나라에서는 그를 죽이지 않았다.

지백(知伯)이 구유(仇由)를 치려고 했으나 길이 험해 군사가 지나갈수 없었다. 이에 커다란 종을 주조해 구유의 군주에게 보냈다. 구유의군주는 아주 기뻐하며 길을 열어 받아들이려 했다. 적장만지(赤章曼枝)가 말리며 말했다.

"안 됩니다. 이는 작은 나라가 큰 나라를 섬기는 방법입니다. 그런데지금 큰 나라가 먼저 종을 보냈으니, 반드시 군대가 뒤따라올 것입니다. 받아들여서는 안 됩니다."

구유의 군주는 듣지 않고 끝내 지백의 군대를 받아들였다. 적장만지는 수레의 굴대 끝을 잘라 수레의 폭을 줄여서는 좁은 길로 내달아 제나라로 달아났다. 일곱 달 뒤에 구유는 멸망했다.

월나라가 오나라를 쳐서 이긴 뒤에 다시 초나라에 군사를 빌려서 진(晉)나라를 치려고 했다. 그러나 초나라에서는 좌사(左史)인 의상(倚相)이 왕에게 말했다.

"월나라가 오나라를 깨뜨리기는 했으나 뛰어난 용사는 거의 다 죽고 정예병은 힘이 다했으며 장비들도 망가졌습니다. 지금 다시 군사를 빌려서 진나라를 치려고 하는 것은 우리에게 그들이 지치지 않았음을 보여주려는 것입니다. 그러니 우리가 군사를 일으켜 오나라를 나누어 갖는 것이 좋습니다."

초나라 왕이 말했다.

"좋다."

이리하여 군사를 일으켜 월나라 군대를 뒤쫓았다. 월나라 왕은 성내며 반격하려고 했다. 대부인 문종(文種)이 말렸다.

"안 됩니다. 우리의 뛰어난 용사들은 거의 다 죽고 장비는 망가졌습니다. 우리가 맞서 싸우면 결코 이기지 못합니다. 뇌물을 주는 게 낫습니다."

그리고는 노산(露山)의 북쪽 땅 5백 리를 뇌물로 주었다.

초나라가 진(陳)나라를 치자 오나라가 진나라를 구원했다. 두 나라 군사는 30리쯤 떨어져 있었다. 비가 열흘이나 내리다가 밤에 갰다. 초나라의 좌사인 의상(倚相)이 자기(子期)에게 말했다.

"비가 열흘이나 내리는 동안에 갑옷과 무기를 한곳에 모아두었는데, 이 틈을 노려 오나라가 반드시 쳐들어올 것입니다. 미리 대비해 두어야 합니다."

그리고는 진을 펼치려 했다. 진을 미처 펼치기도 전에 오나라 군대가 이르렀는데, 초나라의 진을 보고는 되돌아갔다. 좌사가 말했다.

"오나라 군사는 왕복 60리 길을 행군했으니, 장교들은 반드시 쉬고 병사들은 반드시 밥을 해먹을 겁니다. 우리가 30리를 행군해서 그들을 친다면, 반드시 이길 수 있습니다."

이내 그들을 뒤쫓아 갔고, 마침내 오나라 군사를 깨뜨렸다.

한(韓)나라와 조(趙)나라 사이에 다툼이 생겼다. 한나라 군주가 위(魏)나라에 군대를 청하여 말했다.

"군사를 빌려 조나라를 치려고 합니다."

위나라 문후(文侯)가 말했다.

"과인은 조나라와 형제지간이어서 그 말을 따를 수 없습니다."

조나라도 군대를 빌려 한나라를 치려고 했는데, 문후가 말했다.

"과인은 한나라와 형제지간이어서 감히 따를 수 없습니다."

두 나라 사신들은 군사를 얻지 못하자 성내며 돌아갔다. 나중에 문후가 자기들을 화해시키려 했음을 알고는 양쪽 다 위나라에 조회했다.

제나라가 노나라를 치고는 세 발 솥인 참정(讒鼎)을 요구했다. 노나라가 위조품을 가지고 가자 제나라 사람이 "가짜다!"라고 외쳤다. 노나라 사람이 말했다.

"진짜다!"

제나라 사람이 말했다.

"악정자춘(樂正子春)을 불러오라. 우리는 그의 의견을 들을 것이다."

노나라 군주가 악정자춘에게 부탁하자 악정자춘은 말했다.

"어째서 진짜를 가져가게 하지 않았습니까?"

노나라 군주가 대답했다.

"내가 아끼는 것이오."

악정자춘이 말했다.

"저 역시 저의 신의를 아낍니다."

한나라의 공자 구(咎)가 군주로 즉위하는 일이 아직 확정되지 않았을 때다. 그의 아우가 주(周)나라에 있었는데, 주나라에서는 그를 융숭하게 대접하고 싶었으나 공자 구가 즉위하지 못할까 두려워했다. 이에 기무회(綦毋恢)가 말했다.

"전차 1백 대로 그를 호송하며 보내는 것이 낫습니다. 공자 구가 즉위하면 경계하기 위해서 보냈다고 하면 되고, 즉위하지 못하면 범죄자를 압송한 것이라고 하면 됩니다."

제나라의 정곽군(靖郭君)이 자신의 영지인 설(薛) 땅에 성을 쌓으려고 하자, 많은 빈객들이 간언하며 말렸다. 정곽군이 알자(謁者)에게 명했다.

"빈객들을 들이지 말라!"

제나라 사람인 어떤 빈객이 뵙기를 청하며 말했다.

"제가 세 마디 말만 하게 해주십시오. 세 마디가 넘으면 저를 삶아 죽이십시오."

정곽군은 그 말에 그를 만나보았다. 빈객은 종종걸음으로 다가오면서 말했다.

"바다의 큰 물고기!"

그러고는 종종걸음으로 되돌아나갔다. 정곽군이 말했다.

"그 말에 대해 자세히 듣고 싶소."

"저는 감히 죽음을 걸고 장난할 수 없습니다."

"부디 나를 위해 말해주시오."

빈객이 대답했다.

"주군은 큰 물고기에 관해 들어보셨습니까? 그물로도 잡을 수 없고, 주살로도 잡을 수 없지만, 일단 물 밖으로 뛰쳐나오면 땅강아지나 개미들도 그 물고기를 마음대로 다룰 수 있습니다. 이제 제나라는 주군에게 있어 바다와 같습니다. 주군이 제나라에 오래도록 있을 수 있다면 어찌 설 땅이 문제가 되겠습니까? 주군이 제나라를 잃게 되면 비록 설 땅에 하늘에 닿을 만한 성을 쌓더라도 아무런 도움이 되지 않습니다."

정곽군이 말했다.

"옳은 말이오!"

곧 공사를 멈추게 하고 설 땅에 성을 쌓지 않았다.

초나라 왕의 아우가 진(秦)나라에 있었다. 진나라에서 그를 돌려보
내려 하지 않자 조정의 호위 무사가 말했다.

"신에게 황금 1백 금을 밑천으로 주시면 진나라가 아우님을 돌려보
내게 할 수 있습니다."

이에 1백 금을 수레에 싣고 진(晉)나라로 가서 숙향(叔向)을 만나 부
탁했다.

"초나라 왕의 아우가 진(秦)나라에 있는데, 진나라에서 돌려보내지
않고 있습니다. 황금 1백 금을 드릴 테니 잘 부탁드립니다."

숙향이 황금을 받고는 진평공(晉平公)을 뵈러 가서 이렇게 말했다.

"호구(壺丘)에 성을 쌓을 만합니다."

평공이 물었다.

"어째서 그렇소?"

숙향이 대답했다.

"초나라 왕의 아우가 진나라에 있는데, 진나라에서 돌려보내지 않고
있습니다. 이는 진나라가 초나라를 미워하는 것입니다. 그러면 우리가
호구에 성을 쌓아도 결코 막지 못할 것입니다. 만약 막는다면 우리는
'우리를 위해 초나라 왕의 아우를 돌려보낸다면 우리도 성을 쌓지 않겠
다'고 말하면 됩니다. 그렇게 해서 저들이 돌려보낸다면 우리는 초나라
에 덕을 베푼 셈이 됩니다. 만약 돌려보내지 않는다면 그것은 진나라가
초나라를 끝까지 미워하는 것입니다. 그러면 초나라도 견제할 것이니,
우리가 호구에 성을 쌓아도 결코 막지 못할 것입니다."

"좋소!"

곧 호구에 성을 쌓으면서 진(秦)나라 군주에게 알렸다.

"우리를 위해 초나라 왕의 아우를 돌려보낸다면, 성을 쌓지 않겠소."

이에 진나라는 그를 돌려보내주었다. 초나라 왕은 매우 기뻐하며 순
금 1백 일(鎰)을 진(晉)나라에 보냈다.

오나라 왕 합려(闔廬)가 초나라 도성인 영(郢)을 공격해 세 번 싸워 세 번을 이긴 뒤에 오자서에게 물었다.

"물러가도 되겠는가?"

오자서가 반대했다.

"사람을 물에 빠뜨려놓고서 물을 한 번만 마시게 하고 그만두면 빠져 죽는 자가 없습니다. 숨 쉬는 일을 그만두지 않기 때문입니다. 이 기회를 타서 아주 가라앉히는 것만 못합니다."

정(鄭)나라 사람에게 아들이 하나 있었다. 그가 벼슬하러 가면서 가족들에게 말했다.

"무너진 담을 반드시 쌓으십시오. 제대로 수리하지 않으면 도둑이 들 겁니다."

그 마을의 어떤 사람도 같은 말을 해주었다. 담을 제때 쌓지 않았더니, 과연 도둑이 들었다. 그러자 그 아들은 지혜롭다고 하고, 똑같이 일러준 마을 사람은 도둑이 아닌지 의심했다.

관행(觀行),
말과 행동을 살펴라

옛사람들은 자기 눈으로 자신의 모습을 볼 수 없었기 때문에 거울로써 자기 얼굴을 살폈고, 자신의 지혜로 자신을 알 수가 없었기 때문에 도리로써 자신을 바로잡았다. 거울이 흠터를 비추었다고 해서 죄가 되지 않고, 도리가 허물을 드러냈다고 해서 원망을 받지 않는다. 눈은 거울이 없으면 수염과 눈썹을 손질할 길이 없고, 몸이 도리를 잃으면 자신의 미혹을 알 길이 없다.

옛날 서문표(西門豹)는 성미가 급했기 때문에 허리에 무두질한 가죽을 차고 다니면서 스스로 성품을 느긋하게 했고, 동안우(董安于)는 마음이 너무 느긋했으므로 팽팽한 활시위를 차고 다니면서 자신을 다잡았다. 따라서 여유가 있는 것으로 부족한 것을 메우고 긴 것으로 짧은 것을 이어준다면 현명한 군주라 할 만하다.

천하에는 세 가지 확실한 원리가 있다. 첫째는 지혜가 있더라도 공을 세우지 못하는 경우, 둘째는 힘이 있더라도 들어 올리지 못하는 경우, 셋째는 강하더라도 이기지 못하는 경우가 그것이다. 비록 요 임금 같은 지혜가 있더라도 뭇 사람의 도움이 없으면 큰 공을 세울 수 없고,

오획(烏獲)과 같은 힘이 있더라도 다른 사람의 도움을 얻지 못하면 제 몸을 들어 올릴 수 없으며, 맹분(孟賁)이나 하육(夏育)과 같이 용맹하더라도 법술을 지키지 못하면 계속해서 이길 수 없다.

그러므로 형세에 따라 어찌할 수 없는 경우가 있고, 일에 따라 이룰 수 없는 경우가 있다. 오획이 1천 균(鈞)[1]이나 되는 것도 가볍게 다루면서 제 몸을 무거워하는 것은 그 몸이 1천 균보다 무거워서가 아니라 형세가 불편해서다. 이주(離朱)가 백 보 밖의 것도 쉽게 보면서 제 눈썹을 보기 어려워하는 것은 백 보가 가깝고 눈썹이 멀리 있어서가 아니라 이치상 그렇게 할 수 없어서다. 그래서 현명한 군주는 오획이 제 몸을 들어 올리지 못한다고 몰아대지 않으며, 이주가 제 모습을 보지 못한다고 다그치지 않는다. 형세를 잘 탈 수 있으면 쉬운 길을 찾게 마련이다. 이러하므로 힘을 적게 쓰고도 공명을 세울 수 있다.

때에는 이루기에 충분한 때도 있고 모자란 때도 있으며, 일에는 이로운 일도 있고 해로운 일도 있으며, 온갖 것에는 태어남도 있고 죽음도 있다. 군주가 이 세 가지를 알지 못하고 기뻐하거나 성내는 낯빛을 드러낸다면 쇠나 돌처럼 굳은 뜻을 지닌 선비라도 마음이 떠날 것이니, 성인이나 현자 같은 신하는 그것으로 군주가 얄팍한지 깊은지를 헤아리기 때문이다. 따라서 현명한 군주는 남들을 살펴보면서 남들이 자기를 살펴보게 하지는 않는다.

요 임금보다 현명하더라도 홀로 일을 이룰 수 없고, 오획이라 하더라도 제 몸을 들 수 없으며, 맹분이나 하육이라 하더라도 홀로 이길 수 없다. 마찬가지로 법술로써 해야만 신하의 언행을 살필 수 있는 방법을 오롯하게 터득하게 된다.

---

1) 1균은 서른 근이다.

25장

안위(安危),
안정과 위기

나라를 평안하게 하는 방법이 일곱 가지고, 위태롭게 하는 길이 여섯 가지다.

나라를 평안하게 하는 방법은 다음과 같다. 첫째는 상과 벌을 옳고 그름에 따라 내리는 것이고, 둘째는 화와 복을 잘했느냐 못했느냐에 따라 내리는 것이며, 셋째는 죽이고 살리는 일을 법도에 따라 결정하는 것이고, 넷째는 현명한지 모자란지를 판단할 때 사사로운 애정과 미움에 따르지 않는 것이며, 다섯째는 어리석음과 지혜로움을 가릴 때 세상의 비방이나 칭찬에 따르지 않는 것이고, 여섯째는 객관적인 기준이 있어서 맘대로 헤아리지 않는 것이며, 일곱째는 믿음을 주어서 속이지 않는 것이다.

나라를 위태롭게 하는 길은 다음과 같다. 첫째는 법을 지키는 신민을 함부로 죽이는 일이고, 둘째는 법을 벗어나 멋대로 제재를 가하는 일이며, 셋째는 남의 손해를 자기 이익으로 삼는 일이고, 넷째는 남의 재앙을 나의 즐거움으로 여기는 일이며, 다섯째는 편안한 사람을 위태롭게 만드는 일이고, 여섯째는 아껴야 할 사람을 가까이하지 않고 미워

225

해야 할 사람을 멀리하지 않는 일이다. 이렇게 되면, 사람들은 삶을 즐거워할 이유를 놓쳐버리고 형벌로 죽게 되는 것도 두려워하지 않게 된다. 사람들이 삶을 즐거워하지 않으면 군주는 존중받지 못하고, 형벌로 죽게 되는 것을 두려워하지 않으면 명령이 실행되지 않는다.

천하 사람들이 법규 안에서 자신의 지혜와 재능을 다 발휘하게 하고 법령 안에서 힘을 다하게 한다면, 움직이면 승리하고 고요히 있으면 안정된다. 다스려지는 시대에는 사람들이 옳은 일을 하면서 삶을 즐기고 그릇된 일은 하지 않으려고 몸을 사리게 되어 소인은 줄어들고 군자는 많아진다. 그러면 사직은 길이길이 확고히 서고 나라와 집안은 오래도록 안정될 것이다. 어지럽게 내달리는 수레 위에는 공자가 없고, 뒤집어지는 배 아래에는 백이(伯夷)가 없다. 호령은 나라의 배요 수레다. 나라가 안정되면 지혜롭고 청렴한 사람이 나오며, 위태로우면 다툼을 일삼는 비루한 자들이 일어난다.

그러므로 나라를 안정시키는 방법은 굶주릴 때 먹여주고 추울 때 입혀주듯이 명령을 내리지 않아도 저절로 그렇게 되도록 하는 것이다. 옛 왕들은 죽간이나 비단에 다스리는 이치를 기록했는데, 그 도리가 실상에 맞았으므로 후세 사람들도 그것을 따랐다. 가령 사람들이 굶주림과 추위를 떨쳐내도록 해주지 못하면, 비록 맹분이나 하육 같은 용사라도 명령을 실행할 수가 없다. 마땅히 해야 할 것을 내버려둔다면, 비록 옛 왕들의 도리를 따른다고 할지라도 나라는 바로 서지 못한다. 굳세고 용감한 자라도 실행하지 못한다면, 위에서도 안정시킬 길이 없어진다.

위에서 만족할 줄 모르고 백성들을 마구 다그치고 쥐어짜면, 아래에서는 있어도 없다고 둘러댈 것이다. 있어도 없다고 둘러대는 것은 곧 법을 가벼이 여기는 짓이다. 법은 나라를 다스리는 바탕인데 백성들이 가벼이 여긴다면, 어떠한 공도 이루지 못하고 명성도 떨치지 못한다.

내 들으니, 명의인 편작은 중병을 치료할 때 칼로 뼈를 갈랐고, 성인은 위태로운 나라를 구할 때 참된 말로써 군주의 귀를 거슬렀다고 한다. 뼈를 가르기 때문에 몸이 작은 통증은 느끼지만 오래도록 몸에 이롭고, 귀에 거슬리기 때문에 마음에 께름함이 있지만 나라에는 길이길이 복이 된다. 그러므로 심한 병을 앓는 사람은 작은 통증을 참아내야 이롭고, 용맹하고 굳센 군주는 귀에 거슬리는 말을 들어야 복을 누린다. 통증을 참아냈기에 편작이 제 재주를 다 발휘할 수 있었고, 귀에 거슬리는 말을 들었기에 오자서가 때맞게 참된 말을 할 수 있었다. 이것이 수명을 다 누리고 나라를 안정시키는 방법이다.

군주 자신은 스스로 요 임금처럼 되려고 뼈를 깎는 노력을 하지 않으면서 신하들에게 오자서가 되라고 꾸짖는다면, 이는 상(商)나라 사람들이 모두 비간과 같은 충신이 되기를 바라는 것과 같다. 모든 백성이 비간과 같다면, 윗사람은 나라를 잃지 않고 아랫사람들은 목숨을 잃지 않을 것이다. 권력을 미리 잡도리하지 않아 전상(田常) 같은 자가 나타나 제나라를 빼앗았음에도 모두 비간 같은 충신이 되기를 바라고 있으니, 그 나라는 잠시도 안정될 수가 없다.

요와 순 같은 성군을 내쫓고 걸과 주 같은 폭군을 세우면 사람들은 자신이 잘하는 일을 즐거이 하지 않고 못하는 일을 하느라 끙끙 앓는다. 잘하는 일을 하지 못하면 나라를 위해 공을 세울 수 없고, 못하는 일을 계속하게 되면 백성들의 삶은 즐겁지 않다. 공을 세우는 일이 없이 삶을 즐기지 못하도록 해서는 백성들을 제대로 다스릴 수 없다. 이렇게 한다면, 윗사람은 아랫사람을 부릴 수 없고 아랫사람 또한 윗사람을 섬기지 않는다.

나라의 평안과 위태로움은 옳고 그름을 잘 가리는 데에 달려 있지 국력의 강약에 달려 있지 않으며, 나라의 존속과 멸망은 권력의 허실에 달려 있지 병력의 많고 적음에 달려 있지 않다. 그러므로 제나라는 전차 만 대의 나라였으면서도 명목과 실질이 일치하지 않아 군주가 나라 안에서 헛되이 자리만 지켰고, 명목에 맞는 실질을 충족시키지 못하였으므로 신하들이 군주의 지위를 찬탈하였다.

은나라의 걸은 천자였으나 옳고 그름을 제대로 가리지 않았고 상을 공적이 없는 자에게 함부로 주었으므로 아첨하는 자들이 거짓과 속임수를 써서 귀한 자리에 오르는 빌미를 제공했다. 또 죄 없는 자를 함부로 베어 죽이고 꼽추의 등을 자르도록 시켰다. 이렇게 거짓과 속임수를 옳다고 하고 타고난 성향을 그릇되다고 하였으므로 마침내 작은 나라가 큰 나라를 빼앗을 수 있었다.

현명한 군주는 나라 안을 견고하게 하므로 나라 밖에서 실패하지 않는다. 가까운 데서 실책을 저지르고도 먼 데서 낭패를 보지 않는 일은 없다. 그래서 주나라가 은나라를 빼앗는 일이 뜰에 떨어진 물건을 줍는 것처럼 쉬웠다. 만약 은나라가 조정에서 할 일을 내버려두지 않았다면 어찌 주나라가 털끝만치라도 땅을 넘볼 수 있었겠는가? 하물며 천자의 자리를 바꿀 수 있었겠는가?

현명한 군주가 다스리는 길은 법에 충실하고, 그 법은 백성의 마음에 충실하다. 그러므로 다스릴 때는 법대로 하니, 그 군주가 세상을 떠나면 백성은 그를 그리워한다. 요는 아교나 옻칠과 같은 굳은 약속을 하지 않았으나 당대에 도가 행해졌고, 순은 송곳 꽂을 땅도 없었으나 후세에 드리울 은덕을 다졌다. 당대에 도를 세우고 후세에 은덕을 드리울 수 있는 이를 일컬어 '현명한 군주'라 한다.

수도(守道),
나라를 지키는 도리

26장

성왕(聖王)이 법을 세울 때는 그 포상이 좋은 일을 권할 만하게
하고 그 형벌의 위세가 포악함을 누를 수 있게 하며 그 조치는
반드시 법이 완전해지도록 한다. 잘 다스려지는 시대에는 신하 가운
데서 공이 많은 자가 높은 자리에 오르고, 지극하게 힘쓰는 자가 두
터운 상을 받으며, 마음을 다하는 자가 이름을 날리게 되어, 좋은 행
위는 봄날의 새싹처럼 생겨나고 나쁜 행위는 늦가을 초목처럼 사그
라진다. 그러므로 백성들은 이에 힘입어 온 힘을 다하고 즐거워하며
마음을 다하니, 이를 두고 위와 아래가 뜻이 맞는다고 한다.

위와 아래가 뜻이 맞기 때문에 힘을 쓰는 자는 법 제도 안에서 스스
로 지극하게 하며 진(秦)나라의 임비(任鄙) 같은 장수가 되려 애쓰고,
전사들은 죽음을 무릅쓰고 맹분이나 하육 같은 용사가 되려 하며, 도
리를 지키는 자는 모두 쇠나 돌 같은 굳은 마음을 품고서 오자서처럼
절개를 지키다 죽으려 한다. 힘을 쓰는 자가 임비처럼 되려 하고 맹분
이나 하육처럼 싸우며 마음이 쇠나 돌처럼 굳다면, 군주는 베개를 높이
베고 자더라도 나라는 오롯하게 지켜진다.

옛날에 나라를 잘 지킨 군주는 엄중한 형벌로써 가벼운 죄까지 금했고 견디기 어려운 형벌로써 저지르기 쉬운 잘못까지 그치게 했다. 그래서 군자와 소인 모두 바르게 되었고, 도척(盜跖) 같은 자도 증삼(曾參)이나 사어(史魚) 같은 이와 함께 청렴해졌다. 무엇으로 이를 알 수 있는가?

무릇 탐욕스런 도둑도 골짜기로 들어가서 금을 줍지는 않는다. 골짜기에 들어가서 금을 주우려다가는 제 몸을 온전하게 지킬 수 없기 때문이다. 맹분과 하육이라도 적의 역량을 헤아리지 않으면 용맹을 떨칠 수 없고, 도척이라도 가능성을 따지지 않으면 이익을 챙길 수 없다.

현명한 군주가 금령을 제대로 유지하면 맹분이나 하육이라도 억눌려서 힘을 쓸 수가 없고 도척이라도 처벌을 받아서 함부로 빼앗을 수 없게 된다. 맹분이나 하육 같은 자가 위법을 저지를 수 없게 하고 도척이 함부로 빼앗을 수 없게 할 수 있다면, 난폭한 자는 자신을 잡도리하며 삼가게 되고 사악한 자는 스스로 돌이켜 바르게 될 것이다. 아주 용맹한 자가 삼가고 큰 도둑이 바르게 된다면, 천하가 두루 화평해지고 모든 백성의 성정도 바르게 될 것이다.

군주가 법을 버리고 민심조차 저버리면 남의 것을 함부로 차지하지 않는 백이 같은 사람도 위태로워지고, 전상(田常)이나 도척(盜跖) 같은 자들이 함부로 보위를 빼앗는 재앙을 벗어나지 못한다. 이제 천하에는 백이 같은 이가 단 한 명도 없고 간사한 자들만 끊이지 않고 생겨나니, 법과 객관적 기준을 세워야 한다. 객관적 기준이 믿을 만하면 백이가 옳은 길을 잃지 않을 수 있고 도척은 비행을 저지를 수 없다. 법이 분명하면 똑똑한 자가 못난 자의 것을 빼앗을 수 없고, 강한 자가 약한 자를 침해할 수 없으며, 다수가 소수에게 횡포를 저지를 수 없다.

천하를 요 임금의 법에 따라 다스리면 곧은 선비는 자신의 직분을 잃지 않을 것이고 간사한 사람은 요행을 바라지 않을 것이다. 또 명궁인 예(羿)에게 천금을 지키게 하면 백이라도 잃는 일이 없고 도척이라도 함부로 빼앗을 수 없다. 요 임금은 법을 밝혀 간사한 자를 놓치지 않도록 했기 때문에 천하에 삿된 일이 없어졌고, 명궁인 예는 재주가 빼어나서 화살이 빗나가는 일이 없었기 때문에 천금을 잃지 않았다. 이와 같이 하면 사악한 자가 오래 살지 못하고 도척의 도적질도 그친다. 그렇게 되었다면 제나라의 현인인 재여(宰予)가 책에 실릴 일이 없고, 진(晉)나라의 여섯 대부를 거론하는 일도 없으며, 오자서도 기록하지 않고 부차(夫差)의 일도 밝히지 않았을 것이다. 또 손자와 오기(吳起)의 병법도 쓸 일이 없고 도척의 마음 같은 탐욕도 자취를 감추었을 것이다. 군주도 궁궐 안에서 맛난 음식과 아름다운 옷을 즐길 뿐 눈을 부릅뜨거나 이를 갈거나 머리를 감싸 쥐고서 걱정하는 일이 없을 것이고, 신하들도 견고한 성 안에서 팔짱을 끼고 느긋해 할 뿐 팔뚝을 휘두르거나 입술을 깨물거나 슬피 부르짖는 재앙을 겪지 않을 것이다.

범을 길들이려 하면서 우리를 쓰지 않고 간악한 짓을 금하려 하면서 법을 쓰지 않으며 거짓을 막으려 하면서 신표를 쓰지 않으니, 이렇게 되면 맹분이나 하육이라도 걱정하고 요와 순이라도 어려움을 겪는다. 우리를 만드는 것은 쥐를 막기 위해서가 아니라 겁 많고 약한 자가 범을 굴복시킬 수 있게 하려는 것이고, 법을 세우는 것은 증삼이나 사어 같은 이를 다스리기 위해서가 아니라 평범한 군주가 도척 같은 자를 막을 수 있게 하려는 것이며, 신표를 만드는 것은 신의에 목숨을 건 미생(尾生)[1] 같은 이를 맞아들이기 위해서가 아니라 뭇 사람들이 서로 속이지 않도록 하기 위해서다. 이는 비간처럼 죽음으로써 충절을 지키기를 기대하는 것도 아니고, 어지럽히는 신하가 속이지 않는 요행을 바라는 것도 아니다. 겁 많은 자도 범을 굴복시킬 수 있게 하려는 것이고, 평범한 군주도 권세를 쉽게 지킬 수 있게 하려는 것이다. 오늘날과 같은 시대에 군주를 위해서 참된 마음으로 계책을 세우고 천하를 위해서

---

1) 다리 밑에서 만나기로 약속한 여인을 기다리다가 물이 불어 빠져 죽은 인물이다.

은덕을 베풀려고 한다면, 이렇게 하는 것보다 더 이로운 일은 없다. 이렇게 한다면 군주에게는 나라를 망치는 일이 없게 되고, 참된 신하에게는 제 몸을 잃는 일이 없게 된다.

일을 제대로 해서 제 자리를 높일 줄 아는 자에게 반드시 상을 준다는 것을 분명히 한다면, 사람들은 법도 안에서 온 힘을 다하고 맡은 직책을 목숨을 걸고서라도 알맞추 해내려 한다. 맹분이나 하육의 심정을 이해하더라도 삶을 죽음으로 바꾸지 않고 도척의 탐욕에 빠지더라도 제 몸과 재물을 바꾸지 않도록 할 수 있다면, 나라를 지키는 도리는 온전하게 갖추어진 셈이다.

27장

용인(用人),
사람 쓰는 법

들 으니 옛날에 사람을 잘 쓰는 자는 반드시 하늘의 이치를 따
르고 사람의 성정을 좇아서 상과 벌을 분명하게 했다고 한
다. 하늘의 이치를 따르면 힘을 적게 들여도 공이 이루어지고, 사람
의 성정을 좇으면 형벌을 줄여도 법령이 실행되며, 포상과 처벌을
분명하게 하면 청렴한 백이와 탐욕스런 도척이 어지러이 뒤섞이지
않는다. 이와 같이 된다면 흑백의 구분은 절로 이루어진다.

잘 다스려지는 나라의 신하는 나라에 공을 세움으로써 벼슬자리에
나아가고, 공무에서 능력을 보여줌으로써 직책을 얻으며, 법도에 따라
힘을 다함으로써 걸맞은 일을 맡는다. 신하된 자는 모두 제 능력에 어
울리는 자리에 나아가서 관직을 잘 감당하고 맡은 일을 가볍게 해내므
로 마음속으로 남은 힘을 어찌할까 고민하지 않고 여러 관직을 맡은
책임을 군주에게 떠넘기지도 않는다. 그러므로 안으로는 쌓인 원한으
로 말미암은 반란이 없고, 밖으로는 조나라의 마복군(馬服君) 조괄(趙

括)처럼 군대가 생매장당하는 그런 재앙도 없다.[1]

현명한 군주는 각자의 임무가 서로 간섭하지 않게 하므로 시비가 일어나지 않고, 관리들이 여러 벼슬을 아우르지 않게 하므로 각자의 장기가 발휘되며, 똑같은 공을 이루게 하지 않으므로 다투는 일이 없다. 다툼과 시비가 그치고 장기가 발휘되도록 한다면 강한 자와 약한 자가 서로 힘을 겨루지 않고 얼음과 숯처럼 어우러지지 못하는 자들이 서로 다투지 않아서 천하에는 서로 해치는 일이 없어지니, 이것이 다스림의 극치다.

법술을 버리고 마음대로 다스리면 요 임금이라도 한 나라를 바르게 다스릴 수 없다. 그림쇠와 곱자를 버리고 아무렇게나 어림하면 전설적인 장인인 해중(奚仲)이라도 수레바퀴 하나 만들 수 없고, 잣대를 버려두고 길고 짧은 것을 재려고 하면 뛰어난 장인인 왕이(王爾)라도 한가운데를 맞출 수가 없다. 평범한 군주라도 법술을 잘 지키고 서투른 장인이라도 그림쇠와 곱자, 잣대로 가늠하면 만에 하나도 실수하지 않을 것이다. 군주가 현명한 자나 정교한 자라도 할 수 없는 것은 버려두고 평범하거나 서투른 자조차 만에 하나도 실수하지 않는 것을 잘 지켜간다면, 사람들은 있는 힘을 다해서 공명을 세울 것이다.

현명한 군주는 누구나 받을 수 있는 상을 제정하고 누구라도 피할 수 있는 벌을 마련한다. 그래서 똑똑한 자는 상을 받으려 힘쓰지만 오자서처럼 화를 입지 않으며, 못난 자는 죄를 적게 지어서 꼽추의 등을 쪼개는 형벌을 받지 않으며, 눈먼 자는 평평한 곳에서 살고 깊은 골짜기에는 들어가지 않으며, 어리석은 자는 가만히 있어서 위험한 지경에 빠지지 않는다. 이렇게 된다면 위와 아래의 은혜와 인정이 굳게 맺어

---

[1] 조나라의 명장인 조사의 아들로서 조괄은 병법서를 두루 읽어 병법에 능통했으나 실전 경험이 없었다. 그럼에도 자신의 능력을 과신하였는데, 그 때문에 장평에서 진(秦)나라 군대와 맞서 싸웠으나 패배했고, 군사 40만 명이 생매장당했다.

진다.

옛사람은 "마음은 알기 어렵고, 기뻐하고 성내는 감정은 맞추기 어렵다"고 말했다. 그러므로 우듬지로써 눈에 띄게 하고 북을 쳐서 귀에 들리게 하며 법을 써서 마음을 일깨워주는 것이다. 군주가 이 세 가지 쉬운 방법을 버려두고 한 가지 알기 어려운 마음만 좇아서 실행하려 한다면, 위로 군주에게는 노여움이 쌓이고 아래로 백성에게는 원한이 쌓인다. 쌓인 노여움을 가지고 쌓인 원한을 제어하려 한다면, 양쪽 다 위태로워진다.

현명한 군주가 세운 우듬지는 보기가 쉬우므로 약속이 잘 지켜지고, 그 가르침은 알기 쉬우므로 그 말이 잘 쓰이고, 그 법은 행하기 쉬우므로 명령이 잘 실행된다. 이 세 가지가 바로 서고 군주에게 사사로운 마음이 없다면 아랫사람들을 법에 따라 잘 다스릴 수 있으니, 이는 멀리서 우듬지를 보고서 행동하고 먹줄을 따라서 잘라내며 마름질한 대로 꿰매는 것과 같다. 이와 같이 한다면, 군주는 사사로이 위세를 부려서 해독을 끼치는 일이 없고, 신하들은 어리석고 서툴다는 이유로 죽임을 당하는 일이 없게 된다. 그러므로 군주가 현명함을 지니면 노여움이 적어지고, 신하들이 참된 마음을 다하면 죄를 짓는 일이 적어진다.

들으니 "일을 벌여서 걱정이 없는 것은 요 임금도 할 수 없다"고 하는데, 세상에는 일이 없었던 적이 없었다. 군주가 작위와 녹봉을 아낌없이 기꺼이 내리지 않고 부귀를 쉽게 주지 않는다면 위태로운 나라를 구할 길이 없다. 그래서 현명한 군주는 청렴과 부끄러움을 장려하고 어짊과 의로움을 아는 자를 불러들인다.

옛날 진(晉)나라의 개자추(介子推)는 작록이 없었음에도 의롭게도 문공(文公)을 따랐고, 문공이 배고픔을 참지 못하자 어질게도 자신의 허벅지 살을 베어 먹였다. 그리하여 군주는 그 은덕을 마음에 새기고 그의 이름을 서책과 도판에 적어두었다.

군주는 사람들이 공적인 일로 힘을 다하는 것은 즐거워하면서도 신하가 사사로이 자신의 권위를 빼앗지 않을까 괴로워하기도 한다. 신하는 자신의 능력으로 직책을 받는 것은 편안해하지만, 홀로 두 가지 일을 떠맡으면 괴로워한다. 그래서 현명한 군주는 신하들이 괴로워하는 것은 없애주고 군주 자신이 즐거워하는 것을 내세우는데, 군주와 신하 사이의 이로움으로는 이보다 나은 게 없다.

그런데 군주라는 자가 대신들의 집안에서 벌어지는 일을 살피지 않고, 중요한 일을 가볍게 생각하며, 하찮은 죄를 너무 엄격하게 처벌하고, 사소한 잘못에 대해 오래도록 꽁하며, 잠깐의 쾌락을 계속해서 탐내고, 재앙을 초래할 자에게 자주 은덕을 베풀고 있으니, 이는 손을 자르고는 옥으로 만든 손으로 잇는 것과 같다. 이래서 세상에 군주와 신하의 자리가 뒤바뀌는 환란이 생긴다.

군주가 하기 어려운 일을 세워놓고서는 거기에 미치지 못한다고 죄를 주면 사사로운 원한이 생긴다. 신하는 자신이 잘하는 것을 하지 못하고 힘에 부치는 일을 떠맡게 되면 남모를 원한을 품는다. 군주가 되어서 신하가 고달플 정도로 힘쓰는데도 어루만져주지 않고, 신하가 격정하고 슬퍼하는데도 가엾게 여기지 않다가 제 마음이 기쁘면 소인이라도 칭찬해주면서 현명하든 모자라든 가리지 않고 모두 상을 주고, 성이 나면 군자라도 헐뜯어 백이든 도척이든 모두 욕보이니, 이리하여 신하가 군주를 배반하는 일이 일어난다.

만일 연(燕)나라 왕이 안으로 제 백성을 미워하고 밖으로 노나라 사람들을 아낀다면, 연나라 백성은 그를 도와주지 않고 노나라 백성도 그를 편들어주지 않는다. 연나라 백성들은 미움을 받는 까닭에 힘을 다해서 공을 세우려 하지 않는 것이고, 노나라 백성은 사랑은 받기는 하지만 목숨을 바치면서까지 남의 나라 군주를 가까이할 이유가 없기 때문이다. 그런데도 군주가 그렇게 한다면 신하들은 담장에 난 구멍처럼 딴 마음을 품게 되어서 곧 군주는 고립된다. 딴 마음을 품은 신하들이

고립된 군주를 섬기는 것, 이것을 위태롭다고 한다.

과녁을 버려두고 함부로 활을 쏜다면 비록 맞히더라도 재주가 절묘하다고 하지 않고, 법과 제도를 버려두고 함부로 성을 내면 비록 죽이겠다고 하더라도 간사한 자는 두려워하지 않는다. 죄를 지은 자는 갑인데 그 벌이 을에게 돌아간다면, 남모를 원한이 맺힐 것이다. 그러므로 아주 잘 다스려지는 나라에서는 엄정한 상과 벌은 있어도 사사로이 기뻐하거나 성내는 일은 없으므로 성인조차 지극하게 따르며, 형벌과 법에 따라 죽이고 사사로이 성내어 해치는 일이 없으므로 간사한 자도 복종한다.

화살을 쏘아 과녁을 맞히듯이 상과 벌을 합당하게 내린다면, 요 임금이 다시 태어나고 명궁인 예가 다시 살아날 것이다. 이와 같이 한다면 군주에게는 상나라나 하나라와 같이 망할 걱정이 없고 신하들에게는 심장이 갈라진 비간과 같은 재앙이 없을 것이니, 군주는 편안하게 베개를 높이 베고 신하들은 즐거이 일하며 도리는 하늘과 땅에 두루 퍼지고 은덕은 만 세대 뒤까지 끼칠 것이다.

무릇 군주가 담장의 틈새나 구멍은 막지 않은 채 붉은 흙이나 흰 흙을 바르는 데에만 힘쓴다면, 거센 비바람이 몰아칠 경우 반드시 무너진다. 눈앞에 닥친 화근을 없애지 않고 맹분이나 하육처럼 신하들이 기꺼이 죽어주기를 바라고, 담장 안에서 일어나는 우환을 경계하지 않고 먼 변경에 견고한 성을 쌓으며, 가까이 있는 현자의 계책은 쓰지 않으면서 천리 밖에 있는 큰 나라와 외교를 맺으려 하는데, 하루아침에 회오리바람이 일면 맹분이나 하육이 있더라도 구해주지 못하고 외교를 맺은 나라의 도움도 미처 이르지 못하리니 그 재앙은 더없이 크다.

바로 지금 시대에 군주를 위해서 참된 마음으로 계책을 내려는 자는 결코 연나라 왕이 노나라 사람들을 기쁘게 해주려는 것처럼 하게 해서는 안 되고, 지금 사람들이 옛날의 현명한 자를 그리워하게 해서도 안

되며, 이 나라 안에서 물에 빠진 자를 저 멀리 월나라 사람이 와서 구해
줄 것이라는 생각도 해서는 안 된다. 이렇게만 한다면, 군주와 신하들
이 서로 가까워지고 안으로는 공을 세우면서 밖으로는 명성을 떨칠 것
이다.

공명 (功名),
명성을 떨치는 방법

28장

현명한 군주가 공을 세우고 명성을 떨치는 방법에는 네 가지가 있다. 첫째는 하늘의 때를 따르는 것이고, 둘째는 사람의 마음을 아는 것이며, 셋째는 재주와 능력을 갖추는 것이고, 넷째는 권세와 지위를 갖는 것이다. 하늘의 때를 어기면 열 명의 요 임금이라도 겨울에 벼 한 포기 나게 할 수 없고, 사람의 마음을 거스르면 맹분이나 하육이라도 다른 사람들이 온 힘을 다하게 할 수 없다. 그래서 하늘의 때를 얻으면 힘쓰지 않아도 저절로 자라나고, 사람의 마음을 얻으면 닦달하지 않아도 스스로 힘쓰며, 재주와 능력에 맞게 하면 서두르지 않아도 저절로 빨리 되고, 권세와 지위를 얻으면 나아가지 않아도 명성은 절로 이루어진다. 마치 물이 흐르고 배가 뜨는 것처럼 저절로 그렇게 되는 자연의 도리를 지키면서 끝없는 명령이 저절로 실행되도록 하므로 '현명한 군주'라 한다.

재능은 있으나 권세가 없다면 비록 현명하더라도 못난 자를 제어할 수 없다. 한 자밖에 안 되는 나무라도 높은 산 위에 서 있으면 천 길 벼랑을 굽어보게 되는데, 이는 나무가 커서가 아니라 위치가 높기 때문이

239

다. 폭군인 걸이 천자가 되어 천하 사람들을 제어할 수 있었던 것은 그가 현명해서가 아니라 권세가 막중했기 때문이다. 요 임금이 한낱 필부였다면 세 집안조차 바로잡을 수 없었을 것이니, 그것은 그가 못나서가 아니라 지위가 낮기 때문이다.

3만 근이 되는 무게도 배를 얻으면 뜨고, 서너 푼도 되지 않는 것도 배를 얻지 못하면 가라앉는데, 이는 3만 근은 가볍고 서너 푼은 무거워서가 아니라 형세가 어떠냐에 따른 것이다. 그러므로 짤막한 것이 높은 곳에서 굽어보는 것은 위치 때문이고, 못난 자가 현명한 자를 제어하는 것은 권세 때문이다.

군주란 천하 사람들이 힘을 합쳐서 함께 떠받들어주므로 편안하고, 뭇 사람들이 마음을 합쳐서 함께 세워주므로 높아지는 것이다. 신하란 제 장점을 인정받아 능력을 다 발휘할 수 있게 되면 충성한다. 존귀한 군주가 충성스런 신하를 거느리면 그 삶은 길이 즐겁고 공명도 이루어진다. 명목과 실질은 서로 떠받치면서 이루고, 형체와 그림자는 서로 호응하면서 바로 선다. 그처럼 신하와 군주는 바라는 것은 같으면서도 하는 일이 다르다.

군주의 걱정은 신하들이 호응하지 않는 데에 있으니, 그래서 "한 손으로만 손뼉을 치면 아무리 빠르게 치더라도 소리가 나지 않는다"고 말한다. 신하의 걱정은 마음을 오롯이 쓰지 못하는 데에 있으니, 그래서 "오른손으로 동그라미를 그리고 왼손으로 네모를 그리면 둘 다 이루어지지 않는다"고 말한다. 그러므로 "아주 잘 다스려지는 나라에서는 군주는 북채와 같고 신하는 북과 같으며 재주는 수레와 같고 일은 달리는 말과 같다"고 말하는 것이다.

사람에게 남는 힘이 있으면 호응하기 쉽고, 재주에 넉넉한 기교가 있으면 일하기 편하다. 그런데 공을 세우려는 자는 힘에 부치고, 가까이 다가가려는 자는 미쁨이 모자라며, 명성을 이루려는 자는 위세가 부족하고, 가까이 있는 자와는 너무 친하고 멀리 있는 자와는 맺어지지 않으니, 이는 명분과 실질이 맞지 않아서다.

성인으로서 덕이 요나 순 임금과 같고 행실은 백이와 같다고 하더라도 걸맞은 지위에 오르지 못하면 공을 세울 수 없고 명성도 떨치지 못한다. 그래서 옛날에 공을 세우고 명성을 떨칠 수 있었던 자는 뭇사람이 힘써 그를 돕고, 가까이 있는 자들은 뭉쳐서 정성을 다하고, 멀리 있는 자들은 그를 기리어 명성을 더해주고, 존귀한 자들은 그를 떠받들어 권세를 실어주었기 때문이다. 이렇게 했으므로 태산과 같은 공업을 세워 그 나라를 길이 이어갔고, 해와 달 같은 명성을 천지 사이에서 오래도록 드러낼 수 있었다. 이것이 바로 요 임금이 군주로서 남면하여 그 명성을 지키고 순 임금이 신하로서 북면하여 공을 이룰 수 있었던 까닭이다.

29장

대체(大體),
나라를 다스리는 큰 요체

옛날 나라를 다스리는 요체를 오롯하게 터득한 사람은 하늘과 땅을 바라보고 강과 바다를 살피면서 산과 골짜기의 높고 깊음, 해와 달의 고루 비춤, 사계절의 운행, 구름이 흐르고 바람이 부는 것 등을 통해 이치를 깨쳤다. 그리하여 지혜를 짜내느라 마음을 괴롭히지 않고 사사로움으로 제 몸을 옭아매지 않으면서 다스려지거나 어지러워지거나 법술에 기대고, 옳고 그름에 따라 상과 벌을 내리며, 가벼움과 무거움은 저울의 평형을 따른다. 또 하늘의 이법을 거스르지 않고 타고난 감정과 성향을 해치지 않으면서 터럭을 불어서 자그만 흠을 찾아내려 하지 않고, 때를 벗겨내서 알기 어려운 속내를 파헤치려 하지 않는다.

목수가 먹줄을 칠 때 먹줄을 밖으로 억지로 끌어내지 않고 또 먹줄을 안으로 함부로 밀어 넣지 않듯이 법도 이상으로 엄정하게 하지도 않고 법도 이하로 가벼이 다루지도 않는다. 이미 정해진 법의 논리를 지키고 저절로 그렇게 되도록 하므로 재앙이든 복이든 도리와 법도에서 생겨나고 사사로운 애정이나 미움에서 나오지 않으며, 영예롭거나 치욕스럽거나 그 책임은 나에게 있지 남에게 있지 않다.

지극히 안정된 세상에서 법은 아침이슬처럼 모든 이들을 적셔주므로 백성은 순박함을 잃지 않아 마음으로 원한을 맺는 일이 없고 입에서는 다투는 말이 나오지 않는다. 그리하여 전쟁이 일어나지 않아 수레와 말이 먼 길을 달리느라 지쳐 쓰러지는 일이 없고, 군대의 깃발이 훈련장에서 어지러워지는 일도 없으며, 백성들은 적의 침입으로 목숨을 잃는 일이 없고, 뛰어난 용사들이 깃발 아래서 싸우다 죽는 일도 없다. 전공을 세운 호걸의 이름을 도판과 서책에 적어둘 일이 없고, 청동 대야에 그 공적을 기록할 일도 없어서 연대를 기록하는 나무판은 텅 비게 된다. 그러므로 "단출한 것보다 더 이로운 게 없고, 편안한 것보다 더 오래가는 복이 없다"고 말한다.

만일 뛰어난 장인인 장석(匠石)에게 천년을 살게 한다면 그림쇠와 곱자, 먹줄을 써서 태산의 꼴을 바로잡으려 할 것이고, 맹분과 하육에게 명검인 간장(干將)을 차게 한다면 온 백성을 고르게 다스리려 할 것이다. 그러나 더없이 오래 살면서 있는 힘을 다해 기교를 부리더라도 태산은 바르게 되지 않고 백성들은 고르게 잘 살 수 없다. 그래서 "옛날에 천하 사람들을 잘 기르던 이는 장석이 지극한 기교로써 태산의 모습을 망가뜨리게 하지 않았고, 맹분이나 하육이 위세를 다 부리며 온 백성들의 성품을 이지러지게 하지도 않았다"고 말하는 것이다.

도에 따라서 법을 오롯하게 실행하면 군자는 즐거워하고 아주 간사한 자들의 고약한 행태는 그쳐 세상이 편안하고 고요해진다. 천명을 따르고 요체를 잘 터득하면 사람들이 죄를 지어 법에 걸려드는 일이 없고, 물고기가 물을 잃는 것과 같은 재앙을 입는 일도 없어진다. 이와 같이 한다면 천하가 잘못될 일은 적어진다.

위에 하늘이 없으면 아래로 세상을 두루 덮을 수가 없고, 우주에 땅이 없으면 모든 것을 다 실을 수 없다. 태산은 좋고 싫음을 내세우지 않기 때문에 그처럼 높아질 수 있고, 강과 바다는 작은 시내도 가리지 않고 다 받아들이기 때문에 그처럼 풍성해질 수 있다. 그래서 대인은 하늘과 땅에 제 몸을 맡기므로 온갖 것이 다 갖추어지고, 마음이 산과 바다처럼 너르므로 나라와 집안이 부유해진다. 위에서 군주가 분노로 말미암아 신하들을 해치지 않고 아래에서 신하들이 군주에 대한 원한을 쌓는 일이 없이 위와 아래가 서로 순박하게 도를 집으로 삼는다. 그러므로 이로움이 길이길이 쌓이고 커다란 공적이 이루어지므로 살아서는 명성을 떨치고 죽은 뒤에는 그 덕을 드리우니, 이것이 지극한 다스림이다.

30장

내저설(內儲說) 상,
신하를 제어하는 일곱 가지

군주가 신하를 제어하는 데 쓸 기술이 일곱 가지고, 살펴야 할 낌새가 여섯 가지다.

일곱 가지 기술은 다음과 같다. 첫째는 많이 듣고 보면서 두루 견주어 살피는 참관(參觀)이고, 둘째는 죄지은 자에게는 반드시 벌을 내려 위엄을 밝히는 필벌(必罰)이며, 셋째는 공을 세운 자에게 반드시 상을 내려 제 능력을 다하게 하는 상예(賞譽)고, 넷째는 신하들의 말을 하나하나 다 듣고서 그 실적을 추궁하는 일청(一聽)이며, 다섯째는 헷갈리는 명령을 내리고 거짓으로 일을 시키는 궤사(詭使)고, 여섯째는 알면서도 모르는 척 묻는 협지(挾知)며, 일곱째는 말을 일부러 뒤집고 일을 반대로 하는 도언(倒言)이다. 이 일곱 가지가 군주가 써야 할 기술이다.[1]

---

1) 원문에서는 일곱 가지 기술에 대한 의론을 먼저 차례로 서술하고, 그 뒤에 일곱 가지 기술 각각에 해당되는 이야기들을 차례로 나열했다. 의론과 예시로 든 이야기들이 따로 떨어져 있는 셈이다. 이는 독자들이 읽기에 상그러운 면이 있으므로 여기서는 각각의 기술에 대한 의론과 이야기들을 하나로 낚어서 제시했다. 「외서설 우하」

첫째. 참관(參觀)

신하들의 행동과 말을 보고 들으면서 두루 견주어 살피지 않으면 진실을 알지 못하게 된다. 듣는 것이 특정한 데로 쏠리면 신하가 군주의 이목을 가린다. 그 예로 난쟁이 배우가 꿈에 부엌귀신을 보았다고 말한 이야기, 노나라 애공(哀公)이 "여럿이 함께하면 헤매지 않는다"는 속담을 거론한 이야기를 들 수 있다. 그러므로 제나라 사람이 왕에게 황하의 신인 하백(河伯)을 보았다고 하고, 혜시(惠施)가 "나라의 절반을 잃었다"고 말한 것이다.

이 이치를 따르지 않아 일어난 재앙으로는 수우(竪牛)가 숙손표(叔孫豹)를 굶어 죽게 만든 일과 강을(江乙)이 초나라 풍속을 말한 데서 찾을 수 있다. 위(衛)나라 사군(嗣君)은 나라를 잘 다스리려 했으나 그 방법을 알지 못해서 적을 만들었다. 이런 까닭에 현명한 군주는 철관을 쌓아 화살을 막는 일에서 잘 미루어 헤아렸고, 온 저잣거리에서 떠도는 말에도 현혹되지 않도록 잘 살폈다.

참관에 관한 이야기들

위(衛)나라 영공(靈公) 때, 미자하(彌子瑕)가 군주의 총애를 믿고 위나라를 멋대로 휘둘렀다. 한 난쟁이 배우가 영공을 만나서는 말했다.

"신의 꿈이 영험합니다."

"무슨 꿈인가?"

"꿈에 아궁이를 보았는데, 그게 군주를 만나게 될 조짐이었습니다."

영공이 성내며 말했다.

"내 들으니, 군주를 만나는 자는 꿈에 해를 본다고 한다. 그런데 어찌하여 과인을 보기 위해 꿈에 아궁이를 보았다고 하느냐?"

"대체로 해는 온 천하를 두루 비추기 때문에 물건 하나가 가릴 수는

까지 이렇게 했다.

없습니다. 군주도 한 나라를 두루 비추어 주므로 한 사람이 가로막을 수는 없습니다. 그래서 군주를 만나는 자는 꿈에 해를 본다고 하는 것입니다. 그러나 저 아궁이는 한 사람이 불을 쬐면 뒷사람은 그 불을 볼 수가 없습니다. 지금 혹시 어떤 자가 군주 앞에서 불을 쬐고 있지는 않습니까? 그렇다면 제가 비록 꿈에 아궁이를 보았다고 하더라도 옳지 않겠습니까?"

노나라 애공이 공자에게 물었다.

"속담에 이르기를 '여럿이 함께하면 헤매지 않는다'고 했소. 이제 내가 일을 하면서 여러 신하들과 함께 의논하는데도 나라는 더욱 어지러워지고 있으니, 대체 그 까닭이 무엇이오?"

공자가 대답했다.

"현명한 군주가 신하에게 물으면, 어떤 사람은 알고 어떤 사람은 모릅니다. 이러하기 때문에 현명한 군주는 위에 있으면서 신하들이 아래에서 솔직하게 논의하도록 합니다. 그런데 이제 군주의 신하들을 보면 계손씨(季孫氏)와 그 말과 행동이 똑같지 않은 자가 없고, 노나라가 온통 계손씨와 한통속이 되어버렸습니다. 그러니 군주께서 나라 안의 사람들에게 아무리 물으며 일을 꾀하더라도 어지러워지지 않을 수가 없는 겁니다."

또 이렇게도 이야기한다. 제나라의 안영(晏嬰)이 노나라를 방문했을 때, 애공이 물었다.

"속담에서는 '세 사람이 함께하면 헤매지 않는다'고 했소. 이제 과인이 온 나라 사람들과 함께 의논하는데도 노나라가 어지러워지고 있으니, 대체 어찌된 까닭이오?"

안영이 대답했다.

"옛말에 '세 사람이 함께하면 헤매지 않는다'고 한 것은 한 사람이

틀려도 다른 두 사람이 맞으면 세 사람으로도 많은 사람을 대신하기에
충분하다는 뜻입니다. 그래서 '세 사람이 함께하면 헤매지 않는다'고
했습니다. 그러나 이제 노나라의 신하들은 수천 수백 명이 되지만 모두
하나같이 계손씨의 사사로움에 맞춰 말하고 있습니다. 숫자가 많지 않
은 게 아니라 한 사람이 말하는 것처럼 하고 있으니, 어찌 세 사람과 의
논했다고 하겠습니까?"

어떤 제나라 사람이 제나라 왕에게 말했다.

"황하의 신인 하백은 영험한 신입니다. 대왕께서는 어찌하여 한
번 만나보지 않으십니까? 신이 왕께서 만날 수 있도록 해드리고 싶
습니다."

그리고는 황하 가에 제단을 만들고는 왕과 함께 섰다. 잠시 뒤에 큰
물고기가 튀어 오르자, 그가 바로 소리쳤다.

"저것이 하백입니다!"

유세객인 장의(張儀)가 진(秦)나라와 한나라, 위나라의 세력을 이
용해 제나라와 초나라를 치려고 하자, 혜시(惠施)는 제나라 및 초나라
와 동맹을 맺어 전쟁을 그쳐야 한다고 했다. 두 사람이 논쟁을 벌이자
신하들은 모두 장의의 말을 좇아 제나라와 초나라를 치는 것이 이롭
다고 하면서 혜시의 말을 따르지 않았다. 왕도 끝내 장의의 말을 듣고
혜자의 말은 옳지 못하다고 여겼다. 이리하여 제나라와 초나라를 치
는 쪽으로 결정이 났다. 혜시는 안으로 들어가 왕을 뵈었는데, 왕이 먼
저 말했다.

"선생은 아무 말도 하지 마시오! 제나라와 초나라를 치는 것이 결국
이롭소. 게다가 온 나라가 다 그렇게 생각하고 있소."

혜시가 말했다.

"어떤 주장이든 자세히 살피지 않을 수 없습니다. 제나라와 초나라

를 치는 일이 참으로 이롭고 또 온 나라 사람들이 모두 이롭다고 여기지만, 이게 어찌 지혜로운 자들이 많아서이겠습니까? 제나라와 초나라를 치는 일이 참으로 이로울 수가 없는데도 온 나라 사람들이 모두 이롭다고 여긴다면, 그게 어찌 어리석은 자가 많아서이겠습니까? 무릇 일을 함께 의논하는 것은 의심스런 점이 있어서입니다. 의심스런 점이 참으로 의심스럽다고 한다면, 옳다고 여기는 자와 옳지 않다고 여기는 자가 각각 절반은 되어야 합니다. 그런데 이제 온 나라 사람들이 모두 옳다고 하니, 이는 왕께서 절반을 잃은 격입니다. 신하에게 위협을 받는 군주는 그것으로 이미 절반을 잃은 셈입니다."

숙손표는 노나라의 재상으로서 존귀한 지위를 이용해서 멋대로 권력을 휘둘렀다. 그가 총애하는 자로 수우(豎牛)가 있었는데, 그 자 역시 숙손표의 명령을 멋대로 처리했다. 숙손표에게는 중임(仲壬)이라는 아들이 있었는데, 수우가 그를 강샘하여 죽이려 했다. 어느 날, 수우는 중임과 함께 노나라 군주의 처소로 놀러가게 되었다. 군주가 중임에게 옥고리를 하사했는데, 중임은 받기는 했으나 감히 허리에 차지는 못하고 수우를 시켜 숙손표의 허락을 청했다. 수우는 중임에게 거짓으로 이렇게 말했다.

"내가 당신을 위해 허락을 청했더니, 차도 좋다고 허락하셨습니다."

그 말을 믿고 중임은 옥고리를 허리에 찼다. 수우는 곧바로 숙손표에게 가서 말했다.

"어찌하여 중임을 군주께 알현하도록 하지 않으십니까?"

"어린아이가 어찌 알현할 수 있겠느냐?"

"중임은 이미 여러 차례 군주를 알현했습니다. 군주께서 옥고리를 하사하였고, 중임은 그걸 허리에 차고 있습니다."

숙손표가 중임을 불러서 보니, 과연 허리에 차고 있었다. 숙손표는 발끈 성내며 중임을 죽였다.

중임의 형은 맹병(孟丙)인데, 수우는 이 맹병도 강샘하여 죽이려 했다. 마침 숙손표가 맹병을 위해 만들라고 한 종이 완성되었는데, 맹병은 감히 치지 못하여 수우를 시켜 숙손표의 허락을 청했다. 수우는 청하지도 않고서 또 거짓으로 이렇게 말했다.

"내가 당신을 위해 허락을 청했더니, 쳐도 좋다고 허락하셨습니다."

맹병은 그 말을 듣고 종을 쳤다. 숙손표가 종소리를 듣고는 "병이 청하지도 않고 제멋대로 종을 쳤구나!"라며 성을 내고는 맹병을 내쫓았다. 맹병은 제나라로 달아났다.

1년이 지나서 수우가 맹병을 위해 숙손표에게 용서를 빌었고, 숙손표는 수우를 시켜 맹병을 불러오게 했다. 그러나 수우는 부르지도 않고서 숙손표에게 알렸다.

"제가 부르러 갔습니다만, 맹병은 매우 화를 내면서 오려고 하지 않았습니다."

숙손표는 아주 화가 나서 사람을 시켜 맹병을 죽였다. 두 아들이 죽은 뒤에 숙손표는 병이 들었다. 수우가 홀로 돌보면서 좌우의 사람들을 물리치고는 아무도 안으로 들이지 않으며 말했다.

"숙손께서는 다른 사람의 말소리를 듣고 싶어 하지 않으시오."

그러고는 음식을 주지 않고 굶겨 죽였다. 숙손표가 죽자 수우는 장례도 치르지 않은 채 창고 안의 귀중한 보물들을 모조리 털어서 제나라로 달아났다.

무릇 믿는 자의 말만 듣다가 아들과 아비가 남에게 죽임을 당했다. 이는 두루 살피지 않아서 생긴 재앙이다.

강을(江乙)이 위(魏)나라 왕의 사신으로 초나라에 가서는 초나라 왕에게 말했다.

"신이 왕의 국경 안에 들어와서 나라의 풍속에 대해 들으니, '군자는 남의 좋은 점은 가리지 않고, 남의 나쁜 점은 말하지 않는다'고 하더군

요. 참으로 그렇습니까?"

왕이 대답했다.

"그렇소."

"그렇다면 백공(白公)의 내란과 같은 일이 일어나더라도 거의 위험하지 않다는 것입니까? 참으로 이와 같다면, 신이 죽을죄를 짓더라도 죽음은 면할 수 있겠습니다!"

위(衛)나라 사군(嗣君)은 신하 여이(如耳)를 중히 여기고 애첩 세희(世姬)를 총애했다. 그러나 이들이 모두 총애와 중히 여김을 믿고서 사군 자신의 눈과 귀를 막을까 두려워서 박의(薄疑)를 높여 여이와 맞서게 하고 위희(魏姬)를 높여 세희와 나란해지도록 하고는 이렇게 말했다.

"이렇게 해서 서로를 견주어 살피려는 것이다!"

그러나 사군은 자신의 눈과 귀가 가려지지 않도록 할 줄만 알았지, 그렇게 할 수 있는 참된 술수는 터득하지 못했다. 지위가 낮은 자가 높은 자를 비판하거나 아랫사람이 윗사람의 허물을 걸고넘어지지 못하도록 해놓고서 권세의 균형을 맞춘 뒤에야 감히 서로 의논하게 한다면, 이는 군주의 눈과 귀를 가로막는 신하를 더욱더 늘리는 짓이다. 사군의 눈과 귀는 이로 말미암아 비로소 가려졌다.

무릇 화살이 날아오는 방향이 정해져 있으면 철판을 한쪽에만 쌓아서 대비하면 되지만, 화살이 날아오는 방향이 정해져 있지 않으면 철판으로 사방을 에워싸서 빠짐없이 대비해야 한다. 이렇게 대비해야만 몸을 다치지 않는다. 모든 방향을 빠짐없이 대비한다면 다치지 않듯이, 군주가 모든 신하를 적으로 여겨 빠짐없이 대비한다면 간사한 자가 나오지 않을 것이다.

위(魏)나라 대부 방공(龐恭)이 태자를 따라 조나라 수도 한단에 인질로 가게 되었는데, 떠나기 전에 왕에게 말했다.

"이제 저잣거리에 범이 나타났다고 한 사람이 말한다면, 왕께서는 믿으시겠습니까?"

"믿지 않소."

"저잣거리에 범이 나타났다고 두 사람이 말한다면, 왕께서는 믿으시겠습니까?"

"믿지 않소."

"저잣거리에 범이 나타났다고 세 사람이 말한다면, 왕께서는 믿으시겠습니까?"

"과인도 믿을 것이오."

방공이 말했다.

"저잣거리에 범이 나타나지 않을 것은 분명한 일입니다만, 세 사람이 말을 한다면 없던 범도 있게 됩니다. 이제 한단에서 위나라까지는 저잣거리보다 훨씬 멀고 입방아를 찧는 신하도 세 사람보다 더 많을 것이니, 부디 왕께서는 잘 살피시기 바랍니다."

그 후 방공이 한단에서 돌아왔으나, 끝내 왕을 만날 수 없었다.

둘째. 필벌(必罰)

애정만 많으면 법이 제대로 서지 않고, 위엄이 적으면 아랫사람이 윗사람을 핍박한다. 따라서 형벌을 확실하게 내리지 않으면 금령이 실행되지 않는다. 그러한 예로 동안우(董安于)가 석읍(石邑) 땅을 돌아본 일과 정(鄭)나라 자산(子産)이 유길(游吉)을 가르친 일을 들 수 있다.

중니(仲尼, 공자)는 서리가 내려도 콩잎이 시들지 않은 일에 관해 말했고, 은(殷)나라 법에서는 길가에 재를 버린 자를 처벌했다. 행렬을 인솔하던 자가 악지(樂池)를 떠났고, 공손앙(公孫鞅)[2]은 가벼운 죄도 엄중하게 다스렸다. 형벌이 확실하지 않았기 때문에 초나라 여수(麗水)에서 나는 금을 지키지 못했고, 노나라 적택(積澤)의 불을 끄지 못하였다.

제나라 성환(成歡)은 군주가 너무 어질어 나라가 약해졌다고 여겼고, 위(魏)나라 복피(卜皮)는 혜왕(惠王)이 너무 자애로워서 망할 것이라 여겼다. 관중은 이를 잘 알았기 때문에 죽은 자를 다시 참하였고, 위(衛)나라 사군(嗣君)도 이를 잘 알았기 때문에 달아난 죄수도 사들였던 것이다.

필벌에 관한 이야기들

동안우가 조(趙)나라 상지(上地)의 태수가 되어 석읍의 산속을 돌아보게 되었다. 골짜기는 깊고 담장처럼 가파르며 깊이가 100길이나 되어 보였다. 그래서 근처의 마을 사람들에게 물었다.

"이곳에 빠진 사람이 있었는가?"

"없었습니다."

"어린아이나 장님, 미친 자들 가운데서 빠진 자가 있었는가?"

"없었습니다."

"소나 말, 돼지 따위가 이곳에 빠진 적이 있었는가?"

"없었습니다."

동안우는 깊이 한숨을 쉬며 말했다.

"내가 잘 다스릴 수 있겠군. 내가 법을 가차 없이 써서 마치 골짜기에 빠지면 반드시 죽는 것처럼 느끼게 해준다면 아무도 감히 법을 어기지 않을 것이니, 어찌 다스려지지 않겠는가?"

---

2) 흔히 상앙(商鞅)으로 알려진 인물이다. 진(秦)나라 효공(孝公)에게 발탁되어 변법(變法)으로써 부국강병을 이룩해서 상(商) 땅을 봉읍으로 받았고, 이로 말미암아 '상앙'으로 일컬어지게 되었다. 그가 저술한 『상군서(商君書)』가 전한다.

자산은 정나라의 재상이었다. 병들어 죽게 될 즈음에 유길에게 말했다.

"내가 죽은 뒤에는 반드시 그대가 정나라를 다스리게 될 터인데, 사람들을 대할 때는 꼭 엄격해야 하오. 무릇 불은 그 형세가 엄중하기 때문에 타 죽는 자가 드물고, 물은 그 형세가 나약해 보이기 때문에 빠져 죽는 자가 많은 것이오. 그대는 반드시 모습을 엄격하게 지니시오. 그대가 나약한 모습을 보여 사람들이 빠져 죽는 일이 없게 하시오!"

자산이 죽은 뒤, 유길은 엄격한 모습을 보이려 하지 않았다. 이에 정나라의 젊은이들이 떼를 지어 도둑질을 했으며, 갈대가 무성한 늪을 근거지로 삼더니 마침내 반란을 일으키려 하였다. 유길은 전차와 기병을 이끌고 가서 하루 밤과 낮 동안 꼬박 싸워서야 간신히 이겼다. 유길은 한숨을 쉬며 이렇게 탄식했다.

"내가 진작 자산의 가르침을 따랐더라면 결코 이 지경에 이르러 후회하지 않았을 텐데!"

노나라 애공이 공자에게 물었다.

"『춘추』의 기록에 '겨울 12월, 서리가 내렸으나 콩잎이 시들지 않았다'는 게 나오는데, 무엇 때문에 이걸 기록한 것이오?"

공자가 대답했다.

"이는 시들어야 하는데 시들지 않은 것을 말한 것입니다. 대개 시들어야 할 때가 되었는데도 시들지 않으면, 복숭아나 자두가 겨울에 열매를 맺게 됩니다. 하늘이라도 도를 잃으면 초목조차 거스르게 되는데, 하물며 군주가 도를 잃는다면 어떠하겠습니까?"

은나라의 법에서는 길거리에 재를 버린 자는 처벌하게 되어 있었다. 자공(子貢)이 이를 심하다고 여겨 스승인 공자에게 물었더니, 공자가 말했다.

"다스리는 길을 아는 것이나. 길거리에 새를 버리면 반드시 남에게 끼얹게 되고, 남에게 끼얹으면 그 사람은 반드시 성을 낸다. 성을 내면 싸우고, 싸우다 보면 반드시 온 집안끼리 서로 해치는 지경에 이른다. 이렇게 온 집안끼리 서로 해치게 될 빌미가 될 수 있으므로 처벌하더라도 된다. 게다가 무겁게 처벌하는 것은 사람들이 싫어하는 일이고, 재를 버리지 않는 것은 사람들이 하기 쉬운 일이다. 사람들이 하기 쉬운 일을 시켜서 싫어하는 형벌에 걸리지 않게 하는 것, 이것이 잘 다스리는 길이다."

또 이렇게도 이야기한다. 은나라의 법에서는 큰길에 재를 버리는 자는 그 손을 자른다고 했는데, 자공이 물었다.

"재를 버리는 것은 가벼운 죄인데, 손을 자르는 형벌은 무겁습니다. 옛사람들은 그렇게 잔인했습니까?"

공자가 대답했다.

"재를 버리지 않는 것은 쉬운 일이고, 손을 잘리는 것은 싫어하는 일이다. 쉬운 일을 하게 해서 싫어하는 일에 걸리지 않게 하는 것을 옛사람들은 쉽다고 여겼기 때문에 그렇게 했다."

중산국(中山國)의 재상 악지(樂池)가 수레 백 대를 거느리고 조(趙)나라에 사신으로 갔다. 그는 빈객들 가운데 지혜와 능력이 있는 자를 뽑아서 행렬의 인솔을 맡겼는데, 도중에 행렬이 흐트러졌다. 이에 악지가 말했다.

"나는 그대가 지혜롭다고 여겨서 행렬의 인솔을 맡겼는데, 이제 행렬이 흐트러졌으니 어찌된 일이오?"

빈객이 사퇴하고 떠나면서 말했다.

"공은 다스리는 이치를 알지 못합니다. 위세가 있어야 사람들이 복종할 수 있고 이익을 주어야 사람들이 힘쓰도록 권할 수 있는데, 그래야 잘 다스릴 수 있습니다. 이제 나는 공의 빈객들 가운데서 젊고 신분이 낮습니다. 무릇 젊은이에게 어른을 바로잡게 하고 미천한 자에게 고귀한 자를 다스리게 하면서도 이익과 손해로써 사람들을 잡도리할 권한조차 없이 통제하게 했으니, 바로 이 때문에 흐트러진 것입니다. 가령 나에게 저들 가운데서 뛰어난 자를 뽑아 경상(卿相)으로 삼을 수 있고 또 나쁜 자를 목 벨 수 있는 권한이 주어졌다면, 어찌 다스리지 못했겠습니까?"

공손앙의 법에서는 가벼운 죄도 무거운 죄로 다루었다. 무거운 죄는 사람들이 저지르기 어려워하고, 작은 허물은 사람들이 쉽게 피할 수 있다. 사람들이 쉽게 할 수 있는 일을 피하게 하고 저지르기 어려운 무거운 죄에 걸리지 않게 하는 것, 이것이 다스리는 길이다. 무릇 작은 허물이 생기지 않고 커다란 죄를 짓지도 않게 한다면, 사람들은 죄를 짓지 않고 혼란도 생기지 않는다.

또 다른 이야기에서는 공손앙이 이렇게 말했다고 한다.
"형벌을 집행할 때는 죄가 가벼운 자를 무겁게 처벌한다. 그러면 가벼운 죄도 저지르지 않고 무거운 죄를 짓는 자도 나오지 않는다. 이것을 두고 '형벌로써 형벌을 없앤다'고 한다."

초나라 남쪽 땅 여수(麗水)에서 금이 나오자 많은 사람들이 몰래 금을 캤다. 이에 금을 캐지 말라는 금령을 내렸는데, 이를 어기다 걸리면 곧바로 저자에서 사지를 찢어 죽여 매달았다. 그렇게 죽은 자의 수가 많아 강물을 막을 정도가 되었음에도 사람들은 금을 몰래 캐는 일을 그만두지 않았다. 사지가 찢겨 죽어서 저자에 내걸리는 것보다 더한 형벌은 없는데도 그만두지 않는 것은 반드시 걸리는 건 아니라고 여겼기 때문이다. 그런데 이제 여기에 이런 말을 하는 자가 있다고 하자.

"너에게 천하를 주는 대신 네 몸을 숙이겠다."

그러면 평범한 사람도 받아들이지 않을 것이다.

무릇 천하를 얻는 것은 커다란 이익이지만, 그래도 하지 않는 것은 반드시 죽을 것을 알기 때문이다. 그렇다면 반드시 걸리는 게 아니라고 여겨지면 비록 사지를 찢어 죽인다고 해도 금을 캐는 일을 그만두지 않을 것이고, 반드시 죽게 되리라는 걸 안다면 비록 천하를 준다고 해도 하지 않을 것이다.

노나라 사람이 적택에 불을 질렀다. 북풍이 불자 불길이 남쪽으로 번져 도성을 태울 것 같았다. 애공(哀公)이 두려워하며 직접 사람들을 데리고 가서 불을 끄려고 했다. 그러나 곁에 사람이 없었다. 모두들 짐승들을 쫓아다니느라 불을 끌 생각을 하지 않은 것이다. 이에 공자를 불러 물었더니, 이렇게 대답했다.

"무릇 짐승을 쫓아다니는 것은 즐거우면서도 벌을 받지 않는 일이고, 불을 끄는 것은 괴로우면서도 상이 없는 일입니다. 이 때문에 불이 났어도 끄려 하지 않는 것입니다."

"맞소이다."

"일이 급하니 상을 내릴 틈이 없습니다. 또 불을 끄는 자에게 다 상을 준다면, 온 나라의 재물로도 상을 다 줄 수가 없습니다. 그저 처벌하겠다고만 하십시오."

"좋소."

이에 공자가 얼른 명령을 내렸다.

"불을 끄지 않는 자는 전쟁에서 항복하거나 도망간 죄로 다스리고, 짐승을 쫓아다니는 자는 금역에 들어간 죄로써 다스리겠다!"

명령이 내려지고 아직 두루 알려지기 전에 벌써 불은 다 꺼졌다.

성환이 세나라 왕에게 말했다.

"왕께서는 너무 어질어서 남에게 차마 모질게 하지 못하십니다."

"너무 어질어서 남에게 차마 모질지 못한 건 좋은 일이 아니오?"

"그것은 신하로서는 좋은 일이나 군주가 할 일은 아닙니다. 무릇 신하라면 반드시 어진 자라야 함께 일을 꾀할 수 있고, 결코 남에게 모질지 못한 자라야 가까이할 수 있습니다. 어질지 못하면 함께 일을 꾀할 수 없고, 남에게 모질면 가까이할 수 없습니다."

"그렇다면 과인은 어떤 점에서 너무 어질고, 어떤 점에서 차마 모질게 하지 못하는 것이오?"

"왕께서는 설공(薛公)에게는 너무 어질고, 전씨(田氏)들[3]에게는 전혀 모질지 못하십니다. 설공에게 너무 어질면 다른 대신들의 권위가 떨어지고, 전씨들에게 전혀 모질지 못하면 집안의 부형들이 법을 쉽게 어깁니다. 대신들의 권위가 떨어지면 나라 밖에서 싸워야 할 군대가 약해지고, 집안의 부형들이 법을 쉽게 어기면 나라 안의 정치가 어지러워집니다. 밖에서 싸워야 할 군대가 약해지고 나라 안의 정치가 어지러워지는 것, 이것이 나라를 망치는 근원입니다."

위나라 혜왕이 복피에게 말했다.

"그대가 들어보니 과인에 대한 평판이 어떠하던가?"

"왕께서 인자하고 은혜롭다고 합니다."

왕이 흐뭇해하면서 말했다.

"그렇다면 내가 세울 공이 어느 정도까지 이르겠는가?"

"왕의 공은 망하는 데까지 이를 겁니다."

"인자하고 은혜롭다면 옳게 한 것이오. 그렇게 했는데도 망한다니, 무슨 뜻이오?"

복피가 대답했다.

---

3) 당시 제나라 왕실의 일족을 가리킨다.

"인자하다는 것은 모질지 못하는 뜻이고, 은혜롭다는 것은 베풀기를 좋아한다는 뜻입니다. 모질지 못하면 허물이 있는 자를 죽이지 못하게 되고, 베풀기를 좋아하면 공을 세우기도 전에 상을 내리게 됩니다. 허물이 있는데도 죄가 되지 않고 공이 없는데도 상을 받으니, 망한다고 말해도 되지 않겠습니까?"

제나라 사람들은 장례를 호화롭게 치르기를 좋아했다. 그래서 베와 비단은 모두 수의를 만드는 데 썼고, 재목은 관과 덧널을 만드는 데 다 썼다. 환공이 이를 걱정하여 관중에게 물었다.

"베와 비단을 다 쓰면 수레덮개를 만들 게 없어지고, 재목을 다 쓰면 방비를 위해 쓸 것이 없어지오. 그럼에도 사람들이 호화로운 장례를 그치지 않으니, 이를 금하려면 어찌해야 하오?"

관중이 대답했다.

"무릇 사람이 어떤 일을 할 때는 명예 때문이 아니면 이익 때문입니다."

곧바로 이런 명령을 내렸다.

"관과 덧널이 법도를 넘은 자는 그 주검에 형벌을 가하고 상주 또한 처벌할 것이다."

주검에 형벌을 가하는 일은 명예를 빼앗는 것이고, 상주를 처벌하는 것은 이익이 없게 하는 것이다. 그러니 사람들이 무엇 때문에 그런 짓을 하겠는가?

위(衛)나라 사군 때 어떤 죄수가 위(魏)나라로 달아났는데, 거기서 양왕(襄王)의 왕후를 위해 병을 고쳐주었다. 사군이 이 소식을 듣고 사람을 시켜 50금으로 그를 사게 했다. 사신이 다섯 번이나 오갔으나, 위나라 양왕은 그를 내주지 않았다. 이에 사군이 좌씨(左氏) 땅과 바꾸려고 하자 신하들과 측근들이 간했다.

"도대체 한 성읍을 가지고 죄수를 사려고 하는 게 옳습니까?"

사군이 말했다.

"이는 그대들이 알 바 아니오. 무릇 다스림에는 작다고 제쳐둘 게 없고, 어지러움에는 큰일이 달리 없소. 법령이 바로 서지 못해서 처벌을 제대로 하지 않으면, 비록 좌씨 땅이 열 곳이 있어도 이익이 없소. 그러나 법이 바로 서고 반드시 처벌을 하면, 열 곳의 좌씨 땅을 잃더라도 손해가 없소."

양왕이 이 말을 전해 듣고는 말했다.

"위(衛)나라 군주가 다스리고자 하는데 들어주지 않는다면, 상서롭지 못하다."

곧 죄수를 수레에 태워 보내면서 아무것도 받지 않았다.

셋째. 상예(賞譽)

포상과 칭찬이 인색하면서 또 굼뜨면 아랫사람이 힘써 일하지 않고, 포상과 칭찬이 두터우면서 또 확실하면 아랫사람은 죽음조차 가벼이 여긴다. 그 사례로는 문자(文子)가 "신하란 마치 사슴 같다"고 말한 것을 들 수 있다. 월(越)나라 왕은 궁실에 일부러 불을 질렀고, 오기(吳起)는 수레의 끌채를 문에 걸쳐두었으며, 이회(李悝)는 활쏘기로 송사를 판결했고, 송(宋)나라 도성의 숭문(崇門) 사람들은 상을 치르느라 야위어 죽었다. 월나라 왕 구천(句踐)은 이치를 알았기에 허세 부리는 두꺼비에게 경례했고, 한(韓)나라 소후(昭侯)도 이치를 알았기에 낡은 바지를 간직해두었다. 두터운 상을 내리면 사람들은 맹분이나 전제(專諸)처럼 용감해진다. 아낙네가 누에를 손으로 잡고 어부가 뱀장어를 손으로 쥐는 것이 이를 입증한다.

상예에 관한 이야기들

제나라 왕이 문자에게 물었다.

"나라를 다스리려면 어떻게 해야 하오?"

문자가 대답했다.

"무릇 상과 벌은 예리한 무기와 같습니다. 군주께서는 이를 굳게 쥐고서 남에게 보여주어서는 안 됩니다. 대체로 신하란 사슴과 같아서 풀이 있는 곳으로만 나아갑니다."

월나라 왕이 대부 문종(文種)에게 물었다.

"과인은 오나라를 치고 싶은데, 그래도 되겠소?"

문종이 대답했다.

"됩니다. 우리는 상을 두텁고도 확실하게 내리고, 벌을 엄정하게 반드시 내리고 있습니다. 군주께서 이를 확인하고 싶으시다면, 시험 삼아 궁실에 불을 질러보십시오."

이에 궁실에 불을 질렀으나, 아무도 끄려 하지 않았다. 곧 명령을 내렸다.

"불을 끄다가 죽은 자에게는 적을 죽인 자와 똑같이 상을 내리고, 불을 끄고도 죽지 않은 자에게는 적을 무찌른 자와 똑같이 상을 내리며, 불을 끄지 않는 자에게는 적에게 항복한 죄로써 처벌할 것이다."

그러자 몸에 진흙을 바르고 젖은 옷을 입고서 불길 속으로 뛰어든 사람들이 왼쪽에 3천 명, 오른쪽에 3천 명이나 되었다. 싸우면 반드시 이길 형세임을 이로써 알았다.

오기는 위(魏)나라 문후(文侯) 때 서하(西河, 황하 서쪽)의 태수가 되었다. 서쪽 진(秦)나라의 작은 성채가 국경을 두고 마주했다. 오기는 이를 없애지 않으면 농민들에게 큰 해가 될 것 같아서 치려고 했는데, 없애자니 병력이 부족했다. 이에 수레의 끌채 하나를 북문 밖에 비스듬히 세워두고서 포고령을 내렸다.

"이것을 남문 밖으로 옮기는 자에게는 좋은 밭과 집을 내리겠다."

아무도 옮기려 하지 않았다. 이윽고 그것을 옮긴 자가 있었으므로 포고령대로 상을 내렸다. 얼마 뒤에 또 붉은 콩 한 섬을 동문 밖에다 두고서는 포고령을 내렸다.

"이것을 서문 밖으로 옮긴 자에게는 좋은 밭과 집을 내리겠다."

사람들은 다투어 그걸 옮겼다. 곧바로 명령을 내렸다.

"내일 적의 성채를 공격할 것이다. 앞서 성채를 오르는 자에게는 국대부(國大夫)의 벼슬을 내리고, 아울러 좋은 밭과 집을 내리겠다."

사람들은 다투어 달려갔다. 이리하여 성채를 공격한 지 하루 만에 함락시켰다.

이회가 위나라 문후 때 상지(上地)의 태수가 되었을 때, 그는 사람들이 활을 잘 쏘기를 바라서 이런 명령을 내렸다.

"사람들 사이에 판가름하기 힘든 송사가 생겼을 경우, 과녁에 활쏘기를 하게 해서 맞춘 자가 이기고 맞추지 못한 자는 진 것으로 하겠다."

이 명령이 내리자 사람들은 모두 밤낮을 쉬지 않고 온 힘을 다해 활쏘기를 연습했다. 이윽고 서쪽 진(秦)나라와 싸워 크게 이겼으니, 이는 사람들이 활을 잘 쏘았기 때문이다.

송나라 도성의 숭문 근처 마을에 사는 사람이 부모상을 치르느라 몸이 상하여 몹시 야위었다. 군주는 어버이에 대한 그의 자애로움이 깊다고 여겨서 그를 기용하여 관리로 삼았다. 그러자 이듬해부터 사람들 가운데 상을 치르느라 몸을 상하거나 죽는 자가 해마다 10여 명이 나왔다. 자식이 어버이의 상을 치르는 일은 사랑하는 마음에서 우러나온 것인데, 도리어 이를 상으로써 권장했으니. 하물며 군주가 백성에게 높은 자리를 주었음에랴!

오나라를 칠 생각을 한 월나라 왕 구천은 사람들이 목숨을 가볍게 여기기를 바랐다. 그래서 밖을 나갔다가 허세를 부리는 두꺼비를 보면, 본받겠다는 뜻으로 경례를 했다. 시종이 물었다.

"어째서 이런 미물에게 존경을 표하십니까?"

구천이 대답했다.

"기개가 있기 때문이다."

이듬해부터 왕에게 자신의 목을 바치겠다고 한 자가 해마다 10여 명이 되었다. 이로써 보건대, 칭찬만으로도 사람을 죽음으로 내몰 수 있음을 알겠다.

또 이렇게도 이야기한다.

월나라 왕 구천이 허세를 부리는 개구리를 보자 경례를 했다. 시종이 물었다.

"어째서 경례를 하십니까?"

구천이 대답했다.

"개구리에게 이런 기개가 있는데, 어찌 경례하지 않을 수 있겠느냐?"

무사들이 이를 전해 듣고는 말했다.

"개구리에게 기개가 있다고 왕이 그렇게 경례를 했는데, 하물며 용기 있는 무사에게는 또 어떻게 대하겠는가?"

이 해에 스스로 목을 잘라서 바치는 자가 나왔다. 이에 월나라 왕은 오나라에 보복하려고 무사들에게 기개가 있는지를 시험했다. 누대에 불을 지르고 북을 치자 백성들이 불을 끄려고 달려가는 것은 상이 불속에 있었기 때문이고, 강가에 이르러 북을 울리자 사람들이 물속으로 뛰어든 것은 상이 물속에 있었기 때문이며, 전쟁에서 머리가 잘리고 배가 갈라지는데도 뒤돌아보려는 마음조차 먹지 않는 것은 상이 싸움 속에 있었기 때문이다. 하물며 법에 의거해서 현자를 등용한다면 그 효과는 이보다 더 하리라.

한나라 소후가 사람을 시켜 다 해진 바지를 잘 간직하라고 하니, 시자가 말했다.

"군주께서는 어찌 그리도 인색하십니까? 다 해진 바지까지 가까운 사람에게 내려주지 않고 간직하시니 말입니다."

소후가 말했다.

"이건 그대가 알 바 아니다. 내 들으니, 현명한 군주는 한 번 찡그리고 한 번 웃는 것조차 아낀다고 했다. 군주란 찡그릴 때는 찡그리는 이유가 있고 웃을 때는 웃는 이유가 있어야 한다. 하물며 이 바지를 어찌 찡그리거나 웃는 것과 견줄 수 있겠는가? 바지를 주는 것은 찡그리거나 웃는 것과는 아주 다르다. 나는 반드시 공을 세우는 자가 나오기를 기다리고 있으니, 그 때문에 거두어서 간직하고 아직 누구에게도 주지 않는 것이다."

드렁허리는 뱀과 닮았고 누에는 애벌레와 닮았다. 사람들은 뱀을 보면 화들짝 놀라고 애벌레를 보면 소름이 돋는다. 그런데 아낙네들은 누에를 치고, 어부는 드렁허리를 손으로 잡는다. 이렇듯 이익이 있으면 싫어한다는 것도 잊고 모두 용사인 맹분이나 전제(專諸)처럼 된다.

넷째. 일청(一聽)

군주는 신하들의 의견을 하나하나 듣고 판단해야 어리석은 자와 지혜로운 자를 헷갈리지 않고, 신하들의 실적을 꼼꼼하게 따져야 유능한 자와 무능한 자를 어지러이 뒤섞이지 않는다. 그 예로 위(魏)나라 왕이 정(鄭)나라를 얻으려 한 일과 제나라 왕이 피리를 불게 한 일을 들 수 있다. 잘못된 예로는 신불해(申不害)가 조소(趙紹)와 한답(韓沓)을 시켜 시험해본 일을 들 수 있다. 진(秦)나라의 공자 사(氾)는 적과 강화하려고 황하 동쪽의 땅을 떼어주자고 했고, 재상 응후(應侯)는 상당(上黨)의 땅에서 군사를 옮기려 했다.

일청에 관한 이야기들

위나라 왕이 정나라 왕에게 말했다.

"처음에 정나라와 우리 양(梁)나라는 한 나라였다가 나중에 갈라졌소.[4] 이제 다시 정나라 땅을 얻어서 양나라와 합치고자 하오."

정나라 군주가 이를 걱정하여 신하들을 불러서는 위나라에 대응할 방법을 꾀하였다. 이때 공자(公子)가 정나라 군주에게 말했다.

"이건 참으로 대응하기가 쉬운 일입니다. 군주께서는 위나라에 이렇게 말씀하십시오. '정나라가 예전에 위나라 땅이었다고 해서 합칠 수 있다고 한다면, 우리 또한 양나라를 얻어서 정나라와 합치고 싶소'라고 하십시오."

위나라 왕은 곧바로 그만두었다.

제나라 선왕(宣王)이 사람을 시켜 피리를 불게 할 때는 반드시 3백 명이 함께 불도록 했다. 그러자 도성의 성곽 남쪽의 처사들이 서로 왕을 위해 피리를 불겠다고 나섰고, 왕은 이를 기뻐하여 수백 명에게 곳집의 쌀을 내렸다. 선왕이 죽고 민왕(湣王)이 섰는데, 민왕이 한 사람씩 피리를 불게 해서 듣는 걸 좋아하자 처사들이 모두 달아났다.

또 이렇게도 이야기한다.

한(韓)나라 소후(昭侯)가 말했다.

"피리 부는 자가 너무 많다. 이래서는 누가 뛰어난지를 알 수가

---

4) 정(鄭)나라는 곧 한(韓)나라를 가리키는데, 한나라가 정나라를 병탄했기 때문이다. 위(魏)나라는 혜왕(惠王) 때 서쪽 진나라와 전쟁에서 패해 도성을 지금의 개봉(開封)인 대량(大梁)으로 옮기면서 양(梁)나라로 일컬어졌다. 본래 한나라와 위나라는 조(趙)나라와 함께 춘추시대 진(晉)나라에서 갈라져 나온 나라들이다. 기원전 403년의 일인데, 흔히 이때를 전국시대의 시작으로 본다.

없다."

전엄(田嚴)이 대답했다.

"한 사람씩 불러서 들으십시오."

조(趙)나라가 사람을 보내 신불해를 통해서 한(韓)나라에 구원병을 청해 위(魏)나라를 치려고 했다. 신불해는 이를 군주에게 말하고 싶었으나 자신이 외국과 은밀하게 거래한다고 군주가 의심할까 두려웠다. 그렇다고 말하지 않으면 조나라에서 자신을 미워할까 또 두려웠다. 그래서 조소와 한답을 시켜 군주의 행동과 낯빛을 시험해본 뒤에야 말했다. 이리하여 안으로는 소후의 마음을 알았고, 밖으로는 조나라를 만족시키는 공을 세웠다.

제(齊)·한(韓)·위(魏) 세 나라 군대가 함곡관(函谷關)에 이르자 진(秦)나라 왕이 누완(樓緩)에게 물었다.

"세 나라의 군대가 깊숙이 쳐들어왔소. 나는 하동(河東, 황하 동쪽)을 떼어주고 강화를 하고 싶은데, 어떻소?"

누완이 대답했다.

"하동을 떼어주는 것은 큰 손실이지만, 나라를 환란에서 벗어나게 하니 큰 성과입니다. 그리고 이는 공족(公族)들의 책임입니다. 왕께서는 어찌하여 공자 사(汜)를 불러서 물어보지 않으십니까?"

왕이 공자 사를 불러서 이 일을 일러주자, 공자 사가 대답했다.

"강화해도 후회하고 강화하지 않아도 후회할 것입니다. 왕께서 지금 하동을 떼어주고 강화한다면 세 나라 군대는 돌아갈 것이고, 그러면 왕께서는 반드시 '세 나라는 처음부터 돌아가려 했는데, 내가 순순히 세 개의 성읍을 주었구나' 하고 후회할 것입니다. 그러나 강화하지 않아서 세 나라 군대가 함곡관으로 들이닥치면 도성이 함락될 것이고, 그러면 왕께서는 반드시 크게 후회하면서 '세 성읍을 바치지 않아서 이리되었

다'고 말할 것입니다. 신이 '강화해도 후회하고 강화하지 않아도 후회
한다'고 말한 까닭이 이것입니다."

왕이 말했다.

"내가 후회할 바에야 차라리 세 성읍을 잃고 후회하는 게 낫지, 도성
을 위태롭게 하고서 후회하지는 않겠소. 과인은 강화하기로 결심했소."

응후 범수(范雎)가 진(秦)나라 왕에게 말했다.

"왕께서는 완(宛)과 섭(葉), 남전(藍田), 양하(陽夏)를 얻고 하내(河內)
를 자르고 양(梁)나라와 정(鄭)나라를 괴롭혔으면서도 아직 왕자(王者)
가 되지 못했는데, 이는 조나라가 아직 복종하지 않아서입니다. 한(韓)
나라 상당(上黨)에 주둔해 있는 군대를 이동시켜 조나라 동양(東陽)을
지키게 한다면, 조나라 수도 한단(邯鄲)은 '입속의 이'와 같은 꼴이 됩
니다. 그러면 왕께서는 팔짱을 낀 채 천하 제후들이 조공하게 하고 늦
게 오는 자는 군대를 일으켜 칠 수도 있습니다. 그렇지만 상당 지역이
안정되어 있는 것은 그 지세가 아주 험하기 때문입니다. 그래서 신은
군대를 이동시켜야 한다는 건의를 들어주시지 않을까 두렵습니다. 어
떻게 하면 좋겠습니까?"

"반드시 군대를 옮길 것이오."

다섯째. 궤사(詭使)

군주가 자주 불러 만나보면서 오랫동안 기다리게 했다가 일을 맡기
지 않으면 간사한 자는 사슴처럼 흩어져 갈 것이고, 또 사람을 시켜 그
에게 따져 물으면 사사로이 함부로 하지 못한다. 이런 까닭에 방경(龐
敬)은 공대부(公大夫)를 돌려보냈고, 대환(戴讙)은 덮개를 씌운 수레인
온거(輼車)를 감시하라고 했으며, 주(周)나라 군주는 일부러 옥비녀를
잃어버렸고, 송(宋)나라 태재(太宰)는 쇠똥이 많다고 꾸짖었다.

궤사에 관한 이야기들

방경은 현의 수령이었다. 시장을 단속하는 관원을 보내 돌아보게 하고는 이내 감독관인 공대부를 불렀다가 돌려보냈다. 그 사이에 그저 세워두기만 하고 아무런 지시도 내리지 않은 채 내보냈다. 이에 시장을 단속하는 관원들은 수령이 공대부에게 어떤 말을 했으리라 여기며 서로 믿지 않았으니, 이로 말미암아 함께 간사한 짓을 하지 못하게 되었다.

대환은 송나라의 태재로 있을 때, 밤에 사람을 심부름시키며 말했다.

"내가 들으니 며칠 동안 밤마다 덮개를 씌운 수레가 옥리의 집에 드나든다고 하는데, 나를 위해 조심하며 살펴보아라."

이윽고 심부름꾼이 돌아와 보고했다.

"덮개를 씌운 수레는 보이지 않습니다만, 대나무 상자를 들고 옥리와 이야기를 나누는 자는 보았습니다. 잠시 있다가 옥리는 그 상자를 받았습니다."

주나라 군주가 옥비녀를 잃어버렸다. 관리를 시켜 찾아보게 했으나, 사흘이 지나도록 찾지 못했다. 군주는 다른 사람들을 시켜 찾아보게 했는데, 어느 민가의 건물 사이에서 찾아냈다. 군주가 말했다.

"나는 이제야 관리들이 제대로 일을 하지 않는다는 것을 알았다. 옥비녀를 찾아내라 했으나, 사흘이 지나도록 찾아내지 못했다. 다른 사람들에게 찾아보게 했더니, 하루도 가기 전에 찾아냈다."

이에 관리들은 두려움에 떨면서 군주가 귀신 같이 총명하다고 여겼다.

송나라 태재가 젊은 가신을 시장에 나가보게 했는데, 돌아보고 오자 그에게 물었다.

"시장에서 무얼 보았는가?"

"본 게 없습니다."

"그렇기는 하지만, 무얼 보기는 하지 않았겠는가?"

"시장 남문 밖에 우마차가 대단히 많아서 간신히 지나갈 수 있었을
뿐입니다."

태재는 그에게 말조심하라며 타일렀다.

"다른 사람들에게는 내가 너에게 물은 것을 말하지 말라."

곧이어 시장의 관원들을 불러서는 꾸짖었다.

"시장 남문 밖에 어찌하여 쇠똥이 그렇게 많은 것이냐?"

시장의 관원들은 태재가 그토록 빨리 알아챈 것을 매우 괴이하게 여
기고는 두려워하면서 맡은 일에 힘썼다.

여섯째. 협지(挾知)

알면서도 모르는 듯이 물으면 모르던 것도 알게 되고, 하나의 사물
을 깊이 알면 숨겨진 많은 것들이 모두 드러난다. 그러한 예로는 한(韓)
나라 소후(昭侯)가 손톱 한 개를 손에 쥐고서 찾게 한 일을 들 수 있다.
그리하여 남문의 일을 자세히 살펴 세 곳의 일을 알게 되었다. 주(周)나
라 군주가 굽은 지팡이를 찾아내자 뭇 신하들이 두려워했고, 복피(卜
皮)는 가신을 시켜 비밀을 알아냈으며, 서문표(西門豹)는 거짓으로 수
레 빗장을 잃은 척했다.

협지에 관한 이야기들

한나라 소후가 자른 손톱을 손안에 쥐고서 손톱 하나를 잃은 것처
럼 하며 아주 급하게 찾는 시늉을 했다. 그러자 좌우의 신하들이 제 손
톱을 잘라서 바쳤다. 소후는 이로써 좌우 사람들이 성실한지를 살필
수 있었다.

한나라 소후가 사람을 시켜 말을 타고 현을 돌아보게 했다. 사자가 돌아와 보고하자 소후가 물었다.

"무엇을 보았느냐?"

"본 게 없습니다."

"그렇더라도 본 게 있지 않겠느냐?"

"남문 밖에서 누런 송아지가 길 왼쪽의 벼 싹을 먹고 있었습니다."

소후가 사자에게 말했다.

"내가 너에게 물은 것을 함부로 남에게 말하지 말라."

그리고는 명령을 내렸다.

"모내기를 할 때 소나 말이 남의 밭에 들어가지 못하도록 막은 것은 예전부터 있던 법령이었다. 이제 관리들이 맡은 일을 제대로 하지 않아 소나 말이 남의 밭에 들어가는 일이 매우 많다. 얼른 그 수를 조사해서 보고하라. 그렇게 하지 않으면 그 죄를 엄중하게 다스리겠다."

이에 세 마을에서 조사하여 보고했다. 소후가 말했다.

"이게 전부가 아니다."

관리들이 다시 나가서 살펴보고 이내 남문 밖의 누런 송아지에 대해 보고했다. 관리들은 소후가 환히 꿰뚫어보는 눈이 있다고 여겼고, 모두들 두려운 마음으로 맡은 일에 힘쓰면서 감히 그릇된 짓을 저지르지 못했다.

주나라 군주가 명령을 내려 굽은 지팡이를 찾게 했다. 관리들이 여러 날 동안 찾았으나 찾지 못했다. 주나라 군주가 몰래 사람을 시켜 찾게 했더니, 하루가 가기도 전에 찾아냈다. 곧바로 관리들에게 말했다.

"나는 관리들이 일을 제대로 하지 않는다는 것을 알았다. 굽은 지팡이를 찾는 일은 아주 쉬운데도 관리들은 찾아내지 못했다. 내가 사람을 시켜 찾게 했더니, 하루가 가기도 전에 찾아냈다. 어찌 관리들이 충실하다고 할 수 있겠는가?"

관리들은 모두 맡은 일을 두려운 마음으로 다하면서 군주가 신명하다고 여겼다.

복피는 어느 현의 수령이었다. 그곳의 어사(御史, 감찰관)가 더러운 짓을 일삼으며 애첩까지 두고 있었다. 이에 복피는 젊은 가신을 시켜 그 애첩을 사랑하는 척하면서 어사의 비밀을 캐내게 했다.

서문표는 업(鄴)의 수령으로 있을 때 수레바퀴 굴대의 쐐기를 잃은 척하며 관리들에게 이것을 찾게 했으나, 찾지 못했다. 그래서 다른 사람을 시켜 찾게 했더니, 민가의 지붕 위에서 찾아냈다.

일곱째. 도언(倒言)

뒤바꿔 말하고 거꾸로 일을 하면서 의심스런 것을 살피면 간사한 자의 속내를 알 수 있다. 그러므로 산양군(山陽君)은 규수(樛豎)를 속였고, 초나라 장수 요치(淖齒)는 심복을 진(秦)나라 사신으로 위장했으며, 제나라 사람은 난을 일으키려 군주를 떠보았고, 연나라 재상 자지(子之)는 백마가 달려갔다고 거짓말을 했으며, 정나라 자산(子産)은 송사로 다투는 자를 서로 떼어놓았고, 위사공(衛嗣公)은 몰래 사람을 시켜 관문을 지나가게 했다.

도언에 관한 이야기들

산양군은 위(衛)나라 재상으로 있을 때 왕이 자신을 의심한다는 말을 들었다. 곧 규수를 일부러 헐뜯어 왕을 성나게 해서 그 속내를 알아냈다.

요치는 제나라 왕이 자신을 미워한다는 말을 전해 듣자, 이내 사람을 진나라 사신으로 꾸며서 왕을 만나게 해 그 속내를 알아냈다.

제나라 사람 가운데서 난을 일으키려는 자가 있었는데, 왕이 이를 알아챌까 두려워서 자신이 아끼던 자를 거짓으로 쫓아내 왕이 있는 곳으로 달아나게 하고는 그 속내를 알아냈다.

연나라의 재상인 자지는 방 안에 앉아 있을 때 짐짓 이렇게 말했다.
"문으로 달려나간 것이 무엇이냐? 백마인가?"
좌우에 있던 사람들은 모두 보지 못했다고 말했다. 어떤 사람이 쫓아나갔다가 돌아와서는 알렸다.
"백마가 있었습니다."
자지는 이로써 주위에 있는 자들이 성실한지를 알아냈다.

서로 송사를 벌인 자들이 있었다. 자산은 이들을 떼어놓고서 서로 말을 주고받을 수 없게 했다. 그리고는 상대방의 말을 거꾸로 알려주면서 진상을 알아냈다.

위사공이 사람을 시켜 나그네인 듯이 관문의 시장을 지나가게 했다. 관문지기는 심하게 꾸짖었고, 그는 돈을 관문지기에게 건넸다. 그러자 그를 놓아주었다. 위사군이 관문의 관리를 불러서 말했다.
"요전에 나그네가 너의 관문을 지날 때, 그가 돈을 건네자 너는 그를 보내준 적이 있지?"
관문지기는 매우 두려워하면서 위사공이 환히 꿰뚫어보는 눈이 있다고 여겼다.

31장

내저설(內儲說) 하, 여섯 가지 낌새

신 하에게 숨겨진 여섯 가지 낌새가 있다. 첫째는 권력이 신하의 손안에 있는 권차(權借)고, 둘째는 이해가 달라 신하가 외국의 힘을 빌리는 이이(利異)이며, 셋째는 비슷한 부류에 기대어 속이는 사류(似類)고, 넷째는 이해가 상반되는 유반(有反)이며, 다섯째는 신하들이 서로 뒤섞여 권력을 다투는 참의(參疑)고, 여섯째는 적국이 끼어들어 대신을 내치거나 임용하는 폐치(廢置)다. 이 여섯 가지는 군주가 잘 살펴야 하는 일들이다.

첫째. 권차(權借)

권세를 남에게 빌려주어서는 안 된다. 군주가 그 하나라도 잃으면 신하는 그것을 백 배로 늘린다. 그래서 신하가 권세를 빌리면 세력이 강해지고, 세력이 강해지면 조정 안팎이 모두 그를 위해 일하며, 조정 안팎이 모두 그를 위해 일하면 군주는 눈과 귀가 가려진다.

이를 설명하려고 노자는 "물고기를 연못에서 벗어나게 해서는 안 된다"는 이야기를 했다. 따라서 군주가 신하와 오래도록 이야기를 나누면 좌우 사람들이 이를 이용하여 군주가 땀을 닦은 수건까지 팔아먹는다. 그 폐해는 서동(胥僮)이 진(晉)나라 여공(厲公)에게 간언한 일, 신하들이 주후(州侯)에 대해 똑같은 말을 한 일, 연(燕)나라 사람이 똥으로 목욕한 일 등에서 엿볼 수 있다.

권차에 관한 이야기들

권력은 군주에게 연못과 같고, 신하는 그 권력 속의 물고기와 같다. 물고기가 연못에서 튀어나가면 다시는 붙잡아 들일 수가 없듯이 군주가 신하에게 권력을 빼앗기면 다시는 돌려받을 수 없다. 옛 사람 노자는 이를 곧바로 말하기 어려워 물고기에 비유했던 것이다.

상벌은 날카로운 무기와 같다. 군주는 이를 쥐고서 신하들을 제어하는데, 신하가 이를 얻으면 군주의 눈과 귀를 막아버린다. 그래서 군주가 상 받을 자를 미리 내비치면 신하는 그것을 팔아 자신의 덕으로 삼고, 군주가 벌 받을 자를 미리 내비치면 신하는 그것을 팔아 자신의 권세로 삼는다. 그래서 『도덕경』에서 "나라를 다스리는 날카로운 무기는 함부로 남에게 보여서는 안 된다"[1]고 말한 것이다.

정곽군(靖郭君)은 제나라 재상으로 있을 때, 옛 친구와 오래도록 이야기를 나눈 적이 있다. 그랬더니 사람들은 정곽군이 그를 신임하는 것으로 여겨 그에게 뇌물을 보냈고, 그 친구는 부유해졌다. 또 좌우의 사람들에게 수건을 주자 그들은 이것으로 존중받았다. 오래도록 이야기를 나누거나 수건을 주는 일은 하찮은 일이지만, 그럼에도 부유해질 수 있었다. 하물며 관리들이 군주의 권세를 빌리면 어찌 되겠는가!

진나라 여공 때, 육경(六卿)의 지위는 매우 높았다. 서동과 장어교(長

---

1) "國之利器, 不可以示人."(36장)

魚矯)가 간언했다.

"대신들이 귀중해지면 정사를 다루면서 군주와 다투고 외세와 결탁해 파당을 지으며, 아래로는 국법을 어지럽히고 위로는 군주를 위협하게 됩니다. 그러고도 나라가 위태로워지지 않은 경우는 일찍이 없었습니다."

"옳은 말이오."

그리고는 삼경(三卿)을 죽였다. 서동과 장어교가 다시 간언했다.

"대체로 같은 죄를 지은 사람들을 일부만 죽이고 다 죽이지 않으면 남은 자들이 원한을 품고 보복할 틈을 노릴 것입니다."

여공이 말했다.

"나는 하루아침에 삼경을 죽였는데, 차마 모조리 다 죽일 수가 없다."

장어교가 대답했다.

"군주가 그들을 차마 죽이지 못하면, 저들이 군주에게 칼날을 들이댈 것입니다."

여공은 듣지 않았다. 석 달이 지나자 나머지 경들이 난을 일으켜 끝내 여공을 죽이고 그 땅을 나누어 가졌다.

주후는 초나라 재상이었다. 지위가 높아지자 제멋대로 정사를 처리했다. 초나라 왕이 이를 의심하여 좌우 사람들에게 물었더니, 모두들 "그런 일은 없습니다"라고 대답했다. 마치 한 입에서 나온 듯했다.

연나라 사람이 미치지 않았는데도 오히려 개똥을 뒤집어쓴 일이 있다. 애초에 그 사람의 아내가 총각과 몰래 정을 통했다. 하루는 이 남편이 일찍 밖에서 돌아왔는데, 총각이 마침 밖으로 나가고 있었다. 남편이 물었다.

"어떤 손님이오?"

아내가 대답했다.

"손님은 없습니다."

좌우에 있던 사람들에게 물었더니, 모두들 "손님은 없었다"고 하여 그 대답이 마치 한 입에서 나온 듯했다. 그 아내가 말했다.

"당신이 이상해졌습니다."

그리고는 개똥을 끼얹었다.

또 이렇게도 이야기한다. 연나라 사람 이계(李季)는 멀리 나다니기를 좋아했다. 그의 아내가 몰래 총각과 정을 통하는데, 이계가 별안간 돌아왔다. 총각은 방 안에 있었고 아내가 이를 걱정하자, 계집종이 말했다.

"공자가 벌거벗은 채 머리를 풀어 헤치고 곧바로 문을 나가게 하세요. 저희들은 못 본 것처럼 하겠습니다."

이에 공자가 그 꾀대로 해서 쏜살같이 문 밖으로 달려 나갔다. 이계가 물었다.

"이 사람이 누구냐?"

집안사람들이 모두 "아무도 없습니다"라고 대답하자, 이계가 말했다.

"내가 도깨비를 본 것인가?"

그 아내가 말했다.

"그렇습니다."

"어찌하면 좋겠소?"

"이웃 다섯 집에서 오줌을 모아 목욕하도록 하세요."

"알았소."

이리하여 오줌을 모아 와서는 목욕을 했다. 일설에는 난초 끓인 물에 목욕했다고 한다.

둘째. 이이(利異)

군주와 신하는 노리는 이익이 서로 다르다. 그래서 참된 마음을 지닌 신하가 없고, 신하가 이익을 얻으면 군주는 이익을 잃는다. 이런 까닭에 간사한 신하는 적국의 군대를 불러들여 나라 안의 경쟁자를 제거하려 하고, 나라 밖의 일을 들어서 군주를 현혹시킨다. 참으로 사사로운 이익을 얻으려 하면서 나라의 우환에 대해서는 돌아보지도 않는다.

구체적인 예로 위(衛)나라의 한 부부가 복을 빈 일을 들 수 있다. 초나라의 대헐(戴歇)이 왕의 자제들에 대해 논의한 일, 노나라의 삼환씨(三桓氏)가 소공(昭公)을 공격한 일, 한나라 공숙(公叔)이 제나라 군사를 끌어들인 일, 위나라의 적황(翟黃)이 한나라 군대를 불러들인 일, 오나라의 재상 백비(白嚭)가 월나라 대부 문종(文種)을 설득한 일, 조나라 대성오(大成午)가 신불해(申不害)를 가르친 일, 중산국의 재상 사마희(司馬喜)가 조나라 왕에게 알린 일, 위나라 여창(呂倉)이 진(秦)나라와 초나라가 쳐들어온 것을 노린 일, 위나라 장수 송석(宋石)이 위(衛)나라 군주에게 서신을 보낸 일, 위(魏)나라 백규(白圭)가 한나라 재상 포견(暴譴)을 가르친 일 등에서도 엿볼 수 있다.

이이에 관한 이야기들

위나라의 어떤 부부가 기도하고 있었는데, 그 아내가 이렇게 빌었다.

"우리에게 아무런 일이 없게 해주시고 삼베 5백 필을 얻게 해주십시오."

그 남편이 물었다.

"어찌 그리 적소?"

"이보다 많으면 당신이 첩을 사들일 것이기 때문입니다."

초나라 왕이 공자들을 이웃 나라로 보내 벼슬살이시키려 하자, 대부 대헐이 말했다.

"안 됩니다."

"공자들이 이웃 나라에서 벼슬하면, 반드시 중하게 쓰일 것이오."

"공자들이 다른 나라로 나가면 중하게 쓰일 것이고, 중하게 쓰이면 반드시 중하게 써주는 나라를 위해 편들 것입니다. 이는 공자들에게 외국과 결탁하라고 가르치는 격입니다. 이롭지 못합니다."

노나라의 맹손(孟孫)·숙손(叔孫)·계손(季孫) 등 삼환씨가 서로 힘을 합쳐 소공을 협박하더니, 마침내 그 나라를 빼앗고 함부로 권력을 휘둘렀다. 애초에 삼환씨가 노나라의 공실(公室)을 핍박하자 소공이 계손씨를 쳤더랬다. 그러자 맹손씨와 숙손씨가 서로 모의하여 "구원해야 하는가?"라고 했다. 숙손씨의 어자(御者)가 말했다.

"저는 가신입니다. 공실의 일을 어찌 알겠습니까? 그러나 계손씨가 있는 것과 없는 것, 둘 가운데 어느 쪽이 우리에게 이롭습니까?"

모두들 말했다.

"계손씨가 없어지면 반드시 숙손씨도 없어질 것이오!"

"그렇다면 구원해야 합니다."

이리하여 서북쪽 모퉁이를 치고 들어가자, 맹손씨가 숙손씨의 깃발이 들어가는 것을 보고 역시 구원에 나섰다. 삼환씨가 하나가 되자 소공은 이기지 못하고 쫓겨나 건후(乾侯) 땅에서 죽었다.

공숙(公叔)은 한나라 재상으로 있으면서 제나라에도 공로가 있었는데, 까닭은 이렇다. 공중붕(公仲朋)이 왕에게 대단한 존중을 받게 되자, 공숙은 왕이 공중붕을 재상으로 삼을까 두려워서 제나라와 한나라가 맹약을 맺어 위(魏)나라를 치게 했다. 공숙은 이를 핑계삼아 제나라 군대를 한나라로 끌어들여 군주를 협박함으로써 자신의 지위를 단단히 하고 두 나라의 맹약을 굳건히 했다.

적황은 위(魏)나라 왕의 신하이면서 한(韓)나라와도 친했다. 그래서 한나라 군대를 불러들여 위나라를 치게 했다. 이를 빌미로 위나라 왕에게 강화할 것을 청하여 자신의 지위를 더 중하게 만들었다.

월나라 왕 구천이 오나라 왕 부차를 공격하자, 부차는 사죄하며 항복했다. 구천이 이를 받아들이려 하자, 범려와 문종이 말했다.

"안 됩니다. 예전에 하늘이 월나라를 오나라에게 주었으나, 오나라는 받지 않았습니다. 이제 하늘이 부차에게 그와 반대로 하고 있으니, 이 또한 하늘이 내리는 재앙입니다. 하늘이 오나라를 우리 월나라에 주려고 하니, 두 번 절하고 받아들여야 합니다. 저들의 항복을 받아들여서는 안 됩니다."

오나라의 태재인 백비가 대부 문종에게 서신을 보내 말했다.

"약삭빠른 토끼를 다 잡고 나면 좋은 사냥개는 삶아 먹히기 마련이고, 적국이 멸망하면 계책을 낸 신하는 죽기 마련입니다. 대부께서는 어찌하여 오나라를 풀어주어 월나라의 걱정거리가 되도록 하지 않으십니까?"

문종은 서신을 받아 읽고는 크게 탄식하며 말했다.

"나는 죽겠구나! 월나라도 오나라와 같은 운명을 맞으리라."

조나라의 대성오는 한나라에 사신으로 가서는 신불해에게 말했다.

"한나라의 힘으로 내가 월나라에서 중용되도록 도와주시오. 그러면 나는 조나라의 힘으로 그대가 한나라에서 존중받도록 해주겠소. 그렇게 되면 그대는 두 개의 한나라를 갖고, 나도 두 개의 조나라를 갖게 될 것이오."

사마희는 중산국의 신하이면서 조나라와도 가깝게 지냈다. 그것은 그가 중산국의 계책을 조나라 왕에게 몰래 알려준 적이 있었기 때문이다.

여창은 위나라의 신하이면서 진(秦)나라와 초나라와도 잘 지냈다. 일찍이 진나라와 초나라를 부추겨 위나라를 치게 하고서는 이를 빌미로 강화에 나서서 자신의 지위를 굳혔던 것이다.

송석은 위나라 장수고, 위군(衛君)은 초나라 장수였다. 두 나라가 전쟁할 때, 두 사람이 장수가 되었다. 송석이 위군에게 서신을 보내 말했다.

"두 나라 군대는 마주하며 서로 상대방의 깃발을 바라보고 있소. 한바탕 싸우면 틀림없이 양쪽 다 온전하지 못할 것이오. 이 싸움은 두 나라 군주의 일이고, 나는 그대와 사사로운 원한도 없소이다. 좋다고 여긴다면 싸움을 피합시다."

백규는 위나라 재상이고, 포견은 한나라의 재상이었다. 백규가 포견에게 말했다.

"그대가 한나라의 힘을 이용해 위나라에서 나의 지위에 보탬이 되어준다면, 나도 위나라의 힘을 이용해 한나라에서 그대의 지위에 보탬이 되어주겠소. 그러면 나는 위나라에서 오래도록 정사를 맡고, 그대도 오랫동안 한나라에서 정사를 맡게 될 것이오."

셋째. 사류(似類)

비슷비슷한 일들은 군주가 처벌을 잘못하도록 만드는 빌미가 되고, 대신이 사사로이 이익을 챙기는 원인이 된다. 그래서 문지기는 물을 버려서 이야(夷射)를 죽게 만들었고, 위(魏)나라 제양군(濟陽君)은 스스로 거짓을 꾸며 두 사람이 처벌을 받게 했으며, 사마희(司馬喜)가 원건(爰騫)을 죽이자 계신(季辛)이 죽임을 당했고, 정수(鄭袖)가 악취가 난다고 말하자 새 후궁은 코를 베이는 벌을 받았으며, 비무기(費無忌)가 극완(郤宛)에게 속여 말하자 영윤(令尹)이 죽임을 당했고, 진수(陳需)가 장수(張壽)를 죽이자 서수(犀首)는 달아났다. 여물을 쌓아둔 곳간이 불타자 중산국의 공자가 죄를 뒤집어썼고, 문객이 늙은 유자를 죽이자 제양군이 상을 주었던 일도 그렇다.

사류에 관한 이야기들

제나라 중대부 가운데 이야(夷射)라는 이가 있었는데, 왕을 모시고 술을 마시다가 잔뜩 취하자 밖으로 나가 회랑의 문에 기대어 쉬고 있었다. 그때 발꿈치가 잘린 절름발이 문지기가 빌며 말했다.

"어르신, 마시다 남은 술을 저에게 내려주시지 않으시겠습니까?"

이야가 말했다.

"어허, 썩 물러가거라! 형벌을 받은 자가 어찌 감히 어른에게 술을 달라고 하느냐!"

절름발이 문지기는 내달리듯이 물러나왔다. 이야가 그 자리를 떠난 뒤에 절름발이 문지기는 회랑의 문 처마 밑에 물을 뿌려서 마치 오줌을 눈 것처럼 만들었다. 이튿날 왕이 나오다가 이를 보고 호통을 쳤다.

"누가 여기에 오줌을 누었나?"

절름발이 문지기가 대답했다.

"신은 보지 못했습니다. 다만 어젯밤에 중대부 이야가 이곳에 서 있었습니다."

이 말에 왕은 이야를 베어 죽였다.

위나라 왕의 신하 두 사람이 제양군과 사이가 좋지 않았다. 그래서 제양군은 짐짓 사람을 시켜 왕명인 것처럼 꾸며 그들이 자신을 치도록 했다. 이에 왕이 사람을 보내 제양군에게 물었다.

"그대는 누구와 원한이 있소?"

제양군이 대답했다.

"전혀 원한을 맺은 일이 없습니다. 다만 두 사람과 사이가 좋지 않은 적이 있으나, 이 지경에 이를 정도는 아니었습니다."

왕이 좌우의 사람들에게 물으니, 그들이 말했다.

"참으로 그렇습니다."

이 말에 왕은 두 사람을 베어 죽였다.

중산국의 대신인 계신과 원건은 서로 원한을 품고 있었다. 재상 사마희가 계신을 미워하게 되자 몰래 사람을 보내 원건을 죽였다. 군주는 이를 계신이 한 짓으로 여겨서 그를 베어 죽였다.

초나라 왕이 총애하는 첩 가운데 정수라는 여인이 있었다. 왕이 새로 미녀를 들이자, 정수가 그녀에게 이렇게 일러주었다.

"왕께서는 사람이 입을 가리는 것을 매우 좋아한다네. 그러니 왕께 가까이 가거든 반드시 입을 가리게나."

미녀가 왕을 뵈러 들어갔다가 왕을 가까이 하자 입을 가렸다. 왕이 그 까닭을 묻자, 정수가 말했다.

"저 사람은 본디 왕의 냄새를 싫어한다고 했습니다."

왕과 정수와 미녀 세 사람이 함께 앉게 되었을 때, 정수는 그에 앞서 미리 시종에게 일러두었다.

"왕께서 분부를 내리시면 반드시 왕의 분부를 곧바로 따라야 하네!"

미녀가 나아가 왕과 가까워질 때면 자주 입을 가렸다. 왕은 발끈 성내며 말했다.

"코를 베어라!"

그 말에 시종은 칼을 뽑아 곧바로 미녀의 코를 베어버렸다.

또 이렇게도 이야기한다. 위나라 왕이 초나라 왕에게 미인을 보냈는데, 초나라 왕이 아주 기뻐했다. 그 부인인 정수는 왕이 그 미인을 무척 아끼는 것을 알고 자신도 그 미인을 매우 아끼는 척 했는데, 그게 왕보다 더 심해서 그녀가 갖고 싶어 하는 의복이나 노리개 따위를 마음껏 갖게 해줄 정도였다. 왕이 말했다.

"부인께서는 새로 들어온 여인을 내가 아낀다는 것을 알고 과인보다 더 심하게 아끼시니, 이는 효자가 어버이를 봉양하고 충신이 군주를 섬기는 방법과 같소이다."

부인은 왕이 자기가 질투하지 않는다고 여기는 것을 알고는 새로 들어온 여인에게 말했다.

"왕께서는 그대를 무척 아끼시지만, 그대의 코는 싫어하신다네. 그러니 그대가 왕을 뵐 때마다 늘 코를 가린다면, 왕께서 더욱 오래도록 자네를 사랑하실 거네."

새로 들어온 사람은 그 말대로 왕을 뵐 때마다 늘 코를 가렸다. 왕이 부인에게 물었다.

"새로 들어온 사람이 과인을 보면 늘 코를 가리는데, 왜 그렇게 하는 것이오?"

부인이 대답했다.

"저는 모르겠습니다."

왕이 억지로 묻자, 대답했다.

"왕에게서 냄새가 나서 싫다고 말한 적은 있습니다."

왕은 성내며 말했다.

"코를 베어라!"

부인은 이에 앞서 미리 시종에게 이렇게 일러두었다.

"왕께서 분부를 내리시거든 반드시 그 명대로 해야 한다!"

시종이 이때 칼을 뽑아서 곧바로 미인의 코를 베어버렸다.

비무극(費無極)은 영윤(令尹)의 측근이었다. 극완이 새로 영윤을 섬기게 되었는데, 영윤은 그를 무척 아꼈다. 이에 비무극이 영윤에게 말했다.

"주군께서는 극완을 매우 아끼십니다. 그런데 어찌하여 한 번도 그의 집에서 술자리를 갖지 않으십니까?"

"좋은 말이오."

그리고는 비무극을 시켜 극완의 집에서 술자리를 마련하게 했다. 비무극이 극완에게 말했다.

"영윤께서는 대단히 거만하고 병장기를 좋아하오. 그대는 반드시 삼가며 공경을 다해야 할 것이오. 먼저 당 아래와 앞뜰에 병장기를 얼른 벌여놓도록 하시오."

극완이 그 말대로 했다. 영윤이 그 집에 이르러서는 화들짝 놀라며 말했다.

"이게 무엇이오?"

비무극이 말했다.

"주군께 위험하니, 얼른 떠나십시오! 무슨 일인지 알 수가 없습니다."

영윤은 아주 성이 나서 군사를 일으키고는 극완을 쳐 마침내 그를 죽였다.

서수는 장수와 서로 원한이 있었다. 진수가 새로 조정에 들어왔을 때, 그도 서수와 사이가 좋지 않았다. 이에 진수가 사람을 시켜 몰래 장수를 죽였다. 위나라 왕은 서수의 짓이라 여겨서 곧바로 그를 베어 죽였다.

중산국에 가난한 공자가 있었다. 그가 타는 말은 매우 야위었고 수레도 무척 낡았다. 군주의 측근에 그와 개인적으로 사이가 좋지 않은 자가 있었는데, 그가 공자를 위해 왕에게 청했다.

"공자는 매우 가난하고 말도 아주 야위었습니다. 왕께서는 어찌하여 말먹이를 더 주지 않으십니까?"

왕은 허락하지 않았다. 이에 측근은 몰래 사람을 시켜 밤에 왕의 마구간에 불을 지르게 했다. 왕은 가난한 공자가 저지른 일이라 여겨 곧바로 그를 베어 죽였다.

위나라에 늙은 유생이 있었는데, 제양군과 사이가 좋지 않았다. 제양군의 문객 가운데 늙은 유생과 사사로운 원한을 가진 자가 있었는데, 제양군과 사이가 좋지 않은 것을 빌미로 늙은 유생을 죽이고는 이를 제양군에게 자랑하며 말했다.

"그 자가 군과 사이가 좋지 않기에 제가 군을 위해 죽였습니다."

제양군은 자세히 살피지도 않고서 그에게 상을 주었다.

또 이렇게도 이야기한다. 제양군의 젊은 가신들 가운데 인정을 받지 못해서 제양군에게 총애를 받고 싶어 하는 자가 있었다. 마침 제나라에서 늙은 유생을 시켜 마리산(馬梨山)에서 약초를 캐 오게 했다. 제양군의 젊은 가신은 공을 세우려는 욕심에 안으로 들어가서 제양군에게 이렇게 말했다.

"제나라에서 늙은 유생을 시켜 마리산에서 약초를 캐 오게 했습니다. 명목은 약초를 캔다는 것이지만, 실제로는 군의 나라를 염탐하려는 것입니다. 군이 직접 그를 죽이시면 제나라로부터 문책을 받을 것입니다. 제가 그를 죽이겠습니다."

"그렇게 하시오."

이튿날 성 북쪽에서 그 유생을 붙잡아서는 칼로 찔러 죽였다. 제양군은 이전과 달리 더욱더 그를 가까이했다.

넷째. 유반(有反)

어떤 일이 일어나서 이익이 되는 게 있다면, 이익을 챙기는 자가 그 일을 일으켰을 것이다. 또 해로움이 있다면, 그 일로 도리어 이익을 챙기는 자가 누구인지를 살펴야 한다. 이런 까닭에 현명한 군주가 일을 논의할 때, 나라에 해로우면 그로 말미암아 이익을 챙기는 자를 살피고, 특정한 신하에게 해로우면 그것으로 이익을 챙기는 자를 살펴야 한다. 그러한 예로, 초나라 군대가 쳐들어왔을 때 위나라의 진수(陳需)가 재상이 된 일, 기장의 씨앗이 귀해지자 곳간을 맡은 관리가 조사를 받은 일을 들 수 있다. 이 때문에 소해휼(昭奚恤)은 곳간 지붕에 불이 나자 띠풀 파는 자를 잡아들였고, 한(韓)나라 소희후(昭僖侯)가 둘째 대령숙수를 꾸짖었으며, 진나라 문공(文公)이 고기구이에 감긴 머리카락 때문에 대령숙수를 다그쳤고, 진(秦)나라의 승상 양후(穰侯)는 왕을 황제로 높이려 했다.

유반에 관한 이야기들

진수는 위(魏)나라의 신하이면서 초나라 왕과도 사이가 좋았는데, 일부러 초나라가 위나라를 치게 했다. 초나라가 위나라를 치자, 진수는 스스로 나서 위나라 왕을 대신해 강화를 맺었다. 이로 말미암아 초나라의 권세를 빌려 위나라의 재상이 되었다.

한(韓)나라 소후(昭侯) 때, 기장의 씨앗이 매우 귀해져 값이 크게 올랐다. 소후는 사람을 시켜 곳간을 맡은 관리를 조사하게 했다. 과연 그가 기장의 씨앗을 몰래 훔쳐 내다 판 것이 아주 많았다.

소해휼이 초나라에서 등용되었을 때 곡물 창고와 사료 창고의 지붕에 불이 났는데, 누가 그런 짓을 했는지 알 수 없었다. 소해휼이 관리들을 시켜 띠풀을 파는 자를 잡아 들여 문초를 했더니, 과연 그가 불을 질렀음이 드러났다.

한나라 소희후 때 일이다. 대령숙수가 음식을 올렸는데, 고깃국 안에 생간이 들어 있었다. 소희후가 둘째 대령숙수를 불러서는 꾸짖었다.

"너는 어째서 과인의 고깃국 안에 생간을 넣었느냐?"

숙수가 머리를 숙여 죽을죄를 빌면서 말했다.

"첫째 대령숙수를 몰래 없애고 싶었습니다."

또 이렇게도 이야기한다. 소희후가 목욕을 하려던 탕 속에 조약돌이 있었다. 소희후가 물었다.

"목욕탕을 관리하는 자를 면직시키면, 그를 대신할 자가 있느냐?"

좌우의 측근들이 대답했다.

"있습니다."

"그 자를 불러 오너라."

소희후는 그 자를 꾸짖으며 말했다.

"어째서 탕 속에 조약돌을 두었느냐?"

"목욕탕을 관리하는 자가 면직되면 신이 그를 대신할 수 있기 때문에 탕 속에 조약돌을 넣어둔 것입니다."

진나라 문공 때 대령숙수가 고기를 구워 올렸는데, 거기에 머리카락이 감겨 있었다. 문공이 대령숙수를 불러 꾸짖으며 말했다.

"너는 과인의 목이 막혀 죽기를 바랐느냐? 어찌하여 고기에 머리카락이 감겨 있느냐?"

대령숙수가 머리를 조아리고 거듭 절하며 아뢰었다.

"신이 죽을죄를 세 가지 지었습니다. 숫돌에 칼을 갈아 간장검(干將劍)처럼 날카롭게 하고서 고기를 썰었으면서 고기만 잘리고 머리카락은 잘리지 않은 것이 첫 번째 죄입니다. 꼬치에 고기를 꿰면서도 머리카락을 보지 못한 것이 두 번째 죄입니다. 고기 꼬치를 들고서 화로에 숯을 넣어 불을 시뻘겋게 피우고 고기를 익히면서 머리카락을 태우지 못한 것이 세 번째 죄입니다. 그런데 당 아래의 사람들 가운데 신을 미워해서 몰래 그런 짓을 한 자가 없겠습니까?"

문공은 "그렇겠군!"이라고 말하고는 곧 당 아래에 있는 자를 불러 꾸짖으니, 과연 그러했다. 이내 그를 베어 죽였다.

또 이렇게도 이야기한다. 진나라 평공(平公)이 손님과 술을 마시고 있었다. 젊은 가신이 고기를 구워 올렸는데, 머리카락이 감겨 있었다. 평공이 숙수를 얼른 죽이라고 하면서 이 명령은 돌이킬 수 없다고 했다. 숙수가 하늘을 향해 울부짖었다.

"아, 신은 세 가지 죽을죄를 짓고도 스스로 알지 못했군요!"

평공이 말했다.

"무슨 말이냐?"

"신의 칼은 하도 날카로워서 초목을 쓰러뜨리는 바람 같은데, 뼈는 자르면서도 머리카락을 자르지 못한 것이 첫 번째 죽을죄입니다. 뽕나무 숯으로 구워 고기의 붉은 색깔이 흰 색깔이 되도록 했으면서도 머리카락을 태우지 못한 것이 두 번째 죽을죄입니다. 고기가 익은 뒤에 거듭 눈길을 주고 살폈으면서도 머리카락이 고기를 감고 있는 것은 보지 못했으니, 이게 세 번째 죽을죄입니다. 제 생각에는 당 아래 사람들 가운데 내심 신을 미워하는 자가 있는 듯합니다. 이를 살피지 않고 신을 죽이는 것은 너무 성급하지 않겠습니까?"

양후가 진(秦)나라 재상으로 있을 때, 제나라는 강성했다. 양후는 진나라 왕을 황제로 세우고 싶었으나, 제나라가 들어주지 않았다. 그래서 (진나라 왕을 서쪽 황제로 세우고) 제나라 왕을 동쪽 황제로 세우려 했으나, 뜻대로 이루지 못했다.

다섯째. 참의(參疑)

신하들이 서로 세력을 형성하면 내란이 일어날 수 있다. 그래서 현명한 군주는 이를 신중하게 살핀다. 그렇게 하지 못했기 때문에 진(晉)나라 여희(驪姬)가 태자 신생(申生)을 죽였고, 정(鄭)나라 부인이 독약으로 군주를 죽였으며, 위(衛)나라 주우(州吁)가 군주인 완(完)을 살해했고, 주(周)의 공자 근(根)이 동주(東周)를 빼앗았으며, 초나라 왕자 직(職)이 지나치게 총애를 받자 태자 상신(商臣)이 난을 일으켰고, 엄수(嚴遂)와 한외(韓庾)가 다툰 탓에 애후(哀侯)가 자객에게 당했으며, 전상(田常)과 감지(闞止)가 대립하자 간공(簡公)이 살해되고 대환(戴歡)과 황희(皇喜)가 대립하자 송나라 군주가 살해되었다. 호돌(狐突)이 군주가 좋아하는 두 가지를 경계한 일과 정소(鄭昭)가 '아직 태어나지 않았습니다'라고 대답한 일에서도 자세하게 드러난다.

참의에 관한 이야기들

진나라 헌공(獻公) 때, 여희는 신분이 존귀해져 정부인과 견줄 만해지자 태자 신생을 끌어내리고 자기 아들 해제(奚齊)를 태자로 삼고 싶었다. 그래서 헌공에게 신생을 헐뜯어 죽게 만들고, 이윽고 해제를 세워 태자로 삼았다.

정나라 군주는 태자를 이미 세웠는데, 총애를 받던 미녀가 자신의 아들을 후계자로 세우고 싶어 했다. 이에 군주의 부인은 두려운 나머지 독약을 써서 군주를 죽여버렸다.

위나라 공자인 주우는 막강한 권력을 지녀 군주와 견줄 정도였다. 온 신하들과 백성 모두 그의 대단한 권세를 두려워하자, 끝내 주우는 군주를 죽이고 정권을 빼앗았다.

　공자 조(朝)는 서주(西周)의 태자였다. 아우인 공자 근은 부친인 군
주로부터 대단한 총애를 받았다. 군주가 죽자 이윽고 근은 동주(東周)
를 세워 반기를 들었고, 결국 두 나라로 쪼개졌다.

　초나라 성왕(成王)이 상신을 태자로 삼았다. 그런데 이미 태자가 있
는데도 다시 공자 직(職)을 태자로 세우려 하자, 상신이 난을 일으켜서
마침내 성왕을 공격해 죽였다.

　또 이렇게도 이야기한다. 초나라 성왕은 상신을 태자로 삼은 뒤에
공자 직을 태자로 세우려 했다. 상신은 이에 대해 듣기는 했으나 아직
확인하지 못했다. 이에 사부인 반숭(潘崇)에게 물었다.
　"어떻게 해야 확인할 수 있겠습니까?"
　반숭이 대답했다.
　"고모인 강미(江芈)를 초대해서 무례하게 대해 보십시오."
　태자는 이 말대로 했다. 강미가 말했다.
　"오호라, 이 천박한 놈아! 군왕께서 너를 내치고 직을 태자로 세우려
하는 것도 당연하구나!"
　상신이 반숭에게 말했다.
　"사실이었습니다."
　반숭이 말했다.
　"직을 섬길 수 있겠습니까?"
　"없습니다."
　"다른 제후에게 달아날 수 있겠습니까?"
　"없습니다."
　"대사를 일으킬 수 있겠습니까?"
　"있습니다."
　이리하여 곧바로 숙소에 있던 병사들을 이끌고 성왕을 쳤다. 성왕은

곰발바닥 요리를 먹은 뒤에 죽고 싶다고 했으나, 허락하지 않았다. 이
윽고 왕은 자살했다.

한외는 한(韓)나라 애후의 재상이었는데, 엄수도 군주로부터 두터운
신임을 받고 있었다. 두 사람은 서로 매우 싫어했다. 엄수가 사람을 시
켜 한외를 조정에서 찔러 죽이게 했는데, 한외는 달아나 군주를 껴안았
다. 자객의 칼은 한외를 찌르고 아울러 애후까지 찔렀다.

전항(田恒)은 제나라의 재상이었는데, 감지 또한 간공(簡公)으로부
터 두터운 신임을 받고 있었다. 두 사람은 서로 미워해서 상대를 해치
고 싶어 했다. 전항은 몰래 백성들에게 은혜를 베풀어 그 나라 사람들
의 인심을 얻었고, 마침내 간공을 죽여서 정권을 빼앗았다.

대환은 송나라의 재상이었는데, 황희도 군주로부터 두터운 신임을
받고 있었다. 두 사람은 권력을 다투었고, 서로 해치려 했다. 드디어 황
희가 송나라 군주를 죽이고서 그 정권을 빼앗았다.

진(晉)나라의 호돌이 말했다.
"군주가 여인을 좋아하면 태자가 위태로워지고, 신하를 좋아하면 재
상이 위태로워진다."

정나라 군주가 대부 정소에게 물었다.
"태자는 어떠한가?"
"태자는 아직 태어나지 않았습니다."
"태자를 이미 세웠는데 아직 태어나지 않았다니, 무슨 뜻인가?"
"비록 태자를 세웠더라도 군주께서 여색을 좋아하는 게 아직 끝나
지 않았습니다. 총애하는 여인에게서 아이가 태어나면, 군주께서는 반

드시 그 아이를 사랑할 겁니다. 사랑하면 반드시 후계자로 세우려 하실 겁니다. 그래서 신이 '태자는 아직 태어나지 않았다'고 말한 것입니다."

여섯째. 폐치(廢置)

적국에서 힘쓰는 것은 이쪽 군주의 판단을 흐리게 하고 사치를 일삼게 하는 일이다. 군주가 이를 알아채지 못하면 적국에서 이쪽 신하들을 내치거나 임용하는 일에 개입한다. 주나라 문왕은 아첨꾼인 비중(費仲)에게 밑천을 대주어 주(紂)를 헷갈리게 했고, 서쪽 진나라 왕이 현명한 초나라 사자를 없애려 했으며, 제나라의 여서(黎且)는 중니(공자)를 노나라에서 떠나게 했고, 초나라의 간상(干象)은 현자인 감무(甘茂)를 서쪽 진나라에서 기용하지 못하게 했으며, 오자서는 소문을 퍼뜨려 초나라에서 자상(子常)을 임용하게 했고, 진(晉)나라는 미인을 바쳐 우(虞)나라와 괵(虢)나라를 멸망시켰으며, 진(晉)나라 숙향(叔向)은 거짓 편지를 보내 장홍(萇弘)을 죽게 만들었고, 정(鄭)나라는 닭과 수퇘지를 써서회(鄶)나라 호걸들을 모두 죽게 만들었다.

폐치에 관한 이야기들

주나라 문왕은 비중에게 밑천을 대주어 폭군인 주 곁에 있으면서 주의 기색을 엿보고 그 마음을 어지럽히라고 했다.

초나라 왕이 사람을 진(秦)나라에 보냈다. 진나라 왕은 그를 정중하게 대접하고는 말했다.

"적국에 현자가 있는 것은 나라의 걱정거리다. 지금 초나라 왕의 사자는 매우 현명한 사람인데, 과인은 이게 마음에 걸린다."

신하들이 간했다.

"왕께서는 현명하고 뛰어나며 나라도 아주 부유한데 초나라에 현자가 있다는 것에 마음을 쓰고 계시는군요. 왕께서는 어찌 그와 깊이 사귀면서 남몰래 그를 껴안지 않으십니까? 그렇게 하면 초나라는 그가 외국에 이용당하고 있다고 여겨서 반드시 그를 죽일 것입니다."

중니(공자)가 노나라에서 정사를 맡았을 때, 백성들은 길에 버려진 것을 줍지 않았다. 제나라 경공(景公)이 이를 두려워하자 대부 여서가 말했다.

"중니를 쫓아내는 것은 터럭을 부는 것처럼 쉽습니다. 군주께서는 어찌하여 두터운 녹봉과 높은 자리로 그를 맞아들이고 또 애공에게는 여악(女樂)을 보내 그 마음을 들뜨게 해서 어지럽히지 않으십니까? 애공은 새롭게 여악을 대하면 그걸 즐기느라 반드시 정사를 게을리 할 것이고, 중니는 반드시 간언할 것입니다. 간언해서 받아들여지지 않으면 반드시 노나라를 곧 떠날 것입니다."

경공이 말했다.

"좋소."

곧바로 여서를 시켜 여악 16명을 애공에게 보냈다. 애공은 여악을 즐기느라 과연 정사를 게을리했다. 중니는 간언했으나, 듣지 않자 노나라를 떠나 초나라로 가버렸다.

초나라 왕이 간상에게 말했다.

"내가 초나라의 힘으로 감무를 도와 진(秦)나라의 재상이 되게 하려는데, 할 수 있겠소?"

"할 수 없습니다."

"왜 그렇소?"

"감무는 어렸을 때 사거(史擧) 선생을 모셨습니다. 사거는 상채(上蔡)의 관문지기였습니다. 크게는 군주를 안중에 두지 않았고, 작게는 집안일을 돌보지 않았으며, 엄격함으로 천하에 소문이 났습니다. 감무는 그를 섬기며 따랐습니다. 혜문왕의 현명함과 장의의 변설을 익혀 열

가지 관직을 거치면서도 허물이 없었습니다. 이는 감무가 현자였기 때문입니다."

"사람을 적국에 보내 재상으로 삼기도 하는데 현명한 자를 재상으로 삼는 건 할 수 없다니, 어째서요?"

"전에 왕께서는 소활(邵滑)을 월나라로 보내 5년 만에 월나라를 망하게 만들었습니다. 이는 월나라가 어지럽고 초나라가 다스려졌기 때문입니다. 지난번에 월나라에 쓸 때는 이를 알고 지금 진나라에 대해서는 이를 잊었으니, 어찌 잊는 게 그토록 빠르십니까?"

"그러면 어찌하는 게 좋겠소?"

"공립(共立)을 재상으로 만드는 게 좋습니다."

"공립을 재상으로 만들어야 하는 이유는 무엇이오?"

"공립은 어려서는 진나라 왕의 총애를 받았고, 장성해서는 존귀한 경(卿)이 되어 옥으로 장식한 옷을 입고 향내 나는 풀인 두약(杜若)을 입에 물고 옥가락지를 낀 채 조정에서 정사를 보고 있습니다. 진나라를 어지럽히는 데에는 그가 이롭습니다."

오나라가 초나라를 쳤을 때, 오자서가 사람을 시켜 초나라에 이런 말을 퍼뜨렸다.

"자기(子期)가 등용되면 공격할 것이고, 자상(子常)이 등용되면 물러날 것이다."

초나라에서는 이 말을 듣고 자상을 등용하고 자기를 내쳤다. 이에 오나라가 초나라를 공격하여 마침내 이겼다.

진나라 헌공(獻公)은 우나라와 괵나라를 치려고 굴(屈) 땅에서 나는 명마와 수극(垂棘)에서 나는 옥, 여악 16명을 보내 그 마음을 현혹시키고 그 정사를 어지럽게 만들었다.

숙향은 장홍을 헐뜯으려고 거짓으로 편지를 썼는데, 장홍이 숙향에게 보낸 것처럼 꾸민 것이다.

"그대가 나를 위해 진(晉)나라 군주에게 '군주와 약속한 시기가 되었는데, 어찌하여 군대를 빨리 보내지 않으시오?'라고 전해주시오."

숙향이 짐짓 그 편지를 주(周)나라 조정에 떨어뜨려 놓고는 얼른 달아났다. 주나라는 장홍이 나라를 팔아먹었다고 여겨 곧바로 장홍을 베어 죽였다.

정(鄭)나라 환공(桓公)이 회(鄶)나라를 치려고 했는데, 먼저 회나라의 호걸, 뛰어난 신하, 지혜롭고 과감한 선비들에 대해 묻고 그 성명을 모두 기록한 뒤 그들에게 뇌물로 줄 회나라의 좋은 땅과 관작의 명칭 등을 적어서는 성문 밖에 제단을 설치해 거기에 파묻고는 닭과 돼지의 피를 발라 진짜 맹약문인 것처럼 꾸몄다. 회나라 군주는 이를 내란의 조짐으로 여겨 자신의 뛰어난 신하들을 모조리 잡아 죽였다. 이에 환공이 회나라를 쳐서 마침내 차지했다.

일곱째. 묘공(廟攻)

현명한 군주라면 참의와 폐치에 관한 일을 나라 안에서는 못하게 끊고 나라 밖에서는 잘 활용해야 한다. 신분이 낮은 자에게는 자금을 대주고, 세력이 약한 자에게는 세력을 보태준다. 이것을 묘당에 앉아서 적을 친다는 '묘공'이라 한다. 안으로 신하들의 동태를 잘 살피고 밖으로 적에 관한 정보를 잘 수집해서 판단한다면, 적의 속임수가 이내 드러난다. 그 예로, 진(秦)나라의 난쟁이가 혜문군(惠文君)에게 정보를 알려준 일, 위(魏)나라 양자(襄疵)가 조나라 왕이 업(鄴) 땅을 칠 것이라는 정보를 알려준 일, 위사공(衛嗣公)이 현령에게 방석을 보낸 일 등을 들 수 있다.

묘공에 관한 이야기들

진나라의 난쟁이 광대가 초나라 왕에게 잘 보여 초나라 왕의 측근들과 몰래 잘 지내면서 안으로는 혜문군[2]으로부터 중하게 여겨졌다. 초나라에서 마침 일을 꾀하면 난쟁이가 늘 먼저 전해 듣고서 혜문군에게 알려주었다.

업 땅의 수령인 양자는 조나라 왕의 측근들과 몰래 잘 지냈다. 조나라 왕이 업 땅을 습격하려고 꾀할 때마다 양자가 늘 곧바로 전해 듣고서 먼저 위나라 왕에게 이 사실을 알렸다. 그러면 위나라 왕은 미리 대비했고, 조나라는 하릴없이 되돌아갔다.

위사공은 현령의 측근에 사람을 심어 두었다. 어느 날, 현령이 이불을 들춰보니 그 밑의 자리가 심하게 헐어 있었다. 사군은 얼른 사람을 시켜 자리를 보내면서 이렇게 말했다.

"내가 들으니, 요즘 그대의 이불 밑에 깐 자리가 몹시 헐었다고 하오. 내가 새 자리를 보내오."

현령은 화들짝 놀라며 위사공이 매우 신통하다고 여겼다.

---

2) 상앙을 전적으로 믿고 기용해서 변법을 통해 부국강병을 이룬 진효공(秦孝公)의 아들 사(駟)다.

32장

외저설(外儲說) 좌상,
여섯 가지 군주의 자세

첫째. 독지(獨知)

현명한 군주가 다스리는 길은 유약(有若)이 복자(宓子)에게 응답한 것과 같다. 그러나 대개의 군주는 신하의 말을 들을 때 그 유창한 말씨를 좋게 여기고, 신하의 행동을 살필 때는 그 고상한 행위를 훌륭하게 여긴다. 그래서 뭇 신하와 선비의 말들이 세상사에 어두우면서도 거창하고 그 행보는 현실과 동떨어져 있다. 전구(田鳩)가 초나라 왕에게 대답한 것에서 그 이치가 잘 드러나 있다. 묵자는 나무 솔개를 만들었고, 가수인 계(癸)는 무궁(武宮)을 지으면서 노래했다. 약이 되는 술과 긴요하게 쓰일 말은 현명한 군주나 성스러운 왕만이 알 수 있다.

독지에 관한 이야기들

복자천(宓子賤)이 노나라의 선보(單父)를 다스릴 때였다. 유약이 그를 보고는 물었다.

"그대는 어째서 야위었는가?"

"군주는 내가 못난 줄을 모르고 이 단보를 다스리게 했소. 관청의 일은 바쁜데 마음은 망설이고만 있으니, 그러다 이렇게 야위었소."

"옛날에 순 임금은 다섯 줄 거문고를 타면서 〈남풍(南風)〉[1] 시를 노래했어도 천하는 다스려졌네. 이제 단보처럼 작은 고을을 다스리면서 이토록 걱정하고 있으니, 앞으로 천하는 어떻게 다스릴 건가? 법술을 익혀서 다스리면 몸은 묘당(廟堂)에 앉아 여색에 둘러싸여 있어도 다스리는 일에는 아무런 해로움이 없으나, 법술이 없으면서 다스린다면 그 몸이 비록 야윌 정도로 애써도 아무런 보탬이 없을 거네."

초나라 왕이 전구에게 물었다.

"묵자는 이름난 학자로 몸소 실천한 일은 옳지만, 말이 많으면서 유창하지는 못하오. 왜 그렇소?"

"옛날 진(秦)나라 목공(穆公)이 자신의 딸을 진(晉)나라 공자에게 시집보낼 때, 딸은 진(晉)나라에서 화려하게 꾸미도록 그냥 보내고는 수놓은 옷을 입은 몸종 70명을 딸려 보냈습니다. 그러자 공자는 몸종만 아끼고 공녀는 하찮게 여겼습니다. 이리되면 몸종을 시집 잘 보냈다고 말할 수는 있으나, 딸을 시집 잘 보냈다고 할 수는 없는 일입니다.

또 초나라의 어떤 사람이 정(鄭)나라에 가서 진주를 팔려고 했습니다. 목란(木蘭)으로 상자를 만들어 향내 나는 나무를 넣고, 겉은 갖가지 구슬을 매달고 붉은 구슬로 장식한 뒤에 물총새 깃털을 안에 깔았습니다. 정나라 사람은 그 상자만 샀고 진주는 돌려보냈습니다. 이리되면 상자를 잘 팔았다고 할 수는 있으나, 진주를 잘 팔았다고 할 수는 없습니다.

요즘 세상의 담론을 보면 모두 교묘하게 꾸민 말들뿐입니다. 군주

---

1) 『시경』「국풍(國風)」의 〈개풍(凱風)〉을 가리킨다. 어머니의 수고와 사랑을 생각하며 효도를 다하지 못했음을 한탄하는 노래다.

는 그 화려한 말재주만 보고 그 실제 쓰임은 잊고 있습니다. 묵자의 말은 선왕의 도를 전하고 성인의 말씀을 논하여 널리 사람들에게 알리려는 것입니다. 만약 말을 꾸며서 유창하게 한다면 사람들이 그 화려함만 마음에 담고 그 실질은 잊을 것이니, 이는 화려함에 홀려 실제 쓰임을 소홀히 하는 것입니다. 이렇게 되면 초나라 사람이 진주를 팔고 진나라 군주가 딸을 시집보낸 일과 같은 꼴이 됩니다. 그래서 말은 많이 하면서도 유창하게 하지 않았던 것입니다.”

묵자가 나무로 솔개를 만들었는데, 3년이 걸려서야 완성했다. 이를 하늘에 날렸으나, 하루 만에 망가졌다. 제자가 말했다.

“선생님의 재주는 나무 솔개를 날게 하는 데까지 이르렀습니다!”

묵자가 말했다.

“내 재주는 수레의 끌채 마구리를 만드는 자보다 못하다. 그는 짤막한 나무를 깎아 반나절도 안 돼 끌채 마구리를 만드는데, 이것은 서른 섬이나 되는 짐을 끌고서 먼 데까지 갈 수 있을 정도로 힘이 세고 또 오래도록 견딘다. 그런데 나는 지금 솔개를 만드는 데 3년이 걸렸지만, 겨우 하루 날리고 망가뜨렸다.”

혜자가 이 말을 전해 듣고 말했다.

“묵자는 대단한 재주꾼이다. 끌채 마구리를 만드는 일은 훌륭하다 하고, 나무 솔개를 만든 일은 하찮다고 말했으니.”

송(宋)나라 왕이 제나라를 친 뒤에 무궁(武宮)을 지었다. 가수인 계(癸)가 노래하자 길 가던 자들이 멈추어 구경하고 일꾼들도 피로한 줄 몰랐다. 왕이 듣고서 그를 불러서는 상을 내리자, 그가 대답했다.

“신의 스승인 사계(射稽)의 노래는 저보다 더 뛰어납니다.”

왕이 사계를 불러서 노래를 부르게 했더니, 길 가던 자도 멈추지 않고 일꾼들도 피로를 느꼈다. 왕이 계에게 말했다.

"길 가던 자도 멈추지 않고 일꾼들도 피로를 느끼니, 사계의 노래는 그대보다 낫지 않다. 왜 그런가?"

가수 계가 대답했다.

"왕께서 일꾼들이 일한 성과를 한번 살펴보십시오. 제가 노래할 때는 성벽을 네 판(板) 쌓았으나, 사계가 노래할 때는 여덟 판을 쌓았을 겁니다. 또 흙벽을 두드려보면 제가 노래할 때 다진 흙벽은 다섯 치(寸)나 패이지만, 사계가 노래할 때의 흙벽은 겨우 두 치가 패일 겁니다."

무릇 좋은 약은 입에 쓴데, 지혜로운 자는 이를 기꺼이 마신다. 몸에 들어가면 병을 낫게 해준다는 것을 알기 때문이다. 참된 말은 귀에 거슬리지만, 현명한 군주는 즐거이 듣는다. 그 말이 공을 이룰 수 있게 해준다는 것을 알기 때문이다.

둘째. 구성(求誠)

군주가 신하의 말을 들을 때 실제 효용을 기준으로 삼지 않으면, 말하는 자는 대부분 가시나무 끝에 원숭이를 새길 수 있다든가 백마는 말이 아니라는 따위 궤변을 늘어놓게 되고, 정해진 과녁을 맞히게 하지 않으면 활 쏘는 자는 아무나 명궁 예(羿)와 같이 될 것이다. 요즘 군주들은 언설을 듣는 게 연나라 왕이 도를 배우는 것처럼 하고, 언설을 늘어놓는 게 정나라 사람이 나이를 다투는 것처럼 한다.

지나치게 자세하고 미묘하게 말해 알기 어렵게 하는 것은 힘써 할 일이 아니다. 그래서 계량(季梁), 혜시(惠施), 송견(宋銒), 묵적(墨翟) 등의 학설은 모두 머리로 그린 것에 지나지 않는다고 한다. 이론이 심원하고 광대하면 쓸모가 없다. 그래서 위모(魏牟), 장로자(長盧子), 첨하(詹何), 진병(陳騈), 장주(莊周) 등의 주장은 모두 귀신이나 도깨비 놀음이라고 한다. 말이 인정에 거슬려도 아랑곳하지 않고 고집을 피우면 실제적인 효과를 거둘 수 없다. 그래서 무광(務光), 변수(卞隨), 포초(鮑

焦), 개자추(介子推), 백이(伯夷), 전중(田仲) 등의 학설은 모두 껍질이 딱딱한 표주박과 같다고 한다.

우경(虞慶)은 목수를 설득해서 집을 지었으나 집이 무너졌고, 범수(范雎)는 공인(工人)을 몰아붙였으나 활이 부러졌다. 이런 까닭에 말이 참되기를 바란다면, 끼니때가 되어 집에 돌아온 사람에게 밥을 주는 것처럼 하지 않으면 안 된다.

구성에 관한 이야기들

송나라 사람 가운데 연나라 왕에게 가시나무 끝에 원숭이를 새겨드리겠다고 청하는 자가 있었다. 그러나 반드시 석 달을 재계한 뒤에야 그것을 볼 수 있다고 했다. 연나라 왕은 그 말을 믿고 넉넉한 봉록을 주어 잘 지내게 해주었다. 그러자 기물을 관장하는 우어(右御)의 대장장이가 왕에게 말했다.

"신이 듣기에, 왕께서는 열흘이나 잔치를 물리치고 재계한 일이 없었습니다. 이제 저 자는 왕께서 그 쓸모없는 물건을 보고 싶어도 그렇게 오랫동안 재계할 수 없으리라는 걸 알고서 석 달을 기한으로 정했습니다. 대개 조각칼은 새겨야 할 것보다 반드시 작아야 합니다. 그런데 제가 대장장이지만, 그런 걸 새길 칼을 만들지 못합니다. 이건 실제로 존재할 수 있는 물건이 아닙니다. 왕께서는 반드시 살펴야 합니다."

왕이 그를 잡아들여 심문하자, 과연 거짓임이 드러났다. 곧바로 그를 죽였다. 대장장이가 말했다.

"사물을 재는 기준이 없으면 유세하는 자들이 가시나무 끝에 원숭이를 새기겠다는 식의 주장을 늘어놓기 십상입니다."

또 이렇게도 이야기한다. 연나라 왕이 세공품을 좋아했다. 위(衛)나라 사람이 찾아와 말했다.

"가시나무 끝에 원숭이를 새길 수 있습니다."

왕이 기뻐하며 그에게 아주 넉넉하게 봉록을 내려 잘 지내도록 해주었다. 그리고는 말했다.

"과인은 그대가 만든 가시나무 끝의 원숭이를 얼른 보고 싶다."

"군주께서 그것을 보시려면 반드시 반년 동안 후궁에 들어가지 않고 또 술을 마시거나 고기를 드시지 말아야 합니다. 그런 다음에 비가 개고 해가 나면서 반쯤 개고 반쯤 맑은 날씨에 보셔야만 가시나무 끝에 새긴 원숭이를 보실 수 있습니다."

연나라 왕은 이 말을 믿고 위나라 사람을 잘 대해주었으나, 조각한 원숭이는 볼 수가 없었다. 한나라[2]의 궁궐 밑에 살고 있던 한 대장장이가 연나라 왕을 찾아와서 말했다.

"저는 조각칼을 만드는 사람입니다. 모든 세공품은 꼭 조각칼로 깎아서 만들기 때문에 조각되는 것은 반드시 조각칼보다 커야 합니다. 그런데 가시나무 끝은 조각칼의 칼날을 받아들일 수 없어 가시나무 끝을 다루기는 매우 어렵습니다. 왕께서 그 사람에게 조각칼을 보여 달라고 해보십시오. 그러면 조각할 수 있는지를 아실 수 있을 것입니다."

"좋소."

곧 위나라 사람을 불러 물었다.

"그대는 가시나무에 새긴다고 했는데, 조각칼을 쓰는가?"

"조각칼로 합니다."

"내가 그 칼을 보고 싶다."

"숙소에 두고 왔으니, 가서 가져오겠습니다."

그리고는 냅다 달아났다.

---

2) 원문에서는 정(鄭)나라로 되어 있는데, 곧 한(韓)나라를 가리킨다. 한나라가 정나라를 병탄했기 때문이다.

예열(兒說)은 송나라 사람으로 변설을 잘했다. "백마는 말이 아니다"
라는 논리로 제나라 직하의 학자들을 설복시켰다. 그러나 백마를 타고
관문을 지날 때는 백마에 부과된 세금을 내야만 했다. 그러므로 허황된
언사에 기대어 논리를 펴서 온 나라 사람들을 다 이길 수는 있어도, 사
실을 밝히고 형상을 살피면 한 사람도 속이지 못한다.

새로 숫돌에 간 날카로운 화살촉을 커다란 활에 걸어 힘껏 당겨서
쏠 때 비록 눈을 감고 아무렇게나 쏘더라도 터럭만 한 것까지 맞히지
못하는 것이 없다. 그러나 그것을 두 번 다시 맞힐 수는 없으니, 그러면
잘 쏜다고 말할 수 없다. 이는 일정한 표적이 없기 때문이다. 너비 다섯
치의 과녁을 만들어 겨우 열 걸음 떨어진 곳에 두고 쏘면 명궁인 예(羿)
나 방몽(逄蒙)이라도 모조리 다 맞힐 수가 없다. 이는 일정한 표적이 있
기 때문이다. 기준이 있으면 어렵고, 기준이 없으면 쉽다. 정해진 과녁
이 있으면 예나 방몽이 다섯 치 되는 큰 과녁을 맞혀도 교묘하다고 하
고, 정해진 과녁이 없으면 아무렇게나 쏘아 터럭만 한 것을 맞히더라도
졸렬하다고 한다. 그러므로 원칙이 없이 응대하면 변설에 능한 자가 번
다하게 말을 하고, 원칙을 세우고 지키면 비록 똑똑한 자라도 행여 실
수를 할까 두려워하며 함부로 말하지 않게 된다. 요즘 군주들은 변설
을 들으면서 원칙으로써 응대하지 않고 그 현란한 변론만 좋아하며 실
제적인 효과로써 헤아리지 않고 겉치레 행동만을 칭찬하므로 형평에
맞게 다스리지 못한다. 이것이 바로 군주가 오래도록 속임을 당하고 변
설하는 자가 길이길이 녹봉을 받아먹는 이유다.

연나라 왕에게 죽지 않는 방법을 가르쳐주겠다는 빈객이 있었다. 왕
이 사람을 보내 배우게 했더니, 배우러 간 자가 다 배우기도 전에 빈객
이 죽어버렸다. 왕은 잔뜩 화가 나서 배우러 간 자를 베어 죽였다. 왕

은 빈객이 자기를 속인 줄은 모르고, 배우러 간 자가 배우는 게 더뎠다고 벌준 것이다. 있을 수 없는 일을 믿고서 죄 없는 자를 베어 죽였으니, 이는 제대로 살피지 못해서 생긴 재앙이다. 사람에게 귀중한 것으로는 자신의 몸 만한 것이 없다. 대체 그 자신은 죽지 않게 할 수 없으면서 왕을 오래도록 살게 해줄 수가 있단 말인가?

서로 나이가 많다고 다투는 정나라 사람들이 있었다. 한 사람이 말했다.

"나는 요(堯) 임금과 동갑이다."

다른 한 사람이 말했다.

"나는 황제(黃帝)의 형과 동갑이다."

이는 소송을 걸어도 해결되지 못할 일이다. 끝까지 멈추지 않고 우기는 자가 이길 뿐이다.

주(周)나라 군주를 위해 젓가락에 그림을 그린 빈객이 있었는데, 3년이 걸려서야 완성했다. 군주가 살펴보니 옻칠한 젓가락과 똑같았다. 군주가 매우 화를 내니, 그림 그린 자가 말했다.

"판축 열 장 높이의 담을 쌓은 뒤 여덟 자짜리 창문을 뚫어 해가 뜨기 시작할 때 그 위에 올려놓고 보십시오."

군주가 그 말대로 해서 그 모양을 바라보니, 용과 뱀, 날짐승과 길짐승, 수레와 말 따위 온갖 것들이 다 갖추어져 있었다. 그제야 군주는 아주 기뻐했다. 이렇게 젓가락에 그림을 그리는 일은 솜씨가 정교해야 하므로 참으로 어려운 일이지만, 그 쓰임새로 보자면 평범하게 옻칠한 젓가락과 똑같다.

제나라 왕을 위해 그림을 그리는 빈객이 있었다. 왕이 물었다.

"그림을 그릴 때, 무엇이 가장 어려운가?"

"개와 말이 어렵습니다."

"무엇이 쉬운가?"

"귀신이 가장 쉽습니다. 대체로 개나 말은 사람들이 다 알고 있고 아침저녁으로 눈앞에 보이므로 똑같게 그릴 수가 없습니다. 그래서 어렵습니다. 그러나 귀신은 형체가 없고 눈앞에 보이지도 않기 때문에 그리기가 쉽습니다."

제나라에 벼슬을 하지 않고 지내는 전중(田仲)이라는 거사가 있었다. 송나라 사람인 굴곡(屈穀)이 그를 만나서는 이렇게 말했다.

"제가 선생의 주장을 들으니, 남에게 기대서 먹고 살지는 않는다고 했습니다. 지금 저는 박을 심는 법을 터득했는데, 그 박이 돌처럼 단단하고 껍질은 두꺼워 구멍을 낼 수도 없습니다. 이걸 드리겠습니다."

전중이 말했다.

"무릇 박을 귀하다고 하는 것은 넉넉하게 담을 수 있기 때문이오. 지금 두터우면서 구멍을 내지 못하면 아무것도 담을 수가 없고, 게다가 무겁고 돌처럼 견고하다면 쪼개어 물을 담을 수도 없소. 이런 박은 쓸데가 없소이다."

굴곡이 말했다.

"그렇습니다. 저는 이걸 버리겠습니다."

이제 전중은 남에게 기대서 먹고 살지 않는다고 했지만, 또한 나라에 보탬이 되는 것도 없다. 그 또한 단단하기만 한 박과 같은 존재일 뿐이다.

우경이 집을 지으면서 목수에게 일렀다.

"지붕이 너무 높다."

목수가 대답했다.

"이것은 새집입니다. 흙벽은 아직 젖어 있고, 서까래도 생나무입니다. 젖은 흙은 무겁고, 생나무 서까래는 휘게 됩니다. 휘게 될 서까래로 무거운 흙을 떠받치고 있으니, 이건 당연히 낮아지게 됩니다."

우경은 우겼다.

"그렇지 않소. 여러 날이 지나면 흙은 굳고 서까래는 마르게 되오. 흙이 굳으면 가벼워지고 서까래가 마르면 곧게 될 것이니, 곧은 서까래가 가벼운 흙을 떠받치면 더욱더 높아질 것이오."

목수는 말문이 막혀서 할 수 없이 그가 이르는 대로 했으나, 결국 지붕은 무너져버렸다.

또 이렇게도 이야기한다. 우경이 집을 지으려고 할 때, 목수가 말했다.

"목재는 생나무고 흙은 젖어 있습니다. 목재가 생나무면 휘게 되고, 흙이 젖어 있으면 무거워집니다. 휘게 될 나무로 무거운 흙을 떠받치면, 지금은 비록 완성된 것처럼 보여도 오래되면 반드시 무너질 것입니다."

우경이 말했다.

"목재가 마르면 곧아지고, 흙이 굳으면 가벼워지오. 이제 정말로 마르게 되면 날로 더 가벼워지고 곧아질 것이니, 비록 오래 지나더라도 결코 무너지지 않을 것이오."

목수는 말문이 막혀 그가 이르는 대로 지어 완성했다. 얼마 지나자, 지붕이 결국 무너져버렸다.

범수가 말했다.

"활을 만들다 부러지는 것은 반드시 막바지에 이르러서이지 처음부터 그렇게 되지 않는다. 대체로 장인이 활을 휠 때는 30일 동안 도지개에 끼워두었다가 시위를 걸 때는 발로 밟으며, 하루가 지나서 쏘아본다. 이는 처음에는 신중하게 하다가 막바지에 거칠게 다루는 것이니,

어찌 부러지지 않겠는가? 그러나 나는 활을 휠 때 그렇게 하지 않는다. 하루만 도지개에 끼워놓고 곧바로 발로 밟아 시위를 걸어두고는 30일이 지나서 쏘아본다. 이는 처음에는 거칠게 다루지만, 막바지에는 신중하게 하는 것이다."

활 만드는 공인이 대꾸하지 못하고 그 말대로 했더니, 활이 이내 부러졌다.

범수와 우경은 모두 화려한 변론에 말솜씨가 뛰어나지만, 그 말은 일의 실정과는 맞지 않다. 군주가 이런 말들을 좋아하고 꺼리지 않으면, 그 때문에 일을 그르친다. 도대체 나라를 잘 다스리고 굳건하게 만드는 실제적인 효과를 꾀하지 않고 교묘한 변설과 화려하게 꾸민 소리에 빠져드는 것은 마치 법술을 터득한 사람을 물리치고 지붕을 무너뜨리거나 활을 부러뜨리는 자에게 일을 맡기는 격이다. 그래서 군주가 나랏일을 다스리는 것이 목수가 지붕을 올리고 장인이 활을 만드는 수준에도 미치지 못하는 것이다. 그런데도 기술을 익힌 사람이 범수나 우경 같은 자에게 막히는 것은 허황된 말은 쓸모가 없는데도 이기고 실제의 일은 변화가 없어 할 말이 없기 때문이다. 군주가 쓸모없는 변설을 대단하게 여기고 실질적이지만 밋밋한 말을 업신여기기 때문에 나라가 어지러워지는 것이다.

요즘 세상에는 범수나 우경 같은 자들이 끊이지 않고 나타나고 있다. 그럼에도 군주는 그런 자들을 좋아하기를 그치지 않는다. 이는 지붕을 무너뜨리거나 활을 부러뜨리는 자들은 소중하게 여기면서 법술을 아는 자들은 한낱 장인 정도로 여기는 짓이다. 장인이 자신의 기교를 제대로 부리지 못하면 집이 무너지고 활이 부러진다. 다스릴 줄 아는 사람이 자신의 법술을 제대로 실행하지 못하기 때문에 나라가 어지러워지고 군주는 위태로워지는 것이다.

무릇 아이들이 서로 소꿉놀이할 때는 흙을 밥이라 하고 진흙을 국이라 하며 나무를 고기라 한다. 그러나 저녁때가 되면 반드시 집으로 돌아가 밥을 먹으니, 이는 흙밥과 진흙국으로 장난을 칠 수는 있으나 먹을 수는 없기 때문이다. 대체로 먼 옛날의 전설과 송가(頌歌)를 들먹이면 듣기에는 좋으나 현실적이지 못하고, 옛 왕들의 인의(仁義)를 실행하는 것으로는 나라를 바르게 할 수가 없다. 이 또한 소꿉놀이처럼 재미삼아 다룰 수는 있지만, 나라를 다스리는 데 쓸 수는 없다.

인의를 숭상하다가 나라가 약해지고 어지러워진 경우가 삼진(三晉)[3]이다. 반면 인의를 숭상하지 않아서 다스려지고 강해진 경우가 진(秦)나라다. 그런데 진나라가 강성하면서도 제왕의 나라가 되지 못한 것은 다스리는 법술이 아직 다 갖추어지지 않아서다.

셋째. 적사(適事)

상대를 위해서 일한다는 마음을 먹고 있으면 알아주지 않을 때 따지거나 원망하지만, 자신을 위해 일한다고 생각할 때는 일을 척척 잘해나간다. 아비와 자식 사이에서도 간혹 원망하거나 야단치는 일이 생기고, 일꾼을 부려 일을 시키면서 맛있는 음식을 내놓기도 한다. 진(晉)나라 문공(文公)이 송나라를 칠 때 미리 그 나라 군주의 허물을 널리 퍼뜨린 일, 월나라 왕 구천이 오나라 왕의 전용선인 여황(餘皇)에 대해 시비한 일 등이 그렇고, 제나라 환공이 채나라에 대한 노여움을 숨기고 초나라를 친 일, 오기(吳起)가 부하의 종기가 나으면 이기는 데 도움이 되리라 여겨서 종기를 빨았던 일 등도 그렇다.

선왕을 칭송하는 노래나 종과 솥에 새긴 경계하는 말 등은 모두 파오산(播吳山)에 남긴 발자국이나 화산(華山)에 만들어둔 장기판과 같은 것이다. 옛 왕들이 바란 것은 이익이고, 실제 쓴 것은 힘이다. 토지신

---

3) 춘추시대 진(晉)나라가 쪼개져서 생긴 한(韓)·위(魏)·조(趙) 세 나라를 가리킨다.

을 위해 사당을 세우는 것에 관한 속담은 자신을 위한 변명으로 썼다. 학자들이 옛 왕들을 흉내 내고 따르도록 한다면, 지금의 실정과는 맞지 않으리라. 이렇게 해서는 잘못된 일을 고칠 수가 없다. 정나라 시골 사람이 수레멍에를 손에 든 일, 위(衛)나라 사람이 주살로 새 잡는 일을 도운 일, 복자(卜子)의 아내가 바지를 누더기로 만든 일, 어떤 젊은이가 어른을 따라 술을 마신 일 등과 같다.

옛 왕들이 대수롭지 않다고 한 말을 요즘 사람들은 대단하게 여기는 경우가 있고, 옛 왕들이 대단하다고 한 말을 요즘 사람들은 대수롭지 않게 여기는 경우가 있다. 이는 제대로 알지 못하기 때문이다. 송나라 사람이 글을 제 깜냥으로 이해한 것이나 양(梁)나라 사람이 글을 읽으면서 저지른 일 등이 그러하다. 영(郢) 땅 사람이 쓴 편지를 연나라 사람이 잘못 읽듯이 옛 왕들의 글을 후대에 잘못 읽는 경우가 있다. 도대체 나랏일에 합당한 일은 하지 않고 옛 왕들을 따라 하기만 하니, 이는 신발 사러 간 자가 한 짓과 비슷하다.

적사에 관한 이야기들

사람은 어렸을 때 어버이가 양육을 소홀히 하면 자라서 원망하고, 자식이 어른이 되어 어버이 봉양을 소홀히 하면 어버이가 성내며 꾸짖는다. 자식과 어버이는 가장 가까운 사이인데도 어떤 때는 꾸짖고 어떤 때는 원망한다. 서로 상대가 나를 위해주기를 바라는데 실제로는 내 바람을 제대로 채워주지 않았기 때문이다.

대개 일꾼을 사서 씨 뿌리고 농사지을 경우에는 주인이 자신의 돈을 들여서 맛있는 음식을 해주고 화폐로 쓰이는 베(布)를 마련해서 질 좋은 동전을 구하여 품삯으로 주는데, 이는 일꾼을 사랑해서가 아니다. 그렇게 해야 밭을 깊이 갈고 김을 제대로 매기 때문이다. 일꾼이 있는 힘을 다해서 밭을 갈고 김을 매는 것은 주인을 사랑해서가 아니다. 이렇게 해야 음식이 맛있고 품삯으로 받는 화폐도 질이 좋기 때문이다.

이렇게 힘들여 일하는 사람을 잘해주는 데에도 아비와 자식 사이의 은덕이 작용한다. 그리고 일하는 데에 마음을 다 쓰는 것은 모두 자기를 위한다는 마음이 있기 때문이다. 그러므로 일을 하거나 베풀어줄 때 이익이 된다는 마음이 들면 월나라 사람과도 쉽게 가까워지고, 손해가 된다는 마음이 들면 아비와 자식 사이라도 멀어지고 또 원망하게 된다.

진나라 문공이 송나라를 치면서 이렇게 알렸다.

"내 들으니, 송나라 군주는 무도하여 어른들을 업신여기고 재화를 공평하게 분배하지 않으며 그 명령이 백성들의 믿음을 얻지 못한다고 한다. 그래서 내가 송나라 백성을 위해 그를 벌주려고 왔다."

월나라가 오나라를 치면서 이렇게 알렸다.

"내 들으니, 오나라 왕은 전용선인 여황을 띄우기 위해 고소대(姑蘇臺)를 쌓으면서 깊은 연못을 파 백성들을 고달프게 하고 재화를 다 써버리며 민력(民力)을 소진시킨다고 한다. 나는 오나라 백성을 위해 그를 벌주려고 왔다."

채나라 군주의 딸이 제나라 환공의 아내가 되었다. 환공이 그녀와 함께 배를 탔을 때, 부인이 장난으로 배를 흔들었다. 환공이 매우 두려워하며 그만두라고 했으나 그만두지 않았다. 이에 성내며 그녀를 내쫓았다. 얼마 뒤에 다시 불렀으나, 이미 다른 데로 시집을 가버린 뒤였다. 환공이 대단히 성내며 채나라를 치려고 하자, 관중이 간언했다.

"무릇 부부간의 일로 남의 나라를 치는 것은 명분이 서지 않고 또 성과도 기대할 수 없습니다. 부디 이런 일로 군대를 일으키지는 마십시오."

환공이 들으려 하지 않자, 관중이 말했다.

"굳이 군대를 일으키려 하신다면 초나라를 치십시오. 초나라는 천자에게 3년 동안이나 청모(菁茅)⁴⁾를 바치지 않았습니다. 군대를 일으키려 하신다면 천자를 위해 초나라를 치는 것이 낫습니다. 그리고 초나라가 굴복하면, 돌아오는 길에 채나라를 치십시오. 그때는 '내가 천자를 위해 초나라를 치는데도 채나라에서는 군대를 거느려서 따르지 않았다. 그래서 멸망시키려는 것이다'라고 말하십시오. 이는 명분으로는 의롭고 실질적으로는 이롭습니다. 그러니 반드시 천자를 위해 토벌에 나선다는 명분이 있어야만 원수를 갚는 실리도 챙길 수 있습니다."

오기가 위(魏)나라 장수가 되어 중산(中山)을 공격할 때, 병사들 가운데 종기를 앓는 자가 있었다. 오기는 무릎을 꿇고 직접 그 고름을 빨았다. 종기를 앓던 병사의 모친이 그 이야기를 듣고는 울어버렸다. 사람들이 물었다.
"장군이 당신 아들을 그렇게 대해주었는데, 어째서 우는 거요?"
그녀가 대답했다.
"오기가 그 아이 아버지의 상처도 빨았는데, 그 바람에 아버지도 싸우다 죽었소. 이제 이 아들도 죽게 될 것이오. 그래서 내가 우는 것이오."

조나라의 주부(主父)로 있던 조무령왕이 공인에게 명을 내려 갈고리가 달린 줄사다리를 타고 파오산에 올라가서 그 정상에 발자국을 새기게 했다. 폭이 석 자, 길이가 다섯 자였는데, 이렇게 새겼다.
"주부가 일찍이 여기서 노닐었다."

진(秦)나라 소왕(昭王)이 공인에게 명을 내려 갈고리가 달린 사다리

---

4) 향기가 나는 부추로, 장강과 회수 사이에서 생산되는 초나라의 특산품이었다. 종묘의 제사나 하늘에 지내는 제사 등에서 이것을 사용하여 술을 걸렀다고 한다.

를 타고 화산(華山)에 올라 소나무나 잣나무의 심(나무의 고갱이)으로
쌍륙[5]을 만들게 했다. 화살 모양의 주사위는 여덟 자, 말로 쓰이는 기
물은 여덟 치였다. 거기에 이렇게 새겼다.

"소왕이 일찍이 천신들과 더불어 여기서 쌍륙을 즐겼다."

진나라 문공은 망명생활을 하다가 귀국길에 오르던 도중에 황하에
이르렀을 때, 이런 명령을 내렸다.

"이제까지 사용하던 대나무와 나무로 만든 그릇들은 내버리고, 바닥
에 깔던 거적때기도 버려라. 손발에 굳은살이 박이고 얼굴이 타서 거무
스름한 자들은 뒤에 세워라."

이 말을 들은 구범(咎犯)이 밤중에 소리 내어 울었다. 문공이 물었다.

"내가 나라를 떠나 망명한 지 20년 만에 이제 귀국하게 되었소. 그대
는 이 소식을 듣고도 기뻐하지 않고 소리 내어 울고 있으니, 과인이 귀
국하기를 바라지 않는다는 뜻이오?"

구범이 대답했다.

"대나무와 나무 그릇은 밥을 먹던 것이고 거적때기는 잠잘 때 쓰던
것인데, 이제 군주께서 버리라 하십니다. 또 손발에 굳은살이 박이고 얼
굴이 타서 거무스름해진 자는 고생하면서 공을 세운 이들인데, 군주께
서는 그들을 뒤에 세우라고 하십니다. 이제 저도 그들과 함께 뒤에 있
게 되었으니, 마음이 그 슬픔을 이기지 못해서 이렇게 소리 내어 울고
있는 것입니다. 게다가 저는 군주께서 귀국하시도록 속임수를 부린 일
이 많았습니다. 저 스스로 그런 짓을 싫어하는데, 하물며 군주께서는
어떠하시겠습니까?"

그는 두 번 절하고 떠나려 했다. 문공은 그를 말리며 말했다.

"속담에 이르기를, '사당을 지을 때는 일옷으로 갈아입고, 제사를 지

---

5) 쌍륙은 주사위를 던져서 하는 놀이다.

널 때는 의관을 단정하게 차려입는다'고 했소. 이제 그대는 나와 함께 나라를 얻었으면서 나와 함께 다스리지 않겠다고 하니, 이는 나와 함께 사당을 짓고 제사는 함께 지내지 않겠다는 격이오. 이를 어찌 옳다고 하겠소?"

곧 수레 끄는 말 가운데 왼쪽 말을 베어 황하의 신에게 희생으로 바치면서 맹세했다.

정현(鄭縣)에 사는 복자(卜子)가 아내에게 바지를 만들게 했다. 그 아내가 물었다.

"이번 바지는 어떻게 만들어 드릴까요?"

"내가 입던 헌 바지처럼 만드시오."

아내가 새 옷감을 헐어서 헌 바지처럼 만들었다.

정현 사람 가운데 수레의 멍에를 주운 자가 있었는데, 그 이름을 몰라서 어떤 사람에게 물었다.

"이건 어떤 물건이오?"

"이것은 수레의 멍에요."

잠시 있다가 또 하나를 줍자 다시 그에게 물었다.

"이건 어떤 물건이오?"

"이것도 수레의 멍에요."

물었던 자는 벌컥 성내며 말했다.

"아까도 수레 멍에라고 하고 지금 또 수레 멍에라고 하다니, 어찌 똑같은 것이 이렇게 많을 수 있소? 이건 그대가 나를 속이는 것이오!"

이윽고 그와 싸웠다.

위나라 사람 가운데 주살질을 돕는 자가 있었다. 새가 다가오자 먼저 두건을 흔들어 새를 유인하려고 했으나, 새가 놀라 달아나는 바람

313

에 쏘지 못했다.

정현에 사는 복자의 아내가 저잣거리에 갔다가 자라를 사서 돌아오던 길이었다. 영수(潁水)를 지나다가 자라가 목이 마를 것이라 여겨서 놓아주어 물을 마시게 했는데, 그예 자라가 달아나버렸다.

어떤 젊은이가 어른을 모시고 있다가 술을 마셨다. 어른이 한 잔 마시면 그도 따라 마셨다.

또 이런 이야기도 있다. 노나라 사람 가운데 스스로 수양에 힘쓰는 자가 있었는데, 그는 어른이 술자리에서 술잔을 단번에 비우지 못하고 게워내는 것을 보고는 그것을 본받아서 자신도 게워냈다고 한다.

또 다른 이야기는 이렇다. 송나라 사람 가운데 어떤 젊은이가 좋은 행위를 본받고 싶어 했는데, 어른이 술을 남김없이 마시는 것을 보고는 감당하지도 못하면서 술을 모조리 다 마시려 했다고 한다.

옛 책에서 이렇게 말했다.
"허리띠를 잘 묶고 잘 여며라!"(잘 삼가고 잡도리하라!)
송나라 사람 가운데 이 글을 익힌 자가 있었는데, 뜻을 잘못 알고 자신의 허리띠를 두 겹으로 해서 단단히 죄었다. 어떤 사람이 물었다.
"어째서 그렇게 하는 거요?"
"책에 그렇게 쓰여 있어서 그대로 했소."

옛 책에서 이렇게 말했다.
"새기고 다듬은 뒤에 다시 소박함으로 돌아간다."
양나라 사람 가운데 이를 익힌 자가 있어 행동하거나 학문을 말하거나 일을 할 때마다 이 글귀에 따라서 했다. 그러다가 말했다.
"갈수록 어렵구나!"

그러다가 오히려 실질을 잃었다. 누군가가 물었다.

"어째서 그렇게 한 거요?"

"책에 그렇게 쓰여 있어서 그대로 했소."

초나라 도성인 영(郢)에 사는 사람이 연(燕)나라 재상에게 편지를 보내려고 밤에 편지를 쓰는데, 불빛이 밝지 못해서 촛불을 맡은 자에게 "거촉(擧燭)!"(촛불을 올려라!)이라고 말하면서 편지에도 "거촉"이라고 잘못 써버렸다. 이건 본래 편지에 쓰려던 말이 아니었다. 그런데 연나라 재상은 이 편지를 받고서는 아주 기뻐하며 말했다.

"'거촉'이라는 건 밝음을 높이라는 뜻이다. 밝음을 높이라는 것은 곧 현명한 사람을 발탁해서 임용하라는 뜻이다."

연나라 재상은 이를 왕에게 말했고, 왕이 아주 기뻐하며 그대로 했더니 온 나라가 잘 다스려졌다. 나라가 다스려진 건 다스려진 것이지만, 편지의 본뜻은 아니었다. 지금 세상의 학자들이란 대개 이런 부류에 속한다.

정(鄭)나라 사람으로 신발을 사려는 자가 있었다. 먼저 자신의 발을 재고서는 치수를 적은 글을 그 자리에 두었다. 이윽고 시장에 와서야 가져와야 할 것을 잊고 온 줄 알았다. 이미 신발 가게에 이르렀으나, 곧 이렇게 말했다.

"내가 치수를 적은 것을 잊었소. 집에 돌아가서 가지고 오겠소."

집으로 돌아갔을 때는 시장이 이미 파해서 신발을 살 수가 없었다. 어떤 사람이 말했다.

"어째서 직접 신발을 신어보지 않았소?"

그가 대답했다.

"치수를 잰 것은 믿을 수 있어도 내 발은 믿을 수가 없어서요."

넷째. 존현(尊賢)

이익이 있는 곳에 백성이 모여들고, 명성이 빛나는 곳에서 선비들
이 죽는다. 법을 어기면서 공적을 세웠는데도 상을 내리면 군주가 아
랫사람으로부터 얻을 이익이 없고, 법을 어기면서 명성을 날렸는데도
명예를 더해주면 선비는 그 명성에 힘입어 군주를 순순히 따르려 하지
않는다.

조나라의 중장(中章)과 서기(胥己)가 벼슬하자 중모(中牟)의 백성들
가운데 논밭을 버리고 학문을 익히려는 자가 마을의 절반이나 되었
다. 진(晉)나라에서는 평공(平公)이 숙향(叔向)과 논의할 때 종아리가
저리고 발이 마비가 되어도 자리를 감히 흐트러뜨리지 않는 것을 보
고는 벼슬을 그만두고 숙향을 따르는 자가 절반이나 되었다. 중장과
서기, 숙향 등 세 사람은 그 말이 법에 맞는 것이기는 하지만 그 법은
관청의 장부에 있는 것일 뿐이고, 그 행동이 사리에 맞기는 하지만 그
들은 법령을 따르는 백성일 뿐이다. 그럼에도 조나라와 진나라의 군
주들은 지나치게 예우했다. 만일 그들의 말이 법을 어기고 그 행동이
공을 이루는 것과는 거리가 멀다면 법을 벗어난 백성이 된다. 그럴 경
우 두 군주는 또 어떻게 예우할 것인가? 예우해주어야 할 마땅한 근거
가 없다.

또 학문하는 선비들은 나라에 일이 없을 때는 힘쓰는 일을 하지 않
고, 난리가 일어나도 갑옷을 입지 않는다. 그런 그들을 예우하면 농사
와 전쟁을 게을리할 것이고, 예우하지 않으면 군주의 법을 해칠 것이
다. 나라가 안정되면 존경을 받고 이름을 드러내지만, 나라가 위태로
우면 정나라 굴공(屈公)처럼 몸을 사린다. 그렇다면 군주는 학문하는
선비들에게서 무엇을 얻을 수 있겠는가? 현명한 군주라면 이자(李疵)
가 중산(中山)을 살핀 일에 대해 깊이 헤아려야 하리라.

존현에 관한 이야기들

임등(壬登)이 중모(中牟) 땅의 수령이 되었을 때, 조양자(趙襄子)에게 진언했다.

"중모에 중장과 서기라는 선비가 있는데, 몸가짐이 아주 단정하고 학문이 매우 넓다고 합니다. 군주께서 기용하시는 게 어떻겠습니까?"

조양자가 말했다.

"나를 알현하게 하라. 그러면 내가 중대부로 삼을 것이다."

집사가 간언했다.

"중대부는 진(晉)나라[6]의 주요한 자리입니다. 지금 공적도 없는데 그런 벼슬을 내리면, 이는 진나라가 신하를 임명하는 취지에 어긋납니다. 군주께서는 귀로 듣기만 했지 직접 눈으로 보지는 못하지 않았습니까?"

조양자가 말했다.

"내가 임등을 쓸 때 이미 귀로 듣고 눈으로 확인했다. 임등이 추천한 것을 또 귀로 듣고 눈으로 확인한다면, 사람을 귀로 듣고 눈으로 확인하는 일이 끊이지 않을 것이다."

임등이 하루 만에 두 명의 중대부를 알현하게 하자, 조양자가 그들에게 논밭과 집을 내렸다. 이에 중모 땅 사람들 가운데 농사를 버리고 집을 팔아서 학문을 따라하는 자가 고을의 절반이나 되었다.

진나라의 대부 숙향이 평공을 모시고 앉아 정사를 논하는데, 평공은 종아리가 저리고 발이 마비되며 근육에 경련이 일어나도 앉은 자세를 흐트러뜨리지 않았다. 진나라 백성들이 이 소식을 듣고는 모두 이렇게 말했다.

"숙향은 현자다. 평공이 그를 예우하여 근육에 경련이 일어나도 자

---

6) 조나라가 본래 춘추시대 진(晉)나라에서 나왔으므로 이렇게 일컫는다.

세를 흐트러뜨리지 않았을 정도니."

곧 진나라에서는 벼슬을 그만두고 숙향을 흠모하여 찾아간 이가 나라의 절반이나 되었다.

정현(鄭縣) 사람 가운데 굴공이란 자가 있었다. 그는 적이 몰려온다는 말을 들으면 너무 두려워서 기절했다가 적이 물러갔다고 하면 두려움에서 벗어나 곧 깨어났다.

조나라의 주부(主父) 조무령왕이 대부인 이자(李疵)를 시켜 중산을 칠 만한지 살펴보게 했다. 이자가 돌아와서 보고했다.

"중산은 칠 만합니다. 군주께서 서둘러 치지 않으면 제나라나 연나라가 먼저 칠 것입니다."

주부가 물었다.

"무슨 근거로 칠 만하다고 말하는가?"

"중산의 군주는 바위굴에 사는 은자를 즐겨 만납니다. 그들과 말하느라 수레 덮개를 젖히거나 그들과 수레를 나란히 하고서 좁고 더러운 거리에 사는 선비를 만나러 가는 일이 수십 차례나 되며, 벼슬이 없는 선비에게 대등하게 예우한 게 수백 번이나 됩니다."

"그대의 말대로라면 그는 현명한 군주인데, 어째서 칠 만하다고 하는가?"

"그렇지 않습니다. 무릇 바위굴에 사는 은자를 드러내어 조정에 앉히면 병사들은 싸움터에서 힘써 싸우려 하지 않고, 군주가 학자를 높이고 처사를 조정에 기용하면 농부들이 농사를 게을리하게 됩니다. 병사들이 싸움터에서 힘써 싸우지 않으면 군대가 약해지고, 농부가 농사를 게을리하면 나라가 가난해집니다. 군대가 적보다 약하고 나라 안 살림이 가난한데도 망하지 않은 나라는 없습니다. 그러니 지금 치는 것이 옳지 않겠습니까?"

"좋은 말이오."

곧 군사를 일으켜 중산을 치니, 마침내 중산은 멸망했다.

다섯째. 궁친(躬親)

『시경』「소아(小雅)」의 〈절남산(節南山)〉에서 "몸소 정사를 보지 않으면 백성들이 믿지 않는다네"라고 했는데, 태부는 이를 풀이하며 자주색 옷을 입지 말라고 간언했다. 그러나 정(鄭)나라 간공(簡公)과 송(宋)나라 양공(襄公)의 사례를 보면, 군주가 스스로 농사짓고 전쟁에 나서는 것은 비난받을 일이다.

무릇 군주와 신하의 직분을 명확히 구분하지 않고 그 성과를 따져 밝히지 않으면서 군주가 몸소 자신을 낮추면, 제나라 경공(景公)이 수레를 내려서 달리거나 위(魏)나라 소왕(昭王)이 법전을 읽다가 졸거나 군주가 남몰래 미천한 의복을 입는 일 따위가 생긴다. 공자는 이런 이치를 알지 못했기 때문에 "군주는 사발과 같다"고 말했다. 추(鄒)나라 군주도 이를 알지 못했기 때문에 먼저 자신을 욕보였던 것이다. 현명한 군주의 길이란 숙향이 녹봉을 주듯이 하고 한나라 소후(昭侯)가 청탁을 듣는 방식처럼 해야 한다.

궁친에 관한 이야기들

제나라 환공이 자주색 옷을 즐겨 입자 온 나라 사람들이 자주색 옷을 입었다. 이렇게 되자 흰 옷감 다섯 필을 가지고도 자주색 옷감 한 필을 얻을 수 없었다. 환공이 이를 걱정하여 관중에게 물었다.

"과인이 자주색 옷을 즐겨 입자 자주색 옷감이 아주 귀해졌소. 온 나라 백성이 자주색 옷을 즐겨 입으면서 그만두지를 않으니, 과인이 어떻게 해야겠소?"

관중이 대답했다.

"군주께서 이를 멈추게 하고 싶다면, 이째시 스스로 자주색 옷을 입지 않으려 하지 않으십니까? 그렇게 한 뒤 주위 사람들에게 '나는 자주색 옷 냄새가 아주 싫다!'고 말씀하십시오."

"좋소."

환공은 주위 사람들에게 말했다.

"나는 자주색 옷 냄새가 아주 싫다!"

이로부터 좌우 사람들이 자주색 옷을 입고 다가오면 환공은 반드시 이렇게 말했다.

"좀 물러서라! 나는 자주색 옷 냄새가 아주 싫다."

이날부터 궁궐 안에서는 자주색 옷을 입은 자가 없게 되었고, 그다음 날부터는 도성 안에서 자주색 옷을 입은 자가 없게 되었다. 사흘이 지나자 온 나라 안에서 자주색 옷을 입은 자가 없게 되었다.

또 이렇게도 이야기한다. 제나라 왕이 자주색 옷을 좋아하자 제나라 사람들 모두 따라 좋아했다. 이리하여 제나라에서는 다섯 필의 흰 옷감으로도 한 필의 자주색 옷감을 얻을 수 없게 되었다. 자주색 옷감이 귀해지자 왕은 이를 걱정했다. 태부(太傅)가 왕에게 설득했다.

"『시경』에 '몸소 정사를 보지 않으면 백성들이 믿지 않는다네'라고 했습니다. 이제 백성들이 자주색 옷을 입지 않기를 바라신다면, 왕께서 스스로 자주색 옷을 벗고 조정에 나오십시오. 신하들 가운데 자주색 옷을 입고 나온 자가 있으면, '더 멀리 떨어져 있으라! 과인은 자주색 옷 냄새가 싫다'고 말씀하십시오."

그날로 궁궐 안에는 자주색 옷을 입은 자가 없게 되었고, 그달 안에는 도성 안에서 자주색 옷을 입은 자가 없게 되었으며, 그해 안에는 온 나라 안에서 자주색 옷을 입은 자가 없게 되었다.

정나라 간공이 자산(子産)에게 말했다.

"우리나라는 작고 또 초나라와 진(晉)나라 사이에 끼어 있소. 이제 성곽도 완전하지 않고 병사와 무기도 갖추어져 있지 않으니, 불의의 사태에 대비할 수 없을 듯하오."

자산이 말했다.

"신이 나라 밖 먼 곳까지 이미 막고 있고, 나라 안도 이미 견고하게 지키고 있습니다. 비록 나라는 작지만 오히려 위태롭지 않습니다. 군주께서는 걱정하지 마십시오."

이런 까닭에 간공이 죽을 때까지 나라에 우환이 없었다.

또 이렇게도 이야기한다. 자산이 정나라의 재상으로 있을 때, 간공이 자산에게 말했다.

"술을 마셔도 즐겁지가 않소. 제사 그릇이 크지 않고 종·북·피리·거문고 소리가 울리지 않는 것은 과인의 잘못이오. 그러나 나라가 안정되지 못하고 백성들이 다스려지지 않으며 농사와 전쟁에서 마음을 합치지 못하는 것은 그대의 죄요. 그대가 맡은 직분이 있고 과인 또한 맡은 직분이 있으니, 각자 제 직분을 잘 지킵시다."

자산이 물러나와 정치를 맡은 지 5년이 지나자, 나라에는 도적이 없어지고 아무도 길에서 떨어진 것을 줍지 않았으며, 복숭아나 대추 따위가 길가에 열려 있어도 아무도 따는 자가 없었고, 송곳 같은 하찮은 물건을 길에 떨어뜨려도 사흘 만에 돌아왔으며, 3년 동안 흉년이 들어도 백성들이 굶주리지 않았다.

송나라 양공이 초나라 군사와 탁곡(涿谷) 강가에서 전쟁을 벌였다. 송나라 군사들이 먼저 전열을 갖추었으나, 초나라 군사들은 아직 강을 건너오지 못했다. 우사마(右司馬) 구강(購强)이 종종걸음으로 나와서 간했다.

"초나라 군사는 많고 송나라 군사는 적습니다. 초나라 군사가 절반만 건너오고 전열이 아직 갖추어지지 않았을 때 치면 반드시 깨뜨릴 수 있습니다."

양공이 말했다.

"과인이 듣기로 군자는 '부상자를 거듭 찌르지 않고 머리가 희끗한 자는 사로잡지 않으며, 상대를 험준한 곳까지 밀어붙이지 않고 막다른 곳에서 몰아붙이지 않으며, 전열을 갖추지 못했을 때 공격하지 않는다'고 했소. 지금 초나라는 아직 강을 건너오지도 않았는데 이를 공격하면 의(義)를 해치게 되오. 초나라 군사들이 강을 다 건너고 진을 다 펼친 뒤에 북을 울려 진격하도록 하시오."

우사마가 말했다.

"군주께서는 송나라 백성의 배가 갈라지고 심장이 찢어지는 고통은 가련하게 여기지 않고 오로지 의를 이루려고만 하십니다!"

양공이 말했다.

"대오로 돌아가지 않으면, 군법으로 다스리겠소!"

우사마가 대오로 되돌아왔을 즈음, 초나라 군사들은 이미 전열을 다 갖추고 진을 펼쳤다. 그제야 양공은 북을 울리게 했다. 송나라 군사들이 크게 패했고, 양공은 허벅지에 부상을 입고서 사흘 뒤에 죽었다. 이는 스스로 인의(仁義)를 흠모하고 실천하려다가 초래한 재앙이다.

무릇 군주 자신이 몸소 실행하면 그 뒤에 백성들이 듣고 따르게 될 것이라 믿는다면, 이는 곧 군주가 스스로 밭을 갈아서 먹고 몸소 전쟁터에 나가 군사들과 나란히 서야만 백성들도 따라서 농사짓고 싸우게 된다. 이렇게 되면 군주는 너무나 위험해지고, 신하들은 너무도 편하지 않겠는가?

제나라 경공이 소해(少海)에서 노닐고 있을 때, 도성으로부터 파발이 와서 알렸다.

"재상 안영(晏嬰)의 병이 심각해서 죽을 것 같습니다. 공께서 늦으실까 걱정입니다."

경공은 서둘러 일어서는데 곧이어 또 파발이 이르렀다. 경공이 말했다.

"얼른 명마 번저(煩且)에 수레를 매고, 마부 한추(韓樞)에게 수레를 몰게 하라!"

수백 보를 가다가 마부가 느리게 몬다고 여겨 고삐를 빼앗아 스스로 몰았다. 다시 수백 보를 가다가 말이 잘 나가지 않는다고 여겨 수레에서 뛰어내려 내달리기 시작했다. 경공은 번저 같은 훌륭한 말과 마부 한추의 뛰어난 솜씨조차 자신이 달리는 것만 못하다고 여긴 것이다.

위나라 소왕은 관리들이 하는 일에 간여하고 싶어서 맹상군(孟嘗君)에게 말했다.

"과인은 관리들의 일에 간여하고 싶소."

맹상군이 말했다.

"왕께서 관리들의 일에 간여하고 싶다면, 어찌 법전을 읽고 습득하지 않으십니까?"

소왕은 법전을 10여 장 읽다가 졸음이 오자, 누우면서 말했다.

"과인은 이 법전을 다 읽을 수가 없구나."

군주가 몸소 권력을 쥐지 못하고 신하들이 해야 할 일을 하려고 하니, 졸리는 것도 당연하지 않은가?

공자가 말했다.

"군주는 사발과 같고, 백성은 물과 같다. 사발이 네모나면 물도 네모나고, 사발이 둥글면 물도 둥글어진다."

추나라 군주가 갓끈을 길게 매는 걸 좋아하자 측근들도 모두 갓끈을 길게 다는 바람에 갓끈이 대단히 귀해졌다. 군주는 그것을 걱정하면서 측근들에게 물었다. 측근들이 대답했다.

"군주께서 갓끈을 길게 매는 것을 좋아하시자 백성들도 대부분 그렇게 하는 것을 좋아하게 되었습니다. 그래서 귀해졌습니다."

군주가 먼저 자신의 갓끈을 짧게 자르고 나오자 나라 안의 백성들 모두 갓끈을 길게 매지 않게 되었다. 군주가 백성들의 의복 제도에 대해 명령을 내려 긴 갓끈을 금할 수가 없었으므로 먼저 자신이 백성들에게 시범을 보였던 것이다. 이는 자신을 먼저 욕되게 하고서 백성들에게 임하는 태도다.

숙향은 녹봉을 내릴 때, 공을 많이 세운 자에게는 많이 내리고, 공을 적게 세운 자에게는 적게 내렸다.

한나라 소후가 재상 신불해(申不害)에게 말했다.

"법규를 실행하기가 대단히 어렵소."

신불해가 말했다.

"법이란 공을 세우면 상을 주고 능력에 따라 관직을 내리는 것입니다. 이제 군주께서 법규를 세우면서도 좌우의 청탁을 들어주고 있으니, 이것이 실행을 어렵게 하는 이유입니다."

"과인은 오늘에야 법규를 실행하는 방법을 알게 되었소. 과인이 어찌 청탁을 들어주겠소!"

어느 날, 신불해가 자신의 사촌형을 관직에 임명해줄 것을 요청했다. 소후가 말했다.

"이는 그대에게서 배운 것과 다르오. 그대의 청을 들어주어서 그대의 도를 깨뜨려야겠소, 아니면 그대의 법술을 써서 그대의 청을 거절해야겠소?"

신불해가 머물던 곳에서 물러나와 죄줄 것을 청했다.

여섯째. 적신(積信)

작은 믿음이 이루어져야 큰 믿음이 세워진다. 그래서 현명한 군주는 믿음을 쌓는다. 상벌의 공정성이 믿음을 주지 못하면 금령이 실행되지 않는다. 진(晉)나라 문공(文公)이 원(原) 땅을 친 일이나 기정(箕鄭)이 굶주린 백성을 구한 일이 그러한 사례다. 이런 까닭에 오기(吳起)는 옛 친구를 기다렸다가 식사를 했고, 위(魏)나라 문후(文侯)는 약속한 대로 사냥터지기와 만나 사냥을 했다. 현명한 군주가 믿음을 보이는 일은 증자가 돼지를 잡은 일과 같다. 잘못된 사례로는 초나라 여왕(厲王)이 경계하는 북을 친 일, 이회(李悝)가 군문을 지키는 병사를 속인 일 등이 있다.

적신에 관한 이야기들

진나라 문공이 원 땅을 쳤다. 열흘 치 식량을 준비하게 하고서 병사들과 열흘 내에 함락시키기로 기한을 정했다. 원 땅에 이르러 열흘이 지났으나, 원 땅은 함락되지 않았다. 문공은 종을 쳐서 물러나게 하고, 싸움을 그치고 떠나려 했다. 그때 원 땅을 염탐하던 병사가 성에서 빠져나와 말했다.

"원 땅은 사흘이면 함락됩니다!"

뭇 신하들과 측근들이 말했다.

"원 땅은 식량이 떨어지고 힘도 다했습니다. 군주께서는 좀 더 기다리십시오."

문공이 말했다.

"나는 병사들과 열흘을 기한으로 정했소. 떠나지 않는다면 믿음을 저버리게 되오. 원 땅을 얻고 믿음을 잃는 일이라면, 나는 하지 않겠소!"

마침내 싸움을 그치고 떠났다. 원 땅 사람들이 이를 전해 듣고는 말했다.

"군주가 저토록 신의가 있는데, 어찌 항복하지 않을 수 있겠는가?"

그리고는 문공에게 항복했다. 위(衛)나라 사람들도 이 소식을 듣고는 말했다.

"군주가 저토록 신의가 있는데, 어찌 따르지 않을 수 있겠는가?"

곧 문공에게 항복했다. 공자가 전해 듣고는 이렇게 기록했다.

"원 땅을 쳐서 위나라까지 얻은 것은 믿음 덕분이다."

문공이 대부인 기정에게 물었다.

"백성들을 기근에서 구하려면 어떻게 해야 하오?"

"믿음입니다."

"어떻게 해야 믿게 되오?"

"명목에 대한 믿음입니다. 그 명목에 믿음이 가면, 신하들은 제 직분을 지키고 선악의 경계를 넘지 않으며 어떤 일이든 게을리하지 않게 됩니다. 일에서 믿음이 생기면 농사지을 때를 놓치지 않고 백성들이 다른 것을 넘보지 않게 됩니다. 도리를 지킨다는 믿음을 주면 가까이 있는 자들은 부지런히 힘쓰고 멀리 있는 자들은 귀의하게 됩니다."

오기가 외출했다가 옛 친구를 만나자 그를 붙잡고 함께 식사하자고 했다. 친구가 말했다.

"좋네. 곧 돌아올 테니, 그때 식사하세."

오기가 말했다.

"그래, 그대를 기다렸다가 먹겠네."

친구는 해가 지도록 오지 않았고, 오기는 먹지 않고 그를 기다렸다. 이튿날 아침, 사람을 시켜 친구를 찾아보게 했다. 친구가 오자, 그제야 함께 식사했다.

위나라 문후가 사냥터를 지키는 우인(虞人)과 함께 사냥을 하기로 약속했다. 그다음 날, 때마침 거센 바람이 불었고, 측근들이 말렸다. 문후는 듣지 않고 말했다.

"그렇게 할 수 없다. 거센 바람이 분다는 이유로 신의를 잃는 일을 나는 할 수가 없다."

끝내 스스로 수레를 몰아 거센 바람을 뚫고 우인에게 가서는 사냥을 쉬자고 말했다.

증자의 아내가 시장에 갈 때, 아들이 따라오면서 울었다. 아이 엄마가 말했다.

"너는 돌아가거라. 시장에서 돌아오면 너를 위해 돼지를 잡아주마."

시장에서 돌아오자, 증자가 돼지를 잡아서 죽이려고 했다. 아내가 말리며 말했다.

"아이에게 장난삼아 말한 것뿐이에요."

증자가 말했다.

"아이에게 장난을 쳐서는 안 되오. 아이는 아는 게 없어 부모에 기대어 배우고 부모의 가르침을 듣소. 이제 당신이 아이를 속인다면, 이는 자식에게 거짓을 가르치는 것이오. 어미가 자식을 속이면 자식은 그 어미를 믿지 않게 되니, 이는 자식을 가르치는 방법이 아니오."

이윽고 돼지를 잡아 삶았다.

초나라 여왕(厲王)은 방비할 일이 생기면 북을 쳐서 백성들과 함께 나라를 지키기로 했다. 하루는 술을 마시고 취해 실수로 북을 쳤다. 백성들이 크게 놀라서 국경으로 달려가려 했다. 여왕이 얼른 사람을 보내 말리며 말했다.

"내가 술에 취해서 주위 사람들과 장난을 치다가 실수로 북을 쳤다."

백성들은 모두 돌아갔다. 여러 달이 지나서 방비할 일이 생겨 북을 쳤는데, 백성들이 달려오지 않았다. 명령을 거듭 내리고 호령을 분명히 한 뒤에야 백성들이 믿었다.

이회가 좌우 군문(軍門)의 병사들에게 경계시켰다.

"삼가 경계하라! 적이 곧 들이닥쳐 너희를 공격할 것이다."

이렇게 여러 차례 말했으나, 적은 오지 않았다. 그러자 좌우 군문의 병사들이 해이해지면서 이회를 믿지 않았다. 여러 달이 지나서 진(秦)나라 군사들이 습격해오자 군대가 거의 전멸하기에 이르렀다. 이는 불신이 부른 재앙이다.

또 이렇게도 이야기한다. 이회가 진나라 군사와 싸울 때, 왼쪽 군영의 병사들에게 말했다.

"얼른 성벽으로 올라가라! 오른쪽 군영의 병사들은 벌써 올라갔다!"

다시 달려가서 오른쪽 군영에 이르러 말했다.

"왼쪽 군영의 병사들은 벌써 올라갔다!"

좌우 군영의 병사들이 "올라가자!"고 외치고는 모두 다투어 올라갔다. 그 이듬해, 진나라 군사와 싸우게 되었다. 진나라 군사가 습격해오자 군대가 거의 전멸할 지경이 되었다. 이는 불신이 부른 재앙이다.

서로 송사를 벌인 자가 있었다. 정나라 자산(子産)이 그들을 따로 떼어놓은 뒤 서로 말을 주고받지 못하게 하고는 상대의 말을 거꾸로 일러주는 방식으로 일의 진상을 알아냈다.

위(衛)나라 사공(嗣公)이 사람을 시켜서 나그네로 가장해 관문을 지나가게 했다. 관문지기가 이러쿵저러쿵 꾸짖으며 막자 나그네는 돈을 건네주었다. 그제야 관문지기는 그를 놓아주었다. 사공이 관문지기를 불러 말했다.

"아무 때에 관문을 지나가던 나그네가 너에게 돈을 주자 그제야 보내준 적이 있었지?"

관문지기는 매우 두려워하며 사공이 환히 안다고 여겼다.

33장

외저설(外儲說) 좌하,
여섯 가지 원칙

첫째. 주상(誅賞)

죄를 지어서 벌을 받으면 그 사람은 윗사람을 원망하지 않으니, 발꿈치를 잘린 자가 자고(子皐)를 살려준 일이 그러하다. 공을 세워 상을 받으면 신하는 군주의 은덕이라 여기지 않으니, 적황(翟璜)이 우계(右契)[1]를 쥐고 대부의 수레를 탄 일이 그러하다. 위(魏)나라 양왕(襄王)은 이런 이치를 몰랐기 때문에 소묘(昭卯)가 다섯 수레의 영지를 받으면서도 짚신을 신은 것처럼 초라하게 여겼다. 군주가 임용을 잘못하지 않고 신하가 제 능력을 속이지 않으면 신하들은 저 소실주(少室周)처럼 올곧을 것이다.

주상에 관한 이야기들

공자(孔子)가 위(衛)나라에서 재상으로 있을 때, 제자인 자고(子皐)가 옥리(獄吏)가 되었다. 자고는 어떤 죄인을 월형(刖刑)에 처해 발꿈치

---

1) 우계(右契)는 신표 또는 증표를 둘로 쪼갠 것 가운데 오른쪽의 것이다.

를 베고 그에게 성문을 지키게 했다. 어떤 자가 위나라 군주에게 공자를 헐뜯으며 말했다.

"중니(공자)가 반란을 일으키려 합니다."

위나라 군주는 공자를 잡아들이려 했다. 공자는 달아났고, 제자들도 모두 도망쳤다. 자고는 뒤늦게 성문을 나섰는데, 발꿈치 잘린 자가 자고를 자신의 집으로 이끌고 가서 방 안에 숨겼다. 관리들이 뒤쫓았으나 잡지 못했다. 한밤중에 자고가 발꿈치 잘린 자에게 물었다.

"내가 군주의 법령을 어길 수가 없어 그대의 발꿈치를 직접 자르게 했으나, 이제 그대가 나에게 원수를 갚을 때다. 그런데 그대는 왜 내가 달아나도록 돕는가? 나는 어찌하여 이렇게 그대의 덕을 보는가?"

발꿈치 잘린 자가 말했다.

"저는 발이 잘렸으나, 이는 참으로 제가 지은 죄에 합당한 것이었으니 당신이 어찌할 수 없었던 일입니다. 그런데 당신은 저의 죄를 다스릴 때 법령을 자세히 살펴보시고 또 저의 말을 앞뒤로 잘 들어주시며 제가 형벌을 면할 수 있도록 무척 애써주셨습니다. 저는 이를 잘 알고 있습니다. 재판이 결정되고 죄가 확정되자 안타까워하고 애처로워하는 마음이 당신 얼굴에 다 나타났습니다. 저는 그 모습을 보고 또 알았습니다. 그건 저에 대한 사사로운 감정 때문이 아니라, 당신의 천성이 본디 어질기 때문이었습니다. 제가 기꺼이 당신에게 은덕을 갚으려는 이유는 이것입니다."

공자가 말했다.

"관리로서 잘하는 자는 은덕을 심지만, 관리로서 제대로 하지 못하는 자는 원한을 심는다. 평미레는 곡식의 양을 고르게 재는 도구이며, 관리는 법을 공평하게 집행하는 자다. 나라를 다스리는 자는 형평성을 잃어서는 안 된다."

전자방(田子方)[2]이 제나라에서 위나라로 가던 길이었다. 적황이 수레를 타고 기마병을 앞세워 나오는 것을 멀리서 보고는 문후(文侯)의 행차라 여겼다. 그래서 수레를 길옆으로 옮겨 피해서 보니, 적황이었다. 전자방이 물었다.

"어찌하여 그대가 이 수레를 타고 있소?"

적황이 대답했다.

"군주께서 중산(中山)을 치려고 하실 때 제가 적각(翟角)을 추천했는데, 그의 계책이 알맞았습니다. 또 중산을 칠 때는 악양(樂羊)을 천거해 중산을 함락시켰습니다. 중산을 얻고 난 뒤에 어떻게 다스릴까 걱정할 때는 이극(李克)을 추천하자 중산이 잘 다스려졌습니다. 이런 까닭에 군주께서 저에게 이 수레를 하사하셨습니다."

전자방이 말했다.

"그대가 받은 은총은 공로에 견주면 오히려 부족하군."

진(秦)나라와 한(韓)나라가 위(魏)나라를 치려고 할 때, 소묘(昭卯)가 서쪽으로 진나라에 가서 설득하여 진나라와 한나라의 군대를 멈추게 했다. 또 제나라와 초나라가 위나라를 치려고 할 때는 동쪽으로 제나라에 가서 설득하여 제나라와 초나라의 군대를 멈추게 했다. 위나라 양왕(襄王)은 다섯 수레의 영지와 장군의 직책을 주어 그의 노고를 달랬다. 그러자 소묘가 말했다.

"백이(伯夷)가 장군의 예로써 수양산 기슭에 묻혔을 때, 천하 사람들은 '저 백이는 저토록 현명하고 사람들이 어질다고 칭송하는데도 장군의 예로써 장례를 치르다니, 이는 손과 발도 묻지 않은 꼴이다'라고 말했습니다. 이제 신이 네 나라의 군대를 막았음에도 왕께서는 신에게 다섯 수레의 영지를 주셨으니, 이를 제가 세운 공적과 견주면 마치 많은

이문을 남긴 자가 겨우 짚신을 신은 꼴과 같습니다."

소실주는 옛날의 곧고 바르며 참된 사람이었다. 조양자(趙襄子)의
역사(力士)로 있을 때, 한번은 중모(中牟)의 서자(徐子)와 힘을 겨루었
다가 졌다. 곧바로 조양자에게 가서는 자신을 바꾸어달라고 말했다.
조양자가 말했다.

"그대의 자리는 남들이 다 바라는 것이오. 무엇 때문에 서자로 바꾸
어달라고 하는 것이오?"

소실주가 말했다.

"신은 힘으로써 주군을 섬기는 자입니다. 이제 서자가 저보다 힘이
더 센데도 제가 스스로 그를 저 대신 써달라고 말하지 않고 다른 사람
이 말하게 된다면, 그건 죄가 됩니다."

또 이렇게도 이야기한다. 소실주는 조양자의 참승[3]으로 있었다. 진
양(晉陽)에 갔을 때, 우자경(牛子耕)이라는 역사와 힘을 겨루었다가 이
기지 못했다. 소실주가 조양자에게 말했다.

"주군께서 저에게 참승을 맡게 하신 것은 제가 힘이 셌기 때문입니
다. 이제 저보다 더 힘이 센 자가 있으니, 그를 천거하고 싶습니다."

둘째. 시세(恃勢)

군주는 자신의 권세에 기대야지 신하의 신의에 기대서는 안 된다.
그래서 동곽아(東郭牙)가 관중을 비판했다. 군주는 법술에 기대야지 백
성들의 신의에 기대서는 안 된다. 그래서 혼헌(渾軒)은 진나라 문공을
비난했다. 법술을 터득한 군주는 상을 주어 제 능력을 다하게 하고 벌

---

3) 참승(驂乘)은 귀인의 호위를 맡은 힘센 장사로, 수레를 타면 주인은 왼쪽, 수레를
모는 지는 가운데, 호위병은 오른쪽에 났다.

을 꼭 내려 삿된 짓을 못하게 한다. 그러면 비록 그의 행동이 잡스럽더라도 반드시 유용하게 쓸 수 있다. 조간자(趙簡子)가 양호(陽虎)를 재상으로 삼고 애공(哀公)이 '발 하나'의 뜻을 물은 까닭도 거기에 있다.

시세에 관한 이야기들

제나라 환공이 관중을 중보(仲父)[4]로 삼으려 하면서 신하들에게 말했다.

"과인은 관중을 중보로 삼으려 하오. 좋다고 여기는 자는 문으로 들어와 왼쪽에 서고, 좋게 여기지 않는 자는 문으로 들어와 오른쪽에 서시오."

동곽아가 문 가운데 섰다. 환공이 물었다.

"과인은 관중을 중보로 삼을 생각으로 좋게 여기는 자는 왼쪽에, 좋게 여기지 않는 자는 오른쪽에 서라고 했소. 그런데 그대는 어째서 가운데 서 있는 거요?"

동곽아가 말했다.

"관중의 지혜로 천하를 도모할 수 있다고 여기십니까?"

"그렇소."

"그의 결단력으로 대사를 감행할 수 있다고 보십니까?"

"그렇소."

"만약 그의 지혜로 천하를 도모할 수 있고 그의 결단력으로 대사를 감행할 수 있어서 군주께서 그에게 나라를 좌우할 수 있는 권병을 전적으로 맡기신다면, 관중은 자신의 능력으로 군주의 권세를 타서 제나라를 다스릴 겁니다. 그렇다면 위태롭지 않겠습니까?"

"맞소이다!"

이에 환공은 습붕(隰朋)에게 나라 안을 다스리게 하고 관중은 밖을

---

4) 중보(仲父)의 중(仲)은 관중의 자이고, 보(父)는 그를 높인 것이다.

다스려 서로 견제하게 했다.

진나라 문공이 나라를 떠나 망명할 때, 기정(箕鄭)이 음식 항아리를 들고서 따라다녔다. 한번은 헤매다가 길을 잃어 문공과 헤어지게 되었다. 배가 고파 길에서 울 지경이 되었으나, 배고픔을 견디면서 감히 먹으려 하지 않았다. 나중에 문공이 귀국해서 군대를 일으켜 원(原) 땅을 쳐서 이겼다. 그때 문공이 말했다.

"기정은 굶주림의 고통도 가볍게 참아내고 음식 항아리를 온전하게 지켜냈으니, 이 원 땅을 맡겨도 배반하지 않을 것이다."

곧바로 기정을 발탁하여 원 땅의 수령으로 삼았다. 대부 혼헌이 그 소식을 듣고서 비판했다.

"음식 항아리에 마음이 움직이지 않았다고 해서 원 땅에서 반란을 일으키지 않으리라 믿는다면, 이는 법술이 없는 게 아닌가! 현명한 군주는 남이 나를 배반하지 않을 것이라는 믿음에 기대지 않고 내가 배반당하지 않게 해줄 법술에 기대며, 남이 나를 속이지 않을 것이라는 믿음에 기대지 않고 내가 속지 않게 해줄 법술에 기댄다."

양호가 일을 꾸미며 말했다.

"군주가 현명하다면 마음을 다해서 섬기겠지만, 어리석다면 간교한 일로써 시험해보겠다."

결국 노나라에서 쫓겨났고, 제나라에서는 의심을 받아 조나라로 달아났다. 조간자가 그를 맞이하여 재상으로 삼았다. 좌우의 신하들이 말했다.

"양호는 남의 나라 정권을 잘 훔치는 자인데, 어찌하여 그를 재상으로 삼으십니까?"

조간자가 말했다.

"양호는 빼앗으려 애쓰겠지만, 나는 지키려 애쓸 것이다."

마침내 조간자는 법술로써 그를 제어했다. 양호는 감히 그릇된 짓을 저지르지 못하고 성실하게 조간자를 섬기면서 군주의 위세를 더욱 강력하게 만들어 거의 패자(覇者)가 되게 했다.

노나라 애공이 공자에게 물었다.

"옛날에 기(夔)는 발이 하나(一足)였다고 들었소. 과연 그는 발이 하나였소?"

공자가 대답했다.

"아닙니다. 기는 발이 하나가 아니었습니다. 기는 성격이 사납고 괴팍해서 사람들이 별로 좋아하지 않았습니다. 그런데도 그가 남들에게서 해를 입지 않은 것은 믿음을 주어서였습니다. 그래서 사람들은 모두 '이 한 가지만으로도 족하다(一足)'고 말했습니다. 기의 발이 하나였다는 게 아니라, 믿음 하나면 족하다는 뜻입니다."

애공이 말했다.

"참으로 그러했다면, 그것만으로도 족할 것이오."

또 이렇게도 이야기한다. 애공이 공자에게 물었다.

"나는 기가 발이 하나였다고 들었는데, 그렇소?"

공자가 대답했다.

"기는 사람인데, 어찌 발이 하나였겠습니까? 그는 다름이 아니라 음악에만 통달했습니다. 요 임금이 '기는 그 한 가지만으로도 족하다'고 말하고서 그를 악정(樂正)으로 삼았습니다. 그래서 군자가 '기는 한 가지만 있으면 족하다'고 말한 것입니다. 발이 하나라고 말한 게 아닙니다."

셋째. 신주(臣主)

신하와 군주가 서로 지켜야 할 예법을 잃으면, 문왕(文王)이 몸소 신

336

발 끈을 묶으면서도 떳떳하게 여긴다. 조정에 있거나 집에 있거나 그 행동거지를 바꾸지 않으면, 계손씨(季孫氏)처럼 평생 엄정한 모습을 보이다가 한 번의 실수로 죽임을 당할 수도 있다.

신주에 관한 이야기들

주나라 문왕이 숭(崇)나라를 치고 봉황(鳳黃)의 언덕에 이르렀을 때, 신발 끈이 풀려 몸소 묶었다. 태공망(太公望) 여상(呂尙)이 물었다.

"어찌된 일입니까?"

문왕이 말했다.

"상치의 군주 곁에 있는 자는 모두 스승이고, 중치의 군주 곁에 있는 자는 모두 벗이며, 하치의 군주 곁에 있는 자는 모두 시종이오. 이제 이곳에 있는 신하들은 모두 선왕의 신하이기에 함부로 시킬 수가 없소."

또 이렇게도 이야기한다. 진나라 문공이 초나라와 싸우다가 황봉(黃鳳)의 언덕에 이르렀을 때, 신발 끈이 풀렸으므로 몸소 그걸 묶었다. 좌우에 있던 이들이 물었다.

"다른 사람에게 시켜서는 안 됩니까?"

문공이 대답했다.

"내 들으니, 상치의 군주는 자신과 함께하는 이들을 모두 경외하고, 중치의 군주는 자신과 함께하는 이들을 모두 아끼며, 하치의 군주는 자신과 함께하는 이들을 모두 업신여긴다고 하오. 과인은 비록 못난 사람이지만, 여기에 있는 이들은 모두 선군을 섬기던 사람들이어서 내가 무얼 시키기가 어렵소."

노나라의 계손씨(季孫氏)는 선비를 좋아하고 평생을 엄정하게 살았다. 집에 있을 때 입는 의복도 늘 조정에 나아갈 때처럼 단정했다. 그런데 계손씨가 우연히 마음가짐이 느슨해져 실수를 저지르면서 오래도록 엄정함을 유지할 수 없음을 보여주었다. 그래서 빈객들은 그가 자신을 싫어해서 가볍게 대한다고 여겨 원망하는 마음을 품더니, 이윽고 계손씨를 살해했다. 그러므로 군자는 그 행동이 한쪽으로만 치우쳐서는 안 된다.

또 이렇게도 이야기한다. 남궁경자(南宮敬子)[5]가 안탁취(顏涿聚)[6]에게 물었다.

"계손씨가 공자의 제자들을 거느리면서 조정의 의복을 입고 자리를 함께하는 자가 수십 명이었음에도 죽임을 당했는데, 왜 그렇게 된 것이오?"

안탁취가 대답했다.

"옛날 주나라 성왕(成王)은 배우나 악사들을 가까이 두고 기분을 풀었으나, 정사만은 군자들과 함께 의논해서 결단했소. 이로써 자신의 바람대로 천하를 다스릴 수 있었소. 지금 계손씨는 공자의 제자들을 거느리고 조정의 의복을 입고 자리를 함께하는 자들이 수십 명이지만 배우나 악사들과 정사를 의논하고 결단하기 때문에 죽임을 당한 것이오. 그래서 '일의 성패는 함께 있는 자에게 달린 것이 아니라 함께 꾀하는 자에게 달렸다'고 말하는 것이오."

공자가 노나라 애공과 함께 앉아 있을 때, 애공이 복숭아와 기장을 내리면서 먹어보라고 했다. 공자는 먼저 기장을 먹고 나서 복숭아를 먹었다. 주위에 있던 사람들이 모두 입을 가리고 웃었다. 애공이 말했다.

"기장은 먹으라고 준 것이 아니라 복숭아를 닦으라고 준 것이오."

공자가 대답했다.

---

5) 노나라 왕족인 맹희자(孟僖子)의 아들로, 공자의 제자인 남궁경숙(南宮敬叔)을 가리킨다.
6) 공자의 제자로, 제나라에서 벼슬했다.

"저도 그것을 압니다. 그러나 저 기장이란 오곡 가운데서 으뜸이고, 선왕을 위한 제사 때 올리는 최상의 제물입니다. 중요한 과일로는 여섯 가지가 있는데, 복숭아는 가장 아래여서 선왕을 위한 제사 때에는 제사상에 올라가지 못합니다. 군자는 천한 것으로 귀한 것을 닦는다고 들었지, 귀한 것으로 천한 것을 닦는다는 말은 듣지 못했습니다. 이제 오곡의 으뜸인 기장으로 과실 가운데 가장 아래인 복숭아를 닦는 것은 위에 있는 것을 가지고 아래에 있는 것을 닦는 격입니다. 저는 그게 의로움을 해치는 것으로 여겼기 때문에 감히 종묘의 제사상에 오르는 기장보다 먼저 복숭아를 먹을 수가 없었습니다."

간주(簡主)⁷⁾가 좌우에 있던 사람들에게 말했다.

"수레의 깔개가 너무 화려하다. 무릇 관은 아무리 싸구려라도 반드시 머리에 쓰고, 신발은 아무리 비싸더라도 반드시 발에 신어야 한다. 지금 수레 깔개가 이처럼 너무 화려하니, 나는 앞으로 어떤 신을 신어야 하느냐? 무릇 아래의 것을 화려하게 하고 위의 것은 허름하게 한다면, 이는 의로움을 해치는 꼬투리가 된다."

비중(費仲)이 은나라의 폭군 주(紂)를 설득했다.

"서백(西伯) 창(昌)⁸⁾은 현명하여 백성들이 그를 좋아하며 제후들도 그에게 빌붙고 있으니, 베어 죽이지 않으면 안 됩니다. 베어 죽이지 않으면, 그는 반드시 은나라에 재앙이 될 것입니다."

주가 말했다.

"그대의 말대로라면 그는 의로운 군주인데, 어찌 베어 죽일 수 있겠는가?"

---

7) 조간자(趙簡子)를 가리킨다.
8) 주(周)나라 문왕(文王)을 가리키는데, 당시 서쪽의 우두머리 역할을 했으므로 '서백'이라 일컬었다. 창은 그의 이름이다.

비중이 말했다.

"관은 비록 찢어지고 해지더라도 반드시 머리에 써야 하고, 신은 아무리 화려한 색깔로 꾸미더라도 반드시 땅을 밟아야 합니다. 이제 서백 창은 신하인데, 의로움을 닦으므로 인심이 그에게 기울고 있습니다. 끝내 천하의 우환이 될 자는 반드시 창 그 사람일 겁니다. 신하들이 제 현명함을 군주를 위해 쓰지 않는다면, 베어 죽이지 않을 수 없습니다. 또 군주가 신하를 베어 죽이는 일이 어찌 허물이 되겠습니까?"

주가 말했다.

"무릇 어짊과 의로움이란 위에서 아랫사람들에게 권장하는 것이오. 이제 창이 어짊과 의로움을 좋아하니, 그를 베어 죽이는 일은 옳지 못하오."

비중이 세 번이나 설득했으나, 듣지 않았다. 그 때문에 결국 망했다.

제나라 선왕(宣王)이 광천(匡倩)에게 물었다.

"유자(儒者)는 장기를 두는가?"

"두지 않습니다."

"어째서인가?"

"장기에서는 효기(梟棋)를 가장 귀하게 여깁니다. 이기려면 반드시 효기를 잡아 '장군'을 불러야 합니다. 효기를 잡는 것은 가장 귀한 것을 죽이는 겁니다. 유자는 이것이 의로움을 해친다고 여기기 때문에 장기를 두지 않는 것입니다."

선왕이 또 물었다.

"유자도 주살로 새를 잡는가?"

"잡지 않습니다. 주살은 아래에서 위에 있는 것을 해치는 것으로, 이는 신하가 군주를 상하게 하는 것과 같습니다. 유자는 이것이 의로움을 해친다고 여기기 때문에 주살로 새를 잡지 않습니다."

선왕이 또 물었다.

"유자도 거문고를 타는가?"

"타지 않습니다. 저 거문고는 작은 줄로 큰 소리를 내고, 큰 줄로 작은 소리를 냅니다. 이는 큰 것과 작은 것의 순서가 뒤바뀐 것이고, 귀한 것과 천한 것이 자리를 바꾼 것입니다. 유자들은 이것이 의로움을 해친다고 여기기 때문에 거문고를 타지 않습니다."

선왕이 말했다.

"옳은 말이오."

공자가 말했다.

"백성들이 대신에게 알랑거리게 하느니보다는 차라리 군주에게 알랑거리도록 하는 게 낫다."

넷째. 명찰(明察)

금지해야 할 것을 이익이 된다고 하면서 이익이 되는 것을 금지한다면, 비록 신(神)이라도 제대로 실행하지 못한다. 죄를 주어야 할 것을 기리고 상을 주어야 할 것을 헐뜯으면, 비록 요 임금이라도 제대로 다스리지 못한다. 문을 만들어놓고는 드나들지 못하게 하고, 이익이 되는 일을 맡기고도 이익을 얻도록 나아가지 못하게 한다면, 이는 혼란을 낳는 원인이 된다.

제나라 제후가 주위 사람들의 말을 듣지 않고 위나라 군주가 주위에서 칭찬하는 말을 듣지 않으면서 스스로 신하들을 환하게 살필 수 있었다면, 벼슬을 얻겠다고 거(鉅)가 돈을 들이지 않았을 것이고 잔(屏)도 벽옥을 쓰지 않았을 것이다. 서문표(西門豹)가 업(鄴) 땅을 다시 다스리겠다고 한 일에서도 그러한 이치를 충분히 엿볼 수 있다.

헛된 칭찬을 좋아하는 것은 마치 도둑의 자식이 제 아비가 훔친 갖옷을 자랑하고 발꿈치 잘린 자의 아들이 제 아비가 입은 죄수복을 자랑하는 것과 같다. 자작(子綽)이 왼손과 오른손으로 각기 다른 그림을 그리거나 고기로 개미를 쫓거나 생선으로 파리를 쫓는 깃과도 같다. 그러니 어찌 환공이 뇌물로 벼슬 구하는 자들에 대해 걱정하지 않을 수가 있으며, 한선자(韓宣子)가 말이 야위는 것을 걱정하지 않을 수 있었겠는가?

명찰에 관한 이야기들

거(鉅)는 제나라의 거사(居士)고, 잔(孱)은 위나라의 거사다. 제나라와 위나라의 군주는 밝지 못해서 직접 나라 안을 살피지 못하고 주위 사람들의 말만 들었다. 그래서 이 두 사람은 돈과 옥을 뇌물로 써서 벼슬길에 들어설 수 있었다.

서문표는 업 땅의 수령으로 있으면서 매우 청렴하고 성실하여 가을터럭 끝만큼이라도 사사로이 이익을 챙긴 적이 없었는데, 군주의 측근들에게도 매우 소홀히 했다. 그러자 군주의 측근에 있던 자들이 서로 무리를 지어서는 그를 미워했다. 1년이 지나서 서문표가 회계 보고를 하자, 군주가 그의 관인(官印)을 거두어들였다. 서문표가 스스로 청했다.

"신이 이전에는 업 땅을 다스리는 방법을 알지 못했으나, 이제는 그 방법을 터득했습니다. 부디 관인을 돌려주시어 다시 업 땅을 다스리도록 해주십시오. 제대로 해내지 못한다면, 죽을죄로 다스려주십시오."

문후(文侯)는 마지못해 다시 관인을 내주었다. 이때부터 서문표는 백성들로부터 세금을 무겁게 거두어들여서 그것으로 군주의 측근들을 두텁게 섬겼다. 1년이 지나서 회계 보고를 하자, 군주가 그를 맞아들여서는 절을 했다. 서문표가 말했다.

"작년에 신은 군주를 위해 업 땅을 다스렸음에도 군주께서는 제 관인을 빼앗았습니다. 그런데 이제 신이 군주의 측근들을 위해 업 땅을 다스렸음에도 군주께서는 신에게 절을 하십니다. 신은 더 이상 다스릴 수가 없습니다."

이익고 관인을 내놓고 떠나려 했다. 문후는 받아들이지 않으며 말했다.

이윽고 관인을 내놓고 떠나려 했다. 문후는 받아들이지 않으며 말했다.

"과인은 전에는 그대를 알지 못했으나, 이제는 알았소. 부디 그대는 과인을 위해 힘써 다스려주시오!"

서문표는 끝내 관인을 받지 않았다.

제나라에 개가죽을 뒤집어쓰고서 도둑질하는 자의 자식과 발꿈치가 잘린 자의 자식이 함께 놀다가 서로 누가 나은지 자랑했다. 도둑의 자식이 말했다.

"우리 아버지의 갖옷에만 꼬리가 달려 있다고!"

발꿈치가 잘린 자의 아들이 말했다.

"우리 아버지만 겨울에 바지를 벗지 않는다고!"[9]

자작이 말했다.

"대부분 사람들은 왼손으로 네모를 그리면서 오른손으로 동그라미를 그릴 수가 없다. 고기로 개미를 쫓아내려 하면 개미가 더욱 많아지고, 생선으로 파리를 내쫓으려 하면 파리가 더욱 몰려든다."

환공이 관중에게 말했다.

"벼슬은 적고 구하는 자는 많으니, 과인은 이것이 걱정이오."

관중이 말했다.

"군주께서 주위 사람들의 청탁을 받아들이지 않고 오로지 능력에 따

---

9) 발꿈치를 잘린 사람은 겨울에 더욱더 바지를 잘 입어야 하는데, 이 점을 생각하면 의미가 다소 모호하다. 옛날 폐질(肺疾)에 걸린 사람에게 위에서 바지를 하사한 것을 두고 이 바지를 가리키는 것이 아닌가 하는 해석도 있는데, 그래도 여전히 애매하다. 혹시 "겨울에 바지를 벗지 않는다"가 아니라 "여름에도 바지를 벗지 않는다"라고 해야 할 말이 잘못 된 것은 아닐까 여겨지는데, 이 또한 불분명하다.

라 녹봉을 주고 공적을 직접 살펴서 알맞은 벼슬을 내리신다면, 능력
없는 자는 감히 벼슬을 구하려 하지 않을 것입니다. 군주께서는 어찌
이런 일로 걱정하십니까?"

한선자가 말했다.
"내 말은 콩과 곡식을 많이 주는데도 더욱 야위고 있으니, 어찌된 일
인가? 과인은 이게 걱정이다."
주불(周市)이 대답했다.
"말 먹이는 자를 시켜 말이 곡식을 모조리 다 먹게 한다면, 비록 살
찌지 않기를 바라더라도 살찌지 않을 수가 없습니다. 겉으로는 많이 주
는 것 같으면서도 실제로는 적게 준다면, 비록 야위지 않기를 바라더라
도 야위지 않을 수가 없습니다. 군주께서 그 실정을 직접 살피지 않고
앉아서 걱정만 하고 계시니, 말은 오히려 더 살찌지 않을 것입니다."

환공이 관중에게 관리를 배치하는 일에 대해 묻자, 관중이 대답했다.
"송사를 잘 살피고 판별하며 재물에 욕심이 없이 깨끗하고 인정을
잘 파악하는 일에서는 저 이오(夷吾)10)는 현상(弦商)보다 못하니, 그를
세워 형벌을 담당하는 대리(大理)로 삼으십시오. 계단과 당을 오르내리
는 태도가 정중하고 겸손하여 예의를 갖추어서 빈객을 대접하는 일에
서는 신이 습붕(隰朋)보다 못하니, 그를 세워 외국의 귀빈을 접대하는
대행(大行)으로 삼으십시오. 초목을 베어내고 마을을 일으키며 땅을 개
간해서 곡식을 거두는 일에서는 신이 영무(寧武)보다 못하니, 그를 농
업을 관장하는 대전(大田)으로 삼으십시오. 삼군을 거느리고 진을 펼친
뒤에 병사들이 죽음을 마치 집으로 돌아가는 일처럼 여기게 만드는 데
서는 신이 공자(公子) 성보(成父)보다 못하니, 그를 군사를 관장하는 대

---

10) 관중의 이름이다.

사마(大司馬)로 삼으십시오. 군주의 낯빛을 거스르면서도 지극한 마음으로 간언하는 일에서는 신이 동곽아(東郭牙)보다 못하니, 그를 간관(諫官)으로 삼으십시오. 제나라를 다스리는 데는 이 다섯 사람이면 충분합니다. 패왕이 되고자 하신다면, 저 이오가 여기 있습니다."

다섯째. 주술(主術)

신하가 겸손과 검약을 좋은 행실로 여긴다면, 작위나 녹봉으로 포상의 효과를 드러낼 수가 없다. 신하가 군주가 주는 은총과 영화로움을 뽐내며 절제하지 않는다면, 그 신하는 군주를 침해하고 핍박한다. 이 논리는 묘분황(苗賁皇)이 헌백(獻伯)을 비난하고 공자가 안영(晏嬰)을 비판한 일에도 담겨 있다. 공자는 관중과 손숙오(孫叔敖)에 대해 논평하면서 둘의 행동 방식이 서로 달랐다고 말했다. 양호(陽虎)가 자신이 가신을 뽑아 쓴 일에 대해 이야기할 때 조간주(趙簡主)가 신하를 응대한 방식은 군주로서 법술을 잃은 것이다.

신하들이 패거리를 지어 끼리끼리 어울리며 바라는 이익을 얻게 되면, 군주는 고립된다. 신하들이 공명정대하게 천거하되 끼리끼리 어울리지 않으면, 군주는 밝아진다. 양호는 조무(趙武)의 현명함과 해호(解狐)의 공정함을 지니려 했음에도 조간주는 그를 탱자나무의 가시처럼 여겼으니, 이는 사람들을 가르치는 방법이 아니다.

주술에 관한 이야기들

우헌백(盂獻伯)은 진(晉)나라의 재상이다. 그의 집 마루 아래에는 콩과 명아주가 자라고, 문밖에는 가시나무가 무성했다. 식사할 때는 두 가지 반찬을 들지 않았고, 앉을 때는 방석을 포개지 않았으며, 첩에게는 비단옷을 입게 하지 않았고, 집안의 말에게는 곡식을 먹이지 않았으며, 외출할 때는 수레가 따르지 못하게 했다. 숙향(叔向)이 그 소식을 듣고 초나라에서 온 묘분황에게 이야기하자, 묘분황이 이렇게 비난했다.

"이는 군주가 준 작위와 녹봉을 내버리고 아랫것들에게 알랑거리는 짓이다!"

또 이렇게도 이야기한다. 우헌백이 상경(上卿)에 임명되자, 숙향이 축하하러 갔다. 문 앞에 말이 있는데, 곡식을 먹이지 않고 있었다. 숙향이 물었다.

"당신에게는 여분의 말과 수레가 없으니, 어찌된 일이오?"

헌백이 말했다.

"내가 도성 안의 사람들을 보니 굶주린 기색이 있었으므로 말에게 여물을 먹이지 않은 것이오. 머리가 희끗한 노인들 대부분이 걸어서 다니고 있기 때문에 여분의 수레를 두지 않은 것이오."

숙향이 말했다.

"내가 처음에는 그대가 상경이 되었음을 축하하려고 했는데, 이제 그대가 검소한 것을 축하해야겠소."

숙향이 나와서는 묘분황에게 이야기했다.

"우리, 헌백의 검소함을 축하해줍시다."

묘분황이 말했다.

"무얼 축하한단 말이오? 무릇 작록과 기장(旗章)[11]은 세운 공적이 다름을 드러내고 현명함과 모자람을 구별하기 위한 것이오. 진(晉)나라의 법을 따르면, 상대부는 부속 수레가 두 대, 중대부는 부속 수레가 한 대, 하대부는 기본 수레 한 대만 가지는 것으로 되어 있고, 이는 등급의 차이를 명확히 하려는 것이오. 또 경(卿)은 반드시 군사 업무를 맡게 되어 있소. 그래서 수레와 말을 잘 정돈하고 보병과 전차를 나란

---

11) 기장(旗章)은 복식과 깃발을 가리키는데, 이는 신분의 귀천과 맡은 직무를 구별하고 드러내기 위한 것이다.

히 조직해서 전쟁을 대비하오. 난이 일어나면 그것으로 예측 못한 일을 대비하고, 평상시에는 그것으로 조정의 일을 돕소. 그런데 이제 그는 진나라의 정치를 어지럽히고 예측 못한 일에 대한 대비를 소홀히 하면서 자신의 절조와 검약만 오롯하게 하고 사사로이 제 이름만 깨끗하게 하고 있소. 헌백의 검소함이 과연 옳은 것이오? 대체 무얼 축하한단 말이오?"

관중은 제나라의 재상이 되자 환공에게 이렇게 말했다.
"신의 지위가 비록 높아졌습니다만, 여전히 가난합니다."
환공이 말했다.
"그대에게 3할의 세금을 거두어들일 수 있는 식읍을 내리겠다."
관중은 또 말했다.
"신이 비록 부유해졌습니다만, 신분은 여전히 낮습니다."
환공은 대대로 상경(上卿)이었던 고씨(高氏)와 국씨(國氏) 위에 그를 세웠다. 그러자 관중은 또 말했다.
"제가 비록 존귀해졌습니다만, 여전히 군주와 사이가 멉니다."
이에 환공은 관중을 중보(仲父)[12]로 높여 불렀다. 이를 전해 들은 공자가 비판했다.
"분수를 너무 넘어 군주를 들볶았다."

또 이렇게도 이야기한다. 관중은 외출할 때 수레에 붉은색 덮개를 씌우고 자신은 제왕이 입는 푸른색 옷을 입었으며, 음식을 차릴 때는 북을 울리며 뜰에 커다란 솥들을 벌여놓았으며, 3할을 세금으로 거두어 집에는 재물이 넉넉했다. 공자가 말했다.
"훌륭한 대부이지만, 그 사치는 군주를 옥죄었다."

---

12) 환공이 관중을 이버지뻘로 대했다는 뜻이다.

손숙오는 초나라 재상이 되었으나, 암말이 끄는 허술한 수레를 타고 거친 밥과 나물국과 말라빠진 생선을 먹었다. 또 겨울에는 염소가죽 옷을 입고 여름에는 갈포 옷을 입었으며 낯에는 주린 빛이 또렷했다. 이에 대해 공자가 말했다.

"그는 훌륭한 대부이기는 하지만, 그 검소함은 아랫사람을 옥죄었다."

양호가 제나라에서 달아나 조나라로 갔다. 조간주가 물었다.

"나는 그대가 사람을 잘 천거한다고 들었소."

양호가 대답했다.

"제가 노나라에 있을 때 세 사람을 천거했는데, 모두 지방 수령이 되었습니다. 제가 노나라에서 죄를 짓자 모두 저를 찾아 잡으려 했습니다. 제가 제나라에 있을 때는 세 사람을 천거했는데, 한 사람은 왕의 측근이 되었고 한 사람은 현령이 되었으며 한 사람은 국경의 관원이 되었습니다. 제가 죄를 짓게 되자 왕의 측근인 자는 저를 만나주지 않았고, 현령인 자는 저를 맞이하여 붙잡으려 했으며, 국경의 관원인 자는 저를 쫓아 국경까지 왔으나 미치지 못하자 그만두었습니다. 저 양호는 사람을 잘못 천거했습니다."

조간자가 고개를 숙여 웃으며 말했다.

"귤나무나 유자나무를 심어서 그 열매를 먹으면 달고 냄새를 맡으면 향기롭다. 그러나 탱자나무나 가시나무를 심으면 그게 자라 사람을 찌른다. 그러니 군자는 천거하는 일을 삼가는 법이다."

중모(中牟) 땅에 수령이 없었다. 진(晉)나라 평공(平公)이 조무(趙武)에게 물었다.

"중모는 우리 진나라의 아주 중요한 곳이고 한단으로 가는 주요한

길목이오. 과인은 훌륭한 수령을 그곳에 두고 싶은데, 누구를 시키면
좋겠소?"

조무가 대답했다.

"형백자(邢伯子)가 좋습니다."

"그대의 원수가 아니오?"

"사사로운 감정을 공적인 일에 개입시켜서는 안 됩니다."

평공이 또 물었다.

"재물 창고인 중부(中府)의 관리는 누구를 시키면 좋겠소?"

"신의 자식이 좋습니다."

그러므로 예부터 이렇게 말한다.

"남을 천거할 때는 원수라도 피하지 않고, 가까운 이를 천거할 때는
자식이라도 피하지 않는다."

조무가 천거한 자는 모두 마흔여섯 명이 되는데, 그가 죽자 모두 빈
객의 자리에 나아가 조문했다. 그가 사사로이 은덕을 베풀지 않았으므
로 이와 같았다.

평공이 숙향에게 물었다.

"신하들 가운데 누가 현명하오?"

숙향이 대답했다.

"조무입니다."

"그대는 자기가 섬기는 자를 편드는 것인가?"

"조무는 서 있을 때는 옷을 이기지 못하는 듯이 깍듯이 하였고, 말할
때는 입을 벌릴 줄 모르는 듯이 삼갔습니다. 그렇지만 그는 천거한 선
비들 수십 명을 제 뜻대로 하였고, 조정에서도 그들을 매우 신뢰하고
있습니다. 하물며 그는 살아서는 제 집안의 이익을 꾀하지 않았고, 죽
어서는 자식을 남에게 부탁하지 않았습니다. 그래서 신은 그가 현명하
다고 감히 생각합니다."

　　해호(解狐)는 조간주에게 자신의 원수를 추천하여 재상으로 삼게 했다. 그 원수는 그가 원한을 풀고 자신을 용서한 것으로 여겨서 곧장 사례하려고 찾아갔다. 그러나 해호는 (화살을 메기지 않고) 활을 당겨 그를 향해 쏘면서 말했다.

　　"너를 천거한 것은 공적인 일이고, 네가 그 일을 감당할 수 있다고 여겼기 때문이다. 너를 원수로 여기는 것은 나의 사사로운 원한이다. 너에 대한 사사로운 원한 때문에 군주에게 너를 감출 수가 없었다. 사사로운 원한을 공적인 일에 개입시켜서는 안 된다."

　　또 이렇게도 이야기한다. 해호가 형백류(邢伯柳)를 천거하여 상당(上黨)의 수령이 되게 했다. 형백류가 사례하려고 찾아가서 말했다.

　　"그대가 나의 죄를 용서해주니, 감히 두 번 절하지 않을 수가 없소."

　　해호가 말했다.

　　"그대를 천거한 것은 공적인 일이고, 그대에 대한 원한은 사적인 것이다. 그대는 가라! 그대에 대한 원한은 예전 그대로다."

　　정현(鄭縣) 사람이 돼지를 팔고 있었다. 어떤 사람이 값을 묻자, 이렇게 대답했다.

　　"길은 멀고 날은 저무는데, 어찌 그대에게 대답할 겨를이 있겠는가?"

여섯째. 공공(公功)

　　공실(公室)의 권위가 떨어지면 신하들이 직언을 꺼리고, 사적인 행동이 기승을 부리면 공실을 위한 공적이 적어진다. 이는 범문자(范文子)가 직언을 하자 그 부친인 무자(武子)가 지팡이를 휘두르고, 자산(子産)이 진심으로 간언을 하자 그 부친인 자국(子國)이 성내며 꾸짖은 일에서 확인된다. 양거(梁車)가 법을 적용하자 성후(成侯)가 관인(官印)을 거두어들이고, 관중이 공적으로 처리하자 변경을 지키던 관리가 원망하며 비방한 일에서도 드러난다.

공공에 관한 이야기들

범문자가 직언을 즐겨 하자, 그 부친인 무자가 지팡이로 그를 때리며 말했다.

"무릇 직언하는 자는 남에게 받아들여지지 않는다. 남에게 받아들여지지 않으면, 그 몸이 위태로워진다. 제 몸만 위태로워지는 게 아니라 그 아비까지 위태로워진다."

자산은 자국의 아들이다. 자산이 정나라 군주에게 충성을 다하자, 자국이 성내며 꾸짖었다.

"무릇 다른 신하들과 다르게 제 홀로 군주에게 충성을 다할 경우, 군주가 현명하다면 네 말을 들을 것이지만, 현명하지 못하다면 네 말을 들어주지 않을 것이다. 들어주고 들어주지 않을지는 결코 미리 알 수가 없는데, 그 사이에 너는 이미 다른 신하들과 멀어진다. 다른 신하들과 멀어지면 반드시 네 몸이 위태로워진다. 네 몸만 위태로워질 뿐만 아니라 아비까지도 위태로워진다."

조나라의 양거가 새로 업(鄴) 땅의 수령이 되었다. 그 누이가 그를 만나러 갔으나, 날이 저문 뒤여서 성문이 닫혀 있었다. 그래서 몰래 성벽을 넘어서 들어갔다. 양거는 누이를 월형에 처하여 그 발꿈치를 잘랐다. 조성후(趙成侯)는 그를 무자비하다고 여겨서 그의 관인을 빼앗고 면직시켰다.

관중이 포박되어 노나라에서 제나라로 보내졌을 때, 도중에 허기가 지고 목이 말랐다. 기오(綺烏)를 지닐 때 그곳의 변경지기에게 먹을 것을 구걸했다. 기오의 변경지기는 무릎을 꿇고서 먹을 것을 주었는데, 매우 정중했다. 변경지기가 넌지시 관중에게 물었다.

"만약 다행하게도 제나라에서 죽지 않고 등용된다면, 무엇으로 저에게 보답하시겠습니까?"

관중이 대답했다.

"그대의 말처럼 된다면, 나는 현명한 자를 쓰고 능력 있는 자를 부리며 제대로 일을 하는지를 따질 것이오. 이 가운데 무엇으로 내가 그대에게 보답할 수 있겠소?"

변경지기는 관중을 원망했다.

외저설(外儲說) 우상,
신하를 다스리는 법

군주가 신하들을·다스리는 방법에는 세 가지가 있다. 간사한 신하를 없애는 절간(絶姦), 신하들에게 속내를 드러내지 않고 스스로 판단하는 독단(獨斷), 작은 고통을 참을 줄 아는 인통(忍痛) 등이 그것이다.

첫째. 절간(絶姦)

권세로 변화시킬 수 없다면 제거해야 한다. 사광(師曠)의 대답과 안자(晏子)의 설명은 모두 신하들을 다스리기 쉬운 권세를 버리고 실행하기 어려운 방법을 말한 것으로, 이는 맨발로 짐승을 쫓는 것과 같아서 우환을 없애는 방법을 알지 못한 것이다. 우환을 없앨 수 있는 방법은 자하(子夏)가 『춘추』를 풀이한 글 속에 있다. "권세를 잘 지키는 자는 간악한 싹을 미리 잘라버린다"는 말이 그것이다. 그러므로 계손(季孫)은 중니(공자)의 세력이 자신과 맞선다고 꾸짖었는데, 하물며 그 수단이 군주 자신에게 있음에랴! 태공망(太公望) 여상(呂尚)은 (신하가 되기를 거부한) 광율(狂矞)을 죽이면서 "(말이 나아가지 않으면) 노비라도 전

353

리마를 타지 않는다"고 말했다. 위사공(衛嗣公)은 이를 알았으므로 사슴을 타지 않았고, 설공(薛公)도 이를 알았으므로 두 쌍둥이와 장기를 두었다. 이들 모두 군주와 신하 사이의 이해가 서로 반대된다는 것을 알았다. 그러므로 현명한 군주가 신하를 길들이는 방법은 까마귀를 기른 일에도 있다.

절간에 관한 이야기들

포상을 하고 칭찬을 해도 힘쓰지 않는 경우가 있으며, 처벌을 하고 질책을 해도 두려워하지 않는 경우가 있다. 이 네 가지를 써도 변하지 않으면 그를 제거해야 한다.

제나라 경공(景公)이 진(晉)나라에 가서 평공(平公)과 함께 술을 마셨다. 사광이 곁에서 모시고 앉아 있었다. 경공이 사광에게 정치에 대해 물었다.

"태사(太師)는 과인에게 어떤 가르침을 주시겠소?"

사광이 대답했다.

"군주는 그저 백성에게 은혜를 베풀 뿐입니다."

술자리가 한창 무르익었을 때, 사광이 자리를 뜨려고 하자 경공이 또 사광에게 정치에 대해 물었다.

"태사는 과인에게 어떤 가르침을 주시겠소?"

"군주는 그저 백성에게 은혜를 베풀 뿐입니다."

경공이 그곳을 나와 숙소로 갈 때, 사광이 그를 전송했다. 경공이 또 사광에게 정치에 대해 묻자, 사광이 대답했다.

"군주는 그저 백성에게 은혜를 베풀 뿐입니다."

경공은 숙소로 돌아와 생각에 잠겼는데, 술이 미처 깨기도 전에 사광이 말한 뜻을 깨달았다.

"공자 미(尾)와 하(夏)는 나의 아우인데, 그들은 제나라 백성들의 마음을 얻고 있다. 그들의 집은 부귀하고 백성들이 따르고 있어 그 세력이 왕실에 버금가는데, 이는 내 자리를 위태롭게 만드는 것이다. 이제 사광이 나에게 백성들에게 은혜를 베풀라고 한 것은 내가 백성들의 마음을 얻기 위해 두 아우와 다투어야 한다는 것이 아닌가!"

이에 귀국하자 곳집을 열어 곡식을 가난한 백성들에게 나누어주고, 창고의 재물을 풀어 고아들과 과부들에게 내려주었다. 이리하여 곳집에는 남은 곡식이 없어지고, 창고에는 남은 재물이 없어졌다. 궁궐 안의 여인들 가운데 총애 받지 못하는 여인들은 밖으로 내보내 시집가게 했고, 일흔이 넘은 자는 생활에 보탬이 되도록 쌀을 받게 했다. 이렇게 백성들에게 덕과 은혜를 베풀어 두 아우와 경쟁했다. 2년이 지나자 두 아우는 나라 밖으로 망명했다. 공자 하는 초나라로 도망치고, 미는 진(晉)나라로 달아났다.

경공이 안자와 함께 소해(少海)[1]로 놀러 갔다가 백침대(柏寢臺)에 올라가 멀리 제나라를 바라보며 말했다.

"아름답구나! 넓고 넓은 들, 당당한 산이여! 후세에는 누가 이걸 차지할까?"

안자가 대답했다.

"아마 전성씨(田成氏)[2]일 겁니다."

"과인이 이 나라를 가지고 있는데 전성씨가 차지한다니, 무슨 말이오?"

"저 전 씨는 제나라 백성들의 마음을 얻고 있습니다. 그는 백성들을 대하면서 위로는 군주에게 관작과 녹봉을 청해 대신들에게 나누어주고, 아래로는 두(斗)·곡(斛)·구(區)·부(釜) 등 용기를 크게 해서 곡식

---

1) 발해(渤海)를 가리킨다.
2) 간공(簡公)을 시해하고 평공(平公)을 옹립한 권신(權臣)인 전상(田常)을 가리킨다. 진항(陳恒)이라고도 한다.

을 빌려주었다가 거두어들일 때는 작은 용기를 씁니다. 소 한 마리를 잡으면 한 접시의 고기만 갖고, 나머지는 사인(士人)들에게 나누어 먹입니다. 세밑에는 들어온 베와 비단을 세 길 여덟 자만 갖고, 나머지는 사인들에게 나누어 입힙니다. 그들이 저자에서 내다파는 나무도 산에서 사들이는 것보다 비싸지 않고, 못에서 거둔 물고기와 소금, 거북, 자라, 홍합, 조개 등도 바닷가에서 사는 것보다 비싸지 않습니다. 군주께서는 세금을 무겁게 거두고 있지만, 전 씨는 은혜를 두텁게 베풀고 있습니다. 제나라에서 큰 기근이 들어 길가에 굶어 죽은 주검들이 헤아릴 수 없이 많았을 때, 아비와 자식이 서로 손을 이끌고 전 씨에게 달려가 그 도움으로 살아남지 않은 자가 없었다고 합니다. 그래서 도성 밖 백성들이 서로 노래하기를, '노래하세! 하마 여기서 살아야 했네! 배불리 먹세! 전 씨 집으로 가서!'라고 했습니다. 시에서도 '덕은 그대보다 못하나, 노래하고 또 춤추리라'라고 했습니다. 이제 전 씨가 덕을 베풀고 백성들은 노래하고 춤추니, 이는 백성들의 마음이 그에게 돌아갔다는 뜻입니다. 그래서 '아마 전 씨일 겁니다'라고 말했던 것입니다."

경공은 눈물을 주르륵 흘리며 말했다.

"슬프지 않은가! 과인이 가진 나라를 전 씨가 차지하게 된다니. 이제 어찌하면 좋겠는가?"

안자가 대답했다.

"군주께서는 무얼 걱정하십니까? 군주께서 되돌려 받기를 바라신다면, 현자를 가까이하고 못난 자를 멀리해서 번거롭고 어지러운 일을 다스리고, 형벌을 가볍게 하고 늦추며, 딱하고 가난한 자를 구제하고, 고아와 과부를 가엾게 여기며 은혜를 베풀고 부족한 것을 보태주십시오. 그러면 백성들이 군주께로 돌아갈 것이니, 비록 열 명의 전 씨가 있다고 한들 그들이 군주를 어찌하겠습니까?"

누군가[3]가 말했다.

"경공은 권세를 쓸 줄 모르고, 사광과 안자는 걱정거리를 없앨 줄 모른다. 무릇 사냥하는 자는 안전한 수레에 몸을 맡기고 여섯 마리 말의 발을 이용하는데, 뛰어난 마부인 왕량(王良)이 고삐를 잡도록 하면 몸은 피로하지 않고 날랜 짐승도 쉽게 잡을 수 있다. 만일 수레의 이로움과 여섯 마리 말과 왕량의 뛰어난 솜씨를 버려둔 채 수레에서 내려 짐승을 쫓는다면, 누계(樓季)처럼 발이 빨라도 짐승을 따라잡지 못한다. 좋은 말과 튼튼한 수레에 기대면, 한낱 노비라도 여유롭게 따라잡는다. 나라는 군주의 수레고, 권세는 군주의 말이다. 그런데 권세를 갖고서도 함부로 은혜를 베푸는 신하를 처벌하지 못하고 오히려 두텁게 은덕을 베풀며 신하와 나란히 백성들의 마음을 얻으려 다투고 있으니, 이는 군주가 수레를 타지 않고 말의 이로움을 따르지 않으며 수레를 버려둔 채 내려서 달려가는 꼴이다. 그러므로 '경공은 권세를 쓸 줄 모르는 군주고, 사광과 안자는 걱정거리를 없앨 줄 모르는 신하다'라고 말하는 것이다."

자하가 말했다.

"『춘추』에는 신하가 군주를 죽이고 자식이 아비를 죽인 일이 십여 차례나 기록되어 있다. 이 모두 하루 만에 된 것이 아니라 차츰차츰 쌓여서 된 것이다."

무릇 간사한 자의 행동이 오래 이어지면 세력을 이루고, 세력이 이루어지면 힘이 커지고, 힘이 커지면 군주나 아비를 죽이게 된다. 그래서 현명한 군주는 이런 고리를 일찌감치 끊어버린다. 이제 전상이 반란을 일으킬 조짐이 차츰차츰 드러나고 있는데도 군주는 베어 죽이지 않았다. 안자는 그 군주에게 권세를 침범하는 신하를 억누르게 하지 못하고

---

3) 이 글을 쓴 한비 자신을 가리킨다.

은혜를 베풀게 했다. 그 때문에 간공(簡公)이 시해를 당했다. 그래서 자하가 "권세를 잘 지키는 자는 간악함의 싹을 일찌감치 잘라버린다"고 말했던 것이다.

계손이 노나라의 재상일 때, 자로(子路)가 후(郈) 땅의 수령이 되었다. 노나라에서는 5월에 민중을 끌어모아 긴 수로를 만들었다. 이때 자로는 자신이 받은 녹미(祿米)로 죽을 쑤어 곡부의 동남쪽 오보(五父) 거리에서 수로 만드는 일꾼들을 먹였다. 공자가 이 소식을 듣고는 자공을 보내 그 죽을 뒤엎고 그릇들을 부수면서 이렇게 말하게 했다.

"노나라 군주의 백성인데, 네가 어찌 그들을 먹이느냐?"

자로가 발끈 화를 내며 팔소매를 걷어붙이고는 공자의 처소로 들이닥치더니 물었다.

"스승께서는 제가 어짊과 의로움을 행하는 것이 싫으십니까? 제가 스승께 배운 것이 어짊과 의로움입니다. 어짊과 의로움은 제 가진 것을 천하 사람들과 함께 나누고 그 이익을 함께 갖는 것입니다. 이제 제가 받은 녹미로 백성들을 먹이는데, 잘못된 게 무엇입니까?"

공자가 대답했다.

"유(由)야, 너는 참 메떨어졌구나! 너는 네가 이치를 안다고 여기지만, 아직 미치지 못한다. 그러니까 이렇게 예의를 모르는 짓을 하는 게지! 네가 그들을 먹인 것은 그들을 아끼기 때문이다. 무릇 예의에서 천자는 천하 사람들을 아끼고, 제후는 국경 안의 사람들을 아끼며, 대부는 제 관직에 속한 사람들을 아끼고, 사인은 제 집안의 사람들을 아낀다. 각자 아껴야 할 대상을 뛰어넘으면, 이를 침범했다고 한다. 이제 노나라 군주의 백성들을 네가 함부로 아끼고 먹이니, 이는 네가 침범한 것이다. 이 어찌 잘못이 아니겠느냐!"

공자의 말이 채 끝나기도 전에 계손이 보낸 사자가 이르러서는 공자를 꾸짖었다.

"내가 백성들을 일으켜 일을 시키는데, 선생께서 제자를 시켜 일꾼들을 불러서 먹을 걸 주었소. 나의 백성들을 빼앗으려는 것이오?"

공자는 수레를 타고 노나라를 떠났다. 공자의 현명함으로도 막지 못한 일을 계손은 노나라의 군주가 아닌 신하로 있으면서 군주의 위세를 빌려서 아직 일어나지 않은 재앙을 일찌감치 막았으니, 이로 말미암아 자로는 사사로이 은혜를 베풀 수가 없었고 해로운 일도 생기지 않았다. 하물며 군주의 일에 있어서랴! 경공이 제 권세를 써서 전상(田常)의 침범을 미리 막았더라면 반드시 시해당하는 재앙은 일어나지 않았을 것이다.

태공망 여상이 (주 왕조의 창업을 도운 공으로) 동쪽 제(齊) 땅에 봉해졌을 때다. 제나라 동쪽 바닷가에 처사가 살고 있었는데, 광율과 화사(華士)라는 형제였다. 두 사람은 이렇게 주장했다.

"우리는 천자의 신하도 되지 않고 제후의 벗도 되지 않으며, 직접 밭을 갈아서 먹고 우물을 파서 마시며 남들에게 바라는 게 없다. 군주에게 벼슬을 구할 일도 없고 녹봉을 받을 일도 없으니, 벼슬살이할 일이 없고 그저 우리 힘으로 살아갈 뿐이다."

태공망은 영구(營丘)에 이르자 관리들을 보내 그들을 잡아들여서 죽인 뒤에 이를 첫 처벌의 본보기로 삼았다. 주공(周公) 단(旦)이 노나라에서 이 소식을 듣고는 얼른 사람을 보내 물었다.

"저 두 사람은 현자요. 이제 막 나라를 드렸는데 현자를 죽이다니, 무슨 까닭이오?"

태공망이 대답했다.

"이 형제 둘은 '우리는 천자의 신하도 되지 않고 제후의 벗도 되지 않으며, 직접 밭을 갈아서 먹고 우물을 파서 마시며 남들에게 바라는 게 없다. 군주에게 벼슬을 구할 일도 없고 녹봉을 받을 일도 없으니, 벼슬살이할 일이 없고 그저 우리 힘으로 살아갈 뿐이다'라고 주장했소.

359

저들이 천자의 신하가 되지 않는다고 했으니, 나는 그들을 신하로 삼을 수가 없소. 또 저들이 제후와 벗하지 않는다고 했으니, 나는 그들을 부릴 수가 없소. 밭을 갈아서 먹고 우물을 파서 마시며 남들에게 바라는 게 없다고 했으니, 내가 상으로써 권하거나 벌로써 막을 수가 없소. 게다가 군주의 벼슬도 구할 일이 없다고 하니, 비록 지혜롭다고 하더라도 나를 위해 그 지혜를 쓸 일이 없을 것이오. 군주의 녹봉도 받을 일이 없다고 하니, 비록 현명하다고 하더라도 나를 위해 공을 세울 일이 없을 것이오. 벼슬하지 않는 자는 다스릴 수 없고, 일을 맡지 않은 자에게서 충성을 기대할 수 없소. 옛 왕들이 신하와 백성들을 부릴 수 있었던 것은 관작이나 녹봉이 아니면 포상과 형벌이었소. 이제 이 네 가지로는 부릴 수가 없는데, 내가 누구의 군주 노릇을 할 수 있겠소? 전쟁에 나가지 않고서도 공명을 드러내고 직접 농사를 짓지도 않으면서 명성을 떨치는 것은 온 나라 사람들을 교화하는 방법이 아니오.

이제 여기에 말이 있어 천리마의 모습을 하고 있다면, 천하에서 가장 뛰어난 말일 것이오. 그러나 채찍질을 해도 나아가지 않고, 당겨도 멈추지 않고, 왼쪽으로 몰아도 왼쪽으로 가지 않고, 오른쪽으로 몰아도 오른쪽으로 가지 않는다면, 미천한 종놈이라도 이런 말은 타지 않으려 할 것이오. 미천한 종놈이 천리마를 타려고 하는 것은 이 천리마로 이로움을 얻고 해로움을 피할 수 있기 때문이오. 사람에게 쓸모가 없다면, 아무리 미천한 종놈이라도 이 말은 타지 않을 것이오. 스스로 세상의 현명한 선비라 생각하면서도 군주에게 쓸모가 없고, 그 행실이 아무리 뛰어나도 군주에게 쓰이려 하지 않는다면, 현명한 군주의 신하가 되지 못하오. 천리마를 왼쪽으로도 오른쪽으로도 부릴 수 없는 것과 같으니, 이런 까닭에 죽일 수밖에 없었소."

또 이렇게도 이야기한다. 태공망 여상이 동쪽 제 땅에 봉해졌을 때다. 바닷가에 광율이라는 현자가 있었다. 태공망이 그 소문을 듣고 찾아가서 만나기를 청했다. 세 번이나 그 문 앞에서 말을 내렸으나, 광율은 만나주지 않았다. 태공망은 그를 베어 죽였다. 바로 이때 주공 단이노나라에 있다가 말을 타고 달려가 멈추려 했으나, 이미 죽인 뒤였다. 주공 단이 물었다.

"광율은 천하의 현자요. 그대는 왜 그를 죽였소?"

태공망이 대답했다.

"광율은 스스로 천자의 신하가 되지 않고 제후의 벗이 되지 않겠다고 했소. 나는 그가 법을 어지럽히고 교화를 가볍게 여길까 걱정이 되었기 때문에 본보기로 그를 죽였소. 이제 여기 말이 있는데, 그 모습이 천리마 같다고 합시다. 그러나 채찍질을 해도 가지 않고 잡아당겨도 나아가지 않는다면, 비록 종놈이라도 이 말로 수레를 끌려고 하지 않을 것이오."

여이(如耳)가 위사공(衛嗣公)에게 자기주장을 폈다. 위사공은 기뻐하면서도 길게 탄식했다. 좌우에 있던 이들이 물었다.

"공께서는 어째서 그를 재상으로 삼지 않으십니까?"

"사슴을 닮은 말이 있다면 천금의 가치를 매길 수 있을 것이다. 그러나 백금의 가치가 나가는 말은 있어도 1금이 나가는 사슴은 전혀 없다. 말은 사람에게 쓰이지만, 사슴은 사람에게 쓰이지 않기 때문이다. 이제 여이는 전차 만 대의 나라에서 재상을 할 만하다. 그렇지만 겉으로 보아도 대국에서 등용되고자 하는 뜻이 있을 뿐, 위나라에는 마음을 두고 있지 않다. 아무리 논변이 뛰어나고 지혜롭다 해도 과인에게 쓰이려 하지 않으니, 이런 까닭에 재상으로 삼지 못한다."

설공이 위(魏)나라 소후(昭侯)의 재상으로 있을 때, 그의 측근에 양호(陽胡)와 양반(陽潘)이라는 쌍둥이가 있었다. 그러나 이들은 왕으로부터 총애를 받았으므로 설공을 위해 일하지 않았다. 설공은 이것이 마음에 걸렸다. 곧 이들을 불러 함께 장기를 두었다. 이들에게 1백금을 주면서 형제끼리 장기를 두게 했다. 잠시 있다가 각자에게 2백금을 더 주었다. 장기를 한참 두고 있는데, 알자(謁者)가 "빈객 가운데 장계(張季)라는 사람이 문밖에 와 있습니다"라고 알렸다. 설공은 발끈 성을 내면서 칼을 어루만지더니 알자에게 건네주면서 말했다.

"그를 죽여라! 장계는 나를 위해 일하지 않는다고 들었다."

알자가 영문도 모르고 서 있는 사이에 곁에 있던 계우(季羽)가 말했다.

"그렇지 않습니다. 가만히 들으니, 장계는 공을 대단히 위한다고 합니다. 그 사람됨이 나서는 것을 싫어하여 공이 아직 듣지 못했을 뿐입니다."

설공은 곧바로 앞서의 말을 거두고는 그 빈객을 죽이지 말고 더욱 크게 예우하라며 말했다.

"전에는 장계가 나를 위하지 않는다고 들었기 때문에 죽이려 했다. 이제 참으로 나를 위한다니, 어찌 장계를 잊겠는가!"

곳간지기에게 일러 천 석의 곡식을 내어주고, 금고지기에게 일러 5백금을 내어주고, 마구간지기에게 일러 좋은 말과 튼튼한 수레 두 대를 내어주게 했다. 또 환관을 시켜 후궁의 미녀 20명을 장계에게 보내게 했다. 이를 본 쌍둥이는 서로 이렇게 말했다.

"설공을 위하는 자는 반드시 이익을 얻고, 설공을 위하지 않는 자는 반드시 해를 입는다. 우리는 어째서 설공을 위해 일하지 않았지?"

이 일로 말미암아 이들은 서로 앞다투어 힘쓰면서 마침내 설공을 위해 일했다. 설공은 신하의 권세로써 군주의 법술을 빌려 해를 입지 않을 수 있었다. 하물며 군주의 자리에 있음에랴!

무릇 까마귀를 길들이려면 날개 끝을 잘라주어야 한다. 날개 끝을 자르면 반드시 사람에게 기대어 먹게 되니, 어찌 길들여지지 않겠는가. 현명한 군주가 신하를 기르는 일 또한 마찬가지다. 신하로 하여금 군주의 녹봉을 탐하지 않을 수 없게 만들고, 군주의 작위를 걸치지 않을 수 없게 만들어야 한다. 군주의 녹봉을 탐내고 군주의 작위를 걸치게 한다면, 어찌 복종하지 않겠는가.

둘째. 독단(獨斷)

군주는 신하들의 이로움과 해로움이 집중되는 표적이다. 그 표적을 겨냥하는 자가 많기 때문에 군주는 많은 사람들에게 둘러싸여 있다. 이런 까닭에 군주가 좋아하거나 싫어하는 속내를 드러내면, 신하들은 그에 따라 말을 하여 군주를 홀린다. 신하가 몰래 한 말을 군주가 흘리면, 신하들이 말하기 꺼리므로 군주는 신묘하게 꿰뚫어볼 수 없다. 이는 신자(申子)[4]가 말한 '군주가 삼가야 할 여섯 가지'와 당이(唐易)가 말한 '주살로 새 잡는 일'에 잘 설명되어 있다. 그 폐해는 국양(國羊)이 자신의 잘못을 고쳐주기를 청한 일과 한(韓)나라 선왕(宣王)이 크게 감탄한 일에서 잘 드러난다. 정곽군(靖郭君)이 귀고리 열 개를 바친 일, 서수(犀首)와 감무(甘茂)가 구멍을 뚫고 엿들은 일에서도 분명하게 드러난다. 당계공(堂谿公)은 법술을 알았기 때문에 옥 술잔에 대해 물었고, 소후(昭侯)는 법술을 부릴 능력이 있었기 때문에 홀로 알아듣고 잠을 잤다. 현명한 군주가 다스리는 길은 신자가 권했듯이 '독단(獨斷)'에 있다.

독단에 관한 이야기들

신자가 말했다.

"군주가 총명을 드러내면 신하들은 미리 대비하고, 총명을 드러내지

---

4) 신불해(申不害)를 가리킨다.

않으면 신하들은 호리려 든다. 군주가 지혜를 드러내면 신하들은 꾸며서 말하고, 지혜를 드러내지 않으면 신하들은 실상을 숨긴다. 군주가 바라는 게 없음을 드러내면 신하들은 그 속내를 엿보려 하고, 바라는 게 있음을 드러내면 신하들은 미끼를 던진다. 그러므로 '내가 그들을 파악할 수 있는 길은 없다. 오로지 무위(無爲)로써 실정을 헤아릴 수 있을 뿐이다'라고 말한다."

또 이렇게도 이야기한다. 신자가 말했다.

"삼가서 말하라, 그러면 사람들이 그대에게 맞추려 할 것이다. 삼가서 행동하라, 그러면 사람들이 그대를 따를 것이다. 알고 있다는 것을 드러내면, 사람들은 그대에게 숨기려 할 것이다. 알지 못한다는 것을 드러내면, 사람들은 그대를 헤아리려 들 것이다. 그대에게 지혜가 있다면, 사람들은 그대로부터 숨으려 할 것이다. 그대에게 지혜가 없다면, 사람들은 그대에게 수작을 부릴 것이다. 그러므로 '오로지 무위로써 실정을 헤아릴 수 있다'고 말한다."

전자방(田子方)이 당이국(唐易鞠)에게 물었다.
"주살로 새를 잡을 때는 무얼 조심해야 하오?"
당이국이 대답했다.
"새들은 수백 개의 눈으로 그대를 보지만, 그대는 두 눈으로 마주할 뿐입니다. 그러니 주도면밀하게 몸을 숨겨서 겨누어야 합니다."
"옳은 말이오. 그대는 그것을 새 잡는 데 쓰지만, 나는 나라를 다스리는 데 쓸 것이오."
정나라의 한 도인이 이 말을 듣고 말했다.
"전자방은 몸을 숨겨야 한다는 것은 알았지만, 어떻게 몸을 숨겨야 할지는 미처 몰랐다. 마음을 비우고 아무것도 하지 않으면서 자신을 드러내지 않아야만, 제대로 몸을 숨긴 것이다."

또 이렇게도 이야기한다. 제나라 선왕(宣王)이 당이자(唐易子)에게 주살로 새 잡는 일에 대해 물었다.

"주살로 새를 잡을 때는 무엇이 중요하오?"

당이자가 대답했다.

"신중하게 몸을 숨기는 것입니다."

"신중하게 몸을 숨긴다는 것은 무얼 뜻하오?"

"새들은 수십 개의 눈으로 사람을 보지만, 사람은 겨우 두 눈으로 새들을 봅니다. 그러니 어찌 신중하게 몸을 숨기지 않을 수 있겠습니까? 그래서 '신중하게 몸을 숨기는 것이다'라고 말했습니다."

선왕이 다시 물었다.

"그렇다면 천하를 다스릴 때는 몸을 어떻게 숨겨야 하오? 지금 나는 두 눈으로 온 나라를 보지만, 온 나라는 만 개의 눈으로 나를 보고 있으니, 어떻게 해야 나 자신을 잘 감출 수 있겠소?"

"정나라의 어떤 도인이 말하기를, '마음을 비우고 고요하게 지닌 채 아무것도 하지 않으면서 자신을 드러내지 않아야 한다'고 했습니다. 이렇게 한다면 몸을 잘 숨길 수 있지 않겠습니까?"

국양(國羊)은 정(鄭)나라 군주에게 중용되었지만 곧 군주가 자신을 미워한다는 말을 들었다. 술자리에서 군주를 모시고 있을 때 먼저 군주에게 이렇게 말했다.

"신이 만약 불행하게도 허물을 지으면, 군주께서는 은총을 베푸셔서 이를 일러주시기 바랍니다. 그러면 신은 허물을 고칠 것이고, 죽을죄를 면할 것입니다."

어떤 유세객이 한나라 선왕에게 유세했다. 선왕은 기뻐하면서 아주 감탄했다. 그러자 왕의 측근들이 유세객에게 다투어 가서는 왕이 기뻐했다는 사실을 일러주면서 마치 자기가 은덕을 베푼 것처럼 했다.

정곽군[5]이 제나라 재상으로 있을 때다. 왕후가 죽었는데, 그 뒤를 이을 사람을 아직 정하지 못하고 있었다. 이에 옥 귀고리를 왕에게 바쳐서 그 속내를 알아냈다.

또 이렇게도 이야기한다. 설공(薛公)이 제나라의 재상으로 있을 때다. 위왕(威王)의 부인이 죽었는데, 궁 안에는 열 명의 후궁이 있었고 모두 왕의 총애를 받고 있었다. 설공은 왕이 누구를 왕후로 세우고 싶어 하는지를 알아내어 그 사람을 세워 부인으로 삼도록 권하고 싶었다. 왕이 들어준다면 이는 자신의 주장이 왕에게 채택되고 자신은 새 부인으로부터 중시될 것이며, 왕이 들어주지 않는다면 자신의 주장이 거부되어 자신은 새 부인으로부터 경시될 것이었다. 그래서 먼저 왕이 누구를 부인으로 삼으려는지 알아내어 왕에게 그녀를 세우라고 권하고 싶었다. 이에 옥 귀고리 열 개를 만들면서 그 가운데 하나를 특별히 아름답게 만들어 왕에게 바쳤다. 왕은 열 명의 후궁에게 나누어주었다. 이튿날 설공은 가만히 살펴본 뒤에 누가 아름다운 귀고리를 달고 있는지를 보고서 그녀를 부인으로 삼으라고 왕에게 권했다.

감무는 진(秦)나라 혜왕(惠王) 때 재상이다. 혜왕은 공손연(公孫衍)[6]을 총애하여 틈만 나면 그와 이야기를 나누었는데, 어느 날 이렇게 말했다.

"과인은 그대를 재상으로 삼을 것이오."

감무의 아랫사람이 구멍으로 그 말을 엿듣고는 감무에게 알렸다. 감

---

5) 맹상군(孟嘗君)의 아버지인 전영(田嬰)이며, 시호는 설공(薛公)이다.
6) 흔히 서수(犀首)로도 불린다.

무가 궁으로 들어가 왕을 뵙고 말했다.

"왕께서 현명한 재상을 얻으셨다니, 신이 감히 재배하며 축하드립니다."

왕이 말했다.

"과인은 나라를 그대에게 맡겼는데, 어찌 또 현명한 재상을 구하려 하겠소?"

감무가 대답했다.

"서수를 재상으로 삼으려 하신다고 들었습니다."

"그대는 어디서 그 말을 들었소?"

"서수가 신에게 알려주었습니다."

왕은 서수가 누설했다고 성내면서 곧바로 그를 내쫓았다.

또 이렇게도 이야기한다. 서수는 천하에 뛰어난 장수로, 양(梁)나라[7] 왕의 신하였다. 진(秦)나라 왕은 그를 얻어 함께 천하를 다스리고 싶었다. 서수가 말했다.

"저는 남의 나라 신하입니다. 감히 지금 군주의 나라를 떠날 수가 없습니다."

1년이 지난 뒤, 서수가 양나라 왕에게 죄를 짓고 도망하여 진나라로 들어갔다. 진나라 왕은 매우 좋아했다. 저리질(樗里疾)은 진나라의 장수였는데, 서수가 자신을 대신해서 장수가 될까 걱정하여 왕이 늘 은밀하게 이야기를 나누는 곳에 구멍을 뚫어놓았다. 얼마 후, 왕이 과연 서수와 계책을 짜면서 말했다.

"나는 한(韓)나라를 치고 싶은데, 어떻겠소?"

서수가 대답했다.

---

7) 위(魏)나라를 가리킨다. 서쪽 진나라와 전쟁에서 패하여 동쪽 대량(大梁)으로 도성을 옮기면서 양나라로 일컬어졌다.

"가을이 좋겠습니다."

"나는 나랏일을 그대에게 맡기고 싶소. 그대는 절대 누설하지 마시오."

서수가 물러나 두 번 절하며 말했다.

"명을 받들겠습니다."

이때 저리질이 이를 구멍으로 엿들었다. (저리질이 이를 퍼뜨려) 조정의 신하들이 모두 말했다.

"가을에 군사를 일으켜 한나라를 치는데, 서수가 장수가 될 것이다."

이날 안으로 온 궁중의 사람들이 다 이 사실을 알았고, 그달 안으로 나라 안의 사람들이 다 그것을 알았다. 왕이 저리질을 불러 물었다.

"어찌 이리도 시끄럽소? 어디서 그런 말이 나왔소?"

저리질이 대답했다.

"서수인 듯합니다."

"나는 서수와 그런 말을 나눈 적이 없소. 서수가 그랬다니, 무슨 뜻이오?"

"서수는 다른 나라에서 온 신하입니다. 최근에 죄를 짓고 도망하여 그 마음이 외로운 나머지 사람들의 환심을 사려고 이런 말을 한 듯합니다."

"그렇겠군."

왕이 사람을 시켜 서수를 불렀으나, 서수는 이미 다른 제후국으로 달아난 뒤였다.

당계공이 소후(昭侯)에게 아뢰었다.

"이제 천금이 나가는 옥 술잔이 있는데 밑이 뚫려 있다면, 물을 담을 수 있겠습니까?"

소후가 대답했다.

"담을 수 없소."

"질그릇이 있는데 새지 않는다면, 술을 담을 수 있겠습니까?"

"담을 수 있소."

"저 질그릇은 참으로 보잘것없는 것이지만 새지 않으니, 술을 담을 수 있습니다. 그러나 천금이 나가는 옥 술잔이 아무리 귀하더라도 밑이 없다면 샐 것이니, 물을 담을 수 없습니다. 그렇다면 누가 술을 따라 마시겠습니까? 이제 남의 군주로서 신하들이 몰래 한 말을 누설한다면, 이는 밑이 없는 옥 술잔과 같습니다. 비록 성인과 같은 지혜를 지닌 자라도 제 꾀를 다 드러내지 못하는 것은 누설될 수 있기 때문입니다."

"그렇군."

소후는 당계공의 말을 들은 뒤로는 천하의 큰일을 실행하려고 할 때마다 홀로 잠을 자지 않은 적이 없었다. 잠꼬대로라도 남들이 그 계책을 알게 될까 두려워해서였다.

또 이렇게도 이야기한다. 당계공이 소후를 만나면서 말했다.

"이제 백옥 술잔이 있는데 밑이 없고, 질그릇이 있는데 밑이 있습니다. 군주께서 목이 마르면, 어떤 것으로 마시겠습니까?"

"질그릇 술잔으로 할 것이오."

"백옥 술잔이 아름답기는 하지만 군주께서 그것으로 마시지 않는 것은 그것에 밑이 없기 때문입니다."

"그렇소."

"군주가 되어서 신하들의 말을 누설하는 것은 비유하자면 백옥 술잔에 밑이 없는 것과 같습니다."

당계공이 뵙고 나올 때마다 소후는 반드시 혼자 잠을 잤으니, 이는 함께 나눈 이야기를 처첩들에게 누설할까 두려워서였다.

신자가 말했다.

"홀로 오롯하게 보는 것을 '명(明, 눈밝음)'이라 하고, 홀로 제대로 듣는 것을 '총(聰, 귀밝음)'이라 한다. 이러한 총명으로 홀로 결단할 수 있는 자라면 천하의 주인이 될 수 있다."

셋째. 인통(忍痛)

군주의 법술이 행해지지 않는 데에는 까닭이 있다. 술집에서는 사나운 개를 죽이지 않으면, 손님이 오지 않아 술이 쉰다. 무릇 나라에도 개가 있고, 또 군주의 주위에 있는 자들은 모두 사당을 들락거리는 쥐다. 요즘의 군주들은 요 임금이 두 차례나 베어 죽인 결단력이나[8] 초나라 장왕(莊王)이 태자를 처벌한 결단력이 없고, 모두 박의(薄疑)의 노모가 무당인 채구(蔡嫗)에게 한 것처럼 남에게 결정을 맡긴다. 그 지혜가 무능한 자를 잘 가려내지 못하는 수준이라면, 노래를 가르치는 법처럼 먼저 기준을 정하고 그에 따라 헤아려야 한다. 오기(吳起)가 사랑하는 아내를 내쫓고 문공(文公)이 전힐(顚頡)을 베어 죽인 일은 모두 인정을 벗어난 것이다. 그렇지만 남을 시켜 종기를 잘 터뜨리게 할 수 있는 자는 반드시 고통을 참아낸다.

인통에 관한 이야기들

송나라 사람 가운데 술을 파는 자가 있었다. 됫박으로 술을 재는 것이 매우 공평하고 손님을 대할 때는 아주 공손했으며, 술을 빚는 솜씨도 대단히 훌륭하고 술집을 알리는 깃발도 매우 높게 달아 뚜렷이 보였다. 그런데도 술이 팔리지 않아 술이 쉬었다. 이를 괴이하게 여겨 그 까닭을 알 만한 마을의 어른 양천(楊倩)에게 물었다. 양천이 말했다.

"자네 집의 개가 사나운가?"

"개가 사납습니다만, 술이 팔리지 않는 것과 무슨 관계가 있습니까?"

---

8) 요 임금이 자신을 반대하던 곤(鯀)과 공공(共工)을 죽인 일을 가리킨다.

"사람들이 무서워한 것이네. 혹시 어린아이에게 돈을 쥐어주고 술병을 들고 가서 술을 사 오게 시킨다면, 개가 뛰쳐나와서는 아이를 물어뜯을 것이네. 이것이 술이 쉬고 팔리지 않는 이유라네."

무릇 나라에도 개가 있다. 도리를 아는 선비가 법술을 품고서 그것으로 전차 만 대를 가진 나라의 군주를 일깨우려 해도 대신이 사나운 개처럼 달려들어 물어뜯는다. 이것이 군주의 눈과 귀가 가려지고 협박당하는 까닭이고, 도리를 아는 선비가 쓰이지 않는 이유다. 그래서 환공이 관중에게 물었다.

"나라를 다스릴 때, 가장 큰 걱정거리는 무엇이오?"

관중이 대답했다.

"사당의 쥐가 가장 큰 걱정거리입니다."

"사당의 쥐가 왜 걱정거리가 되오?"

"군주께서도 사당을 짓는 걸 보셨겠지요? 나무를 세우고 진흙을 바르지만, 쥐들이 거기에 틈을 찾아내 구멍을 뚫고는 거기에 들어가 삽니다. 연기를 피워 쫓아내려 하지만 나무를 태울까 걱정이고, 물을 들이붓자니 진흙이 떨어질까 걱정입니다. 이것이 사당의 쥐를 잡지 못하는 이유입니다. 지금 군주의 좌우에 있는 자들은 나가서는 권세와 권력으로 백성들에게 이익을 거두어들이고, 들어와서는 비슷한 자들끼리 무리를 지어 그 악행을 왕에게 숨깁니다. 궁궐 안에서 군주의 정황을 엿보아 밖으로 알리고, 안팎으로 신하들과 관원들에게 권세를 부리며 부유해지고 있습니다. 담당 관리가 그런 자를 베어 죽이지 않으면 법이 어지러워지고 베어 죽이면 군주가 불안해하므로 그대로 내버려두고 있는데, 그들이 바로 나라를 좀먹는 사당의 쥐입니다."

신하된 자가 권력을 쥐고 함부로 금령을 휘두르면서 자신을 위하는 자는 반드시 이롭게 해주고 자신을 위하지 않는 자는 반드시 해롭게 해주니, 이들이 바로 사나운 개다. 무릇 대신들이 사나운 개가 되어 도리를 행하는 선비를 물어뜯고, 측근들이 또 사당의 쥐가 되어 군주의 정황을 엿보고 있는데도 군주는 이를 알아채지 못하고 있다. 이와 같다면 군주의 눈과 귀가 어찌 가려지지 않겠으며, 나라가 어찌 망하지 않겠는가?

또 이렇게도 이야기한다. 송나라에 술을 파는 장 씨(莊氏)가 있었다. 그의 술은 늘 훌륭했다. 어떤 사람이 종을 시켜 장 씨의 술을 사러 보냈는데, 술집의 개가 물려고 했다. 심부름 온 종은 장 씨의 집에 감히 가지 못하고 곧 다른 집에 가서 술을 샀다. 주인이 그에게 물었다.

"어째서 장 씨의 술을 사 오지 않았느냐?"

"오늘 장 씨의 술이 쉬었습니다."

그래서 "사나운 개를 죽이지 않으면 술이 쉰다"고 말하는 것이다.

또 이런 이야기도 있다. 환공이 관중에게 물었다.

"나라를 다스릴 때 가장 큰 걱정거리가 무엇이오?"

"가장 고약한 것은 사당의 쥐입니다. 저 사당은 나무를 세우고 진흙을 바르는데, 쥐가 그 틈으로 들어가 삽니다. 연기를 피워 쫓아내려 하면 나무가 불타고, 물을 부어 쫓아내려 하면 진흙이 무너집니다. 이것이 사당의 쥐를 고약하게 여기는 이유입니다. 지금 군주의 좌우에 있는 자들은 나가서는 권세와 권력을 부려 백성들로부터 이익을 거두어들이고, 들어와서는 비슷한 자들끼리 무리 지어 남들을 얕보며 악행을 숨기고 군주를 속입니다. 이들을 베어 죽이지 않으면 법을 어지럽히고 베어 죽이면 군주가 위태로워지므로 그대로 내버려두고 있는데, 이들이 바로 사당의 쥐입니다."

신하된 자가 권력을 쥐고 금령을 함부로 휘두르면서 자기를 위하는 자는 반드시 이롭게 해주고 자기를 위하지 않는 자는 반드시 해롭게 하고 있으니, 이들이 사나운 개다. 그러므로 좌우에 있는 자들이 사당의 쥐가 되고, 일을 멋대로 처리하는 자가 사나운 개가 되면, 법술은 행해지지 않는다.

요 임금이 천하를 순에게 전하려고 하자, 곤(鯀)⁹⁾이 간했다.

"상서롭지 못합니다. 어찌 천하를 한낱 필부에게 전하려 하십니까?"

요 임금이 듣지 않고 군사를 일으켜 우산(羽山) 근교에서 곤을 죽였다. 공공(共工)이 또 간했다.

"어찌 천하를 한낱 필부에게 전하려 하십니까?"

요 임금이 듣지 않고 또 군사를 일으켜 유주(幽州)의 도성에서 공공을 죽였다. 이리하여 천하의 그 누구도 천하를 순에게 전할 수 없다고 감히 말하지 못하게 되었다. 중니(공자)가 이를 두고 말했다.

"요 임금이 순의 현명함을 아는 것은 그리 어려운 일이 아니다. 간언하는 자를 베어 죽이면서까지 순에게 전한 것이야말로 어려운 일이다."

일설에는 "남들이 의심하는데도 자신이 살핀 일을 그만두지 않는 것은 어려운 일이다"라고 말했다고 한다.

초나라 장왕 때 모문(茅門)¹⁰⁾에 관한 법이 있었는데, 거기에 이런 규정이 있었다.

"뭇 신하들과 대부, 공자 등이 조정에 들어올 때 말발굽이 처마의 빗물받이를 밟으면 정리(廷理)¹¹⁾가 그 수레채를 자르고 마부를 죽인다."

어느 날, 태자가 조정에 들어오다가 그 말발굽이 처마의 빗물받이를 밟았다. 이에 정리가 그 수레채를 자르고 마부를 죽였다. 태자가 성내며 들어가서는 왕에게 울면서 말했다.

---

9) 하(夏) 왕조의 시조인 우(禹)의 아버지로, 치수를 제대로 하지 못해 요 임금에 의해 처형되었다.
10) 궁 안에는 각 구역에 들어갈 때 통과하는 문이 다섯 있는데, 이를 오문(五門)이라 한다. 남쪽의 밖에서 북쪽 안으로 들어가면서 고문(皋門), 고문(庫門), 치문(雉門), 응문(應門), 노문(路門) 등이 차례로 배치되어 있다. 이 가운데서 조정의 안과 밖을 가르는 중간문인 치문을 모문이라 한다.
11) 질서를 맡거나 옥사를 다루는 벼슬아치로, 정위(廷尉)와 같다.

"저를 위해 저 정리를 죽여주십시오!"

왕이 말했다.

"법이란 종묘를 잡도리하고 사직을 떠받치는 근간이다. 그래서 법을 바로 세우고 명령을 좇아 사직을 잡도리하고 떠받치는 자를 '사직지신(社稷之臣)'이라 한다. 그런 신하를 어찌 벨 수 있겠느냐? 무릇 법을 어기고 명령을 거스르며 사직을 잡도리하거나 떠받들지 못하는 자는 군주를 넘보며 군주를 능멸하는 신하다. 신하가 군주를 넘보면 군주는 권위를 잃게 되고, 신하가 군주를 능멸하면 군주의 자리는 위태롭게 된다. 군주가 권위를 잃고 그 자리가 위태롭게 되면 사직을 지킬 수 없다. 그렇게 되면 내가 무엇을 자손들에게 물려줄 수 있겠느냐!"

태자는 곧바로 달리듯이 물러나와 집으로 가지 않고 사흘 동안 노숙하며 북쪽을 향해 두 번 절하고는 죽을죄를 지었다고 벌을 청했다.

또 이렇게도 이야기한다. 초나라 왕이 급히 태자를 불렀다. 초나라 법에는 수레를 묘문(茆門)12)까지 몰고 갈 수가 없게 되어 있었다. 그날 마침 비가 내려 궁 안에는 빗물이 고여 있었으므로 태자는 그대로 수레를 몰아 묘문에까지 이르렀다. 정리가 말했다.

"수레가 묘문에 이르러서는 안 됩니다. 이는 불법입니다."

태자가 말했다.

"왕께서 급히 부르시므로 고인 물이 마를 때까지 기다릴 수가 없다."

그러면서 수레를 몰려고 했다. 정리는 긴 창을 들어 수레의 말을 찌르고 수레를 부수었다. 태자가 들어가서는 왕에게 울면서 말했다.

"궁 안에 빗물이 많이 고여 있어 수레를 몰고 묘문에 이르렀더니, 정리가 '불법이다'라고 하면서 긴 창을 들고 신의 말을 찌르고 수레를 부수었습니다. 왕께서 꼭 그놈을 죽여주십시오."

---

12) 모문(茅門)과 같은 말이다.

왕이 말했다.

"앞에 늙은 군주가 있어도 법을 넘지 않고, 뒤에 대를 이을 태자가 있어도 빌붙지 않으니, 참으로 당당한 자로다! 그는 진정으로 법을 지키는 신하다."

그리고는 작위를 두 등급 높여주었고, 후문으로 태자를 내보내면서 "다시는 잘못을 저지르지 말라!"고 말했다.

위사군(衛嗣君)이 박의(薄疑)에게 말했다.

"그대는 과인의 나라가 작아서 벼슬하기에 부족하다고 여기겠지만, 과인은 그대에게 벼슬을 줄 만한 힘이 있다. 그대의 작위를 올려 상경(上卿)으로 삼고 싶다."

그리고는 전답 1만 경(頃)¹³⁾을 주었다. 박의가 말했다.

"저의 모친은 저를 높이 평가하여 제가 전차 만 대의 나라에서 재상을 맡아도 잘 해낼 것이라 생각합니다. 그런데 저의 집에는 채구(蔡嫗)라는 무당이 있는데, 제 모친은 그 무당을 매우 아끼고 믿어서 집안일을 모두 맡기고 있습니다. 저의 지혜는 신뢰를 얻을 만해서 집안일을 제가 말하면 모친은 제 말을 다 들어주십니다. 그러나 저와 말을 나눈 뒤에는 반드시 채구와 다시 의논해서 결정합니다. 저의 지혜와 재능으로 말하자면 전차 만 대의 나라에서 재상을 맡아도 잘 해낼 수가 있고, 친밀함으로 말하자면 자식과 어미 사이입니다. 그럼에도 제 모친은 채구와 의논하는 일에서 헤어나지 못하고 있습니다. 이제 저와 군주의 사이는 자식과 어미만큼 가깝지가 않은데다 군주 주위 사람들은 모두 채구와 같은 이들입니다. 군주의 채구는 반드시 군주의 존중을 받는 권신(權臣)이고, 이 권신은 사사로이 이익을 꾀하는 자입니다. 사사로이 이익을 꾀하는 자는 법 밖에 있고, 제가 하는 말은 법 안에 있습니다. 법

---

13) 논밭을 재는 단위로, 100무(畝)에 해당한다.

밖에 있는 자와 법 안에 있는 자는 원수와 같아서 서로 받아들이지 못합니다."

또 이렇게도 이야기한다. 위사군이 진(晉)나라[14]로 갈 때 박의에게 말했다.

"과인은 그대와 함께 가고 싶다."

박의가 말했다.

"노모가 집에 있으니, 돌아가서 노모와 상의하게 해주십시오."

위사군이 직접 박의의 노모에게 부탁하자, 그 노모가 말했다.

"박의는 군주의 신하입니다. 군주께서 그를 따르게 할 뜻이 있으시다니, 참으로 고맙습니다."

위사군이 박의에게 말했다.

"내가 그대의 노모께 부탁하자 허락해주셨소."

박의가 집에 돌아가 노모에게 말했다.

"군주가 저를 아끼는 마음을 어머니와 비교하면 어떻습니까?"

"내가 너를 아끼는 것만 못하지."

"군주가 저를 인정해주는 것을 어머니와 비교하면 어떻습니까?"

"내가 너를 인정하는 것만 못하지."

"어머니는 저와 집안일을 의논해서 결정을 다 해놓고도 곧바로 점쟁이인 채구에게 가서 결정해달라고 하십니다. 이제 군주는 저를 데리고 가겠다고 하지만, 비록 저와 의논하여 결정하더라도 반드시 채구 같은 다른 신하들과 의논해서 이미 결정한 것을 취소할 수도 있습니다. 이와 같으므로 저는 오래도록 위나라의 신하로 있지 못합니다."

노래를 가르치는 자는 먼저 크게 소리를 지르게 하고 갖가지 소리를

---

14) 조(趙)나라를 가리킨다.

내도록 시킨다. 그래서 그 소리가 맑은 치(徵) 음으로 돌아가면 그때 가르친다.

또 이렇게도 이야기한다. 노래를 가르치는 자는 먼저 일정한 기준을 가지고 헤아린다. 빠르게 소리를 내게 해서 궁(宮) 음에 맞는지를 보고, 느리게 소리를 내게 해서 치(徵) 음에 맞는지를 본다. 빠른 소리가 궁에 맞지 않고 느린 소리가 치에 맞지 않으면 가르치지 않았다.

오기는 위(衛)나라 좌씨성(左氏城)의 사람이다. 아내에게 허리띠를 짜게 했는데, 폭이 치수보다 좁았다. 오자가 다시 짜게 하니, 아내가 말했다.

"알겠습니다."

곧 새로 짠 것을 내놓았으나, 다시 치수에 맞추어보니 또 치수가 맞지 않았다. 오기는 크게 성냈다. 아내가 대꾸했다.

"처음부터 날줄이 잘못되어 있어서 고칠 수가 없습니다."

오기는 아내를 내쫓았다. 그 아내는 오라비에게 가서 다시 집으로 돌아갈 수 있도록 해달라고 부탁했다. 그 오라비가 말했다.

"오기는 법을 실행하는 자다. 그가 법을 실행하는 것은 전차 만 대의 나라에서 공을 세우려 하기 때문이다. 반드시 먼저 처첩들에게 실천해 본 다음에 실행하려는 것이다. 너는 다시 돌아갈 생각을 버려라."

그 아내의 동생이 위나라 군주 밑에서 중요한 자리에 있었다. 이에 위나라 군주의 위세를 가지고 오기에게 부탁했으나, 오기는 듣지 않고 끝내 위나라를 떠나 초나라로 갔다.

또 이렇게도 이야기한다. 오기가 아내에게 허리띠를 보여주며 말했다.

"당신은 나를 위해 허리띠를 짜주되, 이것과 똑같이 해주시오."

오기의 아내가 다 짜서 가져왔는데, 살펴보니 견본보다 훨씬 좋았다. 오기가 말했다.

"나는 당신에게 이것과 똑같이 짜달라고 했는데, 이제 이것이 훨씬 좋으니 어찌된 까닭이오?"

"쓴 재료는 한 가지지만, 힘을 더 들여서 좋게 만들었습니다."

"내가 말한 것과 다르오!"

그러고는 아내를 친정으로 돌려보냈다. 그 부친이 가서 딸을 받아달라고 부탁하자 오기가 말했다.

"저의 집안은 빈말을 하지 않습니다."

진나라 문공이 호언(狐偃)에게 물었다.

"나는 맛나고 살진 고기를 신하들에게 두루 내려주고 술과 고기를 백성들에게 나누어주므로 단지 안의 술은 맑아질 겨를이 없고 날고기는 말릴 틈이 없이 소 한 마리를 잡으면 온 도성 사람들이 골고루 맛보오. 한 해 동안 길쌈한 옷감은 옷을 지어 병사들에게 입혔소. 이만하면 백성들을 데리고 전쟁할 만하지 않겠소?"

"부족합니다."

"과인은 관문이나 저자의 세금을 줄이고 형벌을 느슨하게 했소. 이만하면 백성들을 데리고 전쟁할 만하지 않겠소?"

"부족합니다."

"백성들 가운데 상을 당한 자가 있으면 과인은 직접 낭중(郎中)을 시켜 장례를 돌보게 하고, 죄가 있는 자는 사면해주며, 가난하고 부족한 자에게는 베풀어주었소. 이만하면 백성들을 데리고 전쟁할 만하지 않겠소?"

호언이 말했다.

"부족합니다. 이는 모두 생활을 보살펴준 것일 뿐입니다. 전쟁하는 것은 죽는 일입니다. 백성이 군주를 따르는 것은 생활을 보살펴주었기 때문입니다. 그런데 군주가 그것으로 그들을 이끌어 죽게 한다면, 군주를 따르게 할 근거를 잃는 일입니다."

"그렇다면 어떻게 해야 백성들이 전쟁하게 할 수 있소?"

"전쟁하지 않을 수 없게 해야 합니다."

"전쟁하지 않을 수 없게 하려면 어떻게 해야 하오?"

"공이 있으면 꼭 상을 주고 죄를 지으면 반드시 벌을 주십시오. 그러면 전쟁에 나설 것입니다."

"형벌의 적용은 어디까지 해야 하오?"

"군주와 가깝든 신분이 높든 가리지 않고 군주께서 아끼는 자에게까지 법을 적용하십시오."

"좋소."

이튿날 포류(圃陸)에서 사냥한다는 명을 내리고, 모이는 시각을 정오까지로 정하면서 늦는 자는 군법에 따라 처벌하겠다고 했다. 그런데 군주가 아끼던 전힐이라는 자가 정해진 시각보다 늦었다. 관리가 죄줄 것을 청하자, 군주는 눈물을 흘리며 걱정했다. 관리가 말했다.

"일을 집행하게 해주십시오!"

드디어 전힐의 등을 베어 백성들에게 두루 보여주며 법령은 확실하게 집행된다는 것을 밝혔다. 그 뒤로는 백성들 모두 두려워하며 말했다.

"군주는 그토록 전힐을 귀중하게 여겼으면서도 오히려 법을 집행했다. 하물며 우리들은 어떻겠는가?"

그제야 문공은 백성들을 이끌고 전쟁할 수 있다고 보았다. 이윽고 군사를 일으켜 원(原) 땅을 쳐서 이겼고, 위(衛)나라를 치고는 동서로 길을 내 오록(五鹿)을 빼앗았으며, 양(陽)을 공격하고 괵(虢)을 이겼으며, 조(曹)나라를 친 뒤에 남쪽으로 정(鄭)나라의 도성을 포위하여 그 성벽을 무너뜨렸다. 또 초나라가 송나라를 포위하자 이를 풀어주었고, 돌아오다기 성복(城濮)에서 초나라 군사와 싸워 크게 이겼으며, 천토

(踐土)에서 제후들을 불러 회맹(會盟)하였고, 형옹(衡雍)에서 대의를 드높이며 패자(霸者)가 되었다. 문공은 단 한 번 군사를 일으켜 여덟 가지 공을 세웠다. 그렇게 할 수 있었던 것은 다름이 아니라 호언의 계책을 좇아 전힐의 등을 베었기 때문이다.

무릇 등창이나 악성 종기가 주는 고통은 뼛속을 찌르는 정도는 아니더라도 마음을 어지럽혀 몸을 지탱할 수 없게 만든다. 이를 알지 못하면 반 치쯤 되는 돌침으로 도려내는 일을 하지 못하게 한다. 이제 군주가 나라를 다스리는 일 또한 그러하니, 괴로움을 참아야만 편안해진다는 것을 알지 않으면 안 된다. 나라를 잘 다스리려 하면서 이러한 이치를 알지 못하면, 지극히 지혜로운 말을 듣고도 어지럽히는 신하를 없애지 못하게 된다. 어지럽히는 신하는 반드시 높은 자리에 있는 신하고, 높은 자리에 있는 신하는 반드시 군주가 아주 가까이하며 아끼는 자다. 군주가 아주 가까이하며 아끼는 자는 희고 단단한 돌처럼 군주와 떼어놓을 수 없는 사이다. 한낱 포의를 입은 선비가 군주와 그런 신하를 떼어놓으려는 것은 마치 왼쪽 넓적다리를 잘라 오른쪽 넓적다리를 대신하려는 것과 같아서 그 몸만 죽을 뿐이고 설득은 통하지 않는다.

외저설(外儲說) 우하,
상벌의 효과

첫째. 공령(共令)

상벌의 권한을 군주와 신하가 함께 가지면 금령이 제대로 행해지지 않는다. 무엇으로써 증명할 수 있는가? 조보(造父)와 왕어기(王於期)[1] 의 예로써 증명할 수 있다. 자한(子罕)은 갑자기 뛰쳐나온 멧돼지 같았고, 전항(田恒)은 원림의 연못과 같았다. 그래서 송(宋)나라 군주와 제나라 간공(簡公)은 시해당했다. 이런 우환은 왕량과 조보가 함께 수레를 몰고, 전련(田連)과 성규(成竅)가 함께 거문고를 탔기 때문에 생긴 것이다.

공령에 관한 이야기들

조보는 네 마리 말이 끄는 수레를 몰면서 빨리 달리게 하거나 빙글 빙글 돌게 하거나 자기 마음대로 말을 부렸다. 자기 마음대로 말을 부린 것은 고삐와 채찍을 마음대로 쓸 수 있었기 때문이다. 그러나 갑자

---

1) 조간자(趙簡子)의 말을 몰던 왕량(王良)을 가리킨다.

기 뛰쳐나온 멧돼지에 말이 놀라면 조보도 통제할 수 없었다. 이는 고삐나 채찍의 위력이 부족해서가 아니다. 그 위력이 갑자기 뛰쳐나온 멧돼지 때문에 흩어졌기 때문이다. 왕어기는 여러 말이 끄는 수레를 몰면서 고삐와 채찍을 쓰지 않으면서도 마음대로 말을 부렸다. 이는 때맞게 꼴과 물을 잘 먹였기 때문이다. 그러나 말들이 원림의 연못을 지날 때면 날뛰는데, 이는 먹인 꼴과 물이 부족해서가 아니라 그 이로움이 원림의 연못 때문에 흩어졌기 때문이다.

왕량과 조보는 천하의 뛰어난 마부다. 그러나 왕량에게 왼쪽 고삐를 쥐고 말을 꾸짖게 하고, 조보에게 오른쪽 고삐를 쥐고 채찍질하게 한다면, 말은 십 리도 나아갈 수 없다. 두 사람이 함께 몰기 때문이다. 전련과 성규는 천하의 빼어난 거문고 연주자다. 그러나 전련에게 위쪽을 타고 성규에게 아래쪽을 타게 하면, 곡이 온전하게 연주되지 않는다. 이 역시 함께 연주하기 때문이다.

왕량과 조보가 아무리 뛰어난 솜씨를 지녔더라도 함께 고삐를 잡으면 말을 제대로 몰 수가 없다. 그렇듯이 군주가 신하와 함께하면서 권력을 함께 부린다면, 어찌 나라를 제대로 다스릴 수 있겠는가? 전련과 성규가 아무리 뛰어난 솜씨를 지녔더라도 함께 거문고를 탄다면 곡을 온전하게 연주할 수 없다. 그렇듯이 군주가 신하와 함께하면서 권세를 함께 쥔다면, 어찌 공을 이룰 수 있겠는가?

또 이렇게도 이야기한다. 조보는 제나라 왕을 위해 수레를 몰게 되자 말에게 물을 안 먹이고 길들였다. 그러다 원림 안에서 시험 삼아 수레를 몰게 했는데, 목이 말랐던 말이 원림의 연못을 보자 수레를 팽개치고 연못으로 달려가는 바람에 수레가 부서졌다. 왕어기가 조(趙)나라 간자(簡子)를 위해 천 리 밖의 깃발을 먼저 차지하는 경주에 나섰다. 막 출발하려는데, 도랑에 멧돼지가 엎드려 있었다. 왕어기가 고삐를 쥐고 채찍질을 하며 나아가려 했으나, 멧돼지가 도랑에서 갑자기 뛰쳐나와 말이 놀라면서 수레가 부서졌다.

사성(司城) 자한(子罕)이 송나라 군주에게 말했다.

"칭찬을 듣고 상을 받는 일은 백성들이 좋아하는 것이니, 군주께서 직접 행하십시오. 사형을 당하거나 처벌을 받는 일은 백성들이 싫어하는 것이니, 이는 신이 담당하겠습니다."

"그리하시오."

이에 서슬이 퍼런 명령을 내리거나 대신을 처벌할 때마다 군주는 "자한에게 물어보라"고 말했다. 이리하여 대신들은 자한을 두려워했고, 백성들도 자한을 따르게 되었다. 1년 뒤, 자한은 군주를 시해하고 정권을 빼앗았다. 자한은 갑자기 뛰쳐나온 멧돼지가 되어 그 군주의 나라를 빼앗은 것이다.

제나라 간공은 군주로 있으면서 처벌을 무겁게 하고 처형을 엄하게 했으며, 세금도 많이 거두는 데다 백성들을 자주 죽였다. 반면에 신하인 전항은 백성들에게 자애를 베풀고 매우 너그러운 모습을 보여주었다. 간공은 제나라 백성들을 물을 먹이지 않는 말처럼 다루어 백성들에게 은혜를 베풀지 않았고, 전항은 인자함과 온후함을 보여주어 원림의 연못 구실을 했다.

또 이렇게도 이야기한다. 조보는 제나라 왕을 위해 수레를 몰게 되자 말에게 물을 먹이지 않는 것으로 훈련을 하여 백일 만에 길들였다. 길들이고 나서 왕에게 수레를 끌어보겠다고 청하니, 왕이 말했다.

"원림에서 한번 몰아보시오."

조보는 수레를 몰아 원림으로 들어갔다. 말은 원림의 연못을 보자마자 달려갔고, 조보는 막을 수 없었다. 조보가 물을 먹이지 않고 말을 길들인 지 아주 오래되었으나, 이제 말이 연못을 보자마다 사납게 달려갔으므로 조보라 하더라도 제어할 수가 없었던 것이다. 이제 간공이 법으로 백성들을 억누른 지 오래되었고, 반대로 전항은 백성들을 이롭게 해주었다. 이는 전항이 원림의 연못을 기울여 목마른 백성들에게 준 것이나 마찬가지다.

또 이렇게도 이야기한다. 왕어기가 송나라 군주를 위해 천 리를 달리는 경주를 했다. 말을 수레에 맨 뒤 손을 비비고 손바닥에 침을 뱉고 기다렸다. 출발하기 전에 말을 몰아 앞으로 나아가게 하니 수레바퀴와 바퀴자국이 딱 맞았고, 고삐를 당겨 물러서게 하자 말발굽이 앞서의 말발굽 자국을 그대로 밟았다. 드디어 채찍질을 하여 출발하는데, 갑자기 멧돼지가 도랑에서 뛰쳐나왔다. 말은 놀라 뒷걸음질을 쳤다. 아무리 채찍을 휘둘러도 앞으로 나아갈 수가 없었다. 말은 미친 듯이 날뛰며 내달렸으므로 고삐로는 바로잡을 수 없었다.

또 이렇게도 이야기한다. 사성 자한이 송나라 군주에게 말했다.
"칭찬하고 상 주는 일은 백성들이 좋아하는 것이니, 군주께서 몸소 실행하십시오. 벌을 주고 죽이는 일은 백성들이 싫어하는 것이니, 신이 맡아서 하겠습니다."
이에 백성을 죽이거나 대신을 처형할 일이 생기면, 군주는 이렇게 말했다.
"자한과 의논하시오."
1년이 지나자 백성들은 죽이거나 살리는 명령이 자한에게서 나온다는 것을 알았고, 온 나라 사람들의 마음이 그에게 돌아갔다. 그리하여 자한은 송나라 군주를 위협하여 그 정권을 빼앗았는데, 법으로는 막을 수 없었다. 그래서 이렇게 말한다.
"자한은 갑자기 뛰쳐나온 멧돼지요, 전상(田常)은 원림의 연못이다."
왕량과 조보에게 함께 수레를 몰게 하면서 각자 한쪽 고삐를 잡고 마을 안으로 들어가게 하면 반드시 수레가 흐트러져서 제 길을 가지 못할 것이다. 전련과 성규에게 함께 거문고를 타게 하면서 각자 한 줄씩 뜯게 하면 반드시 소리가 흐트러져 곡조가 이루어지지 않을 것이다.

둘째. 치강(治强)

잘 다스려지고 강성해지는 것은 법이 올바로 실행되는 데서 비롯되고, 약해지고 어지러워지는 것은 법을 그릇되게 실행하는 데서 비롯된다. 군주가 이를 환히 안다면 상과 벌을 바르게 시행하고 아랫사람들에게 어질게 대하지 않을 것이다. 작위와 녹봉은 공적에 따라 얻고, 형벌은 죄에 따라 받는다. 신하들이 이를 분명히 안다면 죽을힘을 다하고, 군주에게 사사로운 마음으로 충성하는 일이 없을 것이다. 군주가 어질지 않아야 하는 이치에 통하고, 신하가 사사로운 마음으로 충성하지 않아야 하는 이치에 통하면, 왕 노릇할 수 있다. 소양왕(昭襄王)은 군주의 마음가짐을 알았기 때문에 다섯 동산을 개방하지 않았다. 전유(田鮪)는 신하의 자세를 알았기 때문에 아들 전장(田章)을 가르쳤고, 공의(公儀)는 생선을 사양했다.

치강에 관한 이야기들

진(秦)나라 소왕(昭王)이 병에 걸리자 백성들이 마을마다 소를 사서 왕이 낫게 해달라고 기도했다. 공손술(公孫述)이 밖에 나갔다가 그것을 보고는 들어와서 왕에게 축하하며 말했다.

"백성들이 모두 마을마다 소를 사서 왕의 병이 낫게 해달라고 기도하고 있습니다."

왕이 사람을 시켜 조사해보니, 과연 그러했다. 왕이 말했다.

"사람마다 갑옷 두 벌의 벌금을 물려라. 명령을 내리지도 않았는데 함부로 기도한 것은 과인을 아껴서다. 그러나 백성들이 과인을 아낀다고 해서 과인 또한 법을 어기며 그들과 마음을 같이 나눈다면, 법이 바로 서지 못한다. 법이 바로 서지 못하는 것, 이것이 나라가 어지러워지고 망하는 길이다. 그러니 사람마다 갑옷 두 벌의 벌금을 물려 다시 다스려지는 길로 가게 하느니만 못하다."

또 이렇게도 이야기한다. 진나라 소양왕이 병에 걸리자 백성들이 그를 위해 기도했다. 소양왕의 병이 낫자 백성들은 소를 잡아 신에게 보답했다. 낭중인 염알(閻遏)과 공손연(公孫衍)이 밖에 나갔다가 그것을 보고는 물었다.

"토지신에게 제사 지내는 사제(社祭)나 동짓날에 제사 지내는 납제(臘祭) 때가 아닌데, 어찌하여 소를 잡아 사당에 제사를 지내는가?"

이렇게 괴이하게 여기며 묻자, 백성들이 대답했다.

"군주가 병이 나서 낫게 해달라고 빌었습니다. 이제 병이 나았으므로 소를 잡아 신에게 보답하는 것입니다."

염알과 공손연은 기뻐하며 왕을 뵙고는 축하하며 말했다.

"군주께서는 요 임금이나 순 임금보다 낫습니다."

왕이 놀라 물었다.

"무슨 말이오?"

"요 임금과 순 임금도 그 백성들이 그들을 위해 기도한 적이 없습니다. 이제 왕께서 병이 나자 백성들이 소를 바치겠다며 기도했고, 병이 낫자 소를 잡아 보답했습니다. 그래서 신들이 왕께서 요 임금과 순 임금보다 낫다고 가만히 아뢰는 것입니다."

왕은 사람을 시켜 어느 마을에서 그렇게 했는지 조사하게 했다. 그 마을의 이정(里正)과 오로(伍老)에게 벌금으로 갑옷 두 벌을 내게 했다. 염알과 공손연은 부끄러워하며 아무 말도 하지 못했다. 여러 달이 지난 뒤, 왕이 술을 마셔 한창 취흥이 도도해졌을 때, 염알과 공손연이 왕에게 말했다.

"이전에 신들이 왕께서 요 임금이나 순 임금보다 낫다고 가만히 아뢴 것은 감히 아첨하려고 그런 것이 아닙니다. 요 임금과 순 임금은 병이 났을 때 그 백성들이 그들을 위해 기도한 적이 없었습니다. 그런데 왕께서 병이 나자 백성들이 소를 바치겠다며 기도했고, 병이 낫자 소를 잡아 보답했습니다. 이제 그 마을의 이정과 오로에게 갑옷 두 벌의 벌금을 물리셨으니, 신들이 마음속으로 괴이하게 여기고 있습니다."

왕이 말했다.

"그대들은 어찌하여 이를 알지 못하는가! 저 백성들이 나를 위해 그렇게 한 것은 내가 그들을 아낀다고 여겨서 그렇게 한 것이 아니라 내 권세 때문에 그렇게 한 것이다. 내가 권세를 버리고 백성들과 마음을 터놓고 지낸다고 해보자. 그렇게 하다가 내가 어쩌다 아껴주지 않으면 백성들은 그것을 빌미로 나를 위해 일하지 않을 것이다. 그래서 아끼며 다스리는 길을 끊은 것이다."

진(秦)나라에 큰 흉년이 들었다. 응후(應侯) 범수가 청했다.

"왕실의 다섯 정원에 있는 참마, 채소, 도토리, 대추, 밤으로 백성들을 살릴 수 있습니다. 부디 개방하십시오."

소양왕이 말했다.

"우리 진나라 법은 백성들 가운데 공이 있는 자는 상을 받고 죄가 있는 자는 벌을 받게 하오. 이제 다섯 정원을 개방해서 채소와 열매를 가져가게 한다면, 백성들에게 공이 있든 없든 모두 상을 받게 하는 꼴이오. 백성들에게 공이 있든 없든 모두 상을 받게 하는 것, 이것은 나라를 어지럽히는 길이오. 저 다섯 정원을 개방해서 나라를 어지럽히느니 차라리 대추나 채소를 썩히고 나라를 다스리는 게 낫소."

또 이렇게 말했다고도 한다.

"다섯 정원을 개방해서 과일과 채소, 대추, 밤으로 백성들을 살릴 수는 있으나, 이렇게 되면 백성들은 공이 있든 없든 서로 다투며 차지하려 할 것이오. 백성들을 살리면서 나라를 어지럽히느니 죽게 내버

려두고 나라를 다스리는 게 낫소. 그대는 이 일을 더 이상 거론하지
마시오."

전유가 아들 전장에게 이렇게 가르쳤다.
"너 자신을 이롭게 하려거든 먼저 네 군주를 이롭게 해주고, 네 집안
을 부유하게 하려거든 먼저 네 나라를 부유하게 만들어라."

또 이렇게도 이야기한다. 전유가 아들 전장에게 이렇게 가르쳤다.
"군주는 관작을 팔고 신하는 지혜와 능력을 판다. 그러니 자신을 믿
어야지 남을 믿어서는 안 된다."

공의휴(公儀休)는 노나라 재상으로서 생선을 좋아했다. 온 나라 사
람들이 서로 다투어 생선을 사서 그에게 바쳤다. 공의휴는 받지 않았
다. 그 아우가 충고했다.
"형님은 생선을 좋아하시면서 받지 않으시니, 무슨 까닭입니까?"
공의휴가 대답했다.
"참으로 생선을 좋아하기 때문에 받지 않는 것이다. 내가 생선을 받
게 되면, 반드시 남에게 나를 낮추는 기색을 하게 될 것이다. 남에게 나
를 낮추는 기색을 하게 되면 법령을 어기게 될 것이다. 법령을 어기면
재상 자리에서 쫓겨날 것이다. 그렇게 되면 비록 생선을 좋아할지라도
아무도 나에게 생선을 가져다주지 않는다. 나 또한 스스로 생선을 사
먹지 못할 것이다. 만약 생선을 받지 않으면 재상 자리에서 쫓겨날 일
이 없을 것이고, 그러면 좋아하는 생선을 나 스스로 오래도록 사 먹을
수 있다."
이는 남을 믿는 것이 자신을 믿는 것만 못함을, 또 남이 자기를 위
해주는 것이 자신이 스스로를 위하는 것만 못함을 분명하게 드러낸
것이다.

셋째. 주감(主鑑)

군주는 외국을 거울로 삼을 때 스스로 외국의 일을 제대로 알지 못하면 제 뜻을 이루지 못하는데, 그래서 소대(蘇代)가 제나라 왕을 비난함으로써 속일 수 있었다. 군주가 고대의 일을 거울로 삼을 때 스스로 지나간 일을 잘 알지 않으면 자신을 드날리지 못하는데, 그래서 반수(潘壽)가 우왕(禹王)의 일을 말함으로써 속일 수 있었다. 이 모두 군주가 스스로 깨치지 못했기 때문이다. 방오(方吾)는 이를 잘 알았기 때문에 같은 옷을 입고 겨레붙이와 함께하는 일을 두려워했는데, 하물며 권력을 빌려주는 일임에랴! 오장(吳章)은 이를 잘 알았기 때문에 거짓으로 속내를 드러내는 일에 대해 말했는데, 하물며 참마음을 드러내는 일임에랴! 조나라 왕은 범의 눈매가 보기 싫다고 스스로 눈을 가렸다. 현명한 군주의 길은 마치 주나라 외교 담당관이 제후를 물리친 것과 같다.

주감에 관한 이야기들

자지(子之)는 연나라의 재상으로서 높은 자리에 앉아 국정을 제멋대로 결단하였다. 소대가 제나라를 위해 연나라에 사자로 왔을 때, 연나라 왕이 물었다.

"제나라 왕은 어떤 군주인가?"

"결코 패자가 되지 못할 겁니다."

"어째서 그런가?"

"옛날 환공이 패자가 될 때는 국내의 일은 포숙(鮑叔)에게, 국외의 일은 관중에게 맡겼습니다. 환공 자신은 머리를 풀어 헤친 채 부인을 수레에 태우고 날마다 저자에 나가 노닐었습니다. 이제 제나라 왕은 대신들을 믿지 않습니다."

이에 연나라 왕은 자지를 더욱더 믿었다. 자지는 소대가 한 말을 전

해 듣고 사람을 시켜 소대에게 금 1백 일(鎰)을 보내며 쓰고 싶은 대로
쓰라고 했다.

또 이렇게도 이야기한다. 소대는 제나라를 위해 연나라에 사신으로
갔다가 자지를 이롭게 해주지 않으면 결코 일을 성사시키고 돌아갈 수
없으며 또 포상도 받지 못할 것을 알았다. 이에 연나라 왕을 만나자 곧
바로 제나라 왕을 칭찬했다. 연나라 왕이 말했다.

"제나라 왕은 어찌 그리도 현명한가! 반드시 천하의 패자가 될 것
이오."

"망해가는 것을 구하느라 겨를이 없는데, 언제 패자가 되겠습니까?"

"어째서 그렇소?"

"총애하는 자를 임용하면서도 권세를 고루 나눠주지 않기 때문
입니다."

"망해간다는 것은 무슨 뜻이오?"

"옛날에 제나라 환공은 관중을 총애하여 그를 중보(仲父)로 삼았으
며, 내정을 맡게 하고 외교를 결단하게 하여 온 나라의 일을 그에게 맡
겼습니다. 그리하여 단박에 천하를 바로잡고 아홉 번이나 제후들을
모이게 할 수 있었습니다. 이제 제나라 왕은 총애하는 자를 임용하면
서도 권세를 고루 나눠주지 않습니다. 이로써 망해가는 줄 아는 것입
니다."

연나라 왕이 말했다.

"지금 나는 자지에게 모든 일을 맡겼는데, 천하 사람들이 아직 모르
고 있단 말인가?"

이튿날 조회를 열어 정사를 자지에게 맡긴다고 알렸다.

반수가 연나라 왕에게 말했다.

"왕께서는 나라를 자지에게 물려주시는 게 낫습니다. 사람들이 요

임금을 현자라고 말하는 까닭은 그가 천하를 허유(許由)에게 물려주려 했기 때문입니다. 그러나 허유는 결코 받지 않았습니다. 이것으로 요 임금은 허유에게 나라를 물려주려 했다는 명성은 얻고 실제로는 천하를 잃지 않았습니다. 이제 왕께서 자지에게 나라를 물려주신다면, 자지는 결코 받지 않을 것입니다. 그렇게 되면 왕께서는 자지에게 나라를 물려주려 했다는 명성은 얻고 요 임금처럼 나라를 잃지도 않을 것입니다."

이에 연나라 왕은 나랏일을 모두 자지에게 맡겼고, 자지의 권세는 더없이 커졌다.

또 이렇게도 이야기한다. 반수는 은자다. 연나라에서 사람을 시켜 그를 초빙했다. 반수는 연나라 왕을 만나자 이렇게 말했다.

"신은 자지가 백익(伯益)[2]처럼 되지 않을까 걱정됩니다."

"어째서 백익처럼 된단 말이오?"

"옛날 우왕은 죽을 때 천하를 백익에게 전하려고 했으나, 아들 계(啓)의 사람들이 서로 패거리를 지어 백익을 치고 계를 세웠습니다. 이제 왕께서는 자지를 믿고 총애하면서 나라를 자지에게 전하려고 합니다만, 태자의 사람들이 모두 조정의 관원으로 있고 자지의 사람은 조정에 한 명도 없습니다. 왕께서 불행하게도 신하들을 버리고 세상을 떠난다면, 자지 또한 백익처럼 됩니다."

이에 왕은 3백 석 이상의 녹봉을 받는 관리들의 관인(官印)을 모두 거두어들여서는 자지에게 주었고, 자지의 권세는 더없이 커졌다.

무릇 군주를 비추는 거울 구실을 하는 자는 제후를 섬기는 선비들

---

2) 우왕(禹王)이 백익에게 왕위를 물려주려 했으나, 제후들이 우왕의 아들 계(啓)를 지지함으로써 계가 왕위를 이었다고 전한다.

이다. 제후를 섬기는 선비들은 모두 사사로이 이익을 꾀하는 권신의 패거리가 되어 있다. 반면에 군주가 스스로 낮추며 떠받드는 자들은 산중 동굴에 사는 은자들이다. 이제 산중 동굴에 사는 은자들은 모두 사사로이 이익을 꾀하는 권신의 식객이 되어 있다. 어찌하여 이렇게 되었는가? 이익을 빼앗거나 복을 줄 권세가 자지 같은 자에게 있기 때문이다. 그래서 오장(吳章)은 이렇게 말했다.

"군주는 거짓으로라도 사람을 미워하거나 사랑하는 모습을 보여서는 안 된다. 거짓으로 사람을 사랑하면 나중에 다시 미워할 수가 없고, 거짓으로 사람을 미워하면 나중에 다시 사랑할 수가 없기 때문이다."

또 이렇게도 이야기한다. 연나라 왕이 나라를 자지에게 전해주려고 이에 대해 반수에게 물었더니, 반수가 대답했다.

"우왕은 백익을 아껴 천하를 백익에게 맡긴 다음에 아들 계(啓)의 사람들을 관리로 삼았습니다. 우왕은 늙자 아들 계는 천하를 맡기기에 부족하다고 여겼습니다. 그래서 천하를 백익에게 전했으나, 권세는 모두 계 쪽에 있었습니다. 그리하여 계와 그 패거리는 백익을 쳐서 천하를 빼앗았습니다. 이제 우왕은 명목상으로만 천하를 백익에게 전했을 뿐, 실제로는 계가 스스로 천하를 빼앗도록 한 것입니다. 이것이 우왕이 요 임금이나 순 임금의 현명함에 미치지 못하는 이유입니다. 이제 왕께서는 자지에게 나라를 전하려고 하시지만, 관리들 가운데 태자 쪽 사람이 아닌 자가 없습니다. 이는 명목상으로만 자지에게 전하고 실제로는 태자가 스스로 빼앗도록 하는 것입니다."

연나라 왕은 이에 3백 석 이상의 녹봉을 받는 관리들의 관인을 모두 거두어들여서는 자지에게 주었고, 마침내 자지의 권세는 막중해졌다.

방오자(方吾子)가 말했다.

"내가 들으니, 옛날 법도에서는 '밖에 나갈 때는 같은 옷을 입은 자

와 같은 수레를 타지 않고, 같은 겨레붙이끼리는 같은 집에 살지 않는
다'고 했다. 하물며 군주가 제 권력을 남에게 빌려주고 제 권세를 스스
로 버려서야 되겠는가!"

　오장이 한(韓)나라 선왕(宣王)에게 말했다.

　"군주는 거짓으로라도 사람을 사랑해서도 안 되는데, 다른 날에 다
시 미워할 수가 없기 때문입니다. 또 거짓으로라도 사람을 미워해서는
안 되는데, 다른 날에 다시 사랑할 수가 없기 때문입니다. 그러니 거짓
으로라도 미워하거나 사랑하는 기미를 보이면, 아첨하는 자가 그것을
빌미로 그 사람을 헐뜯거나 칭찬하게 됩니다. 그러면 비록 현명한 군주
라 할지라도 다시 수습할 수가 없습니다. 하물며 제 참마음을 남에게
드러낸 경우이겠습니까?"

　조나라 왕이 궁 안의 동산을 거닐 때, 한 측근이 범에게 토끼를 주는
시늉을 하다가 멈추자 범이 눈을 부라리며 노려보았다. 왕이 말했다.
　"매섭구나, 범의 눈매가!"
　측근이 말했다.
　"평양군(平陽君)의 눈초리는 이보다 더 매섭습니다. 범의 눈을 본 자
는 아무 해를 입지 않지만, 평양군의 눈초리가 이렇게 되는 것을 본 사
람은 반드시 죽습니다."
　이튿날 그 말을 들은 평양군은 사람을 시켜 그 말을 한 자를 죽였는
데, 왕은 평양군을 처벌하지 않았다.

　위(衛)나라 군주가 주나라에 가서 입조했다. 주나라의 외교 담당관
이 이름을 묻자, 이렇게 대답했다.

"제후 벽강(辟疆)[3]이오."

외교 담당관은 이를 물리치며 말했다.

"제후는 천자와 같은 이름을 쓸 수가 없습니다."

위나라 군주는 이내 이름을 스스로 바꾸어 말했다.

"제후 훼(燬)요."

그런 뒤에야 들어갈 수 있었다. 공자가 이를 듣고서 말했다.

"멀리 내다보았구나, 군주를 핍박할 일을 미리 막았으니! 헛된 이름 조차 남에게 빌려주지 않거늘, 하물며 실질적인 권력임에랴!"

넷째. 치리(治吏)

군주는 법령을 지키고 성과를 내도록 다그쳐서 공적을 세우도록 해야 한다. 관리가 비록 어지럽히더라도 홀로 잘 해내는 백성이 있다는 말은 들었어도, 어지럽히는 백성이 있음에도 홀로 잘 다스리는 관리가 있다는 말은 듣지 못했다. 그러므로 현명한 군주는 관리를 다스리지 백성을 다스리지 않는다. 이는 나무의 밑동을 흔드는 일과 그물의 벼리를 당기는 일에 잘 설명되어 있다. 그러므로 불이 났을 때 불 끄는 관리의 행동에 대해 논하지 않을 수 없다. 불을 끄려고 할 경우, 관리가 홀로 물동이를 들고 불로 달려가면 한 사람을 쓰는 것이지만, 채찍을 쥐고 사람들을 다그치면 만 명을 부리는 것이다. 법술을 부리는 자는 마치 조보(造父)가 놀란 말을 부리는 것처럼 해야 한다. 다른 사람이 말을 끌고 수레를 밀면 나아갈 수 없지만, 조보가 대신 고삐를 쥐고 채찍을 들면 말은 모두 내달린다. 이런 까닭에 쇠망치로 쇠를 평평하게 펴고 도지개로 굽은 것을 곧게 펴는 일을 들어 설명한다. 그렇게 하지 않아 잘못된 경우의 예로는 요치(淖齒)가 제나라에 등용되어 민왕(閔王)

---

3) 벽강은 '개벽강토(開闢疆土)'의 줄임말로, 강토를 넓힌다는 뜻이다. 당시 강토를 넓힐 수 있는 자격은 오로지 천자에게 있었기 때문에 제후가 이를 쓰는 것은 월권(越權)이나 남용(濫用)에 해당된다.

을 죽이고 이태(李兌)가 조나라에 기용되어 주부(主父) 무령왕을 굶어 죽게 만든 일을 들 수 있다.

치리에 관한 이야기들

나무를 흔드는 자가 일일이 그 잎을 잡아당겨 흔들려 하면 아무리 힘을 들여도 전체로 미치지 못한다. 그러나 좌우에서 그 밑동을 치면 나뭇잎은 모두 흔들린다. 연못가에서 나무를 흔들면 새들은 놀라 높이 날아가고 물고기는 무서워하며 깊이 숨는다. 그물을 잘 치는 자는 그 벼리를 잡아당긴다. 만약 그물코를 하나하나 잡아당겨서 펴려고 하면 힘만 들고 펴기는 어렵다. 벼리를 당기면 물고기는 이미 그물 안에 들어와 있다. 관리는 백성의 근본이고 벼리다. 그러므로 성인은 관리를 다스리지 백성을 다스리지 않는다.

불을 끌 때 관리가 물동이를 들고 불난 곳으로 달려가면 한 사람을 쓰는 것일 뿐이다. 그러나 채찍을 들고 지휘하며 사람들을 다그치면 만 명을 다룰 수 있다. 이런 까닭에 성인은 백성을 직접 대하지 않으며, 현명한 군주는 자잘한 일에 몸소 나서지 않는다.

조보가 막 김을 매고 있을 때, 어떤 아비와 자식이 수레를 타고 지나가고 있었다. 말이 무엇엔가 놀라서 나아가지 않자 그 아들이 수레에서 내려 말을 끌고 아비도 내려서 수레를 밀다가 조보에게 부탁했다.

"우리를 도와 수레를 밀어주시오."

조보는 농기구를 거두고 일을 멈추더니 수레에 실었다. 그 아들이 힘들게 끌던 말들을 잡아끌면서 곧바로 고삐를 점검하고 채찍을 잡았다. 그런데 아직 고삐와 채찍을 쓰지 않았는데도 말들은 모두 내달리기 시작했다. 조보에게 말을 부리게 하지 않고 온 힘을 다해 몸이 지치도록 수레를 밀게 했다면, 말은 오히려 나아가려 하지 않았을 것이다. 이

제 몸을 편안하게 하면서 농기구를 수레에 싣고 남에게 덕을 베풀 수 있었던 것은 법술을 터득하여 부릴 수 있었기 때문이다.

나라는 군주의 수레고, 권세는 군주의 말이다. 법술이 없이 부리려 한다면, 몸을 아무리 고달프게 하더라도 어지러움을 면하기 어렵다. 법술을 터득하여 부린다면, 몸은 편안하고 즐거운 데 있으면서도 오히려 제왕의 공업을 이룰 수 있다.

쇠망치는 고르지 못한 것을 평평하게 만드는 도구고, 도지개는 곧지 못한 것을 바로잡는 기구다. 성인이 법을 만든 것은 고르지 못한 것을 평평하게 하고 곧지 못한 것을 바로잡기 위해서다.

초나라의 요치는 제나라에서 등용되자 민왕의 힘줄을 뽑아 죽였고, 이태는 조나라에 기용되자 주부인 무령왕을 굶겨 죽였다. 이 두 군주는 모두 쇠망치와 도지개를 쓸 줄 몰랐다. 그래서 몸은 비참하게 죽고 천하의 웃음거리가 되었다.

또 이렇게도 이야기한다. 제나라에 들어가면 요치의 평판만 들리고 제나라 왕에 대해서는 들리는 게 없었으며, 조나라에 들어가면 오직 이태의 평판만 들리고 조나라 왕에 대해서는 들리는 게 없었다. 그러므로 "군주가 법술을 부릴 줄 모르면 위세가 가벼워지면서 신하가 함부로 명성을 떨친다"고 말하는 것이다.

또 이렇게도 이야기한다. 전영(田嬰)이 제나라의 재상으로 있을 때, 어떤 자가 왕을 설득했다.

"한 해의 회계를 왕께서 여러 날에 걸쳐 직접 듣지 않으면, 관리들의 간사함과 재정의 득실을 알 수가 없습니다."

"좋다."

전영이 이 소식을 듣고는 얼른 왕에게 가서 그 회계 장부를 자신이 정리하겠다고 청했다. 왕이 회계 보고를 들으려 할 때, 전영이 관원을 시켜 서명한 문서와 두(斗)·석(石)·승(升) 등 곡물 수량의 단위가 적힌 회계장부를 갖추어 올리게 했다. 왕이 직접 회계에 대해 들었으나, 단번에 다 들을 수가 없었다. 식사를 마친 뒤에 다시 앉았는데, 저녁을 먹을 틈도 없었다. 전영이 다시 말했다.

"신하들은 1년 내내 아침부터 저녁까지 감히 게으름을 피우지 못합니다. 왕께서 하루저녁만이라도 회계 보고를 들으신다면, 신하들은 더욱 힘쓰게 될 것입니다."

"알겠소!"

그러나 잠시 후에 왕은 잠이 들고 말았다. 관원들은 칼을 가져와서 왕이 서명한 문서와 곡식 수량의 기록을 모두 깎아 없앴다. 왕이 직접 회계 보고를 들으면서 혼란이 곧바로 생기기 시작했다.

또 이렇게도 이야기한다. 조나라 무령왕이 혜문왕(惠文王)에게 왕위를 물려주고 정치를 맡아보게 하고는 이태를 재상으로 삼았다. 무령왕은 스스로 직접 죽이고 살리는 권력을 행사하지 않았기 때문에 이태에게 협박당했다.

다섯째. 사리(事理)

사물의 이치에 따르면 힘들이지 않고도 일을 이룰 수 있다. 그래서 자정자(茲鄭子)가 수레에 걸터앉아 노래를 부르자 사람들이 수레를 높은 다리 위로 올려놓았다. 그 폐해는 조간자의 세금징수 관리가 세금의 경중에 대해 묻고 박의(薄疑)가 나라의 중간층이 배부르다고 말한 데에 있다. 당시 조간자는 기뻐했으나 막상 창고는 텅 비었고, 백성들은 굶주리는데 간사한 관리들만 부유했다. 제나라 환공이 백성들을 돌아본 뒤에 관중은 창고의 재물이 썩어가고 궁 안에 원망하는 여인이 없도록 해야 한다고 말했다. 이렇게 하지 않으면, 연릉탁자(延陵卓子)가 말을 타고 앞으로 나아가지 못할 때 조보가 그곳을 지나다 눈물을 흘린 일이 일어난다.

사리에 관한 이야기들

자정자가 수레를 끌고 높은 다리 위로 오르려 했으나 경사가 심해 오를 수가 없었다. 이에 자정자는 수레에 걸터앉아 노래를 불렀는데, 앞서 가던 자는 멈춰서고 뒤에 오던 자가 달려와 준 덕분에 수레를 오르게 할 수 있었다. 자정자에게 사람을 끌어모으는 술수가 없었다면, 혼자서 죽도록 온 힘을 다하더라도 수레는 결코 오를 수 없었을 것이다. 이제 그가 제 몸은 수고롭게 하지 않으면서 수레를 오르게 할 수 있었던 것은 사람들을 끌어모으는 술수가 있었기 때문이다.

조간자가 세금징수 관리를 보내려 하자, 그 관리는 세금을 가볍게 거둘지 무겁게 거둘지 물었다. 조간자가 말했다.

"가볍게도 거두지 말고 무겁게도 거두지 말라. 무거우면 이익이 군주에게 돌아가고, 가벼우면 이익이 백성에게 돌아간다. 관리가 사사로운 이익을 꾀하지 않으면 그것으로 공평해진다."

박의가 조간자에게 말했다.

"군주의 나라에서는 중간층이 배부릅니다."

조간자는 이를 "나라 안의 백성들이 배부르다"는 뜻으로 듣고[4] 기뻐하며 말했다.

"그래, 어느 정도로 사는가?"

"위로는 나라의 창고가 텅 비고 아래로는 백성들이 가난으로 굶주리

---

4) "지배계층인 중간층 배부르다"는 뜻의 '국중포(國中飽)'를 "나라 안의 백성들이 배부르다"는 뜻으로 잘못 이해한 것이다.

는데도 간사한 관리들만 부유합니다."

제나라 환공이 미복 차림으로 민가를 돌아보다가 스스로 밥을 지어 먹는 노인을 보았는데, 환공이 그 까닭을 물었다. 노인이 대답했다.

"저에게는 자식이 셋 있는데, 집안이 가난해서 다들 아내를 얻지 못하고 품팔이를 나가 아직 돌아오지 않았습니다."

환공이 돌아와서 이를 관중에게 말하자, 관중이 말했다.

"창고에 썩어서 내버리는 재물이 있다면 백성이 굶주리게 되고, 궁 안에 원망하는 여인이 있으면 백성이 아내를 얻지 못합니다."

환공이 말했다.

"맞는 말이오."

이에 궁 안의 여인들을 조사해서 그들을 시집보냈다. 또 백성들에게 이렇게 명을 내렸다.

"남자는 스물이면 장가를 들고, 여자는 열다섯이면 시집을 가라."

또 이렇게도 이야기한다. 제나라 환공이 미복 차림으로 민간을 다니며 돌아보다가 나이 일흔이 되도록 아내가 없는 녹문직(鹿門稷)이라는 사람을 보았다. 환공이 관중에게 물었다.

"백성 가운데 늙도록 아내가 없는 자가 있소?"

관중이 대답했다.

"녹문직이라는 이가 나이 일흔이 되도록 아내가 없습니다."

"그가 아내를 얻게 하려면 어떻게 해야 하오?"

"신이 들으니, '군주가 재물을 쌓아두면 아래로 백성들은 반드시 궁핍하고, 궁 안에 원망하는 여인이 있으면 늙도록 아내를 얻지 못하는 백성이 있다'고 했습니다."

"맞는 말이오."

환공은 곧 궁 안에 명을 내려 왕을 모시지 못한 여인은 내보내 시집

보냈다. 이어 남자는 스물에 장가들고 여자는 열다섯에 시집가도록 명을 내렸다. 이리하여 궁 안에는 원망하는 여인이 없고 궁 밖에는 홀로 사는 사내가 없게 되었다.

한
비
자

연릉탁자가 검푸른 털을 가진 명마 창룡(蒼龍)과 얼룩덜룩한 점이 있는 말 도문(挑文)이 끄는 수레를 탔다. 앞에는 갈고리 모양의 장식 띠가 있고, 뒤에는 날카로운 쇠끝 채찍이 있었다. 말이 나아가려 하면 장식 띠가 가로막고, 물러나려 하면 날카로운 채찍이 찔렀다. 결국 말은 옆으로 뛰쳐나갔다. 때마침 조보가 지나가다가 보고는 눈물을 흘리며 말했다.

"옛날에 백성을 다스리던 사람들 또한 그러했다. 무릇 상이란 권장하기 위한 것인데도 잘못한 자가 받고, 징벌은 금지하기 위한 것인데도 칭송받을 자가 받는다. 이렇게 되면 백성들은 가운데 서서 어디로 가야 할지를 모르게 된다. 이 또한 성인이 눈물을 흘리는 까닭이다."

또 이렇게도 이야기한다. 연릉탁자가 창룡과 꿩의 깃털 무늬를 한 말인 적문(翟文)이 끄는 수레를 탔다. 앞에는 갈고리 모양의 장식 띠가 있고, 뒤에는 날카로운 쇠끝의 채찍이 있었다. 나아가려 하면 고삐를 당기고, 물러나려 하면 채찍을 휘둘렀다. 말은 앞으로 나아갈 수도 없고 뒤로 물러날 수도 없게 되자 끝내 채찍을 피해 옆으로 벗어났다. 이에 화가 난 연릉탁자가 칼을 뽑아 말의 다리를 잘랐다. 조보가 그 꼴을 보고는 하루 내내 아무 것도 먹지 않은 채 하늘을 우러러보며 탄식했다.

"채찍은 말이 나아가게 하는 도구인데 앞에는 장식 띠가 있고, 고삐는 뒤로 물러나게 하는 도구인데 뒤에는 날카로운 채찍이 있다. 지금 군주는 청렴하다고 여겨 등용했으면서도 좌우의 측근들과 맞지 않는다고 하면서 물러나게 하고, 공명정대하다고 기리면서도 자신의 말을 따르지 않는다고 하면서 쫓아낸다. 백성들은 두려워하며 그 가운데 서서 어찌해야 할 바를 모른다. 이것이 성인이 눈물을 흘리는 이유다."

난일(難一),
통치의 어려움 1

[1] 진나라 문공이 초나라와 전쟁을 벌이려 하면서 구범(舅犯)을 불러 물었다.

"내가 초나라와 전쟁을 벌이려 하는데, 저들은 수가 많고 우리는 적소. 어찌하면 좋겠소?"

구범이 대답했다.

"신이 들으니, '까다롭게 예의를 차리는 군자는 기꺼이 마음을 참되고 미쁨 있게 하지만, 전쟁이 벌어졌을 때는 속임수와 거짓도 마다하지 않는다'고 합니다. 군주께서는 속임수를 쓰셔야만 합니다."

문공은 구범을 내보낸 뒤에 옹계(雍季)를 불러서 물었다.

"내가 초나라와 전쟁을 벌이려 하는데, 저들은 수가 많고 우리는 적소. 어찌하면 좋겠소?"

옹계가 대답했다.

"숲에 불을 지르고 사냥을 하면 더욱더 많은 짐승을 잡을 수 있겠지만, 훗날 반드시 짐승들이 없어지게 됩니다. 속임수로 백성을 대하면 한때는 더 많은 이익을 얻겠지만, 훗날 결코 다시는 이익을 얻지 못합니다."

"맞는 말이오."

옹계를 내보내고는 구범의 계책으로 초나라와 싸워서 깨뜨렸다. 개선해서 논공행상하여 작위를 내릴 때 옹계를 앞세우고 구범은 뒤로 했다. 신하들이 물었다.

"성복(城濮)의 승리는 구범의 계략에 따른 것입니다. 대체 그의 말을 썼으면서도 그 공을 뒤로하시니, 옳은 일입니까?"

문공이 말했다.

"이는 그대들이 알 바가 아니오. 저 구범의 계책은 한때 형편에 따라 쓸 권도(權道)고, 옹계의 진언은 만대에 걸쳐 이로울 정도(正道)요."

공자가 이를 전해 듣고 말했다.

"문공이 패업을 이룬 것은 당연하다! 한때의 권도를 잘 알았을 뿐 아니라 만대에 걸쳐 이로울 정도까지 알고 있었으니."

어떤 사람[1]이 말했다.

"옹계의 대답은 문공의 물음에 맞지 않다. 무릇 물음에 대해서는 그 물음이 크냐 작으냐 더디냐 급하냐에 따라서 대답해야 한다. 물은 것이 높거나 큰 데도 대답이 낮고 좁으면, 현명한 군주는 받아들이지 않는다. 이제 문공은 적은 수로 많은 수를 대적해야 하는 일을 물었는데, '훗날 결코 다시는 이익을 얻지 못합니다'라고 대답했으니, 이는 마땅한 대답이 아니다. 또 문공은 한때의 권도를 알지 못하고 또 만대에 걸쳐 이로울 정도조차 알지 못했다. 싸워서 이기면 나라가 평안하고 제 몸도 안정되며 병력은 강해지고 위엄도 서게 될 것이니, 비록 훗날에 다시 이익이 있다고 하더라도 이보다 더 크지는 않을 것이다. 그러니

---

1) '어떤 사람'은 한비자 자신을 가리킨다. 이하 「난사」까지는 이런 형식으로 서술되어 있다.

만대에 걸친 이익이 오지 않을까 어찌 걱정하는가? 싸워서 이기지 못하면 나라는 망하고 병력도 약해지며 제 몸은 죽고 명성도 사라져서 당장 오늘 죽음에서 벗어나려 해도 힘이 달릴 터인데, 어느 겨를에 만대에 걸친 이익을 기다리겠는가? 만대에 걸친 이익을 기다리는 것도 바로 오늘의 승리에 달려 있고, 오늘의 승리는 적을 어떻게 속이느냐에 달려 있으니, 적을 속이는 것이 곧 만대에 걸친 이익이다. 그래서 '옹계의 대답은 문공의 물음에 맞지 않다'고 말한 것이다.

게다가 문공은 또 구범의 말도 알아듣지 못했다. 구범이 '속임수와 거짓도 마다하지 않는다'고 말한 것은 백성을 속이라는 게 아니라 적을 속이라는 것이었다. 적이란 정벌해야 할 나라다. 훗날 다시는 이익이 없다 할지라도 무슨 손해가 되겠는가? 문공이 옹계를 앞세운 것은 그가 공을 세웠기 때문인가? 초나라 군대를 이기고 깨뜨린 것은 구범의 계책 덕분이지, 어찌 옹계의 진언 때문이겠는가? 옹계는 고작 '훗날에 다시는 이익이 없을 것이다'라고 말했을 뿐이다. 이는 훌륭한 진언이라 할 수 없다. 구범이야말로 공을 세우고 진언도 잘했다. 구범은 '까다롭게 예의를 차리는 군자는 기꺼이 마음을 참되고 미쁨 있게 한다'고 말했는데, 마음을 참되게 하는 것은 아랫사람을 아낀다는 뜻이고, 미쁨 있게 한다는 것은 백성을 속이지 않는다는 뜻이다. 아랫사람을 아끼고 또 백성을 속이지 않는다고 했으니, 어떤 말이 이보다 더 훌륭할 수 있겠는가? 그런데 꼭 '속임수와 거짓을 해야 한다'고 말한 것은 전쟁터에서 군대를 부리는 계책이다. 구범은 앞서는 훌륭한 말을 했고, 나중에는 전쟁에서 이길 계책을 말했다. 그리하여 구범은 두 가지 공을 세웠는데도 공적을 평가할 때는 뒤로 갔고, 옹계는 한 가지도 공을 세우지 못했는데도 상을 줄 때는 앞으로 갔다. 그럼에도 공자는 '문공이 패업을 이룬 것은 당연하다!'고 말했으니, 이는 공자가 포상의 이치를 몰랐음을 의미한다."

[2] 역산(歷山)의 농부들이 밭의 경계를 두고 서로 다투었다. 순(舜)이 가서 농사를 지었더니 1년이 지나자 밭의 경계가 바로잡혔다. 황하의 어부들이 어장을 놓고 서로 다투었다. 순이 가서 고기잡이를 했더니 1년이 지나자 사람들이 나이 많은 이에게 양보하게 되었다. 동이(東夷) 땅의 도공들이 만든 그릇은 거칠고 약해 깨지기 쉬웠다. 순이 가서 그릇을 구웠더니 1년이 지나자 그릇이 단단해졌다. 공자가 찬탄하며 말했다.

"농사나 고기잡이, 그릇 굽는 일은 본래 순이 맡은 일이 아니었다. 그러나 순이 가서 그런 일을 한 것은 그릇된 풍습을 바로잡기 위해서였다. 순은 참으로 어질구나! 몸소 이렇게 힘든 일을 하니, 백성들이 그를 따랐다. 그러므로 '성인은 덕으로써 감화시키는구나!'라고 말한다."

어떤 사람이 유자(儒者)에게 물었다.

"순이 덕을 베풀 때에 요는 어디에 있었소?"

유자가 말했다.

"요는 그때 천자였소."

"그렇다면 공자는 요를 성인이라 했는데, 어찌된 일이오? 성인은 환히 잘 살피기 때문에 그가 군주 자리에 있으면 천하에 간사한 일이 없게 되오. 그러면 농부들이나 어부들이 다투지 않고 질그릇도 쉽게 깨지지 않을 것인데, 순이 또 무슨 덕을 베풀어 감화시킨단 말이오? 순이 그릇된 풍습을 바로잡았다고 한다면, 이는 요 임금에게 잘못이 있다는 뜻이오. 순을 현자라고 한다면 요 임금은 환히 잘 살핀다고 할 수 없고, 요 임금을 성인이라고 한다면 순이 덕으로 감화시킬 일도 없소. 이 둘은 동시에 이루어질 수 없는 일이오.

옛날 초나라에 창과 방패를 파는 자가 있었소. 그는 방패를 자랑하면서 '내 방패는 아주 단단해서 그 무엇도 뚫을 수 없소'라고 말했소. 또 창을 자랑하면서 '내 창은 아주 예리해서 세상에 뚫지 못할 것이 없소'라고 말했소. 그러자 어떤 사람이 '그대의 창으로 그대의 방패를 뚫으면, 어떻게 되오?'라고 묻자, 그 사람은 아무런 대답을 할 수가 없었소. 그 무엇으로도 뚫을 수 없는 방패와 뚫지 못할 게 없는 창은 동시에 존재할 수 없소. 이제 요 임금과 순을 동시에 기릴 수 없는 것은 이 창과 방패[矛盾] 이야기와 같소.

또 순이 그릇된 풍습을 바로잡았다는 이야기도 그렇소. 1년에 한 가지 잘못을 고치고 3년에 걸쳐 세 가지 잘못을 고친다고 하면, 순에게는 능력의 한계가 있고 그의 수명에도 한계가 있으니 결국 천하의 온갖 잘못은 그칠 날이 없을 것이오. 한계가 있는 몸으로 끝없는 잘못을 뒤쫓아 가면, 고칠 수 있는 잘못은 아주 적소. 반면에 상과 벌은 천하 사람들이 반드시 그렇게 하도록 만드는 것이오. '법령에 맞게 하는 자는 상을 주고, 법령에 맞게 하지 않는 자는 베어 죽인다'고 명령을 내리면 되오. 아침에 명령을 내리면 저녁쯤이면 고쳐지고 저녁에 명령을 내리면 아침이면 고쳐질 테니, 열흘이면 온 세상의 잘못이 다 고쳐질 것이오. 1년이나 기다릴 필요가 있겠소? 그럼에도 순은 이런 도리로써 요 임금을 설득하여 백성들이 따르게 하지 않고 그 자신이 직접 나서서 힘썼으니, 법술을 터득하지 못한 것이 아니겠소?

무릇 몸소 고생을 한 뒤에 백성을 교화시키려는 것은 요나 순 같은 성인도 하기 어려운 일이오. 그러나 권세 있는 자리에서 아랫사람을 바로잡는 일은 평범한 군주라도 쉽게 할 수 있는 일이오. 천하를 다스리려 하면서 평범한 군주도 쉽게 할 수 있는 일은 버려두고 요와 순도 어려워하는 길로 나서는 자와는 함께 정사를 펼칠 수가 없소."

[3] 관중이 병이 들자, 환공이 가서 물었다.

"중보(仲父)[2]가 병으로 누웠으니, 불행하게도 죽게 될 수도 있소. 무

---

2) 환공이 관중을 부르던 존칭이다.

슨 말을 과인에게 해주겠소?"

관중이 대답했다.

"군주께서 말씀하지 않았더라도 신이 아뢰려고 했습니다. 부디 군주께서는 수조(豎刁)를 버리고 역아(易牙)를 내쫓고 위(衛)나라 공자인 개방(開方)을 멀리하십시오. 역아는 군주를 위해 요리를 하면서 군주께서 사람 고기만 맛보지 못했다고 하자 제 자식의 머리를 삶아서 바쳤습니다. 무릇 사람으로 제 자식을 사랑하지 않는 이가 없는데도 그는 제 자식을 사랑하지 않았으니, 어찌 군주를 사랑하겠습니까? 군주가 시샘이 많으면서도 궁녀들을 좋아하는 것을 알고 수조는 스스로 거세하여 후궁을 관리하는 일을 맡았습니다. 사람으로 제 몸을 아끼지 않는 이가 없는데도 그는 제 몸조차 아끼지 않았으니, 어찌 군주를 아끼겠습니까? 개방은 군주를 15년이나 섬겼습니다. 제나라와 위나라 사이는 며칠이면 오갈 수 있는 거리인데도 그는 제 모친을 버려두고 벼슬살이를 구실로 오랫동안 찾아보지 않았습니다. 제 모친도 돌보지 않는데, 어찌 군주를 돌보겠습니까? 신은 '억지로 속임수를 쓰면 오래가지 못하고, 거짓된 짓을 덮으려 하면 오래가지 못한다'고 들었습니다. 부디 군주께서는 이 세 사람을 내치십시오."

관중이 죽은 뒤, 환공은 그 말대로 하지 않았다. 결국 그들에 의해 환공은 굶어 죽었고, 그 주검에서 나온 구더기가 문 밖까지 나오도록 장례를 치르지 못했다.

어떤 사람이 말했다.

"관중이 환공에게 일러준 것은 법도를 터득한 자가 할 말이 아니다. 수조와 역아를 내치라고 한 것은 그들이 제 몸을 아끼지 않고 군주의 욕망을 채워주려 했기 때문이다. 관중은 '제 몸도 아끼지 않는데, 어찌 군주를 아끼겠는가'라고 말했는데, 그렇다면 신하로서 죽을힘을 다하여 군주를 섬기는 자가 있다 하더라도 관중은 그런 사람을 기용하지

않았을 것이다. '죽을힘을 아끼지 않는 자가 어찌 군주를 아끼겠는가'
라고 말하면서 말이다. 이는 군주가 참되고 미쁜 신하를 내치기를 바
라는 것이다. 또 제 몸을 아끼지 않는 것을 가지고 그 군주를 아끼지 않
는다고 여긴다면, 관중이 전에 공자 규(糾)를 위해 죽지 않은 것을 들어
그가 환공을 위해 죽지 않을 것이라 여길 수도 있다. 이렇게 되면 관중
또한 내쳐져야 할 범위에 들게 된다.

현명한 군주가 다스리는 방법은 그렇지 않다. 백성이 바라는 것을
내세워 공을 세우도록 요구하기 때문에 관작과 녹봉으로써 권하고, 백
성들이 싫어하는 것으로 간사한 짓을 막기 때문에 형벌의 위엄으로써
으른다. 어김없이 상을 주고 반드시 벌을 내린다. 그래서 군주는 신하
들 가운데서 공이 있는 자를 기용하고 간사한 자를 윗자리에 두지 않
는다. 그러면 비록 수조와 같은 자가 있을지라도 군주를 어찌할 수 있
겠는가? 또 신하는 죽을힘을 다하는 것으로써 군주와 거래하고, 군주
는 관작과 녹봉을 내리는 것으로써 신하와 거래할 것이다.

군주와 신하의 관계는 아비와 자식처럼 친밀한 것이 아니라 이해타
산에서 맺어진 것이다. 군주가 다스리는 방법을 알면 신하는 힘을 다하
고 간사한 짓을 일삼지 않는다. 그러나 다스리는 방법을 알지 못하면
신하는 위로는 군주의 총명을 막고 아래로는 사사로이 이익을 챙긴다.
관중은 이런 원리를 환공에게 밝혀주지 않고 수조를 내치라고만 하였
으나, 반드시 다른 수조가 또 이르게 될 것이다. 이는 간사한 자를 없애
는 길이 아니다.

또 환공은 그 몸이 죽어 구더기가 문 밖까지 나오도록 장례를 치르
지 못했는데, 이는 신하의 권세가 강했기 때문이다. 신하의 권세가 참
으로 강해지면 군주를 제멋대로 조종한다. 군주를 제멋대로 조종하는
신하가 있으면 군주의 명령이 아래까지 미치지 못하고, 신하의 실정이
위에 알려지지 않는다. 한 사람의 힘이 군주와 신하의 사이를 가로막고
좋은 일도 나쁜 일도 듣지 못하게 하며 죄를 주고 복을 내리는 군주의

권세가 통하지 않게 하니, 이 때문에 죽어서도 장례를 치르지 못하는 우환이 생긴다.

현명한 군주가 다스리는 방법은 이러하다. 한 사람이 여러 관직을 아우르지 못하게 하고, 하나의 관직에 여러 일을 곁들이지 않게 한다. 신분이 비천한 자도 존귀한 자에 기대지 않고 군주에게 나아갈 수 있게 하며, 대신이 좌우 측근을 통하지 않고 군주를 만날 수 있게 한다. 모든 관리들이 아무런 방해를 받지 않고 군주와 소통하게 하고, 신하들은 자연스럽게 군주 곁에 모이도록 한다. 상을 받을 자가 있으면 군주는 그의 공적을 환히 보고, 벌을 받을 자가 있으면 군주는 그의 죄상을 다 안다. 그리하여 먼저 공적을 보고 죄상을 아는 일이 어그러지지 않게 하고, 나중에 상을 내리고 벌을 주는 일이 잘못되지 않게 한다. 이렇게 한다면, 어찌 죽어서 장례를 치르지 못하는 우환이 생기겠는가? 관중은 환공에게 이를 분명하게 말해주지 않고 저 세 명의 간사한 자를 내치라고만 했으니, 그래서 '관중은 법도를 터득하지 못했다'고 말한 것이다."

[4] 조양자(趙襄子)가 진양 성안에서 지백의 군대에 포위되었다가 포위에서 벗어난 뒤에 공이 있는 자 다섯 명에게 상을 내렸는데, 고혁(高赫)이 으뜸이었다. 장맹담(張孟談)이 따졌다.

"진양의 싸움에서 고혁은 별다른 공을 세우지 않았는데, 이제 으뜸가는 상을 받게 된 것은 무슨 까닭입니까?"

조양자가 대답했다.

"진양의 싸움 때 과인의 나라는 위험하고 사직은 위태로웠소. 신하들 가운데 교만하게 나를 업신여기지 않는 자가 없었는데, 오로지 고혁만은 군주와 신하의 예의를 잃지 않았으므로 으뜸으로 한 것이오."

공자가 전해 듣고서 말했다.

"상을 주는 법이 훌륭하구나! 조양자는 한 사람에게 상을 주어서 천하의 신하된 자들에게 감히 예의를 잃지 못하게 했으니."[3]

어떤 사람이 말했다.

"공자는 상을 주는 법에 대해 알지 못한다. 무릇 상 주고 벌주는 일을 잘 하면 모든 관리들이 감히 남의 직책을 침범하지 않고 뭇 신하들은 감히 예의를 잃지 않으며, 위에서 법을 마련해두면 아랫사람들에게 간사한 마음이 없어진다. 이와 같이 해야만 상 주고 벌주는 일을 잘했다고 할 수 있다.

가령 조양자가 진양에서 포위되어 있을 때 명령을 내려도 따르지 않고 금령을 내려도 그치지 않았다면, 이는 조양자에게 나라가 없고 진양에 군주가 없었던 셈이다. 그렇다면 누구와 함께 지켰겠는가? 이제 조양자가 진양에 있을 때 지백은 성안에 물을 쏟아부어 부엌에서 개구리가 나올 지경이 되었는데도 백성들은 배반할 마음이 없었으니, 이는 군주와 신하가 친밀했기 때문이다. 조양자는 평소에 신하와 친밀해지도록 은혜를 베풀었고, 명령하고 금지하는 법령을 꽉 쥐고 있었다. 그럼에도 교만하게 군주를 업신여기는 신하가 있었다면, 이는 조양자가 제대로 벌주지 못한 탓이다.

신하된 자가 일을 꾀하여 공을 세우면 상을 준다. 이제 고혁은 교만하게 군주를 업신여기지 않았을 뿐인데도 이것으로 조양자가 상을 준다면, 이는 상 주는 법을 그르친 것이다. 현명한 군주는 공이 없는 자에게 상 주지 않고 죄가 없는 자에게 벌주지 않는다. 이제 조양자는 교만하게 군주를 업신여긴 신하에게 벌을 내리지 않고 공이 없는 고혁에게 상을 주었으니, 조양자가 상을 잘 주었다고 할 게 어디 있겠는가? 그러므로 '공자는 상을 주는 법에 대해 알지 못한다'고 말한 것이다."

---

3) 조양자가 지백의 군대에게 포위당한 일은 공자 사후에 일어난 일이므로 이 대목은 후대 사람이 덧붙인 것으로 보는 게 타당하다.

[5] 진(晉)나라 평공(平公)이 신하들과 술을 마셨다. 술이 거나해지자 한숨을 쉬며 탄식했다.

"세상에 군주가 된 즐거움보다 더한 것이 없구나! 어떤 말을 해도 어기는 자가 없으니."

앞에 앉아 있던 사광(師曠)이 거문고를 들어 평공을 쳤다. 평공은 옷자락을 펄럭이면서 피했고, 거문고는 벽에 부딪쳐 부서졌다. 평공이 말했다.

"태사는 지금 누구를 쳤는가?"

사광이 대답했다.

"방금 제 곁에서 소인이 무어라 말하기에 쳤습니다."

"과인이었다!"

"아, 그건 군주가 할 말이 아니었습니다."

측근들이 사광을 죽여야 한다고 하자, 평공이 말했다.

"놓아두어라! 과인이 경계로 삼겠다."

어떤 사람이 말했다.

"평공은 군주의 도리를 잃었고, 사광은 신하의 예의를 잃었다. 무릇 신하의 행동이 잘못되었다면 그를 베어 죽이는 것이 군주가 신하를 대하는 도리다. 군주의 행동이 그릇되었다면 바른 말로써 간언하고, 제대로 간언했는데도 듣지 않는다면 물러 나와야 하는 것이 신하가 군주에게 갖추어야 할 예의다. 이제 사광은 평공의 행동이 잘못되었다고 하면서 신하로서 간언을 하지 않고 오히려 군주가 벌을 내리는 것처럼 거문고를 들어 군주의 몸에 위협을 가했으니, 이는 위아래의 지위를 거스른 것이고 신하로서 예의를 잃은 것이다. 무릇 신하된 자는 군주에게 허물이 있으면 간언하고 그 간언이 받아들여지지 않으면 관작과 녹봉을 가벼이 내버리고서 기다려야 한다. 이것이 신하가 지켜야 할 예의다.

이제 사광은 평공의 허물을 비난하면서 거문고를 들어 군주의 몸에 위협을 가했다. 엄격한 아비라도 자식에게 할 수 없는 짓을 사광은 그 군주에게 행했으니, 이는 대역죄에 해당한다. 신하가 대역죄를 저질렀는데도 평공은 기뻐하며 받아들였으니, 이는 군주로서 도리를 잃은 것이다. 그러므로 이런 평공의 행적은 드러내서는 안 된다. 다른 군주들이 신하를 잘못 대하고서도 그 허물을 깨닫지 못하도록 할 수 있기 때문이다. 사광의 행동 또한 드러내서는 안 된다. 간사한 신하들이 이를 답습하여 일부러 간언한 뒤 군주를 시해하는 방법으로 꾸밀 수 있기 때문이다. 둘 다 현명하다고 할 수 없고, 둘 다 잘못을 저질렀다. 그러므로 '평공은 군주의 도리를 잃었고, 사광은 신하의 예의를 잃었다'고 말한 것이다."

[6] 제나라 환공 때 소신직(小臣稷)이라는 처사가 있었다. 환공이 세 번이나 찾아갔으나 만날 수가 없었다. 환공이 말했다.

"내 들으니, 벼슬하지 않고 초야에 묻혀 사는 선비가 관작과 녹봉을 가볍게 여기지 않으면서 전차 만 대인 나라의 군주를 얕볼 리가 없고, 전차 만 대인 나라의 군주라도 어짊과 의로움을 좋아하지 않고서는 역시 그런 선비를 신하로 삼을 수 없다고 했다."

이리하여 다섯 번이나 찾아가서야 겨우 만날 수 있었다.

어떤 사람이 말했다.

"환공은 어짊과 의로움에 대해 알지 못한다. 무릇 어짊과 의로움이란 천하의 해악을 걱정하고 나라에 우환이 있을 때 달려가면서 천대받거나 굴욕당하는 일도 마다하지 않는 것이다. 그래야 어질고 의롭다고 할 수 있다. 이윤(伊尹)은 중원이 어지러워지자 탕왕(湯王)의 요리사가 되었고, 백리해(百里奚)는 진(秦)나라가 어지러워지자 목공(穆公)을 위해 노비가 되었다. 두 사람 모두 천하의 해악을 걱정하고 한 나라의 우환을 구하려고 달려가면서 천대받거나 굴욕당하는 일을 마다하지 않았다. 그래서 그들을 어질고 의롭다고 말하는 것이다.

이제 환공은 전차 만 대의 권세를 지니고서도 한낱 필부에 지나지 않는 선비에게 자신을 낮추었으니, 이는 제나라를 걱정해서였다. 그런데도 소신직은 환공을 만나주지 않았으니, 이는 소신직이 백성을 잊은 것이다. 백성을 잊은 것을 어질고 의롭다고 말할 수는 없다. 어짊과 의로움은 신하로서 예의를 잃지 않고 군주와 신하의 지위를 벗어나지 않는 것이다.

이런 까닭에 사방의 영토 안에서 날짐승을 들고 조정에 나아가는 자를 신하라 하고, 신하 밑에서 직책을 분담하여 일을 맡은 자를 백성이라 한다. 지금 소신직은 백성의 무리에 있으면서 군주가 바라는 것을 거슬렀으니, 이는 어질지도 의롭다고도 할 수 없다. 이렇게 어짊도 의로움도 없는데, 환공은 또 찾아가서 예의를 다하였다.

가령 소신직이 지혜와 능력을 갖추고도 환공을 피해 달아났다면, 이는 숨은 것이니 벌을 받아야 마땅하다. 지혜도 능력도 없으면서 환공에게 건방지게 뽐낸 것이라면, 이는 속인 것이니 베어 죽여야 마땅하다. 소신직의 행동은 벌을 내리지 않으면 죽여야 마땅하다. 그런데도 환공은 군주의 도리로써 제대로 다스리지 못하고 오히려 벌주거나 죽여야 할 자를 예우했다. 이는 환공이 윗사람을 가벼이 여기고 군주를 업신여기는 풍속으로써 제나라 사람들을 가르친 셈이니, 나라를 다스리는 방법이 아니다. 그래서 '환공은 어짊과 의로움에 대해 알지 못한다'고 말한 것이다."

[7] 미계(靡笄)[4]의 싸움에서 진(晉)나라의 한헌자(韓獻子) 한궐(韓

---

4) 미계(靡笄)는 제나라의 산 이름이다.

厥)이 어떤 병사를 참수하려고 했다. 극헌자(郤獻子) 극극(郤克)이 그 소식을 듣고 수레를 몰고 가서 구하려고 했다. 그러나 그가 이르렀을 때는 이미 참수한 뒤였다. 극극이 말했다.

"어찌 그 주검을 전군에 돌려 두루 보여주지 않으시오?"

극극이 물러나오자 그의 종이 물었다.

"아까는 그를 구하려고 하지 않으셨습니까?"

"내가 그와 비방을 나누어 갖지 않을 수 있겠느냐?"

어떤 사람이 말했다.

"극헌자의 말은 잘 살피지 않을 수 없다. 그것으로는 비방을 나누어 갖는 것이 아니다. 만약 한헌자에게 참수된 자가 죄인이라면 구해서는 안 되니, 죄인을 구하는 것은 법을 무너뜨리는 짓이다. 법이 무너지면 나라가 어지러워진다. 만약 죄인이 아니라면 전군에 두루 보이라고 권해서는 안 되니, 두루 보이라고 권하는 것은 죄 없는 자에게 거듭 벌주는 짓이다. 죄 없는 자에게 거듭 벌주는 것은 백성이 원망하게 되는 원인이 된다. 백성이 원망하면 나라는 위태로워진다. 극헌자의 말은 나라를 위태롭게 하는 게 아니면 어지럽히는 것이니, 잘 살피지 않을 수 없다.

또 한헌자에게 참수된 자가 죄인이라면 극헌자가 어찌 그 비방을 나누어 갖겠는가? 참수당한 자가 죄인이 아니었더라도 참수해버린 뒤에야 극헌자는 이르렀으니, 이는 한헌자에 대한 비방이 이미 이루어지고서 극헌자가 나중에 이른 것이다. 그제야 극헌자가 '두루 보이시오'라고 말해보았자 죄 없는 자를 참수했다는 비방을 나누어 가질 수도 없을뿐더러 두루 보였다는 비방까지 새로 일으키게 된다. 이게 어찌 비방을 나누어 갖는 것이겠는가? 옛날에 폭군 주(紂)는 포락(炮烙)[5]의 형벌

---

5) 구리로 만든 기둥에 기름을 발라 숯불 위에 걸쳐 놓고 죄인을 그 위에 걷게 하여 끝

을 만들었다. 주의 간사한 신하들인 숭후(崇侯)와 악래(惡來)가 또 와서 '물을 건너는 자의 정강이를 베십시오'라고 말했는데, 이것이 어찌 비방을 나누어 갖는 것이겠는가?

또 당시 윗사람에 대한 백성들의 기대가 컸는데 한헌자가 이에 부응하지 못했다면, 이제 극헌자가 부응해주기를 바랐을 것이다. 그런데 극헌자도 부응하지 못했다면, 백성들은 윗사람에 대해 기대를 끊을 것이다. 그렇기 때문에 '극헌자의 말은 비방을 나누어 갖는 것이 아니다. 비방을 더할 뿐이다'라고 말한 것이다.

또 극헌자가 가서 죄인을 구하려 한 것은 한헌자가 잘못했다고 여겼기 때문이다. 그럼에도 그가 잘못한 것을 일깨워주지 않고 '전군에 돌려 두루 보여야 한다'고 권유했으니, 이는 한헌자가 자신의 허물을 깨닫지 못하도록 만든 것이다. 무릇 아래로는 백성들에게 윗사람에 대한 기대를 끊게 만들었고 또 위로는 한헌자가 자신의 잘못을 깨닫지 못하게 했으니, 나는 극헌자가 비방을 나누어 갖겠다고 한 까닭을 알수가 없다."

[8] 제나라 환공은 관중을 묶고 있던 오랏줄을 풀어주고는 재상으로 삼았다. 관중이 말했다.

"신이 총애를 입게 되었습니다만, 제 신분이 낮습니다."

환공이 말했다.

"그대를 고씨(高氏)와 국씨(國氏) 위에 서게 해주겠소."

"신의 신분은 높아졌습니다만, 저는 가난합니다."

"그대가 백성들에게서 3할의 세금을 거둘 수 있도록 해주겠소."

"신은 부유해졌습니다만, 공실(公室)과는 사이가 멉니다."

이에 환공은 그를 중보(仲父)로 불렀다. 소략(霄略)이라는 자가 말

내 떨어져 죽게 만든 형벌이다.

했다.

"관중은 신분이 낮아서 나라를 다스릴 수 없다고 여겼기 때문에 고씨와 국씨보다 높아지기를 청했고, 가난해서 부자들을 다스릴 수 없다고 여겼기 때문에 3할의 세금을 거둘 수 있도록 청했으며, 공실과 사이가 멀면 군주의 인척들을 다스릴 수 없다고 여겼기 때문에 중보로 일컬어지기를 바랐다. 관중은 탐욕을 부린 것이 아니라 손쉽게 다스리고 싶었던 것이다."

어떤 사람이 말했다.

"이제 노비에게 군주의 명령을 받들게 해서 공경(公卿)과 재상에게 알리게 하더라도 감히 듣지 않을 자가 없다. 그것은 공경과 재상은 지위가 낮고 노비는 높아서가 아니라, 군주의 명령이 노비에게 더해졌으므로 감히 따르지 않을 수 없기 때문이다. 이제 관중이 나라를 다스리면서 환공의 권세에 말미암지 않게 하면, 이는 군주가 없는 것이다. 나라에 군주가 없으면 다스려질 수 없다. 만약 환공의 권세를 등에 업으면 환공의 명령을 아래에 내릴 수 있으니, 이것이 노비가 명령을 펴는 방법이다. 그러니 어찌 고씨나 국씨, 중보와 같이 존귀해진 뒤에야 할 수 있는 일이겠는가?

오늘날 군령을 전달하는 행사(行事)나 환관 벼슬인 도승(都丞)처럼 신분이 낮은 자가 군사를 모집하는 명령을 전할 때에 존귀한 자라고 해서 피하지 않고 비천한 자만 찾아가지도 않는다. 그러므로 일을 실행할 때 법에 의거하면 비록 환관이라 하더라도 공경과 재상에게도 펼 수 있고, 실행할 때 법에 의거하지 않으면 비록 높은 관리라도 백성에게 굽실거려야 한다.

이제 관중은 군주를 높이고 법을 밝히는 데 힘쓰지 않고 군주의 총애를 더 받고 관작을 더 높이는 일에 애썼다. 이는 관중이 부귀를 탐낸 것이 아니라면 반드시 어리석어서 나라를 다스리는 법술을 알지 못한

것이다. 그래서 '관중의 행동은 잘못된 것이고, 소략은 그릇되게 칭찬
했다'고 말하는 것이다."

[9] 한(韓)나라 선왕(宣王)[6]이 대부인 규류(樛留)에게 물었다.

"내가 공중(公仲)과 공숙(公叔)을 함께 기용하고 싶은데, 그래도 되
겠는가?"

규류가 대답했다.

"옛날 위(魏)나라는 누비(樓鼻)와 적강(翟強)을 함께 기용했다가 서
하(西河)를 잃었고, 초나라는 소해휼(昭奚恤)과 경사(景舍)를 함께 기용
했다가 언(鄢)과 영(郢) 땅을 잃었습니다. 이제 군주께서 공중과 공숙을
함께 기용하신다면, 반드시 권력 다툼을 벌이면서 외국과 거래하려 할
것입니다. 그렇게 되면 반드시 나라의 우환이 될 것입니다."

어떤 사람이 말했다.

"옛날 제나라 환공은 관중과 포숙을 함께 기용했고, 상나라 탕왕은
이윤과 중훼(仲虺)를 함께 기용했다. 무릇 두 명의 신하를 함께 기용하
는 것이 나라의 우환이 된다면, 환공은 패업을 이루지 못했고 탕왕은
왕업을 이루지 못했을 것이다. 제나라 민왕은 요치 한 사람을 기용했
음에도 동묘(東廟)[7]에서 죽임을 당했고, 조나라 무령왕은 이태 한 명을
기용했음에도 굶어서 죽었다. 군주가 법술을 터득했다면, 두 명을 기용
하더라도 우환이 되지 않는다. 그러나 법술을 터득하지 못했다면, 두
명을 기용하면 권력 다툼을 벌이면서 외국과 거래할 것이고 한 명을 기
용하면 전횡을 일삼으며 군주를 겁박하거나 시해한다. 이제 규류는 법
술로써 군주를 바르게 이끌지 못하고 두 명의 신하를 기용하지 말고

---

6) 선혜왕(宣惠王)이라고도 한다.
7) 제나라의 종묘다.

한 명만 쓰라고 하니, 서하나 언, 영 땅을 잃는 우환이 생기지는 않겠지
만 반드시 군주가 죽임을 당하거나 굶어죽는 우환이 생길 것이다. 규류
는 군주에게 제대로 말하지 못했으니 '말을 안다'고 할 수 없다."

난이(難二),
통치의 어려움 2

[1] 제나라 경공(景公)이 안영(晏嬰)의 집에 들러 말했다.

"그대의 집은 작고 시장이 가깝소. 그대의 집을 예장(豫章)¹⁾의 원림으로 옮겨주겠소."

안영이 두 번 절하고 사양하며 말했다.

"아무래도 저의 집은 가난해서 시장에 기대 먹고삽니다. 아침저녁으로 다녀야 하기 때문에 멀어서는 안 됩니다."

경공이 웃으며 말했다.

"그대의 집이 시장과 가깝다면, 무엇이 비싸고 싼지를 알겠구려?"

당시 경공은 자주 처형을 했는데, 안영이 이렇게 대답했다.

"발꿈치를 잘리는 월형(刖刑)을 받은 사람이 신는 신발은 비싸고, 여느 신발은 쌉니다."

"어째서 그렇소?"

"형벌이 많기 때문입니다."

---

1) 원래는 녹나무를 뜻하지만, 여기서는 경공의 원림(園林)을 가리킨다.

경공이 놀라 안색을 바꾸며 말했다.

"과인이 그토록 포악했던 거요?"

이에 형벌을 다섯 단계 낮추었다.

어떤 사람이 말했다.

"안영이 월형을 받은 사람이 신는 신발은 비싸다고 한 것은 실제 그러해서 말한 게 아니다. 번다한 형벌을 그치게 하려고 꾸며서 말한 것이다. 이는 정치의 본질을 살피지 못해서 지은 허물이다. 무릇 형벌은 정당하게 집행된다면 많아도 많다고 할 수 없고, 부당하게 집행된다면 적어도 적다고 할 수 없다. 부당한 것에 대해 간언하지 않고 너무 많다고만 한 것은 법술을 터득하지 못한 탓이다.

싸움에서 패해 도망가는 군사는 백 명을 베든 천 명을 베든 도망가는 것을 멈추게 하지 못한다. 난세에 정치를 할 때는 그 형벌을 다 쓰지 못할까 걱정스러울 정도가 되어도 간사한 짓이 여전히 다 없어지지 않는다. 이제 안영은 정당한지 부당한지를 살피지 않고 너무 많다는 것만 이야기했으니, 허망한 말이 아니겠는가?

무릇 논밭의 잡초를 아까워해서 뽑지 않는다면 벼이삭은 줄어들고, 도적들에게 은혜를 베풀면 선량한 백성이 상한다. 이제 형벌을 느슨하게 하고 은혜를 너그럽게 베풀면 간사한 자들에게 이롭고 착한 사람들에게는 해롭다. 이는 나라를 다스리는 길이 아니다."

[2] 제나라 환공이 술을 마시고 잔뜩 취해서 관을 잃어버렸다. 이를 부끄럽게 여겨 사흘 동안 조정에 나가지 않았다. 관중이 말했다.

"이는 나라를 다스리는 군주에게는 수치가 아닙니다. 군주는 어찌하여 바른 정치로써 이 수치를 씻으려 하지 않으십니까?"

환공이 말했다.

"참 좋은 말이오."

곧 창고를 열어 빈궁한 자들에게 곡식을 내리고, 감옥을 살펴 죄가 가벼운 자는 풀어주었다. 사흘 뒤, 백성들이 노래했다.

"군주께서는 어찌 다시 관을 잃어버리지 않으실까?"

어떤 사람이 말했다.

"관중은 소인의 수준에서 환공의 수치를 씻어주기는 했지만, 오히려 군자의 수준에서는 환공에게 또 다른 수치를 안겨주었다. 환공이 창고를 열어 빈궁한 자들에게 곡식을 내리고 감옥을 살펴 죄가 가벼운 자를 풀어주게 한 것은 의로운 일이 아니며, 따라서 수치를 씻었다고 할 수 없다. 그것이 의로운 일이라고 한다면 환공은 의로움을 묵혀 두었다가 관을 잃어버린 뒤에야 실행한 셈이니, 이는 환공이 의로움을 실행한 것이 관을 잃었기 때문이 아닌가! 이는 비록 소인의 수준에서는 관을 잃어버린 수치를 씻었다고 할 수 있으나, 군자의 수준에서는 의로움을 내버려두었다는 수치를 드러낸 꼴이다.

또 창고를 열어 빈궁한 자들에게 곡식을 내린 일은 공이 없는 자에게 상을 준 셈이고, 감옥을 살펴 죄가 가벼운 자를 풀어준 것은 잘못한 자를 벌주지 않은 셈이다. 무릇 공이 없는 자에게 상을 주면 백성들은 요행에 기대어 하는 일 없이 군주에게 바라고, 잘못한 자를 벌주지 않으면 백성들은 징계를 받지 않을 줄 알고 쉽게 그릇된 짓을 하게 된다. 이것은 나라를 어지럽히는 근본이다. 그러니 어찌 수치를 씻었다고 할 수 있겠는가?"

[3] 옛날 주나라 문왕이 우(盂) 땅을 침략하고 거(莒)나라와 싸워 이기고 풍(酆) 땅을 빼앗았다. 세 번에나 군사를 일으키자, 폭군 주(紂)가 그를 미워했다. 이에 문왕은 두려워하며 낙수(洛水) 서쪽의 사방 1천

리 되는 비옥한 땅을 바칠 터이니 포락(炮烙)²⁾의 형벌을 없애달라고 청
했다. 천하 사람들이 모두 기뻐했다. 공자가 이를 전해 듣고 말했다.

"어질구나, 문왕이여! 천 리의 땅을 가벼이 여기고 포락의 형벌을 없
애달라고 했으니. 지혜롭구나, 문왕이여! 천 리의 땅을 내놓고 천하 사
람들의 마음을 얻었으니."

어떤 사람이 말했다.

"공자가 문왕을 지혜롭다고 말한 것은 참으로 잘못이 아니겠는가?
무릇 지혜로운 자는 화난이 닥칠 것을 미리 알고 피하는 사람이다. 그
래서 그 몸에 우환이 미치지 않는다. 문왕이 주에게서 미움을 받은 까
닭이 인심을 얻지 못했기 때문인가? 그렇다면 인심을 얻어서 그 미움
을 풀면 된다. 본래 주는 문왕이 인심을 크게 얻었기 때문에 미워한 것
인데, 이제 다시 땅을 가벼이 여겨서 인심을 얻는 것은 더욱더 의심을
사는 짓이다. 그가 족쇄에 채워져서 유리(羑里)에 갇힌 것도 참으로 당
연하다. 정장자(鄭長者)가 말했다.

'도를 체득한 사람은 억지로 하지도 않고 드러내지도 않는다.'

이는 그때 문왕에게 딱 들어맞는 말이다. 남이 의심하지 않게 해야
한다. 공자가 문왕을 지혜롭다고 한 말은 이에 미치지 못한다."

[4] 진(晉)나라 평공(平公)이 숙향에게 물었다.

"옛날에 제나라 환공은 아홉 번 제후들을 규합하여 천하를 단번에
바로잡았소. 이는 신하의 힘 때문이오, 군주의 힘 때문이오?"

숙향이 대답했다.

"관중은 옷감을 잘 마름질하고 빈서무(賓胥無)는 잘 자르고 꿰매며
습붕(隰朋)은 가장자리를 잘 꾸며서 옷을 완성했습니다. 군주는 입기

---

2) 기름을 칠한 기둥을 불 위에 가로질러 놓고 죄인이 그 위로 건너가게 한 형벌이다.

만 하면 되었습니다. 이는 신하의 힘이니, 군주에게 무슨 힘이 있겠습니까?"

사광이 거문고에 엎드린 채 웃었다. 평공이 물었다.

"태사는 어째서 웃는 거요?"

사광이 대답했다.

"신은 숙향의 대답을 듣고 웃었습니다. 무릇 신하된 자는 다섯 가지 맛을 조화시킨 음식을 만들어 군주에게 올리는 요리사와 같습니다. 군주가 먹지 않는다면, 누가 억지로 먹게 하겠습니까? 비유를 들어보겠습니다. 군주는 땅이고, 신하는 초목입니다. 반드시 땅이 기름진 뒤에야 초목이 크게 자랍니다. 이는 군주의 힘이니, 신하에게 무슨 힘이 있겠습니까?"

어떤 사람이 말했다.

"숙향과 사광의 대답은 모두 치우쳤다. 무릇 천하를 단번에 바로잡고 여러 제후들을 아홉 번 규합한 것은 참으로 대단한 일이다. 이는 군주의 힘만도 아니고 또 신하의 힘만도 아니다. 옛날 궁지기(宮之奇)가 우(虞)나라에, 희부기(僖負羈)가 조(曹)나라에 있을 때, 두 사람은 지혜로워서 말을 하면 일에 맞았고 행동하면 공을 이루었다. 그럼에도 우나라와 조나라가 모두 망한 것은 무엇 때문인가? 유능한 신하는 있었으나 현명한 군주가 없었기 때문이다. 또 백리해(百里奚)[3]가 우(于)나라[4]에 있을 때는 우나라가 망했으나, 진(秦)나라에 있을 때는 진나라가 패자(覇者)가 되었다. 이는 백리해가 우나라에 있을 때는 어리석었고 진나라에 있을 때는 지혜로웠기 때문이 아니다. 현명한 군주가 있느냐 없느냐에 따른 것이었다.

---

3) 원문에는 '건숙(蹇叔)'으로 되어 있으나, 문맥상으로는 '백리해'로 보는 것이 적절하다.

4) 우(虞)나라를 가리킨다.

이제 숙향은 '신하의 힘이다'라고 말했는데, 이는 옳지 못하다. 옛날 제나라 환공은 궁중에 두 곳의 저잣거리를 두고 부인들이 사는 거처를 2백 곳이나 두었다. 머리를 풀어 헤친 채 부인들에게 달려가 즐겼으나, 관중을 얻은 덕분에 춘추시대의 다섯 패자 가운데 으뜸이 되었다. 관중이 죽은 뒤에 수조(豎刁)를 등용한 탓에 죽임을 당하고 또 주검에서 나온 구더기가 문 밖으로 나올 때까지 장례도 치러지지 못했다. 신하의 힘 때문이 아니었다고 한다면 관중을 얻었더라도 패자가 되지 못했을 것이고, 군주의 힘 때문이었다면 수조를 등용했더라도 어지러워지지 않았을 것이다. 옛날 진나라 문공은 제나라 공녀(公女)에게 빠져 진나라로 돌아갈 것을 잊었다. 구범(咎犯)이 간절하게 간언했기 때문에 진나라로 돌아올 수 있었다. 그러므로 환공은 관중 덕분에 제후들을 규합했고, 문공은 구범이 있어서 패자가 되었다. 그런데도 사광은 '군주의 힘이다'라고 말했으니, 이 또한 옳지 못하다. 무릇 다섯 패자가 천하에 공명을 이룰 수 있었던 것은 군주와 신하의 힘이 아울러 갖추어졌기 때문이다. 그래서 '숙향과 사광의 대답은 모두 치우쳤다'고 말한 것이다."

[5] 제나라 환공 때 진(晉)나라에서 손님이 왔다. 담당 관리가 예우를 어떻게 해야 할지 물으니, 환공은 "중보에게 묻고 처리하라"는 말을 세 번이나 했다. 그러자 곁에 있던 광대가 웃으며 말했다.

"군주 노릇하기 참 쉽구나! 첫째도 중보라 하고, 둘째도 중보라 하니."

환공이 말했다.

"내가 들으니, '군주는 사람을 찾는 데까지는 힘들지만, 그 사람을 부릴 때는 편안하다'고 했다. 나는 중보를 얻기까지 꽤 힘들었다. 그러니 중보를 얻은 뒤에 어찌 쉽지 않겠는가!"

어떤 사람이 말했다.

"환공이 광대에게 한 대답은 군주로서 할 말이 아니다. 환공은 군주가 사람을 찾는 데까지는 힘들다고 했는데, 어찌 사람을 찾는 일이 힘들겠는가? 이윤(伊尹)은 스스로 숙수(熟手)가 되어 탕왕에게 벼슬을 구했고, 백리해는 스스로 종이 되어 목공에게 벼슬을 구했다. 종이 되는 것은 치욕이고, 숙수가 되는 것은 수치다. 두 사람이 수치와 치욕을 무릅쓰고 군주를 만나려 한 것은 현자로서 세상이 아주 걱정되었기 때문이다. 그렇다면 군주는 현자를 물리치지만 않으면 되니, 현자를 찾는 일이 군주의 어려움이 되지는 않는다. 또 관직은 현자를 임용하기 위한 방편이고, 작위와 녹봉은 공로에 대해 상 주기 위한 수단이다. 관직을 마련하고 작위와 녹봉을 벌여놓으면 유능한 선비는 저절로 이르는데, 군주가 무슨 힘이 들겠는가?

또 사람을 부리는 일은 편안하지 않다. 군주는 사람을 부릴 때 반드시 법도를 기준으로 하고 그 말과 실적을 대조해야 하며, 그 일이 법도에 맞으면 실행하고 법도에 맞지 않으면 제지하며, 공적이 말한 것과 맞으면 상을 주고 말한 것과 맞지 않으면 벌을 내린다. 이렇게 그 말과 실적을 대조함으로써 신하를 다루고 법도를 기준으로 아랫사람을 잡도리하는 일은 버려둘 수 없는데, 어찌 군주 노릇이 편안하겠는가?

사람을 찾는 일이 힘들지 않고 사람을 부리는 일은 편안하지 않은데도 환공은 '군주는 사람을 찾는 데까지는 힘들지만, 그 사람을 부릴 때는 편안하다'고 했는데, 그렇지 않다. 환공이 관중을 얻은 일도 어렵지 않았다. 관중은 자신이 모시던 주군을 위해 죽지 않고 적이었던 환공에게 갔으며, 포숙은 관직을 가볍게 여기고 능력 있는 관중에게 양보하여 그를 재상에 임명하게 했으니, 환공이 관중을 얻은 일도 어렵지 않았음이 분명하다.

그러나 관중을 얻은 뒤라고 해서 어찌 쉬웠겠는가? 관중은 주공(周公) 단(旦)이 아니다. 주공 단은 7년 동안 섭정을 하다가 성왕(成王)이

장성하자 정권을 돌려주었다. 천하를 차지하려는 속셈을 가진 적이 없이 그저 맡은 직책을 다한 것이었다. 어린 군주의 자리를 빼앗아 천하를 차지하려고 하지 않는 자라면 반드시 죽은 군주를 배신하거나 그 원수를 섬기는 짓을 하지 않을 것이고, 죽은 군주를 배신하거나 그 원수를 섬기는 자라면 반드시 어린 군주의 자리를 빼앗아 천하를 차지하는 일을 어렵지 않게 여길 것이며, 어린 군주의 자리를 빼앗아 천하를 차지하는 짓을 어렵지 않게 여기는 자라면 반드시 그 군주의 나라를 빼앗는 일도 어렵지 않게 여길 것이다.

관중은 본래 공자 규(糾)의 신하였다. 그는 규를 위해 환공을 죽이려 했으나 그렇게 하지 못했고, 주군이 죽자 환공의 신하가 되었다. 나아가고 물러감에 있어 관중의 선택은 주공 단과 같지 않았으므로 그가 현명한지는 아직 알 수가 없다. 만약 관중이 뛰어난 현자였다면, 탕왕이나 무왕이 되려고 했을 것이다. 탕왕과 무왕은 본래 걸(桀)과 주(紂)의 신하였으나, 걸과 주가 난폭하게 굴자 탕왕과 무왕이 보위를 빼앗았다. 이제 환공이 윗자리에 편안하게 앉아 있지만 이는 걸이나 주와 같이 행동하면서 탕왕이나 무왕 위에 앉아 있는 것과 같으니, 환공으로서는 위태로웠다.

만약 관중이 못난 사람이었다면 강씨의 제나라를 빼앗은 전상(田常)이 되었을 것이다. 전상은 제나라 간공(簡公)의 신하였으나 그 군주를 죽이고 자리를 빼앗았다. 이제 환공이 관중의 윗자리에 편안하게 앉아 있지만 이는 간공처럼 편안하게 전상의 윗자리에 앉아 있는 것과 같으니, 이 또한 환공으로서는 위태로웠다.

관중이 주공 단과 다르다는 것은 분명하다. 다만 그가 탕왕이나 무왕의 길을 걸을지 전상의 길을 걸을지 알 수가 없었을 뿐이다. 탕왕이나 무왕의 길을 걸었다면 환공은 걸이나 주처럼 위태로웠을 것이고, 전상의 길을 걸었다면 환공은 간공처럼 반역을 당했을 것이다. 그러니 관중을 얻은 뒤에 환공이 어찌 편안했다고 할 수 있겠는가?

만일 환공이 관중을 임명하면서 그가 자신을 속이지 않을 것이라는 것을 반드시 알았다고 한다면, 이는 군주를 속이지 않는 신하를 알아본 것이다. 그런데 군주를 속이지 않는 신하를 알아보았다고 하더라도 이제 환공은 관중에게 맡긴 전권을 수조와 역아에게 빌려주었다가 굶어 죽고 주검에서 나온 구더기가 문 밖으로 나오도록 장례도 치러지지 못했으니, 환공은 신하가 군주를 속일지 속이지 않을지를 알지 못했던 게 분명하다. 그럼에도 그런 신하를 임용하여 전권을 맡겼으니, 이 때문에 '환공은 어리석은 군주다'라고 말하는 것이다."

[6] 이극(李克)이 중산(中山)을 다스릴 때, 고형(苦陘)의 수령이 회계 보고를 하는데 수입이 많았다. 이극이 말했다.

"말이 막힘이 없으면 듣기에는 좋으나 의로움에서 벗어나면 '번드레한 말'이라 하고, 산림과 연못, 골짜기가 윤택한 데 따른 이로움이 없는데도 수입이 많으면 '부정한 재화'라고 한다. 군주는 번드레한 말을 듣지 않고 부정한 재화를 받지 않는다. 그대는 잠시 그 자리를 그만두라."

어떤 사람이 말했다.

"이극은 논리를 세워 '말이 막힘이 없으면 듣기에는 좋으나 의로움에서 벗어나면 번드레한 말이라 한다'고 했다. 막힘이 없다는 것은 말하는 사람의 일이고, 듣기에 좋다는 것은 듣는 사람의 일이다. 말하는 사람은 듣는 사람이 아니다. 이른바 '의로움에서 벗어난다'는 것은 듣는 사람을 가리키는 것이 아니고 들은 말의 내용을 가리킨다. 듣는 사람은 소인이 아니면 군자다. 소인은 의로움을 따르지 않으므로 결코 의로운 말인지 헤아릴 수 없고, 군자는 의로움을 따르므로 듣기에 좋은 것을 그다지 탐탁하게 여기지 않는다. 그러니 '말이 막힘이 없으면 듣기에는 좋으나 의로움에서 벗어난다'는 말은 꼭 이치에 맞는 것은 아니다.

수입이 많은 것을 부정한 재화라 했는데, 널리 통용될 수 없는 말이다. 이극은 간사한 짓을 일찌감치 금하지 못하고 회계 보고를 할 때까지 기다렸으니, 이는 허물을 부추긴 셈이다. 수입이 많아지는 까닭을 알아내는 법술을 몰랐기 때문이다. 풍년으로 수입이 많아지기도 하는데, 그때는 수입이 갑절이 되어도 이상할 게 없다.

농사를 지을 때 음양의 조화에 맞게 삼가서 하고 나무를 심을 때 사계절에 맞게 해서 빠르거나 늦는 실수도 없고 추위나 더위에 따른 재해도 없게 한다면, 수입이 많아진다. 작은 걸 얻으려고 큰일을 헤살하지 않고 사사로운 욕심으로 해야 할 일을 해치지 않으면서 남자는 농사에 힘을 다하고 부인은 길쌈에 힘쓰면, 수입이 많아진다. 가축 기르는 법을 궁리하고 토질이 알맞은가 살펴서 육축(六畜)[5]이 잘 자라고 오곡이 늘어나면, 수입이 많아진다. 도량을 명확하게 하고 지형을 살펴 배와 수레, 기계 따위를 이용하여 힘은 적게 들이고 성과를 크게 하면, 수입이 많아진다. 상인들이 시장과 관문, 교량 등을 통행하는 데 편리하게 해주어 남는 재화가 모자라는 곳으로 갈 수 있게 하여 먼 곳의 상인이 와서 머물고 외국의 재화가 모여들며 재물의 쓰임새가 오달지고 입고 먹는 일에 절도가 있으며 살 집과 기구들을 넉넉하게 대주고 노리개나 노름 따위에 빠지지 않으면, 수입이 많아진다.

이렇게 수입이 많아지는 것은 사람의 힘으로 되는 일이다. 자연의 힘으로도 그럴 수 있으니, 비바람이 때맞게 오고 추위와 더위가 알맞으면 땅을 더 넓히지 않아도 풍년이 들어, 수입이 많아진다. 사람의 일과 자연의 도움 두 가지는 모두 수입이 많아지게 해준다. 반드시 산림과 연못, 골짜기가 윤택하여 이로움이 있어야 하는 것은 아니다. 그러니 '산림과 연못, 골짜기가 윤택한 데 따른 이로움이 없는데도 수입이 많으면 부정한 재화라고 한다'는 것은 법술을 터득하지 못한 말이다."

---

5) 소·말·돼지·양·개·닭 등을 가리킨다.

[7] 조나라 간자(簡子)가 위(衛)나라 도성의 성곽을 포위했을 때, 소가죽으로 만든 크고 작은 방패들을 세우고 화살이나 돌이 미치지 못하는 곳에서 북을 쳤다. 그러나 병사들은 떨쳐 일어나지 않았다. 간자는 북채를 내던지며 탄식했다.

"아, 나의 병사들이 지치고 말았구나!"

행인(行人)[6]인 촉과(燭過)가 투구를 벗고 대꾸했다.

"신이 들으니, '군주에게 능력이 없을 뿐이지, 병사들이 지친 것은 아니다'라고 했습니다. 옛날 선군이신 헌공(獻公)께서는 열일곱 나라를 병합하고 서른여덟 나라를 정복하였으며, 열두 번 싸워 모두 이겼습니다. 이는 백성들의 힘입니다. 헌공이 돌아가시고 혜공(惠公)이 즉위했으나, 음란하고 난폭하면서 여색을 탐하자 진(秦)나라 군대가 마음 놓고 침략해서 도성인 강(絳)에서 17리 되는 곳까지 들이닥쳤습니다. 이 또한 백성들의 힘입니다. 혜공이 돌아가시고 문공(文公)이 보위에 오르자 위(衛)나라를 포위해 업(鄴) 땅을 빼앗고 성복(城濮)의 싸움에서는 초나라 군사를 다섯 번이나 무찔러 그 명성을 천하에 드날렸습니다. 이 또한 백성들의 힘입니다. 그러니 군주에게 능력이 없을 뿐이지, 병사들이 지친 것은 아닙니다."

간자는 곧 크고 작은 방패들을 거두고는 화살과 돌이 미치는 곳에 서서 북을 쳤고, 병사들은 이 기세를 타고 싸워서 크게 이겼다. 간자가 말했다.

"혁거(革車)[7] 1천 대를 얻는 것보다 행인인 촉과의 한마디 말이 더 낫구나!"

어떤 사람이 말했다.

---

6) 본래는 외빈을 접대하는 관리였으나, 여기서는 군주를 모시는 시종을 가리킨다.
7) 가죽을 씌운 전투용 마차를 가리킨다.

"행인 촉과의 말에는 근거가 없다. 같은 백성들을 쓰고도 혜공은 패배하고 문공은 패자가 되었다고 말했을 뿐이니, 사람을 쓰는 방법에 대해서는 언급하지 않았다. 간자가 얼른 방패들을 거둘 수는 없었다. 무릇 어버이가 포위되었을 때 화살과 돌을 가벼이 여기며 뚫고 나아가는 것은 효자가 어버이를 사랑하기 때문이다. 그러나 어버이를 사랑하는 효자는 백에 한 명 정도다. 지금 간자는 제 몸을 위험한 곳에 두면 백성들이 더욱 힘내 싸울 것이라 여겼는데, 이는 백성들의 자식인 군사들이 마치 효자가 어버이를 사랑하는 것처럼 군주를 대해주리라 여긴 것이다. 이는 행인이 속인 것이다. 이익을 좋아하고 손해를 싫어하는 것은 사람들의 일반적인 성향이다. 상이 두텁고 믿을 만하면 적을 가볍게 여기고, 형벌이 무겁고 반드시 시행되면 도망치지 않는다. 고상한 행동으로 군주를 위해 목숨을 바치는 자는 수백 명에 한 명 있을까 말까다. 이익을 기꺼워하고 죄를 무서워하지 않는 사람은 없다. 뭇 사람을 거느리면서 그렇게 하지 않을 수 없는 법도를 따르지 않고 백에 하나 있을까 말까 하는 덕행을 말했으니, 행인은 뭇 사람을 쓰는 방도를 알지 못하는 자다."

38장

난삼(難三),
통치의 어려움 3

[1] 노나라 목공(穆公)이 자사(子思)에게 물었다.

"방간씨의 자식이 불효자라고 들었는데, 그 행실이 어떠하오?"

자사가 대답했다.

"군자는 현자를 존중하여 덕을 높이고 착한 이를 써서 백성들에게 드러내 보입니다. 남의 잘못된 행동 따위는 소인이나 아는 것이어서 저는 알지 못합니다."

자사가 나가고 자복려백(子服厲伯)이 들어왔다. 목공이 방간의 자식에 대해 물으니, 자복려백이 대답했다.

"그의 허물은 세 가지인데, 군주께서는 아직 들어보지 못한 것들입니다."

이때부터 목공은 자사를 귀하게 여기고 자복려백을 천하게 여겼다.

어떤 사람이 말했다.

"노나라 공실이 3대에 걸쳐 계씨(季氏)에게 겁박을 당한 것도 당연하지 않은가! 현명한 군주는 착한 이를 찾아내서 상을 주고 간사한 자를

431

찾아내서 처벌하는데, 대상만 다르고 찾아내는 일은 똑같다. 그러므로 착한 이에 대해 듣고 전하는 자는 착함을 좋아하는 것이 군주와 같은 자고, 간사한 자에 대해 듣고 전하는 자는 간사함을 미워하는 것이 군주와 같은 자다. 이는 마땅히 상을 주고 칭찬해야 한다. 간사한 자에 대해 전하지 않는 자는 군주와 호오가 다르고 아래로 간사한 자들과 패거리를 짓는 자다. 이는 마땅히 비난하고 처벌해야 한다.

이제 자사가 남의 잘못을 알고도 말하지 않았는데 목공은 그를 귀하게 여겼고, 자복려백은 간사한 자에 대해 알려주었음에도 목공은 그를 천하게 여겼다. 사람의 마음이란 본래 귀하게 여겨지는 것을 좋아하고 천하게 여겨지는 것을 싫어한다. 그런데 계씨의 반란이 무르익도록 아무도 군주에게 전하지 않았으니, 이것이 노나라 군주가 겁박을 당한 까닭이다. 게다가 이는 군주를 망치는 풍속인데 공자의 고향 추(鄒)와 노나라 도성 곡부(曲阜)의 백성들이 스스로 찬미하고 목공도 홀로 귀하게 여겼으니, 이야말로 본말이 뒤집혀진 일이 아닌가?"

[2] 진나라 문공이 망명길에 나설 즈음, 부친 헌공(獻公)이 환관 피(披)를 시켜 포성(蒲城)의 중이(重耳)[1]를 치게 했다. 피는 중이를 쳤으나 소맷자락만 베었고, 문공은 적(翟) 땅으로 달아났다. 헌공이 죽고 혜공(惠公)이 즉위하자 다시 명을 받아 혜두(惠竇)로 가서 중이를 쳤으나, 뜻을 이루지 못했다. 문공이 마침내 귀국해 즉위했을 때, 피가 알현하고자 청했다. 문공이 사람을 시켜 물었다.

"포성에서 나를 공격했을 때 헌공이 하루 뒤에 치라고 명령했는데도 너는 그날로 왔고, 혜두에서 공격했을 때는 혜공이 사흘 뒤에 치라고 명령했는데도 너는 하루 만에 와서 쳤다. 어째서 그렇게 서둘렀는가?"

피가 대답했다.

---

1) 문공이 즉위하기 전의 이름이다.

"군주의 명령은 오직 하나입니다. 군주가 미워하는 자를 없앨 때는 감당하지 못할까 두려울 뿐입니다. 포성에 있는 사람이든 적 땅에 있는 사람이든 저에게 무슨 상관이 있겠습니까? 이제 공께서 즉위하셨는데, 저 포성이나 적 땅의 일은 없지 않겠습니까? 또 제나라 환공은 자신의 허리띠에 화살을 쏜 관중을 재상으로 삼기까지 했습니다."

문공은 곧 그를 만나보았다.

어떤 사람이 말했다.

"제나라와 진(晉)나라의 제사가 끊긴 것[2]도 마땅하지 않은가! 제나라 환공은 관중의 능력을 써서 관중이 자신의 허리띠를 쏜 원한을 잊었고, 진나라 문공은 환관인 피의 말을 받아들여 자신의 소맷자락을 벤 죄를 묻지 않았으니, 환공과 문공은 명석하여 두 사람을 용서할 수 있었다. 그러나 후대의 군주들은 환공과 문공만큼 명석하지 못했고, 후세의 신하들은 관중이나 피만큼 현명하지 못했다.

불충한 신하가 명석하지 못한 군주를 섬길 때, 군주가 신하의 불충을 알지 못하면 연(燕)나라의 장수 공손조(公孫操)[3]나 제나라의 자한(子罕) 및 전상(田常)과 같은 역적이 나타나 보위를 빼앗을 것이고, 군주가 신하의 불충을 잘 알고 있으면 관중과 피처럼 스스로 해명할 것이다. 그런데 군주가 불충한 신하를 반드시 죽이지 않고 스스로 환공이나 문공과 같은 덕을 지녔다고 여긴다면, 신하가 원수인데도 명석하게 살필 수 없게 된다. 또 신하에게 많은 권한을 넘겨주고는 스스로 현명하다고 여기며 경계하지 않는다면, 이로 말미암아 후사가 끊어지더라도 옳지 않겠는가?

---

2) 강씨의 제나라를 전씨(田氏)가 빼앗고, 진(晉)나라가 대부 가문이었던 한씨·위씨·조씨 등에 의해 멸망하고 한·위·조 세 나라로 쪼개진 일을 가리킨다. 특히 진나라가 삼분된 기원전 403년을 전국시대의 시작으로 보는 견해가 많다.
3) 공손조는 군주인 연나라 혜왕(惠王)을 시해했다.

　또 환관 피의 말은 군주의 명령이 오직 하나임을 나타낸 것이니, 이
는 군주에 대한 절개다. '죽은 군주가 다시 살아나더라도 부끄럽지 않
는 신하라야 절개를 지켰다고 할 수 있다.' 이제 혜공이 아침에 죽자 저
녁에 문공을 섬겼으니, 환관 피가 말한 '오직 하나다'는 대체 무얼 말한
것인가?"

　[3] 어떤 사람이 제나라 환공에게 수수께끼를 냈다.
　"첫째 재난, 둘째 재난, 셋째 재난은 무엇입니까?"
　환공이 대답하지 못하고 관중에게 물었다. 관중이 대답했다.
　"첫째 재난은 광대를 가까이하고 선비를 멀리하는 일이며, 둘째 재
난은 도성을 떠나 바닷가로 자주 가는 일이며, 셋째 재난은 군주가 늙
어 뒤늦게 태자를 세우는 일입니다."
　"좋은 말이오."
　그리고는 좋은 날을 가릴 틈도 없이 태자를 세우고 종묘에서 의식을
행하였다.

　어떤 사람이 말했다.
　"관중은 수수께끼를 제대로 풀지 못했다. 선비의 기용은 군주와 가
까우냐 머냐에 달려 있지 않다. 또 광대나 배우는 본래 군주가 함께 즐
기는 자다. 그렇다면 광대를 가까이하고 선비를 멀리하면서 다스려도
재난이 되지 않는다. 무릇 권세 있는 자리에 있으면서 그 권세를 제대
로 쓰지 못하고 도성을 떠나 유람하지 못하는 것은 혼자 힘으로 온 나
라를 잡도리하려 했기 때문이다. 혼자 힘으로 온 나라를 잡도리하려고
하면 거의 감당하지 못한다. 만약 군주가 명석해서 먼 곳의 간사함을
환히 알고 은미한 것을 꿰뚫어보아 반드시 명령이 실행되도록 한다면,
비록 멀리 바닷가에 가 있더라도 도성에서는 아무런 변란도 일어나지
않을 것이다. 그렇다면 군주가 도성을 떠나 바닷가로 가더라도 위협을

받거나 죽임을 당하지 않을 것이니, 이는 재난이 되지 않는다.

초나라 성왕(成王)은 상신(商臣)을 태자로 삼았다가 다시 공자 직(職)으로 바꾸려 했다. 이에 상신은 난을 일으켜 마침내 성왕을 시해했다. 공자 재(宰)는 서주(西周)의 태자였으나, 공자 근(根)이 군주의 총애를 받더니 끝내 동주(東周)[4]에서 반란을 일으켜 나라가 둘로 쪼개졌다. 이는 모두 태자를 늦게 세웠기 때문에 일어난 일이 아니다. 무릇 권세를 둘로 나누어서 주지 않고 서자를 낮추며 총애를 빙자하여 권세를 부리지 못하게 하면, 비록 그들이 대신의 지위에 있고 늦게 태자를 세우더라도 괜찮다. 그렇다면 태자를 늦게 세우더라도 서자가 난을 일으키지 않을 것이니, 이 또한 재난이 되지 못한다.

어렵다고 할 만한 일이 셋 있다. 다른 사람에게 권세를 빌려주고 그가 자신에게 침해하지 못하도록 하는 것이 첫째 어려움이다. 후궁을 높이더라도 왕후와 맞먹도록 하지 않는 것이 둘째 어려움이다. 서자를 사랑하더라도 적자를 위태롭게 하지 않고 한 신하의 의견만 들어 군주와 감히 겨루지 않도록 하는 것, 이것을 셋째 어려움이라 할 만하다."

[4] 섭공(葉公) 자고(子高)가 공자에게 정치에 대해 묻자, 공자가 대답했다.

"정치는 가까이 있는 사람을 기쁘게 해주고 멀리 있는 사람을 오게 하는 데 있습니다."

애공(哀公)이 공자에게 정치에 대해 묻자, 공자가 대답했다.

"정치는 현명한 사람을 가려 쓰는 데 있습니다."

제나라 경공(景公)이 공자에게 정치에 대해 묻자, 공자가 대답했다.

"정치는 재물을 알맞게 쓰는 데 있습니다."

세 명의 군주가 나가자, 자공(子貢)이 물었다.

---

4) 원문은 '동주(東州)'로 되어 있으나, 동주(東周)로 번역했다.

"세 명의 군주가 선생님께 하나같이 정치에 대해 물었는데, 선생님의 대답은 같지 않았습니다. 무슨 까닭입니까?"

공자가 말했다.

"섭공의 봉읍(封邑)은 크고 도성은 작으며 백성들에게는 배반하려는 마음이 있었다. 그래서 '정치는 가까이 있는 사람을 기쁘게 해주고 멀리 있는 사람을 오게 하는 데 있다'고 말한 것이다. 노나라 애공에게는 맹손, 숙손, 계손 세 대신이 있어 밖으로 제후나 사방의 선비들을 막고 안으로는 패거리를 지어 군주를 명청하게 만들며 종묘도 청소하지 못하게 하고 사직단에 제사도 지내지 못하게 하니, 반드시 이 세 대신들 때문이다. 그래서 '정치는 현자를 가려 쓰는 데 있다'고 말한 것이다. 제나라 경공은 옹문(雍門)[5]을 높이 쌓고 화려한 정전(正殿)을 짓고 하루아침에 전차 3백 대의 영지를 세 번이나 하사했다. 그래서 '정치는 재물을 알맞게 쓰는 데 있다'고 말한 것이다."

어떤 사람이 말했다.

"공자의 대답은 나라를 망치는 말이다. 섭 땅의 백성들에게 배반하려는 마음이 있었다고 해서 '가까이 있는 사람을 기쁘게 해주고 멀리 있는 사람을 오게 해야 한다'고 말하는 것은 백성들에게 그저 은혜를 바라도록 만드는 꼴이다. 은혜를 베푸는 것으로 정치를 한다면 아무런 공이 없는 자가 상을 받고 죄를 지은 자가 벌을 면하게 되니, 이것이 법이 무너지는 이유다. 법이 무너지면 정치가 어지러워지는데, 어지러운 정치로 등을 돌린 백성을 다스린 경우는 아직 본 적이 없다. 또 백성들에게 배반하려는 마음이 있는 것은 군주의 총명이 미치지 못하는 곳이 있다는 뜻이다. 섭공의 총명을 일깨워주지 않고 '가까이 있는 사람을 기쁘게 해주고 멀리 있는 사람을 오게 해야 한다'고 말한 것은 금령을

---

5) 제나라 도성의 서쪽에 축조한 성.

内릴 권세는 버려둔 채 아래로 은혜를 베풀어서 백성들이 서로 다투게 만드는 꼴이니, 이는 권세를 유지해나가는 방도가 아니다.

무릇 요 임금의 현명함은 요, 순, 우왕, 탕왕, 주나라 문왕과 무왕 등 여섯 왕들 가운데 으뜸이다. 순 임금은 거처를 옮길 때마다 고을을 이루었으므로 결국 요 임금은 천하를 잃게 되었다. 이제 군주가 법술로써 신하를 제어하지도 못하면서 순 임금을 본뜨기만 하면 백성들을 잃지 않으리라 믿고 있으니, 이 또한 법술이 없는 것이 아니겠는가?

현명한 군주는 작은 간사함이 은미할 때 이미 꿰뚫어보므로 백성들이 큰 배반을 꾀하지 못하고, 자잘한 죄라도 반드시 처벌하므로 백성들이 큰 변란을 일으키지 못한다. 이것이 '어려운 일은 쉬운 데서 도모하고, 큰일은 자잘한 데서 먼저 한다'고 하는 것이다. 이제 공을 세운 자가 반드시 상을 받게 되면, 상을 받은 자는 군주의 은혜 덕분이라 하지 않고 자신의 힘으로 이룬 것이라 여긴다. 죄를 지은 자가 반드시 처벌을 받게 되면, 처벌을 받은 자는 군주를 원망하지 않고 자신이 저지른 죄 때문이라 여긴다.

백성들이 상과 벌은 모두 자신의 행위에서 비롯된다는 것을 알게 되면 일을 통해 공을 이루고 이익을 얻으려 애쓰지, 군주에게 빌붙어서 은혜를 받으려 하지 않는다. '최고의 군주는 어리석은 백성이 군주가 있다는 것만 알게 한다'[6]는 말이 있는데, 이는 최고의 군주가 다스리는 어리석은 백성은 그런 은혜에 기뻐하지 않는다는 뜻이다. 그러니 어찌 은혜로써 백성들을 품을 수 있겠는가? 뛰어난 군주의 백성들은 이해관계에 휘둘리지 않으므로 '가까이 있는 사람을 기쁘게 해주고 멀리 있는 사람을 오게 해야 한다'는 말 또한 타당하지 않다.

애공에게는 맹손, 숙손, 계손 세 권신이 있어 밖으로는 현자가 군주

6) "太上, 下智有之." 『도덕경』 17장에 나오는 말이다.

437

에게 다가가지 못하도록 가로막고 안으로는 패거리를 지어 군주를 멍청하게 만들기 때문에 공자는 '현명한 자를 가려 써야 한다'고 말했다. 이는 공적을 평가해서 쓰라는 게 아니라 군주가 현명하다고 여기는 자를 뽑으라는 것이다. 만일 세 권신이 밖으로는 현자를 가로막고 안으로는 패거리를 짓는다는 사실을 애공이 알았다면, 세 권신은 단 하루도 조정에 설 수 없었을 것이다. 애공은 현명한 자를 가려 쓸 줄을 모른 채 그저 현자라고 여기는 자를 뽑아 썼다. 그래서 세 권신이 정사를 마음대로 휘둘렀던 것이다.

연나라의 왕 쾌(噲)는 재상인 자지(子之)를 현명하다고 여기고 손경(孫卿)[7] 같은 이를 배척했기 때문에 죽임을 당하고 치욕을 당했다. 오나라 왕 부차(夫差)도 태재(太宰) 백비(伯嚭)를 현명하다고 여기고 멍청하게도 오자서를 알아보지 못했기 때문에 월나라에 멸망당했다. 노나라 애공은 현자를 결코 알아보지 못하는데도 공자는 현자를 가려 뽑으라고 말했으니, 이는 애공에게 부차나 연나라 왕 쾌와 같은 우환을 겪으라고 한 셈이다.

현명한 군주는 제 깜냥으로 신하를 기용하지 않고 신하들이 서로 추천하게 하며, 스스로 공적을 세우려 애쓰지 않고 공적이 저절로 따라오게 한다. 잘 따져보고 일을 맡기며, 시험적으로 일을 해보게 해서 그 공적을 평가한다. 그러므로 신하들은 공명정대하고 사사로움이 없으며, 현자를 숨기지 않고 못난 자를 추천하지 않는다. 이렇게 되면 군주가 어찌 현자를 가려 뽑는 일로 고생하겠는가?

제나라 경공이 전차 백 대의 영지를 하사하였으므로 공자는 '재물은 알맞게 써야 한다'고 말했다. 이는 경공에게 법술을 써서 부유하더라도 사치하지 않도록 일깨운 것이 아니라 군주 홀로 아껴 쓰게 한 것이니,

---

7) 손경은 대개 순자(荀子)를 일컫는데, 순자는 연나라 왕 쾌의 시대에는 아주 어린 나이였으므로 맞지 않다. 아마도 순자 같은 학자를 가리킨 듯하다.

가난을 벗어날 수 없다. 어떤 군주가 사방 천 리가 되는 영토에서 나오는 수입으로 제 입과 배를 채운다면, 그 사치에는 하나라의 걸(桀)이나 상나라의 주(紂)라도 미치지 못한다. 이제 제나라는 사방이 3천 리나 되는데, 환공은 거기서 나오는 수입의 절반을 자신에게 썼다. 이는 걸이나 주보다 더 사치한 것이다. 그럼에도 그가 춘추오패 가운데 으뜸이 된 것은 사치할 데와 검약할 데를 분별할 줄 알았기 때문이다.

군주가 되어 신하를 누르지 못하면서 자신을 누르는 것을 '겁먹었다'고 하고, 신하를 바로잡지 못하면서 자신을 바로잡는 것을 '어지럽다'고 하며, 신하가 절약하게 하지 못하면서 자신이 절약하는 것을 '가난하다'고 한다. 현명한 군주는 사람들이 사사로운 마음을 먹지 못하게 하고 또 속여서 녹봉을 먹는 짓을 금하며, 있는 힘을 다해 일하게 하면서 그 이익을 군주에게 돌리는 자는 반드시 알려지게 하고 알려진 자는 반드시 포상하며, 부정한 짓으로 사적인 이익을 챙기는 자는 반드시 알려지게 하고 알려진 자는 반드시 처벌한다. 그런 까닭에 충신은 나라를 위해 충성을 다하고, 백성과 선비들은 집안을 위해 힘을 다하며, 모든 관리들은 군주를 위해 정성을 다하게 된다. 이렇게 되면 제나라 경공보다 더 사치를 부려도 나라의 우환이 되지 않는다. 그러므로 공자가 '재물은 알맞게 써야 한다'고 한 말은 그다지 급하게 할 게 아니었다.

섭공, 애공, 경공 세 명의 군주가 환란을 당하지 않을 수 있었던 일에 대한 대답을 한 마디로 줄이면 '아랫사람을 잘 안다'는 것이다. 아랫사람을 분명하게 알면 일이 미미할 때 미리 막을 수 있고, 미미할 때 막으면 간사한 일이 쌓이지 않고, 간사한 일이 쌓이지 않으면 배신할 마음을 품지 않는다. 아랫사람을 분명하게 알면 공과 사가 분명해지고, 공과 사가 분명해지면 붕당이 흩어지고, 붕당이 흩어지면 밖으로 현자를 가로막고 안으로 패거리를 짓는 우환이 없어진다. 아랫사람을 분명하게 알면 사물을 보는 눈이 명료해지고, 사물을 보는 눈이 명료해지면

439

상벌이 공정해지고, 상벌이 공정해지면 나라는 가난해지지 않는다. 그러므로 '세 군주에게 환란이 없는 이유를 한 마디 대답으로 하자면, 아랫사람을 아는 것이다'라고 말한 것이다."

[5] 정나라 자산(子産)이 새벽에 집을 나서 동장(東匠)이라는 마을을 지날 때, 어떤 부인이 곡하는 소리를 듣고는 마부의 손을 지그시 눌러 수레를 멈추게 하고서 가만히 귀를 기울였다. 잠시 뒤에 관리를 보내 그녀를 잡아들여 물었더니, 남편을 목 졸라 죽인 여인이었다. 어느 날, 마부가 물었다.

"대인께서는 어떻게 아셨습니까?"

자산이 대답했다.

"곡소리에 두려움이 실려 있었다. 무릇 사람은 가깝고 사랑하는 사람이 병들면 걱정하고, 죽을 지경에 이르면 두려워하며, 끝내 죽으면 슬퍼하는 법이다. 그런데 남편이 이미 죽었는데도 곡소리에는 슬픔이 없고 두려움이 있었으니, 이것으로 간사한 짓을 저지른 줄 알았다."

어떤 사람이 말했다.

"자산의 다스림 또한 번거롭지 않은가? 간사한 일에 대해 반드시 자신의 귀로 듣고 눈으로 본 뒤에야 알아낸다면, 정나라에서는 간사한 자가 붙잡히는 일이 매우 적을 것이다. 송사를 담당하는 관리에게 맡기지 않고 사실을 조사하여 증거를 살피지 않으며 법도로써 분명하게 재지 않은 채, 자신의 총명을 믿고 힘들여 지식과 사려를 짜내 간사함을 알아내려 하니, 이 또한 법술이 없는 게 아니겠는가?

무릇 세상에는 사물은 많고 지식은 적은데, 적은 것으로 많은 것을 이기지 못하고 지식으로는 사물들을 두루 알아낼 수 없다. 그래서 사물로써 사물을 다스리는 것이다. 아래로 신하는 많고 위로 군주는 적으니, 적은 수로 많은 수를 이기지 못하고 군주 홀로 신하들을 두루 알 수는 없다. 그래서 사람을 통해 사람을 알고 다스리는 것이다. 이렇게 하면 몸을 힘들게 하지 않아도 정사는 다스려지고, 지식과 사려를 쓰지 않아도 간사한 짓을 알아낼 수 있다. 그러므로 송나라 사람이 이렇게 말했다. '명궁인 예(羿) 앞으로 참새가 지나갈 때마다 예가 반드시 잡는다고 한다면, 이는 헛짓이다. 온 천하에 그물을 친다면, 놓치는 참새가 없을 것이다.'

간사한 짓을 알아내는 데 있어서도 이런 커다란 그물이 있다면, 간사한 자를 한 명도 놓치는 일이 없을 것이다. 자산은 이렇게 할 수 있는 조리(條理)를 닦지 않고 자신의 머리에서 나온 생각을 예의 활과 화살처럼 썼으니, 이는 자산의 헛짓이다. 노자는 '지식으로써 나라를 다스리는 자는 나라의 도적이다'[8]라고 말했는데, 이는 자산을 두고 한 말이다."

[6] 진(秦)나라 소왕(昭王)[9]이 측근들에게 물었다.

"요즘 한(韓)나라와 위(魏)나라는 예전보다 강해졌는가?"

측근들이 대답했다.

"예전보다 약해졌습니다."

"지금 한나라를 섬기는 여이(如耳)와 위나라의 재상인 위제(魏齊)는 저 옛날의 맹상(孟常)과 망묘(芒卯)와 견주면 어떠한가?"

"미치지 못합니다."

"맹상과 망묘는 강한 한나라와 위나라를 이끌면서도 과인을 어찌할 수 없지 않았는가?"

"정말 그랬습니다."

---

8) "以智治國, 國之賊也."
9) 흔히 소양왕(昭襄王)이라고 부른다.

이때 중기(中期)가 거문고를 밀치며 대답했다.

"왕께서 천하의 정세를 그렇게 판단하시는 것은 잘못입니다. 춘추시대 여섯 대부가 다스리던 진(晉)나라 때 지백씨가 가장 강했는데, 범씨와 중항씨를 멸망시키고 이어 한씨와 위씨의 군사를 이끌고 조씨를 쳤습니다. 조씨의 도성인 진양 주변을 흐르던 진수(晉水)의 물을 끌어 성안으로 흘려보냈습니다. 성이 아직 여섯 자 정도밖에 잠기지 않았을 때, 지백이 밖으로 나와 위선자(魏宣子)가 모는 수레에 한강자(韓康子)와 함께 타게 되었습니다. 그때 지백이 말했습니다. '처음에 나는 물로써 남의 나라를 멸망시키리라고는 생각하지 못했는데, 이제야 알겠소. 분수(汾水)로 위씨의 안읍(安邑)을 잠기게 하고 강수(絳水)로 한씨의 평양(平陽)을 잠기게 할 수 있다는 것을 말이오.' 이 말을 듣고 위선자는 한강자의 팔꿈치를 쳤고, 한강자는 위선자의 발을 지그시 밟았습니다. 수레 위에서 팔꿈치와 발로 뜻을 전하자, 지백씨는 진양성 아래에서 죽고 그 영토는 셋으로 쪼개졌습니다. 지금 군주께서 비록 강하다고는 하지만, 아직 저 지백씨 정도는 아닙니다. 한나라와 위나라가 비록 약하다고는 하지만, 지백씨에 의해서 진양성 아래로 갔을 때 정도는 아닙니다. 이제 천하의 제후들이 바야흐로 팔꿈치와 발을 쓰려 하고 있습니다. 부디 왕께서는 쉽게 생각하지 마십시오."

어떤 사람이 말했다.

"소왕의 물음도 잘못됐고, 측근과 중기의 대답도 잘못됐다. 무릇 현명한 군주는 나라를 다스릴 때 모든 일을 권세에 맡긴다. 소왕의 권세가 손상되지 않으면, 천하의 어떤 강한 나라도 진나라를 어찌할 수가 없다. 하물며 맹상과 망묘, 한나라와 위나라가 어찌할 수 있겠는가? 그러나 군주의 권세가 손상되면, 여이나 위제 같은 못난 자나 지금의 한나라나 위나라 같은 나라들도 진나라를 침해할 수 있다. 그렇다면 침해를 받을지 받지 않을지는 모두 자신을 믿느냐에 달려 있을 뿐이다.

그러니 무슨 물음이 또 필요하겠는가? 자신을 믿는다면 침해받지 않을 터이니, 적국이 강한지 약한지 따위를 가릴 필요가 있겠는가? 소왕의 잘못은 자신을 믿지 못하면서 어떻게 해야 할지 물은 데에 있으니, 침략당하지 않은 것만도 다행이다. 신불해는 '법술은 놓아두고 믿을 만한 말을 구했으니, 이렇게 되면 미혹된다'고 말했는데, 이는 소왕을 두고 한 말이다.

지백은 법술을 몰라 한강자와 위선자를 앞에 두고 물로써 두 나라를 멸망시키려는 속내를 드러냈다. 이것이 지백이 나라를 잃고 제 몸은 죽임을 당한 원인이며, 두개골은 술잔이 된 이유였다.[10] 그런데도 이제 소왕은 한나라와 위나라가 예전보다 강해졌는지를 물었는데, 이는 물로써 공격할지 모른다고 두려워했기 때문인가?

또 소왕의 측근들은 한나라와 위나라의 두 군주가 아닌데, 어찌 팔꿈치와 발로써 신호를 보내는 짓을 하겠는가? 그런데도 중기는 '쉽게 생각하지 마십시오'라고 말했으니, 이는 헛된 말이다. 또 중기가 맡은 일은 거문고를 타는 것이다. 거문고 줄이 제대로 조율되었는지, 줄을 제대로 튕겨 가락이 분명한지를 살피는 것이 중기의 일이다. 이것이 중기가 소왕을 섬기는 이유다. 중기는 맡은 일을 잘 해내 소왕을 흐뭇하게 해주지 않은 적이 없다. 그런데도 잘 알지도 못하는 것을 말했으니, 어찌 망령된 짓이 아니겠는가? 측근들이 '예전보다 약해졌습니다'라고 한 대답이나 '미치지 못합니다'라고 한 대답은 그런대로 봐줄 수 있다. 그러나 '정말 그랬습니다'라고 말한 것은 알랑거린 짓이다. 신불해는 '일에서는 제 직분을 넘지 말고, 알더라도 말하지 말라'고 했다. 지금 중기는 알지도 못하면서 말을 했다. 그래서 '소왕의 물음도 잘못됐고, 측근과 중기의 대답도 잘못됐다'고 말한 것이다."

---

10) 한씨와 위씨가 지백씨에게 등을 돌리고 조씨와 합세하여 지백을 죽였는데, 조씨가 지백이 침략한 데 대해 분노하여 그 두개골로 술잔을 만들었다.

[7] 관자(管子)가 말했다.

"옳다고 보았거든 기꺼워하며 상을 내려야 하고, 옳지 못하다고 보았거든 꺼리면서 벌을 내려야 한다. 드러난 일에 따라서 상과 벌을 실행한다면, 드러나지 않는 곳에선들 감히 함부로 하겠는가? 옳다고 보았으면서도 기꺼워하기만 하고 상을 내리지 않으며, 옳지 못하다고 보았으면서도 꺼리기만 하고 벌을 내리지 않는 경우가 있다. 드러난 일에 대해서도 상과 벌을 실행하지 않는다면, 드러나지 않는 곳에서 잘 하기를 바라더라도 그렇게 될 수가 없다."

어떤 사람이 말했다.

"넓은 조정이나 위엄 있는 곳에서는 사람들이 엄숙해지기 마련이고, 연회가 열린 곳이나 홀로 있는 데서는 증삼(曾參)이나 사추(史鰌) 같은 사람도 풀어지게 마련이다. 사람이 엄숙하게 행동하는 것만 보아서는 그 행동의 실상을 알지 못한다. 게다가 군주 앞에서 신하들은 자신의 행동을 꾸미기 마련이다. 군주가 드러난 것만 보고 좋아하거나 싫어하게 되면, 신하들은 간사한 짓을 꾸미면서 반드시 군주를 속인다. 군주의 총명이 먼 데서 벌어지는 간사한 짓을 알지 못하고 가까운 데서 은밀하게 벌어지는 짓들을 보지 못하면서 겉으로 꾸민 행동만 보고서 상과 벌을 정한다면, 이는 눈과 귀가 가려진 것이나 다름없다."

[8] 관자가 말했다.

"방에서 말을 하면 방 안 사람들이 다 따르고, 집에서 말을 하면 집 안 사람들이 다 따르니, 그런 이를 '천하의 왕'이라 한다."

어떤 사람이 말했다.

"관중이 '방에서 말을 하면 방 안 사람들이 다 따르고, 집에서 말을 하면 집 안 사람들이 다 따른다'고 한 말은 결코 놀거나 음식을 먹는 상황을 두고 한 말은 아니고, 반드시 큰일을 두고 한 말일 것이다. 군주에게 큰일이라면 법(法)이 아니면 술(術)이다. 법이란 도판이나 죽간에 새겨 묶어서 관청에 비치하고 백성들에게 널리 알리는 것이다. 술이란 마음속에 갈무리해 두었다가 갖가지 실마리와 맞추어가면서 신하들을 가만히 제어하는 것이다. 그러므로 법은 드러낼수록 좋은 것이고, 술은 드러내지 않을수록 좋은 것이다. 이런 까닭에 현명한 군주가 법을 말하면 나라 안의 비천한 사람들까지 모르는 자가 없게 되니, 집 안 사람들만 따르는 것으로 그치지 않는다. 또 술을 쓰면 가까이 아끼는 자들이든 측근에 있는 자들이든 따르지 않는 이가 없게 하니, 방 안 사람들만 따르는 것이 아니다. 그런데도 관중은 '방에서 말을 하면 방 안 사람들이 다 따르고, 집에서 말을 하면 집 안 사람들이 다 따른다'고 말했으니, 이는 법술을 터득한 자의 말이 아니다."

39장

난사(難四),
통치의 어려움 4

[1] 위(衛)나라의 손문자(孫文子)가 노나라에 사절로 갔다. 노나라 군주가 계단을 오르면 그도 계단을 올랐다. 숙손목자(叔孫穆子)가 종종 걸음으로 나아가 말했다.

"제후들의 모임에서 우리 군주가 위나라 군주 뒤에 선 적이 없었소. 이제 그대는 우리 군주보다 한 계단 뒤에서 따라가지 않고 있고, 우리 군주는 그대의 허물을 아직 알지 못하고 있소. 그대는 좀 뒤떨어져 오르시오."

손문자는 대답도 하지 않고 또 뉘우치는 기색도 없었다. 숙손목자는 물러나오자 사람들에게 말했다.

"손문자는 반드시 망할 것이다. 신하이면서 군주 뒤에 서려고 하지 않고, 허물을 짓고도 고치려 하지 않으니, 이는 망하는 뿌리다."

어떤 사람이 말했다.

"천자가 정도를 잃으면 제후가 그를 정벌한다. 그러므로 탕왕과 무왕이 있었다. 제후가 정도를 잃으면 대부가 그를 정벌한다. 그러므로 제나라와 진(晉)나라가 있었다.[1] 신하로서 군주를 정벌하는 자가 반드시 망한다면, 탕왕과 무왕도 왕이 되지 못했고 진나라의 대부였던 한씨·위씨·조씨, 제나라의 대부였던 전씨도 나라를 세우지 못했을 것이다. 손문자는 위나라에서 군주에 버금가는 존재였으므로 노나라의 군주에게 신하의 예의를 지키지 않았는데, 이는 신하가 군주 노릇을 한 셈이다. 군주가 권세를 잃었기 때문에 신하가 권세를 얻은 것이다.

숙손목자는 권세를 잃은 군주에 대해 '망할 것이다'라고 말하지 않고 권세를 얻은 신하에 대해 '망할 것이다'라고 말했는데, 이는 제대로 살피지 못한 탓이다. 노나라는 힘이 약해 위나라 대부를 벌주지 못했고, 위나라 군주는 허물을 고치지 않는 신하를 알지 못했다. 손문자가 비록 이 두 가지 허물을 저질렀어도 어찌 그것으로 망하겠는가? 손문자가 잃은 것 없이 권세를 얻을 수 있었던 것은 위나라 군주 덕분이다."

또 어떤 사람이 말했다.

"신하와 군주의 관계는 본분에 따른다. 신하가 군주의 자리를 빼앗을 수 있는 것은 권세가 그 쪽으로 쏠렸기 때문이다. 그래서 그럴 처지가 아닌데도 자리를 차지하면 백성들이 다시 빼앗고, 그럴 처지인데도 사양하다 차지하면 백성들이 준 셈이다. 이런 까닭에 폭군 걸(桀)이 민산(岷山)의 미녀를 찾고 폭군 주(紂)가 비간(比干)의 심장을 쪼개자 천하 사람들이 떨어져 나갔으며, 탕왕이 이름을 바꾸고 무왕이 스스로 굴욕을 당하자 세상 사람들이 모두 복종했다. 조훤(趙咺)은 산으로 달아났고 전성자(田成子)는 다른 나라로 갔으나, 제나라와 진(晉)나라 백성들은 그들을 따랐다. 그렇다면 탕왕과 무왕이 왕자가 되고 제나라의 전씨와 진나라의 세 대부가 설 수 있었던 것은 꼭 군주의 신분으로써

---

1) 춘추시대에 제나라는 대부 전상(田常)이 강씨의 제나라를 빼앗고, 진나라는 대부 가문인 한씨·위씨·조씨 등이 나라를 셋으로 쪼개 나누어 가졌다.

한 것이 아니라 권세를 얻은 뒤에 군주의 자리를 차지한 것이다. 이제 손문자는 그 자리를 얻을 만한 것이 없는데도 그 자리에 오른 것처럼 행세했다. 이는 의리를 거꾸러뜨리고 덕을 어그러뜨리는 짓이다. 의리를 거꾸러뜨리면 일은 실패하고, 덕을 어그러뜨리면 원망이 모여든다. 그런데도 실패하고 망하는 원인을 살피지 않는 까닭은 무엇인가?"

[2] 노나라의 양호(陽虎)가 삼환씨(三桓氏)[2]를 공격하려다가 이기지 못하고 제나라로 달아났는데, 제나라 경공(景公)은 그를 예우했다. 대부 포문자(鮑文子)가 간언했다.

"안 됩니다. 양호는 본래 계손씨(季孫氏)의 총애를 받았던 자였음에도 계손씨를 치려고 한 것은 그 부유함을 탐했기 때문입니다. 이제 군주께서는 계손씨보다 부유하고 제나라는 노나라보다 크니, 양호는 온갖 속임수를 다 쓸 것입니다."

경공은 곧 양호를 잡아 가두었다.

어떤 사람이 말했다.

"천금을 가진 집안의 자식은 어질지 못한데, 이는 잇속을 챙기기에 급급했기 때문이다. 제나라 환공은 춘추오패 가운데 으뜸인데, 나라를 다투다 형을 죽인 것은 그 이익이 막대했기 때문이다. 신하와 군주 사이는 형제만큼 친밀하지 않다. 그러니 군주를 협박하고 시해한 공적으로 전차 만 대의 대국을 제압하여 큰 이익을 누릴 수 있다면, 신하들 가운데 누가 양호처럼 하지 않겠는가?

일이란 은밀하고 교묘해야 성공하고, 엉성하고 졸렬하면 실패한다. 신하들이 아직 난을 일으키지 않은 것은 준비가 채 되지 않았기 때문

---

2) 노나라의 실권을 쥐고 있던 맹손씨·숙손씨·계손씨를 이른다. 이들은 노나라 환공(桓公)에서 갈라져 나왔기 때문에 '삼환씨'라 불렸다.

이다. 신하들 모두 양호와 같은 마음을 품고 있는데도 군주가 이를 모르고 있다면, 이는 은밀하고도 교묘한 것이다. 양호가 천하 사람들에게 탐욕스런 자로 알려져 있음에도 주군을 치려고 한 것은 엉성하고도 졸렬한 것이다. 그런데도 경공에게 저 졸렬한 양호를 처벌하라고 권했으니, 이는 포문자의 주장이 잘못된 것이다.

신하가 충성하느냐 속이느냐는 군주에게 달려 있다. 군주가 총명하고 엄정하면 신하들은 충성하고, 군주가 나약하고 어리석으면 신하들은 속이려 든다. 은미할 때 알아채는 것을 총명하다고 하고, 함부로 용서하지 않는 것을 엄정하다고 한다. 제나라 안의 교묘한 신하는 알아보지 못하고 노나라에서 난을 일으킨 자를 처벌하려 하니, 이 또한 허망한 짓이 아닌가?"

또 어떤 사람이 말했다.

"어짊과 탐욕은 동시에 가질 수 없는 마음이다. 그래서 공자 목이(目夷)는 송나라를 사양했으나 초나라의 상신(商臣)은 부왕을 시해했고, 정(鄭)나라 거질(去疾)은 아우에게 보위를 물려주었으나 노나라 환공(桓公)은 형인 은공(隱公)을 시해했다. 춘추오패는 힘으로 다른 나라를 병합했는데, 제나라 환공의 일을 기준으로 다른 사람을 평가한다면 세상에 곧고 깨끗한 사람은 없을 것이다.

군주가 총명하고 엄정하다면 신하들은 충성한다. 양호는 노나라에서 난을 일으켰다가 실패하자 달아나 제나라로 갔으나 처벌을 받지 않았으니, 이는 난을 일으킨 자를 받아들인 것이다. 군주가 총명하다면 베어 죽였을 것인데, 그래야만 양호가 난을 일으킬 수 없음을 알았기 때문이다. 이것이 은미할 때 실정을 알아채는 것이다. '제후는 나라를 가지고 친교를 맺는다'는 말이 전한다. 군주가 엄정하다면 양호의 죄를 그대로 놓아두지 않았을 것이니, 이것이 함부로 용서하지 않는 것이다.

양호를 처벌하는 것이 신하들이 충성하도록 만드는 길이다. 그림에

도 제나라 안의 간교한 신하들을 알아내지 못하고 또 명백하게 드러
난 죄를 처벌하지 않으며, 아직 일어나지 않은 죄를 꾸짖으면서도 명명
백백한 죄를 처벌하지 않으니, 이는 허망한 짓이다. 이제 양호가 노나
라에서 지은 죄를 처벌하여 신하들이 품고 있는 간사한 마음을 두렵게
만든다면, 계손씨·맹손씨·숙손씨 등과 친해질 수 있었다. 그러니 포
문자의 주장을 무엇으로 뒤집을 수 있겠는가?"

[3] 정나라 장공(莊公)이 고거미(高渠彌)를 경으로 삼으려 하자,
태자 홀(忽)이 그를 미워하여 굳이 말렸으나 장공은 듣지 않았다. 그
후 홀이 소공(昭公)으로 즉위하자 고거미는 죽임을 당할까 두려워서
신묘일(辛卯日)에 소공을 시해하고 공자 단(亶)을 세웠다. 군자가 말
했다.

"소공은 미워할 사람을 알았다."

공자 어(圉)가 말했다.

"고거미는 베여 죽을 것이다. 미움에 대갚음한 게 너무 심했다."

어떤 사람이 말했다.

"공자 어는 거꾸로 말한 것이 아닌가? 소공이 재앙을 입은 것은 미
움을 갚는 게 늦었기 때문이다. 그렇다면 고거미가 소공보다 늦게 죽은
것은 미움을 갚는 게 빨랐기 때문이다. 현명한 군주는 노여움을 드러
내지 않는다. 노여움을 드러내면 신하는 자신의 죄를 두려워하여 얼른
행동해서 계책을 실행할 것이니, 그러면 군주는 위태로워진다. 위(衛)
나라 출공(出公)은 영대(靈臺)를 지어 잔치를 벌일 때, 대부 저사(褚師)
가 무례하게 굴자 성내면서도 처벌하지 않았다. 그래서 저사는 난을 일
으켰고, 출공은 망명했다. 정나라 영공(靈公)은 자라로 끓인 국을 먹을
때, 자공(子公)이 먼저 국물을 찍어 먹자 성내면서도 처벌하지 않았다.
그래서 자공이 영공을 죽였다.

군자가 '소공은 미워할 사람을 알았다'고 한 말은 심한 게 아니다. 이는 '소공이 고거미에 대해 이렇게 분명하게 알고 있었음에도 처벌하지 않았기 때문에 그 자신이 죽음에 이르렀다'는 뜻으로 한 말이다. 그러므로 '미워할 사람을 알았다'는 말은 상황에 맞게 대처할 능력이 없었음을 보인 것이다.

군주의 재앙이란 환난을 미리 꿰뚫어볼 만한 능력이 부족할 뿐만 아니라 단호하게 바로잡을 능력도 부족해서 생긴다. 이제 소공은 자신의 미움을 드러내 보이고 고거미의 죄를 알면서 처벌하지 않았으니, 이는 증오심을 품고 죽을까 두려워한 고거미가 요행을 바라게 만든 것이다. 그리하여 소공은 죽음을 면하지 못했다. 이는 소공이 미워하면서도 제대로 처벌하지 않았기 때문이다."

또 어떤 사람이 말했다.

"미워하는 자를 제대로 처벌하는 것은 곧 작은 죄에 큰 벌을 내리는 일이다. 작은 죄에 큰 벌을 내리는 것은 형벌의 극치다. 형벌을 쓸 때의 걱정은 어떻게 처벌하느냐에 있지 않고 원한을 품은 자가 많아지는 데에 있다. 이런 까닭에 진(晉)나라 여공(厲公)은 권신인 세 극씨(郤氏)를 멸망시킨 탓에 난씨(欒氏)와 중항씨(中行氏)가 난을 일으켰고, 정나라 자도(子都)³⁾는 백원(伯咺)을 죽인 탓에 식정(食鼎)의 화를 불렀으며, 오나라 왕 부차는 오자서를 죽인 탓에 월나라 왕 구천이 패업을 이루게 해주었다. 그렇다면 위나라 출공이 쫓겨나고 정나라 영공이 죽임을 당한 것은 저사를 죽이지 않아서가 아니고 자공을 처벌하지 않아서도 아니다. 성내서는 안 되는 대상에게 성난 기색을 보이고, 처벌해서는 안 되는 대상에게 처벌하려는 마음을 냈기 때문이다. 성낼 만한 죄를 지었고 처벌해도 인심을 거스른 게 아니라면, 성난 마음을 드러낸들 무슨

<hr>

3) 정나라 장공(莊公)의 아들 여공(厲公) 돌(突)을 가리킨다.

해가 되겠는가?

무릇 즉위하기 전에 지은 죄를 그대로 두었다가 즉위한 뒤에 그 묵은 죄를 처벌한다면, 제나라 호공(胡公)이 마수(馬繻)에게 죽임을 당한 것처럼 된다. 군주가 신하에게 그렇게 해도 후환이 있는데, 하물며 신하가 군주에게 그런 짓을 하면 어찌되겠는가? 처벌이 이미 부당한데도 온 마음을 다해서 처벌하려 한다면, 이는 천하 사람들과 원수를 맺는 짓이다. 그러니 죽임을 당하더라도 옳지 않겠는가?"

[4] 위(衛)나라 영공(靈公) 때 미자하(彌子瑕)가 총애를 받아 국정을 제 마음대로 했다. 어떤 광대가 영공을 알현하자 이렇게 말했다.

"저의 꿈이 맞았습니다."

영공이 물었다.

"어떤 꿈인가?"

"꿈에 아궁이를 보았는데, 군주를 뵐 조짐이었습니다."

영공이 성내며 말했다.

"군주를 만날 자는 꿈에 해를 본다고 나는 들었다. 어찌하여 과인을 만나는데 꿈에 아궁이를 보았다고 말하는가?"

"무릇 해는 천하를 두루 비추므로 한 물건이 그 빛을 가릴 수 없습니다. 군주는 온 나라를 두루 비추므로 한 사람이 막을 수는 없습니다. 그래서 군주를 뵈려면 꿈에 해를 본다고 하는 것입니다. 그러나 아궁이는 한 사람이 그 불을 쬐면 뒤에 있는 사람은 아궁이의 불을 볼 수 없습니다. 혹시 지금 한 사람이 군주 앞에서 불을 쬐고 있지 않습니까? 그렇다면 신이 꿈에 아궁이를 보았다고 해도 옳지 않겠습니까?"

"옳은 말이다."

이윽고 환관인 옹서(雍鉏)를 내치고 미자하를 물리친 뒤 사공(司空) 구(狗)를 등용했다.

어떤 사람이 말했다.

"광대는 꿈을 빌어서 군주의 도리를 잘 보여주었다. 그러나 영공은 광대의 말을 제대로 알아듣지 못했다. 옹서를 내치고 미자하를 물리친 뒤 사공 구를 등용한 것은 총애하는 자를 내치고 현명한 자를 등용한 것이다. 정나라 자도(子都)는 경건(慶建)을 현명하다고 여겨 등용했으나 오히려 자신이 가려졌고, 연나라 자쾌는 자지(子之)를 현명하다고 여겨 등용했으나 자신이 가려졌다. 대체로 총애하는 자를 내치고 현명한 자를 등용하더라도 한 사람이 아궁이를 가로막는 일을 피할 수 없다. 못난 자는 군주 앞에서 불을 쬐더라도 군주의 총명을 해치기에 부족하다. 그런데 군주가 자신의 지혜를 늘리지 않은 채 현명한 자가 자기 앞에서 불을 쬐게 한다면, 반드시 위태로워진다."

또 어떤 사람이 말했다.

"초나라 굴도(屈到)는 마름 열매를 즐겨 먹고 문왕(文王)은 창포 절임을 즐겼는데, 둘 다 흔히 먹는 맛이 아님에도 두 현자는 오히려 이를 즐겼다. 사람들이 좋아하는 것이 반드시 맛있는 것은 아니다. 진(晉)나라 영후(靈侯)는 참무휼(參無恤)[4]을 좋아하고 연나라 자쾌는 자지(子之)를 현명하다고 여겼는데, 둘 다 올바른 선비는 아니었음에도 두 군주는 그들을 존중했다. 사람들이 현명하다고 여긴다고 반드시 현명한 것은 아니다. 현명하지 않은데도 현명하다고 여겨 등용하는 것은 총애하기 때문에 등용하는 것과 같다.

참으로 현명한 자를 현명하다고 여겨서 기용하는 일은 총애하는 자를 등용하는 것과는 정황이 다르다. 그래서 초나라 장왕(莊王)은 손숙

---

4) 『춘추좌전』〈노문공 12년조〉에 나오는 범무휼(范無恤)을 말한다.

오(孫叔敖)를 기용하여 패자가 되었으나, 상신(商辛)[5]은 비중(費仲)을 등용하여 멸망했다. 이 모두 현명한 자라고 여겨 등용한 것인데, 일은 전혀 반대로 되었다. 연나라 자쾌가 비록 자지를 현명하다고 여겨서 기용했지만, 그것은 총애하는 자를 등용한 것과 똑같다.

그런데 위나라 영공은 어찌하여 그렇게 했는가? 이는 광대가 미처 알지 못했던 것이다. 영공은 처음에 가려져 있었으나 가려져 있는 줄을 몰랐다가 광대를 만난 뒤에야 자신이 가려져 있음을 알았다. 그래서 자신을 가리는 신하를 내쳤으니, 이는 지혜가 늘어난 것이다. 앞서 '군주가 자신의 지혜를 늘리지 않은 채 현명한 자가 자기 앞에서 불을 쬐게 한다면, 반드시 위태로워진다'고 말했는데, 이제 지혜가 더 늘어났다. 그렇다면 비록 누군가가 자기 앞에서 불을 쬐더라도 반드시 위태로워진다고 할 수는 없다."

---

5) 상나라의 마지막 왕인 폭군 주(紂)를 가리킨다.

40장

난세(難勢),
형세와 권세

신도(愼到)가 말했다.

"하늘을 나는 용은 구름을 타고, 하늘을 오르는 뱀은 안개 속에 노닌다. 구름이 걷히고 안개가 걷히면 용과 뱀은 지렁이나 개미와 같아지는데, 그것은 탈 것을 잃었기 때문이다. 현명한 사람이 못난 자에게 굽히는 것은 권세가 가볍고 지위가 낮기 때문이며, 못난 자가 현명한 자를 굴복시키는 것은 권세가 무겁고 지위가 높기 때문이다. 성인인 요(堯)가 한낱 필부였다면 세 사람조차 다스릴 수 없었을 것이고, 포악한 걸(桀)이라도 천자가 되었으므로 천하를 어지럽힐 수 있었다. 나는 이로써 권세와 지위는 믿을 만하지만 현명함과 지혜는 바랄 게 못 된다는 것을 알았다. 무릇 활의 힘이 약한데도 화살이 높이 올라가는 것은 바람을 탔기 때문이고, 그 자신은 못났음에도 명령이 실행되는 것은 많은 사람들의 도움을 받았기 때문이다. 요가 노예의 처지에서 가르쳤더라면 어떤 백성도 듣지 않았을 것인데, 그가 남면하여 천하의 왕 노릇을 했기에 명령을 하면 실행되고 금령을 내리면 그쳤던 것이다. 이로써 살펴보면, 현명함과 지혜로는 뭇 사람들을 복종시키기에 부족하지만,

권세와 지위가 있으면 현명한 자를 굴복시킬 수 있다."

어떤 논객이 반박했다.

"신도는 '하늘을 나는 용은 구름을 타고, 하늘을 오르는 뱀은 안개 속에 노닌다'고 했는데, 나도 용과 뱀이 구름과 안개의 형세에 기대지 않을 수 없다는 것은 인정한다. 그렇지만 현명한 자를 버려두고 오로지 권세에 기대고서 잘 다스릴 수 있을까? 나는 그러했던 예를 본 적이 없다. 무릇 구름과 안개라는 형세가 있어서 그것을 타고 노닐 수 있는 것도 용과 뱀의 재능이 뛰어나기 때문이다. 지금 구름이 뭉게뭉게 피어올라도 지렁이는 탈 수가 없고, 안개가 짙게 깔려도 개미는 노닐 수 없다. 뭉게뭉게 피어오른 구름이나 짙은 안개라는 형세가 펼쳐져도 타거나 노닐 수 없는 것은 지렁이와 개미의 재능이 보잘것없어서다. 이제 포악한 걸이나 주(紂)가 남면하여 천하의 왕 노릇을 하면서 천자라는 권세를 구름이나 안개로 삼았음에도 천하가 더없이 어지러워진 것은 걸과 주의 재능이 보잘것없어서다.

또 신도는 요 임금이 권세로써 천하를 다스렸다고 생각하는데, 그 권세는 천하를 어지럽힌 걸의 권세와 무엇이 다른가? 무릇 권세란 반드시 현명한 자라야 쓸 수 있고 못난 자는 쓸 수 없는 것이 아니다. 현명한 자가 쓰면 천하가 다스려지고, 못난 자가 쓰면 천하는 어지러워질 뿐이다. 사람의 성정을 보면 현명한 자는 적고 못난 자는 많다. 그래서 위세의 이익으로써 천하를 바로잡으려 하지만, 오히려 위세로써 천하를 어지럽히는 자가 많고 위세로써 천하를 다스리는 자는 적다.

무릇 위세는 다스리는 데에 편리하기는 하지만 어지럽히는 데에도 유리하다. 그래서 『주서(周書)』에서도 '범에게 날개를 달아줘서는 안 된다. 날개를 달아주면 마을로 날아들어 가서 사람을 골라 잡아먹는다'고 했다. 못난 자가 위세를 타게 하는 것은 범에게 날개를 달아주는 것과 같다.

걸과 주는 높은 돈대와 깊은 연못을 만들면서 백성들의 힘을 소진하고 포락(炮烙)의 형벌을 만들어 백성들의 생명을 손상시켰다. 이들이 멋대로 횡포를 부릴 수 있었던 것은 그들이 남면한 군주의 위세를 날개로 달았기 때문이다. 걸과 주가 한낱 필부에 지나지 않았다면 포악한 짓을 단 하나도 저지르지 못했을 뿐 아니라 도리어 죽임을 당했을 것이다. 이렇게 위세는 범이나 이리와 같은 사나운 마음을 길러서 난폭한 짓을 저지르게 하는 것이다. 이것이 천하의 큰 우환이다.

위세는 다스림과 어지럽힘에 대해서 본래부터 정해진 관계를 갖는 것이 아니다. 그런데도 신도는 오로지 위세로 천하를 다스릴 수 있다고 말했으니, 그의 지혜가 얄팍함을 알 수 있다.

무릇 좋은 말과 튼튼한 수레가 있더라도 종놈에게 부리게 하면 남들의 웃음거리가 되지만, 왕량(王良)이 부리면 하루에 천 리도 갈 수 있다. 이는 수레와 말이 달라서가 아니다. 누구는 천 리를 가고 누구는 웃음거리가 되는 것은 그 재주의 교묘함과 졸렬함에서 큰 차이가 나기 때문이다. 지금 보위를 수레로 삼고 권세를 말로 삼으며 호령을 고삐로 삼고 형벌을 채찍으로 삼아 요나 순에게 부리라고 하면 천하는 다스려진다. 그러나 걸이나 주가 부리면 천하는 어지러워진다. 이는 현명함과 못남에서 큰 차이가 나기 때문이다. 대개 빨리 달리고 멀리 이르고자 할 때는 왕량에게 맡기면서도 이익을 늘리고 해악을 없애려 할 때는 현명하고 재능 있는 자에게 맡길 줄을 모른다. 이는 미루어 헤아릴 줄 모르는 데서 오는 우환이다. 요와 순 또한 백성을 다스린 왕량이었다."

이에 대해 또 어떤 사람이 반박했다.

"신도가 '권세로써 관리들을 다스릴 수 있다'고 말하자 논객은 '반드시 현명한 자를 얻어야 다스릴 수 있다'고 했는데, 그렇지 않다. 권세란 이름은 하나지만 그 뜻은 여럿이다. 권세가 반드시 자연스런 형세에 관한 것이라면 권세에 대해서는 더 말할 것이 없다. 그러나 내가 말하는 권세는 사람들이 인위적으로 만든 것을 이른다. 지금 '요와 순은 권세를 얻어 다스렸고, 걸과 주는 권세를 얻어 어지럽혔다'고 말했는데, 요와 걸이 그렇지 않다고 말하려는 것은 아니다. 그렇지만 그 권세는 사람이 만든 권세를 이르는 게 아니다.

무릇 요와 순이 태어나면서 왕위에 있었다면 비록 열 명의 걸과 주가 있더라도 천하를 어지럽힐 수 없으니, 그것은 다스려질 수밖에 없는 형세이기 때문이다. 만약 걸과 주 또한 태어나면서 왕위에 있었다면 비록 열 명의 요와 순이 있더라도 역시 다스릴 수 없으니, 그것은 어지러워질 수밖에 없는 형세이기 때문이다. 그래서 '다스려질 형세면 어지럽힐 수 없고, 어지러워질 형세면 다스릴 수 없다'고 말하는 것이다. 그러나 이는 자연스런 형세를 이르는 것이지, 사람이 만든 형세를 말하는 게 아니다.

내가 말하려는 권세는 사람이 만든 형세를 이르는 것이니, 이런 형세에서라면 현자가 무슨 일을 할 수 있겠는가? 이를 무엇으로 밝히겠는가? 말하자면 어떤 장사꾼이 창과 방패를 파는 것으로 견줄 수 있다. 그 장사꾼은 방패의 견고함을 일컬으며 '세상의 어떤 것도 이 방패를 뚫을 수 없소!'라고 말하고, 잠시 뒤에 다시 창을 일컬으며 '내 창은 예리해서 뚫지 못할 것이 없소!'라고 말했다. 그러자 어떤 사람이 '그대의 창으로 그대의 방패를 찌르면, 어떻게 되는 거요?'라고 물었는데, 장사꾼은 대답할 수 없었다. 어떤 것으로도 뚫을 수 없는 방패와 어떤 것이든 뚫는 창은 명목상 양립할 수 없다. 저 현자는 이치상 위세로 억누를 수 없고, 저 권세는 이치상 억누르지 않을 수 없다. 억누를 수 없는 현자와 억누르지 않을 수 없는 권세, 이 둘은 모순 관계에 있다. 현자와 권세는 서로 받아들일 수 없는 관계라는 것 또한 분명한 일이다.

또 저 요나 순, 걸이나 주 같은 인물은 천년에 한 번 나올 뿐, 잇달아서 나오지 않는다. 세상에는 중간치 정도 되는 통치자가 끊이지 않고 나온다. 내가 말하려는 권세는 바로 이 중간치 군주를 위한 것이다. 중간치란 위로는 요나 순에 미치지 못하고 아래로는 걸이나 주가 되지 않는 군주다. 이들이 법을 쥐고 권세를 잘 지키면 다스려지고, 법을 등지고 권세를 버려두면 어지럽게 된다. 이제 권세를 버려두고 법을 등지고서 요나 순을 기다린다면, 요나 순이 나타나서 다스리더라도 그것은 천년 동안 어지럽다가 겨우 한 번 다스려지는 것뿐이다. 만약 법을 쥐고 권세를 잘 지키면서 걸이나 주를 기다린다면, 걸이나 주나 나타나 어지럽히더라도 그것은 천년 동안 다스려지다가 겨우 한 번 어지러워지는 것뿐이다. 천년 동안 잘 다스려지다가 한 번 어지러워지는 것과 한 번 다스려지고 천년 동안 어지러워지는 것, 이것은 날랜 말을 타고 서로 다른 방향으로 내달리는 것처럼 아주 동떨어진 것이다.

무릇 굽은 나무를 바로잡는 도지개와 길이와 양을 재는 척도를 버려두면, 비록 해중(奚仲) 같은 장인에게 수레를 만들게 하더라도 바퀴 하나 만들지 못한다. 포상으로 권장하거나 형벌로 위협하지 않으면서 권세를 놓아두고 법도 버려두면, 요나 순이 집집마다 다니면서 설득하고 사람마다 만나 논변하더라도 세 집조차 다스릴 수 없다. 권세를 써야만 다스려진다는 것 또한 분명하다. 그럼에도 '반드시 현자를 기다려야 다스려진다'고 말하는데, 전혀 그렇지 않다. 백 일 동안 아무것도 먹지 않으면서 맛있는 밥과 고기를 기다린다면, 굶주린 자는 살 수 없다. 지금 요나 순 같은 현자를 기다려서 당대의 백성들을 다스리려는 것은 맛있는 밥과 고기를 기다리며 굶주림을 벗어나려는 것과 같다.

또 논객은 '좋은 말과 튼튼한 수레가 있더라도 종놈에게 부리게 하면 남들의 웃음거리가 되지만, 왕량(王良)이 부리면 하루에 천 리도 갈 수 있다'고 말했는데, 나는 그렇게 생각하지 않는다. 월나라에서 혜임

을 잘 치는 사람을 맞이하여 중원의 물에 빠진 사람을 구하려 하면, 월
나라 사람이 아무리 잘 헤엄치더라도 물에 빠진 자를 구할 수 없다. 옛
날의 왕량을 기다려서 지금의 말을 몰려고 하는 것도 월나라 사람이
중원의 물에 빠진 사람을 구하려는 것과 같아서 그렇게 되지 않을 것임
은 분명하다.

좋은 말과 튼튼한 수레를 오십 리마다 하나씩 두면, 중간치 마부를
시켜 부리게 하더라도 빨리 달리고 멀리까지 이를 수 있으며 하루 만
에 천 리도 갈 수 있다. 어찌 꼭 옛날의 왕량을 기다릴 필요가 있겠는
가? 또 '왕량을 시키지 않고 반드시 종놈을 시켜 부리게 하면 실패하
고, 요나 순이 아니라 걸이나 주를 시켜 다스리게 하면 어지럽힌다'고
했는데, 이는 맛에 엿이나 꿀처럼 단 것이 아니면 씀바귀나 두루미냉
이처럼 쓴 것밖에 없다고 말하는 것과 같다. 이는 곧 쓸데없는 논변과
억지스런 언사를 거듭 쌓은 것이면서 이치를 벗어나고 현실과 동떨어
진 극단적인 의론일 뿐이다. 그러니 어찌 신도의 주장을 도리에서 벗
어난 말이라고 비난할 수 있겠는가? 논객의 의론은 신도의 것에 미치
지 못한다."

41장

문변(問辯),
논변에 대하여

어떤 사람이 물었다.
"논변은 어찌하여 생기는가?"
내가 대답했다.
"군주가 명철하지 못해서 생긴다."
"군주가 명철하지 못해서 논변이 생기는 까닭은 무엇인가?"
"현명한 군주가 다스리는 나라에서는 군주의 명령이 말 가운데서 가장 귀하고 법이 일 가운데서 가장 알맞다. 말에서는 이쪽저쪽 다 귀한 게 없고, 법에서는 둘 다 알맞다는 게 없다. 그래서 말과 행동이 법령을 따르지 않으면 반드시 금한다. 만약 법령이 없는데도 속임수에 대처하고 변화에 대응하며 이익을 창출하고 앞일을 미리 헤아리는 신하가 있다면, 군주는 반드시 그 말을 잘 가리고 그 실적을 따져봐야 한다. 말이 타당하면 큰 상을 내리고, 타당하지 않으면 무거운 벌을 내린다. 이런 까닭에 어리석은 자는 죄를 두려워해서 함부로 말하지 않고, 지혜로운 자는 그것을 시비하지 않는다. 이것이 현명한 군주가 다스리는 나라에서는 논변이 일어나지 않는 까닭이다.

그러나 어지러운 세상이면 그렇지 않다. 군주가 명령을 내리면 백성들은 옛 학설로써 비방하고, 관청에서 법을 시행하면 백성들은 사사로운 행동으로 이를 어긴다. 군주는 도리어 법령을 거둬들이고 학자들의 지혜와 행동을 높이는데, 이것이 세상에서 옛 학설을 존중하는 까닭이다.

무릇 말과 행동은 실제적인 공적이나 효과를 목표로 삼아야 한다. 뾰족한 화살을 숫돌에 잘 갈면 아무렇게나 쏘아도 그 날카로운 끝으로 가을터럭까지 맞히지 못하는 일이 없다. 그렇지만 그를 두고 명궁이라 말할 수는 없으니, 정해진 표적이 없기 때문이다. 만약 지름 다섯 치의 표적을 두고 십 보 밖에서 활을 당겨 쏠 경우, 예(羿)나 방몽(逢蒙) 같은 전설적인 명궁이 아니라면 반드시 맞히지 못한다. 그것은 정해진 표적이 있어서다. 그러므로 정해진 표적이 있으면 예나 방몽처럼 다섯 치 되는 표적을 맞히더라도 '교묘하다'고 하고, 정해진 표적이 없으면 아무렇게나 쏘아서 가을터럭을 맞히더라도 '졸렬하다'고 한다.

이제 군주가 신하의 말을 듣고 행동을 살피면서 실제적인 공적이나 효과를 목표로 삼지 않으면, 그 말이 아무리 심오하고 그 행동이 아무리 확고해도 그 말과 행동은 화살을 아무렇게나 쏜 것과 같다. 이런 까닭에 어지러운 세상에서는 남의 말을 들을 때 알기 어려우면 심오하다고 여기고 갖가지로 꾸미면 말 잘한다고 여기며, 그 행동을 살필 때 다른 사람들과 다르면 현명하다고 여기고 윗사람에게 대들면 꿋꿋하다고 여긴다. 군주도 번드레하고 심오하게 여겨지는 말을 좋아하고, 현명하고 꿋꿋한 듯 여겨지는 행동을 존중한다. 이 때문에 법술을 쓰는 사람이 아무리 해야 하거나 버려야 할 행동의 기준을 세우고 논변과 쟁론을 가리는 원칙을 밝히더라도 군주를 바로잡지 못한다. 이로 말미암아 의관을 갖춘 유자와 칼을 찬 협객은 많아지고 밭 갈며 전쟁하는 전사는 적어지며, '단단한 돌과 흰 돌은 하나가 아니며, 면적은

넓이만 있고 두께는 없다'는 따위의 궤변이 난무하고 국법과 명령은
사라진다. 그래서 '군주가 명철하지 못하면 논변이 생긴다'고 말한 것
이다."

42장

문전(問田),
군주의 자질을 묻다

서거(徐渠)가 전구(田鳩)에게 물었다.

"제가 들으니, 지혜로운 선비는 낮은 자리에서 차례로 밟아 오르지 않아도 군주에게 대우받고, 성인은 공적을 내보이지 않아도 군주에게 대접받는다고 합니다. 이제 양성(陽成)의 의거(義渠)는 총명한 장수입니다만 한낱 조장(組長)에서 출발했고, 공손단회(公孫亶回)는 뛰어난 재상입니다만 지방의 말단 관리에서 시작했습니다. 어찌된 까닭입니까?"

전구가 대답했다.

"다른 까닭이 있는 게 아니오. 군주에게는 나라를 다스리는 법도가 있고 신하를 제어하는 법술이 있기 때문이오. 또 그대는 초나라가 송고(宋觚)를 장수로 삼았다가 정치를 그르치고 위(魏)나라가 풍리(馮離)를 재상으로 삼았다가 나라를 망쳤다는 말을 듣지 못했소? 두 나라 군주는 두 사람에 대한 평판에 휘둘리고 그들의 요란한 변설에 현혹되어 조장이나 말단 관리로 시험해보지도 않았기 때문에 정치를 그르치고 나라를 망치는 재앙을 입었소. 이로써 보건대, 조장이나 말단 관리를 시켜 시험해보지 않는다면, 어찌 현명한 군주의 자질을 갖추었다고 할 수 있겠소?"

당계공(堂谿公)이 한비에게 말했다.

"제가 들으니, 예의를 지키고 사양하는 것이 몸을 온전하게 하는 술수고, 몸을 닦으며 지혜를 감추는 것이 일을 이루는 길이라고 합니다. 이제 선생은 법술을 내세우고 원칙을 세우고 있습니다만, 그게 선생의 몸을 위태롭게 하여 선생의 몸을 해치지 않을까 슬며시 걱정됩니다. 어떻게 이를 증명할까요? 선생은 술수에 대해 말하면서 '초나라는 오기를 기용하지 않아서 땅이 깎이고 나라가 어지러워졌으며, 진(秦)나라는 상앙을 등용해서 나라가 부유해지고 강해졌다. 두 사람의 주장은 모두 타당했으나, 오기는 사지가 찢겨 죽고 상앙은 수레에 온몸이 찢겨 죽었다. 이는 세상을 잘못 만나고 현명한 군주를 만나지 못해 생긴 재앙이다'라고 했습니다. 그러나 세상을 잘 만나고 현명한 군주를 만나는 일은 반드시 기약할 수 없고, 우환이나 재앙도 반드시 떨쳐낼 수 있는 게 아닙니다. 선생은 몸을 온전히 하고 일을 이루는 길은 버려두고, 위태롭고 몸을 해치는 짓을 함부로 하시니, 선생이 그렇게 하지 않으시기를 내심 바랍니다."

한비가 대답했다.

"선생의 말씀 잘 알겠습니다. 무릇 천하를 다스리는 권병이나 백성들을 가지런히 하는 법도는 다루기가 대단히 어렵습니다. 그렇지만 선왕들의 가르침을 버리고 내가 주장한 바를 하려는 것은 법술을 내세우고 원칙을 세우는 것이 백성들을 이롭게 하고 모든 사람들을 편하게 만드는 길이라 생각하기 때문입니다. 난폭한 군주나 어리석은 군주로부터 해를 입을 것도 마다하지 않고 반드시 모든 백성들을 이롭게 해주려고 하는 것이 어질고 지혜로운 행동입니다. 난폭한 군주나 어리석은 군주로부터 해를 입을까 꺼리며 죽을지도 모르는 해악을 피해서 제

몸만 온전하게 할 줄 알고 백성들의 이익을 돌아보지 않는 것은 탐욕
스럽고 비루한 짓입니다. 나는 탐욕스럽고 비루한 짓을 차마 할 수가
없고, 어질고 지혜로운 행동을 이지러뜨릴 수가 없습니다. 선생은 나에
게 호의를 가지고 계시지만, 선생의 말은 나를 크게 해칠 것입니다."

43장

정법(定法),
신불해와 상앙

묻는 자가 말했다.

"신불해와 공손앙, 이 두 학파의 주장 가운데 어느 쪽이 나라에
더 긴요합니까?"

한비가 대답했다.

"어느 쪽이라고 헤아리기 어렵다. 사람이 열흘 동안 먹지 않으면 죽
고, 한창 추위가 심할 때 옷을 입지 않아도 죽는다. 옷과 음식을 두고
어느 것이 사람에게 더 긴요하냐고 물으면, 하나도 없어서는 안 된다고
해야 옳다. 둘 다 생명을 기르는 데 필요한 것이기 때문이다. 이제 신불
해는 술(術)을 말했고, 상앙은 법(法)을 말했다. 술은 군주가 신하의 능
력에 따라 관직을 주고 신하의 건의에 따라 실적을 따지며 생살여탈권
을 쥐고 뭇 신하들의 능력에 등급을 매기는 것을 이른다. 이는 군주가
단단히 쥐고 있어야 하는 것이다. 법은 나라의 법령을 관청에 내걸고
형벌이 반드시 백성들의 마음에 새겨지게 해서 법을 삼가 지키면 상을
내리고 간사한 짓으로 어기면 벌을 내리는 것을 이른다. 이는 신하가
지켜야 하는 것이다. 군주에게 술이 없으면 윗자리에 있으면서 눈과 귀

가 가려지고, 신하에게 법이 없으면 아래에서 어지럽힌다. 어느 하나도 없어서는 안 되는 것으로, 모두 제왕이 지니고 있어야 할 도구다."

묻는 자가 말했다.

"술만 있고 법이 없거나 법만 있고 술이 없으면 옳지 않다고 하는데, 왜 그렇습니까?"

한비가 대답했다.

"신불해는 한(韓)나라 소후(昭侯)를 보좌했다. 한나라는 진(晉)나라에서 쪼개져 나온 나라다. 옛 진나라의 법이 아직 끊어지지 않았음에도 한나라의 새 법이 만들어지고, 옛 진나라 군주들의 명령이 아직 거두어지지 않았음에도 한나라 군주의 명령이 또 내려졌다. 신불해는 그 법을 장악하지 못하고 법령을 하나로 통합하지 못해 간사한 일이 많이 생겼다. 이는 이익이 옛 법령에 있으면 옛것을 따르고, 이익이 새 법령에 있으면 새것을 따랐기 때문이다. 또 옛것과 새것이 서로 반대되고 앞의 것과 뒤의 것이 서로 엇갈리면, 신불해가 비록 소후에게 술을 쓰도록 열 배나 노력해도 간사한 신하들은 여전히 궤변을 늘어놓으며 속일 수가 있었던 것이다. 전차 만 대를 가진 굳센 한나라에 몸을 맡겨 70년이 되었으나 군주를 패왕(覇王)으로 만들지 못한 것은 위에서 군주가 술을 썼음에도 관리들이 법을 삼가 지키지 않았기 때문에 생긴 재앙이다.

상앙은 진나라를 다스리면서 백성들이 서로 감시하고 고발하게 만들어 실질을 추구했고, 열 집 또는 다섯 집을 묶어서 죄를 함께 지도록 하며 상은 확실히 두텁게 내리고 벌은 반드시 엄하게 내렸다. 이런 까닭에 백성들은 쉬지도 않고 힘써 일했으며, 적을 쫓다가 위험에 빠져도 물러나지 않았다. 이렇게 해서 나라는 부유해지고 군대는 강성해졌다. 그러나 술로써 간사한 신하를 알아보지 못하면 그 부강함도 신하들의 밑천이 될 뿐이다.

효공과 상앙이 죽고 혜문왕(惠文王)이 즉위했을 때 진나라의 법은 아직 무너지지 않았음에도 장의가 진나라를 희생시키며 한(韓)나라와 위(魏)나라로부터 이득을 취했고, 혜문왕이 죽고 무왕(武王)이 즉위하자 감무(甘茂)가 진나라를 희생시키며 주 왕실로부터 이득을 취했다. 무왕이 죽고 소양왕(昭襄王)이 즉위하자 양후(穰侯) 위염(魏冉)이 한나라와 위나라를 건너뛰고 멀리 동쪽의 제나라를 쳤는데, 5년 동안 진나라는 한 자의 땅도 얻지 못했음에도 양후는 도(陶) 땅을 봉읍으로 받았다. 그 뒤에 응후(應侯)는 한나라를 8년 동안 공격해 여남(汝南) 땅을 봉읍으로 받아 성을 쌓았다. 이 뒤로 진나라에 등용된 자들은 모두 응후나 양후와 같은 부류였다. 그래서 전쟁에서 이기면 대신들만 존귀해지고, 늘어나는 건 대신들의 사사로운 봉읍이었다. 군주에게 간사한 신하를 알아볼 술이 없었기 때문이다.

상앙이 비록 열 번이나 법을 바로잡아도 신하들은 도리어 그것을 제 밑천으로 삼았다. 그러했기 때문에 부강해진 진나라가 수십 년이 지나도록 제왕의 대업을 이루지 못했던 것이다. 이는 법이 관리들이 삼가고 힘쓰도록 하지 못한 데다 군주가 위에서 신하들을 제어할 술을 갖추지 못해서 생긴 우환이다."

묻는 자가 말했다.

"군주가 신불해의 술을 쓰고 관리가 상앙의 법을 실행하면 되겠습니까?"

한비가 대답했다.

"신불해의 술도 미진하고, 상앙의 법도 미진하다. 신불해는 '관리는 일을 처리할 때 제 직분을 넘지 말아야 하고, 그런 사실을 알게 되더라도 말하지 말아야 한다'고 했다. '일을 처리할 때 제 직분을 넘지 말아야 한다'는 것은 직분을 지키라는 것이니, 옳다. 그러나 '알게 되더라도 말하지 말아야 한다'는 것은 잘못을 아뢰지 말라는 것이다. 군주는 온 나라 사람들의 눈으로 보기 때문에 환히 살피지 않음이 없고, 온 나라 사람들의 귀로 듣기 때문에 똑똑하게 듣지 않음이 없다. 그런데 신하가 알면서도 말하지 않는다면, 군주는 누구의 눈과 귀를 빌려 보고 들을 것인가?

상앙이 만든 법에 '적의 머리 하나를 베면 벼슬을 한 등급 올려주는데 관리가 되기를 바라는 자에게는 50석의 관직을 내리며, 적의 머리 둘을 베면 벼슬을 두 등급 올려주는데 관리가 되기를 바라는 자에게는 100석의 관직을 내린다'고 했다. 관작을 올려주는 것과 적의 머리를 베는 것을 서로 일치시킨 것이다. 그런데 이제 법에서 '적의 머리를 벤 자는 의원이나 목수로 삼는다'고 한다면, 집은 제대로 지어지지 않고 병은 고쳐지지 않게 된다. 무릇 목수는 손재주가 공교하고 의원은 약을 잘 지어야 한다. 그럼에도 적의 머리를 베었다고 목수나 의원을 시킨다면, 그 능력에 부합되지 않는다. 이제 관리의 일은 지능으로 처리하고, 적의 머리를 베는 것은 용력(勇力)으로 한다. 그런데 용력이 뛰어난 자에게 지능으로 할 일을 처리하게 한다면, 이는 적의 머리를 베었다고 의원이나 목수를 시키는 것과 같다. 그래서 '두 사람의 법과 술은 모두 미진하다'고 말한 것이다."

설의(說疑),
신하들의 의심스런 짓

무릇 정치에서 큰일은 상벌을 시행하는 것만 이르는 게 아니다. 공이 없는 사람에게 상을 내리고 죄가 없는 자에게 벌을 준다면, 밝게 살핀 것이 아니다. 공이 있는 자에게 상을 내리고 죄가 있는 자에게 벌을 주면서 그 사람을 놓치지 않으려는 것은 상벌이 그 사람에게만 미치게 할 뿐이고, 널리 공을 세우거나 허물을 그치게 할 수 있는 일은 아니다. 이런 까닭에 간사함을 금하는 법 가운데 최상의 법은 간사한 마음을 틀어막는 것이고, 그 다음은 간사한 말을 틀어막는 것이며, 그 다음은 간사한 일을 틀어막는 것이다.

지금 세상 사람들은 모두 "군주를 존귀하게 하고 나라를 평안하게 하는 일은 반드시 어짊과 의리, 지혜와 재능으로써 한다"고 말한다. 그러나 군주를 비천하게 만들고 나라를 위태롭게 하는 일이 반드시 어짊과 의리, 지혜와 재능 때문이라는 사실은 알지 못한다. 도를 터득한 군주는 어짊과 의리를 멀리하고 지혜와 재능을 버리며, 오로지 법으로써 복종하게 만든다. 이리하여 명성은 널리 퍼지고 위세를 떨치며 백성들은 다스려지고 나라도 평안해지니, 이는 백성을 다루는 법을 알기 때문이다.

무릇 술(術)이란 군주가 확고하게 장악하는 것이고, 법(法)이란 관리가 받들고 지켜야 하는 것이다. 그런데 낭중(郎中)을 날마다 궁궐 밖으로 내보내 그 법을 널리 알리게 해서 온 나라 안 사람들이 날마다 법을 알게 하는 일은 그다지 어려운 일이 아니다.

옛날 유호씨(有扈氏)에게는 실도(失度)가 있었고, 환두씨(讙兜氏)에게는 고남(孤男)이 있었으며, 삼묘(三苗)에게는 성구(成駒)가 있었고, 걸(桀)에게는 후치(侯侈)가 있었으며, 주(紂)에게는 숭후(崇侯)인 호(虎)가 있었고, 진(晉)나라에는 우시(優施)가 있었는데, 이들 여섯 명은 나라를 망치는 신하였다. 이들은 옳은 것을 그르다고 말하고 그른 것을 옳다고 말하며, 속은 음험하여 남을 해치면서 겉으로는 자잘한 일에서 삼가는 듯이 하여 자신의 착함을 내보이며, 걸핏하면 지나간 옛일을 끌어와 좋은 일을 못하도록 막고, 교묘하게 군주를 부추겨서 은밀한 속내를 캐내 군주가 좋아하는 것을 가지고 그 마음을 어지럽혔다. 이들은 군주의 곁의 낭중이나 측근과 같은 부류들이다.

옛날에 군주는 사람을 잘 얻어서 제 몸을 편안하게 하고 나라를 잘 보존하기도 했고, 또 사람을 잘못 얻어서 제 몸을 위태롭게 하고 나라를 멸망시키기도 했다. 사람을 얻는다는 말은 하나지만, 그 이익과 손해는 하늘과 땅만큼이나 차이가 난다. 그래서 군주는 좌우 측근을 둘 때 신중하지 않을 수가 없는 것이다. 군주가 신하의 말을 진실로 환하게 살필 수 있다면, 그 현명함과 모자람을 마치 검은색과 흰색을 가리듯이 분명하게 구별할 수 있을 것이다.

저 허유(許由), 속아(續牙), 진(晉)나라의 백양(伯陽), 진(秦)나라의 전힐(顚頡), 위(衛)나라의 교여(僑如), 호불계(狐不稽), 중명(重明), 동불식(董不識), 변수(卞隨), 무광(務光), 백이, 숙제 등 열두 명은 모두 위로 이로운 일을 보고도 기뻐하지 않고 아래로 어려운 일에 맞닥뜨려도 두려워하지 않았으며, 누가 천하를 주어도 받지 않았고, 이름을 더럽힐 것

같으면 녹봉의 이득도 달가워하지 않았다. 이로운 일을 보고도 기뻐하지 않으면 비록 군주가 두터운 상을 내리면서 부탁해도 듣지 않을 것이고, 어려운 일에 맞닥뜨려도 두려워하지 않으면 비록 군주가 엄벌을 내리며 위압하더라도 꿈쩍하지 않을 것이다. 이런 자들을 '명령으로 부릴 수 없는 백성'이라 한다. 이 열두 명은 동굴에서 엎드린 채 죽기도 했고 초목들 사이에서 말라 죽기도 했으며, 산과 골짜기에서 굶어 죽기도 했고 물에 몸을 던져 빠져 죽기도 했다. 이렇게 명령으로 부릴 수 없는 백성은 옛날의 성왕들도 신하로 쓸 수 없었는데, 지금 세상의 군주들이 어떻게 신하로 쓸 수 있겠는가?

관룡방(關龍逄), 왕자 비간(比干), 수(隨)나라의 계량(季梁), 진(陳)나라의 설야(泄冶), 초나라의 신서(申胥), 오나라의 오자서 등 여섯 명은 모두 격렬한 논쟁과 강경한 간언으로 군주를 이기려고 했다. 말이 받아들여지고 일이 실행되면 마치 제자를 대하는 스승의 형세가 되지만, 한마디 말이라도 받아들여지지 않고 한 가지 일이라도 실행되지 않으면 말로써 군주를 능멸하고 몸으로써 뻗댄다. 이들은 몸이 죽고 집안이 무너지며 목과 허리가 잘리고 손발이 흩어지는 꼴을 당하더라도 꺼리지 않았다. 이런 신하들은 옛날의 성왕들도 견뎌내지 못했는데, 지금 세상의 군주들이 어떻게 신하로 쓸 수 있겠는가?

제나라의 전항(田恒), 송나라의 자한(子罕), 노나라의 계손의여(季孫意如), 진(晉)나라의 교여(僑如), 위(衛)나라의 자남경(子南勁), 정나라의 태재(太宰) 흔(欣), 초나라의 백공(白公), 주나라의 선도(單荼), 연나라의 자지(子之) 등 아홉 명은 모두 신하가 되어서 붕당을 만들고 패거리를 지어 군주를 섬겼으며, 바른 길은 제쳐두고 삿된 짓을 일삼으면서 위로는 군주를 핍박하고 아래로는 정치를 어지럽혔으며, 밖으로 외세를 끌어다가 나라 안을 어지럽히고 백성들을 가까이하면서 모반을 꾀했으니, 이런 짓을 전혀 꺼리지 않았다. 이런 신하들은 오로지 성스러운 왕이나 지혜로운 군주라야 제압할 수 있는데, 지금 세상의 어리석고 어지럽히는 군주들이 그들의 속내를 꿰뚫어볼 수 있겠는가?

후직(后稷), 고요(皐陶), 이윤, 주공 단(旦), 태공망 여상(呂尙), 관중, 습붕, 백리해, 건숙(蹇叔), 구범(舅犯), 조최(趙衰), 범려, 대부 문종(文種), 봉동(逢同), 화등(華登) 등 열다섯 명은 신하가 되어 모두 일찍 일어나고 밤 늦게 자며 스스로 몸을 낮추고 삼가는 마음으로 뜻을 맑게 지녔다. 또 형벌을 밝히고 직분에 충실하면서 군주를 섬겼으며, 좋은 의견을 내놓고 도리와 법도에 통달했으면서도 자신의 뛰어난 점을 자랑하지 않았으며, 공을 세우고 일을 이루면서도 자신이 힘쓴 일을 떠벌리지 않았다. 제 집안을 희생하여 나라를 태평하게 하고 제 몸을 죽여 군주를 편안하게 하는 일을 어려워하지 않았으며, 군주를 하늘이나 태산처럼 받들고 자신은 깊은 골짜기나 강물처럼 낮췄다. 군주가 나라 안에서 명성을 크게 떨칠 수 있다면, 자신은 골짜기나 부수(釜水)와 유수(洧水) 같은 강물처럼 기꺼이 낮아지려고 했다. 이런 신하들은 어리석고 어지럽히는 군주를 만나더라도 공을 이룰 수 있다. 하물며 현명한 군주를 만나면 어떠하겠는가? 이런 신하를 '패왕의 보좌'라 일컫는다.

주나라의 활지(滑之), 정나라의 공손신(公孫申), 진(陳)나라의 공손녕(公孫寧)과 의행보(儀行父), 초나라의 우윤(芋尹) 신해(申亥), 수(隨)나라의 소사(少師), 월나라의 종간(種干), 오나라의 왕손낙(王孫頟), 진(晉)나라의 양성설(陽成泄), 제나라의 수조(竪刁)와 역아(易牙) 등 열두 명은 신하가 되어 모두 사사로이 작은 이익에 매여 법도를 잊었고, 나아가면 현량한 사람을 덮고 가려서 그 군주를 깜깜하게 만들고 물러나서는 백관들을 들쑤셔서 화난을 일으켰다. 그들 모두 군주를 거들고 군주가 바라는 것을 함께하면서 군주가 조금이라도 기뻐한다면 나라를 망치고 백성을 죽이는 일이라도 서슴지 않고 했다. 이런 신하가 있다면 비록 성스러운 왕이라 해도 오히려 나라를 빼앗길까 걱정인데, 하물며 어리석고 어지럽히는 군주라면 빼앗기지 않을 방도가 있겠는가? 이런 신하가 있다면 군주는 모두 죽임을 당하고 나라를 멸망시켜 천하의 웃음거리가 될 것이다. 그리하여 주나라 위공(威公)은 죽임을 당하고 나라는 둘로 쪼개졌으며, 정나라 자양(子陽)은 죽임을 당하고 나라는 셋으로 쪼개졌으며, 진(陳)나라 영공(靈公)은 하징서(夏徵舒)의 집에서 죽임을 당했고, 초나라 영왕(靈王)은 건계(乾谿)에서 죽었으며, 수(隨)나라는 초나라에 멸망당하고 오나라는 월나라에 합병되었으며, 지백씨는 진양성(晉陽城) 아래에서 제거되었고, 제나라 환공은 죽은 뒤에 7일 동안이나 수습되지 못했다. 그래서 "알랑거리는 신하는 오로지 성스러운 왕이라야 알아본다. 그러나 어지럽히는 군주는 그런 자를 가까이하므로 끝내 제 몸은 죽고 나라는 망한다"고 한다.

성스러운 왕과 현명한 군주는 그렇지 않으니, 안으로 친족이라도 뛰어나기만 하면 피하지 않고 기용하고 밖으로 원수라도 뛰어나기만 하면 피하지 않고 등용한다. 옳다 싶으면 기꺼이 기용하고, 그르다 싶으면 매섭게 내친다. 이리하여 현량한 선비는 순조롭게 나아가고, 간사한 자는 막혀서 물러난다. 그래서 한 번 인재를 기용하는 것으로도 제후들을 복종시킬 수 있다. 옛 글에도 나온다.

"요 임금에게는 단주(丹朱)라는 아들이, 순 임금에게는 상균(商均)이라는 아들이, 우왕의 아들 계(啓)에게는 오관(五觀)이라는 아들이, 탕왕에게는 태갑(太甲)이라는 손자가, 무왕에게는 관숙(管叔)과 채숙(蔡叔)이라는 동생이 있었다."

저 다섯 왕이 베어 죽인 대상은 모두 군주와 부자간이거나 형제간이었다. 저들은 군주의 핏줄인데도 그 몸은 죽임을 당하고 집안은 산산이 부서졌는데, 그 까닭은 무엇인가? 모두 나라에 해롭고 백성을 상하게 하며 법을 어겼기 때문이다.

저 다섯 왕이 기용한 자들을 살펴보면, 깊은 산속이나 후미진 늪지대, 동굴 따위에 숨어 있던 자들이거나 감옥에 갇혀 있거나 오랏줄에 묶여 있던 자들이거나 요리를 하거나 소를 치던 자들이었다. 그런데도 현명한 군주는 그들의 비천한 신분을 아랑곳하지 않고 그들의 능력이 법을 밝히고 나라를 태평하게 하며 백성들을 이롭게 해주리라 여겨서 기꺼이 기용하여 제 몸은 편안하게 하고 명성을 드높였다.

어지럽히는 군주는 그렇지 않으니, 신하들의 속내나 행동을 잘 알지도 못하면서 나랏일을 맡긴다. 그래서 작게는 명성이 떨어지고 영토가 깎이며, 크게는 나라가 망하고 자신은 죽임을 당하는데, 이 모두 신하를 쓰는 일에 밝지 못한 탓이다. 술수로써 신하를 헤아리지 못하면 반드시 주변 사람들의 말만으로 판단하게 되어 사람들이 칭찬하면 따라서 기뻐하고 사람들이 비난하면 따라서 미워한다. 그리하여 신하된 자는 집안이 거덜 나도록 뇌물을 쓰면서 안으로는 파당을 이루고 밖으로는 호족들과 사귀어 평판을 높이며, 은밀하게 결탁하여 관계를 단단히 하고 관작과 녹봉을 주겠다는 빈말로 서로 권유하며 이렇게 말한다.

"내 쪽에 서면 이롭게 되지만, 내 쪽이 아니면 해롭게 될 것이다."

관리들은 그 이익을 탐하고 그 위협에 겁을 먹으면서 말한다.

"저 사람이 참으로 기뻐하면 나를 이롭게 해주지만, 그가 꺼리고 성내면 나를 해롭게 할 것이다."

관리들은 그런 자에게 몰리고 백성들도 그런 자에게 마음을 두므로 그 명성이 온 나라를 채워 군주의 귀에까지 들린다. 군주는 실정을 제대로 알지도 못한 채 그를 현명하다고 여긴다. 그 자는 또 간사하게 잘 속이는 자를 부려서 외국의 제후가 총애하는 사신으로 가장해 수레를 빌려주고 신표로 믿게 하며 외교사령으로서 권위를 갖게 하고 예물로 밑천을 삼게 한다. 또 다른 제후들이 자기 군주를 몰래 기쁘게 하도록 해놓고 은밀하게 사적인 이익을 꾀하면서 겉으로는 나랏일을 의논하는 것처럼 한다. 누가 사신으로 보냈느냐 하면 외국의 군주이지만, 누구를 위해 말하느냐 하면 군주 자신의 측근 신하다. 그럼에도 군주는 그 사자의 말에 기뻐하며 그 말을 곧이곧대로 믿고서 그 신하를 천하의 현자라고 여긴다. 나라 안팎의 소문과 측근의 이야기가 하나같이 똑같다. 크게는 군주가 스스로 몸을 낮추고 권위를 눌러서 자신을 떨어뜨리고, 작게는 그 신하의 벼슬을 높이고 녹봉을 두텁게 해서 이롭게 해준다.

무릇 간사한 신하의 벼슬이 높아지고 녹봉이 많아지면 그와 함께하는 패거리도 더욱 많아지는데, 그가 간사한 뜻을 내비치면 다른 간사한 신하들이 더욱 반기고 좋아하면서 이렇게 말한다.

"옛날의 성스러운 왕이나 현명한 군주는 나이의 많고 적음이나 서열의 높고 낮음에 따라 즉위한 것이 아니오. 패거리를 짓고 호족들을 모아서 군주를 핍박하거나 시해하여 자신들의 이익을 구한 것이오."

그러면 그 간사한 신하는 묻는다.

"어떻게 그런 줄을 아시오?"

"순 임금은 요 임금을 핍박했고, 우왕은 순 임금을 핍박했으며, 탕왕은 걸을 내쫓고, 무왕은 주를 쳐 죽였소. 이 네 명의 왕은 신하로서 군주를 죽였는데도 천하 사람들이 칭송하였소. 네 왕의 속셈을 살펴보면 이득을 탐하는 뜻이 있었고, 그 행동을 헤아려보면 폭력으로 반란을 일으킨 것이오. 그런데도 네 왕이 스스로 크게 행동하자 천하 사람들도 크다고 일컬었고, 스스로 이름을 드날리자 천하 사람들도 현명하다고 일컬었소. 그리하여 그 위엄은 천하를 두루 비출 만했고 그 이익은 온 세상을 뒤덮을 만했으므로 천하 사람들이 따랐던 것이오."

또 이렇게 덧붙여 말했다.

"요즘에도 그런 일이 있다고 들었는데, 전성자가 강씨의 제나라를 빼앗고, 사성자한이 송나라를 빼앗고, 정나라 태재 흔(欣)이 나라를 빼앗고, 선씨(單氏)가 주(周)나라를 빼앗고, 역아(易牙)가 위(衛)나라를 빼앗고, 한씨·위씨·조씨가 진(晉)나라를 셋으로 나눠 차지했소. 이 여섯은 신하가 그 군주를 시해한 것이오."

간사한 신하가 이런 말을 들으면 귀가 솔깃해져서는 참으로 그렇다고 여긴다. 그리고는 안으로 조정에서 패거리를 이루고 밖으로는 호족들과 손을 잡고서 적절한 때를 살피다가 일을 일으켜서는 일거에 나라를 빼앗는다. 도대체 안으로는 패거리를 이루어 그 군주를 협박하고 시해하며 밖으로는 제후들의 권세를 빌어 나랏일을 함부로 바꾸고, 정도를 걷는 자는 가려버리고 사사롭고 교활한 자를 받쳐주며, 위로 군주를 억누르고 아래로 정치를 뒤흔드는 자들이 셀 수 없이 많다. 어째서 그런가? 군주가 신하를 가려 쓰는 일에 밝지 못하기 때문이다. 옛글에 나온다.

"주나라 선왕(宣王) 이후로 멸망한 나라가 수십 개인데, 신하가 그 군주를 시해하고 나라를 빼앗은 경우가 대부분이다."

그렇다면 환란이 안에서 일어나는 것과 밖에서 일어나는 것은 반반이다. 군주가 백성들의 힘을 오롯이 하나로 모아 애쓰다가 나라가 깨지고 제 몸이 죽으면, 오히려 현명한 군주라고 말들 한다. 그러나 만약 법을 무너뜨리고 자리를 빼앗겨서 백성들이 온전한데도 나라를 통짜로 넘겨준다면, 이는 가장 뼈아픈 일이다.

군주가 신하가 한 말을 참으로 환하게 알 수 있다면, 말을 타고 내달리면서 사냥을 즐기고 풍악을 울리면서 무희의 춤을 즐기더라도 나라는 오히려 유지할 수 있다. 그러나 신하가 한 말을 환히 알지 못하면, 근검절약하면서 힘써 일하고 허름한 옷차림에 거친 음식을 먹더라도 나라는 오히려 멸망할 수 있다. 조(趙)나라의 옛 군주인 경후(敬侯)는 덕행을 닦지 않고 제멋대로 행동했으며, 몸뚱이의 편안함이나 귀와 눈의 즐거움을 좇았으며, 겨울에는 사냥을 일삼고 여름에는 뱃놀이에 빠졌으며, 여러 날 동안 밤새도록 술잔을 들고서 마시지 못하는 신하에게 대롱을 물려 억지로 마시게 했다. 또 나아가거나 물러남이 엄숙하지 않고 응대하는 것이 공손하지 못한 자가 있으면 그 자리에서 목을 베었다. 이렇게 먹고 마시고 머무는 것에 절제가 없고 형벌을 내려 베어 죽이는 일에도 법도가 없었다. 그런데도 경후는 수십 년이나 나라를 통치했는데, 군대가 적국에 패배한 일도 없었고, 사방의 이웃 나라들에 영토가 깎인 적도 없었으며, 안으로 신하들과 백관들의 반란이 없었고 밖으로는 제후와 이웃 나라로부터 침략을 받은 일이 없었다. 이는 신하들을 어떻게 부려야 할지를 환히 알았기 때문이다.

연나라 군주인 자쾌(子噲)는 주나라 문왕의 아들인 소공(召公) 석(奭)의 후손이다. 그의 영토는 사방으로 수천 리가 되었고, 창을 든 병사들이 수십만 명이었으며, 미녀들과 노는 것을 편안하게 여기지 않았고, 종이나 북 따위 악기 소리를 들으려 하지 않았으며, 안으로는 연못이나 누각을 만들지 않고 밖으로는 그물질이나 주살질 하는 사냥을 일삼지 않았고, 또 몸소 쟁기를 들고 김을 매며 밭갈이를 하였다. 이렇게 자쾌가 제 몸을 수고롭게 하면서 백성들을 걱정한 일은 이토록 지극했다. 비록 옛날의 성스러운 왕이나 현명한 군주라도 스스로 부지런히 하면서 천하의 백성을 걱정하는 것이 이보다 더하지는 않았다. 그런데도 자쾌는 죽임을 당하고 나라는 멸망했으며 자지(子之)에게 보위를 빼앗겨 천하 사람들의 웃음거리가 되었다. 그렇게 된 까닭은 무엇인가? 신하들을 어떻게 부려야 할지를 알지 못했기 때문이다.

그러므로 "신하에게 다섯 가지 간사함이 있는데도 군주가 알지 못한다"고 말하는 것이다. 신하된 자로서 재물을 마구 쓰며 뇌물로 명예를 얻으려는 것, 포상하고 재물을 베푸는 일로써 인심을 얻는 데 힘쓰는 것, 패거리를 짓고 지혜로운 사람을 따르며 선비를 높여 권력을 휘두르는 일에 힘쓰는 것, 세금과 부역을 면제해주고 죄수를 풀어주며 권세를 부리는 데 힘쓰는 것, 시비곡직을 뒤집고 괴이한 말과 기이한 옷차림, 미심쩍은 행동으로 백성들의 눈과 귀를 현혹시키는 데 힘쓰는 것, 이 다섯 가지는 현명한 군주가 의심하고 성스러운 군주가 금지하는 것들이다. 이 다섯 가지를 없애면 속임수를 부리는 자는 감히 군주 앞에서 말을 늘어놓지 못하고, 말만 많고 실제 행동은 적으면서 법을 어기는 자는 감히 실정을 속이면서 말하지 못한다. 이런 까닭에 신하들은 머물 때는 제 몸을 닦고, 행동할 때는 힘을 다하며, 군주의 명령이 아니면 감히 함부로 처리하거나 앞질러 말하거나 사실을 속이지 못한다. 이깃이 성스러운 왕이 신하를 다스리는 방법이다. 저 성스러운 왕이나 현명한 군주는 다섯 가지 의심스런 행동을 본 뒤에 그 신하들을 엿보지 않는다. 의심스런 행동을 보고서 역정을 내지 않는 군주는 세상에 드물다.

"서자 가운데는 적자에 견줄 만한 자식이 있고, 배필 가운데는 정실에 견줄 만한 첩이 있고, 조정에는 재상에 견줄 만한 신하가 있고, 신하 가운데는 군주에 견줄 만한 총신이 있다. 이들 네 부류는 나라를 위태롭게 하는 존재들이다"라고 말하고, 또 "안으로 총애를 받는 후궁이 왕후와 어깨를 견주고, 밖으로 총애를 받는 신하가 재상과 나란하며, 서자가 적자와 맞서고, 대신이 군주와 엇비슷해지는 것은 나라가 어지러워지는 길이다"라고 말한다. 그래서 『주기(周記)』에서 말했다.

"첩을 높이고 처를 낮추어서는 안 되고, 적자를 서자처럼 대하고 서자를 높여서도 안 되며, 총애하는 신하를 높이고 상경(上卿)을 필부처럼 대해서도 안 되고, 대신을 높여 군주와 엇비슷해지게 해서도 안 된다."

이렇게 네 가지 서로 맞서는 일을 물리치면 군주에게는 걱정할 것이 없고 신하들도 괴이한 일을 할 이유가 없어진다. 이 네 가지 서로 맞서는 일을 물리치지 못하면 군주는 죽임을 당하고 나라는 멸망하게 된다.

45장

궤사(詭使),
속세의 통념을 넘어서라

성인이 나라를 다스리면서 근본으로 여기는 것은 셋이다. 첫째는 이익이고, 둘째는 위세이며, 셋째는 명분이다. 무릇 이익이란 백성들의 마음을 얻기 위한 것이고, 위세란 법령을 실행하기 위한 것이며, 명분이란 위와 아래가 같이 지켜야 하는 것이다. 이세 가지가 아니라면 다른 것이 있더라도 긴요하지 않다. 지금 이익이 없는 게 아닌데도 백성들이 군주에게 감화되지 않고, 위세가 없는 게 아닌데도 신하들이 군주의 명령을 따르지 않고, 관청에 법령이 없는 게 아닌데도 다스림이 명목에 맞지 않다. 이 세 가지가 없는 게 아닌데도 세상이 한 번 다스려지고 한 번 어지러워지는 까닭은 무엇인가? 군주가 귀하게 여기는 것과 다스리는 원칙이 서로 어긋나기 때문이다.

이름과 호칭을 세우는 것은 높이기 위해서인데, 이름을 천시하고 실질을 깔보는 자를 세상에서는 '고상하다'고 한다. 작위를 마련한 것은 천함과 귀함의 기준을 세우기 위함인데, 군주를 대수롭지 않게 여겨 굳이 만나보려 하지 않는 자를 세상에서는 '현명하다'고 한다. 위세와 이

481

익은 법령을 실행하기 위한 것인데, 이익을 무시하고 위세를 가벼이 여기는 자를 세상에서는 '진중하다'고 한다. 법령과 명령은 나라를 다스리기 위한 것인데, 법령과 명령을 따르지 않고 스스로 좋다고 판단한 대로 하는 자를 세상에서는 '충실하다'고 한다. 관직과 작위는 백성들을 권면하기 위한 것인데, 명예와 의리를 좋아하여 벼슬길에 나아가지 않는 자를 세상에서는 '굳센 선비'라 한다. 형벌은 위엄을 부리기 위한 것인데, 법을 경시하고 형벌이나 죽을죄를 피하지 않는 자를 세상에서는 '용감한 사내'라 한다.

요즘 백성들은 명성을 서둘러 얻으려 하는데, 이익을 구하는 것보다 더 심하다. 이와 같다면 선비들 가운데 먹을 것이 끊어져 굶주리고 고달픈 자가 어찌 바위틈에 살면서 제 몸을 괴롭히며 천하에 명성을 다투려 하지 않겠는가? 그러므로 세상이 다스려지지 않는 것은 신하들의 죄가 아니라 군주가 다스리는 방도를 잃었기 때문이다. 늘 어지러워지게 하는 것을 귀하게 여기고 다스려지게 하는 것은 천시하니, 이 때문에 신하들이 바라는 것이 늘 군주가 다스리기 위해 쓰는 방도와 서로 엇갈리는 것이다.

신하가 군주의 말을 듣는 것, 그것이 군주가 긴요하게 여기는 일이다. 그러나 마음이 도탑고 정성스러우며 온화하고 미쁘면서 마음을 오롯하게 쓰면 '꽁생원'이라 하고, 법을 야무지게 지키고 명령을 살펴 따르면 '미련퉁이'라 하며, 군주를 공경하면서 죄를 지을까 두려워하면 '겁쟁이'라 하고, 말을 때맞게 하고 행동을 알맞게 하면 '못난이'라 하며, 두 마음을 품은 채 사사로이 주장하지 않으면서 관리의 말을 잘 듣고 가르침을 따르면 '고집통이'라 한다.

불러들여 쓰기 어려운 자를 '바르다'고 하고, 상을 내려도 받지 않는 자를 '청렴하다'고 하며, 행동을 막기 어려운 자를 '듬직하다'고 하고, 명령을 내려도 따르지 않는 자를 '용감하다'고 하며, 군주에게 이익을 바라지 않는 자를 '소박하다'고 하고, 욕심이 적고 너그럽고 은혜로우

며 덕을 행하는 자를 '어질다'고 하며, 중후하면서 자신을 높이는 자를
'점잖다'고 하고, 사사로운 학설로 무리를 이루는 자를 '무리 짓는다'고
하며, 하잔하고 조용하며 편안하게 지내는 것을 '생각 있다'고 하고, 어
짊을 버리고 이로움을 좇는 자를 '재빠르다'고 하며, 약빠르고 성마르
며 말을 되풀이하는 자를 '지혜롭다'고 한다.

남을 앞세우고 자신을 뒤로 하며 신분을 가리지 않고 널리 사람들
을 사랑하는 자를 '성인'이라 하고, 커다란 근본을 말하지만 일컫는 것
을 쓸 수 없고 행동이 세상과는 동떨어진 자를 '대인'이라 하며, 관작과
녹봉을 천시하고 군주에게 굽실거리지 않는 자를 '호걸'이라 한다.

신하들이 이러한 행동에 젖어들면 안으로는 백성들을 어지럽히고
밖으로는 나라를 편치 않게 한다. 그러므로 군주는 그들이 하려는 것
을 막고 그 자취를 끊어야 하는데, 막지 못하면서 오히려 그들을 좇으
며 높여준다면 이는 신하에게 군주를 어지럽히라고 가르치면서 나라를
다스리려는 짓이다.

나라가 다스려지는 것은 형벌 때문인데도 사사로이 의리를 행하는
자를 높이고, 사직이 지탱되는 바탕은 편안함과 고요함인데도 성마르
고 약빠르며 알랑거리는 자를 임용하며, 사방의 경계 안 백성들이 듣고
따르는 것은 미쁨과 덕망 때문인데도 간교한 지혜로 자빠뜨리고 뒤집
어엎는 자를 부리고, 명령이 실행되고 위엄이 서는 것은 공손하고 야무
지게 군주를 따르기 때문인데도 산속에 은거하며 세상을 비방하는 자
가 이름을 드날리며, 곳간이 가득 차는 것은 근본인 농사에 힘썼기 때
문인데도 직물을 짜거나 비단에 수를 놓거나 조각을 하고 그림을 그리
는 자들이 부유해지고 있다.

군주의 명성이 이루어지고 영토가 넓어지는 것은 병사들 덕분인데
도 죽은 병사의 고아는 굶주리면서 길에서 구걸하고 있고, 군주 주변의
광대들과 술 시중드는 자들은 수레를 타고 비단옷을 입고 있다. 포상
과 녹봉은 백성들이 있는 힘을 다하고 죽음을 기꺼이 바치게 하는 바

탕인데도 전쟁에서 이기고 공을 세운 병사들은 애만 쓰고 포상의 혜택
을 전혀 입지 못하고 있으며, 점을 치거나 손금을 보며 엉터리 점으로
군주 앞에서 마음에 드는 말만 하는 자가 날마다 상을 받고 있다.

군주가 법도를 장악하는 것은 살리고 죽이는 권리를 마음대로 쓰기
위해서인데도 법도를 지키는 선비가 충성으로써 군주를 만나려고 해
도 만나지 못하고, 교묘한 말과 간사한 짓으로 요행을 바라는 자들만
군주를 자주 만나고 있다. 법도에 의거하여 말을 곧게 하고 그 말과 실
적이 합당한지 살피며 법규에 따라 간사한 자를 처벌하는 것은 군주가
나라를 다스리는 바탕인데도 그것을 더욱 멀리하고, 아첨을 일삼고 군
주의 뜻을 따르는 척하면서 제 바라는 대로 하여 세상을 위태롭게 만
드는 자가 가까이에서 모시고 있다.

세금을 착실히 거두고 백성의 힘을 하나로 모으는 것은 국난에 대비
하고 재정을 튼튼히 하기 위해서인데도 병사들이 일을 피해 몸을 숨기
고 세도가에 빌붙어서 부역을 회피하여 잡으려 해도 잡히지 않는 자가
수만 명에 이른다. 기름진 전답과 좋은 집을 포상으로 내건 것은 병사
들이 열심히 싸우게 하려는 것인데도 머리가 잘리고 배가 찢겨 해골이
들판에 버려진 자는 몸 둘 곳이 없고 그나마 있던 전답조차 빼앗긴다.
반면에 어여쁜 딸과 누이를 둔 대신과 군주의 측근은 아무런 공이 없
음에도 좋은 집을 골라서 받고 기름진 밭을 가려서 먹고 산다. 포상과
이익이 하나같이 군주로부터 나오는 것은 신하를 잘 제어하기 위해서
인데도 갑옷을 입고 싸우는 병사들은 관직을 얻지 못하고, 아무 일도
하지 않고 빈둥거리는 선비는 존중을 받으며 이름을 드날린다. 군주가
이렇게 교화한다면, 어찌 명성이 땅에 떨어지지 않으며 어찌 왕위가 위
태로워지지 않겠는가?

무릇 군주의 명성이 땅에 떨어지고 왕위가 위태로워지는 것은 반드
시 신하들이 법령을 따르지 않고 두 마음을 지닌 채 사사로이 학설을
내세우며 현실을 거스르기 때문이다. 그럼에도 군주들은 그런 짓을 금

하지 않고 그 무리를 깨뜨리거나 그 패거리를 흩어버리지 않고 오히려 존중하며 따르니, 이는 권세를 가진 자의 잘못이다.

　군주가 염치를 내세우는 것은 신하들을 잡도리하기 위해서인데도 이제 선비나 대부들은 명예를 더럽히고 욕되는 짓을 부끄러워하지 않은 채 벼슬살이하고 있으며 딸이나 누이가 사사로이 군주의 총애를 입으면 차례를 기다릴 것도 없이 벼슬에 나아간다. 상을 내리는 것은 귀중하게 대하기 위해서인데도 전쟁에서 공을 세운 병사들은 여전히 가난하고 미천하며, 군주 곁의 내시나 광대는 등급을 뛰어넘어 대접받는다. 참으로 명칭과 호칭을 분명하게 하는 것은 권위가 통하도록 하기 위해서인데도 군주는 가려진 채 측근의 신하나 여인이 끼어들어 백관을 임용하거나 작위를 비롯한 인사권을 멋대로 행사하니, 이는 권세를 가진 자의 잘못이다. 대신이 사람을 관직에 앉힐 때 먼저 아랫사람과 한패가 되어 일을 꾀하면 불법이 함부로 행해진다. 결국 상벌의 권한과 위세가 아래에 있으면 군주는 낮아지고 신하는 높아진다.

　법령을 세우는 것은 사사로운 짓을 막기 위해서다. 법령이 실행되면, 사사로이 꾀하는 일이 없어진다. 사사로움은 법을 어지럽히는 근원인데도 선비 가운데는 두 마음을 지닌 채 사사로이 학설을 내세우는 자, 바위굴에 살면서 파리해진 자, 세도가에 빌붙어 몸을 숨기고 계책을 꾸미는 자 들이 있어 크게는 세상을 비난하고 작게는 아랫사람을 현혹시킨다. 그런데도 군주는 이를 금하지 않고 오히려 그들을 따르며 명성을 드높여주고 실질적인 도움을 주어 그들의 처지를 좋게 바꿔준다. 이는 공이 없는데도 드러내주고 힘쓰지 않는데도 부유하게 해주는 짓이다. 이렇게 해준다면 선비 가운데 두 마음을 지닌 채 사사로이 학설을 내세우는 자가 어찌 계책을 꾸미고 애써 남을 속이며 법령을 비방함으로써 세상과 동떨어진 방식으로 명예와 봉록을 구하려 하지 않겠는가? 군주를 거스르고 세상과 거꾸로 가는 자는 늘 선비 가운데서 두 마음을 지닌 채 사사로이 학설을 내세우는 자다. 그래서 『본언(本言)』에서도 이렇게 말했다.

"다스림의 근본은 법령이고, 어지럽히는 근원은 사사로움이다. 법령을 세우면 사사로운 짓을 하지 못한다."

그래서 "사사로움에 기대면 어지러워지고, 법에 기대면 다스려진다"고 말하는 것이다. 군주에게 올바른 길이 없으면, 지혜롭다는 자는 사사로이 말을 하고 현명하다는 자는 사사로운 뜻을 품는다. 군주가 사사로이 은혜를 베풀면, 신하나 백성은 사사로운 욕심을 낸다. 이렇게 되면 성스럽거나 지혜롭다고 하는 자들이 무리를 이루어 멋대로 말을 지어내서는 법령을 거스르는 방식으로 군주를 대한다. 그런데도 군주는 이를 막지 않고 오히려 존중하며 따르니, 이는 신하에게 군주의 말을 듣지 않게 하고 법령을 따르지 않게 만드는 짓이다. 이런 까닭에 현자는 이름을 드날리면서도 벼슬에 나아가지 않고, 간사한 자는 포상을 받아 부유하게 산다. 현자가 이름을 드날리면서도 벼슬에 나아가지 않고 간사한 자가 포상을 받아 부유하게 살기 때문에 군주는 신하를 이기지 못한다.

46장

육반(六反),
뒤바뀐 여섯 가지

죽음을 두려워하고 위난을 피하는 자는 전쟁터에서 항복하거나 도망치는 자인데도 세상에서는 그를 높여서 '삶을 귀하게 여기는 선비'라 한다. 도를 들먹이며 제 주장을 세우는 자는 법을 어기는 자인데도 세상에서는 그를 높여 '학문을 하는 선비'라 한다. 빈둥거리면서 잘 먹고 잘 사는 자는 남의 것을 빼앗아 먹는 자인데도 세상에서는 그를 높여 '능력이 있는 선비'라 한다. 왜곡해서 말하고 지식을 뽐내는 자는 거짓으로 속이는 자인데도 세상에서는 그를 높여 '말 잘하고 재치 있는 선비'라 한다. 칼 차고 다니며 사람을 치거나 죽이는 자는 사납게 날뛰는 자인데도 세상에서는 그를 높여 '곧고 용기 있는 선비'라 한다. 도적을 살려주고 간사한 자를 숨겨주는 자는 죽을죄를 지은 자인데도 세상에서는 그를 높여 '의협을 기리는 선비'라 한다. 이 여섯 부류는 세상에서 기리는 자들이다.

위험을 무릅쓰고 지극한 마음으로 목숨을 바치는 자는 절의를 위해 죽는 자인데도 세상에서는 그를 낮춰 '계책을 잘못 세운 백성'이라 한다. 식견이 적어 명령을 잘 좇는 자는 법을 오롯이 지키는 자인데도 세상에서는 그를 낮춰 '투박하고 고루한 백성'이라 한다. 힘써 일해서 먹고 사는 자는 이익을 산출하는 자인데도 세상에서는 그를 낮춰 '능력이 부족한 백성'이라 한다. 인정이 도탑고 순수한 자는 성실한 자인데도 세상에서는 그를 낮춰 '어리석고 고지식한 백성'이라 한다. 명령을 중히 여기고 일에 신중한 자는 군주를 존중하는 자인데도 세상에서는 그를 낮춰 '겁 많고 두려워하는 백성'이라 한다. 도적을 꺾고 간사한 자를 막는 자는 군주를 밝히는 자인데도 세상에서는 그를 낮춰 '알랑거리며 하리노는 백성'이라 한다. 이 여섯 부류는 세상에서 헐뜯는 자들이다.

간사하고 거짓을 일삼는 무익한 백성들이 여섯 부류인데, 세상에서는 그들을 저렇게 기린다. 농사짓고 전쟁에 나서는 유익한 백성들이 여섯 부류인데, 세상에서는 그들을 이렇게 헐뜯는다. 이것을 '뒤바뀐 여섯 가지(六反)'라 한다.

벼슬하지 않은 선비가 사사로운 이익을 좇는데도 세상에서는 그를 기리고 군주는 그런 헛된 명성을 듣고는 그를 예우하는데, 예우가 있는 곳에는 반드시 이익도 뒤따른다. 백성들은 개인적으로 손해를 보면서 애쓰는데도 세상에서는 그들을 헐뜯고 군주는 속된 판단에 가로막혀 그들을 천시하는데, 천시하는 곳에는 반드시 손해가 뒤따른다. 그리하여 사사로이 잘못을 저질러 벌을 받아야 하는 백성에게 명예와 포상이 주어지고, 공공을 위해 좋은 일을 하여 상을 받아야 하는 선비에게 비방과 손해가 주어지니, 이래서는 나라가 부강해지기를 바라더라도 그렇게 될 수 없다.

예부터 "정치는 머리를 감는 것과 같아서 머리칼이 빠지더라도 반드시 감아야 한다"는 말이 전한다. 머리칼이 빠지는 것이 아까워서 고운 머리칼이 자라는 이익을 잊는 것은 저울질할 줄 모르는 것이다. 무릇 종기를 도려내면 아프고, 약을 먹으면 쓰다. 입에 쓰고 아프다고 해서 종기를 도려내지 않고 약을 먹지 않으면, 몸을 되살리지 못하고 병도 고치지 못한다.

이제 군주와 신하 사이에는 아비와 자식 사이처럼 아끼는 정이 없다. 그런데도 도의로써 아랫사람을 누르려 한다면 반드시 그 사이에는 틈이 생긴다. 또 부모는 자식에 대해서 아들을 낳으면 서로 축하하고 딸을 낳으면 죽여버린다. 다 같이 부모의 품 안에서 나왔는데도 사내자식은 축하를 받고 딸자식은 죽임을 당하는 것은 먼 훗날의 편의를 생각하고 먼 앞날의 이익을 계산해서다. 이렇게 부모와 자식 사이에서도 오히려 계산하는 마음을 쓰면서 서로 대하는데, 하물며 부모와 자식 사이처럼 아끼는 정이 없는 경우는 어떠하겠는가?

이제 학자가 군주를 설득할 때면 모두 이익을 구하는 마음을 버리고 서로 사랑하는 길로 나아가라고 하는데, 이는 군주에게 어버이보다 더한 마음으로 신하를 가까이하라는 것이다. 그러나 이는 군주의 은혜를 제대로 논하지 못하고 교묘한 말로써 속이는 것이므로 현명한 군주는 받아들이지 않는다. 성인의 다스림은 법률과 금령을 분명하게 할 뿐이다. 법률과 금령을 분명하게 하면 모든 관리가 법을 지키고 반드시 상벌을 공정하게 시행한다. 상벌이 공정하여 치우침이 없으면 백성들은 힘을 다해 일한다. 백성이 힘쓰고 관리들이 다스려지면 그 나라는 부유해지고, 나라가 부유해지면 군대는 강성해지니, 이로써 패왕의 대업이 이루어진다.

패왕이란 군주가 얻을 수 있는 가장 큰 이익이다. 군주가 이런 큰 이익을 품고서 정치를 펴면 능력 있는 자가 관직을 맡고 상벌을 시행함에 사사로움이 없어 선비와 백성들이 알아서 힘을 다하고 죽음을 무릅쓸 것이니, 그러면 공적을 세울 수 있고 관작과 녹봉도 저절로 이르게 된다. 관작과 녹봉이 저절로 이르면 부귀영달이 이루어진다.

부귀란 신하가 얻을 수 있는 가장 큰 이익이다. 신하가 이런 큰 이익을 품고서 일을 맡으면 위험을 무릅쓰고 일하다가 죽음에 이르더라도 온 힘을 다할 뿐 원망하지 않는다. 이를 일러 "군주가 신하들에게 어짊을 말하지 않고 신하들이 군주에게 충성을 말하지 않는다면, 패왕의 대업을 이룰 수 있다"고 말하는 것이다.

간사한 짓은 반드시 알려야만 대비할 수 있고 반드시 처벌해야만 못하게 할 수 있다. 알리지 않으면 거리낌 없이 하게 되고, 처벌하지 않으면 함부로 행동하게 된다. 하찮은 물건이라도 어두워 보이지 않는 곳에 두게 되면 증삼(曾參)이나 사추(史鰌)처럼 청렴한 사람이라도 의심받을 짓을 할 수 있고, 황금 1백금을 저자에 내걸어 두면 비록 큰 도둑이라도 가져가지 못한다. 결코 알려지지 않는다면 증삼이나 사추라도 어두워 보이지 않는 곳에서는 의심받을 짓을 할 수 있고, 반드시 알려지면 큰 도둑이라도 저자에 내걸린 황금을 가져가지 못한다. 그러므로 현명한 군주가 나라를 다스릴 때는 지키는 자를 많이 두고 죄를 무겁게 다스려서 백성들을 법으로써 막지 염치로써 못하게 하지 않는다.

어미가 자식을 사랑하는 마음은 아비보다 갑절이나 되지만, 아비의 명령이 자식에게 행해지는 것은 열 배나 된다. 관리는 백성에게 애정이 없지만, 그 명령이 백성에게 행해지는 것은 아비보다 만 배나 된다. 어미가 사랑하면 사랑할수록 명령은 통하지 않게 되지만, 관리가 위엄을 가지고 명령을 집행하면 백성들은 듣고 따른다. 따라서 위엄과 애정 어느 것을 써야 할지는 단박에 결정할 수 있다.

부모가 자식에게 바라는 것은 일을 할 때는 편안하면서도 이롭기를 바라고 세상에서 처신할 때는 죄를 짓지 않기를 바라지만, 군주가 바라는 것은 백성들이 환난이 있으면 죽음을 무릅쓰고 태평할 때는 온 힘을 다하는 것이다. 그런데 어버이는 두터운 애정을 갖고 자식이 편안하고 이롭기를 바라는데도 자식은 듣지 않는다. 그러나 군주는 애정도 이익도 주지 않으면서 백성들에게 죽을힘을 다하라고 요구하는데도 그 명령이 실행된다. 현명한 군주는 이러한 이치를 아는 까닭에 백성들을 아끼거나 은혜를 베푸는 마음을 기르지 않고 위엄 있는 권세를 더 늘린다. 어미의 애정이 두터운데도 자식을 그르치는 일이 많은 것은 애정만 앞세우기 때문이고, 아비가 박정하게 대하면서 회초리로 가르치는데도 자식이 잘 되는 일이 많은 것은 엄격함을 쓰기 때문이다.

이제 어떤 집안사람들이 살림을 꾸려나가면서 굶주림과 추위를 함께 참아내고 서로 힘들어도 꿋꿋이 애쓴다고 하자. 비록 전쟁이나 기근과 같은 환난이 닥치더라도 따뜻한 옷을 입고 좋은 음식을 먹는 것은 틀림없이 이런 집안사람들이다. 또 입고 먹을 때는 서로 가엾게 여기고 멋대로 놀면서 즐길 때는 서로 은혜를 베푸는 사람들이 있는데, 흉년이 들어 굶주릴 때에 아내를 남에게 시집보내고 자식을 파는 것은 분명히 이런 사람들이다.

법을 다스림의 길로 삼으면 처음에는 고달프지만 오래도록 이롭고, 어짊을 다스림의 길로 삼으면 구차하게 즐기다가 나중에 고생한다. 성인은 법과 어짊의 경중을 잘 저울질하여 이로움이 큰 데로 가므로 법에 따라 서로 참아내는 길을 쓰고 어진 사람들이 서로 가엾게 여기는 쪽은 버린다. 그런데도 학자들은 모두 "형벌을 가볍게 하라"고 말하는데, 이는 혼란과 멸망으로 이끄는 길이다.

상벌을 반드시 실행해야 하는 것은 권하거나 금지하기 위해서다. 상이 두터우면 군주가 바라는 일을 빨리 해내고, 벌이 엄중하면 군주가 싫어하는 일을 얼른 멈춘다. 이익을 바라는 자는 틀림없이 해로움을 싫어한다. 해로움은 이익의 반대다. 바라는 것과 반대로 되면 어찌 싫어하지 않을 수 있겠는가? 다스리려는 사람은 반드시 어지러워지는 것을 싫어하니, 어지러움은 다스림의 반대다. 그러므로 다스려지기를 간절히 바라면 그 상이 반드시 두터워야 하고, 어지러워지는 것을 아주 싫어하면 그 벌이 반드시 무거워야 한다. 지금 형벌을 가벼이 하자는 사람은 어지러워지는 것을 그다지 싫어하지 않으며 또 다스려지는 것도 그다지 바라지 않는 사람이다. 이는 법술이 없는 것일 뿐만 아니라 볼 만한 행실도 없는 것이다. 이런 까닭에 현명한지 못났는지, 어리석은지 지혜로운지는 상벌의 경중에서 판가름이 난다.

형벌을 무겁게 하는 것은 죄인을 괴롭히기 위해서가 아니다. 현명한 군주의 법은 죄를 판단하는 기준이다. 그러나 도적을 다스린다는 것은 판단의 대상이 된 자를 다스린다는 뜻이 아니다. 판단의 대상이 된 자를 다스린다면, 이미 죽은 자를 다스리는 꼴이 된다. 도둑을 형벌에 처한다는 것은 형벌의 대상이 된 자를 다스린다는 뜻이 아니다. 형벌의 대상이 된 자를 다스린다면, 이는 죄수를 다스리는 꼴이 된다. (법이란 사후에 처벌하는 것보다 미연에 방지하는 데에 의의가 있다.) 그러므로 "하나의 간악한 죄를 엄중하게 처벌하여 나라 안의 사악한 행위를 그치게 하는 것, 이것이 다스리는 방법이다"라고 말한다. 무거운 형벌을 받는 자는 도적인데, 이를 보고 슬퍼하고 두려워하는 자는 양민이다. (이리하여 양민들은 죄를 지으려 하지 않는다.) 그러니 잘 다스리려 하는 자가 어찌 형벌을 무겁게 하는 일에 머뭇거리겠는가!

또 상을 두터이 내리는 것은 그 공적에 대해서만 상을 주려는 것이 아니라 온 나라 사람들을 권면하는 뜻도 있다. 상을 받은 자가 그 이로움을 달게 여기면, 상을 받지 못한 자는 뒤따라 그것을 바란다. 이는 한 사람의 공적에 보답하면서 온 나라 사람들에게 권한 격이다. 그러니 잘 다스리려 하는 자가 어찌 상을 두터이 내리는 일에 머뭇거리겠는가!

이제 나라를 다스릴 줄 모르는 자들은 모두 "형벌을 무겁게 하면 백성들이 상한다. 형벌을 가볍게 해도 간악한 짓을 그치게 할 수 있다. 그러니 어찌 꼭 무겁게 할 필요가 있겠는가?"라고 말한다. 이는 다스림의 이치를 제대로 살피지 못한 것이다.

무릇 무거운 형벌이라야 그치는 자는 결코 가벼운 형벌로는 그치게 하지 못하지만, 가벼운 형벌로도 그치는 자는 반드시 무거운 형벌로도 그치게 할 수 있다. 이런 까닭에 군주가 무거운 형벌을 쓰면 간사한 짓이 모조리 그친다. 간사한 짓이 모조리 그친다면, 어찌 백성들을 상하게 하는 일이 있겠는가? 형벌을 무겁게 한다는 것은 간사한 짓으로 이익을 보는 것은 적게 하고 군주가 내려주는 것은 크게 한다는 뜻이다.

백성들은 작은 이익 때문에 큰 벌을 받으려 하지 않기 때문에 간사한 짓은 반드시 그친다. 형벌을 가볍게 한다는 것은 간사한 짓으로 얻는 이익은 크게 하고 군주가 내려주는 것은 작게 한다는 뜻이다. 백성들은 그런 이익을 바라서 함부로 죄를 짓게 되니, 간사한 짓이 그치지 않는다. 그래서 옛 성인이 이렇게 말했다.

"사람은 산에 걸려 넘어지지 않고, 개밋둑에 걸려 넘어진다."

산은 크기 때문에 사람들이 조심스럽게 따르지만, 개밋둑은 아주 작기 때문에 사람들이 가볍게 본다는 뜻이다. 이제 형벌을 가볍게 하면 백성들은 반드시 가볍게 여길 것이다. 백성들이 죄를 저질러도 처벌하지 않으면 이는 나라를 다스린다면서도 내버리는 짓이고, 죄를 저질렀다고 처벌하면 이는 백성들을 빠뜨릴 함정을 파놓은 셈이 된다. 이런 까닭에 처벌을 가볍게 하는 것은 백성들에는 개밋둑이나 마찬가지다. 따라서 형벌을 가볍게 하는 것을 백성들을 위한 방도로 삼는다면, 나라를 어지럽히거나 아니면 백성들을 빠뜨릴 함정을 만드는 격이다. 이렇게 되면 백성들을 상하게 한다고 말할 만하다.

이제 학자들은 모두 책에 쓰인 옛 성인에 대한 칭송만 말하고 당대에 실제 일어난 일은 살피지 않는다. 그러면서 "군주가 백성을 아끼지 않고 세금만 늘 무겁게 거두면, 쓸 재물이 부족하여 백성들이 군주를 원망한다. 그래서 천하가 크게 어지러워진다"고 말한다. 이는 쓸 재물을 넉넉하게 해서 은혜를 더 베풀면, 비록 형벌을 가볍게 해도 다스릴 수 있다고 여긴 것이다. 그러나 이 말은 틀렸다.

무릇 사람이 무거운 형벌을 받는 것은 이미 재화가 넉넉해진 뒤의 일이다. 비록 쓸 재물이 넉넉하고 두터운 사랑을 베풀더라도 형벌을 가볍게 하면 오히려 어지러워진다. 부잣집에서 사랑을 받은 자식은 재화를 넉넉하게 쓰고, 재화를 넉넉하게 쓰면 가볍게 함부로 쓰며, 가볍게 함부로 쓰면 사치가 심해진다. 지나치게 사랑받으면 참을성이 없어지고, 참을성이 없어지면 교만하고 방자해진다. 사치가 심해지면 집안이 가난해지고, 교만하고 방자하면 난폭한 짓을 한다. 이는 비록 쓸 재물이 넉넉하고 사랑이 두텁기는 해도 형벌을 가벼이 하기 때문에 생긴 우환이다.

사람이란 살아가면서 쓸 재물이 넉넉하면 힘쓰는 일에 게으르고, 군주의 다스림이 느슨하면 함부로 그릇된 짓을 저지른다. 쓸 재물이 넉넉한데도 힘써 일한 사람은 신농씨고, 군주의 다스림이 느슨한데도 수행에 힘쓴 사람은 증삼과 사추다. 그러나 백성들이 신농씨나 증삼, 사추 등에 미치지 못한다는 것도 이미 분명한 사실이다.

『도덕경』(44장)에서 말했다.

"만족할 줄 알면 치욕을 당하지 않고, 그칠 줄 알면 위태롭지 않다."

위태로워지거나 치욕을 당할 줄을 알기 때문에 충분한 것 이상으로 구하지 않는 사람은 노자(老子)다. 이제 백성들을 만족시킴으로써 다스릴 수 있다고 여긴다면, 이는 백성들이 모두 노자와 같다고 여기는 것이다. (그러나 백성들은 결코 만족할 줄 모른다.) 그래서 하나라의 걸(桀)은 천자의 자리에 있으면서도 그 존귀함에 만족하지 않았고, 온 천하의 재보(財寶)를 차지했으면서도 그 재보에 만족하지 않았다. 군주가 백성들을 만족시켜준다고 할지라도 모두를 천자가 되게 할 수 없다. 더구나 걸은 천자의 자리로도 결코 만족하지 못했는데 백성들을 만족시킨다고 한들 어찌 다스릴 수 있겠는가?

그러므로 현명한 군주는 나라를 다스리면서 때에 알맞게 일을 시켜 재물을 풍부하게 생산하고, 세금을 잘 부과하여 빈부(貧富)를 고르게 하며, 관작과 녹봉을 두텁게 해주어 지혜와 재능을 다하게 하고, 형벌을 무겁게 해서 간사한 짓을 막으며, 백성들이 노력하면 부유해질 수 있고 일을 잘 하면 신분이 높아지고 잘못을 저지르면 죄과를 치르고 공을 세우면 상을 받는다는 것을 알게 하여 군이 은혜를 입을 생각을 하지 않게 만든다. 이것이 제왕의 정치다.

사람이 모두 잠들면 누가 장님인지 알 수 없고, 모두 입을 다물면 누가 벙어리인지 알 수 없다. 깨워서 사물을 보게 하고 물어서 대답하게 하면 장님인지 벙어리인지 단박에 드러난다. 그 말을 들어보지 않으면 법술을 터득했는지 알 수 없고, 그를 임용해보지 않으면 못난 자인지 알 수 없다. 그 말을 들어보고 타당한지 살피고 그를 임용해서 공적을 따진다면, 법술도 없고 못난 자는 단박에 드러난다. 힘센 자를 찾을 때 그가 스스로 하는 말을 들으면 용렬한 사내인지 힘센 오확(烏獲)인지 구별할 수 없다. 무거운 솥을 주어서 들어보게 하면, 허약한지 강건한지 금방 드러난다. 그렇듯이 관직은 재능이 있는 선비를 가려낼 '솥'과 같아서 관직을 맡겨 일을 시켜보면 어리석은지 지혜로운지 금방 구분된다.

그러므로 법술을 터득하지 못한 자는 제 말이 쓰이지 않는데도 우쭐거리고, 못난 자는 임용되지 못했는데도 뽐낸다. 말이 쓰이지 않는데도 스스로 변설이 뛰어나다고 여기고, 임용되지 않으면 스스로 고결하다고 꾸민다. 요즘 세상의 군주는 그 변설에 현혹되고 그 고결함에 빠져서는 그를 존중하며 귀하게 대접한다. 이는 보는 걸 기다리지도 않고 눈이 밝다고 판단하고, 대답을 기다리지도 않고 변설을 잘한다고 판단하는 것과 같으니, 이래서는 벙어리와 장님을 구분할 수 없다. 현명한 군주는 그 말을 들으면 반드시 쓰임새를 따지고, 그 행동을 보면 반드시 공적을 요구한다. 그러면 헛되고 낡은 학설을 늘어놓지 않으며, 뽐내거나 거짓된 행동을 함부로 하지 못한다.

47장

팔설(八說),
여덟 가지 상반된 견해

오랜 친구를 위해 사사로운 짓을 하는 자를 '벗을 버리지 않는 사람[不棄]'이라 하고, 공공의 재산을 사사로이 나누어주는 자를 '어진 사람[仁人]'이라 하며, 녹봉을 가벼이 여기고 제 몸을 중시하는 자를 '군자(君子)'라 하고, 법을 왜곡하여 친족을 위하는 자를 '덕행이 있는 사람[有行]'이라 하며, 벼슬을 버리고 사사로운 사귐을 귀하게 여기는 자를 '의협심 있는 사람[有俠]'이라 하고, 속세를 떠나 군주를 피하는 자를 '초연한 사람[高傲]'이라 하며, 서로 다투면서 명령을 거스르는 자를 '굳센 사람[剛材]'이라 하고, 은혜를 베풀어 대중의 마음을 사는 자를 '민심을 얻은 사람[得民]'이라 한다.

벗을 버리지 않는 사람은 관리가 되면 간사한 짓을 하고, 어진 사람은 공공의 재산을 축내고, 군자는 부리기 어려운 백성이고, 덕행이 있는 사람은 법령과 제도를 훼손하고, 의협심 있는 사람은 관직을 헛되게 만들고, 초연한 사람은 백성들이 군주를 받들지 못하게 만들고, 굳센 사람은 명령이 실행되지 않게 하고, 민심을 얻은 사람은 군주를 고립시

킨다. 이 여덟 가지는 보잘것없는 사내에게는 사사로운 명예지만 군주
에게는 커다란 해악이다. 이 여덟 가지를 반대로 하면 보잘것없는 사내
에게는 사사로운 명예 훼손이 되지만 군주에게는 커다란 이익이 된다.
군주가 되어 사직에 이익이 될지 손해가 될지를 살피지 않고 보잘것없
는 사내의 사사로운 명예를 좇으면, 나라에 위험이나 혼란이 없기를 바
라더라도 그렇게 되지 않는다.

누구에게 일을 맡기느냐가 존망과 치란의 관건이다. 법술도 없이 사
람을 임용하면 누가 임용되든 실패하지 않는 일이 없다. 군주가 임용하
는 자는 변설과 지혜가 뛰어난 자 아니면 덕성이 있고 청렴한 선비다.
그런데 사람을 임용하는 것은 권세를 갖게 하는 일이다. 지혜로운 선비
라고 해서 반드시 믿을 만한 것은 아니다. 지혜가 많다는 것 때문에 헷
갈려서 믿을 만하다고 여기는 것이다. 지혜로운 선비가 자신의 계책으
로 형세를 타는 밑천으로 삼고 사사로운 일을 꾸민다면, 군주는 반드
시 속는다. 그러면 군주는 지혜로운 선비는 믿을 수 없다고 여겨서 이
제는 덕성이 있는 선비를 임용하여 나랏일을 결단하게 한다. 그런데 덕
성이 있는 선비라고 해서 반드시 지혜로운 것은 아니다. 제 몸을 바르
게 닦는 것으로 말미암아 헷갈려서 지혜롭다고 여기는 것이다. 판단이
흐리멍덩한 어리석은 자는 일을 다스리는 관직을 맡으면 제 깜냥으로
일을 하기 때문에 일은 반드시 어지러워진다. 그래서 법술도 없이 사람
을 기용하면, 지혜롭다는 자는 군주를 속이고 덕성이 있다는 자는 일을
어지럽힌다. 이는 법술이 없어서 생긴 우환이다.

현명한 군주의 길은 다르다. 덕성과 의리를 하찮게 여기는 것을
귀하게 여기고, 아랫사람도 반드시 윗사람과 연좌시키며, 검증을 통
해 실상을 판단하고, 고정된 통로가 없이 다양하게 듣는다. 그렇기
때문에 지혜로운 자라도 군주를 속일 수 없다. 공적을 잘 헤아려서
포상하고, 능력의 정도에 따라서 일을 맡기며, 일의 갈피를 잘 살피
고 잘잘못을 따져 허물이 있는 자는 처벌하고 능력이 있는 자는 발

탁한다. 그렇기 때문에 어리석은 자는 일을 맡지 못한다. 지혜로운
자가 감히 속이지 못하고 어리석은 자가 판단하지 못하게 하면 잘못
될 일이 없다.

사물을 살필 줄 아는 선비라야 알 수 있는 것을 법령으로 삼아서는
안 된다. 모든 백성들이 똑똑히 살피는 것은 아니기 때문이다. 현명한
사람이라야 실행할 수 있는 것을 법령으로 삼아서는 안 된다. 모든 백
성들이 현명한 것은 아니기 때문이다. 양주(楊朱)와 묵적(墨翟)은 천하
의 잘 살필 줄 아는 선비였다. 그럼에도 천년 동안 지속되던 난세에서
끝내 아무 것도 해결하지 못했다. 그래서 그들의 학설이 잘 살핀 것이
었다 하더라도 관청의 법령으로 삼을 수는 없다. 포초(鮑焦)와 화각(華
角)은 천하의 빼어난 현자였다. 그럼에도 포초는 마른 나무처럼 말라
죽고 화각은 물에 몸을 던져 죽었다. 그래서 그들이 현명했다 하더라도
농사지으며 싸우는 전사로 삼을 수는 없다.

그러므로 군주가 따로 살피는 게 있으면 지혜로운 선비는 그에 따라
갖가지 변설을 다 늘어놓을 것이고, 군주가 따로 높이는 게 있으면 능
력 있는 선비는 그에 따라 온갖 능력을 다 펼쳐 보일 것이다. 그런데 요
즘 세상의 군주들은 아무런 쓸모가 없는 변설을 똑똑하게 살핀 것으로
여기고 공적과는 거리가 먼 행동을 드높이는데, 그러고서도 나라가 부
강해지기를 바라니 이는 이루어질 수 없다.

공자나 묵적처럼 두루 익혀서 변설과 지혜를 갖춘다 하더라도 그
런 자들은 농사를 짓지 못하니 나라에 무슨 도움이 되겠는가? 증삼
과 사추처럼 효행을 닦고 욕심을 적게 가진다 하더라도 그런 자들은
나가 싸우지 못하니 나라에 무슨 이익이 있겠는가? 필부에게도 사적
으로 유익하고 군주에게도 공적으로 이익이 되어야 한다. 일을 하지
않으면서도 먹고 살기에 넉넉하고 벼슬하지 않아도 명성을 드날리는
것, 이것이 사적으로 유익한 일이다. 문화를 배우는 일을 그치게 하
고 법도를 밝히며 사적으로 유익한 일을 막고 실적을 쌓는 일에 오롯

이 힘을 들이도록 하는 것, 이것이 공적으로 이익이 되는 일이다. 법을 두어 백성들을 이끌어야 함에도 문화를 배우는 일을 귀하게 여긴다면, 백성들은 법을 따라야 할지 의심한다. 실적을 포상하여 백성들이 힘쓰게 해야 하는데도 품성 수양을 높인다면, 백성들은 이익을 생산하는 일을 게을리한다. 문화를 배우는 일을 귀하게 여겨 법을 따라야 할지 의심하게 하고 품성 수양을 높여서 실적 쌓는 일로부터 멀어지게 하고서도 나라가 부강해지기를 바란다면 그것은 이루어질 수 없다.

허리띠에 꽂는 홀이나 춤출 때 드는 방패나 도끼 등은 긴 창이나 쇠작살과는 상대가 되지 않는다. 계단을 오르내리고 주위를 도는 동작은 하루에 백 리를 달리는 것에는 미치지 못한다. 〈이수(狸首)〉[1] 악장이 울리는 가운데 과녁을 향해 활을 쏘는 것은 강한 쇠뇌를 빠르게 쏘는 것을 당해내지 못한다. 성을 굳게 지키며 성을 부수려는 충거(衝車)에 맞서는 것은 땅굴을 연기로 채우고 풀무로 불을 일으키는 것만 못하다.

옛날에는 도덕을 앞세웠고, 중세에는 지혜를 좇았으며, 지금 시대에는 힘을 겨룬다. 옛날에는 일이 적어 도구가 간단했으며 투박하고 정교하지 못했다. 그래서 조가비로 된 호미를 쓰고 통나무 수레를 밀고 다녔다. 옛날에는 사람의 수도 적고 서로 가까웠으며, 물자도 많아서 이익을 가볍게 여기며 손쉽게 양보했다. 그러므로 두 손을 맞잡고 허리를 숙이는 예의를 차리면서 천하를 남에게 물려주는 자가 있었다. 그렇다면 두 손을 맞잡고 허리를 숙이는 예의를 행하고 자애로운 은혜를 드높이며 어짊과 도타운 덕을 좇는 것은 모두 통나무 수레를 밀고 다니던 때의 소박한 정치다. 지금처럼 복잡한 시대에 살면서 일이

---

1) 『예기』「사의(射義)」에 따르면, 주나라 무왕이 상나라를 멸망시킨 뒤에 활쏘기 예절을 행하면서 〈이수〉를 불렀다고 한다.

적었던 옛날의 기구를 쓰는 것은 지혜로운 사람의 대비책이 아니다. 크게 다투는 시대를 맞아 두 손 맞잡고 허리를 숙이는 예법을 좇는 것은 성인의 정치가 아니다. 그러므로 지혜로운 사람은 낡은 통나무 수레에 올라타지 않고, 성인은 통나무 수레를 밀고 다니던 때의 정치를 행하지 않는다.

　법은 일을 규제하는 근거이며, 일은 공적을 드러내는 수단이다. 법을 세울 때 어려움이 따르기도 하지만, 그 어려움을 잘 저울질하여 일을 이룰 수 있다면 그 법을 세워야 한다. 일을 이룰 때 해로움이 따르기도 하지만, 그 해로움을 잘 저울질하여 공적이 많다면 그 일을 해야 한다. 아무런 어려움이 없는 법이나 아무런 해로움이 없는 공적은 이 세상에 존재하지 않는다. 이런 까닭에 천 길이나 성벽을 쌓아 올린 도성을 쳐서 빼앗고 십만 명의 적군을 물리칠 때, 사상자가 전체의 절반이 되고 갑옷이 찢어지고 창칼이 꺾이며 우리 쪽 사졸들이 죽거나 다치더라도 싸워 이겨서 땅을 차지한 것을 축하하는 것은 작은 이익을 넘어서는 큰 이익을 계산했기 때문이다. 무릇 머리를 감으면 머리카락이 빠지고 종기를 치료하면 피와 살이 상하게 마련이다. 만약 어려움을 보고 그 일을 그만두려 한다면, 이는 일을 꾀할 줄 모르는 짓이다. 옛 성인이 말했다.

　"그림쇠는 닳기 마련이고 물에서는 물결이 일기 마련이다. 내가 그것을 고치려 한들 어찌할 수 있겠는가?"

　이는 권변(權變)에 통달한 말이다.

　학설에 논리는 서 있으나 실제와는 거리가 먼 것이 있고, 언설에서 말씨는 서투르나 실제 쓰임에는 긴요한 것이 있다. 그래서 성인은 해로움이 없는 공허한 말을 하려고 애쓰지 않고, 쉽게 달라지지 않는 한결같은 일에 힘쓴다. 사람들이 저울질이나 마질에 힘쓰지 않는 것은 청렴하여 이익을 멀리해서가 아니라, 마질은 사람에 따라 많게 하거나 적게 할 수 있는 게 아니고 저울질은 사람에 따라서 가볍게 하거나 무겁게 할 수 있는 게 아니어서 아무리 애써도 마음대로 잴 수 없으므로 사람들이 저울질이나 마질에 힘쓰지 않는 것이다.

현명한 군주가 다스리는 나라에서는 관리가 함부로 법을 굽히지 못하고 아전이 함부로 사적인 이익을 꾀하지 못하는데, 이는 뇌물이 전혀 통하지 않기 때문이다. 이는 곧 나라 안의 모든 일이 저울질이나 마질처럼 공명정대하게 이루어짐을 뜻한다. 신하들 가운데 간사한 자가 있으면 반드시 알려지고, 알려진 자는 반드시 처벌된다. 따라서 도를 터득한 군주는 청렴결백한 관리를 애써 구하지 않고 신하들의 간사함을 알아채는 법술을 익히는 데 힘쓴다.

어린 자식에 대한 사랑은 어느 누구도 자애로운 어미보다 앞설 수 없다. 그렇지만 어린 자식이 그릇된 행동을 하면 스승을 따르게 하고, 고약한 병이 생기면 의원을 좇아 치료한다. 스승을 따르지 않으면 형벌에 떨어지고, 의원을 좇지 않으면 죽을지도 모른다. 자애로운 어미가 비록 사랑할지라도 형벌을 거두거나 죽음에서 구하는 데에는 아무런 보탬이 되지 않는다. 그러고 보면, 자식을 살아가게 하는 것은 사랑이 아니다. 자식과 어미는 천성인 사랑으로 맺어져 있으나, 신하와 군주는 저울질인 계산으로 맺어져 있다. 어미도 사랑만으로 집안을 지켜갈 수 없는데, 군주가 어찌 사랑만으로 나라를 지탱해나갈 수 있겠는가?

현명한 군주가 부국강병의 계책에 통달해 있다면, 바라는 것을 이룰 수 있다. 삼가는 마음으로 정치하는 것이 곧 부국강병의 비법이다. 법률과 금령을 명확하게 하고, 정책과 계책을 자세히 살피면 된다. 법률과 금령을 명확하게 하면 안으로 변란과 같은 우환이 없을 것이고, 정책과 계책이 적절하면 밖으로 전쟁에서 죽거나 포로가 되는 일이 없을 것이다. 그러므로 나라를 지탱해 나가는 것은 어짊과 의리가 아니다.

어진 사람은 자애롭고 은혜로워서 재물을 아끼지 않고, 포악한 사람은 마음이 함부로 발끈해서 쉽게 사람을 죽인다. 자애롭고 은혜로우면 차마 남에게 해코지 못하고, 재물을 아끼지 않으면 남에게 주기를 좋아한다. 그러나 함부로 발끈하면 미워하는 마음이 신하들에게 드러나고, 쉽게 사람을 죽이면 사람들을 함부로 죽인다. 차마 남에게 해코지 못하면 죄를 짓고도 용서 받는 일이 많아지고, 주기를 좋아하면 아무런 공이 없는 자가 상을 받는 일이 많아진다. 미워하는 마음이 드러나면 신하들이 그 군주를 원망하고, 함부로 사람을 죽이면 백성들이 배반할 것이다.

어진 사람이 왕위에 있으면, 신하들이 거리낌 없이 행동하며 금령과 법률을 쉽게 어기고 요행을 바라며 군주로부터 과분한 상을 바란다. 포악한 사람이 왕위에 있으면, 법령을 함부로 시행해서 군주와 신하 사이가 벌어지고 백성들은 군주를 원망하며 반란을 일으킬 마음을 낸다. 그러므로 "어질거나 포악한 자 모두 나라를 망치는 자들이다"라고 말한다.

맛있는 음식을 차려줄 수 없으면서도 굶주린 사람에게 먹으라고 권하는 것은 굶주린 자를 살리는 방법이 아니다. 풀밭을 개간해서 곡식을 자라게 할 수 없으면서도 빌려주거나 상으로 내리라고 권하는 것은 백성들을 부유하게 만드는 방법이 아니다. 지금 학자들은 온갖 말들을 하지만 근본이 되는 일에는 힘쓰지 않고 곁가지 같은 일만 좋아하고, 허망한 성인의 이야기나 들려주면서 백성들을 기쁘게 만들 줄만 안다. 이는 음식도 없이 먹으라고 권하는 것과 같다. 이렇게 음식도 없이 먹으라고 권하는 이야기를 현명한 군주는 받아들이지 않는다.

글은 간결해야 제자들이 쉽게 가려내고, 법은 간략해야 백성들의 송사가 간단해진다. 이런 까닭에 성인이 글을 쓰면 반드시 논점이 분명하고, 현명한 군주가 세운 법은 반드시 일에 자세하다. 온갖 생각을 다 짜내 이해득실을 상세하게 헤아리는 것은 지혜로운 자라도 하기 어려운 일이다. 아무런 생각이 없이 앞서 한 말을 토대로 나중에 한 일을 따지는 것은 어리석은 자라도 하기 쉬운 일이다. 현명한 군주는 어리석은 자도 하기 쉬운 일을 꾀하고 지혜로운 자라도 하기 어려운 일은 내친다. 그러므로 지혜를 짜거나 궁리를 하느라 애쓰지 않고도 나라는 잘 다스려진다.

시고 달고 짜고 싱거운 맛을 군주 자신의 입으로 판단하지 않고 궁중음식을 맡은 재윤(宰尹)에게 결정하도록 하면, 주방의 요리사들은 군주를 가벼이 여기고 재윤을 중요하게 여길 것이다. 높고 낮으며 맑고 탁한 소리를 군주 자신의 귀로 판단하지 않고 음악을 맡은 악정(樂正)에게 결정하도록 하면, 악대의 악사들은 군주를 가벼이 여기고 악정을 중요하게 여길 것이다. 치국의 옳고 그름을 군주 자신의 법술로써 판단하지 않고 총애하는 신하에게 결정하도록 하면, 신하들은 군주를 가벼이 여기고 총애 받는 신하를 중요하게 여길 것이다. 군주가 직접 정사를 보거나 듣지 않고 결단하는 재량권이 신하에게 있으면, 군주는 그 나라에 더부살이하는 신세가 된다.

만약 사람이 입지 않고 먹지도 않으며 굶주리지도 않고 추위에 떨지도 않으면서 또 죽는 것도 싫어하지 않는다면, 군주를 섬길 뜻도 없을 것이다. 군주의 다스림을 받고 싶은 뜻이 없다면, 그를 부릴 수 없다. 살리고 죽이는 권력이 대신의 손에 있는데도 군주의 명령이 실행된 경우는 일찍이 없었다. 범이나 표범이라도 그 손톱과 발톱을 쓰지 못한다면 그 위력은 조그만 생쥐와 같게 되고, 만금을 가진 집안이 그 넉넉한 재화를 쓰지 못한다면 하찮은 문지기가 가진 재물과 같게 된다. 영토를 아무리 많이 가진 군주라도 자기가 좋아하는 사람을 이롭게 해주지 못하고 자기가 미워하는 사람을 해롭게 하지 못하면, 남들이 자기를 두려워하고 중요하게 여기도록 바라더라도 그렇게 될 수 없다.

신하가 하고 싶은 것을 제멋대로 하면 '호협하다'고 하고, 군주가 하고 싶은 것을 제멋대로 하면 '어지럽힌다'고 하며, 신하가 군주를 가볍게 여기면 '교만하다'고 하고, 군주가 신하를 가볍게 대하면 '포악하다'고 한다. 행동하는 방식이 실제로 같은데도 신하는 명예를 얻고 군주는 비난을 받으며, 신하는 큰 이득을 얻고 군주는 크게 잃는다.

　현명한 군주가 다스리는 나라에는 고귀한 신하는 있어도 중요한 신하는 없다. 고귀한 신하란 작위가 높고 관직이 높은 자이며, 중요한 신하는 그 말이 받아들여져서 세력이 많은 자다. 현명한 군주가 다스리는 나라에서는 관직을 옮기든 직급을 올리든 세운 공에 따라 관작을 주므로 고귀한 신하는 있으나, 그 말이 행동한 것과 맞아떨어지지 않으면 속였다고 여겨 반드시 베어 죽이므로 중요한 신하는 없다.

48장

팔경(八經),
통치의 여덟 가지 벼리

1) 인정(因情)

무릇 천하를 잘 다스리기 위해서는 반드시 인정을 따라야 한다. 인
정에는 좋아함과 싫어함이 있으므로 상과 벌을 쓸 수 있다. 상과 벌을
쓸 수 있으면 금령을 세울 수 있고, 그러면 나라를 다스리는 도구가 갖
추어진다. 군주가 권력의 칼자루를 쥐고 위세 있는 자리에 있기 때문에
명령이 실행되어 사악한 행위가 그친다.

권력의 칼자루란 죽이거나 살릴 수 있는 힘이고, 위세 있는 자리란
뭇 사람을 제어할 수 있는 밑천이다. 관리를 내치거나 임명하는 데 법
도가 없으면 군주의 권력은 약해지고, 상과 벌을 내리는 권한을 신하와
함께 가지면 위세는 흩어진다. 이런 까닭에 현명한 군주는 편애하는 마
음 없이 신하들의 의견을 두루 들으며, 이전에 가졌던 호감으로 그 의
견을 헤아리지 않는다. 신하들의 의견을 들을 때 실제와 견주어 살피지
않으면 권력이 나누어져 간사한 자에게로 가고, 지혜를 쓰지 않으면 군
주는 신하들에게 막혀 곤란해진다. 그러므로 현명한 군주는 권력을 행
사할 때는 하늘처럼 공명정대하게 하고, 사람을 쓸 때는 귀신같이 헤

아려야 한다. 하늘처럼 하면 그릇되지 않고, 귀신같이 하면 곤란해지지
않는다.

권세가 제대로 행사되고 교화가 엄정하면 신하들이 거스르거나 어
기지 못하고, 비방과 칭송을 법에 따라 한결같이 하면 신하들이 가타부
타하지 못한다. 현명한 자에게 상을 내리고 포악한 자에게 벌을 내리는
것, 이것이 선행을 드러내는 최상의 방법이다. 포악한 자에게 상을 내리
고 현명한 자에게 벌을 내리는 것, 이것은 악행을 부추기는 최악의 방
법이다. 이것을 "군주와 뜻이 같은 자에게는 상을 내리고 뜻이 다른 자
에게는 벌을 내린다"고 하는 '상동벌이(賞同罰異)'라고 말한다.

상은 백성들이 이롭게 여길 수 있도록 두텁게 주는 것이 으뜸이고,
칭찬은 백성들이 힘쓸 수 있도록 더없이 훌륭하다고 기리는 것이 으뜸
이며, 처벌은 백성들이 두려워하도록 엄중하게 하는 것이 으뜸이고, 비
방은 백성들이 부끄러워하도록 고약하게 하는 것이 으뜸이다. 그런 뒤
에 법령을 일관되게 실행하여 사사로운 짓을 못하도록 처벌하면, 경대
부의 가문조차 군주가 상벌을 내리는 일을 방해하지 못하고 상벌의 원
칙도 반드시 알려진다. 상벌의 원칙이 분명하게 알려지면, 다스리는 길
도 다 갖추어진 셈이다.

2) 주도(主道)

한 사람의 힘으로는 뭇 사람에게 맞설 수 없고, 한 사람의 지혜로는
온갖 사물의 이치를 다 알 수 없다. 한 사람의 힘과 지혜를 쓰는 것은
온 나라 사람들의 힘과 지혜를 쓰는 것만 못하다. 그러므로 군주 한 사
람의 지혜와 힘으로 뭇 신하들과 맞서면 신하들이 이긴다. 설령 판단이
적중하더라도 혼자 고달프고, 적중하지 않으면 혼자 잘못된다. 하치의
군주는 자기 능력을 있는 대로 다 쓰고, 중치의 군주는 남들이 힘을 다
쓰게 하며, 상치의 군주는 남들이 지혜를 다 쓰게 한다. 이런 까닭에 현
명한 군주는 일이 생기면 여러 사람의 지혜를 하나로 모으려고 각자의

의견을 하나하나 다 듣고 공개적으로 토의하게 한다. 군주가 의견을 하나하나 다 듣지 않으면 신하들이 나중에 한 말과 앞서 한 말이 어그러진다. 나중에 한 말과 앞서 한 말이 어그러지면, 어리석은 자와 지혜로운 자를 구분하지 못한다. 공개적으로 토의하지 않으면 망설이다가 결단을 내리지 못한다. 결단을 내리지 못하면 일은 지체된다. 이런 과정을 통해 군주가 하나를 골라 쓴다면, 나락으로 떨어질 일이 없다. 따라서 군주는 변죽을 울리며 신하들이 의논하게 하고, 의논이 정해지면 세차게 몰아붙인다. 그리고 신하들이 의견을 말하면 반드시 기록으로 남겨둔다.

지혜를 하나로 모은 경우에는 일이 시작되면 효험이 드러나고, 능력을 하나로 모은 경우에는 결과가 드러나면 성패를 따진다. 성패의 증거가 나오면 그에 따라 상벌을 실행한다. 일이 이루어지면 그 공은 군주가 차지하고, 계책이 실패로 끝나면 그 죄를 신하에게 떠넘긴다.

군주는 대쪽을 맞추는 가벼운 일조차 자신이 직접 하지 않는데, 하물며 힘든 일을 하겠는가? 지혜를 쓰는 일조차 직접 하지 않는데, 하물며 머리를 짜내는 일을 하겠는가? 그러므로 군주가 사람을 쓸 때는 의견을 같이하는 자를 쓰지 않는데, 의견을 같이하면 군주는 따져 물어야 한다. 군주가 신하들을 부리면서 잘 가려서 이용하면 군주는 신령스러워 보이고, 군주가 신령스러워 보이면 아랫사람들은 있는 힘을 다한다. 아랫사람들이 있는 힘을 다하면 신하들은 위로 군주를 어찌하지 못하니, 이렇게 되면 군주의 도는 마무리된다.

3) 기란(起亂)

군주 가운데 신하와 군주의 이해관계가 다르다는 것을 아는 자는 왕 노릇을 하고, 같다고 여기는 자는 겁박당하고, 신하와 권력을 함께 누리는 자는 죽임을 당한다. 그러므로 현명한 군주는 공과 사를 잘 구분할 줄 알고 이익과 손해를 잘 살피므로 간사한 자들이 끼어들 틈이 없다.

혼란이 생기는 곳이 여섯이다. 군주의 모후(母后), 후비(后妃), 적자와 서자, 형제, 대신, 알려진 현자 등이다. 법령대로 관리를 임명하고 신하에게 책임을 물으면 모후도 함부로 굴지 못하고, 예법에 따라 등급을 달리하면 후비가 시기하지 못하며, 권세를 고르지 않게 나누어주면 적자와 서자가 다투지 못하고, 권력과 위세를 잃지 않으면 형제가 보위를 넘보지 못하며, 신하들이 한 가문에 몰려들지 않게 하면 대신이 군주를 가로막지 못하고, 금령과 포상을 반드시 시행하면 알려진 현자라도 세상을 어지럽히지 못한다.

신하가 끼어드는 데에는 두 가지 원인이 있다. 국외의 제후들과 국내의 측근들이다. 군주는 국외의 제후들에 대해서는 두려워하고, 국내의 측근들에 대해서는 총애한다. 두려움의 대상이 요구하면 받아들이고, 총애의 대상이 말하면 들어주는데, 이것이 어지럽히는 신하가 권력을 휘두르는 이유다. 외국 제후의 요구로 관리가 된 자 가운데 간사한 자와 가깝게 사귀면서 뇌물로 부유해진 자를 군주가 따지며 나무란다면 밖으로 제후의 힘에 기대지 않을 것이고, 관작과 녹봉을 공적에 따라 내리고 청탁을 일삼는 자에게 벌을 주면 안으로 간사한 짓을 하지 못한다. 밖으로 외국에 기댈 데가 없고 안으로 틈을 엿보지 못하게 한다면, 간사한 짓을 막을 수 있다.

관리가 단계를 밟아서 승진하여 중대한 임무를 맡기에 이른다면, 그는 지혜로운 자다. 그러나 지위가 높아져 큰일을 맡은 자는 세 가지 방법으로 잡도리해야 한다. 볼모 잡기와 지그시 누르기, 단단히 다지기다. 부모와 처자식을 붙들어두는 것이 볼모 잡기고, 관작과 녹봉을 두텁게 해주어 반드시 성과를 내게 하는 것이 지그시 누르기며, 그 언행을 증거에 입각해서 추궁하고 몰아세우는 것이 단단히 다지기다. 현명한 자는 볼모가 있는 것만으로도 함부로 하지 않고, 탐욕스런 자는 지그시 누르면 잘 따르고, 간사한 자는 단단히 다져야 억누를 수 있다.

차마 억누르지 못하면 아래에서 함부로 날뛰고 작은 허물을 없애지 않으면 큰 형벌을 쓰게 되므로 죄목과 죄상이 일치하면 곧바로 실행해야 한다. 살려두면 일을 해치고 죽이면 명성을 이지러뜨릴 경우라면 독약을 먹이거나 적에게 넘겨주는데, 이를 '은밀하게 간신을 죽이는 방법'이라 한다. 군주의 눈과 귀를 가리는 것을 '속임수'라 하고, 속임수를 쓰는 것을 '뒤바꿈'이라 한다. 공적이 드러나서 상을 주고 죄상이 드러나서 벌을 주면 속임수는 곧바로 그친다. 옳고 그름에 대한 판단이 새나가지 않고 신하들의 의견이나 간언을 곧이곧대로 듣지 않으면 뒤바꾸는 짓을 하지 않는다.

군주의 아비와 형제들, 현량한 신하가 나라 밖으로 쫓겨 나가는 것을 '떠도는 재앙'이라 한다. 이 우환은 이웃한 적국으로서는 그 나라를 넘볼 만한 밑천이 된다. 형벌을 받은 자가 군주 곁에서 모시는 것을 '도적을 스스럼없이 대한다'고 한다. 이 우환은 분노와 모욕을 갖게 해서 난을 일으키게 한다. 군주가 분노를 감추고 죄를 알고도 들추지 않는 것을 '화란을 키운다'고 한다. 이 우환은 요행을 바라며 함부로 행동하는 자들을 부추긴다. 대신 두 명을 동시에 중용하여 팽팽하게 맞서게 하는 것을 '재앙에 말려든다'고 한다. 이 우환은 대신의 가문이 융성해져 군주를 겁주거나 죽이는 재난을 일으키게 한다. 군주가 경솔해서 스스로 신통스럽지 않게 행동하는 것을 '권위를 튕겨낸다'고 한다. 이 우환은 부인이 남편을 독으로 죽이는 재난이 일어나게 한다. 이 다섯 가지 우환을 군주가 알지 못하면 겁박당하거나 시해되는 일을 당한다.

관리의 해임과 임명이 국내에서 군주의 뜻에 따라 이루어지면 다스려지고, 외국의 입김에 의해 이루어지면 어지러워진다. 이런 까닭에 현명한 군주는 국내의 신하들을 공적에 따라 상벌로써 다스리고 외국의 간신들을 이익으로써 움직인다. 그리하여 자기 나라는 다스려지고 적국은 어지러워진다. 신하가 난을 일으키는 경우는 두 가지다. 신하가 미움을 받으면 외국의 힘을 끌어 들여 마치 눈병이 난 듯이 군주의 정

신을 어지럽히고, 또 신하가 총애를 받으면 안에서 난을 일으켜 군주가
마치 독약을 삼킨 것처럼 만든다.

4) 입도(立道)

공적을 따지고 책임을 묻는 길은 이렇다. 여러 증거를 대조하여 공
적이 많은가를 헤아리고, 여러 정황을 헤아려서 잘못을 꾸짖어야 한다.
여러 증거를 대조할 때는 철저하게 따져야 하고, 여러 정황을 헤아릴
때는 세차게 꾸짖어야 한다. 철저하게 따지지 않으면 신하들이 군주를
업신여기고, 세차게 꾸짖지 않으면 신하들이 서로 패거리를 짓는다. 증
거를 철저하게 따져야 공적이 많은지 적은지를 제대로 알 수 있고, 미
리 세차게 꾸짖어버리면 그 무리들을 휘어잡지 못한다. 신하들의 행동
을 살피고 그 말을 들을 때 증거를 모아야 한다. 신하들이 패거리를 이
루면 거기에 끼지 않은 자에게 상을 내리고, 간사한 짓을 고발하지 않
은 자는 같은 죄로 처벌한다. 신하들의 말을 들을 때는 온갖 꼬투리를
잡아내야 하는데, 반드시 지리(地利)로써 헤아리고 천시(天時)로써 일
을 꾀하며 물리(物理)에 따라 시험하고 인정(人情)에 견주어 대조한다.
이 네 가지 증거가 부합하면 잘 살폈다고 말할 수 있다.

신하의 말은 실제 한 일과 대조함으로써 그 참됨을 알 수 있고, 신하
를 바라보는 시선을 바꿈으로써 그의 허위를 찾아낼 수 있으며, 평소에
본 것을 잘 파악함으로써 뜻밖의 행동을 알아낼 수 있다. 가까이 있는
측근들에게는 오로지 한 가지 일에 힘쓰게 하고, 멀리 떠나는 사신에게
는 거듭 말함으로써 두려움을 갖게 해야 한다. 지나간 일을 들추어야
앞서 한 일들을 모두 알 수 있다. 곁에 두어서 그 속내를 파악하고, 멀
리 내쳐서 그 행동을 살핀다. 분명하게 파악한 것을 가지고 물어서 모
르는 것을 캐내고, 짐짓 일을 시켜서 무람없이 굴지 못하게 한다. 일부
러 말을 뒤집음으로써 의심스런 자를 시험하고, 반대되는 주장을 펴서
감추어진 간사함을 찾아낸다. 간관(諫官)을 두어 독단적인 행위를 잡

도리하고, 곧은 자를 기용하여 간사한 행동을 살핀다. 분명하게 설명하여 잘못을 하지 않도록 이끌고, 적절한 자를 부려 누가 정직하고 누가 아첨하는지 살핀다. 이미 알려진 일을 가지고 아직 드러나지 않은 것을 꿰뚫어보고, 일부러 다투게 해서 간사한 자들의 패거리를 흩어지게 한다. 한 가지 일을 깊이 따져서 신하들이 두려운 마음을 품게 하고, 속내와 다른 뜻을 흘려서 그 생각을 바꾸게 한다. 비슷한 일이 일어났을 때는 옛일과 대조하고, 잘못된 것을 늘어놓으면 그들의 고루함을 밝혀준다. 죄가 드러나면 벌을 주어 권세를 부리지 못하게 하고, 몰래 사람을 시켜 돌아다니게 해서 신하들의 충성을 살피며, 차례로 관리들을 교체하여 패거리를 갈라놓는다.

아랫사람들을 휘어잡아 그 윗사람들을 압박한다. 재상을 압박하기 위해 조정 대신들을 휘어잡고, 조정 대신들을 압박하기 위해 휘하의 관속들을 휘어잡으며, 군관을 압박하기 위해 병사들을 휘어잡고, 사신으로 가는 자를 압박하기 위해 수행원을 휘어잡으며, 현령을 압박하기 위해 아전들을 휘어잡고, 낭중을 압박하기 위해 좌우 측근들을 휘어잡으며, 후비(后妃)를 압박하기 위해 궁녀들을 휘어잡는다. 이를 가지가 뻗어나가는 것으로 비유한 '조달지도(條達之道)'라 한다. 비밀스런 말과 일이 새나가면, 군주의 법술은 통하지 않는다.

5) 참언(參言)

현명한 군주가 힘써야 할 것은 주도면밀함이다. 군주가 기뻐하는 낯빛을 드러내면 군주의 은덕을 신하가 자기 것으로 삼고, 성내는 낯빛을 드러내면 군주의 권위를 신하가 나누어 갖는다. 그러므로 현명한 군주는 말을 막아서 새나가지 않도록 하고, 주도면밀하게 행동하여 속내가 드러나지 않도록 한다.

한 사람을 통해 열 사람을 휘어잡는 것은 아랫사람이 쓰는 방법이고, 열 사람을 통해 한 사람을 휘어잡는 것은 윗사람이 쓰는 방법인데,

현명한 군주는 두 가지를 아울러 쓰기 때문에 간사한 짓을 놓치는 법이 없다. 다섯 집을 묶어 오(伍), 스물다섯 집을 묶어 여(閭), 2백 집을 묶어 연(連), 연을 묶어 현(縣)이라 하여 이웃의 잘못을 알리면 상을 주고 잘못을 놓치면 처벌한다. 윗사람이 아랫사람을 대하고 아랫사람이 윗사람을 대할 때도 역시 그렇게 한다. 이런 까닭에 지위가 높거나 낮거나 신분이 귀하거나 미천하거나 모두 두려워하며 법을 지키고, 서로 가르치면서 상을 받으려 힘을 합친다.

백성은 천성적으로 삶에 실질적인 것과 명예가 되는 것을 바라는데, 군주는 현명하고 지혜롭다는 명예를 줄 권세와 상벌을 내릴 실권을 쥐고 있다. 그러므로 백성과 군주가 명분과 실질을 다 얻으면, 복되고 훌륭한 정치라는 소문이 반드시 퍼진다.

6) 청법(聽法)

군주가 신하의 말을 듣고 아무런 검증을 하지 않으면 신하를 꾸짖을 근거가 없게 된다. 신하의 말이 실용적인지 살피지 않으면 삿된 주장이 군주를 가리게 된다. 말이란 여러 사람이 똑같이 하면 믿게 마련이다. 실제로는 그렇지 않은 것을 열 사람이 말하면 의심하다가 백 사람이 말하면 '그렇구나!' 하고, 천 사람이 말하면 아주 믿어버려서 그 그릇된 믿음을 풀어줄 수가 없다.

더듬는 자의 말은 의심하지만, 달변인 자의 말은 믿는다. 간사한 자는 군주의 마음을 파고들 때 뭇 사람의 도움을 받고 변설로 믿음을 주면서 비슷한 사례를 끌어다가 제 사사로운 일을 꾸며댄다. 이때 군주가 끓어오르는 분노를 억누른 채 여러 증거를 대조하여 맞추어 보지 않으면, 그의 권세는 도리어 신하의 밑천이 된다.

통치의 도를 체득한 군주는 신하의 말을 들으면 그 실용성을 따지고 공적을 평가하는데, 공적을 평가한 뒤에 상벌을 실행하기 때문에 아무런 쓸모없는 변설을 늘어놓는 자는 조정에 머물지 못한다. 일을 맡은 자가 제 직무를 제대로 처리하지 못한다는 것을 알면, 곧바로 관인을 거두고 관직에서 내쫓는다. 주장이 과대하고 과장되면 끝까지 추궁하기 때문에 간사한 짓이 드러나서 엄중하게 문책을 당한다. 까닭이 없이 결과가 들어맞지 않으면 속인 것이 되니, 속인 신하는 처벌한다. 신하가 말을 하면 반드시 결과로써 처결하고, 신하가 주장하면 반드시 실용성으로 따진다. 그러므로 패거리 안에서 나온 말은 군주의 귀에 들어가지 않는다.

무릇 신하들의 의견을 듣는 방법이란 신하가 충성으로써 늘어놓으면 간사한 속내를 알아채고, 신하가 두루 논의하면 그 가운데 하나를 가려내어 받아들이는 것이다. 군주가 지혜롭지 못하면 간사한 신하가 빌미잡는다. 현명한 군주는 자신이 먼저 기뻐했으면 무엇이 자신을 기쁘게 만드는지를 찾고, 자신이 먼저 화를 냈을 때는 화나게 한 까닭이 무엇인지를 살피며, 마음을 가라앉힌 뒤에 다시 하나하나 따져서 비방인지 칭찬인지, 공적인 것인지 사적인 것인지 분명하게 밝힌다.

신하가 갖가지로 간언(諫言)하여 간사한 지혜를 드러내는 것은 군주가 그 가운데 하나를 골라잡게 해서 자신은 죄를 피하려는 것이다. 따라서 간언을 많이 하여 잘못되더라도 그것은 군주가 취한 것이 된다. 군주는 신하가 말을 덧붙여서 혹시 이렇게 될지도 모른다는 식의 말을 하게 내버려두어서는 안 된다. 지금 한 말과 나중에 한 일이 부합하는지를 따져서 군주를 속였는지 충실했는지를 확인해야 한다. 현명한 군주가 다스릴 때는 신하가 두 가지 엇갈린 간언을 하지 못하고 반드시 그 가운데 하나를 책임지게 하며, 또 신하가 말한 뒤에 멋대로 행동하지 못하도록 반드시 말과 행동이 합치되는지 대조한다. 그러므로 간사한 자가 나아갈 길이 없어진다.

7) 유병(類柄)

관리의 권세가 큰 것은 법이 실행되지 않기 때문이고, 법이 실행되지 않는 것은 군주가 어리석기 때문이다. 군주가 어리석고 법도가 없으면 관리는 제멋대로 한다. 관리가 제멋대로 하기 때문에 봉록이 전에 없이 많아지고, 봉록이 전에 없이 많아지면 세금을 거두는 일이 많아지고, 세금을 거두는 일이 많아지기 때문에 관리들은 부유해진다. 관리들이 부유해지고 권세가 커지는 것은 혼란한 정치에서 비롯된다.

현명한 군주가 다스릴 때는 능력 있는 자를 임용하고 현명한 자를 관직에 앉히며 공을 세운 자를 포상한다. 신하의 천거가 법도에 맞으면 군주는 기뻐하며 천거한 자와 천거된 자 모두를 이롭게 해주지만, 법도에 맞지 않으면 군주는 성내며 두 사람 모두 처벌한다. 그러면 사람들은 아비나 형이라도 사사로이 편들지 않고 자기 원수라도 천거한다.

관리의 권세는 법을 실행할 만큼이면 충분하고, 녹봉은 일을 수행할 만큼이면 넉넉하다. 그러면 사사로이 이익을 챙길 일이 없고, 백성들도 힘써 일하면서 관리를 신경 쓰지 않는다. 일을 맡기더라도 권세가 커지지 않게 하며 은혜는 반드시 작위를 통해 나타나게 하고, 관직에 있는 자가 사사로운 이익을 꾀하지 않게 하며 이익은 반드시 녹봉으로 얻도록 한다. 그러면 사람들은 작위를 존중하고 녹봉을 소중하게 여긴다.

관작과 녹봉은 포상의 수단이다. 백성들이 포상의 수단을 중요하게 여기면 나라는 잘 다스려진다. 형벌이 번거롭게 많아지는 것은 명예와 포상이 서로 어긋나기 때문이다. 포상과 명예가 서로 맞지 않으면 백성들은 의심한다. 백성들이 명예를 중요하게 여기는 것과 포상을 중시하는 것은 똑같다. 상을 받은 자가 비방을 받게 되면 포상으로 권면하기에 부족하고, 벌을 받은 자가 명예를 얻게 되면 금지시키기에 부족하다.

현명한 군주가 다스릴 때는 포상의 기준이 반드시 공공의 이익에 있고 명예의 기준은 반드시 군주를 위하느냐에 있으며, 포상과 명예는 일치하고 비방과 처벌은 함께 실행된다. 이렇게 되면 백성들은 포상을 받기 전에 영예를 얻는 일이 없고, 무거운 처벌을 받는 자는 반드시 고약한 이름을 얻게 되므로 백성들도 두려워한다. 형벌은 간사한 짓을 금하는 수단이다. 백성들이 간사한 짓을 금하는 수단을 두려워한다면, 그 나라는 잘 다스려진다.

8) 주위(主威)

도의를 실행해 보이면 군주의 권위는 나뉘고, 인자하게 정치를 하면 법과 제도는 무너진다. 백성들은 제도 때문에 윗사람을 두려워하는데, 군주가 권세를 갖고도 신하들에게 자신을 낮추기 때문에 신하들이 함부로 법령을 어기며 군주를 가벼이 여기는 것을 영예로 여기는 풍조가 되어 군주의 권위도 나누어지고 약해진다. 백성들은 법령으로 말미암아 군주를 넘보기 어려워하는데, 군주가 법령을 장악하고도 인자함에 굽히기 때문에 신하들이 사사로이 은애를 베풀며 뇌물을 받는 더러운 정치를 일삼아서 법령이 무너진다.

신하들의 사사로운 행위가 존중받게 되면 군주의 권위는 둘로 나뉘고, 뇌물이 오가면 법령이 의혹을 받게 되는데, 그들의 말을 들으면 정치는 혼란해지고 그들의 말을 듣지 않으면 군주를 비방한다. 그리하여 군주의 지위는 가벼워지고 법령은 관리들에 의해 어지러워진다. 이를 두고 한결같은 법도가 없는 나라를 뜻하는 '무상지국(無常之國)'이라 한다.

현명한 군주가 다스릴 때는 신하들이 도의를 실행하는 것으로 영예를 얻지 못하고 가문의 이익을 꾀하는 것으로 공적을 삼지 못한다. 공적과 명예는 반드시 국가의 법령에서 나온다. 법령을 벗어나서는 아무리 어려운 일을 하더라도 이름을 드날리지 못하게 하므로 백성들이 사사로이 명예를 얻을 길이 없다. 법령과 제도를 마련해서 백성들을 다스리고, 포상과 처벌을 분명하게 해서 백성들이 각자 능력을 다하게 하며, 비방과 명예를 명확하게 구분해서 선행을 권하고 악행을 막는다. 명성과 상벌, 법령 세 가지는 싹이 되니, 대신들이 이를 실행하면 군주는 높아지고 백성들이 이에 따라 공을 세우면 군주에게 이롭다. 이를 두고 다스리는 법도가 있는 나라를 뜻하는 '유도지국(有道之國)'이라 한다.

49장

오두(五蠹),
다섯 가지 좀

상고(上古) 시대에는 사람은 적고 짐승들이 많았으므로 사람들이 짐승과 곤충, 뱀 따위를 이기지 못했다. 이때 성인이 나타나 나무를 엮어 새둥지 같은 집을 지어서 온갖 해악을 피하게 했다. 이에 사람들이 기뻐하며 그를 천하를 다스리는 왕으로 삼고 '유소씨(有巢氏)'라 불렀다. 사람들은 과일과 풀씨, 조개 따위를 먹었으나, 비린내나 누린내, 고약한 냄새로 뱃속을 상하거나 위장에 탈이 나 병을 많이 앓았다. 이때 성인이 나타나 나무를 비비거나 부싯돌을 쳐서 불을 만들어 비리거나 누린 것을 불에 구워 먹게 했다. 이에 사람들이 기뻐하며 그를 천하를 다스리는 왕으로 삼고 '수인씨(燧人氏)'라 불렀다. 중고(中古) 시대에는 천하가 큰 물난리를 겪자 곤(鯀)과 우(禹) 부자가 물길을 텄고, 근고(近古) 시대에는 폭군인 걸(桀)과 주(紂)가 난폭하게 굴며 천하를 어지럽히자 탕왕과 무왕이 그들을 정벌했다. 그런데 지금 저 옛적 하후씨(夏后氏) 때처럼 나무를 엮어 새둥지를 짓거나 나무를 비비고 부싯돌을 친다면 반드시 곤과 우로부터 비웃음을 살 것이고, 은과 주 왕조 때처럼 물길을 튼

517

다면 반드시 탕왕이나 무왕에게 비웃음을 살 것이다. 그렇다면 바로 이 시대에 저 옛날의 요와 순, 우와 탕왕, 문왕과 무왕의 방법을 찬미하는 자가 있다면 반드시 새로운 성인으로부터 비웃음을 살 것이다. 이런 까닭에 성인은 꼭 옛날 방식을 따르려 하지 않고 정해진 것을 본뜨려 하지 않으며, 세상사의 흐름을 잘 따져서 그에 따라 대비한다.

송나라에 어떤 농부가 있었는데, 그의 밭 가운데에 그루터기가 하나 있었다. 어느 날, 토끼가 내달리다가 그루터기에 부딪쳐서 목이 부러져 죽었다. 이로 말미암아 농부는 쟁기를 버려두고서 그 그루터기만 지키며 토끼가 다시 오기를 기다렸다. 그러나 다시는 토끼를 얻을 수 없었고, 그는 송나라 사람들의 웃음거리가 되었다. 이제 옛날 왕들의 정치를 가지고 지금 세상의 백성들을 다스리려 하는 것은 모두 저 농부처럼 하릴없이 그루터기를 지키는 것과 같다.

옛날에는 남자가 밭을 갈지 않아도 초목의 열매로 배불리 먹을 수 있었고, 아녀자들이 길쌈을 하지 않아도 짐승들의 가죽으로 넉넉하게 옷을 해 입을 수 있었다. 힘써 일하지 않아도 살기에 넉넉했고 사람들의 수가 적어 재물도 여유가 있었으므로 서로 다투지 않았다. 이런 까닭에 두터운 상을 내리지 않고 무거운 형벌을 쓰지 않아도 백성들은 저절로 다스려졌다.

그러나 지금은 사람들이 다섯 명의 자식을 두어도 많다고 여기지 않고, 그 자식 또한 다섯 명의 자식을 둔다. 그러면 할아버지가 죽기도 전에 스물다섯 명의 손자가 있게 된다. 이런 까닭에 백성들은 많아지고 재화는 부족해져서 힘써 일하더라도 먹고 살기에 빠듯하므로 서로 다툰다. 비록 상을 갑절로 주고 벌을 잇달아 내려도 혼란을 피할 수 없다.

요 임금은 천하의 왕 노릇을 하면서 띠풀로 이은 지붕을 다듬지 않았고, 통나무 서까래도 깎지 않았으며, 왕겨만 벗기고 속겨는 벗지 않은 매조미쌀이나 기장을 먹었고, 남가새나 콩잎으로 국을 끓여 먹었다.

또 겨울에는 사슴 갖옷을 입고 여름에는 갈포 옷을 입었는데, 지금 문지기 노릇을 하는 자라도 입고 먹는 것이 이보다 못하지 않다. 우는 천하를 다스리면서 직접 쟁기와 괭이를 들고 백성들보다 먼저 일해서 넓적다리에는 흰 살이 없고 정강이에는 털이 나지 않았으니, 비록 종이나 노비들의 노동이라도 이보다 더 고달프지는 않다. 이로써 말하면 옛날에 천자의 자리를 양보한 것은 문지기 같은 생활을 버리고 종이나 노비 같은 힘겨운 노동을 벗어나려 한 것이니, 저 옛날에 천하를 남에게 넘겨준 것은 그렇게 대단한 일이 아니었다.

요즘의 현령은 어느 날 갑자기 죽더라도 자손들이 대대로 수레를 타고 다닐 만큼 부귀하므로 사람들이 이를 중시하는 것이다. 이런 까닭에 자리를 양보하는 일에서 옛날에는 천자의 자리도 가볍게 사양했으나 지금은 현령의 자리조차 떠나기 어려워한다. 그것은 실속이 작으냐 크냐에서 아주 다르기 때문이다.

무릇 산에 살면서 골짜기의 물을 긷는 자는 사냥을 위해 지내는 누제(膢祭)와 섣달에 지내는 납제(臘祭) 때 물을 서로 보내주지만, 연못에 살거나 물로 고통을 겪은 자는 사람을 고용해서 물길을 잡는다. 그러므로 흉년이 든 해의 봄에는 어린 동생에게도 먹을 것을 주지 않지만, 풍년이 든 해의 가을에는 지나던 나그네도 반드시 음식을 먹이니, 이는 피붙이는 멀리하고 지나던 나그네를 아껴서 그런 것이 아니라 먹을 것이 많으냐 적으냐가 다르기 때문이다.

옛날 사람들이 재물을 가볍게 여긴 것은 어질기 때문이 아니라 재물이 많아서고, 지금 사람들이 서로 다투며 빼앗는 것은 인색해서가 아니라 재물이 적어서다. 옛날 사람들이 천자의 자리를 가볍게 사양한 것은 인격이 고상해서가 아니라 그 권세가 적어서고, 요즘 사람들이 낮은 관직조차 중요하게 여겨 다투는 것은 인격이 낮아서가 아니라 그 권세가 대단해서다.

그러므로 성인은 재물이 많으냐 적으냐를 따지고 실제 이익이 작으냐 크냐를 헤아려서 정치를 했다. 형벌을 가볍게 했다고 자비로운 것도 아니고 엄중하게 했다고 흉포한 것도 아니니, 그저 풍속에 따라서 실행했을 뿐이다. 따라서 일이란 세상의 흐름에 따라야 하고, 대비책도 일에 맞게 해야 한다.

옛날 문왕은 풍읍(豐邑)과 호경(鎬京)[1]에 살면서 사방 백 리의 땅으로 어짊과 의로움을 행하여 서융(西戎)을 감화시키고 마침내 천하의 왕노릇을 했다. 서언왕(徐偃王)은 한수(漢水) 동쪽에 살면서 사방 백 리의 땅으로 어짊과 의로움을 행했는데, 땅을 떼어주며 조공을 온 나라가 서른여섯이었다. 이에 초나라 문왕(文王)은 서언왕의 덕행이 자신에게 해를 끼칠까 두려워서 군사를 일으켜 서나라를 치고는 마침내 멸망시켰다. 주나라 문왕은 어짊과 의로움을 행하여 천하의 왕이 되었으나, 서언왕은 어짊과 의로움을 행하고서도 나라를 잃었으니, 이는 어짊과 의로움이 옛날에는 쓸모가 있었으나 지금은 쓸모가 없어졌기 때문이다. 그래서 이렇게 말한다.

"세상이 달라지면 일도 달라진다."

순 임금이 다스릴 때, 묘족(苗族)은 복종하지 않았다. 우(禹)가 그들을 토벌하려 하자, 순 임금이 말리며 말했다.

"안 되오. 군주가 덕을 두터이 하지 않은 채 무력을 쓰는 것은 도리가 아니오."

그리고는 3년 동안 교화에 힘썼다. 그 결과, 방패와 도끼를 들고 춤을 추었을 뿐인데도 묘족은 이내 복종했다. 순 임금이 공공(共工)과 싸울 때, 긴 쇠 작살을 가진 자는 적을 상대할 수 있었으나 갑옷이 견고하지 않은 자는 몸에 상처를 입었다. 방패와 도끼는 옛날에는 쓸모가 있었으나 지금은 쓸모가 없어졌다. 그래서 이렇게 말한다.

"일이 달라지면 대비하는 것도 바뀌어야 한다."

---

1) 둘 다 서주(西周) 시대의 도읍이다.

상고 시대에는 도덕으로 다투었고, 중고 시대에는 지혜로 다투었다. 그러나 지금은 기세와 힘으로 다툰다. 제나라가 노나라를 치려고 하자 공자가 자공을 보내 설득하게 했다. 제나라 군주가 말했다.

"그대의 말이 틀린 것은 아니지만, 내가 바라는 것은 땅이지 이런 말이 아니다."

이윽고 군사를 일으켜 노나라를 쳐서 도성의 성문에서 10리 떨어진 곳에 경계를 정했다.

서언왕은 어짊과 의로움을 행했지만 서나라는 망했고, 자공은 언변과 지혜가 있었으나 노나라의 영토는 깎였다. 이로써 말하자면, 저 어짊과 의로움, 변설과 지혜는 나라를 지탱해주는 방도가 못 된다. 서언왕의 어짊과 자공의 지혜를 버리고 서나라와 노나라가 전차 만 대의 대국을 상대할 만한 힘을 길렀다면, 제나라와 초나라가 아무리 바라더라도 두 나라에 실력 행사를 할 수 없었을 것이다.

옛날과 지금은 풍속이 다르고 새 시대와 옛 시대는 대비하는 것도 다르다. 만약 너그럽고 느슨한 정책으로 급박하게 변하는 세상의 백성을 다스리려 한다면, 이는 고삐와 채찍도 없이 사나운 말을 모는 것과 같다. 이는 현실을 제대로 몰라서 생기는 우환이다.

이제 유가와 묵가는 모두 "옛 왕들은 천하 사람들을 똑같이 사랑했으므로 백성들을 마치 어버이 보듯이 했다"고 말한다. 무엇으로 그렇다는 것을 아는가 하고 물으면, "법관이 형법을 집행하면 군주는 음악을 연주하지 못하게 하고, 사형을 집행했다는 보고를 들으면 군주는 눈물을 흘렸다"고 말한다. 이것이 그들이 선왕을 거론하는 이유다.

대개 군주와 신하의 사이가 아비와 자식 사이와 같으면 반드시 다스려진다고 하는데, 이를 미루어서 말하면 아비와 자식 사이라면 틀어지는 일이 없어야 한다. 사람의 타고난 정으로 보자면 어버이보다 앞서는 것이 없지만, 사랑을 받는다고 해서 반드시 다스려지는 것은 아니다. 아무리 두터운 사랑을 받는다고 한들, 어찌 사이가 틀어지지 않겠가? 옛 왕들이 백성을 사랑했다고 하더라도 어버이가 자식을 사랑하는 것보다 더하지는 않았다. 어버이의 사랑을 받는 자식조차 사이가 틀어지지 않는다고 말하지 못하는데, 백성들이 어찌 갑자기 다스려지겠는가? 또 법에 따라 형벌을 집행했는데도 군주가 그 때문에 눈물을 흘렸다는 것은 어진 마음을 드러낸 것이지 그것으로 다스려졌다고 할 수는 없다. 눈물을 흘리면서 형벌의 집행을 바라지 않는 것은 어짊이지만, 형벌을 집행하지 않을 수 없는 것은 법이다. 옛 왕들은 법을 중시하고 눈물에 흔들리지 않았으니, 이것으로 어짊만으로는 다스릴 수 없다는 것 또한 분명해진다.

백성은 본래 권세에 복종하며, 의로움을 따르는 자는 적다. 공자는 천하의 성인으로, 행실을 닦고 도리를 밝히면서 온 천하를 돌아다녔다. 천하 사람들은 그가 말한 어짊을 기꺼워하고 그가 말한 의로움을 아름답다고 하였으나, 그를 따른 자는 70명뿐이었다. 대개 어짊을 귀하게 여기는 자는 적고, 의로움을 실행하기는 어렵기 때문이다. 그래서 천하는 매우 너르지만 그를 따르는 자는 70명이었고, 어짊과 의로움을 행한 이는 공자 한 사람뿐이었다.

노나라 애공(哀公)은 보잘것없는 군주였으나 남면하여 한 나라를 다스리는 군주 노릇을 했고, 백성들 가운데 감히 신하가 되지 않으려는 자가 없었다. 백성은 본래 권세에 복종하니, 권세가 있으면 정말로 사람들을 복종시키기 쉽다. 그래서 공자가 오히려 신하가 되고, 애공이 도리어 군주가 되었던 것이다. 공자는 애공의 의로움을 따른 것이 아니라 그 권세에 복종한 것이다.

만약 의로움을 내세웠다면 공자는 애공에게 복종하지 않았을 것이다. 권세에 기대면 애공도 공자를 신하로 삼을 수 있다. 이제 학자들은 군주를 설득하면서 반드시 권세를 잘 타야 한다고 말하지 않고 어짊과 의로움을 힘써 실행하면 왕 노릇할 수 있다고 말하는데, 이는 군주에게 반드시 공자 같은 인물이 되고 백성들은 모두 공자의 제자가 되기를 바라는 것이다. 이는 결코 이루어질 수 없는 도리다.

요즘 못난 자식들은 어버이가 나무라도 고치지 않고, 마을 어른이 꾸짖어도 변하지 않으며, 스승이 가르쳐도 달라지지 않는다. 어버이의 사랑, 마을 어른의 지도, 스승의 지혜 이 세 가지를 더해줘도 끝내 변하지 않고 털끝만큼도 고치지 않는다. 그러나 고을의 아전이 관병을 이끌고 나라의 법령을 내세워 간사한 자를 찾아내 잡으려고 하면, 그때는 두려워 떨면서 태도를 바꾸어 행실을 고친다. 이렇듯 어버이의 사랑으로는 자식을 가르치기에 부족하므로 반드시 고을의 엄정한 형벌에 기대야 한다. 백성은 본래 사랑을 받으면 교만해지지만, 권세에는 복종한다.

열 길 정도 되는 성곽을 발 빠른 누계(樓季)도 뛰어넘지 못하는 것은 깎아지른 듯 가파르기 때문이고, 천 길 높은 산에서 절룩거리는 양을 쉽게 치는 것은 완만하기 때문이다. 그러므로 현명한 군주는 법은 가파르게 세우고 형벌의 집행은 엄정하게 한다. 얼마 되지 않는 베나 비단이 떨어져 있으면 버려두지 않고 주워 가지만, 황금이 1백 일(鎰)이나 떨어져 있으면 도척이라도 주워 가지 않는다. 결코 해롭지 않다고 여기면 얼마 되지 않는 것도 버려두지 않고 주워 가지만, 반드시 해롭다고 여기면 1백 일의 황금이라도 주워 가지 않는다. 그래서 현명한 군주는 반드시 처벌한다. 이런 까닭에 상은 두텁게 주고 믿게 만들어서 백성을 이롭게 해주는 것이 낫고, 벌은 무겁게 하고 반드시 실행하여 백성들이 두려워하도록 만드는 것이 나으며, 법은 한결같이 분명하게 하여 백성들이 잘 알 수 있게 하는 것이 낫다. 군주가 상을 내리면서 기준을 바꾸지 않고, 형벌을 실행하면 함부로 용서하지 않으며, 그 상에 명예가 덧붙게 해주고, 그 형벌에 비방이 따르게 한다면, 똑똑한 자나 모자란 자나 모두 제 힘을 다할 것이다.

그런데 지금은 그렇지 않다. 공을 세워 작위를 내렸는데도 벼슬살이를 비천하게 여기고, 경작에 힘쓰므로 상을 내렸는데도 농사짓는 일을 하찮게 여긴다. 벼슬을 받아들이지 않고 내치는데도 그가 세상을 가벼이 여긴다면 고상하다 하고, 금령을 어기고 죄를 짓는데도 그가 용기 있다며 칭찬한다. 비방과 명예, 상과 벌을 내리는 기준이 서로 어그러져 있기 때문에 법률과 금령이 무너지고 백성들은 더욱더 어지러워한다.

형제가 남에게 침해를 입었다고 반드시 되갚는 자를 세상에서는 '청렴하다'고 하고, 벗이 남에게 모욕을 당했다고 원수를 갚는 자를 세상에서는 '마음이 곧다'고 한다. 이런 청렴하고 곧은 행동을 하는 것은 군주의 법을 어기는 짓이다. 그런데도 군주는 곧고 청렴한 행동을 존중하여 금령을 어긴 죄를 잊으니, 이 때문에 백성들이 함부로 용맹을 드러내므로 관리들도 그들을 억누르지 못하게 된다.

힘써 일하지 않고도 잘 입고 잘 먹는 자를 세상에서는 '유능하다'고 하고, 전공을 세운 적도 없는데 존귀해진 자를 세상에서는 '현명하다'고 한다. 이런 현명함과 유능함이 통하게 되면 군대는 약해지고 땅은 황폐해진다. 군주가 이런 현명함과 유능함을 기뻐한 나머지 군대가 약해지고 땅이 황폐해지는 재앙을 잊는다면, 사사로운 행동이 횡행하고 공적인 이익은 사라진다.

유자는 학문으로써 법을 어지럽히고, 협객은 무예로써 금령을 어긴다. 그런데도 군주는 이들을 예우하고 있다. 이것이 나라가 어지러워지는 이유다. 법을 어겨 걸려든 자는 벌을 받아야 하는데도 학자들은 학문에 밝다는 것으로 기용되고, 금령을 어긴 자는 베어 죽여야 하는데도 협객들은 뛰어난 검술로 말미암아 사사로이 양성되고 있다. 법률에서 아니라고 하는 자를 군주가 오히려 발탁해서 쓰고, 관리가 처벌해야 하는 자를 군주가 도리어 양성하는 꼴이다.

위법과 기용, 양성과 처벌 등 네 가지가 서로 어긋나고 고정된 기준이 없다면, 비록 열 명의 황제(黃帝)가 있다고 하더라도 다스릴 수 없다. 어짊과 의로움을 실행하는 자는 칭찬할 것이 없는데 그런 자를 칭찬한다면 공적을 세우는 데 해롭고, 학문을 익힌 자는 쓸 데가 없는데 그런 자를 쓴다면 법을 어지럽힌다.

초나라 사람 가운데 직궁(直躬)이라는 자가 있었는데, 그의 아비가 양을 훔치자 이를 관리에게 고발했다. 영윤이 말했다.

"저 자를 죽여라!"

군주에게는 정직했으나 아비에게는 그릇되었다고 여겨서 이에 상응하는 벌을 내린 것이다. 이로써 보면, 군주에게 정직한 신하가 아비에게는 포악한 자식이 되는 셈이다.

노나라의 어떤 사람이 군주를 좇아 전쟁에 나가서 세 번 싸우면서 세 번이나 달아났다. 공자가 그 까닭을 묻자, 이렇게 대답했다.

"저에게는 늙은 아비가 있어 제가 죽으면 봉양할 사람이 없습니다."

공자는 효성스럽다고 여겨서 그를 천거하여 높은 자리에 오르게 했다. 이로써 보면, 아비에게 효성스런 자식이 군주에게는 불충한 신하가 되는 셈이다.

그러므로 영윤이 직궁을 죽이자 초나라에서는 간사한 일이 군주의 귀에 들리지 않게 되었고, 공자가 효자를 포상하자 노나라에서는 백성들이 전쟁에서 쉽게 항복하거나 달아나게 되었다. 위와 아래의 이해는 이처럼 서로 다르다. 그런데도 군주가 한낱 필부의 행동을 존중하여 그런 자를 기용해서 사직의 복을 구한다면, 결코 이루어지지 않는다.

옛날 창힐(蒼頡)이 글자를 만들 때 자신을 에워싸는 것을 사(私)라 하고, 사에 반대되는 것을 공(公)이라 했다. 공과 사는 서로 어긋나는데, 창힐도 본디 이를 알고 있었다. 그런데 지금 공과 사의 이해가 똑같다고 여기는 것은 제대로 살피지 못한 데서 나온 잘못이다.

필부의 깜냥으로는 의로움을 닦아 실천하며 학문을 익히는 것보다 나은 것은 없다. 의로움을 닦고 실천한다면 믿음을 얻고, 믿음을 얻으면 벼슬을 맡는다. 학문을 익히면 현명한 스승이 되고, 현명한 스승이 되면 영예를 떨친다. 이런 것이 필부가 좋다고 여기는 것이다. 이렇게 되면 공적이 없는데도 벼슬을 맡고, 작위가 없는데도 영예를 떨치게 되니, 정치를 이런 식으로 하게 되면 반드시 나라는 어지러워지고 군주는 위태로워진다.

서로 받아들일 수 없는 일은 동시에 성립하지 않는다. 적의 목을 벤 자에게 상을 주면서 자애롭고 은혜로운 행위를 고상하게 여기고, 적의 성을 함락시킨 자에게 관작과 녹봉을 주면서 묵자의 겸애설을 신봉하며, 견고한 갑옷과 날카로운 무기로 환난을 대비하면서 홀(笏)을 큰 띠에 꽂는 고위관리의 의복을 찬미하고, 나라를 부유하게 하는 일은 농민에게 맡기고 적을 막는 일은 병졸에게 기대면서 학문하는 선비를 귀하게 여기며, 군주를 공경하고 법을 두려워하는 백성을 버리고 사사로이 칼을 쓰는 협객의 무리를 양성한다. 이렇게 하고서 나라가 다스려지고 강성해지는 것은 불가능하다.

나라가 태평할 때는 유자와 협객을 기르다가 환난이 이르면 병사들을 쓴다. 이롭게 해준 것은 정작 쓸모가 없고, 쓸모 있는 것은 평소에 이롭게 해주지 않는다. 이런 까닭에 실무를 맡은 자는 그 일을 소홀히 하고 협객이나 학자들은 날로 늘어나니, 세상이 어지러워지는 까닭이 여기에 있다.

세상에서 말하는 현명한 자는 곧고 믿음직하게 행동하는 자고, 지혜로운 자는 미묘하고 심오한 말을 하는 자다. 미묘하고 심오한 말은 최상의 지혜를 가진 자도 알기 어렵다. 그런데 백성들을 위해 법을 만들면서 최상의 지혜를 가진 자도 알기 어렵게 만든다면, 백성들은 전혀 알 길이 없다. 술지게미나 쌀겨조차 배불리 먹지 못하는 자는 기름진 밥이나 고기를 바라지 않고, 해진 옷조차 제대로 입지 못하는 자는 수 놓은 비단옷을 기대하지 않는다.

세상을 다스리는 일에서 급한 일을 처리하지 못했다면 급하지 않은 일은 애쓰지 않아도 된다. 나라를 다스리는 정치에서 백성들에 관한 일을 평범한 지아비 지어미라도 분명하게 알 수 있는 방법을 쓰지 않고 뛰어난 지혜를 가진 자가 펼치는 논의에만 마음을 쓴다면, 이는 정치의 도리에 어긋나는 짓이다. 미묘하고 심오한 말은 백성들에게 쓸게 못 된다.

무릇 곧고 믿음직스러운 행동을 현명하다고 하는 것은 속이지 않는 선비를 반드시 귀하게 여기려는 것이다. 그러나 속이지 않는 선비를 귀하게 여기는 것은 속이지 않는 법술이 없다는 뜻이다. 벼슬 없는 선비가 서로 사귈 때는 서로 이롭게 해줄 재물이 넉넉하지 않고 서로 두려워할 권세가 없기 때문에 속이지 않는 선비를 구하는 것도 당연하다. 그러나 이제 군주가 사람들을 제어할 만한 권세를 갖고 한 나라의 부유함을 차지하고 있어 포상을 두텁게 하고 처벌을 엄격하게 하며 권력을 야무지게 쥐고서 사람의 속내를 환히 알아내는 법술을 닦는다면, 비록 전상(田常)이나 자한(子罕) 같은 권신들이라도 감히 속이지 못한다. 그러니 속이지 않는 선비를 기다릴 필요가 있겠는가?

이제 곧고 믿음직한 선비가 한 나라에 열 명도 채 되지 않으나, 국내의 벼슬자리는 수백 개나 된다. 반드시 곧고 믿음직한 선비를 임용한다면, 필요한 사람이 벼슬자리보다 많이 모자란다. 필요한 사람이 벼슬자리보다 많이 모자라면, 다스려지는 일은 적어지고 어지러워지는 일은 많아진다. 현명한 군주의 길이란 법을 일관되게 적용할 뿐 지혜로운 자를 구하지 않으며, 법술을 야무지게 터득할 뿐 곧고 믿음직한 자를 흠모하지 않는다. 그러므로 법이 무너지지 않고 수많은 관리들이 간사하게 속이는 짓을 하지 못한다.

지금 군주는 남의 말을 들으면 조리 있는 말솜씨를 좋아하고 그 말이 합당한지는 구하지 않으며, 남의 행동을 보면 그에 대한 명성을 좋아하고 그 공적을 따지지 않는다. 이런 까닭에 세상의 많은 사람들이 이야기하거나 주장을 펼 때 말재주에 힘쓰고 실제 쓰임에 대해서는 소홀히 한다. 그리하여 옛 왕을 들먹이며 어짊과 의로움을 말하는 자가 조정을 채워서 정치가 어지러워지고 있다. 제 몸을 닦는 자는 고상해지려 애쓰므로 공을 세우는 데는 적합하지 않다. 그래서 지혜롭다는 선비는 물러나 바위굴에 살면서 군주가 주는 봉록을 받지 않기 때문에 군대가 약해지고 있다. 군대가 약해지고 정치가 어지러워지는 까닭은 무엇인가? 백성들이 엉뚱한 자를 기리고 군주가 쓸모없는 자를 예우하는 것, 이것이 나라를 어지럽히고 있다.

지금 나라 안의 백성들 모두 정치를 말하고 집집마다 상앙과 관중의 책을 소장하고 있는데도 나라가 더욱 가난해지는 것은 말만으로 농사짓는 자가 많을 뿐, 정작 쟁기를 손에 잡고 농사짓는 자는 적기 때문이다. 나라 안의 백성들 모두 병법을 말하고 집집마다 손자와 오기의 병법서를 소장하고 있는데도 군대가 더욱 약해지는 것은 말만으로 전쟁을 하는 자가 많을 뿐, 정작 갑옷을 입고 전쟁터로 나가는 자는 적기 때문이다. 그래서 현명한 군주는 백성들의 힘을 사용하지 그 말만 듣지 않으며, 그 공로에 대해 포상하지 쓸모없는 행위는 반드시 금지한다. 그렇기 때문에 백성들이 죽을힘을 다해서 군주를 따르게 된다.

무릇 경작하느라 힘을 쓰면 수고롭지만 백성들이 그 일을 하는 것은 부유해질 수 있기 때문이다. 전쟁에 나가 싸우는 일은 위험하지만 백성들이 그 일을 하는 것은 신분이 고귀해질 수 있기 때문이다. 지금 학문을 닦고 말재주를 익히기만 하면 수고롭게 경작하지 않아도 부유해지고 위험한 전쟁에 나서지 않아도 신분이 존귀해질 수 있다고 한다면, 어느 누가 그런 일을 하려고 하겠는가? 이는 백 사람이 지혜를 섬길 때 한 사람만 힘써 일하는 격이다. 쓸모없는 지혜를 섬기는 백성이 많아지면 법은 무너지고, 힘써 일하는 자가 적어지면 나라는 가난해진다. 이것이 세상이 어지러워지는 까닭이다.

현명한 군주가 다스리는 나라에서는 대쪽에 글을 쓰는 문장은 제쳐두고 법으로써 가르치며, 옛 왕의 말은 제쳐두고 관리를 스승으로 삼으며, 사사로이 칼을 휘두르는 용맹은 제쳐두고 적의 머리를 베는 것을 용기로 여긴다. 이 나라 안의 백성들 가운데 말재주가 있는 자는 반드시 법을 잘 따르고, 일 하는 자는 공적을 세우는 것을 목표로 하며, 용감한 자는 군대에서 온 힘을 다 쓴다. 이런 까닭에 전쟁이 없으면 나라가 부유해지고, 전쟁이 있으면 군대가 강성해지니, 이를 '왕 노릇할 밑천'이라 한다. 군주는 왕 노릇할 밑천을 쌓은 뒤에 적국의 빈틈을 노려야 한다. 고대의 오제(五帝)를 능가하고 삼왕(三王)과 어깨를 나란히 하려면 반드시 이 방법을 좇아야 한다.

그런데 지금은 그렇지 않다. 선비나 백성은 나라 안에서 거리낌 없이 함부로 하고, 논변에 뛰어난 자는 나라 밖에서 세력을 만든다. 이렇게 나라 안팎에서 다투어 간사한 짓을 하는 상황에서 강한 적을 상대하려면, 어찌 위태롭지 않겠는가? 이러하니 신하들 가운데 외교를 논하는 자들은 합종(合從)과 연횡(連衡)의 패거리로 나뉘어 다투지 않으면 사사로이 원수를 갚으려는 마음으로 나라의 힘을 빌리려 한다.

합종은 여러 약소국들이 힘을 합쳐 하나의 강대국을 치려는 것이고, 연횡은 하나의 강대국을 섬기면서 여러 약소국들을 치려는 것으로, 모두 나라를 지탱하는 방법이 아니다. 그럼에도 신하들 가운데 연횡을 주장하는 자들은 모두 이렇게 말한다.

"강대국을 섬기지 않으면 적을 만나 재앙을 입는다."

강대국을 섬긴다고 해서 반드시 실리를 챙기는 것은 아니어서 온 나라의 지도를 바치고 옥새를 주고는 군사를 청하는 꼴이 된다. 지도를 바치면 땅이 깎여나가고, 옥새를 바치면 나라의 위신이 떨어진다. 땅이 깎여나가면 나라가 약해지고, 위신이 떨어지면 정치가 어지러워진다. 강대국을 섬겨 연횡책을 쓰더라도 미처 실리를 챙기기도 전에 땅을 잃고 정치는 어지러워진다.

한편, 합종을 주장하는 신하들은 모두 이렇게 말한다.

"약소국을 구하기 위해 강대국을 치지 않으면 천하를 잃게 되고, 천하를 잃으면 나라가 위태로워지며, 나라가 위태로워지면 군주가 비천해진다."

약소국을 구한다고 해서 반드시 실리를 챙기는 것은 아니어서 군대를 일으켜서 강대국을 대적해야 한다. 약소국을 구하려 하지만 그 나라를 반드시 존속시켜주지는 못하고, 강대국에 맞서 싸우면 틀림없이 사이가 틀어진다. 사이가 틀어지면 강대국에 제압당하게 된다. 군대를 내보내면 싸움에서 패하고, 물러나 지키면 성이 함락된다. 약소국을 구하려고 합종책을 쓰더라도 미처 실리를 챙기기도 전에 땅을 잃고 군대는 패배한다.

이런 까닭에 신하들은 연횡으로 강대국을 섬길 때면 외세를 빌어 나라 안에서 높은 벼슬을 하고, 종횡으로 약소국을 구할 때면 국내의 권력을 빌어 나라 밖에서 이익을 구한다. 나라에 이익이 되기도 전에 먼저 신하들이 봉토와 두터운 녹봉을 얻고, 군주의 위신이 땅에 떨어져도 신하는 오히려 존귀해지며, 나라의 영토는 깎여도 신하의 집안은 부유해진다. 일이 이루어지면 신하의 권세는 더 무거워지고 오래가며, 일이 실패하면 신하는 넉넉한 재물을 챙겨서 물러나 산다. 군주가 신하의 말에 귀를 기울이고는 일이 이루어지기도 전에 벌써 높은 관작과 후한 녹봉을 주거나 일이 실패해도 처벌하지 않는다면, 유세객들 가운데 누가 주살로 새 잡는 그런 말재주[2]를 써서 요행을 바라지 않겠는가?

나라가 깨지고 군주가 망하는 것은 유세객의 헛된 주장을 들어주었기 때문인데, 이렇게 되는 까닭은 무엇인가? 군주가 공적인 이익과 사적인 이익을 분명하게 구분하지 못하고, 타당한 말과 부당한 말을 제대로 가리지 못하며, 결과에 대해 반드시 처벌하지 않기 때문이다. 저들은 모두 이렇게 말한다.

"외교를 잘 하면 크게는 왕 노릇할 수 있고 작게는 나라를 안정시킬 수 있다."

무릇 왕자(王者)는 남의 나라를 칠 수 있으나 그 나라가 안정되어 있

---

2) 중국 고대 전설상의 다섯 성군(聖君)으로, 소호(少昊) · 전욱(顓頊) · 제곡(帝嚳) · 요(堯) · 순(舜) 등을 이른다.

으면 치지 않는다. 강자(强者)는 남의 나라를 칠 수 있으나 그 나라가 다스려지면 치지 않는다. 다스려지고 강해지는 것은 나라 밖에서 구할 수 있는 것이 아니라 나라 안의 정치에 달려 있다. 이제 나라 안에서는 법술을 제대로 구사하지 못하면서 나라 밖에서 꾀를 써서 일을 꾸민다면, 결코 잘 다스리고 강해지는 데에 이를 수 없다.

속담에 이런 말이 있다.

"소맷자락이 길면 춤을 잘 추고, 돈이 많으면 장사를 잘 한다."

이는 밑천이 좋으면 일하기가 쉬워진다는 뜻이다. 그처럼 나라가 잘 다스려지고 강하면 일을 꾀하기가 쉽고, 나라가 약하고 어지러우면 일을 꾸미기가 어렵다. 진(秦)나라에서는 기용된 자가 열 번이나 바뀌어도 계책이 실패하는 경우가 드물었으나, 연(燕)나라에서는 기용된 자가 한 번만 바뀌어도 계책이 성사되는 경우가 드물었다. 이는 진나라에서 기용된 자는 지혜롭고 연나라에서 기용된 자는 어리석어서가 결코 아니다. 나라를 잘 다스릴 밑천과 어지럽힐 밑천이 달라서였다. 그러므로 주(周)나라는 진나라를 버리고 합종을 선택했으나 1년 만에 공격을 받아 함락되었고, 위(衛)나라는 위(魏)나라를 버리고 연횡을 했다가 반년 만에 멸망했다. 결국 주나라는 합종으로 멸망하고, 위나라는 연횡으로 패망한 셈이다.

만일 주나라와 위나라가 합종과 연횡의 계책을 늦추고 국내 정치를 엄정하게 하고 법령과 금령을 밝혀 반드시 상벌을 시행하며 농업 생산에 힘을 다하여 많이 비축해두고 백성들과 죽을힘을 다해 성을 굳게 지켰더라면, 상황은 달라졌을 것이다. 그렇게 했더라면 다른 제후국들은 그 땅을 차지하더라도 이익이 적고 그 나라를 공격하더라도 손실이 크다고 여겼을 것이며, 전차 만 대의 대국이라도 그 성 아래에서 기세가 꺾였다가 다른 대국이 자신의 피폐함을 노려서 들이치기를 바라지 않아 함부로 공격하지 않았을 것이다. 이것이 멸망하지 않는 방법이다. 그런데도 결코 멸망하지 않을 방법은 버려두고 반드시 멸망할 길로 나아갔으니, 이는 나라를 다스리는 자의 잘못이다. 나라 밖에서는 지략이 통하지 않고 나라 안에서는 정치가 어지럽다면, 멸망을 피할 수 없다.

백성들이 본래 꾀하는 것은 안전과 이익을 쫓고 위험과 궁핍은 피하는 일이다. 이제 이들을 전쟁터로 내몰고는 나아가면 적에게 죽고 물러나면 처벌받아 죽게 한다면, 이는 위태로운 일이다. 자기 집안일을 버리고 전쟁터에서 땀 흘려 일하더라도 집안은 곤궁하고 군주는 공로를 인정해주지 않는다면, 이는 궁핍해지는 일이다. 이처럼 궁핍하고 위태로운 곳을 백성들이 어찌 피하려 하지 않겠는가? 그래서 권문세족을 섬기며 그들의 집안을 지키니, 권문세족의 집안을 지켜주면 전쟁터에 나가지 않게 되고 전쟁터에 나가지 않게 되면 안전해진다. 이어 뇌물을 써서 요직을 맡은 대신에게 잘 부탁하면 바라는 자리를 얻고, 바라는 자리를 얻으면 이익이 생겨 자기 집안이 편안해진다. 자기 집안이 편안해지고 이익이 생기는데, 어찌 그쪽으로 나아가지 않겠는가? 이런 까닭에 나라를 위해 일하는 백성은 적어지고 권문세족에 빌붙는 백성은 많아진다.

무릇 현명한 왕이 나라를 다스리는 정책을 보면, 상인이나 장인, 놀고먹는 백성의 숫자는 줄이고 그 신분도 낮추는데, 이는 본업인 농사일에 힘쓰는 자는 적고 대부분 상업과 공업 따위에 나아가려 하기 때문이다. 요즘 군주의 측근에게 청탁을 하면 관작은 얼마든지 살 수 있다. 관작을 살 수 있게 되면, 상인이나 공인의 신분은 비천하지 않게 된다. 간악한 장사치와 부정한 재물이 저자에서 통용되면 상인들이 줄지 않는다. 상업과 공업으로 재물을 긁어모으면 농사를 짓는 것보다 몇 갑절이나 되고 농사짓고 전쟁에 나서는 사람보다 훨씬 더 존중받는다면, 바르고 곧은 사람은 적어지고 장사치나 공인들만 많아진다.

어지러운 나라의 풍속을 보면 대개 이렇다. 학자들은 선왕의 도를 칭송하면서 어짊과 의로움을 떠벌이며 용모나 옷차림을 위엄 있게 갖추고 변설을 꾸며대면서 당대의 법을 의심하게 만들고 군주의 마음을 흔들어놓는다. 유세객들은 거짓 주장을 세우고 속임수를 부리며 외국의 세력을 빌려 사사로운 욕심을 채우면서 나라의 이익은 돌보지 않는다. 협객들은 무리를 모아서는 절의를 내세우면서 제 이름을 드날리지만 관청의 금령을 어긴다. 권력에 빌붙어 사는 정객들은 권세가에 줄을 대고는 뇌물을 바치고 고위관리의 소개를 이용하여 전쟁터에서 하게 될 고된 일을 피한다. 상인이나 공인은 흠이 있는 것들을 대충 고치고 호사스런 물건들을 모아서 쌓아두었다가 때를 기다려 팔아 농부의 이익까지 차지한다. 이 다섯 부류는 나라를 좀먹는 벌레다. 군주로서 이런 좀벌레 같은 백성을 없애지 않고 바르며 곧은 선비를 기르지 않으니, 패망하는 나라가 있고 영토가 깎여나가는 조정이 있다 하더라도 괴이하게 여길 것이 못 된다.

50장

현학(顯學),
세상에 알려진 학문

세 상에 널리 알려진 학파는 유가와 묵가다. 유가의 처음은 공구
(孔丘)이며, 묵가의 처음은 묵적(墨翟)이다. 공자가 죽은 뒤로
자장(子張), 자사(子思), 안연(顔淵), 맹자, 칠조개(漆雕開), 중량씨(仲
良氏), 순자, 악정자(樂正子) 등의 학파가 나왔다. 또 묵자가 죽은 뒤
로 상리씨(相里氏), 상부씨(相夫氏), 등릉씨(鄧陵氏) 등의 학파가 나왔
다. 공자와 묵자 사후에 유가는 여덟 개 학파로, 묵가는 세 개의 학파
로 나뉜 것이다. 이들은 모두 공자나 묵자의 학설을 입맛에 맞게 취하
거나 버리고서 서로 대립하며 모두 자기가 공자나 묵자의 정통이라고
주장했다. 그렇지만 공자나 묵자가 다시 살아올 수 없으니, 누가 정통
학파인지 판정할 수 있겠는가? 공자와 묵자 모두 요와 순을 말하면서
도 취하거나 버린 것이 같지 않고 각자 자기가 요와 순을 이은 정통이
라고 말하는데, 요와 순이 다시 살아올 수 없으니 유가와 묵가 어느
쪽이 정통인지 누가 판정할 수 있겠는가?

은나라에서 주나라까지가 7백여 년이고, 순(舜)의 우(虞)나라와 우
(禹)의 하(夏)나라로부터는 2천여 년이므로 유가와 묵가 어느 쪽이 정

통인지 판정할 수 없다. 그런데 이제 3천 년 전으로 거슬러 올라가 요와 순의 도를 살피려 한다면, 이는 도저히 될 수 없는 일이다. 입증할 근거도 없이 단정하는 것은 어리석은 짓이고, 반드시 그런지 확인할 수 없는 것을 근거로 삼는다면 속이는 짓이다. 아득히 먼 옛 왕들의 일을 근거로 요와 순의 도를 판정하는 것은 어리석은 짓이 아니면 속이는 짓이다. 그래서 어리석거나 속이는 학설과 잡스럽고 모순되는 행동을 현명한 군주는 받아들이지 않는다.

묵가의 장례에서는 겨울에는 겨울옷을, 여름에는 여름옷을 수의로 입히며, 오동나무로 만든 두께 세 치의 관을 쓰고 상복을 석 달만 입는다. 세상의 군주들은 이를 검소한 장례라 여겨 이들을 예우한다. 유가는 집안을 결딴내면서 장례를 치르며, 상복을 3년이나 입어서 몸이 아주 야위어 지팡이에 의지할 정도다. 그런데도 세상의 군주들은 이를 효성스럽다고 여겨 그들을 예우한다. 대체로 묵자의 검소한 장례가 옳다면 공자의 사치스런 장례는 그른 것이 되고, 공자의 효성스런 장례가 옳다면 묵자의 어그러진 장례는 그른 것이 되어야 마땅하다. 그런데 효성스러움과 어그러짐, 사치스러움과 검소함이 모두 유가와 묵가 안에 다 있는데도 군주는 이들을 한꺼번에 예우하고 있다.

유가인 칠조개는 어떤 위협에도 낯빛이 변하지 않고 눈을 피하지 않으며 행동이 잘못되면 노비 앞에서도 몸을 굽히고 행동이 곧으면 제후 앞에서도 꼿꼿해야 한다고 주장하는데, 세상의 군주들은 이를 청렴하다고 여겨서 예우한다. 묵가인 송영자(宋榮子)는 남들과 다투거나 싸우지 말아야 하고 원수를 갚으려 하지 말아야 하며 감옥에 갇히는 것을 부끄러워하지 않고 모욕을 당해도 욕되게 생각할 필요가 없음을 주장하는데, 세상의 군주들은 이를 관대하다고 여겨 예우한다. 그런데 칠조개의 청렴이 옳다면 송영자의 용서는 그릇된 것이고, 송영자의 관대함이 옳다면 칠조개의 사나움은 그릇된 것이다. 이제 관대함과 청렴함, 용서와 사나움이라는 상반된 것이 모두 두 사람의 주장에 있는데, 군주는 둘을 똑같이 예우하고 있다.

어리석거나 속이는 학설과 잡스럽고 모순되는 언설이 서로 다투는 데도 군주는 모두 들어주고 있다. 이 때문에 천하의 선비들은 일정한 원칙도 없이 말하고, 한결같은 도리가 없이 행동한다. 얼음과 숯불은 같은 그릇 안에서는 함께 오래가지 못하고, 추위와 더위는 같은 계절에 동시에 오지 않는다. 그런 것처럼 잡스럽고 모순되는 학설을 동시에 세워서 다룰 수는 없다. 그럼에도 세상의 군주들은 잡스런 학설과 어긋난 행동, 모순된 언설 따위를 모두 받아들이고 있다. 그러니 어찌 어지럽지 않을 수 있겠는가? 군주가 의견을 듣고 실행하는 것이 이와 같다면, 백성들을 다스리는 일도 반드시 그렇게 어지러워질 것이다.

요즘 세상의 학자들이나 정치를 논하는 자들은 흔히 "빈궁한 자들에게 땅을 나누어주어서 밑천이 없는 자를 넉넉하게 해주라"고 말한다. 이제 다른 사람과 비슷한 처지에 있으면서 풍년이 든 것도 아니고 부수입이 있는 것도 아닌데 홀로 먹고 입는 것이 넉넉하다면, 이는 힘써 일한 것이 아니면 검소한 것이다. 또 다른 사람이 비슷한 처지에 있으면서 기근이 든 것도 아니고 질병에 걸리거나 재앙을 입거나 형벌을 받은 것도 아닌데 홀로 빈궁하다면, 이는 사치한 것이 아니면 게으른 것이다. 사치하면서 게으른 자는 가난해지고, 힘써 일하면서 검소한 자는 부유해지기 마련이다. 요즘 군주들은 부유한 사람들에게서 거두어들여 가난한 자에게 베풀어주는데, 이는 힘써 일하고 검소하게 산 자에게서 빼앗아 사치하고 게으른 자에게 주는 꼴이다. 그러면서 백성들이 부지런히 일하고 아껴 쓰기를 바라는데, 이는 결코 이루어질 수 없는 일이다.

여기에 어떤 사람이 위태로운 성에는 들어가지 않고 군대에서 복무하지 않으며 천하를 이롭게 할지라도 정강이 털 하나와도 바꾸지 않는다고 주장하고 있다. 그런데도 세상의 군주들은 그를 좇아 예우하며 그 지혜가 고귀하고 그 행실이 고상하다면서 '재물을 가벼이 여기고 삶을 중하게 여기는 선비'라고 생각한다. 군주가 비옥한 논밭과 저택을 마련해놓고 관작과 녹봉을 베푸는 것은 백성들이 군주를 위해 목숨을 내놓게 하려는 것이다. 그런데 요즘 군주들은 재물을 가벼이 여기고 삶을 중하게 여기는 선비를 존중하면서 백성들이 죽을 곳으로 나아가 군주를 위해 목숨을 바치기를 바라고 있는데, 이는 결코 이루어질 수 없다.

많은 책을 간직하고 담론을 익히며 무리들을 모아 문헌을 연구하고 풀이하며 토론하는 자를 세상의 군주들은 반드시 따르고 예우하면서 "현명한 선비를 공경하는 것은 선왕의 도다"라고 말한다. 무릇 관리가 세금을 거두는 대상은 경작하는 농민이고, 군주가 기르는 대상은 학문하는 선비다. 경작하는 농민은 무거운 세금을 바치고, 학문하는 선비는 많은 포상을 받는다. 그러면서 백성들이 부지런히 일하고 말은 적게 하기를 바라지만, 이는 결코 이루어질 수 없다.

절의를 내세워 백성을 끌어 모으고 지조를 지키며 침해를 받지 않으려 하고 자신을 원망하는 말이 귀에 들리면 반드시 칼로써 갚으려 하는 자를 세상의 군주들은 반드시 따르고 예우하면서 '자신을 높이고 명예를 중시하는 선비'라고 여긴다. 무릇 전쟁에서 적의 머리를 베는 공로에 대해서는 포상하지 않으면서 사사로운 싸움에 용맹한 자를 높이며 기리고 있다. 그러면서 백성들이 전쟁에 용감하게 나서 적을 맞아 싸우고 사사로운 싸움을 하지 않기를 바라지만, 이는 결코 이루어질 수 없다.

나라가 태평할 때는 유자와 협객을 기르다가 환난이 일어나면 갑옷 입은 병사를 쓴다. 길러낸 자는 쓸모가 없고, 쓸모 있는 자는 기르지 않은 것이다. 이것이 나라가 어지러워지는 까닭이다. 또 군주가 학자들의 의견을 들을 때는 그 말이 옳다고 여겨지면 관청을 통해 널리 퍼뜨리고 그 사람을 써야 하며, 그 말이 틀렸다고 여겨지면 그 사람을 물리치고 빌미가 될 꼬투리를 잘라야 한다. 그런데 옳다고 여기면서 관청을 통해 널리 퍼뜨리지 않고, 틀렸다고 여기면서 빌미가 될 꼬투리를 자르지 않고 있다. 옳은 것을 쓰지 않고 그른 것을 자르지 않으니, 이것이 어지러워지고 패망하게 되는 길이다.

담대자우(澹臺子羽)는 군자의 용모를 지녔다. 공자가 잘 살펴보고 제자로 삼았는데, 함께 오래 지내보니 행동과 용모가 맞지 않았다. 재여(宰予)는 그 말씨가 우아하고 화려했다. 공자가 잘 살펴보고 제자로 삼았는데, 함께 오래 지내보니 지혜가 그 변설을 채우지 못했다. 그래서 공자는 이렇게 말했다.

"용모를 보고 사람을 골라야 하는가? 나는 자우를 잘못 보았다. 말을 듣고 사람을 골라야 하는가? 나는 재여를 잘못 보았다."

공자처럼 지혜로운 사람도 실상을 잘못 보았다고 탄식했다. 오늘날의 새로운 변설은 저 재여의 변설보다 훨씬 더 현란하여 세상의 군주들이 들으면 공자보다 더 현혹될 것인데, 그 말을 듣고 기뻐하여 그 사람을 임용한다면 어찌 실수하지 않겠는가? 이런 까닭에 위(魏)나라는 맹묘(孟卯)의 변설을 믿었다가 화양(華陽)에서 패배하는 환난을 겪었고, 조(趙)나라는 마복군(馬服君) 조괄(趙括)의 변설을 믿었다가 장평(長平)에서 40만 군사가 몰살당하는 재앙을 입었다. 이 두 사건은 변설을 믿었다가 잘못된 경우다.

칼을 만들 때 불에 달군 주석을 보고 푸른색인지 누런색인지 그 색깔만 살펴봐서는 구야(區冶) 같은 뛰어난 장인도 그 칼을 판정할 수 없다. 그러나 물에서 고니나 기러기를 쳐보고 땅에서 망아지나 말을 베어본다면, 노비라도 그 칼이 무딘지 예리한지 분명하게 알 수 있다. 말을 감정할 때 말의 입을 벌려 이빨과 입술 모양만 보고서는 백락(伯樂) 같은 빼어난 감정가라도 그 말을 판정할 수 없다. 그러나 수레에 매어서 길을 내달리는 것을 본다면, 노비라도 느린 말인지 뛰어난 말인지를 분명하게 알 수 있다. 용모나 복장만 살피거나 변설이나 언설만 듣고서는 공자라도 그가 뛰어난 선비인지를 제대로 판정할 수 없다. 그러나 관직을 맡겨 시험해보고 그 공적을 매긴다면, 변변치 못한 사람이라도 그가 어리석은지 지혜로운지 분명하게 알 수 있다.

현명한 군주가 관리를 쓸 때, 재상으로는 반드시 지방 관청에서 일한 자로서 승진한 자를 기용하고, 용맹한 장수로는 반드시 병졸에서 진급한 자를 뽑아서 쓴다. 공을 세운 자가 반드시 상을 받게 된다면 관작과 녹봉이 두터우면 두터울수록 더 힘쓰고, 벼슬을 높여주고 직급을 울려준다면 관직이 높아질수록 직무를 더 잘 처리한다. 관작과 녹봉이 두터워져서 관리들의 직무가 제대로 처리되는 것, 이것이 제왕이 다스리는 방법이다.

1천 리가 되는 너럭바위를 가지고 있더라도 부유하다고 할 수 없고, 백만 개가 되는 인형을 가지고 있더라도 강하다고 할 수 없다. 바위가 크지 않은 것도 아니고 인형의 수가 많지 않은 것도 아니지만 부유하고 강하다고 할 수 없는 것은 너럭바위에서는 곡식이 자라지 않고 인형으로는 적과 맞설 수 없기 때문이다. 지금 돈으로 관직을 산 장사치나 기술을 가진 공인들 모두 땅을 일구지 않는데도 편하게 먹고 산다. 이처럼 일구지 않는다면 그 땅은 너럭바위나 마찬가지다. 또 유자들이나 협객들 모두 전쟁터에 나가 힘쓰지도 않으면서 이름을 드날리고 영예를 얻고 있는데, 그러면 백성들을 부릴 수 없다. 부릴 수 없는 백성은 인형과 똑같다. 대체로 너럭바위나 인형이 해롭다는 것은 알면서 돈으로 관직을 산 장사치나 유자, 협객 따위가 곧 일구지 않은 땅이나 부릴 수 없는 백성과 같다는 사실을 알지 못하는 자는 사물의 같고 다름을 구분하지 못하는 자와 같다.

우리와 맞설 만한 적국의 군주가 비록 우리의 주장을 기꺼워하더라도 그가 우리에게 조공을 바치며 신하 노릇을 하도록 만들 수는 없다. 그러나 국내에서 영지를 받은 신하들은 비록 우리의 행위를 비난하더라도 반드시 예물을 가지고 와서 조회에 참석하게 만들 수 있다. 힘이 강하면 조공하게 할 수 있고, 힘이 약하면 남에게 조공해야 한다. 그래서 현명한 군주는 힘을 기르려고 애쓴다. 무릇 엄격한 집안에는 사나운 노비가 없고 인자한 어미 밑에는 망할 자식이 있다. 나는 이로써 위세라야 포악한 짓을 막을 수 있고, 후덕함으로는 혼란을 막기에 부족하다는 것을 안다.

무릇 성인은 나라를 다스리면서 사람들이 군주 자신을 위해 잘하기를 바라지 않고, 잘못을 저지르지 않도록 하는 데 힘쓴다. 군주 자신을 위해 사람들이 잘하기를 바라지만, 그렇게 할 수 있는 사람은 나라 안에 열 명도 채 되지 않는다. 그러나 사람들이 잘못을 저지르지 않도록 힘쓴다면, 온 나라를 고르게 다스릴 수 있다. 통치하는 자는 대중에게 유용한 수단을 쓰지 소수에게 유효한 수단은 쓰지 않는다. 그래서 덕치에 힘쓰지 않고 법치에 힘쓴다.

화살을 만들면서 저절로 곧은 화살대를 찾으면 백 년이 지나도록 화살 하나를 만들지 못하고, 수레바퀴를 만들면서 원래 둥근 나무를 찾으면 천 년이 지나도록 수레바퀴 하나를 만들지 못한다. 저절로 곧은 화살대나 원래 둥근 나무는 백 년에 하나도 구할 수 없다. 그럼에도 세상 사람들은 모두 수레를 타고 화살로 날짐승을 잡는데, 그 까닭이 무엇인가? 나무를 굽히거나 바로 잡는 도지개를 쓰기 때문이다.

도지개를 쓰지 않아도 될 만큼 저절로 곧은 화살대나 원래 둥근 나무가 있다고 하더라도 뛰어난 장인은 그런 것을 귀하게 여기지 않는다. 왜 그런가? 수레를 타는 사람은 한 명이 아니고, 화살을 쏘는 사람도 한 대만 쏘지 않기 때문이다. 마찬가지로 상벌에 기대지 않아도 스스로 잘하는 백성들이 있더라도 현명한 군주는 그런 백성을 귀하게 여기지 않는다. 왜 그런가? 나라를 다스리면서 법령을 버려둘 수 없고, 다스려야 할 백성도 한 명이 아니기 때문이다. 그러므로 법술을 터득한 군주는 우연히 잘되는 것을 따르지 않고 반드시 그렇게 될 길을 좇아 실행한다.

지금 어떤 사람이 다른 사람에게 "내가 반드시 그대를 지혜롭고 오래 살도록 해주겠다"고 말한다면, 세상 사람들은 반드시 그를 미치광이로 여길 것이다. 무릇 지혜는 천성이고, 수명은 운명이다. 천성과 운명은 남에게서 배울 수 있는 게 아니다. 그런데도 사람이 할 수 없는 것을 가지고 남을 호리려 하니, 그것이 세상 사람들이 미치광이라고 말하는 까닭이다. 할 수 없는 것을 할 수 없다고 말한다면 이는 깨우쳐주는 것이니, 천성에 대해 깨우쳐주는 것이다.

어짊과 의로움으로써 남을 가르치는 것은 "지혜롭고 오래 살도록 해주겠다"면서 호리는 것과 같다. 법도를 터득한 군주는 이를 받아들이지 않는다. 모장(毛嬙)과 서시(西施)의 아름다움을 아무리 좋아해도 내 얼굴이 예뻐지는 것에는 아무런 보탬이 되지 않는다. 입술연지나 화장기름, 분가루, 눈썹먹 따위를 쓰면 처음보다 갑절이나 예뻐진다. 옛 왕들이 말한 어짊과 의로움을 이야기한들 나라를 다스리는 데에는 아무런 보탬이 되지 않는다. 법도를 밝히고 상벌을 반드시 시행하는 것이 나라의 입술연지나 화장기름, 분가루, 눈썹먹에 해당한다. 그러므로 현명한 군주는 도움이 되는 일을 서둘러 하고 옛 왕들에 대한 칭송은 천천히 하므로 어짊과 의로움을 들먹이지 않는다.

요즘 무당은 사람들에게 "천년만년 살게 해주겠다"고 말한다. 천년만년 살게 해주겠다는 소리가 귓가를 맴돌지만 이것으로 수명을 하루라도 늘인 사람이 있는지는 입증된 바가 없다. 이것이 사람들이 무당을 대수롭지 않게 여기는 까닭이다. 지금 세상의 유자들은 군주들에게 유세하면서 지금 당장 다스림에 쓸 수 있는 방도는 좋다고 하지 않고 이미 다스려진 공적만 이야기하고 있으며, 관청에서 시행하는 법령도 살피지 않고 간사한 실정도 살피지 않으면서 모두 옛날부터 전해오는 것을 말하고 옛 왕들이 이룬 공적만 기리고 있다. 그러면서 유자들은 이렇게 둘러댄다.

"내 말을 잘 들으면 패왕이 될 수 있다!"

이런 자들은 무당과 같으니, 법도를 터득한 군주는 이런 말을 받아들이지 않는다. 그러므로 현명한 군주는 실제 사실을 말한 것만 듣고 쓸모없는 말들을 내치며 어짊과 의로움 따위는 이야기하지 않기 때문에 학자들의 말을 귀담아듣지 않는다.

지금 다스릴 줄 모르는 자들은 꼭 말하기를 "민심을 얻어야 한다"고 하는데, 민심을 얻어야 다스릴 수 있다고 한다면 저 이윤(伊尹)이나 관중 같은 재상은 필요가 없을 것이고 그저 백성들의 말만 들으면 된다. 백성들의 지혜란 그대로 쓸 수는 없으니, 어린아이의 생각과 같기 때문이다. 아이의 머리를 깎지 않으면 피가 머리에 맺혀 배가 아프고, 종기를 째지 않으면 점점 더 심해진다. 머리를 깎고 종기를 쨀 때는 반드시 한 사람이 아이를 안고 자애로운 어머니가 직접 치료해주어야 한다. 그럼에도 아이는 소리치며 우는 것을 그치지 않는데, 이는 아이가 작은 고통을 견디면 커다란 이익을 얻는다는 사실을 모르기 때문이다.

지금 군주가 밭을 갈고 김매라고 다그치는 것은 백성들의 자산을 늘려주려는 것인데도 백성들은 군주가 혹독하게 부린다고 여긴다. 형법을 정비하여 처벌을 엄중하게 하는 것은 간사한 짓을 막으려는 것인데도 백성들은 군주가 준엄하다고 여긴다. 세금으로 돈과 곡식을 거두는 것은 창고를 채우고 또 그것으로 기근에서 구제하고 전쟁에 대비하려는 것인데도 백성들은 군주가 탐욕을 부린다고 여긴다. 나라 안의 장정들이 반드시 갑옷을 입을 줄 알고 사사로이 징집을 피하지 않으며 힘을 합쳐서 맹렬하게 싸우도록 하는 것은 적을 포로로 잡기 위해서인데도 백성들은 군주가 포악하다고 여긴다. 이 네 가지는 나라를 잘 다스리고 백성들을 편안하게 하는 바탕인데도 백성들은 좋아할 줄을 모른다.

이치를 통달한 뛰어난 선비를 구하는 것은 백성들의 지혜를 그대로 쓰기에는 부족하기 때문이다. 옛날 우(禹)가 강물을 터고 바닥을 파낼 때 백성들은 기왓장과 돌을 모아서 그에게 던졌으며, 정(鄭)나라 자산(子産)이 논밭을 개간하여 뽕나무를 심자고 했을 때 정나라 사람들은

그를 헐뜯었다. 우는 천하를 이롭게 하고 자산은 정나라를 존속시켰는
데도 모두 비방을 받았다. 저 백성들의 지혜는 그대로 쓰기에 부족하다
는 것 또한 분명하다. 그래서 선비를 등용할 때 현명하거나 지혜로운
자를 찾고 정치를 하면서 백성들에게 맞추어주려고 하지만, 이는 모두
혼란의 꼬투리가 되므로 결코 잘 다스릴 수 없게 된다.

51장

충효(忠孝),
참된 충신과 효자

천하 사람들은 모두 효도하고 깍듯하며 참되고 순종하는 도리를 옳다고 여기면서도 효도하고 깍듯하며 참되고 순종하는 도리를 잘 살펴서 바르게 행할 줄을 모르니, 이 때문에 천하가 어지러운 것이다. 모두들 요와 순의 도를 옳다고 여겨서 본받는데, 이 때문에 군주를 시해하고 부모가 잘못되게 한다. 요와 순, 탕과 무왕은 군주와 신하의 의리를 저버리고 후세에 본보기가 될 가르침을 어지럽힌 자들이다. 요는 군주가 되어서 신하에게 양위하여 신하를 군주로 모셨고, 순은 신하가 되어서 군주를 신하로 삼았으며, 탕과 무왕은 신하가 되어 그 군주를 시해하고 그 주검에까지 형벌을 가했다. 그런데도 천하 사람들이 그들을 기리고 있으니, 이것이 천하가 지금까지 다스려지지 않는 까닭이다.

이른바 현명한 군주는 자기 신하들을 잘 길들이고, 이른바 현명한 신하란 법률과 형벌을 잘 밝히고 맡은 직분을 잘 처리하여 자기 군주를 제대로 받드는 자다. 그런데 요는 스스로 현명하다고 여기면서도 순을 제대로 길들이지 못했고, 순은 스스로 현명하다고 여기면서도 요를

제대로 받들지 못했다. 또 탕과 무왕은 스스로 의리를 지킨다고 하면
서도 그 군주인 걸(桀)과 주(紂)를 시해했다. 대체로 현명하다는 군주
가 늘 신하에게 자기 나라를 물려주고, 현명하다는 신하가 늘 그 군주
의 것을 빼앗는 것이 이런 식이다. 그러므로 자식 된 자가 제 부모의 가
업을 빼앗고 신하된 자가 제 군주의 나라를 빼앗는 일이 이제까지 이어
져온 것이다. 아비가 자식에게 가업을 양도하고 군주가 신하에게 대권
을 넘겨주는 것, 이것은 보위를 안정시키고 군주의 가르침을 오롯하게
이어가는 길이 아니다.

내 들으니, "신하가 군주를 섬기고, 자식이 부모를 섬기고, 아내가 남
편을 섬기는 것, 이 세 가지를 잘 따르면 천하는 다스려지고, 이 세 가
지를 거스르면 천하는 어지러워진다"고 한다. 이는 천하의 변함없는 도
리다. 현명한 군주와 현명한 신하라도 이 이치를 바꿀 수는 없다. 그래
야만 군주가 아무리 못났더라도 신하가 감히 넘보지 못한다.

그런데 지금 군주들은 현명한 자를 높이고 지혜로운 자를 임용하면
서 변함없는 도리를 지키지 않고 있는데, 이는 도리를 거스르는 일이
다. 그럼에도 천하의 군주들은 이런 식으로 해도 다스려진다고 여긴다.
그 때문에 전씨(田氏)가 여씨(呂氏)의 제나라를 빼앗았고, 대씨(戴氏)가
자씨(子氏)의 송나라를 빼앗았던 것이다. 이들 모두 현명하고 또 지혜
로운 자들이었으니, 어찌 어리석고 또 못난 자들이었겠는가? 변함없는
도리를 내버리고 현명하다는 자를 높이면 나라는 어지러워지며, 법률
을 버리고 지혜롭다는 자를 임용하면 군주는 위태로워진다. 그래서 "법
을 높일 뿐, 현명한 자를 높이지 않는다"고 말하는 것이다.

옛 기록에 나온다.

"순이 천자가 되어 부친 고수(瞽瞍)를 만났을 때, 그 모습이 두렵고
걱정스러운 듯했다. 공자가 이를 두고 '당시는 천하가 매우 위태로운
시절이었다. 도리를 터득한 사람은 그 부모라도 자식으로 대할 수 없
고 군주라도 신하로 대할 수 없다'고 말했다."

이를 두고 나는 '공자는 효도와 공손, 충직과 순종의 도리를 잘 모른다'고 말했다. 공자의 말대로라면 도리를 터득한 자는 나아가서는 군주의 신하가 될 수 없고 물러나서는 부모의 자식이 될 수 없단 말인가? 부모가 현명한 자식을 바라는 까닭은 집안이 가난하면 부유하게 만들고 부모가 괴로우면 즐거워하게 만들기 때문이며, 군주가 현명한 신하를 바라는 까닭은 나라가 어지러우면 다스려주고 군주의 권위가 낮아지면 높여주기 때문이다.

이제 현명한 자식이 있어도 부모를 위해주지 않으면 그 부모는 집에 있어도 괴롭고, 현명한 신하가 있어도 군주를 위해주지 않으면 군주의 처지는 위태로워진다. 그렇다면 부모에게 현명한 자식이 있고 군주에게 현명한 신하가 있더라도 오직 해로울 뿐이니, 어찌 이익이 될 수 있겠는가? 이른바 충신은 군주를 위태롭게 하지 않고, 효자는 어버이를 등지지 않는다. 저 순은 자신의 현명함으로 군주의 나라를 빼앗고, 탕과 무왕은 의리를 내세워 군주를 내쫓거나 시해했다. 이 모두 현명함을 내세워 군주를 위태롭게 한 것인데, 천하 사람들은 그들을 현명하다고 칭송하고 있다.

옛날의 열사(烈士)는 나아가서는 군주의 신하가 되지 않고 물러나서는 집안을 위하지 않았다. 이는 나아가면 군주를 비난하고 물러나면 어버이를 등진 것이다. 그런데 나아가서는 군주의 신하가 되지 않고 물러나서는 집안을 위하지 않는 것은 세상을 어지럽히고 후손을 끊는 짓이다. 이런 까닭에 요와 순, 탕과 무왕을 현명하다고 하고 열사를 옳다고 하는 것은 천하를 어지럽히는 술수다.

고수는 순의 아비인데도 순은 그를 내쫓았고, 상(象)은 순의 아우인데도 순은 그를 죽였다. 아비를 내쫓고 아우를 죽였으니, 어질다고 할 수 없다. 요 임금의 두 딸을 아내로 삼고 천하를 차지했으니, 의롭다고 할 수도 없다. 어짊과 의로움을 갖추지 못했으니, 현명하다고 할 수 없다. 『시경』 「소아(小雅)」의 〈북산(北山)〉에 "온 하늘 아래 왕의 땅 아닌

곳 없고, 온 땅 끝까지 왕의 신하 아닌 자 없다"는 구절이 나온다. 참으로 이 시의 구절과 같이 순은 나가서는 군주를 신하로 삼고 들어와서는 아비를 신하로 삼고 어미를 시녀로 삼고 군주의 딸을 아내로 삼은 것이다. 그러므로 이들 열사는 안으로는 집안을 위하지 않아 세상을 어지럽히며 후손을 끊고 밖으로는 군주를 속이며, 뼈가 썩고 살이 문드러져 들판에 내버려지거나 하천에 떠내려가더라도 물불을 피하지 않으면서 천하 사람들이 자신을 따라 본받기를 바란다. 이는 천하를 주검으로 가득 채우려고 사람들이 일찍 죽기를 바라는 짓이다. 이들은 모두 세상을 버린 채 다스리려 하지 않는 자들이다.

세상에서 말하는 열사는 백성들을 떠나 홀로 행동하고 남들과 다르게 처신하며, 고요하고 담박한 학문[恬淡之學]을 닦고 미묘하고 헤아리기 어려운 말[恍惚之言]을 익힌다. 내가 생각하기에, 고요하고 담박한 학문은 세상에 쓸모가 없는 가르침이고, 미묘하고 헤아리기 어려운 말은 법도를 무시한 담론이다. 말이 법도를 무시한 데서 나오고 가르침이 세상에 쓸모가 없는데도 천하 사람들은 이를 두고 '밝게 살폈다'고 한다.

내가 생각하기에 사람은 살아가면서 반드시 군주를 섬기고 부모를 봉양해야 하는데, 군주를 섬기고 부모를 봉양하는 일을 '고요하고 담박한 학문'으로 할 수는 없다. 또 사람을 다스릴 때는 반드시 법술에 충실한 언론으로써 해야 하는데, 법술에 충실한 언론은 '미묘하고 헤아리기 어려운 말'로는 할 수 없다. 미묘하고 헤아리기 어려운 말과 고요하고 담박한 학문은 천하 사람들을 헷갈리게 하는 술책일 뿐이다.

효자가 부모를 섬기는 것은 부모의 재산을 빼앗으려는 게 아니고, 충신이 군주를 섬기는 것은 군주의 나라를 빼앗으려는 게 아니다. 무릇 사람의 자식이 되어서 남의 부모를 칭찬하며 "아무개의 부모는 늦게 자고 일찍 일어나며 부지런히 힘써 재산을 모아 자손과 노비들을 먹여 살렸다"고 말한다면, 이는 제 부모를 비방하는 짓이다. 신하가 되어서

옛 왕들의 두터운 덕행을 칭송하며 군주가 그렇게 되기를 바란다면, 이
는 군주를 비방하는 짓이다.

제 부모를 비방하는 것이 불효인 줄 알면서도 제 군주를 비방하면
세상에서는 현명하다고 말한다. 세상이 어지러운 이유가 이것이다. 그
러므로 모름지기 신하로서 요와 순의 현명함을 일컫지 않고 탕과 무왕
의 정벌을 기리지 않으며 열사의 높은 절개를 말하지 않고 힘을 다해
법을 지키며 군주를 섬기는 데에 온 마음을 다 쏟아야 충신이라 할 수
있다.

옛날 백성들은 욕심이 없고 어리석었기 때문에 헛된 명목으로도 부
릴 수 있었다. 그러나 요즘 백성들은 약삭빠르고 꾀도 있어 제멋대로
하고 싶어 하므로 위에서 하는 말을 들으려 하지 않는다. 군주가 반드
시 포상으로써 권해야만 나아가고, 또 형벌로써 두렵게 만들어야만 감
히 물러서지 않는다. 그런데도 세상 사람들은 모두 이렇게 말한다.

"허유(許由)는 천하를 사양했으니 포상으로는 권하기에 부족하고,
도척(盜跖)은 법을 어기면서 환난을 피하지 않았으니 형벌로써 막기에
부족하다."

이에 대해 나는 이렇게 말한다.

아직 천하를 차지하지 못한 채 천하를 아무렇지도 않게 여긴 자는
허유고, 이미 천하를 차지하고서 천하를 아무렇지도 않게 여긴 자는 요
와 순이다. 청렴을 저버리면서 재물을 구하고 법을 어기면서 이익을 쫓
으며 죽임을 당할 것도 잊은 자는 도척이다. 허유와 도척 두 사람이 한
일은 세상을 위태롭게 하는 짓이다. 나라를 다스리고 백성들을 부리면
서 이 두 가지를 기준으로 삼아서는 안 된다.

다스린다 함은 일반 백성들을 다스린다는 말이고, 도리라 함은 일상
적으로 통하는 방법을 말한다. 세상을 위태롭게 하는 짓과 미묘한 말
은 다스리는 일에 해롭다. 천하에서 가장 뛰어난 자는 포상으로 권할
수 없고, 천하에서 가장 고약한 자는 형벌로써 막을 수 없다. 그러나 가

장 뛰어난 자 때문에 포상을 하지 않고 가장 고약한 자 때문에 형벌을
두지 않는다면, 나라를 다스리고 백성들을 부리는 방법을 잃게 된다.

세상 사람들은 국법에 대해서는 말하지 않고 합종과 연횡에 대해서
만 말들 하는데, 제후들 가운데도 합종을 말하는 자는 "합종이라야 반
드시 패업을 이룬다"고 말하고 종횡을 말하는 자는 "종횡이라야 반드
시 왕업을 이룬다"고 말한다. 이렇게 산동(山東)의 여섯 나라[1]가 단 하
루도 합종이나 연횡에 대한 이야기를 그친 적이 없었으나, 바라던 공명
은 이루어지지 않았고 패업이나 왕업도 이루지 못했다. 이는 헛된 말로
는 진정한 다스림을 이룰 수 없기 때문이다. 왕업을 홀로 행하는 것이
어야 '왕업'이라 말할 수 있다. 이런 까닭에 하·상·주 삼대의 왕은 흩
었다가 모으는 데 힘쓰지 않고도 천하를 바로잡았고, 춘추시대의 다섯
패자는 합종과 연횡에 기대지 않고도 천하를 잘 살폈으니, 나라 안을
다스림으로써 나라 밖을 잡도리했을 뿐이다.

---

1) 전국 칠웅 가운데서 진나라를 제외한 나머지 여섯 나라를 가리킨다.

52장

인주(人主),
군주가 살아남는 법

군주가 몸이 위태로워지고 나라가 망하는 꼴을 당하는 까닭은 대신이 너무 존귀해지고 좌우 측근들이 위세를 떨치기 때문이다. 여기서 존귀함이란 법령을 무시하고 제멋대로 행동하며 나라의 대권을 쥐고서 사사로이 이익을 챙기는 것을 이른다. 또 위세란 제멋대로 권세를 휘두르며 중요한 사안을 함부로 처리하는 것을 이른다. 군주라면 이 두 가지를 살피지 않으면 안 된다.

무릇 말이 무거운 짐을 실어나르고 수레를 끌면서 먼 길을 갈 수 있는 것은 근육의 힘 덕분이다. 전차 만 대가 되는 나라의 군주와 전차 천 대가 되는 나라의 군주가 천하를 제압하고 제후들을 정벌할 수 있는 것은 위세 덕분이다. 위세란 군주에게 근육의 힘과 같다. 이제 대신이 위엄을 떨치고 좌우 측근이 권세를 함부로 휘두르는 것은 군주가 힘을 잃었기 때문이다. 군주로서 힘을 잃고도 나라를 지탱한 자는 천 명에 한 명도 없다. 범과 표범이 사람을 이기고 어떤 짐승이든 잡을 수 있는 것은 그 발톱과 어금니 때문이다. 만약 범과 표범이 발톱과 어금니를 잃으면 사람에게 반드시 제압당한다.

위세는 군주에게 발톱과 어금니처럼 중요하다. 군주가 발톱과 어금니 같은 위세를 잃으면 발톱과 어금니를 잃은 범이나 표범의 꼴이 된다. 송나라의 군주는 신하인 자한(子罕)에게 그 발톱과 어금니를 빼앗겼고, 제나라 간공은 신하인 전상(田常)에게 발톱과 어금니를 빼앗겼는데, 이를 재빨리 되찾지 못했기 때문에 제 몸은 죽고 나라는 망했다. 이제 법술을 터득하지 못한 군주들은 모두 송나라 군주나 제나라 간공의 허물은 환히 알면서도 자신의 잘못은 깨닫지 못하고 있는데, 이는 그들과 자신들의 일이 비슷하다는 것을 살피지 못한 탓이다.

법술을 터득한 선비와 요직에 있는 중신은 서로 받아들이지 못한다. 무엇으로 알 수 있는가? 군주에게 법술을 터득한 선비가 있으면 대신들이 멋대로 일을 처리할 수 없고, 측근들도 감히 권세를 팔아 사사로이 이익을 챙기지 못한다. 대신과 측근의 권세가 그치면, 군주의 치도(治道)가 밝아진다. 그런데 지금은 그렇지 못하다. 요직에 있는 중신이 권세를 얻어 일을 멋대로 처리하면서 사사로이 이익을 꾀하고, 군주의 측근 신하들이 무리를 모아 패거리를 지어서는 군주와 사이가 먼 선비들을 억누르니, 법술을 터득한 선비가 언제 쓰여 나아갈 수 있겠으며 군주가 언제 스스로 일을 처리할 수 있겠는가? 그러므로 법술을 터득한 선비가 반드시 쓰이는 것은 아니며, 더구나 권세 있는 신하와는 함께 설 수가 없으니, 어찌 위태롭지 않겠는가? 그러므로 군주가 대신들의 의론을 물리치고 측근들의 하소연을 듣지 않으며 홀로 통치의 도리에 맞게 하려 하지 않는다면, 법술을 터득한 선비가 어떻게 죽을 위험을 무릅쓰고 나아가 의견을 펼칠 수 있겠는가? 이것이 세상이 다스려지지 않는 이유다.

현명한 군주는 공적에 따라 작위와 녹봉을 주고 능력에 맞게 일을 맡기므로 천거된 자는 반드시 현명하고 임용된 자는 반드시 유능하다. 현명하고 유능한 선비가 나아가면 세도가에 청탁하는 일이 그친다. 무룻 공적이 있는 자가 두터운 녹봉을 받고 능력 있는 자가 높은 자리에 앉게 되면, 사사로이 칼을 휘두르던 협객인들 어찌 사사로운 용맹을 버리고 힘껏 적과 싸우지 않겠으며, 유세로 벼슬을 구하던 유세객인들 어찌 세도가의 기세를 꺾고 청렴해지려 애쓰지 않겠는가? 이것이 현명하고 유능한 선비를 끌어모으고 세도가에 빌붙은 자들을 흩어지게 하는 방법이다.

지금 군주 곁에 있는 측근들을 꼭 지혜롭다고 할 수 없다. 그런데 군주가 다른 사람을 대하면서 그가 지혜롭다고 여겨 그 말을 듣고는 들어와서 측근들과 그 사람의 말에 대해 의논한다면, 이는 측근들의 말을 들으려는 것이지 지혜로운 말을 헤아리려는 게 아니다. 이는 어리석은 자와 함께 지혜로운 자를 평가하는 짓이다. 또 요직에 있는 신하라고 해서 꼭 지혜롭다고 할 수 없다. 그런데 군주가 다른 사람을 대하면서 그가 현명하다고 여겨 예우해놓고는 들어와서 요직에 있는 신하와 그 사람의 행동에 대해 의논한다면, 이는 요직에 있는 신하의 말을 들으려는 것이지 저 현명한 자를 쓰려는 것이 아니다. 이는 못난 자와 함께 현명한 자를 평가하는 짓이다. 지혜로운 자의 말이 어리석은 자의 결정에 좌우되고, 현명한 선비의 행동이 못난 자의 품평을 받게 된다면, 현명하고 지혜로운 선비가 언제 쓰이게 되겠는가? 이것이 군주의 총명이 막히는 이유다.

옛날 관룡방은 걸(桀)을 설득하려 했다가 사지가 잘렸고, 왕자 비간은 주(紂)에게 간언했다가 심장이 도려내졌으며, 오자서는 부차에게 곧게 충성을 다했으나 촉루검(屬鏤劍)으로 스스로 죽어야 했다. 이 세 사람은 신하로서 불충했던 것도 아니고 그 간언이 부당했던 것도 아니다. 그런데도 죽음을 피하지 못한 것은 군주가 그 현명하고 지혜로운 말을 제대로 살피지 못하고 어리석고 못난 자들 때문에 총명이 가려진 탓이었다. 요즘 군주들은 법술을 터득한 선비를 기꺼이 쓰려고 하지 않고 어리석고 못난 신하들의 말에 귀를 기울이고 있으니, 이렇게 되면 현명하고 지혜로운 선비 가운데 누가 감히 저 세 사람이 처한 위험을 무릅쓰고 자신의 지혜와 능력을 바치려고 하겠는가? 이것이 세상이 어지러운 이유다.

53장

칙령(飭令),
명령을 삼가라

명령을 삼가 바르게 내리면 법 적용이 오락가락하지 않고, 법이 공평하게 시행되면 관리들이 간사한 짓을 하지 못한다. 법령이 확고하게 정해져 있으면 어짊이나 의로움 따위 좋은 말로써 법령을 대신할 일이 없다. 공적에 따라 임명하면 백성들의 말이 적어지고, 좋은 말을 하는 자를 임명하면 백성들의 말이 많아진다. 법령을 실행할 때는 가까운 곳에서 바르게 판단하고 결정해야 한다. 5리 안에서 판단하고 결정할 수 있으면 왕자(王者)가 되고, 9리 안에서 판단하고 결정할 수 있으면 강자(强者)가 되며, 하룻밤 지나서 처리하면 영토가 깎인다.

형벌로써 나라를 다스리고 포상으로써 전쟁에 나서게 하며 두터운 녹봉으로써 통치술을 쓴다. 도성 안에서 잘못을 적발해 처벌하면 도성에는 간사한 거래가 없어진다. 사치스런 물건이 많아지고 상공업 따위 말업에 종사하는 자가 많아지며 농민들이 게을러지고 간사한 장사꾼이 기승을 부리면, 나라의 영토는 반드시 깎인다. 양식이 남아도는 백성들에게 곡식을 바치게 해서 작위를 올려주면 반드시 힘을 다할 것이니, 그러면 농민들이 게으르지 않게 된다. 세 치짜리 대롱이라도 밑이 없으면 가득 채우려 해도 차지 않는다. 벼슬과 작위를 주고 넉넉한 녹봉을 주면서도 공적을 기준으로 하지 않으면, 이는 밑 빠진 독에 물 붓기다.

나라에서 공적에 따라 벼슬과 작위를 내리면, 이로써 온갖 계책을 다 짜내고 용감하게 적과 맞서 싸우게 되므로 이런 나라에는 대적할 나라가 없다. 나라에서 공적에 따라 벼슬과 작위를 내리면, 다스릴 일이 줄고 공허한 언론도 그친다. 이것이 '다스림으로 다스림을 없애고, 마땅한 언론으로 공허한 언론을 없앤다'고 하는 것이다.

공적에 따라 작위를 주기 때문에 국력은 강해지고 천하의 누구도 침략하지 못한다. 군대가 출동하면 반드시 빼앗고, 빼앗으면 반드시 지탱할 수 있다. 군사 동원을 억누르고 적을 치지 않으면 반드시 부유해진다. 조정의 일에서도 작은 일이라도 얕보지 않게 하고 공적을 세우면 높은 관작을 얻게 하며, 조정에서 뒷공론이 있더라도 함부로 시비하지 못하게 한다. 이것이 '법술로써 다스린다'고 하는 것이다.

만약 실력으로써 적을 공격한다면 한 번 나서서 열 개의 성을 빼앗겠지만, 언설로써 적을 공격한다면 열 번 나서서 오히려 백 개의 성을 잃는다. 온 나라가 실력을 좋아한다면 이를 두고 '공격하기 어렵다'고 하고, 온 나라가 언설을 좋아한다면 이를 두고 '공격하기 쉽다'고 한다.

신하들의 능력이 자기 직책을 충분히 감당하고 맡은 일을 가뿐하게 해내면서 남은 힘을 어디에 쓸지 걱정하지 않으며 겸직의 책임을 지우지 않으면, 군주에게 원망을 품는 자가 나라 안에 없게 된다. 현명한 군주는 신하들이 직무에서 서로 간여하지 못하게 하므로 분쟁이 없고, 신하들이 관직을 겸임하지 못하게 하므로 각자 자신의 기량을 다 발휘하며, 사람들마다 같은 공로를 세우게 하지 않으므로 서로 다투는 일이 없다.

형벌을 무겁게 하고 상을 함부로 내리지 않는 것이 군주가 백성을 아끼는 길이어서 백성은 상을 위해 목숨을 바친다. 그러나 상을 함부로 내리고 형벌을 가볍게 해주는 것은 군주가 백성을 아끼지 않는 길이므로 백성은 상을 위해 죽으려 하지 않는다. 이익이 군주 한 사람에게서 나오면 그 나라에 대적할 나라가 없게 되고, 이익이 군주와 권신 둘에게서 나오면 그 군대는 반만 쓰이고, 이익이 열 사람에게서 나오면 백성들이 나라를 지키지 못한다.

형벌을 무겁게 하고 백성들을 밝게 일깨우며 법제를 분명하게 해서 백성들을 부리면, 군주에게 이롭다. 형벌을 실행하면서 가벼운 죄를 무겁게 처벌하면, 가벼운 죄도 짓지 않고 무거운 죄도 저지르지 않는다. 이것을 '형벌로써 형벌을 제거한다'고 하니, 이런 나라는 반드시 강해진다. 죄가 무거운데도 형벌을 가볍게 하는 경우가 있는데, 형벌이 가벼우면 범죄가 잇따라 일어난다. 이것을 '형벌로써 형벌을 부른다'고 하니, 이런 나라는 반드시 영토가 깎인다.

54장

심도(心度),
본성과 법도에 관하여

성인이 백성을 다스릴 때는 근본을 잘 헤아려 백성들이 바라
는 것을 좇지 않으면서 백성들을 이롭게 할 뿐이다. 그러므
로 형벌을 내리는 것은 백성들을 미워해서가 아니라 그것이 백성
을 아끼는 근본이기 때문이다. 형벌로 누르면 백성들이 얌전해지
고, 포상이 잦으면 간사한 짓이 일어난다. 그래서 백성들을 다스릴
때 형벌로 누르는 것은 다스림의 으뜸이고, 포상이 잦은 것은 혼란
의 근원이다.

　백성들의 본성은 혼란을 좋아하면서도 형법은 가까이하려 하지 않
는다. 그래서 현명한 군주가 나라를 다스릴 때는 포상을 명확하게 밝
혀 백성들이 즐겨 공을 세우도록 하고, 형벌을 엄정하게 집행하여 백성
들에게 형법이 가까이 있음을 알게 한다. 즐겨 공을 세우도록 하면 공
적인 일을 그르치지 않고, 형법이 가까이 있음을 알게 하면 간사한 짓
이 싹조차 틔우지 못한다. 그러므로 백성들을 다스릴 때는 간사한 짓이
싹을 틔우기 전에 막고, 군사를 부릴 때는 백성들이 싸우려는 의지를
갖게 만든다. 금령으로 간사함의 뿌리를 먼저 없애면 다스려지고, 군

557

사들이 싸우려는 의지를 지니면 이긴다. 성인이 백성을 다스릴 때는 간사함의 뿌리를 먼저 없애서 강하게 하고, 싸우려는 의지를 먼저 지니게 해서 이기도록 만든다.

무릇 나랏일에서는 먼저 해야 할 일에 힘쓰고 백성들의 마음을 하나로 모으며, 오로지 공적인 이익을 앞세우고 사적인 이익을 좇지 않게 하며, 고발하는 자를 포상해서 간사한 짓이 생기기 않도록 하고, 법령을 분명하게 밝혀 다스림이 번잡해지지 않도록 해야 한다. 이 네 가지를 제대로 쓸 수만 있다면 강해지고, 제대로 쓰지 못하면 약해진다.

나라가 강한 것은 정책 덕분이고, 군주가 존귀한 것은 권력 덕분이다. 현명한 군주는 권력과 정책이 있으며, 막된 군주 또한 권력과 정책이 있다. 그럼에도 공적이 같지 않은 것은 서 있는 토대가 달라서다. 현명한 군주는 권력을 단단히 쥠으로써 존중받고, 정책을 일관되게 펼쳐 나라가 다스려지게 한다. 따라서 법령은 왕업을 이루는 근본이고, 형벌은 백성들을 아끼는 실마리다.

백성들의 본성은 힘든 것을 싫어하고 편안한 것을 좋아한다. 그러나 편안하면 그릇된 짓에 빠지고, 그릇된 짓에 빠지면 다스려지지 않고, 다스려지지 않으면 어지러워지면서 상벌은 제대로 실행되지 않아 반드시 천하가 꽉 막힌다. 그러면 큰 공을 세우려 해도 온 힘을 다하기가 어려워져서 큰 공을 세우는 일은 거의 바랄 수가 없고, 법령으로써 다스리려 해도 옛것을 바꾸기가 어려워져서 백성들의 혼란을 거의 다스릴 수가 없다.

백성을 다스리는 데에는 고정된 법이 있는 것이 아니다. 오로지 실정에 맞게 다스리는 것이 법이 된다. 법이 시대에 따라 바뀌면 다스려지고, 다스림이 세상에 들어맞으면 효과가 있다. 백성들이 순박했을 때는 명목으로만 금지해도 다스려졌으나, 지혜가 늘었을 때는 형벌을 통해 잡도리해야만 따랐다. 시대가 바뀌었는데도 법령을 바꾸지 않으면 어지러워지고, 간교한 자가 많아졌는데도 금령이 변하지 않으면 영토가 깎인다. 그래서 성인이 백성을 다스릴 때는 법령도 시대에 따라 바뀌고 금령도 간교함에 맞추어 변한다.

백성들의 힘을 토지에 쏟게 하면 부유해지고, 백성들의 힘을 적에게 떨치게 하면 강해진다. 부유하고 강해지는 길이 막히지 않으면 왕업을 이룬다. 왕업의 길은 열어두는 데에도 있지만 막는 데에도 있다. 간사한 짓을 막으면 반드시 제왕이 된다. 제왕의 법술은 외국이 어지럽히지 않기를 믿지 않고 외국이 어지럽힐 수 없게 한다. 외국이 어지럽히지 않으리라 믿고서 다스리는 방도를 세우는 자는 영토가 깎이고, 외국이 어지럽힐 수 없게 하고서 법치를 실행하는 자는 흥한다. 그러므로 현명한 군주가 나라를 다스릴 때는 외국이 어지럽힐 수 없는 길로 나아간다.

작위가 귀해지면 군주 또한 존중받는다. 따라서 공적이 있는 자에게 상을 내리고 일을 감당할 만한 자에게 작위를 내리면 간사한 자가 발붙일 데가 없어진다. 백성들이 힘쓰도록 하는 나라에서는 작위가 귀해지고, 작위가 귀해지면 군주도 존귀해지며, 군주가 존귀해지면 반드시 왕업을 이룬다. 반대로 백성들이 힘쓰도록 부추기지 않고 사사로이 학문을 익힌 자들을 믿는 나라에서는 작위가 천대받고, 작위가 천대받으면 군주도 비천해지며, 군주가 비천해지면 반드시 영토가 깎인다. 그러므로 나라를 바로 세우고 백성들을 제대로 쓰는 길은 외세를 차단하고 사사로운 학문을 막으면서 군주가 스스로 믿는 것이니, 그래야 왕업을 이룰 수 있다.

55장

제분(制分),
기준과 원칙

무 릇 나라가 넓고 군주가 존중받는 곳에서는 반드시 법령이 무
거워서 천하에 명령이 실행되고 금령에 의해서 삿된 일이 그
쳤다. 이런 까닭에 군주가 작위를 분명하게 나누고 녹봉의 기준을
정하면 반드시 법령에 따라 엄중하게 실행된다. 나라가 다스려지면
백성들도 안정되지만, 정치가 어지러워지면 나라가 위태로워진다.
법령을 엄중하게 하는 것이 인정에 맞고, 금령을 가볍게 하면 실질
적인 효과를 놓친다.

죽을힘을 다하는 것은 백성들이 본래 지니고 있던 성향이다. 바라는
것을 얻기 위해 죽을힘을 다하는 것이 인정이다. 그런데 백성들이 좋아
하고 싫어하는 것은 군주가 제어할 수 있다. 백성들은 이익이 되는 녹
봉을 좋아하고 형벌은 싫어한다. 군주는 백성들이 무엇을 좋아하고 싫
어하는지 잘 파악해서 그들의 힘을 제어하여 실질적인 효과를 놓치지
말아야 한다. 그런데도 금령을 가볍게 해서 실질적인 효과를 놓치는 것
은 형벌과 포상이 엄정함을 잃었기 때문이다. 백성들을 다스리면서 법
령을 엄정하게 실행하지 않고 은혜를 베푼다면, 이는 법령이 없는 것이

나 마찬가지다. 그러므로 어지러움을 다스리기 위해서는 형벌과 포상의 기준을 분명하게 하는 일이 급선무다.

나라를 다스리면서 법령이 없을 수는 없다. 그럼에도 존속하는 나라가 있고 망하는 나라가 있다. 망하는 것은 형벌과 포상을 제정하면서 그 기준을 불분명하게 했기 때문이다. 나라를 다스리면서 형벌과 포상의 기준을 분명하게 정하지 않는 일은 없다. 그러나 다른 잣대를 가지고 기준을 정했다면, 기준을 정했다고 말할 수 없다. 현명하게 살피는 군주가 세운 기준이라야 온전한 기준이 된다. 이런 기준이 있어야 백성들이 법령을 존중하고 금령을 두려워하면서 죄를 짓지 않기를 바라고 또 감히 함부로 상을 바라지도 않는다. 그래서 "군이 형벌과 포상을 쓰지 않아도 백성들은 잘 따르며 일한다"고 말하는 것이다.

지극히 잘 다스려지는 나라는 간사한 짓을 막는 데에 우선 힘썼다. 그 까닭은 무엇인가? 그 법이 인정과 통하고 또 다스리는 이치에 닿아 있기 때문이다. 그렇다면 은밀하게 저질러지는 간사한 짓을 없애려면 어떻게 해야 하는가? 백성들이 서로 실정을 엿보도록 다그치면 된다. 서로 엿보도록 하려면 어떻게 해야 하는가? "온 마을 사람들을 서로 연좌시킬 따름이다." 금령 위반이 자신에게까지 미친다고 한다면, 이치상 서로 엿보지 않을 수 없으며 오로지 연좌에서 벗어나지 못할까 걱정할 것이다. 간사한 마음을 품은 자가 함부로 행동하지 못하게 되는 것은 엿보는 자가 많기 때문이다. 이렇게 되면 제 스스로 삼가면서 남들을 엿보며 은밀한 간사함을 들추어내려 한다. 그때 잘못을 고발한 자는 연좌의 죄를 면해주고 포상을 내리며, 간사한 짓을 고발하지 못한 자는 반드시 연좌의 죄를 물어 처벌한다. 그러면 간사한 일들이 모두 드러나게 된다. 간사한 짓이 아무리 자잘하더라도 용납되지 않는 것은 고발하면 포상하고 연좌되면 처벌하기 때문이다.

다스리는 방법에 아주 밝은 자는 법술에 기대지 사람에 기대지 않는다. 이런 까닭에 법술로써 다스리는 나라에서는 명성만 높은 자를 쓰지 않으므로 대적할 나라가 없고, 나라 안이 반드시 잘 다스려진다. 모두 법술에 기대기 때문이다. 망하는 나라에서는 적군이 그 땅에서 공공연히 돌아다녀도 막아내지를 못하는데, 이는 사람에 기대고 법술을 쓰지 않기 때문이다. 자신을 치게 하는 것은 사람에 기댔기 때문이고, 남을 칠 수 있는 것은 법술에 기댔기 때문이다. 그러므로 법술로써 다스리는 나라에서는 공허한 말은 물리치고 오로지 법술에 기댄다.

규정에 부합하는 헛된 공적은 구별해내기 어렵고, 말 속에 숨겨진 잘못은 찾아내기 어렵다. 이런 까닭에 형벌을 내려야 할지 포상을 내려야 할지 헷갈린다. 규정에는 부합하지만 구별해내기 어려운 것은 간사하게 세운 공적이기 때문이고, 신하의 잘못을 찾아내기 어려운 것은 근거가 잘못되었음을 놓쳤기 때문이다. 이치에 따라 판단해도 헛된 공적을 찾아내지 못하고 인정을 헤아려서 살펴도 간사한 근거에 속는다면, 형벌과 포상 두 가지에서 어찌 잘못이 없을 수 있겠는가? 이런 까닭에 거짓된 선비가 나라 안에서 명성을 얻고 논객이 나라 밖에서 책략을 꾸미며, 또 멍청한 자와 몸 사리는 자, 함부로 칼을 휘두르는 자, 언변에 능한 자 들이 서로 결탁하여 헛된 도리를 내세우고 세속과 영합하며 행세하는 것이다. 이러하므로 법령이 제대로 쓰이지 못하여 형벌이 죄인에게 가해지지 않는다. 이와 같다면 형벌과 포상에 어찌 부정과 간사함이 끼어들지 않을 수 있겠는가?

실제적인 효과가 있어야 하는데, 이치상 잘못 헤아리는 경우가 있다. 잘못 헤아린 것은 법이 그렇게 시킨 것이 아니라 법은 정해져 있는데도 헛된 지혜에 기댔기 때문이다. 법은 버려두고 헛된 지혜에 기댄다면, 일을 맡은 자가 어찌 제 일에 힘쓸 수 있겠는가? 힘쓰는 것과 그 일이 합치되지 않는다면, 법이 어찌 잘못 실행되지 않겠으며 형벌이 어찌 번거로워지지 않겠는가? 이런 까닭에 포상과 형벌의 실행이 어지러워지면, 나라를 다스리는 방도에 착오가 생긴다. 이 모두 형벌과 포상의 대상을 분명하게 구별하지 못한 탓이다.

지은이 **한비**(韓非, ?~기원전 233년)

중국 전국시대 말기 한(韓)나라의 왕족 출신.

형명(刑名)과 법술(法術)을 익히고 황로학(黃老學)을 받아들여 법가의 학문을 집대성하여『한비자(韓非子)』를 남겼다. 그러나 뛰어난 저술을 남긴 것과 달리, 심한 말더듬이였다고 한다. 이사(李斯)와 함께 순자(荀子) 밑에서 학문을 익힌 것으로 알려져 있는데, 유가의 학문을 줄곧 비판했음에도 그의 저술 속에 유가적 요소도 배어 있는 까닭도 그 때문이라 할 수 있다. 한비는 자신의 학문을 조국인 한나라에서 정치를 통해 펴려 했으나 받아들여지지 않아 매우 낙담했다. 그러다 기원전 233년에 진(秦)나라가 한나라를 공격하자 한나라 왕의 요청에 따라 진나라에 사신으로 갔는데, 조국의 멸망을 막지 못하고 도리어 음모에 걸려 독약을 먹고 자살해야 했다.

옮긴이 **정천구**

1967년생. 부산대학교 국어국문학과를 졸업하고 서울대학교 대학원에서 석사와 박사 학위를 받았다. 삼국유사를 연구의 축으로 삼아 동아시아 여러 나라의 문학과 사상 등을 비교 연구하고 있으며, 현재는 대학 밖에서 '바까데미아(바깥+아카데미아)'라는 이름으로 인문학 강좌를 열고 있다.

저서로『논어, 그 일상의 정치』『맹자독설』『삼국유사, 바다를 만나다』『중용, 어울림의 길』『맹자, 시대를 찌르다』등이 있고, 역서로『차의 책』『동양의 이상』『밝은 마음을 비추는 보배로운 거울』『원형석서』『일본영이기』『삼교지귀』등이 있다.

한비자

초판 1쇄 발행 2019년 7월 10일

지은이 한비
옮긴이 정천구
펴낸이 강수걸
편집장 권경옥
편집 윤은미 이은주 강나래
디자인 권문경 조은비
펴낸곳 산지니
등록 2005년 2월 7일 제333-3370000251002005000001호
주소 부산시 해운대구 수영강변대로 140 BCC 613호
전화 051-504-7070 | 팩스 051-507-7543
홈페이지 www.sanzinibook.com
전자우편 sanzini@sanzinibook.com
블로그 http://sanzinibook.tistory.com

ISBN 978-89-6545-608-7 04080
ISBN 978-89-6545-169-3(세트)